现代动物农业

Modern Animal Agriculture

——可持续农业谋略与合作经营

第二版

陈幼春　王雅春　著

中国农业出版社

图书在版编目（CIP）数据

现代动物农业：可持续农业谋略与合作经营/陈幼春，王雅春著．—2版．—北京：中国农业出版社，2012.6

ISBN 978-7-109-16790-2

Ⅰ.①现… Ⅱ.①陈…②王… Ⅲ.①畜牧业经济－可持续发展－研究－中国②畜牧业经济－经济合作－研究－中国 Ⅳ.①F326.3

中国版本图书馆CIP数据核字（2012）第095016号

中国农业出版社出版
（北京市朝阳区农展馆北路2号）
（邮政编码100125）
责任编辑 郭永立 张艳晶

中国农业出版社印刷厂印刷 新华书店北京发行所发行
2012年6月第2版 2012年6月第2版北京第1次印刷

开本：787mm×1092mm 1/16 印张：23
字数：512千字
定价：69.00元

该书第一版由宝通基金会资助出版。

第二版由国家奶牛产业技术体系和雪龙黑牛股份有限公司资助出版。

宝通基金会（FNT）简介

1983 年宝通基金会（FNT）在美国纽约成立，陈绍华先生任首届主席，1988 年退休。由 Mr. Angus Petrie 出任主席。

基金会的宗旨是赞助祖国科教事业。1992—1994 年曾以科学励进社名义，资助中国农业科学院畜牧研究所（北京）和农业部动物检验所（青岛）进行“应用聚合酶链反应（PCR）进行牛和绵羊胚胎性别鉴定及应用试验”；同期又资助中国农业科学院畜牧研究所（北京）和河北省科学院生物研究所细胞生化室（石家庄）进行“促滤泡激素（FSH）单克隆抗体特性及其用于制备高纯度 FSH 的研究”，及“天然提取物 MPE 和 MFS 抗衰老作用的细胞研究”。

1997 年和 2000 年宝通基金会相继资助建设宁波市广济中心小学哲英书画学校及扩建工程，和宁波市海曙区南门医院金珊莲骨科医院。1999 年 7 月陈绍华先生被宁波市人大常委会授予荣誉市民称号。2003 年 5 月被浙江省人民政府授予爱乡模范称号。

2004 年宝通基金会（FNT）为推动人体经络按摩法用于治病和保健，研发“磁头点穴针”，赞助1 000多套给北京市炎黄经络研究中心。

2005 年赞助“现代动物农业”一书的出版。

2005 年 4 月 2 日

第二版前言

《现代动物农业》一书是针对我国目前养殖企业不断壮大、养殖科技园区迅速发展、农业大户横向联合与合作、省区畜牧业结构调整、畜牧业产业链延伸和完善过程中的经验总结和问题探讨，并试图探寻县市农业生态和循环经济的发展模式，动物农业的现代化途径。《现代动物农业》在2005年出版后，收到多渠道的反馈。曾有企业家来信说读后感受颇深，认为此书的内容非常适合中国国情，体现了发展中国家目前的动物农业发展状况，书中提供的示范区和试验区的例证，很有参考价值，受益匪浅。2008年又有些读者来信索取，但该书已售脱，于是寄出了剩余的最后几本，同时感到该书确实对生产有益，需要再版。

进入21世纪，我国动物农业的发展更注重生态和环保，且学界对农业三元结构已形成共识并有了更多实例，在和多位学者讨论循环农业和世界经济发展后我又收集了不少新的材料，于是下决心对《现代动物农业》进行修订和补充，以期不辜负读者的期望。

本书的再版得到了雪龙黑牛股份有限公司邢雪森的资助，该公司在生产日式雪花牛肉上具有独到之处。特在此对其表示感谢！

我的学生王雅春鼓励我将现代动物农业的英文原词 Modern Animal Agriculture 加入封面，以强调和提示我国畜牧业引申、发展和改造的必要性；并以“国家奶牛产业技术体系专项资金”资助我再版此书。在与王雅春的多年合作中，她以新的知识为本书的再版增添了许多新意，得到其团队的支持，我们共同署名，我感到很幸福，同时将副标题改为“可持续农业谋略与合作经营”，以便与我们近期熟知的术语接轨。

本书的再版要感谢多位同仁给予的支持和鼓励，使我一度困顿的心得以宽慰。书中错误和不足之处一定很多，请读者多多指点，若精力允许，以后再努力改进，在此，深致谢意。

陈幼春

2011年12月

第一版序一

农民牧民要致富，是人心所向、国家所望。

参加世界贸易组织为我国农牧产品打入国际市场提供了机会。谁生产出符合国际潮流的食品，谁就能占领市场。而高质量的产品是赢得这个机遇的关键。出口和进口是双向的，国际贸易是一把双刃剑，想赢得这个市场必须磨炼自己，占有上风。把握机遇要有新招，在农牧生产体系上按新的发展要求，调整农业生产结构，把握农牧结合原则，确定适当比例；要善于安排农业三元结构，同时要绿化荒山秃岭，将沙地驯服披上绿装，美化祖国大好河山。

农民要培养，素质要提高，观念要更新。急功近利、杀鸡取卵搞不成可持续农业。著者写此书的目的，就是在20世纪末克服我国农业遇到的困难过程中，有识之士提供的大量科研和实践数据的基础上，提供系列素材，“借宝献佛”，为21世纪我国农牧业的可持续发展提供借鉴，与致力于高效农业发展的同行共商因地制宜的谋略和应用技术，借以启发和培养农民,建立新世纪高素质的农民队伍。精神可嘉，该书值得推荐。

该书阐述了现代动物农业的新内容，介绍了草业，粮食安全的国内外经验，厩肥净化和有效利用技术，生产绿色食品、有机奶肉技术及其标准，以及WTO成员须知的条例等。该书还就近年我国在发达地区和西部发展的成就进行介绍并提出建议。另有专门章节介绍食品标准、控制污染的环保标准和动物福利概念；人与世界是个统一体，要好的生活，世代相传的美好生活，必须是人与环境相和谐，要共荣，有关章节中论述了这些理念。对于国际上农业可持续发展的成就和合作制生产对农民致富的贡献等问题，以荷兰等国为例，作了介绍，为我国农业一体化生产体系的发展提供参考。著者积40多年在九州大地从事养牛业与草畜生产研究和现场指导的经验，编成此书，值得畜牧和饲草界同仁分享其成果，欣然一读。

全国政协常委、经济委员会副主任
九三学社中央副主席、中国草学会名誉理事长

2004年5月9日

第一版序二

动物农业是以家畜家禽为经营主体的农牧结合产业系统，是畜牧业进入现代化社会具有种植和养殖紧密结合特征的农业。作者拥有40余年畜牧科研和生产经验，退休后，从事建立新的牧业实验基地，探索三元农业结构，家畜良种产业体系，并继续在全国各地农牧区调查和指导生产。

作者在归纳我国有关行业专家、教授的成果和理论，以及近年来在生态牧业方面的成就，结合国际先进经验，撰写了本书。全书由三大部分组成。第一部分强调了动物农业的新概念，按农牧业体系、草业、厩肥有机化处理和加工、生态牧业建设、有机动物食品生产等章节，结合对西部12个省、自治区、直辖市牧业宏观分析，提出了发展可持续牧业模式的建议。第二部分介绍我国成为WTO成员后畜产贸易和国际接轨问题，当今我国在奶、肉、蛋产品的国际贸易动向；在对比了我国牧业与发达国家的差距和潜力所在之后，提出我国可持续农业发展的方式，农牧结合的必要性和绿色农牧业的内涵。第三部分突出介绍了荷兰这个一流的农业国的成就，以及协会和合作制在帮助农民致富，把农产品推向世界所做出的巨大贡献。

全书提供的各有关技术参数、环保指标、生产模式可供宏观和微观两方面决策之用，也为指导可持续农业生产、绿色食品生产、村镇养殖区建设及小流域治理等方面作参考。提供的产业谋略可供企业家、农业生产决策者以及农业大户在创建现代化动物农业产业时参阅，很具指导意义。

中国畜牧业协会理事长
中国畜牧兽医学会原理事长　陈耀春

2004年5月6日

第一版作者的话

走可持续农业、可再生农业之路，是我国农业致富于民的根本之路，这已成为国人的共识。本人在撰稿《现代动物农业》一书之初，是因为出自一种感受，一种得自于多年来在生产第一线对于石油农业，无论农区还是牧区到处呈现的生态破坏、资源破坏、水源枯竭等一系列触目惊心的事实面前，深感在我国必须建立可持续农业体系的必要性和严肃性。5年前动手收集有关材料，并将退休前后从社会活动中获得的数据做了归类，其中有许多是我国著名学者长期积累的科学知识。学习之、参比之、感悟之，加上自己的一点点理解，大胆地写了出来。收集的材料可能会有偏颇，但总觉得汇集这些资料，至少可以引起同仁们和关心大农业生产的同志们的一些注意，就把它写出来了。

将“动物农业”这个概念，作为农业整体的另一个名词去考虑中国农业的出路，而不是单一的粮食农业，这是考虑提高整体农业的效益。显然，“动物农业”有着深刻的可循环农业的内涵。动物有机肥与植物、作物、谷物生产结合在一起，动物食品生产与植物食品生产结合在一起，可以摆脱石油农业的阴影，走生态可循环之路，这是不会误导的，而且他具有比单一的种植业高几十倍的经济效益。这些认识给了我勇气去完成这本书的写作。

本书的出版还要感谢陈绍华先生和陈敏春先生，他们在美国和香港经商，怀念家乡，为宁波市赞助小学和医院的建设，也愿意赞助出版利国利民的书籍。对于我写此书也流露赞成之意，并促成此书的早日问世。

我的学长，洪绂曾和陈耀春两位能为本书作序，我感到由衷的高兴。我感谢家人对我撰稿期间遇到的困难给予理解和支持；还感谢中国农业出版社有关同志的支持，使我能与关心可持续农业的同志早日共同讨论这个有关农业长足发展的命题。在完稿以后，又发现我国可持续农业的事例越来越多，但也顾不上再补充了。为此，深感抱歉，也热烈欢迎读者的批评指正。

陈幼春

2005年，北京

目录

第一章

现代动物农业体系

动物农业（Animal agriculture）以种植包括牧草种植在内的饲用植物为基础的家养动物生产体系；为可持续农业不可分割的组成部分，与种植业共同构成生产人类日常生活最重要的必需品。

这个概念是我国经济政治体制改革以来现代农业发展中产生的新概念。它与原来的畜牧业概念有根本的不同。

第一节　畜牧业的含义

畜牧业的定义如下：

根据《农业大词典》（中国农业出版社，1998）“畜牧业（animal husbandry，animal agriculture）　从事家畜养殖为人类提供生活和生产资料的产业。为农业的重要组成部分，与种植业并列为农业生产的两大支柱。畜牧业为种植业提供畜力和肥料，充分利用人类不能直接利用的农副产品和草原、草山，转化为乳、肉、蛋等营养价值很高的食物和毛、皮、绒等保温性能极好的衣着材料，对提高人类的生活水平、促进健康起重大作用。畜牧业为轻工业提供毛纺、制革、食品加工等原料；为国家提供出口物资；为荒僻山区充实运输力量，活跃山区经济。畜牧业为牧民生活所依，为农民致富之门。”按照这条叙述其原则定义是确切的，然而在释义时反映出比较早期的概念，一是“提供畜力和肥料”为首条，点到“养猪积肥”、“猪多、肥多、粮多、年代的时代特征”。二是“畜牧业为牧民生活所依，为农民致富之门”，含粗放畜牧业和农业集约化畜牧业的意思，反映人们20世纪80年代对畜牧业的认识，已具有摆脱畜牧业作为从属产业的含义，但依然不是现代畜牧业的概念。关于畜牧业不受撰稿时代影响的含义是徐矶在1996年出版的《中国农业百科全书畜牧业卷》中提出的。“畜牧业（animal hasbandry）　人类利用驯化的陆栖动物的自然再生产能力，以植物性或动物性产品作饲料，获得人类必需动物性产品的产业部门。”条目中指出，“中国畜牧业的特点是中国古代自给、半自给生产和手工劳动条件下形成的，不可能完全适用于社会化商品生产和技术密集型的现代畜牧业。要实现有中国特色的畜牧业现代化，需要深入研究，抛弃不适用的部分，保留和发扬有用的部分。”这是第一次以产业部门为体系提出的畜牧业的概念，已指明该卷出版时我国畜牧业必须改革的实际情况。

我国作为一个正在向农业强国发展中的国家，与发达国家相比，畜牧业作为一个独立的产业，至少有五点是要加强的。

第一，畜牧业的产值，只占农林牧渔业总产值的30%左右，而发达国家一般占65%

以上，在草畜结合的国家如新西兰，占90%，以牛猪为主的丹麦占85%。以畜牧业占国民经济总产值的比例而言，法国是汽车工业发达国家，汽车业产值占国民经济总产值的6%，而畜牧业中的奶品产值一项就占国民经济总产值的8%。

第二，在营养物质来源问题上，发达国家是以草业生态建设为物质来源的，以三元结构农业为畜牧业的饲料资源基础的。

第三，在环境保护问题上，发达国家都把畜禽排泄物无害化和优化利用为畜牧业产业链的组成部分。我国的畜牧业一度在石油农业影响下，把化肥用作种庄稼的主要肥源，不少地方忽视农家肥，造成农田污染。现在还得在新的基础上发展有机肥，以商品的含义来代替以往自然、传统农业时期的农家土杂肥。

第四，在品种利用上以经济性状不断优化为目的的合作育种体系。

第五，在产品加工上以营销为谋略的合作体系。

我国的畜牧业应该在这五方面加以引申，而种植业从二元结构向三元结构的调整，无疑是物质基础建设，否则畜牧业难以向更高层次、更高效益转化。

Animal Agriculture 直译即是动物农业，传承历史地译即是畜牧业。前者颇有新意，后者可不忘优秀历史经验，就产业领域而言实为一事，以不同译法表达的内涵有深层次的不同，值得进行讨论。

动物农业对促进我国农业整体结构的改革有非凡的意义，应全力宣传。必须彻底改造传统的牧区放牧业，也必须彻底改造以粮食为基础的农区畜牧业。传统放牧业是完全依赖于天然草地的原始牧业。“秋肥、冬瘦、春死亡的”粗放牧业已走到了尽头，带来的生态灾难已毁灭了数十亿亩计的草原。国务院退耕还林还草的决策就是为各地政府峰回路转地改变保守的牧业思想提供的上方宝剑。人工草地牧草是科学配制牲畜全年各季度营养平衡需要的高效牧业；具土地覆盖良好，全年常青的绿苑式畜牧业特点，如新西兰，澳大利亚等国经营的人工草地。如法国、荷兰、德国、美国、加拿大等的农场型经营的整合农业，青饲轮供畜牧业是整合稿秆饲用作物（含粮饲兼用作物在内）和高产牧草等植物性饲料等的农作畜牧业。

在欧洲，人口密集，对单位面积土地的植物营养体产量要求高，种植玉米稿秆作物是饲草饲料基地的主体，舍饲和放牧结合，以舍饲为主。在大洋洲，人口稀少，草地面积广，以放牧为主与保护草地周年的绿色覆盖地貌和动物在四季的营养平衡相结合。在发达国家曾几一时的传统放牧业已是早期渔猎时代的事情，当欧洲进入工业革命以后的年代，人工草地就是畜牧业的基地，农业的主要部分是从事动物生产，区别于我国的粮食农业。在发达国家畜牧业产值占农林牧渔业总产值的60%以上是顺理成章的事；而在我国需要政府部门去号召和组织，学术部门去宣传和呼吁。发展动物农业是我国农业的方向，是可持续农业的必不可少的组成部分。

第二节　动物农业的可持续特征

一、农业的可持续理念

可持续发展的概念是1972年在斯德哥尔摩会议首次确认的，1987年世界环境发展委员会（WCED）报告“我们共同的未来”，将其定义为：“满足现有一代人的需求而不损害将来几代人满足需求的能力。”世界各国都将可持续发展列为本国的国策。

1991年联合国粮农组织在荷兰召开的持续农业和农村发展会议上提出了持续农业的概念，意指采取使用和维护自然资源的方式，以及实行技术变革和机制性变革，以确保当代人类及后代对农产品需求的满足。这种可持续发展维护土地、水、动植物遗传资源，是一种环境不断进化、技术上应用适当、经济上能生存下去以及社会能够接受的农业，其目的是使经济发展同人口增长、资源利用和环境保护相适应，实现资源、环境、经济、社会的承载能力与经济社会发展相协调，从人口、环境、经济、社会相互协调中推动经济发展，并在发展进程中带动人口、资源、环境问题的解决，这是把经济社会发展与人口、资源、环境结合起来，统筹安排，综合协调的发展。

在农业本身动物与植物的能量和物质的循环流动，形成的生产链是生物物质（Biomass）的整体产业。无动物参与的农业是单一的种植业。20世纪末我国在种植业生产中大量使用化肥，造成严重的环境污染。近两年农牧良性循环在不少地方已呈现出生命力，体现出农业的可持续特点。因此，大力推广使之为各级政府部门、企业和农民理解，成为他们经营和指导农业的思想，已成为当今的首要任务。

1992年我国参加了联合国在巴西里约热内卢召开的世界环境与发展大会，并根据大会的有关文件制定了《中国21世纪议程》，表述了当代中国的可持续发展战略，提出了促进社会、经济、资源、环境四方面协调发展的一系列政策、措施和行动计划，以探索出一条有中国特色的可持续发展道路。

农业是国民经济的基础，农业的可持续发展是整个国民经济可持续发展的根本保证和优先领域。农业的可持续发展直接关系到整个国民经济是否能够持续、健康、稳定地发展。联合国粮农组织把可持续农业定义为：“管理保护自然资源基础，并调整技术和机构改革方向以便获得和满足目前几代人和今后世世代代人的需求，这种持续发展能保护土地、水资源、植物和动物资源，而且不会造成环境退化”。畜牧业是农业的重要组成部分，包括养殖业及部分农产品加工工业，因此，可持续发展畜牧业自然成了可持续发展农业的很重要的一个组成部分，它的内涵就是与经济、环境和资源协调发展的畜牧业。当今世界畜牧业的发展面临一系列亟须解决的问题，如饲料资源的过度开发以及由此带来的饲料资源的匮乏，而且对已有饲料资源的严重浪费。另外，畜牧业的不合理发展造成的环境污染和生态的破坏也必须依靠种植业来衔接，优化厩肥的处理，形成产业，既排除对土壤、水质的污染，又改善土壤的团粒结构，形成动植物产业的共荣区，即可形成可持续生产的体系。

二、农业的生态发展理念

生态农业的概念是“可持续农业”概念的前提，是1970年在美国提出的，是指运用生态学原理和系统科学方法，将现代科学技术与农业技术结合，或推动原有的农业科学技术的进步，形成具有生态合理性和功能性的现代农业发展模式。

目前，我国在生态农业的理念上，是指农业生产、农村经济发展、生态环境治理和保护、资源培育和高效利用等融为一体的综合体系。如英国提出为“共荣区”。

中心是人，基础是大自然，协调人与自然的融合，促进社会的农业基础具有可持续发展的功能，改变常规农业中单一目标的决策和经营方式，其综合目标是生态、经济、社会三大效益协同发展。

据傅立的论述，中国生态农业的依据主要有三条：

第一，生物与环境相互作用、密切协同的原理。在一个生态系统中，生物为了繁衍生息，必须随时随地从环境中摄取物质和能量；同时，环境在生物生命活动的副产品中得到重新补充，恢复元气。也就是说，环境影响生物，生物影响环境，受到生物影响发生改变的环境会对生物施加新的影响。农业如果过度开发，只顾从环境中索取，没有适当给环境以回报，结果便会导致环境质量下降，致使农业资源枯竭，最终将葬送农业。生态农业依据这一原理，通过合理耕作、种养结合的手段，尽力使农业生产环境维持在良好状态。

第二，生物之间相互依存，相互制约的原理。一个生态系统中往往同时并存着多种生物，它们通过一条条的食物链密切地联系在一起。它们之间的关系主要有两种，一是相互依存，一是相互制约。生态农业遵循这个原理，按照食物链的构成和维系规律，合理组织生产，用以最大限度地发掘资源潜力。

第三，能量流动和物质循环的原理。生态系统中的食物链，既是一个能量流支系统，又是一个物质传递系统。生态农业根据此原理，可以设计出食物链，对资源进行合理地多层分级利用，既可使作物秸秆、动物粪便等有机废物变成有用的资源，又可节约农业资源，从而实现农业的再增产增值。

从技术特点来看，我国的生态农业既要继承和发扬我国传统农业技术的精华，又要吸取现代技术的内容，发挥技术综合的优势。从我国的具体国情考虑，在生态农业建设过程中，一定要把发展生产、发展经济放在首位，在注重经济效益的同时兼顾生态和环境效益。因此，并不过分强调农业生产生物学过程的自我维持，而是主张将有机与无机相结合，合理地使用化肥和农药。也就是说我国的生态农业可协调经济发展和环境之间、资源利用和保护之间的关系，促进生态上和经济上的良性循环，达到既保护土地、水和动植物物种资源无环境污染，又在技术上和经济上切实可行的目的。

20余年来我国取得的成绩是各方面的，有立体种养业体系，物质循环体系，生物相克相生的生态体系和区域整体协调体系，据报道我国已有不同类型、不同规模的生态农业试点2 000多个，其中终点县150多个，生态农业建设示范面积已占全国耕地面积的7%左右，开展生态农业试点的农户更是为数众多。经过多年建设，“八五”期间，生态农业试点县在经济发展和环境保护两个方面都取得了显著实效：一方面在经济上取得了“四个显著增长”的好成效。粮食稳定增长，年平均增长率为8.42%；农林牧渔业总产值快速增长，超过全国同期平均增长1.9个百分点；畜牧渔业和乡镇企业有较大的发展，乡镇企业年平均增长率达到40.6%；农民收入增长较快，年增长率达到18.4%。另一方面，使自己的生态环境状况有了明显的改善，与1990年相比，水土流失减少了49%，土壤沙化面积减少了21%，森林覆盖率增加了3.7个百分点。

总之，动物农业丰富了食物链的转化和依托关系，扩大了资源的潜力，增加了流动系统的能量来源，提高了产品的产出和质量，减少了废物数量为实现农业增产、增值提供了可能。

第三节　营养体农业的提出

一、植物整株营养源概念

据专家估计，到2030年我国全年需要消费动物性蛋白为1 460万吨，按国内最佳的饲养技术计算，必须从谷物中提供7 350万吨饲料，其中必须含不少于51万吨赖氨酸营养物质基础。这大约相当于20世纪末国内赖氨酸工业年总产量的25倍，相当于全世界赖氨酸工业总产量的120%，因为靠进口赖氨酸添加剂不现实，靠进口鱼粉和饼粕类也不是长远之计。靠发展赖氨酸工业，却存在着原料不足，工业排污技术落后，成品价格缺乏在国际市场上竞争力等的劣势。唯一的出路是依靠农业结构的调整。

靠调整农作物结构来发展畜牧业，关键是种植能增产饲用蛋白质的，尤其是增产富含赖氨酸成分的作物。对于一直以粮食和经济作物为主体的中国农业，弱点恰好是潜力所在，这无疑地具备巨大的前景。近年来，发展养禽业和养猪业的主要饲料，来源是玉米，每年约有800万吨玉米用于包括水产养殖在内的饲料，其用量占到全国玉米总产量的77%，三元结构农业调整后猪鸡料依然是生产的主体。

用高赖氨酸的玉米来改制普通玉米。2010年全国的玉米总产量将达到1.6亿吨，其中一半改种高赖氨酸玉米，将玉米中的赖氨酸含量从0.20%提高到0.50%，即相当于全国农区可建成22座万吨级的赖氨酸厂。这种改品种的做法，在技术上容易为农民所接受。目前，农业科研单位和院校推广的高蛋白和高赖氨酸玉米，其单位面积产量都比普通玉米高，西部一些省区正在迅速推广之中，为进一步加快推广速度，还需行政部门重视，将三元种植结构与养殖业密切地结合起来。

玉米的整株青贮是三元结构更深入调整的标志，这种生产实践在发达国家，早已是常规的种植结构。然而在我国这种种植方式在以往的年代只停留在大城市的奶业系统和东北的奶牛带；目前这种方式正在长江南北推行，但是广大农区，农民并不习惯全株玉米在乳蜡熟期制作青贮的生产方式，必须通过示范教育，在获得高效经济收入时，才可迅速铺开。北京郊区的农民已逐步学会玉米全株青贮的实践，对推动农业结构的调整是很好的机遇。如甜高粱的整株青贮，其他高秆作物如苏丹草在抽穗期的青贮都属于这类。

“营养体农业”理解为不以收获子实为目的，而是以收获植物全株整体高生物学产量为目的的生产方式（张子仪）。它的收割时间早，可以为轮作腾出许多时间，也不怕严寒地区早霜来得早，获得高产，尤其是蛋白质的高产，对提高单位面积经济收入是很重要的。因此，在生产上具有以下优势：

第一，不受早霜提前的危害。东北是我国的玉米带，若在某一年早霜提前，则会对玉米的收获造成巨大损失。灌浆饱满的玉米料不得不当作次等饲料。这种被动的局面不定期地反复出现在高寒地区，对于以收获谷实为目的的玉米生产，这是不可克服的天灾。出现早霜时减产是定局。这种情况下玉米秸秆也还是任其凋萎、黄化、干枯，部分秸秆不自觉地作为牲畜饲草来利用，但是还利用不好，同时严重地影响全国饲料玉米的价格。然而从动物（畜牧）农业的观点和实践出发，或者从上述的营养体农业体系出发，玉米的收获是在乳蜡熟期，是以全株的生物学产量来衡量收获量的，其蛋白质产量比单一地收获子粒高出1倍多。能量情况也基本是这样，因为青玉米秸秆的干物质产量比谷粒高得多，为2∶1甚至更高。收全株玉米相当于收获期提前15～25天，早霜对全株玉米用作青贮来说，不会形成灾害，甚至在初雪之后收获，也无碍产量，只是在这种情况下，做青贮入窖工作，技术上要把关更严一些。

第二，减轻干旱年份的灾害　玉米的种植，按做青贮的需要，进行密植，每667米^{2}株数在7 000棵以上，据在山东省高密市肉牛心中的试验，在3个月不下雨，灌溉困难的情况下果穗饱满。收子粒的玉米田，每4 000株的情况下，玉米虽然进入蜡熟状态，其果穗只有半饱满，植株已因干旱而枯黄，产量只有不到300千克，子粒在交售时为三等。但青贮田内玉米植株由于密植，保墒好，植株青绿，株高依然达2米，为奶牛制作了优质青贮，年头均产量达4吨或4吨以上。可见全营养玉米的实践是保证丰产又保证经济高效的方法。

第三，摆脱粮豆价格间的连锁波动　按照传统种粮的思路去操作，旱情就对粮食产生巨大影响，如2001年东北大旱，在抗旱保苗阶段，据当年5月15日吉林省三级粮食信息网显示，玉米价整体上盘，中等玉米成交平均价为1 090元/吨。黑龙江省车板平均价为1 070元/吨，大连平仓价格为1 190元/吨，而福州地区玉米交货价在1 290～1 300元/吨。连当时正在跌价的大豆也摆脱前期下跌走势，进入盘整阶段。黑龙江价为1 960元/吨，山西为2 000元/吨，山东为2 140元/吨，郑州地区为2 160元/吨，新疆为2 180元/吨。其后果是养禽和养猪业成本上扬，出现亏损。因此，传统思路不改，则三元结构种植方式难以形成气候。种青饲或青贮玉米，藏粮于草，与粮价各是各路，既减轻对粮食的压力，又回避粮价的直接冲击。

第四，调整植物营养体农业思路　自然，三元农作物种植结构不仅仅指玉米，还有大豆、花生等作物，过去只将大豆认作油料作物，现在已注意到大豆富含赖氨酸，成为改善居民蛋白质营养的重要资源之一，被列为经济、食用和饮料三用一体的作物，农业部门正在大力支持，发展大豆产业，花生也不例外，可成为这样的兼用作物。如此等等，许多作物的评价也会发生变化，在相宜地区得到发展。粮饲兼用思路逐步得到延伸。

除了作物之外，牧草在通常情况下没有人会反对以整株植物为营养体的，但是要有人提出将灌木作为牲畜的营养物质资源时，很不理解的大有人在，反对者，干涉者也不鲜见。以营养体农业去发展畜牧业，将这个概念也扩展到“林”字，却是一大革命，首先灌木可以得到充分利用，这对我国来说是笔非常大的财富，也应大力宣传。如果半干旱的西部不宜种粮之地，来种灌木，每667米^{2}产出800千克富营养饲料，2.67亿公顷是多大的资源啊！

二、农业可持续发展需要的蛋白质工程

进行动物生产最需要的是饲料蛋白质和能量的保证，全价的营养还必须有维生素、微量元素等多种养分的配合，但是我国饲料工业最短缺的是蛋白质。人们营养中最短

缺的也是蛋白质。为此，农业应面向蛋白质生产。能量有余时蛋白质就是制约发展的因素。动物蛋白被认为优质蛋白，因此，提高动物农业的产量和产品质量更是意义深远的了。

目前，中国人膳食结构中蛋白质的消费量为每日 70 克，接近世界水平，而优质的动物蛋白质缺乏。为解决这个问题，国务院有关部门先启动了大豆工程，1998 年又启动牛奶工程，这不但对育婴、儿童发育和强盛民族具有战略意义，而且对老年人保健和常人健康保护等也十分重要。从世界各国发展动向分析，凡发达国家，或进入发达经济的国家，牛肉的比重约占 50%，在我国近十年，牛肉消费比例由原来的不到 2%，上升到 8%；羊肉从 1.5%上升到 4%，而猪肉的比例从 85%下降到 65%。禽肉约占 20%，人们不必刻意地要改变其某一比例，但进一步提高牛羊肉产量是行得通的。也不见得将牛羊比例提高到 50%就是发达国家，但发达国家牛肉比例高都是事实。

第四节　蛋白质工程的内涵

在农业生产中，国务院曾大力提倡草食家畜发展，曾指出，要多用高秆作物饲料生产牛、羊、鹅肉，替代一部分猪、鸡肉，然而在以谷粒为主体的农业结构时代，农作物以粮食为唯一的目的，作物的营养转化成谷粒的比例越高越好，秆壳中的养分自然不足，如牛用麦秸喂养，连维持生命的养分也不足，当时，只得大力提倡氨化，给牛、羊添加尿素。随之尿素价高，农民在没有政府补贴的情况下，不愿搞氨化的情况经常出现，而种植青贮玉米，可以充分利用全株的营养体。玉米已育出高蛋白和高油玉米，提高了单位面积的生物学产量，发达国家都以栽植青贮用玉米生产牛奶和牛、羊肉，收获谷物不是唯一的目的。大城市、如北京奶业系统都强调种青贮用玉米和高粱，营养体农业很久前已有实例。只是在过去很少重视，因此除水稻和小麦目前依然以谷粒生产为主体。高秆作物向多收获生物学产量发展，可满足现实需求。

我国现用的粮食玉米在不同的收获期作为青贮来利用，其能量和蛋白质的收获量也有成倍的提高（表 1-1 和表 1-2）。

表 1-1　各种收获阶段的玉米营养成分

项　目	原秆中					绝干物中		
	干物质（%）	粗蛋白（%）	粗脂肪（%）	代谢能（兆焦/千克）	可消化蛋白质（克/千克）	粗蛋白（%）	代谢能（兆焦/千克）	可消化蛋白质（克/千克）
青割玉米（乳蜡熟期）	19.58 ±3.62	1.70 ±1.11	0.48 ±0.17	2.18 ±0.50	14.4 ±5.89	9.96 ±3.28	10.04 ±0.54	69.4 ±29.1
玉米子粒	88.70 ±0.70	8.52 ±0.78	4.00 ±0.66	12.09 ±0.21	60.6 ±7.89	9.60 ±0.85	13.64 ±0.25	68.1 ±8.28
玉米秸秆*	91.60 ±1.36	6.6 ±115	1.62 ±0.62	5.27 ±0.17	23.6 ±4.16	7.70 ±1.37	9.62 ±0.17	24.4 ±4.89

* 秸秆与子粒的重量比为 1.3∶1。

表 1-2　各阶段收获玉米的营养成分对比

项　目	667 米^2 产量		绝干物质		粗蛋白质		代谢能		可消化蛋白质	
	千克	%	千克	%	千克	%	兆焦	%	千克	%
玉米子粒	350	43.5	310.5	42.7	29.8	48.1	4 235.2	51.4	21.1	67.6
玉米秸秆	455	56.5	416.8	57.3	32.1	51.9	4 009.6	48.6	10.1	32.4
合　计	805	100	727.3	100	61.9	100	8 244.8	100.0	31.2	100.0
青割玉米										
比收谷实高	4 500		881.1	183	87.8	19.5	8 846.2	109	61.15	189
比收秸秆高				21		42		7		96

注：667 米^2 产量按一般水平估计。

结论：①将普通玉米以收青贮方式收割，每 667 米^2 可得粗蛋白质 87.8 千克，可消化蛋白质 61.15 千克，代谢能8 846兆焦。②在乳蜡熟期收割时，以上三个指标分别比单纯收子粒时高出 19.5%，189%和 109%，其中可消化蛋白质的增产幅度最大，能量也高出 1 倍多。③只收子粒时，只能收到总生物学产量中粗蛋白质的 48.1%，可消化蛋白的 67.6%，代谢能为 51.4%。

以玉米为例，在 667 米^2 产 300～1 000千克谷粒的地方，其蛋白质的收获量不过 30 千克，加上打粮后的秸秆，其蛋白质总量最多也只有 32 千克。如果依然用这种收粮用的玉米品种，在其乳蜡熟期收割做青贮，那么蛋白质产量也可达到 87 千克左右，能量也增加将近 1 倍，据我们 1997—1998 年田间试验已经证明改种粮饲兼用玉米和套种，可以使 667 米^2 产蛋白质达到 200 千克。

一、实施蛋白质工程的意义

如果在数万亩的面积上，每 667 米^2 玉米能产 200 千克蛋白质，同时与草食家畜（以牛、羊为主）结合生产优质蛋白，可以起到划时代的指导作用。主要意义在于：

1. 在中国提出农牧结合的可持续农业模式和相应的农牧业产前产中产后生产系统整合模式。

2. 提出可具体地指导现实生产的典型操作程序。

3. 生产出高附加值的产品，壮大当地农村经济。

4. 发展诸如高档牛肉、优质乳制品等的新型生产工艺。

5. 带动产区周边的农村合作制的发展。

6. 提出由劳动密集型向智力密集型农业经济发展的典型和经验及资本与智力融合的管理经验。

农业可持续发展蛋白质工程，不仅具有宏大的经济意义，而且能同时提高农民收入，稳定农业生产，发展农产品加工，吸收剩余劳力等，具有深远的政治意义。

二、满足各类畜产品生产蛋白质需要的饲料量估算

在“十五”计划确定的国民膳食营养目标中，人均日蛋白量为 77 克，其中动物蛋白

为 27 克，占总量的 35%。要达到这个目标，按全国人口计算全年要产出1 242万吨动物蛋白。按肉、蛋、奶生产的平均饲料粗蛋白转化率为 25%计算，需要提供5 000万吨饲料粗蛋白。在目前我国的饲料资源中，谷物饲料提供1 500万吨、饼粕类饲料提供 700 万吨，其他农副产品、青绿饲料、作物秸秆和动物性饲料提供 800 万吨，合计产量为3 000万吨，尚缺口2 000万吨。这个巨大的量靠什么饲料来解决?

按全国畜产品生产需要的饲料蛋白量来测算，以 2001 年我国生产的肉类总量6 637.1万吨为依据，据刘少伯等测算（表 1-3)，可以客观地反映我国饲料蛋白的缺口情况。

表 1-3　2001 年畜产品产量和短缺的饼粕或玉米

单位：万吨

序号	肉类	产　量	含蛋白（%）	产动物蛋白	转化率（%）	需植物蛋白	需大豆	需玉米
1	猪肉	4 436.2	11.0	488.0	16.9	2 987.5	7 468.8	37 343
2	牛肉	533.7	17.7	94.5	8.0	1 180.8	2 952.0	14 760
3	羊肉	268.9	13.3	35.3	4.0	894.1	2 235.3	11 176
4	禽肉	1 273.2	13.5	171.9	22.6	706.5	1766.3	8 831
5	禽蛋	1 980.0	12.5	247.5	24.7	1 002.0	2 505.0	12 525
6	水产	4 000.0	10.7	428.0	50.0	428.0	1 070.0	5 350
1～4 合计		6 512		789.7		5 768.9	14 422.4	72 110
1+4 合计		5 709		659.9		3 694.0	9 235.1	46 174
1～6 合计		12 492		1 251.2		7 198.9	17 997.4	89 985
1、4、5、6 合计		11 689.4		1 121.4		5 124.0	1 2810.0	64 049

先不计蛋和水产品，目前羊肉生产用强度催肥方法的还不多，牛肉生产还只在少数华北省市较多地用精料，以不用料计算，则表 1-3 中 2 和 3 两类不列入测算的情况下，共需植物蛋白3 694万吨，需大豆9 235万吨，或需玉米 4.6 亿吨。加上禽蛋和水产用料，则分别需大豆 1.3 亿吨，或玉米 6.4 亿吨。

其实 2000 年我国实际生产玉米 1.05 亿吨，是上述测算数目的 22.8%和 11.2%。将所有五谷杂粮的总量都加到一起共 4.05 亿吨，因此饲料总量、蛋白质缺口是非常的大。

假定全国牛、羊肉的生产也都因猪、鸡那样全部舍饲，如表 1-3 所测算，则共需5 769万吨植物蛋白，或者折算成大豆 1.4 亿吨，或玉米 7.2 亿吨，加上禽蛋和水产，则分别需大豆 1.8 亿吨或玉米 9.0 亿吨。

按刘少伯等估计，2001 年从能量饲料中提供植物蛋白为1 662万吨，大豆提供 600 万吨，棉子饼提供 187 万吨，菜子饼提供 265 万吨，糠麸提供 228 万吨，合计2 942万吨，那么 2001 年所需的5 124万吨植物蛋白，相比之下还缺口2 182万吨。

据报道，我国猪肉产量中只有 16.8%是工厂化规模化猪场生产方式，鸡肉生产也约占 50%，即是说只有 745 万吨猪肉和 636 万吨鸡肉生产需要靠现代化饲料厂提供。是分别需要 485 万吨和 380 万吨植物蛋白，合计 865 万吨，如果肉猪料中豆粕占 20%，肉鸡料豆粕占 25%，那么需要玉米为8 411万吨，大豆为 480 万吨。在大部分畜产品靠农家的情况下，我国的饲料蛋白也尚无力自给，已经形成这些饲料在近年大量进口的现实。

三、对饲料工业生产的预测

另据《1996—2020年中国饲料工业发展战略》（1994）推测，我国人均粮食生产能力维持400千克，满足人均200千克/年的口粮还绰绰有余，但却没有更多的粮食用于饲料。

在全力开发饲料资源的基础上，到2020年能量饲料有望自给，但是蛋白质饲料短缺的情况有增无减（表1-4），可见蛋白质饲料的生产是动物农业可持续发展的支柱之一。

表1-4　我国近20年内能量和蛋白质饲料供需平衡

单位：万吨

年份	能量饲料			蛋白质饲料		
	需求量	供给量	缺口量	需求量	供给量	缺口量
2000	25 500	18 900	6 600	4 500	2 100	2 400
2010	34 000	25 700～29 700	4 300～8 300	6 000	2 200	3 800
2020	40 800	36 600～41 600	—	7 200	2 400	4 800

四、按工厂化集约化方式生产的估算

如果我国的畜牧产品都来自工厂化集约化生产方式，仅饲料一项就需要20 037.6万吨，即2亿吨，目前全国城镇人口已达到3.2亿，农业人口9.1亿，分别按每年人需口粮87千克和150千克来估计，分别是2 784万吨和13 680万吨，合计2.785 3亿吨，加上配合饲料的量，4.789亿吨，总共与2000年全国统计的粮食总产量4.621 7亿吨相当，尚差1 673万吨。要满足这个数量以生产玉米为好，还是生产大豆为好？因大米和小麦以口粮为主，是可以暂时不加讨论的。这样畜牧生产就得大量进口饲料，那么进口1 673万吨玉米是个很大的问题。

五、草食家畜和粮饲兼用作物的调剂作用

将草食家畜和牧草、粮饲兼用作物结合，其中以玉米这个高产的作物为代表，单位面积的生物学产量，与大豆比较会是什么情况呢？大豆是低产作物，却是高蛋白，又是能量高含量作物。每千克大豆含能量21.84兆焦，比玉米高43.4%。含蛋白39%，比玉米高4.9倍。含脂肪17.6%，比玉米高4.3倍。但是单位面积的产量只有玉米的1/8。相比之下，当667米^{2}良田能产出60千克玉米蛋白时，667米^{2}大豆只能产出40千克。无疑，玉米是大众化的饲料，又是粮食作物，豆粕在畜禽饲料中只是部分饲料来源，不能互相取代，是全价配合日粮的互补成分。当玉米是主体饲料时，也得依赖其他作物产品的配比。

再将牛羊肉生产的植物蛋白需要量也估算在内，则缺口4 200万吨。因此，除了进口豆粕和玉米外，应该强化本国的饲用玉米和牧草生产，将包括粮饲兼用玉米包括在内的牧草业列入国民经济的计划中去。那时我国的植物蛋白生产面貌会发生根本性的变化，畜产品种类也必然会出现巨大的变化。

生产畜产品，以禽蛋的蛋白质转化率最高，可达 24.7%（不包括牛奶生产）。而肉类中鸡肉的蛋白质转化率最高，22.6%，猪肉次之，为 16.9%，鸡肉的效率比牛肉高 1.8 倍，比羊肉高 4.65 倍，猪肉的效率比牛肉高 1.1 倍，比羊肉高 3.23 倍。如果都是以农田种粮食和大豆来生产，由于单位面积产谷实与产全株蛋白质相比，又少一半的蛋白质产量，那么生产猪肉就不一定在三元结构农业上胜过产牛肉、生产鸡肉依然有较大优势。如果搞冬夏牧草轮作套种。养鸡的优势随着牧草高产优势发挥而下降。在不宜种粮食的地方，牛肉的生产显出较大的效益。干旱的地区则显出羊肉生产优势。区别对待，各自因地制宜发挥优势，则优质蛋白食品供应民众可望有大的突破。

因此，各地区、市、县、乡、镇、村，应该按本地的气候地理特点制定出合理的种植结构，按奶、肉、蛋生产合理搭配，取得最佳效益。

六、肉牛在牧草型饲养条件下高饲料报酬的测算

在用谷物饲养畜禽的条件下，肉牛被公认为是最费谷物饲料的畜种，因为在强度催肥的时期每增重一个重量单位，需要用 7 个重量单位的精料。一般认为美国是人均产粮很高的国家，人均达1 200多千克，所以养得起肉牛，美国在年末存栏肉牛头数达8 000多万头。其实这里面还是有种误解。因为美国农民在牛的长期饲养过程中用的是牧草，为了提高牛肉的风味和品质，肉牛在进入强度催肥期之后是应用高精料日粮的。对此汤姆逊 G. B. 等在《农业和能量》（Agri. & Energy）杂志（77：413—420）公布了一项肉牛生产在饲草型模式下牧草干物量和谷物干物量的消耗量和增重效果，可以看出不同阶段中只有育肥期是用谷物的（表 1-5）。

表 1-5　饲草型肉牛生产的牧草干物质量和增重

生产生长阶段	天数（天）	每单位增重消耗（千克）		总干物量（千克）	增重（千克）
		饲草	谷物		
母牛带犊牛期*	365	26	0	5 330	205
犊牛生长期	200	10	0	1 360	136
育　肥　期	100	1	7	1 088	136
合　　计	665	14.3	2.0	7 778**	477

*　指产犊后到断奶时母子合计的饲料干物质需要。

**　7 778 千克＝饲草6 824千克＋谷物 954 千克，可得 477 千克增重的结果。

这里表明了几点，一是美国肉用母牛是不喂精料的。我国牛只喂秸秆，所以是冬瘦春死亡，不得不补料，加重了单位面积的载畜负担。二是育肥期很讲究提高肉的品质。这个模式在催肥 100 天内，平均日增重达到 1.36 千克，而到 500 千克体重（表 1-5 为 477 千克）时平均每千克增重只消费 2.0 千克谷物。这个饲料报酬指标与肉仔鸡生产体系比较时还要好一些，因为即使是肉仔鸡育肥期可以用 2 千克精料产出 1 千克日增重时，并没有说母鸡在产蛋上的精料、产蛋率等等。所以，肉牛的饲料报酬在全程体系，从母牛到公犊育肥到500千克体重时，用三元农业结构去操作不是低报酬畜种，那么奶用牛的效率就更没有疑问

了，公认是高报酬的。肉羊呢，由于以放牧为主，更有区别，另具特色，并不类同的。

在美国条件下，生产粮食：玉米、小麦、燕麦和大豆，得到表 1-6 的产量。按蛋白质量产量而论大豆蛋白质产量最高，达 636 千克/公顷，以产量计玉米最高，6.30 吨/公顷，生物学价值以大豆最高达 0.75，玉米最低 0.54。但玉米是基本饲料，按其每公顷产 6 300 千克玉米谷实为基数，生产牛肉，在饲喂饲草阶段，饲喂谷物价值和全生产阶段计算，其蛋白质转化率分别为 2、7 和 4。可见用蛋白质转化效率肉牛依然是高效的。

表 1-6　单位粮用农田以蛋白质产量计的各作物效果

谷物名称	产　量	蛋白质含量		蛋白质产量
	吨/公顷	粗蛋白%	生物学价值	千克/公顷
玉　米	6.30	10	0.54	340
小　麦	2.02	14	0.67	189
燕　麦	1.44	13	0.66	123
大　豆	2.02	42	0.75	636

当然从表 1-6 可见美国谷实玉米的蛋白质含量比我国的玉米含 8.0%，要高 2 个百分点。美国单位面积玉米蛋白质产量是我国的 1.25 倍。在这种情况下，1974 年的美国各类主畜禽生产对谷物的利用率，以单位增重消耗的谷物量计算：猪为 6.32，牛为 4.09，火鸡为 3.01，肉鸡为 1.80。催肥时，优质玉米的效果是肉鸡最好，可称谓节粮畜牧业，肉牛业也可谓节粮畜牧业。

饲料作物种植面积在发达国家中占农作物种植面积的 60%以上，而我国只有 1.2%，这主要指青刈饲料作物。由于我国农作物中饲粮不分，谷物都叫做粮食，玉米虽有 30%作为猪、禽饲料，再加上薯类中的饲用部分，统在一起也只占农作物种植面积的 25%～30%。在二元结构向三元结构过渡中，明确将饲料作物概念独立出来，包括前面提到的灌木，扩大饲料作物后再去操作，才会有利于国民经济的有序发展。

可见，肉牛业，在整体上也不是人们所说的耗粮型畜牧业，问题在于把草业，包括高秆粮饲兼用作物搞上去，联动牛、羊，半农半牧区，农牧结合，是 21 世纪的新兴产业。

第五节　粮食种植结构调整的依据

1984 年中国农业科学院就我国农作物种植结构的调整问题已明确指出了粮食产需的地区不平衡问题。

地区的不平衡表现在占全国耕地面积 20%的长江中下游地区，生产了 35%的粮食，占全国耕地面积 17.6%的西北地区，只生产不到 5%的粮食。20 年已过去，苏、浙、闽、粤等省的粮食已经不要求自给，由产粮区成为粮食消费区，东北粮区的优势继续增加，积压玉米的问题在继续强化，两大粮食生产优势地区，不断分化，一缺一积，在饲料价格上区域的分化日益扩大，对畜牧生产产生不利影响。要优化粮畜配制，解除远距离粮食和饲料运输的不必要浪费。各省区就地调整作物种植结构是时代的要求。当时提出的粮食—饲料—经济作物结构依然适合当前的三元种植结构的方向。

第一，南方稻作区逐步扩种 200 万～333 万公顷玉米间作大豆、豆科饲草或高产饲料稻。北方则可以将一部分玉米和大豆改种 200 万～333 万公顷旱种水稻。促进水稻和玉米播种的面积的平衡，减轻南北稻谷和玉米的大量调运。

第二，逐步将 200 万公顷玉米改作青贮玉米，仅此一项可扩养 300 万多头奶牛，使全国人均增加 10 千克牛奶。

第三，利用一部分玉米、高粱地间套种大豆等豆科作物，采取分期收刈，扩大蛋白质饲料来源。

第四，逐步将 667 万公顷绿肥作物作为农区草业，用作饲料过腹还田。

第五，逐步将一部分薯类、高粱、大麦作为饲料作物种植。

第六，将粮食作物由普通品质的作物，改为优质水稻、小麦、玉米等高蛋白质品种。

第七，逐步完成 25°以上坡地改造和退耕还林草工程。

我国山多丘陵多，相当多的地区是坡地种粮，对水土保持是一个危害无穷的作业。根据推算，全国有 25°以上的坡地 667 万公顷，其中西南高原山地 233 万公顷，为 1/3；西北黄土高原 200 万公顷，近 1/3；南方丘陵山地占旱地的 20%左右，约 133 万公顷；东北、华北 67 万公顷。这些都是产粮不高，江河上游水土流失严重地区。中国农业科学院的规划性建议出台仅 3 年，1998 年长江的特大洪灾就暴发了。雨量不是百年一遇，灾情却是千年难遇。山区的粮草轮作兼以植树造林，还青山以良好的植被，才能有绿水，长江才能不会变成黄河第二。全民族的可持续农业生产可施行无疑。

以不同国家而论，由于自然地貌、经纬度、气候带的差异，同在经营草地，有很大的不同，也很难评说谁优谁劣，但是在草地生产力上我国是落后的，按 1992 年的对比，7 个国家的三大类畜产品生产情况见表 1-7。

表 1-7　每百亩草地生产力对比

单位：千克

国　别	牛羊肉	牛羊奶	污　毛
新西兰	487	3 095	155
澳大利亚	38	87	10
美　国	271	1 544	12
加拿大	279	2 001	3
阿根廷	150	242	8
前苏联	139	1 162	8
中　国	12	24	3

农业结构滞后是我国经济发展缺乏动力的根本原因之一，如其中的玉米应调整为粮饲兼用作物。

一、科技进步与畜牧业效益

畜牧业生产水平还与先进科学技术的产业化程度有关。由于品种和饲养水平的不同，表现在单位畜产品耗料比的差别上。自改革开放以来，蛋鸡、肉鸡和肉猪的生产有了长足的进步，国内的先进水平一直引导着行业的进步（表 1-8）。

表 1-8　我国与国外畜产品饲料转化率对比

项　目	蛋　鸡	肉　鸡		肉　猪	
	蛋料比	增重粮料比	饲养天数（天）	增重耗料比	饲养天数（天）
1980 年国内水平	1∶3.5～4	1∶3～3.5	60～90	1∶4.5～5	300
1990 年国内水平	1∶2.8～3	1∶2～2.2	42～49	1∶3.5～4	200
目前国内先进水平	1∶2.5～2.7	1∶1.8～1.9	39	1∶2.8	180
目前国际先进水平	1∶2.4	1∶1.6	36	1∶2.4～3	160

我国国内先进水平与国际先进水平相比，差距比较小，其中蛋鸡的水平与国际最接近，但是我国各地各生产单位的水平参差不齐，因此先进技术的推广有很多工作要做。蛋鸡、肉鸡和肉猪是规模化生产水平最高的，还尚且如此，那么在还没有进行规模化生产的地区，饲料转化率的提高，就有更大的潜力和更多的工作要做。

管理是畜牧业生产挖掘潜力的又一方面，中国家畜的管理相对比较粗放，在生产规模化上比较滞后。据 1992 年统计，按五类畜种的生产水平，我国的猪、羊、禽蛋和奶牛业在发展中国家居领先地位，肉牛业落后，猪、禽行业距世界平均水平依然有一定距离(表1-9)。

表 1-9　我国与世界畜禽生产水平对比（1992 年）

项　目	中　国	世界平均	发达国家	发展中国家
1. 猪　平均每头存栏猪年产肉量（千克）	70	84	115	65
2. 牛　平均每头存栏牛年产肉量（千克）	17	37	85	19
3. 羊　平均每只存栏羊年产肉量（千克）	6.0	5.8	7.4	5.0
平均每只存栏绵羊				
年产污毛量（千克）	2.15	2.48	3.62	1.55
折净毛量（千克）	1.10	1.58	2.50	0.84
4. 家禽　平均每只存栏家禽年产				
禽　肉（千克）	1.6	3.5	5.6	2.3
禽　蛋（千克）	3.6	3.2	4.0	2.7
合　计（千克）	5.2	6.7	9.6	5.0
5. 奶牛　平均每年产奶母牛年产奶量（千克）	1 548	2 021	3 620	842

注：据联合国粮食及农业组织汇编的《FAO Production Yearbook 2000 Vol 54》的资料。

2000 年末，我国每头存栏猪平均产肉量上升到 100 千克，与世界水平相平，但欧洲平均达 122 千克，美国是 137 千克，德国 146 千克，法国 158 千克、丹麦 142 千克，日本 129 千克，意大利 179 千克，澳大利亚 138 千克。澳大利亚不是以牛、羊业闻名于世的吗，养猪业怎么也在我国水平之上呢？科技是关键。2000 年，我国每头存栏牛产肉量迅速上升到 49 千克，超过全世界平均 43 千克的水平，然而欧洲平均为 81 千克，美国是 124 千克，德国是 91 千克，加拿大为 98 千克，意大利为 162 千克，日本 115 千克，韩国 107 千克。每只存栏鸡平均产肉量我国上升到 3.4 千克，提高 1 倍多，然而发展中国家的平均水平达 4.6 千克，也是 1 倍。欧洲平均达 6.5 千克，美国 9.6 千克，法国 9.06 千克，英国 9.6 千克，意大利 11.4 千克。发展中国家如泰国达 7.1 千克，巴西 6.0 千克，秘鲁达 7.2 千克。我国畜牧业 20 年来有长足的进步，然而就其现有水平却值不得满足。

二、饲养业进步与奶业生产

我国每百亩草地生产力的水平低，是传统的畜牧业经营和石油农业概念下形成的。为改变草地经营的实效和可持续农业的发展，在中央的强力推动下，状况有了改变，草地生产力在局部地区出现良性转折。然而这种转变只在少数地区，处于建立可持续发展草业的地区在全国范围内的总量依然很小；沿着粗放牧业做法，“三化”（沙化、荒漠化、盐碱化）地区面积在继续扩大，恶化势头并没有得到有效的遏制。

新西兰的草地良好，风调雨顺的自然因素起着主导作用。美国和阿根廷的草地并不是一直风调雨顺的，我国的草地，西北草原，属于干旱草原，西南有草地，无草原，不是雨季降雨过多，就是旱季干热或湿热。自然情况比以上各草业先进国家都要差得多。

我国的草业就草原论草业尚处于大草原恢复和保护生态的斗争之中，养与种植业，即半农区的粮食农业结合，都是潜力十分巨大的。农区 1.07 亿公顷良地的结构优化比牧区 2.67 亿公顷的草原优化在效果上会大得多。譬如说东北一个产粮县的粮食总产量比青海省全省的粮食产量要高得多。那么保护好江河源头的生态对下游的民众生态、生产、生活的意义远远地比向青海要粮食要肉食要奶食大得多。

几种畜产品的耗料情况按 W. F. Wedin 等报道，能生产每千克畜产品所需的饲料见表 1-10。

表 1-10 几种畜产品耗料比

产品种类	精 料	饲 草
猪 肉	8.3	1.3
牛 肉	5.6	15.0
羊 肉	4.0	30.9
鸡 肉	2.3	—
牛 奶	0.5	0.8

以牛奶生产最省精料，这个材料为 20 世纪 70 年代美国盛行高精料日粮喂猪、牛、羊育肥的情况，实际上不必用这么多的精料，在我国用吊架子加强度育肥的系统，每千克增重的粮食在 1 千克以下。

在大面积生产的总结上，每生产 1 个重量单位的肉，可以生产 4 个重量单位的奶，或生产 1.25 单位的蛋，或生产 0.2 单位的毛。

以奶牛生产本身而言，饲料报酬与母牛的产奶能力有关，每头奶牛的产奶水平越高，所需的精料越多，单位重量所需的可消化蛋白质量也越高（表 1-11）。

表 1-11 不同产奶水平的奶牛所需的饲料量和质量

每头奶牛的年产奶量（千克）	3 000	4 000	5 000	6 000
饲料单位/（头·年）	3 450	4 200	5 100	6 000
饲料单位/千克奶	1.15	1.05	1.02	1.00
千克精料/千克奶	0.216	0.257	0.339	0.354

（续）

每头奶牛的年产奶量（千克）	3 000	4 000	5 000	6 000
可消化蛋白质/饲料单位 精料千克/（头·年）	98 665	102 1 050	106 1 722	110 2 180

当母牛一年的产奶量达到6 000千克时，每千克奶只需1个饲料单位，在只能产3 000千克时，每千克奶却需1.15个饲料单位。但是加上牛的体重不同，生产每千克奶的代谢需要不同，生产每千克鲜奶的精料需要，是高产牛的要求高，为每千克奶必须0.354千克精料，一般产奶量，如3 000千克年产奶的，只需0.216千克精料。通常所说，1千克料产3千克奶是指年产6吨以上的高产牛，而低产牛为1千克料可产4.5千克奶，是指年产3吨的牛。

以新西兰为例，奶牛不依靠精料，而是以优质牧草为基本饲料，全国黑白花牛平均产奶量是3吨，表现为成本低，奶质好，在国际上新西兰的牛奶制品最具价格的竞争力，并不是个体牛的高产，而是低成本和优质。在我国农村这是可推广的范本。

对于高产奶牛来说，要养出高产奶牛，饲料的蛋白质水平必须提高，如表1-11对于6 000千克产奶量的牛，每个饲料单位要求有110克蛋白质，而对于3 000千克产奶量的牛，只要求98克蛋白质。因此规模化牛场的奶牛要高产，必须在高蛋白质牧草上下功夫，如种植苜蓿、三叶草、籽粒苋、高蛋白质玉米等，不是靠玉米，而是靠含高蛋白质的饲草。

我国人均产粮保持400千克上下，能量有余，蛋白质不足，加强牛奶生产是最为合算的。比较印度全国人均产粮在200千克上下，但对种草很重视，人均生产奶70千克，是我国人均的10倍，应该认真考虑，把他们农户养奶牛、牛奶运输、初加工技术推广、农户奶业合作社的一条龙操作模式学过来，形成中国特色的奶业，可谓创新之举。

奶牛生产上，近年我国有大的发展，头均达到1 639千克，比印度的头均917千克高得多，但是印度人均占有牛奶70千克，我国人均不到8千克。印度是普遍发展奶业，以当地牧草为主，不在精料上，对广大农民提供低价的牛奶，是其非常主要的成功秘诀。当然作为人口密度很大的邻国日本，平均每头奶牛产量达6 641千克，也值得我国人口密度大的地区学习。2000年世界10个高产奶牛的国家见表1-12。

表1-12　10个高产奶牛国家

国　别	奶牛量（万头）	平均每头产奶量（千克）
以色列	12.2	9 787
美　国	909.7	8 388
沙特阿拉伯	7.5	8 035
瑞　典	42.8	7 717
韩　国	30.5	7 357
加拿大	110.5	7 324
丹　麦	61.4	7 271
荷　兰	150.0	7 200
日　本	128.0	6 641
芬　兰	38.8	6 452

奶业生产是畜牧业的强项，却是我国的弱项，应该是今后几十年的重点突破点，原因有三：一是它的营养和转化效率高。二是它与种植结构和调整关系最密切，效果最好。三是它对强民富国，关系深远。

以生产牛奶和生产猪肉的对比，据周鼎年转报，一头年产5 000千克牛奶的乳牛，一年要消耗饲料单位3 804个，其中精料1 284，青贮 700，干草 720，块根 200，青饲 900。以同样的3 804个饲料单位的饲料来养猪，以出栏为 85 千克的肥猪作比较，共需 303 个饲料单位，其中精料 210，青贮 35，块根 20，青饲 38。可供 12.5 头猪育肥所需，按出肉率70%计算可得 743 千克猪肉。两者在产品营养成分上的表现如表 1-13 所示。

表 1-13　5 000千克奶量与 743 千克猪肉的生产能力

单位：千克

种　类	产　量	营　养　成　分				
		蛋白质	脂　肪	糖	热　量	钙
猪肉	743	124	177	8	245	0.084
牛奶	5 000	155	175	300	335	6
牛奶优势（+、-）		31	-2	292	90	5.9
猪肉占牛奶%		80	101	2.7	73	1.4

生产5 000千克牛奶用1 284千克精料，是在依靠青饲为基础的，青饲质量好，这 1 吨多的精料能发挥优势，如果没有好的青饲，譬如用枯黄玉米秸或打过玉米谷粒的玉米秸去做饲料，那时候精料发挥不了应有的效益。再之，当我们进一步提高青饲的品质，如加上豆科牧草，可以向世界十大高产奶牛群的水平看齐。当然新西兰的奶牛平均单产不在 10 名之内，低成本高经济效益是奶业立本，单头奶牛高产只是一种衡量方式，但不是唯一方式，否则新西兰为什么不去赶以色列呢？

三、动物蛋白的生产潜力

蛋白质是由各种各样的氨基酸构成的。动物蛋白属于优质蛋白，因为它的氨基酸成分比较完善；植物性蛋白又叫“不完全”蛋白，也就是说在它的成分中缺少一种或几种人类必不可少的氨基酸。如玉米的蛋白质中特别缺少赖氨基酸，所以人类对玉米蛋白的消化率只有 53%，而鸡蛋的净蛋白消化率则高达 94%，牛奶的达 82%，牛肉为 73%，如果在植物性蛋白中适当地加入它所缺少的合成氨基酸和必需的维生素和矿物质，从理论上说也同样可以满足人类的营养需要。但是要完全满足热能和其他营养的需要时，这种配制的日粮在体积上将超过人的胃纳容量，因此在植物性食品的基础上，调剂一定量的动物性蛋白，才能满足人类生活的需要。

由动物生产的蛋白有些是可以吃的，譬如乳、肉、蛋，称作可食性蛋白，而毛绒、皮革、皮毛等则为非食用蛋白，是工业原料（虽然猪皮通常都称作猪肉之例）。在动物活着的时候，这些组织都参加着新陈代谢过程，在计算饲料报酬时都在动物的活重中进行统计。

由于不同畜、禽种类对饲料的要求不同，而且对各种饲料的利用能力也不同，在各种可食性动物蛋白质的生产过程中，饲料的利用效果亦不一致。以动物活体重量做计算单位，在肉用仔鸡生产中每养成 1 千克活重需要 2.5 千克饲料，在猪肉和鸡蛋生产中每千克活重或蛋重需要 5 千克饲料，在牛、羊肉生产中每增加 1 千克活重需要 8～10 千克饲料。当然各类家畜、家禽所要求的精料和草料在日粮中的比例是不同的。笼统地说，是鸡、猪要求精料多，牛、羊要求草料多。在饲料报酬上能否达到较好的指标，那就要看该生产单位掌握的饲料来源和经营管理水平了。鉴于饲养各类家畜、家禽的精料用量不同，单位面积可食性蛋白质的产量，即肉、乳、蛋等产品又都按其蛋白质成分计算，所以各种畜产品的生产经济指标之间差距很大。例如在美国，每 667 米^2 饲料可生产鸡蛋 12 千克，或肉仔鸡 6.1 千克，或牛奶 5.5 千克，或猪肉 4.3 千克，或兔肉 3.7 千克，或牛肉 3 千克。如果以饲料蛋白转化为动物蛋白的效果计算，0.5 千克饲料蛋白可生产 0.16 千克奶的蛋白，或 0.135 千克鸡的蛋白，或 0.09 千克小鸡肉的蛋白，或 0.045 千克猪肉的蛋白，或 0.03 千克牛肉的蛋白。显而易见，养鸡和养奶牛从土地利用面积和饲料蛋白的消耗来看，效果都是最好的，养肉牛的报酬最低。

根据饲料来源来决定经营某一种牧业是发展畜牧生产的资源依据，整个社会对某一种畜产品的传统或特殊的要求，则是发展畜牧业的经济依据，而且打开某一种牧业高速度发展大门的往往是这把经济钥匙，这种经济上的要求在一定时期内起着主导作用，在计划畜产品的生产中都应首先加以考虑。其他还有农业对肥料、畜力的要求，产、销两地之间的运输量等，都是要统筹计划的经济问题。

我国各地饲养畜、禽要因地制宜。

同一类家畜的消化能力都大体相同，不受地点影响。凡是种植业水平越高的地方，畜产品的生产能力亦越强。

城市工矿区对畜产品的要求量大，而奶、蛋又是运输量大的产品，养鸡和养奶牛要用较多的精料，因此在大中城市、工矿区附近经营奶、蛋业最为有利，农业区对畜牧业有肥料的要求，适宜经营养猪业。凡是山岳、丘陵间杂不宜农耕的地区则可放牧牛、羊、鹅，能起综合利用的作用。河川湖泊交错之地，养水牛和放鸭有自然之便。林木繁茂地区的树叶是山羊的好饲料。庄稼秸秆多，农副产品丰富的地区可多养牛、驴等耐粗饲的家畜。在人口密集的地区高度机械化地集中饲养某一类家畜最有利，在较偏远的地区则以饲养多种畜禽较为有利。

我国农业机械化尚有一段机、马、牛相结合的过渡阶段，在机械能力和畜力较充足的地方和单位，养牛业可搞奶肉兼用，畜力较紧张的单位，可多偏重于役肉兼用，在农区的许多地方，不如以乳肉兼用为好。在围城区以养纯乳用牛，在偏远地区以乳肉兼用牛为好。

我国草原面积比农田大 1 倍以上，但提供的肉品还不到全国肉产品总产量的 1/20，这一方面说明农区生产畜产品的潜力很大，另一方面说明牧区的经营管理水平很低。发掘牧区潜力的关键在于提高草原的生产能力，我国的草食动物有自己的特点，必须因地制宜充分利用。国外有畜养火鸡的习惯和驯养羊驼、水猪等趋向，而我国高原的牦牛，沙漠之舟的骆驼，干旱草原的大肥羊，南方水乡的水牛，关中地区的大型毛驴，都是耐粗饲的家畜，种类多，地区适应性强，为其他国家所不及，因此完全可以结合南、北方或高原草原特点大力发展畜牧业，使畜产品的产量成倍增加。

高速度地发展现代化的国民经济，需要相应发达的畜牧业，而现代化畜牧业的实现则要我们付出辛勤的劳动和智慧。

第六节　动物饲草结构基本模式

三元结构的种植业中的饲料部分以饲草形式出现，可以是带子实在内植株饲草，如玉米整株青割，也可以是纯茎秆型的饲草，如苜蓿。下面以这两类的植株产量为例，计算其可能获得的生物学产量。

一、一年生套种结构

以玉米等作为夏秋作物，小黑麦为冬春作物进行轮作，保证农田冬春无裸露地面，为奶牛提供优质青饲或青贮。玉米以高油玉米为主，一部分籽粒苋，作为秋收，估测的产量为：①高油玉米，合 667 米^2 产谷物 700 千克，青秆1 500千克，合计提供蛋白质 154 千克，或者籽粒苋产鲜草9 000千克，折合干草 900 千克，提供蛋白质 153 千克。②以小黑麦为春收作物，带穗收获，667 米^2 产 400 千克，获蛋白质 56 千克。春播作物也可以是墨西哥玉米，或其他高蛋白的高秆作物。秋播作物也可以是黑麦草等越冬牧草。

方式	667 米^2 产蛋白质量（千克）
高油玉米＋小黑麦	210
籽粒苋＋小黑麦	209

这两种组合中，高油玉米或籽粒苋都是奶牛进入产奶高峰期有效的增产饲料，高油玉米又是肉牛强度催肥期的高能饲料。玉米收子粒时是猪鸡的高能饲料。

二、多年生牧草结构

以苜蓿为代表，中等收获水平为估算，见表 1-14。

表 1-14　苜蓿的蛋白质产量

苜蓿收获年度	干草产量（千克）	蛋白质产量（千克）
第 1 年	800	136
第 2～5（6）年	1 000	170

这两种方式，玉米＋小黑麦类的可以达到 667 米^2 产 200 千克的蛋白质，是同类肥力农地种玉米，打谷实所获产量的 4 倍，养奶牛时每 667 米^2 地比 667 米^2 粮地产出的生物学产量增产 3 倍，玉米收子粒时，有晒场、脱粒以及仓储过程的防潮、防蛀、防鼠害、倒库等必需过程。对于农户来说是收获期农忙，要解决接茬问题，在种植时期成本是同样的；对于国家来说是要建粮仓，及其严格的管理。作为奶牛青饲或者青贮时，只要切铡和建一部分青贮窖。种饲料户是成倍的增收，即使不是 4 倍而只有 3 倍，每 667 米^2 地毛利在1 800～2 000元。

种苜蓿户，以5年倒一次轮种作业计算，第1年毛利640元，第2～5年各为800元，5年平均为每年收入768元。多年生作物是种植年的一次性投入大，以后是管理，按每667米^{2}用种子费20～25元，除草剂10元，根瘤菌10元，播种费20元，耕耙费30元，平均每年在20元左右，及其他平均每667米^{2}每年净剩530元左右，种植户与养牛户分开的情况下，供应饲草成为专业户，是有利可图的，在原来是农田的情况下，一年生套种结构是每667米^{2}地的饲草生物学产量和经济收益都比较高的，在原来为非良地，如半干旱带、坡地、偏碱地、撂荒地等多年生牧草结构是更占优势的。

三、奶牛农业模式

1. 奶母牛饲养 奶牛以高产奶牛每头牛日平均产奶24千克，年产奶7 200千克水平，饲草以优质高产牧草，含玉米青贮和苜蓿，饲料饲草俱为购入的情况下，经济效益的计算可按表1-15估计。

表1-15 奶牛饲料配合方案

饲料名称	千克数	每千克估计草价（元）	折合单价（元）
配合料	12.0	0.80	9.60
油粕	1.3	0.80	1.04
豆饼	0.4	0.90	0.36
苜蓿干草	5.5	0.80	4.40
青贮玉米	16.0	0.40	6.40
块根类	1.0	1.00	1.00
酒糟	3.0	0.20	0.60
合计			23.4

饲料投入为23.4元，饲养员工资，其他投入以每头每日摊8元，合计31.4元，当牛奶每千克售价为2元时，收入48元，即成本占60%左右，全年的青贮约为5 000千克，苜蓿约为1 600千克。奶牛转化效益，以每天利润15元计算，300天的利润是4 500元。

2. 奶公犊育肥 奶公犊是肉用牛生产的重要部分，以200～400千克活重，催肥到7～8成膘情，可以用次等级苜蓿和青贮，用表1-16配方。

表1-16 奶公犊一般催肥日粮方案

饲料名称	千克数	每千克估计单价（元）	折合单价（元）
玉米	0.4	0.72	0.288
麸皮	0.4	0.76	0.304
苜蓿	1.0	0.80	0.800
秸秆	8.0	0.04	0.320
食盐	0.01	0.80	0.008
酒糟	4.0	0.20	0.800
饼粕	0.6	0.80	0.480
合计			3.000

以饲养到 400 千克计算，每日平均增重低于 0.6 千克，全年是费用为 365×3.000＝1 095（元）。若犊牛出生，由母牛饲养费折1 000元为其成本，那么到 400 千克，一周岁时的成本是2 095元。目前到产地去收购一头体为 400 千克的公牛，需3 400～3 800元，比养母犊便宜1 400～1 700元。其实在组织这个配方时，日增重只在 600 克的情况下，玉米和饼粕可以不加，麸皮也可以减少，如果每天省去 1 千克精料，日增重略低一些，牛膘也不求中等，那么每天的饲草费可以控制在 2.0 元以内，那么每头还可以增收约1 000元，合计净利在2 500元以上。

小结：每 667 米^2 农田可以支持饲养高产奶牛的能力。从以上的测算，以每头奶牛年需玉米青贮计算，为5 840千克，合1 460千克干物质（折 154 千克植物蛋白），为 467 米^2 的优质专用玉米的产量，每头奶牛年需苜蓿干草2 007千克，为 341 千克蛋白质，两者合计 495 千克，再由其他饲料提供约 100 千克饲料蛋白质，共计 600 千克，于是大约2 000 米^2 中等肥力的农田可以承担一头 7 千克以上产奶量的母牛，其毛利为 1.4 万元，纯利为4 500元，那么9 500元的各种开支中大部分是青贮玉米和其他饲料供应户的收入。

按照饲料外购方式，每头奶牛的纯利额，带动双倍饲料供应户的毛利额，每2 000米^2 农田支持一头高产奶牛时，每 667 米^2 饲料轮种田不计越冬作物收入为1 500元鲜奶影子利润；因为青贮玉米亦好，苜蓿亦好，产品的售价是随行就市的。影子利润只是一个论证值，是对饲料生产者利益时估算。

奶公犊收入是附加值，因为大多奶牛户可能不搞公犊育肥，此时，由专业户经营，每头长到 400 千克的牛需要饲料蛋白质，按表 1-16 配制，利润测算为2 500元。

第七节　几种三元结构种植的实践

一、山东省禹城、高密青饲料套种模式

据我们 1996 年以后在山东高密市肉牛实验基地的试验，以后由科学技术部的“九五”科技攻关项目等总结，其中三元种植结构模式在几个县市取得表 1-17 所示结果。

表 1-17　1999 年三元结构种植每 667 米^2 收益

地点	配套作物和方式	能量单位（RND）	蛋白质（千克）	收益（元）	高于对照组（元）
禹城	冬牧 70-饲用玉米	1 726.6	295.2	2 155	1 100
	冬牧 70-甜高粱	1 170.8	285.7	1 160	105
	冬牧 70-春夏玉米	1 542.0	261.3	1 251	196
高密	小黑麦-春夏玉米	1 478.4	179.7	2 115	1 352.8
	小黑麦-春甘薯春玉米	1 570.1	237.7	1 220.4	458.2
	小黑麦-籽粒苋	1 071.4	252	2 098	1 335.8

注：RND 为肉牛能量单位简写，山东省肉青粗饲料生产技术专题组。

三元结构种植模式的观念是新事物，与我国人民所习惯的粮食农业观念是格格不入的，种玉米不收粮食而将整株玉米在未成熟前打碎入地窖，很难推广。由既收粮食，又收青绿的茎秆入手，介入示范的籽粒苋，由不会种新作物，到总结经验，可以从初期的大体

上达到实验目标，推算出应有的生物学产量，达到1999年的总结效果。按照农作物的农艺性状和生物学产量潜力1996年山东高密市肉牛中心开始试验。

（一）籽粒苋结合的三元结构试验 用籽粒苋作为三元结构种植的一个组分，曾由中国农业科学院孙鸿良供种并指导。现场测定在山东高密市肉牛良种繁殖基地进行，用籽粒苋提供优质蛋白质饲料，以繁育进口良种牛。结果表明，用3.87公顷籽粒苋的青茎叶足够维持5头青年种公牛和58头青年母牛的胚胎移植工程所需的粗饲料。以籽粒苋田计算是900米^{2}地养1头大型母牛，体重为500千克左右，全年总增重为7 710千克，相当于增收15.18万元。若加上5.67公顷的小麦和玉米的秸秆，平均为2 201米^{2}养一头牛。种苋养畜是农民致富的途径之一，作为青饲料的籽粒苋在三元结构中占有重要地位。

下面就试验情况作一简要介绍。

高密是胶东的农业县市之一，处于东经119.7°和北纬36.4°，属海洋性气候，年降雨量不足600毫米，主要集中在6～8月份。籽粒苋是首次引入该地。高密肉牛实验基地的土质是胶黏土，易于板结；基地是用胚胎工程繁殖意大利皮埃蒙特牛纯种的场所。引种籽粒苋的目的：一是生产高蛋白质的青饲料，降低肉用牛制种成本，保证育成牛发育期的营养需要。二是探讨用多少土地面积可能饲养一头成年母牛的农业生产模式。为此在种植计划中纳入籽粒苋的面积，探索三元结构农业的效益。

1. 试验目的主要有三方面 ①籽粒苋种植技术的探索（选用籽粒苋品种为R104，适应性强，适口性好）。②鲜割籽粒苋青贮技术的探索（用籽粒苋茎叶与玉米、小麦秸秆混合窖贮）。③饲养效果估测（供试牛品种为良种肉牛皮埃蒙特供试头数：公牛5头，母牛58头）。

2. 结果分析

（1）种植情况 割穗田。1996年5月3日播种，共1.3公顷。遇春旱，出苗不齐，移栽后667米^{2}达4 000株，行距70厘米，株距15厘米，播深1～2厘米。底肥为棉子饼每667米^{2}20千克。苗高10厘米时，中耕除草1次，增施氮肥10千克。出苗期浇水1次，6月上旬降小雨1次，6月中旬苗高30厘米后，生长迅速，日平均长势约7厘米，6月底现蕾，7月20日株高1.7米，最高2.2米。株直径平均3.5厘米。8月割穗，割后发出新枝继续生长。

青贮田 1996年6月1日播种，共1.87公顷。行距65厘米，株距0～15厘米，667米^{2}平均9 000株，出苗后喷洒1 605和氯氰聚酯。追钾肥，每667米^2 12.5千克。因苗过密，间苗后，于7月20日测定，株高平均1.7米。7月21日割喂，留茬30～40厘米。每平方米平均18株。青割重5千克。估测头一茬产量为每667米^2 3 330千克。第二茬到8月中旬收割，株高约1.6米，估产每667米^{2}2 300千克。

夏播观察7月4日在麦茬田播种667米^{2}行距60厘米，7月11日出苗，26日补苗。生长略慢，9月20日青割，株高1.8米。估计667米^{2}产2 800千克。

以上籽粒苋按青贮田以3.87公顷播种面积计算。最后一次刈割留茬15厘米，作为下面接茬作物的绿肥。接茬作物有小麦和黑麦两种。

按喷灌的用水量估算，相当于小麦的41%～46%，或玉米的51%～61%，比较耐旱，大风时，无倒伏和折断现象，苗高30厘米后，喷灌后长势良好。

(2) 青贮情况 夏贮时多雨，青割籽粒苋不晒制，而与去穗玉米秸和干小麦秸混贮。三者比例按自然重为7∶1∶3；因小麦秸不足，实际比例为7∶1∶2。夏贮入窖量为1.87公顷的苋茎叶，贮量为125吨。

秋贮入窖青贮合计2公顷的苋青茎叶，合150吨。其中籽粒苋80%、脱穗玉米秸20%，也就是籽粒苋120吨，玉米秸30吨。以上两窖合计275吨，含小麦秸的青贮蛋白质含量约为8.5%；无小麦秸的约为12.5%。

籽粒苋的营养成分据莱阳市龙大食品厂分析室测定，含蛋白质：叶片为28%、茎秆为14%。比小麦秸含量高出4.4倍。合2.7千克小麦秸顶0.5千克籽粒苋的干物质重量。

(3) 饲喂肉牛情况 全场饲养青年公牛5头，平均体重800千克，胚胎移植用青年母牛58头，平均体重450千克。自1996年9月初开窖到1997年6月末基本喂完，共约300天。此期间，牛的日增重，公牛约500克，母牛400克。平均每头保证4.365吨青贮。青年母牛空怀和初妊期每日供混合精料1.5～2千克，青年公牛3千克。

成本匡算，每千克青贮单价：籽粒苋茎叶为0.232元，小麦秸0.1元，玉米秸0.06元。折合每头牛全期青贮饲料399.20元，以上不包括精料和额外补饲的麦秸。种植籽粒苋成本合每千克0.0696元，仅比收购的玉米秸价值略高。

(4) 小结和讨论 用3.87公顷籽粒苋做青贮饲料，在制青贮时为调节湿度及糖化饲料成分，加入67.5吨小麦、玉米的秸秆，后者相当于5.67公顷小麦和玉米地的秸秆量。若以9.53公顷地饲养63头牛按300天计算，相当于全年饲养43头牛，平均2 201米^{2}地养一头牛。条件为鲜籽粒苋的667米^{2}产6 500千克，其中用籽粒苋地饲料供应量为867米^{2}地养1头牛，可见用籽粒苋做青贮效果是很好的，而国际上一般是1公顷牧草地才能养1头牛。

本试验预期刈割3次，667米^{2}产籽粒苋青料9 000千克。因第一年试验，收割不及时，只割2次，加上苗期管理和追肥不足，未达到预期产量。

以上饲养结果，试验期间牛的总增重达7 710千克，增收15.18万元。此外，我们仅用了以上5.67公顷小麦、玉米田的秸秆，而其产粮67.5吨，合4.05万元的收入尚未计算在内。每千克肉牛净增重的成本才3.262元，可见具有明显的经济效益。

(二) 小黑麦结合三元结构试验 用小黑麦作为三元种植结构的一个组分，曾由中国农业科学院孙元枢供种并指导，由山东省高密市生态农业和产业化实验基地杜建文具体执行。

小黑麦是小麦和黑麦属间杂交，染色体数加倍，人工合成的一个新物种，它保持了小麦的丰产性和早熟性，还保持了黑麦的抗病性、抗逆性和营养体生长繁茂的特性，其蛋白质和赖氨酸的含量高于小麦和黑麦两个品种的有关含量，是一种粮饲兼用作物。本试验引种了6个品种，观察其在农牧结合中的实用价值。

下面就试验情况作一简介：在试验中的小黑麦和黑麦品种共计6个，其中1个为黑麦，品种为冬牧70，5个为小黑麦，品种为普通小黑麦WOH828和WOH830，杂交系H1890，核不育系NTH237，四倍体4R507。以上品种中冬牧70和WOH830为抗寒性较弱的冬麦品种，其他抗寒性较强。

各品种的播种量都为每667米^{2}地1千克。1996年9月30日播种，1997年3月4日返青，其中4R507为3月6日返青。拔节期以冬牧70最早，为3月28日，其他品种中WOH828为4月1日，H1890和NTH237为4月2日，4R507为4月5日。霜期只有4R507受轻度霜冻。苗期H1890和NTH237的青春苗生长强壮。以上几个品种田间测定结果如表1-18所示。

表1-18 小黑麦品种田间测定结果

项　目	冬牧70	WOH828	4R507*	H1890*	NTH 237*	WOH 830
成熟期（月．日）	6.10	6.14	6.22	6.14	6.14	6.11
最大分蘖数（个）	9.3	7.4	8.1	7.0	7.6	7.2
开花期单株鲜重（克）	7.23	7.10	6.50	7.12	7.25	7.15
合每667米^{2}单株数（个）	532	490	554	426	453	453
株高（厘米）	160	130	115	130	145	135
开花期鲜重（千克）	3 853	3 834	3 605	3 038	3 287	3 241
合干重（千克）	966	871	901	759	822	810
每667米^{2}子粒重（千克）	245	225	160	175	295	275
子：草比（1：x）	3.94	3.87	5.63	4.33	2.79	2.94

* 为抗寒品种。

近成熟期时4R507和NTH237的植株依然保持青绿。以上试验的种植面积比较小，而对比条件相同，在性能上依然可以看出各品种之间的不同。①按产草量计算，以冬牧70最高；在抗寒品种中以4R507最高。②按产子量计算，以WOH830最高；在抗寒品种中以NTH237最高。③按子粒与产草量的比例计算，以4R507最高，H1890次之。

1997年春是春旱年份，以上对比在无底肥的情况下进行，前冬是籽粒苋留茬地。全期只在5月末浇过一次春水，并且没有发现病害、虫害和倒伏现象。

结果分析和讨论：据中国农业科学院作物研究所孙元枢等报道，小黑麦H1890的产量在正常施肥和灌溉条件下，667米^{2}粮食产量达270.5千克，为丰产8号小麦的粮食产量283千克的95.58%，为大麦产量204.2千克的132.5%。可见是可以达到小麦粮食产量且产草量很高的作物。

据该所的分析，在500多个试验中，各种小黑麦的蛋白质含量为11%～18.8%，比小麦高出11.5%～30%，说明其蛋白质产量比小麦要高。小黑麦赖氨酸含量达0.51%，比小麦高出33%～50%。据能量测定，每千克小黑麦在饲喂单胃动物时，能量为15.5兆焦而优于大麦，小黑麦精粉的能量为17.0兆焦，比鱼粉的能量高出13%，由于小黑麦的γ-淀粉酶活性强，在动物体内消化，糖分积累优于小麦和黑麦，为肥育的优良饲料。在通常情况每667米^{2}的鲜草产量可达2 000～3 000千克，折合为500～750千克干草。

以上材料说明，小黑麦是冬季的推荐作物，由于收割早，所以不影响春玉米播种。在农牧结合上可提高优质蛋白和能量的生产量，在有轮作制经营或耕地面积较大，或闲荒地较多，高寒山区小麦产量不高的地区，都宜种植。

本试验因面积较小，按通常的干草产量为700千克估算，蛋白质含量按14%估算，每667米^{2}能产104千克蛋白质；能量按15.5兆焦估算，每667米^{2}能产10 850千焦。这个估算值在生物产量上约比每667米^{2}能产350千克子粒的玉米，在营养成分上高出1.2

倍的产量。

试验结果说明小黑麦抗旱，在贫瘠土壤种植能保产，与青贮作物播茬的可操作性好。收获干草或青草以 4R507 最好，WOH828 其次，以收子粒重以 WOH830 最好，WOH828 其次，而冬牧 70 在产草和子粒上部优于小黑麦。唯小黑麦子实与小麦相等小大，可以作为粮食之用，面筋率高，适于培烤。冬牧 70 为优质冬季牧草，都可以列入三元种植结构。

（三）饲用玉米密植试验　除以上介绍高密肉牛中心的玉米高密度种植效果外。杜高唐等在滨城的试验，麦茬饲料玉米，以每 667 米^2 4 000株为对照，6 000株、8 000株和 10 000株为试验，麦茬田土质为壤土，含有机质 0.995％，合氮 0.0459％，速效磷 8.03 毫克/千克，速效钾 126 毫克/千克。按翻耕前施土杂肥2 000千克，磷铵、过磷酸钙各 30 千克为底肥，常规的农田管理，获得的产量如表 1-19 所示。

表 1-19　饲用玉米不同种植密度的增益

组别	667 米^2 密度（株）	鲜秆产量		子 粒 量		鲜秆折合子粒量合计		
		千克	％	千克	％	折合量（千克）	合计量（千克）	％
1	4 000	2 465	100	407	100	379	786	100
2	6 000	3 229	131	357	88	497	854	109
3	8 000	4 012	163	286	70	617	903	115
4	10 000	3 722	151	182	45	573	755	96

作者的结论是每 667 米^2 密度为8 000株的产量比以生产粮食为主的玉米田在鲜秆上增产 62.8％，要生产粮食，是每 667 米^2 4 000株最好，如果将鲜秆折成子粒量，粒秆合计是以每 667 米^2 8 000株最好，现在的问题，以收玉米粒为目的时，每 667 米^2 总蛋白质产量（粒加秆）为 49.5 千克。密植提高到8 000株，还是以收粒为目的，每 667 米^2 总蛋白质产量为 52.3 千克，提高不多，自然是没有优势。因此，在确定以青饲或青贮为收获目的之后，按常规密度去种玉米是得不偿失的。按杜高唐等试验按8 000株的收获是最高蛋白质是可以达每 667 米^{2}120 千克以上；若将品种改为饲用玉米，则可收获 150 千克以上的蛋白质，冬季种冬牧 70 或小黑麦，每 667 米^2 可以获得 200 千克的蛋白质。

因此，密植与品种改换要同时进行，否则增产的效果也有，但是不很理想。

二、四川省洪雅县山岳草畜模式

（一）山地种草和生态经济效益　洪雅县是全国生态保护成效卓著的县，阳坪种牛场是农业部的种牛场之一，经济实体名称是雅安市农工商实业有限公司，为农垦企业，行业归口部门是四川省农业厅农场管理局，于 1951 年成立，到 20 世纪 80 年代饲养有荷斯坦牛和西门塔尔牛之后又引入波尔山羊，成为全国性的种畜场。当地雨量大，温度高，牛场以种植牧草来做青割和青贮。场地在一个台地上，牧草选择对路，农田土壤保护良好。

据该场资料，当地常有每日雨量超过 50 毫米的情况，在地表草本植物稀少的林地，雨水冲刷量比草地高 45％，在当日雨量达 340 毫米时，坡地每 667 米^2 水土流失量是 450

千克，耕地为238千克，在一般草被良好覆盖的地表为40千克，有牧草种植覆盖的仅仅为6.2千克。在退耕还草工作中，坡地种多年生牧草的地表径流比种草的下降30%，受冲刷量仅为耕地的22%。

阳平种牛场常年保持黑麦草和牛鞭草100多公顷，进行轮割，饲养以上两种家用牛种共800余头，仅精料为购入。生产阳平牌乳粉及其他乳制品，由于草料均为纯天然，被评为绿色食品。该场在扩展业务时，于1998年带动周边农户，与9个乡镇，156家农户签订有鲜奶回收加工合同，控制雅安市奶牛450余头，"公司＋农户"计划的第二年已初步实施政府发展1 000头奶牛计划。2000年入盟的有630户，产值1 144万元。户均达1.8万元，最高户达6万元。阳坪场在1998年实现销售400万元，利润40万元，上缴税金8万元。2000年实现产值4 600万元，利税200万元。全场职工人均纯收入7 900元。

在农户中推广种草和养奶牛。如在花溪镇孔坝二社，36户177人参加，2000年种草6.7公顷，养奶牛44头，交售鲜奶195吨，纯收入15万元，奶牛一场人均纯收入1 954元。在公司的影响下，到2000年6月全洪雅县累计完成退耕面积约667公顷，推广牧草最多的是多花黑麦草、串叶松香草、墨西哥饲用玉米，在水肥保证的条件下，667米^{2}产鲜草6 000～11 000千克，合干物质产量1 000～1 400千克，667米^{2}产蛋白质200～400千克，比同期粮食生产提供的植物蛋白质高出3～4倍。

生态和社会效益方面，当地属亚热带季风气候，为季节性山地气候，冬无严寒，夏无酷暑。境内沟壑纵横，山谷狭隘，相对海拔高度差较大。在种植牧草后，土地含水量提高8%，高山区人工种草地比坡地减少水土流失74.4%左右，每667米^{2}可以满足3～4只山羊放牧用草，收入1 000～1 200元。国家林业局对此调查的结论是：种草先行，林草间作，草竹间种，五种共生。以短养长、取得退得下、稳得住能致富，不反弹的效果，符合中央要求。

据调查种草养猪，667米^{2}多花黑麦草可供育出栏肥猪20头，在用粮993千克的条件下，增收1 160元，节省大量粮料，供100只肥肉鹅，年收入达1 000元，养长毛兔80只，年收入4 800元。1 000米^{2}人工牧草饲养1头奶牛，纯收入5 000元。

2001年，洪雅县以奶牛业为重点，发展到21个乡（镇）60余个村，5 000多农户，户户种草，全县共计人工牧草0.97万公顷。奶牛15 820头，年产鲜奶16 265吨多、纯收入2 710万元。全县牧产值2.56亿元。占农林牧渔业总产值的54.48%。农民推广的模式为："饲草净作，稻草轮作，竹草间作、果草间作等。"奶牛饲养小区模式为："集中建场、分户饲养、企业建站、机器挤奶。"

1998年以来，洪雅县先后实施了良繁体系、防检体系、服务体系建设，推广了农业血防"四突破"项目。建立了无规定疫病建设示范项目，南方草山草坡开发示范工程项目，乳业科技示范园区建设项目，以及优质肉猪，优质肉羊生产项目。

项目办在各乡镇举办养殖技术培训班520多期，培训人员65 000多人次，发放技术资料10万多份。

现在阳平场牛奶加工能力已达到日处理能力25吨的水平。培育出年产万吨的西门塔尔种母牛，十余年来共向社会提供种牛770余头。生产冷冻精液和活畜，估计每年可供80余万头母牛选配和改良之用。每头改良牛比本地牛增值约500元，农民的增收在1.2

亿元以上。

按“十五”计划，全县种草将扩大到 1.67 万公顷，饲养奶牛 2 万头，年产鲜奶 8 万吨。

（二）水稻与牧草轮作的试验　据报道，水稻生产的冬闲地是亟待开发的资源。据试验，黑麦草与水稻轮作后的增产效果明显，冬季种黑麦草对土壤肥力有良好的增效作用（表 1-20）。

表 1-20　轮作前后土壤氮、磷素的变化

黑麦草与水稻轮作	有机质（%）	速效氮（毫克/千克）	速效磷（毫克/千克）	速效钾（毫克/千克）	pH	磷氮比
轮作前	1.80	100.25	5.46	36.94	4.9	9.32
轮作后	2.47	104.00	15.00	29.00	5.3	11.55

水稻田往往是缺磷，酸雨危害严重地区，土壤 pH 过酸，在轮作一茬黑麦草之后，土壤有机质、速效氮和速效磷浓度增加，磷的增值为 200%，酸度减轻。对接茬的水稻起到增产作用，又获得一茬饲草和留茬黑麦草作绿肥的双重效益。

据试验，早稻 667 米^2 产量 382 千克，晚稻 218 千克，合计 667 米^2 产 600 千克，又获饲草 980 千克、绿肥1 086千克。无黑麦草轮作时水稻合计 667 米^2 产仅 428 千克。增产 28.5%在获得近 1 吨的优质牧草之余，增产了粮食，提高了地力。

这种效益在日本于 20 世纪 70 年代与奶业结合，取得良好效果。

（三）稻草奶业　据日本官本悦部等 1974 年的试验，分别以 0.1 公顷土地种水稻，收糙米，和种牧草，喂奶牛。从单位面积产糙米和牧草，收到白米和牛奶，最终以蛋白质产量计算其经济收入，种草的经济效益和蛋白质产量见表 1-21。

表 1-21　同等面积水稻和牧草的最终产品产值对比

项目	农产品产量（千克）	种植期（月）	太阳能利用（%）	产品产量（千克）	蛋白质量（千克）	经济收入（美元）
水稻	糙米 559	5	0.8	白米 551	31.7	360
牧草	草 25 000	12	1.77～2.37	牛奶 4 000	116	900
倍数		2.4	2.07		3.66	2.5

注：自蒋树威、郑锡思资料。

结果显示，单位面积蛋白质产量上牧草牛奶体系比水稻白米体系高出 2.66 倍，经济收入高出 1.5 倍，显然当时日本的大米价是每千克 0.653 美元，牛奶是每千克 0.225 美元，大米价是相当贵的，折合人民币每千克 5.355 元。相当于现今我国大米价的 2 倍。

这里有几点可以讨论的，一是种双季稻，为吨粮田，二是稻谷与牧草轮作。种草以 5 个月或估产10 000千克，那么水稻田可以增产，第一种是收蛋白质 31.7 千克，收入 360 美元。第二种是收蛋白质 78.1（31.7＋46.4）千克，收入 720 美元。另外，牛奶收入增产优质蛋白质 116 千克，收益增加 900 美元，合计1 620美元。这两种方案是现在居民年用口粮已下降时的情况。第二种方案即稻谷与牧草轮作可能对我国农业结构调整更有好处。

三、内蒙古通辽科尔沁左翼后旗沙坨区玉米整合模式

科左后旗是通辽市东南部沙漠地域，为传统的养牛区，地处西辽河边缘，海拔650～150米，地貌为沙丘、漫坨、低甸子和冲积平原构成。一般的坨子高5～15米，高的达20～30米。沙坨和沙丘占总面积的3/4。丘间有低湿地，是很好的草甸，有沼泽植被和间生榆疏林、沙蒿及灌丛等沙生植被，有利四季放牧，也间有肥沃平坦耕地。全年降水量400～500毫米，6～8月份降水占全年水量的70%以上，植被生长期4～10月初的水量占90%，风向在冬春盛行西北风，年平均风速3米/秒，冬和夏季最大风力达4.6米/秒以上。坨间低地多水、草高、有泡子，地下水深3～5米，有利冬季避风。砂壤土的有机质含量为1%～2%。当地的草地为砂地典型草原亚类。目前，载畜能力已超过23.6%，地方政府实行退牧还林，围沙、围栏、开发草甸等方法，提高牛羊商品率，增加牧民收入。

（一）乳肉兼用牛基地建设 科左后旗是在20世纪70年代开始用西门塔尔牛改良当地的蒙古牛，于80年代末已形成改良牛种群，由内蒙古自治区定名为科尔沁牛，但是依然为西门塔尔牛育种委员会的育种基地之一，1982年开始以培育草原类型西门塔尔牛为目标，繁育工作中，提高牛群营养，改为草地与经济效益为一体，在较好的乡（苏木）建立育种群，1985年以后人工种草普遍受到重视。科左后旗的浩坦乡宝力特根嘎查乡种草已达120公顷，有披碱草、沙打旺、羊草和紫花苜蓿，平均每公顷产3 933千克。以后在敖古斯台苏木和巴胡塔苏木等地推广，促进牛只改良。据陈幼春等调查，1992年在115.3万公顷的草地上载畜是为每公顷0.265牛单位（1.325羊单位），草场内可牧面积占70万公顷。此后建防风林、固定沙丘，改良草地。围栏打草和轮牧。10年之内草场利用情况发生重大变化（表1-22）。

表1-22 科左后旗的土地和草场科用情况变化

单位：万公顷

年份	面积	可牧面积	改良草场	其中围栏	青贮地
1992	115.3	70.0	0.1		
2001	115.3	43.0	3.5	2.7	0.67

据科左后旗畜牧站试测，天然草场在季节放牧情况下每公顷产干草650千克。围栏草场每公顷产干草4 286千克。2001年，全旗除去营造防风林等面积后，在40.0万公顷天然草场估计打干草26万吨，在改良草场3.5万公顷及围栏2.7万公顷打干草15万吨，两项合计41万吨。种植玉米青贮6 670公顷，每公顷产量22.5吨，年贮青贮量达15万吨，比1992年开始时每公顷产13.4吨，提高68%。作为冬春补饲，促进牛羊发展。

2001年，全旗共饲养28.7万头牛、12.6万只羊，粗略折合31.22万牛单位。可繁母牛12.8万头，占牛群的44.6%。产犊5.5万头，有效产犊率为42.9%，根据敖古斯台苏木和巴胡塔苏木等地的调查，牛平均出栏率是20.2%，范围从15.4%到48.5%不等。全年全旗外销牛8.8万头，其中约有3万头是过境短期放牧育肥牛；本旗从事强度育肥牧民

达 90 户，近 3 万头。舍饲平均天数为 150 天，范围 120～180 天不等。放牧催肥架子牛头数达57 974头，以上舍饲肥牛体重超过 500 千克的，出售给屠宰企业，就地屠宰，甘珙卡屠宰厂的生产能力为 4 万头。出售的架子牛体重在 350～380 千克，也有转售到外省区的。改革开放的 10 年，牛羊头数有了很大变化（表 1-23）。

表 1-23　牛羊头数 10 年内的变化

单位：万头

年份	存栏牛头数	存栏羊头数	折合牛单位	牛：羊
1992	24.17	31.8	30.53	0.76：1
2001	28.70	12.6	31.22	2.28：1
增减	4.53（18.7%）	−19.2（−60.4%）	0.69（2.3%）	

注：马属动物未计在内。

牛羊的关系在 1992 年是 0.76：1 到 2001 年反转为 2.28：1。牛增加 4.53 万头，增长 18.7%，羊减少 19.2 万头、减少 60.4%。牛增羊减表明当地发展乳肉兼用牛具有更大的经济效益。

产奶牛性能的开发，与公牛肉用开发，是肉用向乳肉兼用的发展（表 1-24）。

表 1-24　10 年内牛群流转情况对比

单位：万头

年份	存栏头数	出栏牛数	出栏率（%）	强度育肥牛	占出栏牛比率（%）
1992	24.17	5.0	20.7	0.254	5.1
2001	28.7	5.797	20.2	2.99	51.6
2001*	28.7	8.800	30.7	2.99	34.0

* 出栏牛中包括过境放牧牛头数。

10 年前后，不包括过境放牧的牛在内，出栏率有改变，对草场的压力基本上没有变，但强度育肥牛有 10 倍的增加，育肥牛占出栏牛比率从 5.1%提高到 51.6%，是巨大的质变。若按过境牛在内，出栏达 8.8 万头，是充分利用了夏季草场的潜力，3.8 万头的增值是发挥潜势，可出售架子牛也可出售肥牛。全旗育肥牛收入8 460万元。在龙头企业“新三维”的推动下加工优质牛肉的效益未计在内。

产奶方面，按可繁母牛 12.8 万头计，仅有 6.5 万头产犊，繁殖成活率达 84.6%，在极为粗放的条件下，青草旺季挤奶，头均为1 149千克，范围1 084～1 215千克，总产奶量 5.67 万吨，另有5 600头，利用玉米青贮和储备干草，作全泌乳期挤奶，产奶约 280 天，平均产奶量3 120千克，总产奶量 1.74 万吨。两项合计 7.41 万吨，产值约 1.04 亿元。

科左后旗利用科尔沁牛耐粗饲特点，于 1992 年地方类群鉴定时成年母牛平均体重为 480 千克，到 2001 年为西门塔尔牛草原类群鉴定时，成年母牛体重达 520 千克，牛群质量和产奶性能都有提高，这与草原改良和牛业经营都有密切的关系。

（二）毛用绵羊生产　十余年来科左旗绵羊总数控制在 12.6 万只，其中大多为细毛羊，可繁母羊 8.4 万只，年产羔 6.8 万只，剪毛 316 吨，年收入 284.4 万元，每只绵羊收入 35 元，为 168 万元。两项合计 452.4 万元。绵羊收入不如乳肉兼用牛，而头数下降，从羊场合理利用上，牛羊是互补的，今后肉用性能上除了肉牛向更高档水平发展，牛的优势尤在，肉羊也会有一定的发展。

（三）草业经营方向 过去科左后旗沙地产草量每公顷不到1 500千克，从1992年开始种植沙打旺、羊草和紫花苜蓿，每公顷产草量可达3 900千克以上干草；2001年已达到4 286千克，而种植玉米1992年每公顷的产草量是13.4吨，2001年已达到22.5吨。过去哲盟夏季牧场超载9.3%，冬季超载31.7%，按Heady教授报道，不良草原的植被恢复，要以32%的放牧强度为宜，已超载的牧地，很难将载畜量剧减到这个水平，围栏草场和种植玉米可以逐步解决这个问题。

于1992年时，除夏季放牧外，在可牧草地打干草约38万吨，合每个牛单位冬季贮干草1.2吨，2001年，营造防风林占去2.67万公顷，在天然草场打草26万吨，加上围栏草场打草15万吨，合计41万吨，总产干草量提高3万吨，约8.9%，以每个牛单位计算，供干草量提高9.4%，而且草的质量提高了。

每公顷载畜量达到0.71个牛单位。43.3万公顷草地的载畜量已达30.7万牛单位，按1985年的理论载畜量为26.86单位，已超载14.5%，所以，不改良草地，无限地过载会不断恶化环境，加快沙化进程。10年的草地改良，超载的问题有较大改进。局部成为良性循环。

利用草甸子种青贮用玉米，促使兼用种母牛6 500头常年挤奶，平均产奶量3 120千克，是粗放挤奶产量的2.7倍多，是重要创收手段，草甸子要在长期改造下，利用水源较充足之地为青饲基地。

全旗12.8万头母牛，虽然犊牛的繁殖成活率达到50.8%，在草地牧业上占领先地位，在总体上，按现代肉牛业的可能达到水平，还有很大距离。每年出售牛能合理商品化，即使66.7%的犊牛，不论公母都能出售。母牛比例还可以提高，要使之上升到牛群总头数的60%以上，应该保持17.2万头可繁母牛，而出售牛数应达到11.8万头。同时，不宜留商品畜越冬，以减轻对草地的压力，强化商品牧业效率。

牛羊比例的改变是减少食低草的羊头数，有利草场保护，强化兼用牛开发，使经济效益比单纯的肉用提高2倍以上。

防风固沙要加强，尤其是要引种抗干旱的灌林，如柠条、锦鸡儿、沙棘等，以巩固固沙效果。

小结： 在沙坨草地的定居点大量种植玉米，开展就地肉牛育肥和母牛挤奶，在草原改良上是新的方式。当它与肉牛商品市场结合后，产生10余倍的生产效益，对缓解放牧地压力，加上围栏改良草地，建设打草地，形成干草生产和青秸秆利用两种供草来源是解决牧区草地退化，恢复生机繁荣牧业的好办法。

第八节 单位面积浓厚饲料生物学产量

在发展动物农业生产上选定合适的指标对单位面积饲料产量进行评定，具有指导意义。这里建议用“单位面积浓厚饲料生物学产量”，作为衡量饲料地承载畜产品生产的指标。

饲料的含义包括牧草和饲料作物；浓厚饲料是指家畜采食鲜草料即能满足生长和生产对营养需要的饲料种类。牛是能同时采食大量精粗饲料的畜种，而猪、鸡主要是采食谷物饲料，羊主要是采食牧草，故以采食饲料种类较广的牛为代表，讨论单位面积饲料生物学产量问题。

牛中以奶牛的效益最高，其主要饲料设为玉米和苜蓿。一头体重为600千克的母牛，一年维持生命需要的饲料粗蛋白质为204千克。产奶量以目前我国荷斯坦成年母牛全国平均产4 500千克来估计，每生产1千克含脂率为3.5%的奶，需饲料蛋白质80克，一年共需要360千克。两者合计为564千克。根据上面有关章节的田间实验，每667米^{2}能产出200千克蛋白质的话，需要1881米^{2}耕地。

然而，从具体的一些情况来看，由于对单位面积浓厚饲料生物学产量的意义没有认识，用于牛奶生产的耕地面积都大于以上数字，甚至是成倍高于可行的载畜能力。在北京地区按小麦、玉米接茬，以产粮食800千克估算，谷粒部分每667米^{2}产蛋白质68千克；将小麦秸秆和玉米秆也估算在内，产40千克，合计为108千克。用来喂奶牛，需3468.4米^{2}土地。在同等肥力的耕地种植苜蓿，可产苜蓿干草900千克，产出粗蛋白质138千克，饲养同样的奶牛，只需2 668米^{2}土地。如果一个4口之家，拥有5 336米^{2}土地，用一半地来种苜蓿，800米^{2}地来种粮食，得960千克粮食，人均240千克，足够一年之用，牛奶收入按每千克2元计，毛利9 000元。其他1 867米^{2}土地种蔬菜瓜果，肥料自给，收入也可观。其实，规模化经营的效益必然超过此例。节省土地对我国这样人口众多的国家具有重要的意义。

从浓厚饲料蛋白质产量为指标来要求，可用于提高单位面积产量的作物不局限于苜蓿。如第七节山东的禹城和高密的两个试点，提供冬牧70加饲用玉米，小黑麦加春地瓜和饲用春玉米，每667米^{2}产饲料粗蛋白质237.7～295.2千克。按250千克计算，饲养一头奶牛只需1 500米^{2}左右的耕地。可见单位面积浓厚饲料蛋白质产量的提高还与耕作制度有关，潜力很大，方式也很灵活。

在南方，象草系列的牧草推广得很快，如象草、矮象草、杂交狼尾草、皇竹草、桂牧1号等，具有鲜草产量高的特点，据报道一年可产5～7吨。以平均6吨计算，矮象草（中国农业科学院畜牧研究所2004年11月测试结果）含蛋白质2.78%，那么每667米^{2}产蛋白质为166.8千克。粗看起来，矮象草的蛋白质比苜蓿的亩产量要高，因此，单独地用单位面积生物学产量来比较，还不能说明问题。因为单位面积产量高的性能还要与牛的日采食能力结合起来评定。

每日草料可食入量的含义。一头体重600千克的母牛，一天维持需要粗蛋白质为560克，日产奶15千克时，需1 200克，合计1 760克。这个分量要通过牛的随意采食得到满足。

在饲养上要满足以上蛋白质的需要，当每日喂8千克苜蓿时，一天能采食1 224克蛋白质，余下的536克粗蛋白只需要喂1.24千克豆饼类饲料即可满足，牛能吃得下，其饲料成本较低。要用矮象草来代替苜蓿的话，一天要食入44千克鲜草。这么大的青草量一头牛是吃不下的；如果一天采食其一半，即22千克，牛采食矮象草，可得到612克蛋白质，尚有1 148克蛋白质要补上，那么需要2.7千克豆饼，于是饲养成本就太高了。牛的生产能力越高，对蛋白质的需求量也越大，年产9 000千克的奶牛，饲喂含水量高的牧草，是产不出这么多的牛奶的。诸如桂牧1号牧草，含蛋白质才1.89%，这个问题就更大了。可见这类牧草达不到“浓厚”的要求，而苜蓿是能够满足“浓厚”要求的牧草。如果饲养时改为饲用玉米和黑麦草饲料，如上述禹城和高密的牧草种植模式，则也是可能的，因为那些饲料牧草的蛋白质含量在12%以上。

浓厚饲料的意义，在此就在于能符合牛生理特点的饲料种类。单位面积浓厚饲料生物学产量指标有两个内涵，一是单位面积产蛋白质量，二是牲畜食入量。牲畜食入量在饲料学上的定义是牲畜的“随意采食量”。单位面积浓厚饲料生物学产量是指能满足牲畜正常采食生理条件下单位面积饲料蛋白质的产量。上述分析说明，用单位面积浓厚饲料生物学产量概念来经营动物农业，可以提高土地利用效率，将粮食生产的面扩大为食物生产，强化荒地利用和合理开发，发挥牲畜的生产潜力。

通过生产试验，我们可以有以下的小结：

一是要生产单位面积蛋白质产量高的饲料牧草。无论是苜蓿，还是矮象草，都是高产的。因为，诸如矮象草一类的草料在单位重量上含蛋白质低，但是总蛋白质产量高，能满足生长慢或产奶量低的牛的要求；而对于生产效益高的单位或农户来说，应该种植浓厚饲料牧草。

二是能达到“浓厚”意义的饲料牧草种类很多。能适应南北各地的饲料牧草种类很多，探索各地的最佳饲料牧草组合，是当前的迫切任务。在南方这个任务显得更为迫切。

三是要将饲料牧草的概念从已有的种类扩大到乔灌草。如灌木中的胡枝子、锦鸡儿、沙拐枣、红柳；草类中的小冠花、红豆草、红三叶、黑麦草、狼尾草、披碱草。乔木中的槐树、桑树等等，不一而足。强调饲料牧草多样性具有划时代的重要意义，这一点是要大力提倡的。乔灌草结合对水土保持、抗旱、延长草料供应周期、丰富牧草品种、提高家畜(禽)生产水平，都是有益的。

第九节　关于西部开发考察后的几项建议

近年来有幸参与西部大开发的实地考察，在这片辽阔的土地上可以看到我国畜牧业的巨大潜力。西部自然是大片戈壁沙漠和处于严重的“三化”威胁之下，然而中央对发展西部的决心和到位的政策与投资，可以应用的科学技术，已经在发挥作用，不乏成功的试点，考察中也发现许多不实和误导的做法，及时提出，供有关部门参考。现将几处考察后的几项建议附后，以供讨论。

一、关于宁夏农牧一体化产业体系建设的建议

随同钱正英同志考察宁夏南北各区、县、市的情况后，就农牧一体化产业体系建设中的某些环节和现有的优势，提出几点供当地有关部门参考。

(一) 草业　宁夏是紫花苜蓿的生态带。这次考察所见，从彭阳、固原到石嘴山都有种植，而且生长茂盛。证明这个牧草之王在宁夏大有可为。优势表现在：①150 天的无霜

期和灌溉之利，一年刈割 4 次成为可能。②雨季短，每次下雨时间短，对第二次刈割无大危害，主体产量可保证达到一级以上优质干苜蓿，产量与质量优势并存。③目前，国际苜蓿年交易达 320 万吨，日本和韩国为主进口国，作为近邻有贸易优势，但 2000 年之前几乎为零，商机洋溢。④国内肉鸡、蛋鸡、养猪等行业在近期向苜蓿要蛋白饲料正成共识，是宁夏大力发展苜蓿的良好时机。⑤改良碱地、耐盐碱，在 pH8 以上的品种有中苜一号可用，比陇东苜蓿增产 76.8%～80.3%。⑥苜蓿根深扎 2.4 米，对保土十分有利。⑦苜蓿是粮食作物（如小麦和玉米）的优良前茬作物，有利粮草轮作，保高产。

除苜蓿之外，槐叶是高蛋白饲料，生产白色软黄金的辽宁绒山羊产区，槐树是广大农民的生态树种，又是经济树种，宁夏也值得提倡，在种植有关的树种，包括以下的灌木对山羊有利，建议形成宁夏绒山羊种群，以提高农民创收手段。

柠条、沙枣、柽柳、沙棘等灌林都是羊的适口饲草，兼生态和经济林两大用途，应列入草畜结合的体系之内，大量种植。包括沙打旺，它虽有不足，但不失为防风林带中间隔带的先导固沙植物，可提高阻止沙土流动的效率，随后跟进其他草种，不宜一概否定。

（二）农牧混合型农业 农牧混合型农业也称农业一体化农业，是人口密集的发达国家现代化农业的标志。法国、荷兰等国，无一个例外，以粮饲兼用作物，如玉米为代表。追求单位面积的生物学产量，如 667 米^2 产多少千克植物性可消化蛋白质，高水平的要求是每 667 米^2 产出 300 千克蛋白质；养奶牛时，以 667 米^2 地养出一头一年产5 000千克产奶量的母牛来。这样农户致富，赶上东部农民收入水平有望。

1. 实例 利通区大户养牛，种粮户用玉米与小麦套种，提供5 000千克带穗玉米，以中原单 32 号品种供应料草，蛋白质比一般玉米高 50%，如马廷选的兰垦牧奶牛场，母牛平均产奶量达 6 吨，如果种粮户也养奶牛，以产奶量达 5 吨计算，每户养 2 头牛年收入可达 2 万元。比向奶牛场供青贮料，每户收入在2 400元，要高出 1.76 万元。那么，每 1 万农户养奶牛，一年是 2 亿元的毛利。从吴忠等中部产粮区启动，以大户带散养户的奶业。农民的致富前景广大，并且历历在目。但是要组织好协作。这在红寺堡项目中也可推广。

2. 三元结构农业表现为粮、经、草结合，以饲粮兼用玉米为突破口，大有作为 非农耕地的模式，在农田周边有轻度盐碱的土地，用种植紫花苜蓿，或者苜蓿与禾本科牧草混播。4～5 年后再种粮食，形成轮作制，充分利用苜蓿根瘤菌的肥力。周边地种苜蓿，因越冬期保持 7～10 厘米的苜蓿留茬，能阻止流沙，而同时具生态保护作用。

厩肥利用：一头荷斯坦奶牛的粪，经熟化能满足1 000～1 333米^2 农田之用，而且钾素含量大，磷素也充足。是红寺堡这类沙质耕地增肥和改良土壤的最佳长效肥源，一般 3 年之后达到熟地的肥力能发展成持续农业。

奶牛多品种区划，目前宁夏地区生产的牛奶要 9.3 千克奶才能生产 1 千克奶粉，而国内黄白花中型奶牛（四川云蒙山）只需 6.2 千克就可以生产 1 千克奶粉，牛奶的乳脂率达 5%，干物质量达 15%，宁南地区可推广黄白花牛种，形成加工奶原料区。奶酪和黄油都是航空食品和西餐原料，目前都靠进口，是新食品产业，可加速组织。

总之，形成草—奶—肥—粮（兼草）是良性循环模式。

（三）肉牛业 固原地区黄牛是秦川牛的一支，是世界上生产雪花牛肉的最佳品种之一。大理石花纹水平超过日本和牛，日方曾来引种，被我国农业部拒绝，我们应该充分发扬，在提高生长速度的同时，保持原种优势。

当时，宁夏的纳氏肉牛系列，已出口埃及，而且该场肥牛年龄和肥度都比较一致，有利规格化和成批量生产，加上传染病控制，已在以上方面超过我国养牛大王李福成的分割牛肉水平，深受上海等地欢迎。这类西冷肉，每150克烹调的牛排，每客菜肴在北京京广大厦法国餐厅售价为240元，属高档牛肉。这样的企业在当地影响很大，但也有不少困难政府要因势利导给予支持。

（四）小结 牛、羊及种草纳入农业结构，在宁夏又能将生态作物与经济作物结合，是开发大西北的良方，宁夏水利工程可效益倍增。

二、农牧产业一体化建设与西部大开发

从宁夏牧业发展看甘肃省酒泉金塔周边沙地改造，两地具有许多共性，沙地但是都有河有渠，有丰产农田，有适应当地的树种、草种，有特色的畜种，用有限的水去发展绿地，固沙防碱化，发展草食家畜发挥西部优势，大有可为。

农业结构的战略性调整，最关键的一点是实现农牧两业生产的良性循环，形成可持续发展的互补结构，牧业是高附加值的农业，所有发达国家的农业中牧业产值都占农林牧渔业总产值的60%以上，东部地区农业结构调整已上了路的县市已呈现这种势头。繁殖一头改良牛，一岁半的架子牛售价2 800～3 000元，一只改良羊8月龄售价300～400元，而每头肥牛售价在4 500～6 000元。一个县一年出栏1万头，最低产值为3 000万元。然而，农牧产业一体化不能简单地理解为卖牛，它是一个完整的农牧结合的产业链，这条产业链包含以下内容：

（一）农业以水利为命脉 没有水，谈不上生命也就没有植物，或草料。有了水必须搞节水农业。现在荒漠化面积正以每年2 500平方公里的速度扩展，同时西部绿洲还在用漫水灌溉，使绿洲依然处在荒漠包围中的脆弱的生态条件之下，因此，节水滴灌是先导型的高技术措施。目前，国产的滴水灌溉工程造价仅为国外同类工程造价的1/10～1/5，每667米^{2}地用水仅为3.6米^3，一年才50米^{3}上下，相当于常规灌溉用水量的1/10，是低投入高产出的先进技术。西部农业开发应以滴水灌溉为先导。

（二）农牧结合草为本 农牧结合在草食动物开发的意义上，涉及的草有两种，第一种包括常规的牧草和饲粮作物，第二种包括乔木和灌木的树叶和嫩枝。

1. 牧草 以优质牧草苜蓿为代表。西部地区光照条件好、雨量少，有水利条件时苜蓿生长旺盛，收割不受雨季影响，有的地区每年可刈割2～3茬，有的地区每年可刈割3～4茬，每667米^{2}产草1吨很有保证。干草很少霉变，在售价为每吨500元的情况下农民每种667米^{2}苜蓿每年收入近500元，可连续收益5～8年，效益可观。

2. 粮饲兼用作物 以高蛋白玉米中原单32为代表。这种玉米在宁夏中部667米^{2}产子粒600～800千克，按700千克计算，作为优质玉米每千克0.9元，合630元。同时产青绿秸秆4～6吨。在新疆库尔勒夏播时，比八农701增产30%。以每6千克秸秆合1千克饲粮计算，相当于822千克优质玉米，折合人民币近740元。这种玉米品种是高蛋白饲粮，饲料价值相当于一般玉米的230%。加上各种禾本科草，以667米^{2}地养一头年产

5 000千克牛奶的奶牛，每千克奶按 1.4 元计算，得9 000元毛利。这样西部农民致富赶上东部有望。

3. 灌林的利用　灌林如槐树、柠条、沙拐枣、沙棘、红（沙）柳等，不但是乔、灌、草三结合防风固沙的植物，而且是绵、山羊的优质饲料。如闻名于世的辽宁绒山羊的产地满山遍野的槐树，为农民提供了无数的优质蛋白草料，就是一个证明。同时，槐叶是猪、鸡业所愿选购的蛋白饲料，可惜槐叶生产未成产业，否则也是一笔收入。

以上三种结合起来是生态植物群，是干旱地区农牧结合的基础。

（三）粮、经、草结构农业，饲粮兼玉米为突破口　宁夏吴中地区推广中原单 32 玉米，比当地一般玉米产量高出 50%以上，每 667 米^2 地的青贮料保证 1 头奶牛的全年供应，年产奶5 000千克，每户养 2 头，年收入达 2 万元，而每头牛，含大小牛在内，年产厩肥 1.8 吨，能满足1 000～1 333米^2 高产农田的肥料要求，普通的砂壤地连续施肥 3 年可熟化土壤，提高保墒抗旱能力。奶牛多用精料，其厩肥也富含磷肥。过腹还田能促进高效持续农业的形成和发展。粮、经、草结构农业是欧洲各发达国家“农牧结合型农业”经营的中心环节。

（四）持续高效农业的发展，优质畜产品为龙头　西北地区地广人稀，交通不便。要改变这个不利因素为有利因素，应该确立正确的畜产品经营战略。这种改变包括：

畜产品以奶为例，生产一般的鲜奶在运输上考虑不如生产加工用奶和直接提供优质乳制品。因此，除了在大城市周围可以用黑白花牛继续生产鲜奶以外，应该用西门塔尔牛、新疆褐牛等品种来生产乳酪、黄油、奶油、干酪素、稀奶油等制品。

肉畜生产方面改变输出活畜为输出分割肉的谋略，尤其是优质分割肉块生产，赢利更为明显。

品种方面改饲养出肉率低的畜种为出肉率高的畜种，采用杂交手段，引入屠宰率在60%～65%的牛羊品种，如波尔山羊、道塞特绵羊、利木赞牛等。用生产穆斯林产品代替一般制品，可以受中近东国家的欢迎。

（五）建立生态制种区　植树种草形成林网小区，以种草为经营模式，每 3.3～6.7 公顷为一区，提供牛羊草料，组织生态制种区，培养受市场欢迎的畜禽品种，包括当地的地方良种，进行提纯复壮工作。将保护良种资源与丰富畜禽品种的多样性结合起来，为农民的致富奔小康提供有效手段。这也是大企业想要手执牛耳闯品牌的根本手段和技术保证。

总之，以节水灌溉为先行，饲养草食家畜和植树种草，可以跨越式地改变干旱荒的为良地，包括沙漠。其中将生态植物群纳入种植结构，是开发大西北的良方。贫水的地方绿化起来了，就有了生机，然后一步一步地向沙漠推进，是千百年的大计，是造福子孙万代的伟业。

三、云南兰坪县绿色产业考察意见

2002 年 7 月 27 日我荣幸地到兰坪考察，因为联合国工业发展组织中国投资与技术促进处绿色产业专家委员会，是为了支持兰坪县造福子孙万代的绿色产业工程而来的：兰坪县领导有坚决搞好持续农业和生态农业的热情和决心：兰坪全县有着良好的农业资源。整个考察过程令人十分兴奋，完全支持在这里发展绿色产业示范区，下面就三方面谈一下个人的意见。

(一) 观感 兰坪县资源开发的特点为：①土地面积广大，可利用耕田很少；②珍稀资源数不胜数，已利用的为数不多；③计划中开发项目名称不少，成精品产出的不多；④致富项目很多，成规模的突破不多；⑤生态条件优越，人口压力挑战严重；⑥开发上已成只欠东风之势，然并非已万事俱备。

造成以上的情况的卡子何在，是两个传统困扰着兰坪。一个是传统农业，一个是传统牧业，不突破传统经营，两业就互相拉后腿，若能调整好作物结构和农牧结构，农牧业互相促进提高，相辅相成，则前途无量。

农业产业化要将产品工业化，完成一体化，即全程产业体系。

(二) 评价 就参观的三个典型谈些看法。

1. 弥勒坝 是亚高山草甸，风景优美，盖过瑞士高山草甸，可谓世界之最。原因是纬度较南，牧草丰盛，载畜量正常，未被破坏。这一点非常重要，是持续发展的保证。

2. 罗古菁 是森林壮观，鼓舞人心。但原生草甸过牧退化。草甸上是牲口不吃的匍匐状草本，杂花繁多，作为旅游景观，并无不可。但不宜再过牧，而破坏植被，造成水土流失，为做到旅游放牧两不误，要另辟人工草场，强化草地建设。

3. 宽甸 在牧业上可放牧地少，人口稠密。草地零碎，小片草地上牛、马、驴、骡、绵羊、山羊、猪共牧。牛马吃高草，绵羊吃矮草，山羊啃灌林，猪拱草根，一遍再一遍，草甸破坏严重，生态形势严峻。

三个地点差别的原因何在？除人为因素可能不同外，主要是三处的人口压力不同而已，而共同点是都属于传统畜牧业，要改变现状，都必须用现代畜牧业去代替，方可高效高收入，这就是要搞三元结构农业，建立精品畜牧业，对于兰坪县尤其重要，怎么搞呢？要长短结合，以短促长，短的先行。

一是现行的；二是长期优质高效，绿色持久的。有以下具体建议的项目以供参考。

(三) 现设想以下特色项目

1. 肉用羊项目 广州市年销黑山羊的需要量在1 000多万只以上，远远不够要求，兰坪将黑山羊、乌骨绵羊列为项目是正确的，要做好的话应该：

在管理上要提高公羊、羯羊出栏头数，统一收购标准、收购价格和统一出售，优质优价促进改良提高。提高母羊存栏率、受胎率和双羔率。

在专业上要开展个体品质评比，精选种公羊，提高生长率、出肉率；在产业体系上要以重点养羊乡镇建立"乔灌草肉用羊产业体系"。此为操作体系，改全放牧为轮牧和半舍饲补喂。

在退耕还林中，要种植林牧结合经济林，如各种柳、胡枝子、榆、槐、红豆杉、柠条。此项若能做到，可国内领先。并可开发饲料工业（见后）。

项目目标，最终年产多少出栏羊，请具体测算。

农牧机构改革要长入此体系，宣传灌林山羊轮牧体系和乔灌草养肉羊体系。

2. 乌骨羊提纯复壮开发体系 绵羊中的乌骨羊是兰坪特色资源，现有200只纯种要扩大到1万只，育成20个血缘品系，开展电脑选育，进行分子水平（DNA）级的育种工作，能不能年产20万只为长期规划，奋斗目标。

3. 牦牛犏牛奶业体系　兰坪生产牦牛奶和奶豆腐，品质优良具地域优势，民族产品优势和精品生产优势。产品相对吸引外资有独特之处。

改良方法：引入中甸牦牛和娟姗奶牛。

目的，保持高乳脂、高蛋白和优良风味，为其他奶牛所不可取代。在10内年形成头均产奶2.5吨的优良群体，全乳含脂率6.0%，售价以每吨8 000元计算（出售到港、澳、粤三角洲），每头每年收入2万元。

生产体系管理：一是良种良法，在以上牛种的基础上，引入高产粮饲兼用作物和高产牧草品种，要求鲜草产量在4 000千克以上。二是放牧加舍饲，实行轮牧和舍饲，改手工挤奶为机械化挤奶，进入全程的绿色食品奶业体系。三是建立牛个体档案，电脑管理模式，最后达到电子化挤奶。

在产后加工进入城乡奶业加工体系，实行鲜奶软包装，奶酪加工、黄油加工和其他乳品加工体系，发展城镇工业。

请测算日产60吨以上的优质牛奶，要养多少头犏牛，现阶段如何实施，长期规划，分阶段任何实施，各乡镇的分布等。

4. 膨化饲料体系　本地土壤含锌量高（钴、硒是否也高），锌是防止老年痴呆症和学生智力补品，开发灌木枝条草叶的膨化饲料，可成为地方特色产品，以上微量元素也为猪、鸡饲料所缺，全国的需要量极大。

5. 林材与中草药　兰坪中草药资源异常丰富，要选择量大和特稀两大类攻关。如天麻、杜仲、红豆杉，西南桦是建筑、家庭装饰用材，是长效的树种，如此等等，既是水土保持的良好选材，又是经济林木，原始森林保护和农业资源开发都是迫切需要的。

城建方面非本人专业，但希望不要追踪一般化城建模式，应搞成流水潺潺、林木郁郁葱葱，街宇民族风味突出的生态型城市。

此余，敬送打油诗一首：

轩辕故里兰坪县，
物种多样资源丰。
万物雾山竞自由，
申绿夙愿可成功。

本人完全同意为兰坪的绿色产业示范园立项，并为与本人专业有关的工作提供咨询和技术援助。

四、关于克拉玛依市养牛业开发的几点构想

新疆克拉玛依市人民政府以养牛等草食家畜为主体发展农业的综合开发项目是符合可持续农业的总精神的，其核心内涵是生态农业，必须包括林、草、粮、饲诸产业的相互融合的生产系统，或为农牧融合的农业。

克拉玛依原是干旱荒原，在引额济克解决水源之后，在养殖业上应该是“兵马未动粮

草先行”。牛的粮草在广义上应该包括林——即是林间草地人工草地模式。在生态意义上应该是突破性的非常规草地种植模式，是以单位面积的生物物质产量的大幅度地突破为主导的经营模式。生物物质产量要以单位面积蛋白质产量为主，解决我国养殖业上蛋白质匮乏的主要矛盾，在一个边疆地区也同时生产能量饲料。

通过优质高产的植物农业的突破，解决高产优质优价的牛产品系列。通过过腹还田，改善原有荒地的有机质含量进而提高土地承载力，再次加大养殖业的生产潜力。如果667 米^{2}地能生产出150 千克蛋白质来，小于2 667米^2 地就能生产出500 千克体重的育肥牛来。农牧结合方式应该是多样性，以利用草食兽为主，其他如鸡鸭为副，草食兽中以牛为主等等。

（一）克拉玛依（以下简称克市）优质高产肉牛业生态体系的几个必须

（1）从原来是荒漠到优化肉牛生态模型，在北疆的大风口首先要有防风林体系。在这个区域治理上防风林有两重含义：一是在北部的大面积防风林带；二是养牛最佳生态生产条件即林间草甸，在克拉玛依应该是矮林草地，即必须大面积地造林，这里林的意义是蓄水涵养林和人工小气候林。如果搞成，为全国示范区域。

（2）肉牛是能带来高经济效果，又要求高营养水平的家畜。因此，在母牛带犊，即繁育牛体系的建立要求有基本生产单元，如以100 头或50 头为一制种群体，每群以公母合群、季节分群的方式提供具有高产优质牧草为小区的林间分区分群的人工草地，如果搞成则为亚洲第一（这里主要是良种繁育体系）。

（3）肉牛是生产阶段明显的高度发展农业的组成部分，因此，在人工草甸放牧制之余，必须另辟高蛋白和高能量饲草饲料基地。这种基地是分别保证犊牛快速生长和育肥期出优质牛肉的物质基础，不是粗放的传统牧业可以比拟的。在这里强光照生态条件下，要有以方片林为基础的林带为屏障，以有利于苜蓿、高蛋白饲用玉米等作物营养体的生长。在育肥后期以调节肉质和提高胴体等级为主要目标，必须有优化的日粮配方。

（4）克市肉牛项目是当地人均工资水平很高的条件建立的，人均养牛头数，应该在500 头以上。这是对整个几十万头而言的，而良种部分的人均养畜量不宜过高，因此在育肥生产线上人均养牛应该在600～800 头。如果设计合理应当能够做到。在此集约化饲养要代替传统的粗放放牧体系。机械化要易于操作，不易损坏。必须要有创新的科技含量，一旦搞成是集欧洲人口密集型养牛和美国地广人稀型养牛于一身，具有中国特色的规模化新型肉牛生产体系。为此必须有高科技的后盾和技术队伍。

（5）北疆的风大，冬季严寒，夏季酷暑，对生长都不利，因此，在牛舍结构上既要冬季保温，又要夏季通风，还要刮大风有回避处的牛舍设计，这里也要有创新，才能建立我国首家，世界上也较高水平的肉牛体系。

（6）这个肉牛生产体系本身是一项优良蛋白工程，中国人营养上最缺的是蛋白质，然后是优质蛋白质。这项工程的植物资源从林到草种的选择，除了防风、蓄水形成新的生态林，都可以从林草的可被草食家畜利用相结合，即从嫩枝到树叶和饲用牧草及粮草兼用作物，都必须注重“就地充分利用”这六个字。这里包含着把饲料生产成本降低到最低的生产体系。

（7）鉴于这个项目之大，肉牛体系必须完整，与周边养牛业的关系必须扣紧，项目本身就是要求有严密的设计，从项目启动到操作，从市场对象、营销策略到场内的系统管理都必须一开始有一个相当一致的构思，步调一致的实施过程。从对肉牛是什么优良品种和从草到肉的良性转化要有共同的认识。

(二) 林网的三种布局方式 ①纵深林网，从50～200米宽的多树种乔灌草丛林带。②繁育牛或生长牛放牧林网，以矮树林为主。③牧草和饲料地种植林网。

(三) 乳肉用牛商品生产制种体系的培育和肉牛业开发

1. 克市养牛业优势和特色

(1) 在西北边疆养牛业应向乳肉或肉乳方向发展，其原因一是乳业饲料报酬最高，当地是民族地区，开辟丰富的乳品加工基地可形成特色；二是乳肉兼用有利于市场调节，肉产品滞销时可立即转为乳业，乳制品滞销时可立即转为肉业，这样可稳定产业体系；三是肉牛业的优质品生产期范围在牛的8月龄至3.5岁，都可以提供高档产品；四是穆斯林牛肉制品的国际供应面广阔。

(2) 在建立林间草地体系后，农牧结合的混合型农业可发挥最佳效益，这是发达国家已经证明了的，在我国可突破传统牧业和传统农业的框框，形成农牧融合型农业，具有划时代的意义。

(3) 50万头牛的规模饲养在当地形成庞大的厩肥来源，对当地不是污染，而是优质有机肥源。

2. 克市养牛制种体系 克市地域广阔，有86.7万公顷地，必须有当地可以独立操作的牛种体系。在今后具有很大的种群优势。在利用当地西门塔尔牛、新疆褐牛和黑白花牛的基础上，引入有利于东西方风味牛肉的牛种，如安格斯牛和皮埃蒙特牛，能形成独立的制种体系，这项工作需要有一定的时间，但是可以利用中国农业科学院畜牧研究所的成果，从简单的杂交开始，形成复合杂交体系，最终形成适合当地需要的品种。

林间草地建设。当地季风强度大，原有的开阔草地，不但干旱草劣，而且产量不高，有保护的林间草地才能保护母子牛群顺利繁殖和人均高饲养量的操作模式，既是克市农业中养牛低成本高产出的所在之一，也是与目前节水灌溉草地相衔接的建设环节。

高效生产体系的必要性。克市的人均收入较高，要保证低成本必须提高人均饲养量，引进高技术饲养体系，才能有长效。

3. 移地育肥体系 克市建成3.3万公顷农林相间的农田后，自己有了上述的制种体系，但是要50万头育肥牛的年出栏量，与周边的养牛业应该形成高效加工体系，可以带动周边上百万头牛的发展，使新疆养牛业效益成倍增长。

4. 小拐地区封滩育种的养牛试验 克市的灌溉农业集中在3.3万公顷（长远的为5.3万公顷）人工农田上，而66.7万公顷的干旱草原利用应以养牛为主，小拐地区经10多年来的封育草滩卓有成效，应建立栽草牧牛的体系，其推广意义不仅在于林网牧业，也是对较为粗犷的牧业的改造，因此也很有生产前景。此间，引进优质高产牧草，当为上策。

5. 技术合作 国外有许多先进的养牛技术，有的可以直接引入，并应用，但是有的在引进过程中需要改造吸收。为此，中国农业科学院可为之引线，并参与改制有关的国际技术，为改良克市干旱荒漠草地所用；也可为整套生产线的可行性问题进行论证。

第十节　近年农牧产品结构的变化

改革开放初期，1978年我国农村的一、二、三产业在农村产业结构中所占比例分别为68.6%、26.1%、5.3%，经过近20年的发展，到1997年，农村三大产业的比例发生了极大的变化，一、二、三产业比例分别是24.4%、62.9%、12.7%。2001年农村二、三产业的增长速度仍大大快于第一产业，据统计，2001年全国第一产业的增长速度是2.8%，而二、三产业的增长速度分别达到了8.7%和7.4%。就农林牧渔总产值的结构来看，经过20多年的不断调整越来越趋于合理。1978年全国农林牧渔的比例分别是80%、3.4%、15%、1.6%，到2000年，农业（种植业）所占比例降低为55.7%，而林牧渔各业均有所增长，林业占4.5%，牧、渔业有了长足发展，比例分别达到了29.7%和10.1%（表1-25）。2001年统计结果表明，粮食、油料等仍有所减产，分别比上年减产2.1%和2.8%，而畜牧业和渔业生产继续稳步发展，总产量分别比上年增长3.5%和2.3%，造林面积也比上年增长3.8%，全年完成造林面积530万公顷。一些各具特色、各显优势的作物带、产业带逐步形成。我国东、中、西三大区域农业发展开始出现合理分工的格局，农业的区域比较优势和规模优势逐步得到发挥。

表1-25　农林牧渔业总产值结构变化

（1998、2000年为新指标结果）

年　份	1978	1985	1998	2000
农业（%）	80.0	69.2	62.3	55.7
林业（%）	3.4	5.2	4.2	4.5
牧业（%）	15.0	22.1	23.5	29.7
渔业（%）	1.6	3.5	10.0	10.1

牧业产值在农林牧渔业总产值的比重上升到29.7%，粮食增产，提高了猪肉产量，在草业迅速上升，牛羊业崛起的情况下，养猪业比例下降，同时高饲料报酬型的养鸡业发展，禽肉产量迅增，到1999年出现表1-26所示的产值结构。

表1-26　种植业与畜牧业内部各业结构比

（1999年估计值）

种　植　业			畜　牧　业		
粮食作物	经济作物	饲料作物	猪	牛羊	禽
40%	30%	30%	66%	14%	20%

这个变化是深刻的，根据发达国家牧业近期发展规律，饲料作物比率还会提高，猪业产值下降与牛羊禽业产值上升还会继续调整，根据国际的资料，每生产1千克猪肉，需8.3千克精料和1千克饲草，生产1千克牛肉需5.6千克精料和15千克饲草，生产1千克羊肉需4千克精料和30.9千克饲草，生产1千克鸡肉分别要2.3千克精料，生产1千克牛奶需0.5千克精料和0.8千克饲草，将来把奶业单独列为一项的时候，其价值还可提升。

一、奶业的生产效益和未来

对奶牛和肉鸡的实际耗料情况作一比较，按国际先进水平，每千克饲料可生产0.5千克肉鸡（活重），其中可食部分充其量占60%，其干物质含量按27%计，则可食用干物质为81克。我国奶牛生产中的供料办法以北京为例：在培育时期，每头母牛给2 100千克精料，投入产奶后，每2.5千克商品奶供1千克精料，如果按1头奶牛利用5个泌乳期，每个泌乳期平均产奶5 000千克，淘汰后每头牛产200千克净肉计，则一头奶牛一生中需精料12 100千克。生产可食干物质3 054千克（其中奶干物质3 000千克，肉干物质54千克），即每千克精料生产252克可食干物质，是肉鸡的3倍。即使算上专用贮饲料地，如果用来种粮食所应生产的谷物，每千克精料也能生产190克可食奶、肉干物，为肉鸡的2倍。可见，奶牛是多么有效的节粮家畜。奶牛的其他优点尚未一一细算，如牛奶蛋白质的生物学价值（是肉的125%）。

这样的效益在市场经济条件下奶业必然会在不久的将来成为我国畜牧业的最重要畜牧产业，同时连锁肉牛业，以及其他草食家畜的发展。

据一项对比以农耕土地生产常规作物的情况下，生产几种畜产品，不同种类的牲畜在能量的利用上有很大的差别，以奶牛的利用能力为100%计，肉牛、猪和鸡蛋的效率都有差距，见表1-27。

表1-27 不同家养动物对植物能量和蛋白质利用比较

动物种类	能量利用（%）	蛋白质利用（%）
奶牛	100	100
肉牛	30	23.5
猪	76	43.5
蛋鸡	46	76.5

这组数据说明，单位面积土地上生产的能量也好，蛋白质也好，以养奶牛所取得的营养物质最多。如果农业种植结构得到调整，那就必须因畜种而异，给猪、鸡以更多的精料型饲料，给牛羊以整株型饲料，然而植物整株的营养总价值，永远高于种子部分，所以三元结构的调整要以各地已有强项种植业为依据，来决定种植结构与牧业结构的整合问题，然而奶牛业却是在任一种种植结构中都是占优势的牧业，在半农半牧区，草食动物的优势必然是优于谷食动物的。

二、我国畜牧业内部结构的巨大变化

根据联合国粮食及农业组织公布的FAO 1987年和2000年的年报数据，将全世界的各类畜产品产量，减去我国同类畜产品产量，这样，可以看出我国的畜产品生产上与国外的真正区别（如果不将中国的数据减去，那么全世界的各种产量中就包含中国的内容，对比的时候，会缺少可比性），先看1987年，我国农业基本上还是猪多、肥多、粮多的粮猪结构，猪肉占我国人均肉类的81%，人均为16.91千克，一个月人均不到1.5千克。当时国外的猪肉只占肉类的32%，人均为11.06千克（表1-28）。在中国，刚改革开放不久，农业还是受到影响很小的，猪肉是81%，禽肉为11%，羊肉为3%，其他杂类肉3%，牛肉最少为2%。而国外是很明显的反差，牛肉占35%，其次为猪肉，占32%，禽肉居第三，占24%，羊肉第四，占6%；牛羊肉合计占41%。

表1-28 1987年国内外畜产品的产量和结构与我国对比

产品种类	国外（世界总量减我国总量）			中国		
	总量（万吨）	比例（%）	人均（千克）	总量（万吨）	比例（%）	人均（千克）
肉类总计	13 553.7	100	35	2 325.0	100	21.00
牛肉	4 777.8	35	12.33	51.2	2	0.46
羊肉	792.8	6	1.97	70.1	3	0.63
猪肉	4 284.9	32	11.06	1 872.1	81	16.91
禽肉	3 266.2	24	8.43	253.6	11	2.29
其他	432.0	3	1.11	78.0	3	0.7
奶类总计	50 668.5		130	583.0		5
蛋类总计	2 765.3		7	617.0		6

14年以后，国外的人均产肉量基本上保持在35千克水平。禽肉增长达32%，比原来的24%提高8个百分点，牛肉从35%下降到32.50%，下降2.5个百分点，牛肉人均也从12.33千克略降为11.47千克，猪肉从32%下降到28.35%，下降3.65个百分点，消费量从人均11.06千克降为10.00千克，反映出肉鸡的经济效益。要用谷物喂畜禽时，先选鸡，后是猪。而我国的畜禽生产在各类畜产品比重上有明显的变化，猪肉比例在2000年降到66.81%，但人均消费从16.91千克上升到33.77千克，禽肉占19.40%，上升8.4个百分点，人均占有量从2.29千克上升到9.8千克。变化也很大的牛肉，从占2%上升到8.35%，上升6.35个百分点，人均从0.46千克提高到4.22千克。羊肉从3%上升到4.12%，上升1.12个百分点，人均从0.63千克提高到2.08千克，牛羊肉的上升势头很猛，人均占有量从1.9千克提高到6.3千克，为2.3倍。仅次于禽肉提高倍数，3.3倍，而猪肉提为仅1倍（0.99）（表1-29）。

表1-29 2000年国外畜产品的产量和结构与我国对比

产品种类	国外（世界总量减我国总量）			中国		
	总量（万吨）	%	人均（千克）	总量（万吨）	%	人均（千克）
肉类总计	16 877.3	100.0	35.30	6 444.5	100	50.54
牛　肉	5 484.9	32.50	11.47	538.4	8.35	4.22
羊　肉	864.1	5.12	1.81	265.4	4.12	2.08
猪　肉	4 785.1	28.35	10.00	4 305.8	66.81	33.77
禽　肉	5 401.0	32.00	11.29	1 250.0	19.40	9.80
其　他	342.2	2.03	0.70	84.9	1.32	0.66
奶类总计	47 705.7		99.77	1 145.0		8.98
蛋类总计	3 144.3		6.58	1 923.5		17.72

注：奶类人均8.98千克中，奶牛奶为6.15千克；蛋类人均17.72千克中，鸡蛋为15.08千克。

另外，蛋类从人均6千克上升到17.72千克，提高1.9倍，牛奶提高0.8倍，由于草食家畜与农业三元结构的关系最密切，21 世纪的最初两年奶牛上升势头特别旺，随同变化的有牛、羊肉业、兔业、鹅业、养鸭业等。很明显在现代的我国畜牧业上，粮猪结构还会继续减弱，这是小康社会建设的自然规律，它符合全国农村生态建设的势头和要求。

三、畜牧业强国的未来

畜牧业作为农业的组成部分，又是“承农（作物）启工”的中轴产业，它的特殊优势是能转化粮食，提高作物的有效利用率，又使本身的产品进入高附加值的加工和流通环节，一个国家的畜牧业产值占农业总产值中的比例是反映和衡量人民生活水平的重要标志之一。

中国是世界上畜牧业生产大国，自改革开放以来，由于政策的调整，国家投入的增加，畜禽品种、防疫卫生，特别是动物营养与饲料科学技术的普及，使得畜产品及水产品产量有了极大增长。据联合国粮农组织 2000 年公布的统计资料：生猪存栏 4.5 亿头，出栏 5.2 亿头，居世界第一位，出栏率为 122%；绵羊 1.27 亿只，山羊 1.49 亿只，均居世界第一位；牛（黄牛与肉牛）1.04 亿头，居世界第三位；禽类存栏 40 亿只，也居世界第一位。肉类生产总量自 1990 年以来一直稳居世界首位。已达7 000万吨，占世界肉类总量的 28%。人均肉、蛋、奶水平有了显著提高，人均肉类 48.34 千克，其中牛肉 4.05 千克、羊肉 1.91 千克、猪肉 32.93 千克、禽肉 9.45 千克；奶类 7.23 千克；蛋类 14.16 千克，亦居中等发达国家水平。我国畜牧业生产从计划经济时期的缓慢发展到向市场经济过渡时期的迅猛发展，说明了我国经济体制改革对生产力的发展产生了强大的推动力，形成了我国畜牧业庞大的生产规模格局。

然而，我国畜牧业总体上尚处于个体单一经营阶段，养殖规模小、管理粗放、资金不足、经济效益低、缺乏市场竞争力。尽管在一些地区出现了专业化、集约化养殖场，但基础差、底子薄，受整个大环境影响的因素较多，与发达国家相比仍有很大差距。德国、荷兰等国同样人多地少，人口密度分别比我国高 0.9 倍和 2 倍，但它们都是世界上的牧业大国和强国，牧业产值占农业总产值的 70%以上。其他国家如美国占 50%以上、瑞典 75%以上、爱尔兰 80%以上、丹麦和新西兰 90%以上，而我国牧业产值的比重只有 31%，相当于发达国家 20 世纪 70 年代的水平。因此，要解决中国农业问题，必须提高牧业产值的比重。

畜产品一直是我国传统的出口创汇重要产品，自 1978 年以来，我国畜产品出口规模呈明显增长趋势，肉类出口量由 20 世纪 70 年代的 30 万吨，增加到 80 年代的 40 万吨，90 年代达到 60 万吨，为我国换回了大量外汇；畜产品的进出口比较平衡、稳定，进出口额均达 37 亿美元左右。据 1998 年统计，存在贸易顺差的畜产品主要有活畜禽、肉类和禽蛋，出口额超过或接近 1 亿美元的畜产品有活畜禽与肉类，其中活猪28 847万美元，猪肉18 082万美元；活鸡9 154万美元，鸡肉46 017万美元；活牛4 107万美元，牛肉7 266万美元。存在贸易逆差的畜产品有羊毛和乳品，年进口额超过 1 亿美元的商品有羊毛。其中，带脂羊毛40 727万美元，脱脂羊毛11 976万美元。1998 年我国畜产品的出口额 603.06 亿美元，禽肉是我国畜产品出口的第一位产品，主要出口日本及我国的港、澳地区。猪肉及其制品一直是我国传统的出口创汇产品之一，出口额一直保持相对稳定。活猪主要出口地区是我国的港、澳，每年出口量在 200 万～300 万头。猪肉出口主要是俄罗斯、东欧及我国的香港地区，其中俄罗斯占总量的 60%。我国畜产品进口中，生皮、皮革、羊毛等产品占 80%以上，其主要来源是我国台湾省和韩国。羊毛主要来源是澳大利亚与新西兰。进口羊毛数量占国内羊毛总量的 2/3，是世界上最大的羊毛进口国之一。肉类产品进口相对较少。

我国参加国际畜产品贸易的份额还比较低，表现在肉类产量虽位居世界第一，年生产肉类6 000万～7 000万吨，但出口额仅为 156 万吨，进口为 41.6 万吨，进出口贸易总量只占肉类总产量的 3%～4%，与发达国家相比差距较大，美国肉类总产量3 600万吨，出口量 693 万吨，进口量 281 万吨，进出口量占肉类总量的 27%，而我国肉类贸易是美国的 12%。由此可见，我国肉类生产的国际贸易上具有很大的潜力。

2003 年，牧业产值已占农林牧渔业总产值的 31%以上，牧业新增产值占农林牧渔业新增产值的 40%以上，保持着继续上升的势头，而成为农村经济增长的亮点。

2003 年，我国畜牧业克服了 SARS 疫情冲击、自然灾害影响和饲料原料价格上涨等不利因素，保持了全面增长的良好势头，肉类产量达6 800万吨以上，比上年增长 4%，蛋类2 500万吨以上，增长 3%，奶类1 600万吨以上，增长 25%，人均牧业收入在 400 元以上，增长 4.5%。奶业增收值达4 000余万元。饲料增产8 700万吨以上。

得益于国家新出台的“三农”政策，减免多项农业税，农民在畜牧业上的收入会继续高于种植业。在禽流感流行于全国的时刻，国家给受灾户以补助，帮助杀灭流感病毒，地方政府、畜牧部门协助开辟新的农、牧产业，不但有助禽流感的扑灭，而且大得民心，维护了农民对养殖业的积极性，新世纪的畜牧业会稳步前进，走上可持续发展的道路。

第二章 草业生产

1986年钱学森提出：草业是作为产业的概念提出来的。它是以草地为基础，利用光能，通过生物，再通过化工、机械手段，创造财富的产业，阐明了“以草为业”的内容。1988年和1995年任继周一再提出：草地农业作为一种特殊的农业生产系统从它的生产特性来看，包括有四个层次：前植物生产层（前初级生产层），风景、旅游、绿地、水土保持等，不以收获植物或动物产品为目的，以“景观资源”表现其生产意义；植物生产层（初级生产层），以收获植物营养体、子实、纤维、脂肪、分泌物等为目的，以植物资源表现其生产意义；动物生产层（后次级生产层）；植物、动物产品的加工及流通，概括地用四个层次指明了草产业的含义和内涵。

第一节 从草到料

从以上论述可见，草业的中心在畜产经营中是草地畜牧业，一个没有被破坏的草地牧场全部包含了四个层次：景观、草资源及其生产、动物生产和动植物产品加工及流通。风吹草低见牛羊的草场，如果草地不破坏，具有前三个内容，市场经济条件下，又必须具有第四个层次。在实行商品化生产的前提下，草业可公认为有三个行业，即：草坪业、饲料牧草业和草地畜牧业。

草坪业，指非牧业开发的草业，中心是绿色景观，涉及水土保持、旅游区、自然保护区。建设草坪是具体的生产内容，草坪又分为全人工牧草草坪和天然牧草草坪两大类。人工草坪一般都用全引入的单一牧草品种，天然草坪强调多样性保护，两者各有所长。草坪业只是第一生产层的一个内容，并非草业全部。

而景观却必须包括树木等，是一个独立的专业，以上都可以不在畜牧业范围之内，独立成业。饲料牧草业包括人工牧草生产、天然草场利用和粮饲兼用作物生产。尽管饲料工业在目前是指精饲料加工，配合料、预混料等产品的生产；而草颗料、草块、草捆也开始受到关注，后者对于我国饲料业来说是刚刚起步的产品，具有广阔的前景。草地畜牧业，这个产业在中国原有的牧业概念上只指牧区的传统畜牧业，在当今发达的市场经济条件下是指高效的草地畜牧业，是以种植饲草为基础的畜牧经营行业。在发达国家中畜牧业的同义词是动物农业。经营有序的畜牧业本身也是个生态环境良好，可持续发展的景观牧业。

畜牧业的饲料来源，以我国现在的说法是“精料”，精料的前身是粮食，粮食在决定用于喂牲畜以后才认作饲料，谷物（主要体现在玉米）在转念之间或为粮食，或为饲料。然而在发达国家，亦以玉米来说是谷物，在播种生产之时就确定是饲用作物，在播种密度，施肥，到收割用什么机具已经明确以全株玉米作为操作对象，饲料的要领引申了、生物学价值也提高了，经济效益提高了。如果这个概念不改变，农民光等着玉米成熟以后收了谷实再去当粮食或饲料出售，他不会在大旱之下玉米难以正常成熟之前，在适当时机将全株割去做青贮的，一定会眼巴巴地看着玉米干枯而死。如果在种玉米之初是要打算收玉米粒，一看天时不利，立即将其做成青贮，那么也会减少相当的损失，甚至在生物学价值上也不会有损失。明白这个道理，也就是转瞬之际，但需要的是观念的转变。

以养奶牛而论，北京是奶牛业的一个发达地区，记录着过去的习惯，饲养上以每头成年牛计算都要留出一定数量的饲料地。在新中国成立之初每头牛 0.67 公顷地，到 20 世纪 70 年代，是每头牛 0.02 公顷地，主要是种青贮用玉米，在畜牧业中是先进的，不过这不等于就是欧美的奶牛业。当城市作为一个单独的行政区域来对待，以“自给自足”为前提。草不足，可以从东北进羊草，奶要自给，进羊草是地方支持首都。奶的自给，与草的自给是一字之差，可是在现代化产业意义上却相距甚远。再看看现在首都的奶和乳制品来源。哪个省市生产的也都占有一席市场，带来的是居民自由选择喜欢的品牌，饮奶量超过北京市自产牛奶的 1 倍以上，显得市场繁荣，成为买方市场。不必再为运草的火车皮而着急。这是市场观念改变了，是原来的“自给自足”观念发生改变的好处。

当今北京各郊区政府号召退粮还草，“吨粮田”改种了苜蓿，通州、顺义都是这样。土地的产值在升华，奶牛业不但不衰退，牛奶不断地在增产。还引来了外地奶业集团，在京征田设场，资本流入，经营水平提高，也无非是将饲料真正地引申到了牧草身上。草业的意义在中国人心里又有了长进。这是农业结构调整给农民带来的好处。

我国的肉食中猪肉占主体，曾经占 90%以上；近 20 年来减少到了 66%。说吃猪肉是中国人的习惯。此说也难以成立。因为，港台、新加坡的华人的肉食中猪肉也只占 40%不到。发达国家中肉食的主要来源是草食家畜，如美国人的肉食中 73%由草转化而来，澳大利亚约有 90%，新西兰约为 100%，而我国目前还只占 8%，有 90%还来自粮食。在人多地少的我国，还在依赖于谷物当饲料，真是在思想上的“作茧自缚”了。好在这个现象正在互见。但目前最要紧的是把更多的粮食作物农田，改为粮饲兼用作物，提高包括谷实在内的整株植物生物学产量的作物，这个观念转化得越快，农民的生活水平、健康水平提高得越快。

牧区往往指大西北，其实对牧区细加区分，那里不乏高产粮区，也应该用粮饲兼用来操作方可缓解对放牧草地牧业的生态压力。如果将 4 亿公顷草地的 80%给予自我恢复的时机，先做好 0.67 亿公顷的真正意义上的草业，这将是我国牧业生产上的巨大进步。

第二节　牧草业建设的难度

一、草地载畜量过载的 50 年

据报道，按绵羊单位计算，我国草地载畜量已达 5 亿～6 亿个单位，超过合理载畜量的 20%以上。按冬季畜草平衡看，北方牧区冬季草地已超载 50%，部分地区已超载 1～1.5 倍。冬牧地超载是造成草原沙化和荒漠化的重要原因。南方草地约有 1/3 是过度利用，1/3 轻度利用，约 40%是尚未利用的。因此，及早杜绝过度放牧，因地制宜制定各地区合理载畜强度和禁止陡坡地的放牧是亟待落实的举措。

我国的草地改良在新中国成立后是有规划的,但以往是开垦种粮为主。草地改良名存实亡。到 20 世纪 90 年代中期,草地改良初见成效。据 1995 年统计,全国累计种草改良草地达1 380万公顷,围栏达 800 万公顷。但改良工作进中有退,有效改良面积是多少并不详知。

按“九五”期间的规划，加大围栏、种草、飞播、饲草饲料基地建设，拟将草地建设总规模扩大到2 000万～2 300万公顷，围栏草地3 300万公顷。到 2010 年草地治理达3 300万～4 000万公顷，围栏草地13 300万公顷。如果达到这个水平，全国 4 亿公顷草地将有近 1/3 得到合理利用。那就是非常伟大的胜利。

全国 4 亿公顷草地，按姜恕估计，在其中 3.13 亿公顷温带草地，667 米^2 产干草 50 千克，如转化率提高到 5%，可产肉1 175万吨，人均接近 10 千克。其潜力十分巨大。另一种估计，先不计在南方的 0.67 亿公顷草山，在农牧交错方带，雨量大于 300 毫米的地区。约有 0.38 亿公顷，分布在从大小兴安岭，燕山南北，太行山，吕梁山和六盘山等自东北向西南的地带。有人估测，如果在这一地带建成有合理利用草地方案的草地畜牧业，具备 120 万吨牛羊肉的生产能力。该估测数值，相当于目前北方牧区总牛羊肉产量的 2 倍，并相当于 960 万吨粮食产量，可提供的畜产品产量也是十分可观的。

干旱和半干旱地区的草原则重在保护，是以生态建设为主的灌草结合带。除非有丰富的引水源，可以替代相应的雨量，否则将其列入牧业主开发区将会继续破坏草原，加剧沙化、荒漠化、盐碱化的严重程度。也是一种杀鸡取卵的方法，是不可取的。

由于重农轻牧，重粮轻草的观念根深蒂固，据调查统计 20 世纪末的 20 年中，在内蒙古、新疆、青海、黑龙江等 10 省、自治区乱开垦草地达 68 万公顷。破坏的主要是水草丰美的放牧场和割草场，使我国每公顷草地生产力降到了 7 个畜产单位。单位面积草地的产肉量仅为世界平均水平的 30%。单位面积草地的畜产品产值只相当于澳大利亚的 1/10，美国的 1/20，荷兰的 1/50，新西兰的 1/80。在牧区那些水热条件较好的草地多开垦为农田，广种薄收。冬季土层裸露，在大风的扫荡下，肥土被风暴卷走，使牲畜集中到无法开垦的草地上，加剧草地负担，进而使之亟度超载。早春的草地幼苗被连片啃光。原来是瘠薄的草地土壤，被风蚀，在雨量不到 200 毫米的干旱草原、土层被吹光，直到光板岩石暴露，连戈壁都不如，直至人畜都退出为止。这种对大自然的掠夺，最后倒霉的是人类自己。据横店草业集团的一项统计，在北方 12 省、自治区水热地区较好的草地，约 294 万公顷草地的面积中，已退化达 137.7 万公顷，占 46.84%。以 1980 年初报道退化草地为 0.87 亿公顷计算，15 年的时间内，退化草地每年以 306.7 万公顷的速度在扩大，其严重程度可见一斑。

二、草地资源和生产潜力的估计

我国的草地按其分布和性质可分为北方草地、南方草地、沿海滩涂与农田零星草地四片。

北方草地，指从东北西部经内蒙古高原、黄土高原，直达青藏高原，面积 3.13 亿公顷，是我国天然草地的主体。这片土地的年雨量从东到西逐渐降低，自东南侧的500毫米左右，到西北边缘的50毫米以下，草地的生产力也依此逐渐降低。其中条件较好，生产潜力较大的为东北西部，内蒙古东部的农牧交错区，草地面积0.4亿～0.47亿公顷。

南方草地，指长江流域及其以南山区和丘陵区，有三种类型。一是海拔500米以下的红壤丘陵区，该区水热条件优越，地形起伏较小，但水土流失严重，草地多为森林破坏后的次生类型，宜农、林、牧互补，综合发展。二是500～1 000米的低山区，自然条件也好，而地形起伏大，交通不便，适宜以林为主的林牧结合。三是1 500米以上的中高山草地，多大林线以上，地势缓和，气温较低，为宜牧地区。为0.67亿公顷。

沿海滩涂，是地形平坦，水热条件好，但土壤盐分高，宜农、林、牧结合发展，面积约0.013亿公顷。

农区零星草地和人工草地，约0.067亿公顷。

我国草地生产力，从自然潜力上与国外同类草地比较，是不相上下的，但实际上单位面积草地所提供的畜产品数量已如上述却相差甚远。据1989年全国草地科学学术研讨会报道，该期我国每百亩可利用草地平均年产肉24.59千克，毛3.02千克，奶26.93千克，共计46.83个畜产品单位。此水平不及美国同类草地产值的1/20。其原因归咎于传统畜牧业的靠天养畜，投入太少和畜牧业基础设施极差所致。在新中国成立后的50年内，国家向草地投资共计46亿元，平均每年每667米^{2}可利用草地投入2分多钱，在这种情况下，草地畜牧业一直处于十分脆弱的状况。据报道，90%的草地有相当严重的“三化”现象。

我们通常习惯于提出，中国拥有4亿公顷草原，然后按可利用草地的载畜量来估算我国可以产出多少畜产品，同时又年年呼吁，我国草原“三化”面积，又增加了多少。历年迅速扩大的“三化”面积，是我们重视了草原退化严重性之后进行的反省后所了解的，其实“可利用草地的面积”是不是有那么多，是个值得关注的问题。如果在10年内，我国草地平均畜产品产量达到美国现有水平的1/4，也就是将我国水平提高5倍，那么每百亩草地年产肉98～123千克，毛12～15千克，奶108～135千克，共计187～234千克，牧区的经济收入也可能会出现根本的改变。

牧区的人口稀少，人均草地面积占有量大，如果达到任继周等的试验结果，单位面积（以公顷计算）的畜产品单位和经济收入也是很可观的（表2-1）。

表2-1　人工草地单位面积畜产单位和经济效益增加量

生产模式	畜产品产量提高（畜产单位/公顷）	经济效益（元/公顷）
绵羊放牧系统	124.5	694.6
奶牛放牧系统	117.5	3 638.3
肉牛放牧系统	76.4	1 596.7

可见宜牧的系统要分别对待，效果以奶牛为最好，但要求的条件高，绵羊的低一些，然而在较干旱的地区容易做到，那里的人口更稀少些，以大面积求多产。各种系统各有利弊，不过有一个共同点，都是必须以改良草地产草能力为基础，而不是盲目地增加单位草地面积的载畜量，要与经济效益统一考虑。

第三节　走出草地经营的十大误区

草地经营有十大误区，现将有关叙述抄录下。

据任继周概括并指出，要走出误区，牧民增收方可纲举目张。

近年来，借生态建设和政府号召退耕还林还草的政策之风，结合进入WTO的农业结构调整的迫切要求，兴起一股种草之风。这是大好事。它意味着草和草业将作为一股不可忽视的力量，汇入我国农业系统，我国“以粮为纲”的传统农业将面临一场大变革。真正的现代化农业呼之欲出，令人兴奋。

但与此同时，针对这一种草的新风，也经常遇到一些误解，需要澄清。

误解之一，草地容易反弹的农田，造林才能保证生态建设的效果。过去曾经有过政府（如某些国家建设项目）或外资（如世界银行等）出钱，农民种草的多个项目建设，项目终止以后就化为乌有，草地都退回农田。但那是“以粮为纲”的时代，或“以粮为纲”的影子仍然笼罩农业的时代。口粮自给，农田纳税，农民用钱，全靠粮食来换。

现在怎样？农业结构调整迫在眉睫，粮食市场开放，粮食价低而且卖粮难。据专家估计，我国每年花在存粮上的经费高达3 000亿～5 000亿元。无论民间、还是政府，都因存粮过量而负担沉重。而当前的市场规律告诉人们，种667米^{2}小麦净收入不过100～200元，而667米^{2}苜蓿净收入达300～400元（而且苜蓿是多年生，不要年年种），还不说把草进一步变成畜禽等动物产品的增值。现在山东、江苏的农民已经自愿把过去的稻田、麦田腾出来种草，这不是个别的，而是相当普遍的。不是政府号召的，而是农民自发的。

为什么？机制变了，市场规律指导生产，也是社会发展规律指导生产，而不是行政命令指导生产，更不是习惯势力指导生产。

误解之二，种草影响粮食安全。我们在黄土高原的研究证明，把1/4～1/3的耕地拿来种草，单产提高50%～60%，总产提高30%～40%。土壤有机质3年内增加1/4，化肥施用量减少1/3。粮食产量高了，地培肥了，土地的后劲大了。牧业产值提高2倍，农林牧渔业总产值提高近2倍。这个草地农业系统一旦建立起来，粮食产量不但不会降低，还要提高。也许还得进一步扩大草地面积，减少农田面积，才能满足农民降低粮食产量的要求。草地农业系统特点是草地和牧业产值占较大比重（草地面积达25%以上，畜牧业比重占50%以上）。如果一旦需要增加粮食生产，只要根据当时、当地的需要，把部分草地变为粮田，第二年就能生产出粮食来，有什么粮食安全问题？因此，我们提出“藏粮于草”，就是这个道理。

误解之三，种草生态效益不好。草地保持水土的能力大约是农田的5倍甚至高达百倍。草地密致的根系，对固结土壤，提高土壤有机质，提高肥力的效果已经为大家公认。林是重要的，但林下如无草的光板地，难以有效防止水土流失。在这种地方，常常看到土壤大量流失，树根高悬地上，甚至导致树木倒伏，就是缺少林下草灌植被的缘故。草、灌、乔结合才能更好地维护生态效益。至于前面提到的草地农田土壤肥力的作用，更是林地难以取代的。草地的生态效益，早已举世公认。草的叶面积比它所占据土地面积大19～28倍，有巨大漂尘吸附力，草地漂尘比裸地少35%，尤其有利于防止二次扬尘。每平方米草地每小时可吸收 1.5 克二氧化碳，25～30 米^2 草地就可吸收 1 个人呼出的二氧化碳。草地还可减少空气含菌量，对 7 种植被的研究表明草地净化空气的能力仅次于松树林，在 7 种植被中居第二位：草地减少噪音效果显著，20 米宽的草地带可减少噪音 2～5 分贝，大片草地可以减少 5～15 分贝；草地一般夏季降低气温 3～5.5℃，冬季增高气温4～6.5℃。草地可以增加相对湿度 5%～18%。

误解之四，种草耗水多。研究表明，正确的草地管理用水量远比林地少。它是单层植被，利用浅层土壤的水分。常见的过多用水的草地，不是选择草种不当就是管理理念错误，而不是种草本身的问题。黄土高原的研究证明，每 1 升水生产出的干物质，紫苜蓿是 1.342 克，封育天然草地是 0.353 克，沙打旺是 1.25 克，而当地喜种的白杨树为 0.353 克。白杨树是单位干物质耗水量是最高的，与牧草中耗水高的紫花苜蓿相比，耗水量也高出 4 倍，怎么能说草比树耗水多呢？在干旱地区总是看见草地绵延千里，而不是大片林地。树木是从土壤深层吸取水分，正是利用这个特点，当土地潜水面过高，形成内涝时，往往种树来大量吸取地下水，降低潜水面，这就是常说的生物排水。种树排水而不是种草排水。地理学家黄秉维院士说树木是个抽水机，在一定条件下是有道理的。

误解之五，好地种粮，赖地种草。草比一般作物耐瘠薄，这是事实，也是它的优点之一。但要它高产，充分发挥经济效益和生态效益，还是要舍得拿出好地来种草。只有要建成高产、高效的人工草地，才能建成现代化草业，才能参与市场竞争。从而摆脱农村贫困。退耕还草，不能只把“边角废料”拿来种草。“好地种粮，赖地种草”的思想，仍然没有摆脱“以粮为纲”的阴影。赖地种草可以改良土壤。提高土地肥力，逐步变低产地为高产地，但它不是草地的主力军。把粮田与草地轮作，既能改良土壤，提高粮食产量，也能生产优质高产的牧草，是经济建设与生态建设并重的道路，才是农业持续发展的正道。

前面说过，已有试验证明，农田种草，可以大幅度提高农业产值。从更为宏观的角度来看，草地农业系统有明显的经济效益。美国、法国，都是农牧并举的国家，它们的牧业产值，总是在 60%以上。草地是牧业的前提，它们的草地面积都在 30%左右。有草才有畜，有畜才能使农田生态系统持续发展。道理很简单，不论是粮食作物、油料作物、还是纤维作物，人类能够直接利用的部分不足 25%，75%以上的植物产品，应该依赖草食动物转化为动物产品。这一部分畜产品的产值，至少不下于植物生产部分，过去我们“以粮为纲”的农业系统，动物生产不是一个独立行业，没有充分利用动物生产这个杠杆，把至少一半的产值丢掉了，当然生产水平不到发达国家的一半。不妨说，没有草地，没有畜牧业，就不可能建成高效农业，就没有持续发展的现代化农业。

误解之六，种草就是种草。种草的效益是多方面的，把种草孤立于农业系统之外，种草的效益难以充分发挥。草地要与适当的农业系统结合起来，才有生命力。草可以与林结合，建成草地林业系统。例如美国，有 1/3 的优质草地在林区，林场普遍办畜牧场，以求最大经济效益；草可以与果树结合，建成草—果农业系统。例如四川乐山，重庆一带，柑橘林下种白三叶，既可肥田，又可养鹅、养羊，每 667 米^2 收入达1 500元。广东荔枝园套种牧草，每公顷可多收入3 000～7 000元。黄淮海棉花区棉草套种，每公顷土地收入由棉田的4 665元增加到8 945元。粮草结合，农田套种，间种牧草已不少见，实行草田轮作，更是为人们所熟知。

误解之七，良种就是良种。我国幅员辽阔，自然条件复杂多样，分别属于6个草业生态经济区（宁蒙干旱区，西北荒漠灌丛区，青藏高寒区，黄土高原区，黄淮海灌丛区，西南岩溶地灌丛区），各区之间的自然条件差异很大。目前，西部地区建植人工草地所需的草种大多依赖国外进口或国内其他地区引进，由于西部与原产地的环境条件有所不同，其表现好坏，差异可能很大。常有良种牧草比非良种牧草表现还要差的情况。因此，良种不是绝对的，草种优劣要结合当地生态环境进行科学评价。盲目引进国外“良种”种草而全面失败，导致惨重损失的事例已经屡见不鲜，这是应该引以为戒的。

误解之八，把人工草地与天然草地对立起来。人工草地的作用显然是重要的。但当人工草地与天然草地结合时，才会有更好的经济效益和生态效益。研究表明，天然草地中每增加1%的人工草地，它的生产水平就提高4%，当人工草地增加到10%时，天然草地生产水平就提高1倍。所以，天然草地与人工草地结合起来，才能充分发挥生产效益。目前，我国天然草地有90%已经退化，人工种草可以缓解天然草地压力。如果进一步做到人工草地系统与天然草地系统耦合，则其中蕴藏了巨大的生产潜力。

误解之九，把种草与灌木对立起来。在特定环境下灌木是不可代替的。灌木在结构（如超旱生结构）、形态（如叶片变化，根系的垂直分布与水平分布多样性）、功能（如蒸腾作用和灵活的繁殖对策等）等方面的适应性，常常成为极端环境条件下草地群落的建群种，防风积雪，为动物提供栖息地，为畜牧业生产提供优良饲草，对于维持草地生态系统的健康运转有积极意义。因此，草业科学把灌木归属牧草范畴。人们熟知的例子是黄土高原的柠条和荒漠地区的梭梭林的巨大经济意义和生态意义。种草不要随便挖掉灌木。

据甘肃草原生态研究所对荒漠生态系统的研究，霸王草能够在年降水80毫米以下、土壤水分1%左右的干旱环境中正常生长，它的定居改善了环境中的水热状况，为其他草本植物的生长创造了必要的生存条件。荒漠地区，藜科、蒺藜科和豆科灌木是放牧农畜的主要采食对象，其中一些植物的营养成分与苜蓿相比只高不低。据青藏高原7月份采样测定，西藏沙棘的粗蛋白含量高达31.76%，怀腺柳和短叶锦鸡儿分别为18.04%和17.52%，优于其他草本植物，而且这些灌木中单宁含量适中，有利于反刍农畜消化吸收。西南岩溶地区灌木饲草资源更加丰富，亟待开发利用。因此，西部在人工草地建植中，应给灌木应有的地位，发挥其稳定性强、易于生存扩繁、营养丰富的优点，把草地的刈割与放牧利用结合起来，才能取得事半功倍的效果。一旦将它消灭，必将造成严重风蚀，而且难以重建。

误解之十，草地管理可以马马虎虎。一般认为草地只要种上、种活就行了，不必管理，这是错误的。天然草地和人工草地不但需要管理，而且管理所创造的价值比农田还高。按草业的生产流程分析，管理的好坏，同一块草地的生产水平可能相差几倍，几十倍，乃至上百倍。随着知识经济的不断成熟，系统管理的作用将要发挥前所未有效果。小到田间管理，如及时除杂，灌水，施肥，收获和放牧，大到企业化经营，更大到地域间甚至国际间的跨区协作，都需要现代化管理。只有现代化管理才有现代化草业。管理的层次不同，需要的技术，信息也有不同的层次。种草不是“粗活”，这里容得下大量的现代科学技术和信息。现在已经初步研制了草业的专家信息系统。因此，钱学森说草业是个技术密集型产业。草地管理马虎不得，只有运用适当科学技术，管理到位，种草才能给人们满意的回报。

第四节　草业经营的层次

一、分层次对待

草地的生产力，按任继周等分析，具有可观的潜势，但必须通过草业系统才能兑现。草业系统包括植物生产层和动物生产层两个层次。

1. 在草地方面　植物生产层的生产潜力在于：①合理利用：划区轮牧，提高产量，可增产 20%；牧草恰当利用和储存，可增产 50%。②植被改良；半人工草地与人工草地，可增产 1～3 倍。

以上的整合效果具有相当于现在生产水平的 3.6～7.2 倍的潜力。

2. 在动物体系方面　动物生产层的生产潜力在于：①品种改良　提高产品数量和品质，可增产30%～50%。②畜群结构的优化　可增产 40%～150%。③季节畜牧业　这是畜群结构的季节管理，以加速周转，减少越冬能量的耗损等原则，可增产 3～11 倍。

以上的整合效果，具有相当于现在生产水平 7.28～41 倍的生产潜力。

依据上述的两个生产层（暂不计前植物生产层和后动物生产层），生产潜力之积，十分可观，可达到现有生产水平的 25～300 倍。

按照此估算，我国现在草原生产水平以每 667 米^2 收入 0.2 元计，其潜力可达 5～58 元。全国 4 亿公顷草地的产值将达 300 亿～3 480亿元。

草地的生产潜力有多大，不能割裂地或孤立地看草地本身，还要看草地与农田、城市之间的耦合效应。任继周等报道，中国牛的出售率只有 6.1%。澳大利亚、新西兰，全靠放牧饲养在发达的草地上经营，出栏率达 30%；美国、加拿大以牧区快速育肥，出栏率可达 36%～38%，意大利以收购欧洲其他国家小公牛肥育出售，出栏率可在 56.9%。我国 1 头存栏牛平均年产肉 16 千克，而意大利达 112 千克。他指出：若把河西走廊南侧的祁连山区及北侧的荒漠地区草地畜牧业生态系统与河西商品粮基地结合起来，部分农田套种，夏种牧草，并把农作物秸秆的利用结合在内，提高转化率，按姜润潇的计算，产肉量和农林牧渔业总产值都可提高 2 倍以上。

从东北到西南，中国广大草原区与农田区的交界线两侧，历史上曾经分布着大量的茶马市场，这些衰落多年的古市场，在新形势下，近年来又重新形成，并逐渐繁荣。如甘肃的临夏，将会是系统耦合效益的热点。如加以适当引导，这一“耕牧交错”地带可望在我国农业振兴过程中发挥重大作用。

至于草业农业系统中前植物生产层（风景、水保、自然保护区等）及后动物生产层（加工、流通等）所蕴藏的生产潜势，可不比植物生产与动物生产的生产潜势小。

二、分区域对待

对于我国草地，李博等亦提出四个区域要重点开发。概括地包括：①温带森林草原地区：从松辽平原，内蒙古高原南部经冀北山地黄土高原，达青海湟水河谷，呈东北西南向，海拔1 000米以下，现为农牧交错区。②亚热带次生林、灌丛与草山草坡区：为东南沿海低丘平原向青藏高原的过渡区域。这里水热条件好，由于地形、交通、资金等因素，开发程度很低。主要包括云贵高原大部分，山西、湘西、鄂西武陵山、秦巴山等地区。目前这里生产水平很低，是全国最贫困的地区之一，但生产潜力很高，急待开发。③干旱的荒漠区与高山高原的过渡区：包括河西走廊及塔里木南缘、天山山麓等。这里热量条件好，有雪水灌溉，有大面积山地草场可以开发。④沿海滩涂：约 0.13 亿公顷，地形平坦，水热条件好，潜在生产力高，限制因子是土壤盐分高。这里宜搞农林牧水综合开发。

在进行区域草地开发之中，李博提出不但要草畜结合，而且要实行农牧互补和林牧结合，注意区域农业生产的最佳组合和整体效益。要打破单纯研究草地的圈子走向区域开发，大力发展农区草地及饲料加工，旱作农业区进行粮草轮作，或异地育肥技术。

姜恕指出，草地畜牧业的发展，关系到占国土面积 40%的草地资源的合理利用与保护、生态环境的改善以及巩固边防增进民族团结，因之提到基本国策的高度加以认识是理所当然的。天然草场，仅以温带草地而言，其可利用面积，有 3.13 亿公顷，以低水平估计，每 667 米^2 产干草 50 千克，提高转化率到 5%，可以产肉 117.5 亿千克，人均达 10 千克，增产潜力相当可观。加之，人工草地和改良草地的增产潜力，草地畜牧业是非常值得重视的。在普遍地提倡提高存栏牲畜头数的情况下，据内蒙古中部典型草原 10 年的草地生产力定位研究查明，退化草地 667 米^2 的产草量由 200～300 千克减到 100～125 千克，降低约 40%。牧民反映“二三十年前草打马蹬，一吃就饱，现在是草贴地皮老是吃不饱”。

全国草地退化面积已占可利用草地的 30%左右，情况十分严重。退化草地草丛稀疏低矮，还为蝗虫、鼠类栖息提供了适宜环境，虫、鼠损食牧草占 8%～10%，转而加剧了草地退化。

草地退化又与不合理的草原开垦有密切联系。新中国成立以来累计开垦草地约 0.067 亿公顷。由于农垦多选择水热土壤条件较好的冬牧场，冬场本来偏小，开垦后超载情况更加严重，是限制畜牧业发展的主要因素。不合理的开垦不仅侵占草地，而且使冬季土壤裸露，是沙化的主要原因。目前，草地沙化面积约 1.13 亿公顷。近 35 年来，每年平均增加 13.3 万公顷。据中国科学院和中国农业科学院在内蒙古中部和黄土高原等地区进行的人工种草结果表明，以羊草、披碱草等当地天然草种为主的人工草地，在年降水量 300～400 毫米栗钙土条件下，围栏 3 年后建成时，667 米^2 产干草 250 千克，比当地同类天然草地增产近 1 倍；有灌溉条件时可达1 250～2 000千克。黄土高原西海固地区飞播沙打旺、种植苜蓿、红豆草等豆科牧草，667 米^2 产量可达 500 千克。

以养羊估计，在现有 3.13 亿公顷可利用草原中，选出 1/10，约 0.33 亿公顷水、热、土条件较好的地段，开辟人工草地，以上的产草量情况下可养 1.6 亿只羊。若冬春予以补饲，载畜量可以加倍。在东北的农牧交错带，约 0.47 亿公顷，年降水量为 400～500 毫米，年平均气温 5～8℃，通过草田间作轮作，粮饲兼用作物种植向集约化发展，按农牧结合生态模式操作，也有 1.5 亿只羊的生产潜力。

当前牧区正处于经济体制改革之中，“牲畜和草地双包”得到正确贯彻，牧民围栏种草出现新气象。宜因势利导，随着商品经济转变与发展，调整畜产品价格和产销关系等问题，加上政策引导，可盼西部开发的良好结果。

草地畜牧业的发展，关系到占国土面积40%的资源的合理利用与保护、生态环境的改善以及巩固边防增进民族团结，因之提到基本国策的高度加以认识，是理所当然的。在这一战略决策下，至少应对下列各方面给予应有的投资和支持。在对策上应包括：

1. 禁牧轮休 退化草地改良，目前多提倡浅耕补播，实际上收效甚微。尤其是考虑到大面积改良对经济、能源的需求，则禁牧轮休让草地自行复壮倒是现实的。定位研究阐明：在内蒙古中部典型草原地区围栏26.7公顷投资3 000元，封育2～3年的退化草地可以得到显著恢复，特别是一些禾草，如羊草、冰草等增长较多，5年后接近稳定天然草地状态。这种模式应大力推广。

2. 天然草地的合理利用和改良 天然草地放牧利用一向是草地畜牧业的主要经营利用方式，今后仍将是如此。其关键在于划区轮牧合理利用和人工草地的建立。中国科学院在内蒙古的定位研究指出：在降水量400毫米左右的栗钙土区可以3年建成以当地优良草种羊草和黄花苜蓿为主的人工草地，产量有成倍提高。

3. 农牧交错地区的农牧结合、农牧草地生态工程综合经营体系的建立 主要内容是建立基本高产农田，结合豆科牧草间作轮作，生产饲料和绿肥；建立杨、柳、榆、柠条为主的防护林带，结合生产薪材和饲料林带；作物秸秆和乔灌木枝叶饲料加工喂畜，粪便还田；退耕部分农田，种植紫花苜蓿、沙打旺、羊草、披碱草等多年生牧草；发展以舍饲为主的草食畜禽，如牛、羊、兔、鹅等。

农牧交错区还要和毗邻牧区协同生产。从牧区异地育肥牛羊形成商品，同时为牧区提供人工草地和饲料地所需种子，形成耦合模式，是草地畜牧业的重要内容。

4. 全面布局全国草地资源开发和发展草地畜牧业 南北两片，沿海一线，因地制宜，各有特色，形成互补，切勿偏舍。

沿海滩涂，尤其是黄河三角洲地区，水、热、土生态条件优越，宜于农林牧渔业综合发展。南方山地0.67亿公顷草地，水热充沛，牧草生产力较高，也要分别对待。两者各自因地制宜，开发有可能成为与北方传统牧区相依并存的新草地畜牧业区。中国科学院在江西吉泰丘陵地区着眼于山地自然资源的持续利用和保护，提出了林、牧、果、农、渔综合发展模式，建成了示范点。这说明南北两块草地性质迥异，不容彼此替代，在决策时更不宜有所偏舍。

第五节 可持续经营的粮草农田草业

祝廷成等提出，草地的畜牧业生产，要建立起长远地、系统地、稳定地利用草原的理念，他们认为：

草地作为自然资源，是草食动物的“摇篮”。具有以下几个特点：草地是一项可更新资源，利用得当，可以自然更新，“春风吹又生”，更新速度快，是用之不竭的资源，是发展草食动物廉价的饲料来源；这种资源利用起来，不像煤炭和石油等，草对环境无不良反作用；分布普遍，全国各地都有草地可供利用；有成熟的可供生产现场应用的高、精、尖设备，并可低投入高产出。

草地作为环境，在保证人类生活中有不可替代的作用，这一功能往往被人们忽略，只顾眼前利益，盲目利用，造成草地退化，引起环境恶化。因为，草原植被的地上部和地下部，对地表和土壤构成一个很好的保护层。“寸草遮丈风”，草原可防风、固沙、保土、调节气候，还能吸收、降低和分解有机废物和尘埃，净化空气，涵养水土，培肥地力，对促进环境的良性循环有重要作用。草原还有促进降水的作用，草原植物的残体在腐烂分解后，可以形成有机的微粒碎屑，吹到云层中，形成冰粒——生物源冰核，这种有机冰核对于形成降水比无机冰核有效。由于过度放牧，盲目开垦，破坏草原，减少植被，导致有机冰核减少，相应地降水也就减少。近年来，草原上常常“干打雷不下雨”，草原退化导致气候干旱，气候干旱又促进草原进一步退化，互为因果。

草原退化的原因是多方面的，不仅由自然因素所致，而且更受人类社会因素的影响。在草原上进行经济生产，草原本身是由土-草-畜构成的生态系统，它的支持能力是有一定限度的。如果缺乏整体性、长远性、系统性、稳定性等生态学基本观念，超载过牧、滥垦和破坏草原，必然造成大面积草原退化。

当前世界上草地普遍出现退化和消失问题，每年草地“三化”面积占世界草地总面积的10%。我国草原退化的面积高于此数字，现已约达0.47亿公顷，而且是加速度的，内蒙古草原退化达1/3，东北草原退化的程度高于内蒙古，退化速度每年约为3%，超过建设速度1倍多。从东北西部地区草场退化面积表（表2-2）可以看到，在该区4 928万公顷土地上，草场占50.74%，农田占38.76%。草场中只有26%左右尚可称是正常草场，其他处在不同程度的退化中，因此治理的重点是这部分。其中还林和人工种草是最有效的工作。还林应该是两大部分。在林区相邻地区和水利较好的地区，应该连片种树形成人工林，与原来的次生林要连片，或就近相呼应，改善生态环境。在较干旱的地区以成带、成条、成片地种植灌木、乔灌林和乔灌草人工草场。以林草结合，形成良性生态群落和高产高效的人工牧草地为长久之计。

表 2-2 东北西部地区草场退化面积

（1989年8月统计）

类　型	万公顷	占土地面积（%）	占草场面积（%）
1. 草场	2 499.78	50.74	100.00
正常草场	652.8	13.25	26.11
轻度退化草场	463.49	9.41	18.55
中度退化草场	481.04	9.77	19.26
重度退化草场	900.37	18.27	36.00
人工草地	2.08	0.04	0.08
2. 其他用地	2 428.37	49.26	
农田	1 910.42	38.76	
林地	257.97	5.23	
灌木地	114.96	2.33	
湿草地	145.02	2.94	
合　计	4 928.15	100.00	

一、结合国情学习先进

20世纪初，美国西部由于对草原的大面积开垦和对草原植被的破坏，尤其在1934年受到了震惊世界的特大黑风暴的袭击，几乎横扫美国2/3的疆土，使农业严重减产。从那时起，美国调整了农业策略，严禁开垦草原，开展了大范围的人工草地建设，并研制出提高草地生产力的若干技术体系。如人工草地种植管理技术、优质干草生产技术、牧草种子生产技术、草地改良技术等。发展至今，人工草地占草地总面积的15%，优质苜蓿草地达到耕地总面积的1/3，优质苜蓿干草生产能力为1亿吨/年左右，以放牧利用为主的高羊茅草种植面积为1 200万～1 400万公顷。有专业牧草种子生产田27万公顷，每年牧草种子生产能力40万吨左右。人工草地对本国的草地畜牧业形成了强有力的支撑，遏制了天然草地的退化，恢复了生态平衡。牧草产品和牧草种子不仅满足了本国草地畜牧业的需求，并且大量出口到世界各地。

新西兰的自然气候良好，人口稀少，天然草地生态条件优越，那里应用先进科学技术，将2/3草地改成人工草地，使生产效率和管理水平达到世界先进。而澳大利亚是全球第一草地大国，由于2/3以上是干旱草原，那里并不全去改良，而是保护干旱草地，开发可利用草原，使草原生态得到保护，也成为草地畜牧业强国。可见，勉强而为的，如20世纪初的美国，20世纪50年代的苏联，近50年来的我国，都会酿成大灾。

一些畜牧业发达的国家，在草地经营上是差别很大的，但近十几年来，充分利用廉价的优质粗饲料，发展广阔的草地畜牧业，他们认为这是实现稳定的草食动物产品率及获得高产、低耗的最佳途径。我国的天然大草原和国外的植物种及群落结构相似，天然草原生产力也不比他们低，问题是我们落后在经营方式和水平以及人工草地的建设上，如：

1. 美国 高草草原（普列利群落）是发展牧业的主要地带，在该地带采用玉米＋苜蓿＋燕麦或黑麦草，实行草田轮作，形成玉米带，天然草原已多被开垦。在耕作技术上有时采用免耕法，秸秆还田，生产的玉米用来作家畜饲料，子粒养猪，饲粮兼用作物青贮后养牛。美国西南部大面积的荒漠，供人们旅游，欣赏独特、辽阔的风光，并不急于大力投资去改造它成为草场。

2. 加拿大 地广人稀，有些牧场仍是利用天然草场进行放牧，他们对草场利用的特点是“吃一半，留一半”，定期轮换草场，有严格的轮牧制度，并进行监测，超过利用率的要罚款，情节严重的国家收回草地。在养牛上达到丰厚的回报。

3. 印度 天然草原是亚热带稀树干草原，气候干热，经济不发达，人口众多。他们兴起了一个以“绿色革命（种草种树）”推动“白色运动（产奶）”，在山坡上种象草和灌丛，树草比人高，饲养的农畜以奶牛为主，种草养牛，生产、收购、加工，环环相扣，快速运行，形成“洪流行动”。“白色运动”成功，提高了一部分人的生活水平和体质。是低谷物多牧草模式。

4. 日本 是一个多岛屿的国家，气候湿热，人多地少，没有连片的天然草原，但在《六法全书》中也有草地法。由于缺草，主要靠进口饲草饲养农畜，以前，从我国台湾省和韩国购买大量的水稻秸秆，和精饲料混合利用。近年来，从我国东北草原购买羊草每吨

160～190 美元，送到牧场达 200 美元。近年从中国进口高价优质的稻草，经营成本甚高，但世界上最高档的牛肉出在日本，有很高的经济收入。

从祝廷成的介绍，可以引出以下几点：①像印度那样，全国人口不一定非得要人均产出 400 千克谷物，而是将草业放在适当的地位，调整农业结构，通过草牛结合，以牛奶及牛奶制品和牛肉、羊肉来提高居民的营养水准，可以解决盲目垦荒和退耕还草、退耕还林的问题。印度人均土地面积比我国少，但人均牛奶产量达 70 多千克，有许多宝贵的经验值得我们学习。②日本的情况说明，在人口密度极高的地区，可以与人口较少的合作，得到相应的饲草饲料，保持一定程度的畜牧业，对整体农业是有好处的。在整体上不易从中学到我国适用的农牧业生产体系。③美国、加拿大也有中国可以学习的地方，那就是搞定期轮牧制和粮饲兼用作物与牧草的轮作制，防止耕地水土流失，提高肥力。这对于像东北这样的草地更有直接的启示。

那么，将东北 0.18 亿公顷不同退化程度的草场改造成灌木林和人工草地，即使是各 0.067 亿公顷，与现有农田相比，生态条件将大大改善，不但谷物的产量不会短缺，而且大量的植物蛋白和能量饲料可以为畜产品的生产提供成倍的保证。各地区根据所在地草地的现状，分清退化程度，分类指导和区划，高产高效的草地畜牧业结合生态保护理应相得益彰。

二、系统地建立草地产业

国外草产业的成功还依赖于重视科技成果的转化。每年政府和相关草产品公司都投入大量的资金进行新品种选育、品种适应性检验、新品种的中试推广工作，并且对各牧草种和品种进行了广泛而深入的研究，研究成果均能以最快的速度在实践中转化，大幅度地提高了草产品及牧草种子的产量和质量，在国际市场的竞争中始终处于领先地位。草地畜牧业发达国家都建有发达的牧草种质体系。在大学、政府农业科研机构、畜牧企业以及大型的专业牧草种子公司中设有牧草品种中试基地，大多担负着保种、育种、繁种、引种、种子生产等任务。美国经过 200 多年的努力，现在已经形成联邦政府、州和私有部门的组织或个人所组成的体系，从种质资源的考察搜集、引种检疫、登录、保存、鉴定评价、信息网络到种质的提供利用，都是一环紧扣一环，既合作又分工，从而使植物种质资源这一宝贵财富，得以长期保存，并被广泛用于各种作物的新品种选育。

在牧草良种化水平上，美国、新西兰、澳大利亚在培育不同用途的牧草良种及种子工程技术方面居世界领先水平，牧草良种不仅满足本国人工和改良草地建设需要，而且成为重要的出口产品。其牧草品种数量多、产量高、品质优，经我国各地引种试验的结果证明，综合生产性能比我国培育、生产的牧草品种高 100％～200％。许多生产上急需的抗逆性强、产量高、品质好的牧草和饲料作物，我国至今还没有培育，而且每年对牧草种子的需求量还很大。

在生产、管理、加工技术及设备上发达国家凭借先进的制造业技术，开发了高水平的牧草种子生产、收获和精选技术，草地免耕播种技术，多样化草产品加工技术，围栏轮牧技术及配套设备，大幅度提高了牧草种子生产、草地建植、管理、利用水平，实现了高度的机械化操作，使草地改良的效率和成功率大幅度提高，草地利用得以优化，牧草产量及产品质量得到保证，而且基本摆脱了不利天气对草地畜牧业的影响。我国在这些领域的技术水平很低，机械化程度低，机械性能差，还基本停留在半手工操作、自然放牧的状态，生产效率、产量和产品合格率相当低，草地畜牧业还没有摆脱“靠天养畜”的局面。

在草地信息技术上世界计算机及信息技术发展十分迅速，草地畜牧业发达国家及时将计算机及信息技术广泛地应用于草地资源动态监测与评估、牧草种植规划、牧场系统管理等领域，开发了一系列决策支持系统、专家系统、管理模型等，大幅度提高了大尺度草地资源调查、生产、管理信息的可靠性、迅捷性和精确性，对草地资源的合理利用和高效生产、管理提供了高技术保证。我国在草地领域的信息技术开发方面，只做了一些局部、简单的资源调查工作，由于硬件设备和软件技术的限制，大部分工作尚未开展，相关技术十分缺乏。

三、建立草产品观点从事现代草业

我国草产品产业还非常落后，与国际水平相比仍有很大差距，全国每年草产品仅 10 万吨左右，所生产的大部分豆科牧草的草产品质量较低，缺乏在国际市场上的竞争能力。主要是因为我国草产品生产的布局不合理，生产者缺乏草产品生产的关键技术，机械化程度低。

国际市场对紫花苜蓿产品的需求量主要集中在亚洲的日本、韩国和东南亚地区，每年均需求 300 万吨的紫花苜蓿干草产品，其中日本每年从美国和加拿大进口优质苜蓿产品 100 多万吨，到岸价为每吨 170～230 美元，我国苜蓿产品进入国际市场具有明显的地理优势。我国年产的5 000万～6 000万吨饲料中，如果添加 5%的优质豆科牧草草粉，每年需要优质豆科牧草草粉 250 万～300 万吨。此外，我国 1.4 亿头牛和 3 亿只羊也需要大量越冬饲草。无论是国际市场，还是国内市场，对草产品的需求量都很大，并随着饲料工业和草地畜牧业的发展还会扩大需求。

紫花苜蓿是生产量和销售量最大的牧草产品，在美国已成为仅次于小麦、玉米和水稻的第四大农作物，年产值达数十亿美元，被誉为“现金作物”，加拿大利用其西部沿海地区核电站产生的丰富热力资源，主要生产脱水苜蓿。

美国出口的牧草产品主要包括：苜蓿、猫尾草、燕麦、苏丹草、狗牙根、多年生黑麦草和苇状羊茅等。1997 年美国向太平洋周边国家和地区共出口 196 万吨干草，其中，日本占 89.6%、韩国占 5.7%，中国台湾省占 4.5%、中国、印度尼西亚和菲律宾占 0.2%。美国西部太平洋沿岸地区是主要的生产和出口地区，干草出口总量的 7%均来自该地区，尤其是苜蓿干草出口总量的 70%均来源于西北部沿岸地区。美国商业部数据指出，1997 年日本从美国进口的 196 万吨牧草产品中约 53%来自于西北部沿岸地区，西南部沿岸地区的加利福尼亚、内华达、犹他和亚利桑那州约占 47%。1997 年西北部沿岸地区的干草总产量约1 070万吨，其中 9.7%产自华盛顿、俄勒冈和爱德华州；同年西南部沿岸地区共生产约1 311万吨干草。华盛顿州干草总产量的 17.1%均用于出口，其出口总额已连续 4 年超过 10 亿美元（表 2-3）。

表 2-3　华盛顿州草产品出口情况

年　份	数　量（吨）	销售额（百万美元）	占农作物出口%
1984	148 781	22.6	5.6
1985	146 966	21.1	6.2
1986	225 893	30	8.8
1987	242 222	30.8	10.2
1988	363 787	49.7	14.2
1989	332 035	47.8	13
1990	362 880	55	13.1
1991	368 323	54.5	13.7
1992	457 229	74.7	17
1993	516 197	94.4	20.1
1994	541 598	103.7	21.4
1995	567 000	105.7	19.1
1996	535 248	107	18.8
1997	508 032	110.8	17.1

日本对牧草产品的需求量很大，1994 年共进口 267 万吨，其中美国占 73%，加拿大占 19%，种类有草块、草捆、草颗粒。苜蓿草块最多，有 90%，用于奶牛，其他 10%，用于肉牛。另外，奶牛还需要干草捆，占草捆量的 60%，其余用于肉牛和肉马。日本市场的竞争主要在美国和加拿大之间发生。

韩国已成为牧草产品的第二大消费国。这是由于人口和牲畜数量的增加，可耕地的限制以及更强的经济实力。从表 2-4 中可以看出韩国草颗粒、草块和干草捆的进口情况。从 20 世纪 90 年代初至 1997 年，韩国草产品的进口量有很大变化。1997 年，韩国共进口 56 526吨苜蓿草块、34 451吨苜蓿干草、77 450吨禾本科牧草干草捆和53 396吨苜蓿草颗粒（表 2-4 和表 2-5）。

表 2-4　韩国草产品进口情况

单位：吨

年　份	草颗料	草块	干草
1988	5 621	1 806	
1989	40 023	6 740	
1990	45 000	5 720	
1991	60 000	7 000	904
1992	56 000	35 000	4 629
1993	50 000	45 000	5 689
1994	64 155	42 770	8 287
1995	77 735	42 770	8 287
1996	65 264	57 226	64 277
1997	53 396	56 526	111 901

表 2-5　1997 年韩国草产品进口国别和种类

单位：吨

国　家	草颗粒	草　块	苜蓿干草	禾本科牧草	合　计
总　计	53 396	56 526	34 451	77 450	22 1823
美　国	—	30 080	26 875	53 403	110 358
加拿大	53 368	25 930	6 558	467	86 323
中　国	28	—	92	23 580	23 700
其　他	—	516	926	—	1 442

我国牧草出口主要有紫花苜蓿大约在 4 万吨，羊草出口时间较长，年外调量在 25 万吨上下，沙打旺量较少，为 1 万吨左右。据估计，简单加工的牧草只占可用资源的不到 5%。在国内规模化市场需牧草量为1 000万吨，牧区又有 75%地区冬季缺草，有贮草习惯的只占 25%。

第六节　草地的等级和未来

草原牧业是个巨大的太阳能转化利用系统，我国的草原是欧亚大草原——steppe 的东部地区，由于利用不当，近几十年的超载放牧已众所周知，到了“三化”面积剧增，破坏着人类谋生的土地。我国的草地与欧洲草地——grassland 相比在生产力上有一定的差距，所以在草地的评定等级上有区别，在恢复和建立人工草场的进展中，讨论一下草地的等级，对推动草原建设可以有一定的帮助。

一、对草业认识的进步

过去只把蒙新等牧区当作草原，有的省也有大片草原，但不视作草原。譬如 1978 年农业部畜牧局和中国科学院植物研究所共同制定的中国草原地图，还有大片草原没有被标示出来。像黑龙江省这样有着广阔草原的省，吉林省东部的大面积山区和西部草原；江西、湖北、湖南、广西、贵州等更只是零星地标上草山。草坡、草洲、滨湖草甸、沙漫滩地都不列为草“原”之列。

农地可以高产，草地也可以高产。这要看产量和产值怎样来表达。像荷兰这样的国家，草地业是国际先进水平。他们的牛肉产量从 1950 年的 14 万吨，到 20 世纪 90 年代中期的 48 万吨，牛奶产量相应地从 577.1 万吨增加到1 266.5万吨，2000 年分别达到 505 万吨和1 089.5万吨。

他们的耕地是缩减 4%，草地是增加了 4%。表现为农业继续增产，畜牧业也继续增产，因为农牧结合得越来越紧密了，耦合效应也更好了。

草地业是纯粹的草业，包括牧草地（pasture）、轮作草地（lea）和粮草套种田（layer）。因此，草地的种类在经营上也就是多种的，区别于传统的和原始的草地概念，“去放牧”和简单的原始的“以畜就草”。以畜就草，本来的学问就很大，发达国家的经验已上升到了科学，我们要学。那么“以草就畜”呢，是否就是简单地“上槽”，“添草”

呢！也不是，也是科学，是畜牧业与草业融合的草地经营行业。这是新的动向，在现代动物农业的发展上应该加倍重视。

二、草地等级的划分

（一）欧洲的草地等级 确定等级的根据。草地生境是基本根据，首先是土壤持水力，就用田间持水量，这个量取决于土壤质地、砂壤淤泥或黏土间的比例、土壤的深层。在春雨的时候各种土壤的牧草生长能力都很强。植株的含水量，在 4～6 月一般为 75%～85%，是最佳生长期。此期内，单位面积产草量不断增加，可从 4 月初的 60 千克，增加到 6 月末的 700 千克，但是蛋白质的含量最高的不在 6 月份。而在 5 月中下旬，于是从沙漠到草甸草原，在自然和人工条件下，生境是最重要的指标，而春季是研究生境效应的最佳时期。英国在确定草地等级前，先确定当地的“生境等级（site classes)”，这对集约化草地畜牧业是关键性的。按照 4～9 月雨量和土壤质地两个因子，提出参照表 2-6。

表 2-6　生境等级划分参照表

土 壤 结 构	雨　量（毫米）		
	＞400	300～400	＜300
黏壤土、壤土	1	2	3
中质、白垩以上	2	3	4
浅薄白垩土、岩石、卵石、粗砂土	3	4	5

注：1 为良好，5 为最差。

根据刈割三次，及效果测产，被划分成 5 种生境等级（表 2-7）。

表 2-7　不同生境等级下牧草干物质产量

生境等级	干 物 质
	吨/公顷
1	12.00
2	11.55
3	10.50
4	9.45
5	8.40

可见在英国草业的生境条件下，由于雨量等条件较好，单位的牧草干物质产量相当高。这种指标是理想产量称作靶产量。产量分为季节靶产量和总靶产量，就利用角度有一个经营概念，就是草畜结合的靶产量。这是一个新的数据系统。我国在草地改良中很需要这个系统。

（二）我国草地等级的划分 我国在草业科学上已有专业标准。

按照《中国 1/100 万草场类型图和草场资源专业工作会议纪要》中所确定的等级划分标准，天然草场共划分五等、八级。其划分标准如下：

等：表示草场草群质的优劣，根据草场植物适口性、利用程度、营养价值可划分为优、良、中、低、劣五等，依各种植物在草群中所占比例而定。

第一等（优等）：优等牧草占 60%以上。

第二等（良等）：良等牧草占 60%，优等牧草占 40%。

第三等（中等）：中等物草占 60%，良等牧草占 40%。

第四等（低等）：低等物草占 60%，中等牧草占 40%。

第五等（劣等）：劣等物草在 60%以上。

级：表示草场草群地上部分的产量，根据产量的高低可划分为八级。

第一级：亩产鲜草 800 千克。

第二级：亩产鲜草 800～600 千克。

第三级：亩产鲜草 600～400 千克。

第四级：亩产鲜草 400～300 千克。

第五级：亩产鲜草 300～200 千克。

第六级：亩产鲜草 200～100 千克。

第七级：亩产鲜草 100～50 千克。

第八级：亩产鲜草 50 千克以下。*

三、农区农地草业经营的例子

阳坪种牛场是四川南部洪雅县郊的一个牛场属浅丘地形。雨量是年平均1 500毫米，海拔516米，在北纬22.9°，东经103.37°，年平均气温16.80℃，年日照1 077小时，无霜期303天。

土质是黄泥土，pH5.5～6，铵态氮 1～5 毫克/千克，硝态氮 1～3 毫克/千克，有效磷 0.5 毫克/千克，有效钾 5～10 毫克/千克，是低养分土壤。在引种扁穗牛鞭草后，各类土地是产量不同的（表 2-8），其营养成分见表 2-9（据李天华、黄华强等）。

表 2-8　不同土地上种植扁穗牛鞭草的产量

土地类型	面积（米²）	平均每公顷产量（吨）
丢荒多年的草坡地	6 667	93.75
丢荒二年以内的合地	24 001	113.55
原为一般耕地	28 001	190.50
高产试验地	180	219.50

表 2-9　干、鲜样品的营养成分（%）

样品	水分	粗蛋白	粗脂肪	粗纤维	粗灰分	无氮浸出物	钙	磷
鲜	84.43	1.68	0.31	4.87	10.8	7.63	0.066	0.09
干	12.39	9.48	1.76	27.41	6.1	42.83	0.33	0.23

在 1982 年在同样条件下对比了数种牧草，结果是牛鞭草产量超过一般认为高产的象草（表 2-10），而且效率也是牛鞭草的好。按蛋白质产量对比，同时刈割牛鞭草的每公顷

* 亩为非许用单位，1 公顷＝15 亩。

蛋白质产量比白三叶高 83.7%，加上牛鞭草易于青贮，按上述草生产的季节性调节，采取高消化率时期刈割，可贮存高产期青草于干枯期之用，具有现实的生产意义。

表 2-10　不同牧草投肥的效率

品　种	草产（千克）	每 667 米^2 投产费（元）	每元生产（千克）	效率比
象　草	5 529	16.50	335.0	89.5
燕麦草	1 855	7.05	263.0	70.2
苏丹草	3 379	13.00	260.0	59.4
黑麦草	2 067	8.40	246.0	65.7
牛鞭草	6 932	18.50	374.5	100.0

表 2-11　白三叶、牛鞭草产蛋白质能力对比

品　种	刈割期	面积（米^2）	667 米^2 产量（千克）	总干物质产量（千克）	干物质蛋白质（%）	667 米^2 产蛋白质	
						（千克）	（%）
白三叶	开花	9 867	1 955	28 975	21.10	611	100
牛鞭草	拔节期	10 400	7 602	118 315	9.48	1 122	183.7

该牛场 1980 年才开始种扁穗牛鞭草，当年全场总产草量才 380 吨，1986 年达到5 000 吨。人工草场从 5.3 公顷增加到 93.3 公顷，其中扁穗牛鞭草 73.3 公顷，同期西门塔尔牛产奶量从 2 893 千克（相当于进口牛谱系产量的 98.5%），1987 年达到 4 200 千克，达到了当时的国际水平。最高产的个体 305 产奶8 400千克，全期产奶 9 600 千克，成为我国兼用牛最佳种畜场之一，1986 年向全国供应种公牛 50 头，在全国养牛业中发挥了重要作用。这是扁穗牛鞭草在南方这种特定生境条件下的养牛生产效果。

在新疆呼图壁种牛场和内蒙古嘎达苏种畜场开辟苜蓿基地，也分别达到头均产奶 7 280千克和3 700千克的水平。因西门塔尔牛在全国迅速发展。据统计 1980 年全国才 50 万头改良牛，1988 年达到 210 万头，八年增加 3.2 倍，2001 年达到 650 万头，20 年增加 11 倍。以上这些原种场提供了足够的种畜。21 世纪初引入乳肉兼用的德系西门塔尔（弗莱维赫）牛和法系西门塔尔（蒙贝利亚）牛后，其产奶性能大幅提高，则应更加重视优质牧草的供应。

四、对区域开发的建议

10 多年来，我国的养牛业稳定发展，并不以粮食的产量增减为转移，具有旺盛的生命力，若与现代化的草业结合可望有良好的长期效应。在草业角度上，我国的草地资源和潜力不能说是很清楚的，已知的草原生产潜力也须进一步评估，为草地牧业的正确利用提供方案，为此：①要制定出最新的草原区域。②建立我国草地生境等级和生境效益数据库。③估测人工草地的人口承载力和蛋白质单产潜力。④掌握各类草种在不同生境等级下的成功要素。⑤提出草地牧业的配套畜种及综合生产体系。

以上各点是建立节粮型畜牧业的必要内容，特此提出来供讨论，为畜牧的立体的草地牧业进一言。

第七节　乔木灌丛草地在发展牛羊业上的作用

当前在国家大力提倡退耕还林还草的号召下，各地加大了植树造林和种草的力度，在这项活动中对种植灌木的意义一般不太受重视。在饲养草食家畜问题上种草养畜是众所周知的，但是要是提到种灌木来养畜绝大多数人都会摇头的，灌木不是草，何谈养畜呢。在我国以灌木养畜为绝大多数人所不明白的，因为灌木养畜是只有某些人群知晓，如草原上的牧民和山地里的小放牛。其实牛、羊能啃食灌木的枝叶却是一般人所明白的。因为灌木能在极其严酷的条件下生长，为草和乔木所不能，千百年来一直是农牧民用来养牛羊的廉价求生手段。总结这方面的经验，成为联合国粮农组织（FAO）在发展中国家大力推荐的扶贫项目内容。这里作一些简要的介绍。

一、联合国的灌丛树木饲用项目在东南亚的推广

FAO从1981年起，由动物生产与健康署（APHCA）牵头在亚洲和大洋洲地区推广这种“非常规饲料”，并取得良好效果。

（一）灌木和树叶生产饲料的优势　在肥沃的农田上粮食作物和经济作物始终是农产品的主体，包括谷物和棉花、油菜和蔬菜。在经济发达的国家，谷物产区往往就是肉猪、肉牛和肉鸡业的代名词，谷物产区也就是肉食主产区。我国近20年来农业取得的进步也同样表现在粮食丰收和畜牧产品的贡献率有长足的进步上。要缩短与先进国家的差距，是保证在粮食自给的基本策略上提高牧业产值在农业中的比重，如超过50％，甚至60％以上。

在土壤肥力贫瘠的地方，如干旱的草原、石山区、丘陵沟壑区、酸性或盐碱严重地区、泛水区等等，用上述的富裕农区的作物搞生产，自然会事倍功半的，那里去种植栽培型作物和牧草品种也会得不偿失。在这种条件下，甚至更差的条件下，要种植绿色植物保护生态又能提供饲草饲料那就得种植灌木和乔木，利用其枝叶，可以与饲养草食家畜相接轨，成为新的开发领域。在单位面积生产的生物学产量上，灌木丛和树叶在非沃壤条件下能达到，甚至超过高产作物在一般农田所能产出的生物学产量。丰叶性树木豆科灌木，如槐树、合欢、柠条、胡枝子之类，都能在各自适宜的不肥沃地方生长，而在那里种庄稼要高产谈何容易。联合国在20世纪90年代在发展中国家，尤其在南亚和东南亚诸国得到可喜的效果。几种灌丛和树木的枝叶的营养成分是很好的（表2-12和表2-13）。

表2-12　几种树和灌丛树叶的营养成分（％）

树　种	粗蛋白	乙醚提取物	粗纤维	无氮浸出物	灰　分
全缘桂木	14.90	6.80	17.00	52.50	8.80
粉芭蕉	15.20	3.40	23.20	51.10	8.10
人心果	8.20	3.80	27.20	50.40	4.40
囊状紫檀	14.40	2.90	25.10	50.40	6.20
孟加拉榕	7.74	2.50	13.91	—	16.00

表 2-13 常见树、灌丛种类的营养价值

树 种	干物质基础			总能（兆焦/千克）	TDN（%）	ME（兆焦/千克）
	干物（%）	粗蛋白（%）	粗纤维（%）			
金合欢	91.3	22.2	10.4	—	56.2	8.49
木菠萝	36.6	14.0	22.1	—	73.5	11.13
全缘桂木	35.5	11.5	37.1	10.75	55.7	8.45
缅甸灰莉	35.3	9.6	22.4	—	72.8	11.00
马缨丹	28.0	14.2	35.8	11.42	62.3	9.41
银合欢	13.3	27.8	10.9	14.10	78.5	11.84
木薯	23.1	19.5	16.9	11.04	81.1	12.26
野牡丹	33.5	10.8	24.9	10.54	70.2	10.63
木田菁	86.6	22.6	18.4	—	70.1	10.58

以上为 Devendra. C 等报告。

同时，灌木的矿物元素含量高于牧草（表 2-14）。

表 2-14 几种植物的矿物元素含量对比

植 物	灰分	钙	镁	磷	钠	硫	铜	锌
	克/千克，干物质						毫克/千克	
树 叶	86	11.0	2.9	2.0	0.4	2.1	6	24
灌 木	100	14.0	3.7	2.5	0.7	2.5	12	55
牧 草	80	2.5	1.7	1.6	—	3.2	3	20

在总体生物学产量上，灌木的营养价值要高于牧草。这对于非肥沃土地，灌木具有比牧草更好的饲养价值。在那里种植，现时人们心目中的群山恶水就可以变成富庶之地。当然，要开发必须先重视种植，而后才是利用，否则会适得其反。

（二）印度诸国对灌丛牧草开发的成果 众所周知，印度等国的人均粮食水平都比我国低，印度只有 198 千克，而奶牛业很发达，人均达 70 千克以上，那里的灌丛牧草模式起到了非常重要的作用。印度的人口占世界的 15%，而土地仅占 2%，牲畜头数按收获粮食的面积计算在各邦是不同的，按每公顷头数计算，在贾姆邦为 4.75 头，在克什米尔是 16.8 头；按人均计算，每人平均头数在卡列拉邦为 0.22 头，在拉贾斯坦邦为 1.44 头，一般都在 0.5～0.7 头。因为应用了灌丛牧草模式，奶牛的饲料供应有了改进，牛的产奶量提高很快。1979—1980 年印度全国产奶为3 040万吨，1989—1990 年为5 100万吨，1999—2000 年为7 300万吨。这个产量比我国的牛奶产量高出 5.3 倍。其人均达到 77.33 千克。但是印度专家认为，牛奶产量还有很大的提高潜力，其措施就是从饲料和品种两方面的改进，应用灌丛牧草模式就是其中的一项措施。在此期间印度的牲口头数有了很大的提高，在 1982 年全国为 4.026 亿头（只），到 2000 年增加到 5.048 亿头（只）；为此要生产的饲料（按干物质）需要量达 8.22 亿吨（表 2-15）。

表 2-15 印度牛羊饲料需要估算

类　别	头数（亿头/只）	饲料干物质（亿吨）
瘤　牛	2.18	4.28
水　牛	1.00	2.92
绵　羊	0.55	0.30
山　羊	1.32	0.72
合　计	5.05	8.22

2000 年估计的饲料生产量为 6.96 亿吨（表 2-16）。

表 2-16 2000 年饲料产量

单位：亿吨

来　源	折合干物质	青饲料
谷物副产品	2.36	—
青草	2.05	—
青饲：栽培作物	—	2.08
顶部茎叶	—	0.04
野草子	—	0.14
树叶灌丛	—	0.24
合　计	4.41	2.50

对比之下，饲料是严重的短缺的，尚需 3 亿吨饲料（按干物质）才能满足要求。这里可以看到在印度养牛羊是很少用精料的，从谷物利用的是其糠麸类产品，栽培作物是以全株青饲方式投料。那里不用青贮的原因可能是我们不了解或者是天气的关系。同时，他们认为农田可提供的饲料量有限，因为那时印度人均产奶量在最高年份不过 23.3 千克，永久性草地面积不足 0.13 亿公顷。发展奶牛业具有高饲料报酬的优势，在用同样数量的谷物生产畜产品的能力上奶牛是肉鸡的 2～3 倍，而且可以充分利用草地。因此，一方面在饲料生产上转向非农田、边缘地、退化田、山岳地和干旱地，来种植饲用林和灌木为主，将大量的荒地和丘陵及干旱草地进行青饲生产，又进行生态保护；另一方面又不去占用肥沃农地，从而达到持续生产的目的。

在印度已经就 160 种树和灌丛的化学营养成分作了分析，发现有 40%可以为畜牧业提供饲料。也为有效利用灌丛和树叶提供了科学的依据。

（三）灌丛和树木的综合利用方式　灌丛的整体生态生产效益。在印度等国多年生树丛的产叶量取决于树种、混生群落结构、生长速度、树龄、放牧密度、季节、动物啃食方式等原因，其中管理起到很重要的作用。如银合欢用一行种植，沿道路、堤堰和渠道种植，3～4 年后每公里单排收获为 11.94～35.93 吨的饲料和木材。以 2 米与 0.5 米的间距来种植树（东南与西北方向成行）和谷物田结合，每公顷面积可产 10.8 吨饲料和 0.6 吨谷物以及 9 吨木柴。用每株银合欢的产量计算，据 Panjab Singh 的报道，收获量为表 2-17 所示。

表 2-17 每棵银合欢的生物学产量

次 序	收获年（年）	生物学产量（千克/棵）	树叶产量（千克/棵）	木柴量（吨/公里排）
首 次	3	5.18	0.75	2.97
	4	21.93	1.64	11.94
二 次	3	35.06	1.70	11.38
	4	67.19	4.76	35.98

银合欢生长一年后，每年对土壤的增肥作用明显，每公顷可达 100～125 千克氮素，5～14 千克磷素，98～259 千克钾，79～329 千克钙，14～49 千克锰。银合欢的树叶量为每公顷 5～6 吨，过去都是落叶肥了地，因为在一般情况下粗蛋白质在 10%～19%的范围，经过宣传农民将其收藏起来作为越冬饲料。

在印度尼西亚灌丛和饲料树一直是散居农户养牛的依靠手段，在干旱地区树种在田埂上，起到防风和篱笆的作用，防止牲畜闯入，自然也是柴火和生活用木材的来源。在一般情况下灌丛的蛋白质产量比天然草地草的要高，三年的饲料用树，每年用脱叶的办法，可以收获 20 千克的干物质产量。豆科树叶，槐树叶蛋白质的消化率可达 70%，卫矛草的蛋白质只有 2.66%，而银合欢叶可达 16.73%。在巴厘，牛羊饲料中灌丛等提供 1%～62%饲料量而不等。在雨季一般占 14%，在旱季占 23%。巴厘牛（牛亚种的一种）适应印度尼西亚的条件，三种农户为饲用，即湿地农户、作物农户和旱地农户。利用树叶和灌丛的比例分别为 6%、15%和 23%。树下部由牛羊自己啃食，上部树冠用刈割的办法。在那里豆科树种在没有肥料的情况下产量比玉米略高，约多 0.3 吨/公顷，玉米田施肥的情况下比树叶要高出 0.4 吨/公顷。按 1983 年的一项试验，每公顷地可供 10 头牛的饲养需要。如果用园林的方式种植管理，成行成列，每 12 周刈割一次，年产量可达每公顷 30 吨。印度尼西亚政府每年供应上百万株树苗，在农村可提供饲料、遮阳、木柴、木料、篱笆和药材等资源。

防止水土冲刷。印度尼西亚的试验证明，乔灌草三结合的三年树系在防止土壤受冲刷上可以减少 51%的破坏，同时根系的腐蚀对土壤保湿及提高有机质的效果上升 11%，洋甘草树与草类结合由于提高了固氮能力使每立方米土壤的团粒数增加到 4 871 个，重 21 克。银合欢的效果为 3 283 个和 7 克。

防火墙作用。在林区生活的居民进行的农田周边种植榕树、桉树、洋甘草等具有防火的树种，起到防火的作用。如牧豆树和木棉等树种在印度尼西亚种植已有 2 000 多年的历史。在现今得到推广。

在马来西亚有许多树种包括药用树得到很好的推广，它们是饲用于药用结合的。有关各国进行了多次国际间的技术交流，取得了良好的效果。

小结：东南亚诸国的经验不但对我国南方有许多可以直接参考的价值，从广义来说，对北方有同样的意义，只是树种和草种不同而已，如桑、槐、柳、榆等。

二、乔灌草生态农业模式

乔灌草结合是发展畜牧业开发饲料资源的新概念。其中之一为乔灌草与谷物生产相结合，这是贫困地区脱贫的有效的和独特的粮畜种植结构，同时用于生产畜产品和谷物。其二为谷物的种植全部由各种牧草种植来代替，成为纯粹的乔灌草组合时，即为纯牧业生产结构。

在生态效益上乔灌草结构中草是最能保土的。据资料介绍，在丘陵地种植一年生粮食，每年每公顷的土壤流失量为3.5～3.7吨，植树造林后降为1.0～2.0吨，同时种上多年生牧草，流失仅为0.09吨。在干旱、半干旱和水土流失严重地区，风蚀和水蚀是造成灾害的主要原因，灌木与牧草结合的种植是阻挡风蚀和水蚀的先行工程，可阻断风和水对地面的直接接触，在地面上形成起伏不平的植物屏障，避免风和水任意带走土壤，起到保持水土的有效作用，灌木保护较低的牧草，草丛保护土壤免受风雨的侵袭，相辅相成，起到生态保护作用。在没有乔木屏障的条件下，由灌丛与草场结合，进行围栏封育，轻度或适度放牧是持续利用灌草结合的最佳模式。

在有乔木为防风林的地方，雨量在400毫米以上的地区，或者人工灌溉有充分保障的地方，乔灌草结合是最理想的模式。在干旱的“三北”地区缺水是主要弱点，然而，在长江以南，雨量充沛仅仅是季节现象，雨季与旱季交替，旱季的强日照往往连水稻田也晒出裂缝，缺水依然是根本问题；然而在乔灌草三结合的地方有大树树冠和灌木的披护，牧草得到遮阳，牛羊有荫可避，草丛不至于枯死，因此乔灌草结合在雨量大于400毫米的地区，无论是南方还是北方都是最佳生态模式。

（一）粮畜模式 为使牛羊不侵扰农作物，又有常年放牧和青割条件，以乔灌草结合为生物围栏，进行谷物和畜牧生产，东南亚各国在实践多年后，已有成果可以推广。

据I. M. Nitis报道，其最基本单元的结构为如下模式：围栏是乔灌结合成外圈，其中乔木为榕树、漆树、黄槿、蕨类为主，在50米的直线距离内种植十余棵，轮替排序。乔木间为灌林，约每10厘米1株，种植洋甘草、裂叶葛藤等，为紧密排列。如此形成外围圈。在内圈为内豆科禾本科牧草。各种牧草划为（如围栏周边的）小区，按设计依次种植。禾本科草有大黍、尾稃草、雀稗等；豆科有距瓣豆，毛蔓豆等。可以混播或单播，生态区的布局如右图：

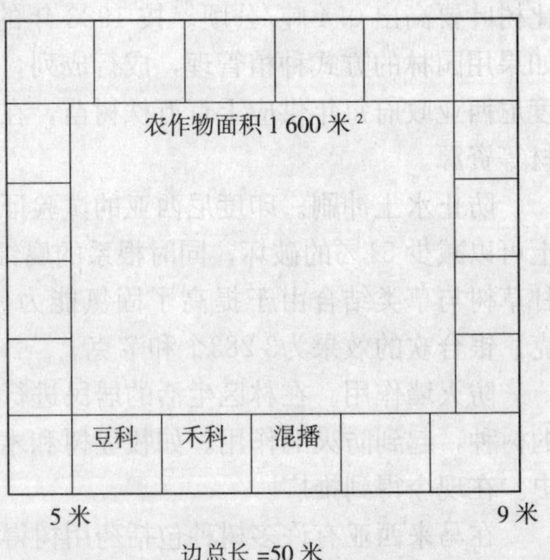

右图为推荐模式。一个全生态结合小区的面积为2 500平方米（50米×50米）。农作物居中，为1 600平方米（40米×40米）。乔灌木间种的围栏是四边地，内部是牧草地，共占900平方米，有禾本科或豆科单播的小区，或混播的小区，共25个，见图的周边个小区，各区的面积是9米×5米。

（二）草畜模式 根据推行的进程，将乔灌种植区面积扩大，多行栽植，形成生物篱笆，将谷物区全部种植牧草，就是成熟的“三层饲草系统（TSFS）”，此系统具有周年供青的能力，可以提高了饲草的数量和质量，及土地的承载力，同时为农民提供木柴、天然肥料，增加经济收入，起到了生态保护的持续农业生产的良好效果。在我国的南方作为越冬牧草成熟的草种，公认为黑麦草，而越夏的草种已知有垂穗坡碱草和鸭茅，两种草的结合，以鸭茅来延长秋天供应青草的时间，弥补垂穗披碱草生长期较短的不足。

三、我国发展乔灌草模式的经验

（一）适度放牧的良好效果 我国在发展乔灌草种植的工作中，也已有不少的报道。在灌木利用强度与灌木种类的关系上，据万里强资料，在三峡地区种植的有美丽胡枝子、水锦草、白栎、麻栎、盐肤木、柳杉、马桑、小果蔷薇、宜昌木兰、黄檀等。饲养山羊时，轻度放牧与重度放牧对于各种灌木的持续利用产生不同的后果。由于山羊的习性所致，在5月、7月和9月对不同的灌木采食情况不同产生的影响也不同。轻牧可以使白栎、马栎、盐肤木、柳杉、马桑和小果蔷薇具有更强的再生能力，增加其树冠的盖度，并提高其在树丛群落中的竞争能力，如白栎在9月份重牧的情况下会出现退化，美丽胡枝子在任何时候重牧都会退化，而轻牧可以促进它们再生。木兰和黄檀由于粗蛋白质含量较高，被采食的程度最高，退化也最快。结论是必须严格制放牧强度，以免灌木群落的衰退，甚至消失。

特殊的适用良种。饲料桑的树叶含有很丰富的粗蛋白质，达15%～28%，灰分达25%。饲料桑耐旱，速生，插枝的成活率达80%，种植时不需要浇定植水，在雨量为180～200毫米的地区有良好的适应能力。

（二）西北乔灌木模式原则 在大西北有许多乔木可供选择，如沙枣、胡杨、旱柳、白榆等，灌木有沙柳、紫穗槐、优若藜、沙蒿、柠条等。牧草有一年生或多年生的高秆饲料作物，串叶松香草、杂花苜蓿、沙打旺、无芒雀麦、披碱草、红豆草等。从耐旱出发，高粱、黍稷等都值得推广。作为牧草生产，即使有乔灌的树丛做保护层，为了保持水土，收割时都必须留茬，形成10～15厘米的茬高。春播时以免耕法为佳。春季雨多或沙地中多湿地的，可以种植玉米之类的高产稿秆作物，则为粮畜模式。如果是畜草模式，则适度放牧可以促进牧草生长，尤其在牧草生长旺期更有生态循环的好处。

（三）适用的树种 从总体要求，南北各地的适用树种颇多，文献上有突出介绍的列举几种如下：

1. 印楝树 印楝树具有杀虫力强，硬度高，防腐，以及具有兴奋、滑润、滋补强身的功效，为多功能树种。二岁龄的树，开始结子，8年后进入盛果期，可产种子10～50千克，收获期长达百年。赖永祺从印度引种，在云南干热河谷地区成功施种333公顷，华南农业大学开发出0.3%印楝素乳油农药，高效杀虫农药。印楝树的树冠高大，2.5米，树高超过4米，树冠幅度近4米，被评为绿化荒山、荒地的最佳树种。

2. 银合欢 银合欢在华南地区得到了推广，在雨量为500～3 000毫米的广大热带和亚热带地区很适合，主要适合广东、广西、福建、云南、浙江、江西等省、自治区。据测定，每667米^{2}树叶产量为2 500～5 000千克，粗蛋白含量为21%～29%，同时含有丰富的胡萝卜素，每千克达536.0毫克，比苜蓿叶粉的胡萝卜素高1倍以上，10种必需氨基酸含量占氨基酸总量的51.04%，而且各种氨基酸之间的比例相对地比较平衡，是一种十分难得的饲料资源。而银合欢又是一种很好的环境绿化、庭院遮阳及水土保持树种。在禾本科草地上混播银合欢，以10%和20%的比例用于放牧犊牛，其日增重分别比单纯禾本科草地放牧高出39.5%和132.6%；用银合欢与宽叶雀稗混播的草地，当载畜量为每头7 333米^{2}时，本地牛的平均日增重达0.6千克，比天然草地提高2倍，用银合欢于象草以1∶1的比例喂肉牛时，第一个月的日增重达0.9千克，第二个月下降到0.34千克。因为银合欢含有含羞草素，而下降。其解毒的方法是用DHP毒素降解细菌。中国农业科学院畜牧研究所研制出解毒菌种。广西畜牧研究所用其接种，培养乳用后备母牛，并用100%的银合欢来饲喂。2个月平均日增重达0.82千克，比单独地喂象草的高0.33千克，即高出48.5%，饲料转化率高141.0%。据杨家晃报道，用银合欢与玉米秸秆混合青贮，饲料的蛋白质得到很大提高（表2-18）。

表2-18 银合欢混合青贮的营养成分（%）

饲料名称	干物质	粗蛋白	粗脂肪	粗纤维	粗灰分	钙	磷	无氮浸出物
混合青贮	16.8	14.13	3.23	32.32	10.3	1.87	0.13	40.13
氨化秸秆	18.7	8.17	1.08	32.95	10.4	0.35	0.04	7.39
非氨化秸秆	31.9	6.07	1.27	33.23	7.33	0.43	0.10	52.11

混合青贮的配比为银合欢占33.8%，氨化玉米秸占43.0%，杂草占23.2%。这14.13%的蛋白质有约12%的真蛋白，有利于瘤胃微生物消化氨化玉米秸中的非蛋白氮，而形成营养物质，并在一定程度上改善氨化玉米秸的适口性，适合于当前推广。

3. 香花槐 这是豆科落叶乔木，生长快，叶片大，营养丰富，抗逆性强，是优质木本饲料作物。具有当年种植、当年应用的效果。香花槐喜温暖气候，耐旱耐寒，年平均气温在6℃以上，降水500毫米以上，生长良好，但不耐水淹。喜阳光和通气良好的土壤。对酸碱性反应不敏感，pH在4.5～8.5的土壤都能生长。在土壤适宜的情况下根深可达2～3米。当气温在20℃以上，土壤持水量在60%～70%时生长最快，平均日生长3～4厘米。香花槐每667米^{2}可栽植2 200～3 000株，当年产5～7.5吨，第二年达10～15吨，香花槐的茎叶含粗蛋白分别为21%和25%，粗脂肪5%，粗纤维11%～15%。槐叶粉作配合饲料，各种农畜的比例，牛羊可达60%，猪可达30%～40%，蛋鸡可达4%～5%。

香花槐是不结子的，繁殖要用根埋法。每年3～4月选用一年生香花槐的主根或侧根，直径0.5～1.5厘米为宜。要提高香花槐的产量必须要经常剪枝，在苗木长到30～50厘米高的时候，在基部平茬，促进分枝。可以长出3～5个分枝。到第二次平茬时按以上同样情况操作，又可促进同样效果的分枝。在枝条长到1～1.5米时，开始收割。

4. 速生槐 这是一种大叶速生槐，是近几年杂交选育的高产优质饲料树种，密植程度可以比香花槐高1倍，具有同样营养成分。

其他如小叶樟、柠条、沙棘等具有极好的开发效果。据《中国饲料学》列入木本饲料的树种有：油松、木麻黄、加杨、胡杨、小叶杨、旱柳、辽东栎、蒙古栎、榆树、泡桐、中国沙棘、沙枣、多枝柽柳、番木瓜、荆条、黄柳、小红柳、北沙柳、榛、沙拐枣、枇杷柴、黑果小檗、酸枣、大青、百里香、宁夏杞、紫穗槐。

5. 桑树 是我国蚕业的唯一饲料，在全国有100万公顷的种植面积，近年来发现桑叶作为畜禽饲料是养分全面的饲料，养畜禽的适口性很好，各种氨基酸的比例比大豆要均衡，消化率很高。联合国粮食组织（FAO）将其列为畜禽饲料的重要来源，可以利用山地各种零星荒地生产饲料。并且证明桑树是目前木本叶用植物中产量最高的树种之一。2001年5月在浙江大学动物科学学院承办下，FAO在杭州召开了利用桑叶资源发展畜牧生产的国际学术会议。

桑树的适应范围：

桑树属桑科桑属落叶乔木，是多年生深根性植物。桑树对土壤酸碱度适应性较强，在pH4.5～9.0范围内都能生长。

桑树有30多个种和几个亚种。从纬度分布在南纬10°到北纬50°之间，是一种适宜在温暖地带栽种的植物。

我国地域辽阔，气候温和，桑树分布遍及全国，主要产区集中在浙江、江苏、四川、山东、重庆、广东等省、直辖市。近几年来，山东、安徽、广西、江西发展也很迅速，此外，湖北、湖南、福建、云南等南方省、自治区和陕西、山西、河北、河南、辽宁、吉林、甘肃、新疆以及西藏等北方省、自治区桑树栽培也有较大发展。

（1）桑树叶的生物产量和营养价值　桑树根据栽植形式不同，可分为专业桑园、田边桑园、间作桑园等几种。专业桑园土地生产率高，单位面积土地上生产的桑叶多，长江流域地区每年每公顷产桑叶30吨左右，珠江流域45吨左右。四边桑园，即利用地边、路边、渠边，房前屋后，荒坡荒地等不便种植其他作物的非耕地带种植桑树。间作桑园是在耕地中既种粮食或其他作物又栽桑树，一般以生产粮食或其他作物为主，生产桑叶为辅。四边桑园和间作桑园的年收获量由于不同的栽植密度和树龄有很大的差别。

在29种树叶中桑叶的粗蛋白含量为20.6%，仅次于构树叶、家杨树叶和废茶叶，名列第四；粗脂肪的含量为6.1%，仅次于杨树叶、构树叶和枣树叶，名列第四；钙的含量为2.5%，仅次于漆树叶，名列第二；磷的含量为0.20%，仅次于构树叶、紫穗槐叶、家杨树叶、漆树叶，名列第五，说明桑叶的营养成分在木本植物叶片中是较高的。

桑叶营养丰富，鲜叶的含水率依叶位或叶龄而异，幅度在73%～82%，干物质量为18%～27%；干物中粗蛋白含量高，可达20%～30%；其变化规律是嫩叶高，老叶低；粗纤维的含量约为10%。干物粗蛋白含量，与苜蓿相仿，高于一般牧草。桑叶的营养价值比禾本科牧草高80%～100%，比热带豆科牧草高40%～50%，在以牧草为生产基础的热带地区，配合桑叶饲料，其意义更大。

（2）种桑养畜的可行性　在意大利，20世纪初人们就已经认识到了桑叶喂奶牛的价值，但一直没有新的进展，直到最近的研究才把桑叶纳入牧草的范畴。

日本和意大利把桑叶作为规划奶牛和小反刍动物饲草生产战略的一部分。是用桑叶作为农畜的基础营养物质，最初开始于80年代的哥斯达黎加，随后扩展到拉美国家和加勒比海国家，在肯尼亚和坦桑尼亚的山区，桑叶也被作为奶牛混合日粮的一部分，并做了一些有关桑叶对山羊营养价值的研究。目前，对桑叶作为动物饲料研究最多的国家是古巴，它被视作为该国畜牧业生产少依赖进口，保持平衡稳定可持续发展战略的重要组成部分。山羊对桑叶的干物质采食量很高，每日可达到其体重的4.2%；绵羊的采食量也很高，可达体重的3.4%。桑叶作为泌乳母牛的补充料，能够提高奶产量并降低饲料成本；桑叶作为幼犊的补充料，可以节约乳或代乳料的消耗量，促进犊牛瘤胃的发育和生长。在以谷物残余副产物（秸秆）为基础饲料时，用桑叶作为处理秸秆基础日粮补充料对家畜生产具有重要意义。在产蛋鸡日粮中添加6%的桑叶粉时可以改善蛋黄颜色，提高蛋重和产蛋量，蛋鸡日粮中添加9%的桑叶粉时，其蛋重和产蛋量与饲喂商品配合料的对照相近，蛋黄颜色得到明显改善；日粮添加桑叶时，蛋清和蛋黄中的维生素K和β-胡萝卜素的含量也明显增加；从集约化家畜生产和环保的角度看，日粮中添加桑叶粉还能显著降低禽类粪中氨的排放量。

（3）开发前景　我国畜牧业每年消耗饲料粮8 000万～9 000万吨。实践证明，先生产粮食再用于饲养畜禽的转化效率，不如直接种植饲料作物。我国人口不断增长，土地资源短缺，解决饲料完全赖以粮食转化已不现实。因此，桑叶饲料资源的开发将是一个富有前途的新领域。桑树还可栽于地边、路边、房前屋后、滩地、荒坡荒地等，可充分利用土地资源，不与其他作物争地。

桑树根系发达，适应性强，适栽范围广，可用无性和有性繁殖，并可根据人们的需要养成不同类型的树形，采伐方便，一年可多次剪伐采叶。叶质优，产量高，高产桑园年公顷产叶量可达45吨，是目前木本叶用植物中产量最高的树种之一。20世纪80年代以来，我国育成的一批优良杂交桑，光能利用率高，发芽早，生产快而旺，能直接播种成园，可当年播种当年投产，一年可采伐4～5次，可机械化收获，并可用草本化栽培，可作为大中型饲料企业的原料基地栽植。

栽桑能防涝固土，涵养土壤，防止水土流失。坡耕地是水土流失严重的地段，如果在坡耕地建立水土保持型的生态桑园，就可带来很大的经济效益和生态效益。另外，还可构建人工生态系统，如采用"桑养蚕，蚕粪喂猪，猪粪喂鱼"等生态模式，既增加蚕农收入，又有利于农业的持续发展。此外，由于我国栽桑历史悠久，桑树栽培技术先进，普及率高，发展桑树饲料有雄厚的科技支撑。栽桑养畜有广阔的开发前景。

叶蛋白饲料：叶蛋白饲料是乔灌草模式的产品之一，成为未来的节粮饲料，成本低，效果好，在劳动力富裕的地区是发挥优势的产业。比较多的资源有：槐叶粉、松针粉、茶叶粉、艾叶粉、杜仲叶粉、苎麻叶粉、红麻叶粉、葛叶粉等等，通常都含有丰富的维生素、常量矿物元素和微量元素，以及杀菌剂和特殊的有机营养成分，是鸡、猪、奶牛、兔等的饲料添加剂。

据国外试验，每公顷施氮肥为300千克的人工草地可以产出1.7吨肉牛的活重，或者12.5吨的牛奶。因此，在调整粮田为粮畜模式或者草畜模式时，乔灌草结合无疑是值得推荐的。

第八节　苜蓿生产

苜蓿，以牧草之王而著称，在我国自从中亚引入已有2 000多年历史，相传被引入到阿拉伯，命名为阿法发"Alfalfa"，是"马的饲料"之意。难怪张骞引大宛马到中原，苜蓿是同时进入古代中国的饲料。

一、50年来苜蓿地位的变化

近几十年来苜蓿的名字虽然不常耳闻，但一提到秦川牛、晋南牛，无不赞不绝口地提到苜蓿在培育这两大品种中的贡献。秦晋两地，渭黄流域，苜蓿一直是农家宝，那里的农民都会种苜蓿。直到公社化，苜蓿被淡化了；可是当时在晋南、渭南等地有许多农家尚保留着不多的苜蓿地，牛养得还是不错的。为此，那些有关县份，也曾成了20世纪60年代中后期国家级耕畜繁殖的基地县了。苜蓿，能不能在当时成为繁荣中国农业的重要作物呢？以中国农业科学院畜牧研究所当时的领导为首组织了一批专家对此进行了研讨。显然，当时苜蓿没有产品，也不成为产业，因为不是粮食，又顶不了粮食，于是苜蓿就一直坐着“冷板凳”。

尽管如此，为论证苜蓿在农业上的重要性，有关课题成为畜牧所早期研究的重要主题之一，联合了国内同行，成批的论文公布了出来。但是结果很难说服部级以上领导将苜蓿列入主体作物之内。特别是一个概念在起作用，“畜牧业是农业的附属，是副业，”还有一个概念“苜蓿是草”。人要吃粮，剩下来是喂牲口，专门去种草在那时候是何等的荒唐。于是在我国广大的牧区，只是由牲畜去啃那些天然的草，在我国农区牲口被拴在柱子上给一抱秸秆到跟前，任其啃多少是多少，就是畜牧。至于养猪是为了积肥，养了2年才出栏的情况，比比皆是。当时，推广苜蓿的提议还是沉没了。在学术界人们明白苜蓿是具有特殊价值的牧草，这是不会改变的。在发达国家300来年种草一直是农业中不可分割的组成部分。那里没有一个农场主不谈他今年能生产出多少青割或青贮玉米，或大麦，能生产多少苜蓿干草和黑麦草等等。好了，今天我国走上了改革开放之路，20年后的今天三元结构农业受到普遍关注，中央行文提倡三元结构，这一下打破了多少人头脑里种草不是农业的枷锁。种草也要向发达国家学习，成为大家的共识。然而种草要成为系统的产业，不见得都那么清醒。

以上的一段短短的历史，给人们提了个醒，应该很好地讨论这个种草的问题，这里本人也就苜蓿这个产业提出本人的看法。

二、独立的苜蓿业产业

当然草业本身是个大的独立产业，苜蓿是其中的分支。鉴于蛋白质丰富是苜蓿的一个主要特性，它又是肥田、轮作的配套作物。作为草它能提供独特产品，作为草它又是生态和持续农业的一个组分，作为行业它既能独立操作，又能融合于农业，因此苜蓿生产具有以下特点：

(一) 草产品，是苜蓿的特色 苜蓿在美国的种植面积有971.3万公顷，仅次于玉米、小麦和大豆的种植面积，连同其他牧草在内总面积达2 450万公顷，产值134亿美元，产值相当于小麦和大麦面积的总和。

在国际贸易上，每年的苜蓿产品的销售达300万吨。历年来美洲是生产区，亚洲是消费区。消费国中日本、韩国和东南亚诸国是消费大户，仅日本一国每年需进口苜蓿产品多达220万吨，金额达4.8亿美元。而美国、加拿大、澳大利亚等国是供应国。人口密集地区主销，人少地广地区主产。这是一个大的趋向。我国呢？人口密集的东部，猪、鸡业发达，是主销区，西部，主要是西北、适宜苜蓿业，是主产区。从整体看苜蓿的主产地区应该是西北各省、自治区。但是在迅速发展中的我国这个问题还得具体分析。总的说我国应该是苜蓿生产大国，也是消费大国。我国能不能成为外贸出口国还得翘首以待。

苜蓿在我国是从西到东传入，甘肃在历史上人少地广是个苜蓿大省。晋南是个苜蓿产区，人口稠密，传到东北，吉林中部也是苜蓿适宜之地。这几年黄河入海口，十多万亩苜蓿连片，提供苜蓿草捆。1997年起北京郊区苜蓿业出现，鲜干草上市为奶牛增产增效。可见苜蓿已普遍受重视。2001年起福建大刀阔斧开辟苜蓿基地，试种3年。据统计，1982—1983年我国苜蓿种植面积在90万公顷，20来年种植面积倍增，到1998—2000年统计的苜蓿种植面积已达133万公顷。可是哪里已经形成产业了呢。开端是有了，产业还提不上。

原因是什么。这几年上海的奶牛喂上了苜蓿的，全场的头均泌乳期产奶量达到了8吨，有供有销不是产业吗？新疆呼图壁种牛场十多年来喂苜蓿，黑白花牛平均产奶量超过了9吨，西门塔尔牛超过了7吨。其奶业在新疆是出了名的。苜蓿也出了名，但是牛奶形成了产业，苜蓿却没有。原因在于：一是苜蓿没有形成产品，只是自供自销；二是牛奶在新疆有一批企业，有一定规模，有一片市场，有初产品，有深加工产业，但批量供应没有保证。在全国范围不是在有的省、自治区、直辖市已开始有苜蓿买卖了吗。这是事实，不过这只是在少数单位间，只是在奶牛业中有市场，在养鸡、养猪业，这么大的两个畜牧行业内，还没有打开局面，市场还极小，体系更谈不上。相比之下，羊草倒是早已成为产业的，只不过生产源头上，即生产基地没有什么规范，是靠天吃饭的产业，因此时时都可能熄火。要说苜蓿，在产地问题上，是比羊草要扎实一些。苜蓿的人才班子很强，这个行业的底气足，苜蓿正处在襁褓期，跃跃欲试，加上政策很好，已有产业气氛，一旦形成实体，方可形成大产业。

目前，黄河三角洲是一个几家资金雄厚的企业正在全力以赴地操作，苜蓿，面积大，机械化水平高，但气候条件不如西部，要成为强者必须要更多的投入，必须有多种经营方式。西部各省整体产区和产量上要大于山东，后来居上是可能的。

（二）苜蓿产区的生态条件 一个理想的苜蓿产区有一系列的生态要求，但是由于苜蓿育种工作进展很快，突破以下一些条件，也是同样可以形成产业的，譬如说pH的范围，需水量的多少等等，表2-19列出，以供参考。

表2-19 苜蓿产区生态条件

生态需要	最佳适应范围
1. 全生育期（天）	100～365
2. 生长需要的最适宜温度（℃）	15～21
3. 开花需要的昼长	中性
4. 特殊气候下的农艺要求	怕霜，割草间隔与气温相关
5. 土壤要求	深厚、中质结构，排水好，pH6.5～7.5
6. 对盐渍敏感性	中等敏感
7. 生长期对N：P：K的需肥量（千克/公顷）	0～40：55～65：75～100
8. 生长期的需水量（毫米）	800～1 600
9. 对供水的敏感性（千克）	弱到中强（0.7～1.1）
10. 收获产量用水效率（千克/干草），湿度（%）	1.5～20，10～15

但以上只是苜蓿的通常农艺适应范围，在新品种出现时，这种地域才可能突破。

紫花苜蓿喜温暖半湿润气候，蒸腾系数较高，形成1克干物质需要850克水。在年降水量400～800毫米的地方，或具有灌溉条件的半干旱、干旱地区能生长良好。最适宜的温度为25℃左右，温带和寒带气候都能适应；越冬气温为－20℃，在积雪覆盖良好的地方能抗－40℃的寒冷。苜蓿喜光，在多雾久雨的地方不太适合；对土壤的要求不是很严格，除砂土地以外各种壤土都能适应，土壤的酸碱度上偏碱的比较有利，如pH在7～8.2；不耐渍水，低洼地和排水不畅的地方不宜种植。栽培地块并不要求非得是平整的农田，坡地同样具有良好的产量效果。因此长江以北的地区，雨量在400毫米以上的广大农、牧平原和山区都可种植，西北地区尤其适宜于干草和种子的繁殖。近年有适应南方的苜蓿品种推出、应值得注意。

我国北方粮区，包括主要的玉米带和小麦区都可种植苜蓿，草、粮轮作是改制二元种植结构为三元种植结构的最佳组合之一。

（三）苜蓿产区的扩大　苜蓿是个生物种，有环境要求，不能什么地方都种，草业概念成为时尚的今天，苜蓿是最吃香的一种。领导的号召，外行的参与，几年之内不论地貌、气候、土壤特性到处大面积播种也是事实。据专家指出在内蒙古呼伦贝尔大草原1998年投资6 000万元，到种美国紫花苜蓿5 333公顷，2001年已有近4 666公顷死亡。这种没有根据的大面积种植带来的损失太大。以苜蓿最适宜生长的温度带是我国北纬的35°～45°。含盐量0.25%以下，在达0.3%时产量就很低，0.4%时苜蓿已难成活。生长温度以15～21℃为最适，低于和高于这个温度时生长很缓慢。

美国品种如皇后WL320、WL323适应肥沃土壤，在肥力低的地方，追求多次刈割，结果是退化很快。可记得有专家指出，在苜蓿生长的非最适宜地区或边缘地区，以地方品种为宜，如敖江苜蓿在内蒙古东部的干旱地区很有优势，公农一号在吉林中部有长处。苏家楷指出我国已注册的紫花苜蓿地方品种有17个。大体上分布在三个地区：东北三省和内蒙古东部带，主要的抗寒品种；华北、陕西、甘肃东部，主要为温暖干旱适应品种；宁夏、甘肃河西走廊、新疆，为温暖灌溉适应品种。

由于新品种不断育成，在抗盐碱方面，中苜一号是突出的良种，在多盐碱的地方成为首选品种。这种苜蓿品种的科技成果在盐碱地具有更大的作用。

据河北东部农区大厂自治县和北部坝上边缘农区丰宁县在2000年的试验，在不是很好的土地上，中苜一号表现最突出，其次为皇后、WL320，保定苜蓿锯末（表2-20）。

表2-20　2000年紫花苜蓿三茬产量比较*

品　种	干草产量（千克/公顷）			
	第一茬	第二茬	第三茬	合计
秘鲁	3 192. aA	1 908. 8cdBC	2 322. 6bB	7 424. 0
保定	2 753. 4aA	1 689. 2dC	2 322. 6bB	6 765. 2
WL323	3 082. 8 aA	2 145. 3abA	2 449. 3dD	7 677. 4
WL320	2 744. 9 aA	2 449. 3baA	2 609. 8cC	7 804. 0
中苜一号	3 817. 6 aA	1 841. 2bcB	2 221. 3cC	7 880. 1
皇后	3 293. 9 aA	2 119. 9aA	2 407. 1fF	7 820. 9
德国	2 905. 4 aA	1 993. 2bAB	2 440. 9eE	7 339. 5

*　英文字母大小写的不同，表示统计学上的差异很显著。

这说明在这里第一茬刈割，中苜一号显示非常突出的优势，在雨季到来时，WL320有一定优势。这种趋势如果在盐碱度高的地方中苜一号就会表现得更好一些。尤其是对含盐0.4%的极限此品种比较有优势明显。而南方、长江以南要求休眠期长的品种，目前有不少引入种可用。

（四）优良苜蓿品种介绍

1. 中苜一号耐盐苜蓿 是由中国农业科学院畜牧研究所耿华珠、杨青川等在盐碱地通过混合选择育成的。1997年经全国牧草品种审定委员会的审定，登记为育成品种，委员会专家一致认为："该品种选育研究成果居国内同类研究的领先水平"。该品种具有抗盐、抗旱、耐瘠和生长迅速等特点。分枝多，叶色亮绿，花为紫到浅紫色，生长旺盛。

产草量：在黄淮海平原、渤海湾一带年刈割3～4次。在山东德州土壤含盐量为0.25%～0.45%的盐碱地上，新品种干草产量比保定苜蓿提高13.4%～29.0%，在山东无棣土壤含盐量为0.21%～0.48%的盐碱地上，干草产量比保定苜蓿提高18.2%～29.0%，比秘鲁苜蓿提高18.3%～33.6%，比陇东苜蓿提高76.8%～80.3%，在甘肃兰州土壤含盐量为0.21%～0.74%的盐碱地上，新品种干草产量比陇中苜蓿提高9.0%～18.0%，667米^{2}产干草914.8千克。

营养成分：中苜一号耐盐苜蓿草质鲜嫩，营养丰富（表2-21）。

表2-21 牧草营养成分（花期）（%）

品　种	粗蛋白	粗纤维	粗脂肪	无氮浸出物	粗灰分	钙	磷
中苜一号	18.38	33.66	2.62	39.62	5.72	0.85	0.23

牧草利用：适宜建植优质、高产的刈割草地，适于青饲，亦可晒制干草。是牛、马、羊、兔、鹿、鱼、鸵鸟等的优质饲草。

适应地区：华北地区，新品种不仅适用于黄淮海平原渤海湾一带以氯化钠为主的盐碱地，而且在内陆盐碱地种植表现也很好。

栽培要点：

选地：水肥条件较好的土地当然最好，无灌溉条件的中低产田、盐碱荒地均可种植。

播种：黄淮海平原渤海湾一带最佳播期在8月中下旬。

播量：每667米^{2}1千克，条播行距30厘米左右。

施肥：施足底肥，每667米^{2}施有机肥3.5米^{3}左右，磷酸二氢氨铵15～25千克。

管理：初花期刈割，每次刈割后，结合灌水追肥。

2. 公农3号苜蓿 是吉林省农业科学院畜牧分院草地所培育的适宜放牧利用的根蘖型苜蓿新品种。该品种为多年生草本，多分枝，株高50～100厘米，主根发育不明显，具有大量水平根，根蘖率在30%～50%。三出复叶，小叶倒卵圆形，长1～2厘米，宽约0.5厘米，上部叶缘有锯齿。总状花序，腋生，花杂色（紫、黄、白）。荚果螺旋形，种子黄色，千粒重2.18克。抗寒，耐旱，在东北、西北、华北北纬46°以南，年降水量350～550毫米地区无需灌溉可正常生长发育。

据全国牧草品种审定委员会秘书处介绍，该品种在西北、东北地区宜早春播种，华北地区宜秋播。条播、撒播均可，条播行距 40 厘米，播深 2 厘米，每 667 米^2 播种量 0.7～1.0 千克。苗期生长缓慢，注意控制和消灭杂草，收草用亦在初花期刈割，667 米^2 产干草 300 千克。一般多用于放牧，当株高达 20 厘米以上即可进行。除单播外，可与羊草等禾本科草混播，建立人工草地，也可在天然草地上进行补播，这样既可改善草地植被种群结构，又可缓解放牧家畜营养供需矛盾，有利于半干旱草原生产潜力的发挥。

3. 进口苜蓿品种 作为南方，尤其是长江以南地区，据北京绿冠草业科技发展中心介绍，有以下一些品种可供参考，如盛世，南霸天，丰宝等。

（1）盛世（Millennium）

1）秋眠级数为 6～8 级，耐湿热性突出。

2）为冬季不休眠品种，持久性极好，利用年限长。

3）刈割后再生能力强劲，年可刈割 6～8 次，产量明显增高。

4）抗病虫能力强，尤其对苜蓿疫霉病和根腐病具有极强的抗性。

5）茎秆中纤维含量低，营养价值全面，动物消化利用率高，平均蛋白质含量在 24.6%～29.4%。

6）产草量高，667 米^2 产鲜草可达 8～10 吨，是我国南方大部分地区的首选品种。

7）适宜我国华东、华南、西南的大部分地区推广种植。

（2）南霸天（Alfasuper）

1）秋眠级数为 9 级，极耐湿热。

2）为最广泛的冬季不休眠品种，使用年限极长。

3）年可刈割 8～10 次，茎秆纤维含量低。

4）抗病虫能力极强，对黄萎病、苜蓿疫霉病和南方的根部线虫有很好的抗性。

5）叶量丰富，草质柔嫩，适口性好，蛋白质、维生素、矿物质含量高。

6）产草高：每 667 米^{2}9～12 吨，是我国南方地区高温、高湿区大面积种植的最佳品种。

（3）丰宝（Power Plant）

1）秋眠级数为 7～8 级，耐湿、耐热性好。

2）为冬季不休眠品种，持久性好。

3）刈割后再生迅速，年可刈割 6～9 次，产量明显提高。

4）抗病虫能力强，尤其对苜蓿疫霉病和根腐病具有极强的抗性。

5）叶量丰富，草质柔嫩，茎秆纤维含量低，粗蛋白含量高，维生素和矿物质全面，能大幅度提高牛奶产量。

6）产草量高，适口性好，适应性广，667 米^2 产鲜草可达 8～9 吨。

7）适宜我国华南、西南及华东部分地区推广种植。

进口的苜蓿品种中尚有：猎人河 Hunteriver，四季旺 Siriver，苜蓿王 Emperor，农宝 Farmer's treasure，费纳尔 Vernal，阿尔冈金 Algonquin 等。

三、饲料业市场对苜蓿草产品的需要

20 世纪 90 年代末，我国正式有小批量苜蓿干草上市，首先奶牛业响应最快。其实我国的养禽和养猪业一直缺少优质牧草的供应。几十亿头（只）的猪、禽，加上牛羊这类草食家畜，一旦体验到苜蓿产品对肉、蛋、奶生产的重要性，也应当有每年消耗几千万吨苜蓿草、草粉等产品的需要量。这从日本畜牧业对苜蓿草产品的迫切需要量上即可见一斑。

如果在育肥猪和养鸡中推广豆科牧草作饲料，即使是占饲料重量的5%，全国需要约300万吨。那么可以缓解对饼粕饲料的压力。何况在奶牛、肉牛、肉羊的日粮中优质牧草可以发挥更大的作用。21世纪我国草食动物饲养业正进入高涨时期，优质牧草的用途将更大，但是我国苜蓿的商品产量还不到20万吨，由于是新企业经营，在管理上和生产能力上都较落后，技术人员更为缺乏。

2002年我国奶牛的平均产奶量是2 503千克，人均8.7千克，其中农民提供的为2.67千克。农民养牛很少用栽培的牧草，因此产奶量不高。其实在全部供应牧草的情况下，不加任何精料，奶牛的年产奶量可以达到3 500千克，牧草加精料时奶产量可倍增。另外，农民不习惯用带穗玉米去制作青贮，而是去收获粮食，再用枯秸秆喂牛，这样且不计算用多道工序去打粮食所浪费的劳力。因为没有在全株玉米时作青贮，光是能量和蛋白质两者都大约浪费在50%上下。因此，改变农牧种植结构是刻不容缓的。

苜蓿是优质蛋白质饲料源，是高效畜牧业的物质基础，奶牛是人类最优质动物蛋白质的供应者之一，两者结合为我国农业结构调整，强壮民族，提供一条现代化奶业的生产体系。它的意义是巨大的，深远的。

（1）在高产低成本的奶业上，至少在三个饲养环节上，需要有苜蓿那样含高营养成分，像赖氨酸这样动物必需氨基酸成分。苜蓿的氨基酸成分比玉米子实含量高5.7倍。如泌乳牛催奶期和泌乳高峰期，需要大量饲草，而且必须是营养上浓厚的牧草。又如妊娠牛围产期，肥胖是不利于高产的，有苜蓿可以保证减少难产和母体产后的体力恢复，提高繁殖能力。再说幼犊阶段，优质苜蓿干草是强化犊牛瘤胃发育，提前断奶的手段，对培育发育良好的犊牛十分有利。要想将奶牛群体产奶量达8吨水平，苜蓿不失是一个有效的饲料资源，目前几乎是唯一的最佳营养源。

（2）奶牛作为反刍动物，能充分利用特级和一级以下苜蓿干草产品的动物。当蛋鸡、肉鸡这样的动物在利用二级以下苜蓿时就缺乏优势，而奶牛依然具有良好的生产效益。特别是第二茬苜蓿收割期，适遇雨季的情况下，如北京苜蓿半干青贮的制作恰好可为奶牛提供优质饲料，种苜蓿与养奶牛相结合可谓相得益彰。奶牛业是苜蓿产品全面利用的保驾行业和经济效益兑现的行业。苜蓿对奶牛业是高产和健康饲料。据王运享用120头奶牛对比，喂苜蓿和喂羊草，有苜蓿的配方呈现出以下优点：增加牛奶产量，每天每头提高1.98千克；提高牛奶含脂率2.6%，干物质0.7%；减少牛奶中体细胞数，每毫升牛奶中平均减少15.2万个；提高经济效益，每天每头平均增收2.86元。

（3）苜蓿的轮作倒茬和奶牛对农作物结构的调整是当前在农业结构必需的两个拳头行业，应该大力提倡，为子孙万代造福，种草养牛，是持续农业的良性配套行业。

以美国为例，作为苜蓿产品美国的畜牧生产每年需要5亿吨饲料，来自干草的占1.7亿吨，来自青饲料的占1.2亿吨；从蛋白质计算，有一半是从天然牧草和栽培牧草中获得，而美国的大豆则用于出口。法国畜产所需蛋白质的60%，来自干草和青饲料。英国在绵羊生产90%，肉牛生产80%，奶牛生产60%的蛋白质由牧草生产。美国牧草产业于1987年已跃居美国十大工业的第九位。2000年用于生产干草的紫花苜蓿种植面积达971.3万公顷，仅次于玉米、小麦和大豆。如上所说其种植面积达2 450万公顷，其种植面积和产值相当于小麦和大豆两者的总和。

第三章

粮食和食物安全

我国是个人口大国，现有 13 亿人，国内粮食自给率的高低，直接关系着民众的生活安定，也影响着国际的谷物贸易。在现有人均产粮约为 400 千克左右的情况下，国内有很充足的储备粮，据《中国日报》2001 年的一个报道，当年国家储备粮达 2.50 亿吨，农户储存的谷物估计为 1.33 亿吨。而 2001 年末我国可用的禾谷类粮食的产量可以达到 3.62 亿吨，就是说，当年存粮是高于当年产量，有余粮可供出口或者国内调剂。我国粮食历年增产。以每增产 0.5 亿吨为一个台阶计算，在 20 世纪末，每年增产为 830 万吨左右（表 3-1）。2000 年总产粮 4.6 亿吨，人均 357 千克。

表 3-1 历年中国粮食增产情况

起止年份	增产 0.5 亿万吨范围	年数	年平均增加
1953—1958	1.5～2.0	5	0.100
1958—1971	2.0～2.5	12	0.042
1971—1978	2.5～3.0	7	0.071
1978—1982	3.0～3.5	4	0.125
1982—1987	3.5～4.0	4	0.125
1987—1994	4.0～4.5	7	0.071
1994—1999	4.5～5.0	6	0.083

此后，在粮食总储备量我国已经高于联合国粮农组织确定的总储备量占消费量17%～18%的粮食安全警戒线，商业库存一度创历史最高水平。

从上可见 20 世纪 80 年代的每年增幅最大，现在的增幅处于减缓趋势，然而从世界范围看，人口是继续增多的。据联合国在世界人口预测的报道，到 2050 年人口占前 20 位的大国，除美国外，大多是发展中国家（表 3-2）。其中印度人口将超过中国，然而印度的耕地面积为我国的 125%，人口只为我国的 78%，虽然人均产粮为 230 千克，只有我国人均的 64%，但其豆类人均达 16.1 千克，为我国的 3.8 倍。近期印度的土地（粮食）安全性依然比我国强。

虽然我国近年来计划生育取得一定成效，但到 2050 年人口可能在 15 亿以下。用人均要求产粮 400 千克作估计，共需 7.6 亿吨。我国的耕地面积却在减少，1999 年就比 1998 年减少 0.077 亿公顷；当年粮食平均 667 米^2 产量增长率为 2.7%，高于人口增长率。但是大批肥沃农田仍在非农开发，耕地每年减少达 16.7 万公顷，控制人口增长和保护农田已成为关键中的关键。此间加速畜牧业的发展，可以缓解粮食的压力，畜牧业的作用在总体上可以有以下的匡算：

表 3-2　50 年后世界前 20 位的人口大国预测

序号	1998 年		2050 年	
	国　家	人口（亿人）	国　家	人口（亿人）
1	中国	12.55	印度	15.33
2	印度	9.76	中国	15.17
3	美国	2.74	巴基斯坦	3.57
4	印度尼西亚	2.07	美国	3.48
5	巴西	1.65	尼日利亚	3.39
6	巴基斯坦	1.48	印度尼西亚	3.18
7	俄罗斯	1.47	巴西	2.43
8	日本	1.26	孟加拉国	2.18
9	孟加拉国	1.24	埃塞俄比亚	2.13
10	尼日利亚	1.22	伊朗	1.70
11	墨西哥	0.96	刚果	1.65
12	德国	0.82	墨西哥	1.54
13	越南	0.78	菲律宾	1.31
14	伊朗	0.73	越南	1.30
15	菲律宾	0.72	埃及	1.15
16	埃及	0.66	俄罗斯	1.14
17	土耳其	0.64	日本	1.10
18	埃塞俄比亚	0.62	土耳其	0.98
19	泰国	0.60	南非	0.91
20	法国	0.59	坦桑尼亚	0.89

从 20 世纪 70 年代后期开始，我国在人均占有粮食始终未超过 400 千克的情况下，全国人均消费肉、蛋、奶量持续增长。到 80 年代中期，全国范围内取消了肉、蛋、奶凭票供应制，价格一直平稳，产销两旺，我国粮食压力得到缓解。畜产品连年增产是在全国粮食总产量作为口粮有余的情况下发生的。据统计，城镇居民人均的商品粮消费从 1978 年的 160 千克，下降到 1998 年的 87 千克。农村人口的原粮年消费量从 1978 年的 280 千克下降到 248 千克。按此合计全国每年的口粮和原粮消费略大于 2.68 亿吨，占粮食产量的 60%，而另外 1.76 亿吨是饲料，加上工业用粮种子及库存，占 40%。据称饲料用的约为 1.5 亿吨。按 2000 年全国人均生产肉 49.5 千克，蛋 87.06 千克，奶 8.71 千克，全国共产肉6 124.6万吨，蛋2 335万吨，奶 919.1 万吨。其饲料用量用一般水平和企业水平来估计，见表 3-3。

表 3-3　全国生产肉蛋奶共需饲料匡算

用料量	一般用料比	需用料（亿吨）	企业水平	需用料（亿吨）
产肉用料	4∶1	2.55	3.5∶1	2.14
产蛋用料	3∶1	0.70	2.7∶1	0.63
产奶用料	0.5∶1	0.05	0.3∶1	0.027
合　计		3.30		2.797

饲料的总消费量在 3.3 亿吨，占全国粮食总产量的 66%，都以企业水平来衡量，也

要达到2.797亿吨，占粮食产量的56%。以全国粮食总产4.5亿吨计算，实际饲料消耗1.5亿吨，只占理论饲料用量的45.5%。其余的54.5%不是由谷物来生产的，而是农户所提供的其他非常规饲料，可见其潜力甚大。

第一节　畜牧业在粮食安全问题上的调节作用

一、20世纪末的畜牧业

20世纪60—70年代间，人均180千克口粮，处于饥饿线边缘，当时养一头猪三年才出栏，不过50千克活重，可获得不到25千克的猪肉。1965年估计全国养猪16 693万头，产猪肉不过620万吨。80年代我国在改革开放政策下，畜牧业迅速发展，1991年全国养猪36 964万头，生产猪肉2 452万吨，人均占有22.80千克，猪肉占肉类产量的77.99%。此期养禽业蓬勃发展，节粮型畜牧业呈现优势，1991年猪肉比例由1980年的94%，降到76.8%，禽肉业上升到15%。1992年粮票取消，畜牧业作用历历在目。2000年猪肉产量增加到4 305万吨，但比例只占肉类的66.8%，禽肉上升到1 250万吨，占19.4%，牛肉538万吨，占8.35%，羊肉265.4万吨，占4.12%。人均肉类占有量达50.54千克，极大地缓解了对口粮需要的压力，同时人民的体质又有了进一步的增强。

据统计，90年代中期，我国城市人口年消费原粮为180.5千克，农村人口人均260千克；食油分别为5.8千克和3.4千克；肉20.8千克和9.0千克。而人均产粮为396千克。另外，尚有水产养殖和捕捞，饲料需要占产量的40%，城市人口已步入小康社会的营养水平，农民还处于蛋白质不足的境地。

我国是个七分山、水、沙，二分草原，一分耕地的国家；人均耕地1 046.7米^2，林地1 200米^2，草地2 666.7米^2，在人均资源上是比较贫乏的。因此，在畜牧业的发展上更应体现因地制宜特色，不能盲目地去追赶某一个具体国家水平。目前，猪肉是我国肉类的主体产品，产粮集中在农区，产肉也集中在农区，谷物的产量主宰着当前我国肉类生产的导向。据1999年的一项调查，全国农户生产的猪肉为3 323万吨，占全国猪肉总产量4 006万吨的83.2%。据估测以3∶1的料肉比，有332万吨的增产潜力。实际上，2000年猪肉统计产量为4 031万吨，占肉类总产量6 125万吨的65.8%，禽肉达1 207.5万吨，占19.7%，牛羊肉806.8万吨占13.1%。这里猪禽料以谷物为主体饲料，说明生产谷物的重要性。高效肉牛业以催肥为技术，与谷物增产和配合饲料有关，牛肉增产主要在农区，加上禽蛋和牛奶，农区是肉类等畜产品的主产区。

二、整株植物营养体生产在未来年代的作用

我国畜牧业在20世纪最后20年中，是依靠谷实为基础，畜牧科技为依托，向现代化畜牧业发展中探索着前进的。今后的路子怎么走，是大家关心的。如果继续以谷物为主体会出现什么情况，此事已有人做出估测（表3-4）。

表 3-4　21 世纪初叶我国粮食和饲料需求量预测

年　份	人口（亿人）	粮食产量（亿吨）	估计饲料需要量（亿吨）
2000	12.6	5.0	2.0
2010	14.3	5.9	2.2
2020	15.4	6.5	2.8
2030	16.3	7.2	3.6

表 3-4 的我国人口预计到 15 亿人的年份是 2030 年，与表 3-2 的不同，这是不同作者的不同估计。不过，对谷物的需要是以人口数为基础的。可以用 15 亿人口为根据进行讨论。当农区养殖业占到全国牧业总产值的 95%，而且养猪业又占农区养殖业 3/4 以上的情况下，粮食的作用必然要继续主导着畜牧业的方向，仅养猪一项，按配合饲料的四大样：玉米、豆饼、鱼粉和添加剂来要求，国家必须拨出8 000万吨玉米和3 000万吨优质饼粕。配合料在养猪业上的贡献率是 20%，都靠国家提供将是个大问题。为此农家养猪还是一个不可忽视的部分。禽肉主要是鸡肉生产，其饲料的贡献率最高，为 73%，鸡蛋类次之，为 31%。但都要依靠谷物。由于谷物中供饲料用的主要是玉米，其蛋白质不过 8%，于是向豆粕和鱼粉索取蛋白质饲料，如果植物蛋白质来自于非谷实，如茎叶那么畜牧业可以不会在粮食框框内打圈圈，可走出这个圈子，对粮食的压力就减轻了。21 世纪的我国畜牧业要迅速走出这个框框，是不是可能呢？那么可以看一看世界各国畜牧和粮食生产情况。

表 3-5　1999 年几个国家年人均粮、肉、奶、蛋产量

单位：千克

国家或地区	谷　物	豆　类	猪　肉	牛　肉	羊　肉	禽　肉	奶牛奶	鸡　蛋
世界	345.27	9.91	14.82	9.86	1.91	10.58	80.40	8.19
中国	360.77	4.23	31.58	3.96	1.83	9.15	5.63	13.70
加拿大	1 742.75	105.97	59.99	52.27	0.36	32.80	270.28	11.21
美国	1 216.53	6.82	30.58	42.63	0.55	57.98	266.03	17.69
巴西	283.56	17.33	10.42	36.76	0.77	30.00	133.91	8.93
以色列	14.75	9	1.97	4.26	0.98	43.27	194.39	14.26
丹麦	1 646.16	73.46	336.61	33.13	0.38	38.43	857.63	14.77
法国	1 099.77	45.97	40.08	30.74	2.41	35.24	417.91	17.73
德国	539.48	9.70	45.56	17.63	0.54	9.83	344.37	10.47
希腊	—	—	12.89	4.99	11.48	14.78	72.46	11.29
匈牙利	1 126.04	13.99	59.85	5.95	0.89	42.28	209.11	18.66
荷兰	85.48	1.08	124.31	25.10	1.27	45.06	692.41	40.93
俄罗斯	365.38	5.96	8.17	15.13	1.18	4.57	216.04	12.59
英国	373.38	12.41	17.80	11.50	6.41	25.35	254.74	9.90
澳大利亚	1 663.92	119.35	19.04	115.82	38.66	32.24	525.21	10.69
新西兰	237.72	15.15	17.68	143.16	131.14	26.65	2 970.74	8.36
日本	97.08	0.81	10.13	4.02	—	9.41	67.03	19.97
第一名	加拿大	澳大利亚	丹麦	新西兰	新西兰	美国	新西兰	荷兰
第二名	澳大利亚	加拿大	荷兰	澳大利亚	澳大利亚	荷兰	丹麦	日本
第三名	丹麦	丹麦	加拿大	加拿大	希腊	以色列	荷兰	匈牙利

表3-5所示国家中有国土面积辽阔人口稀少的加拿大、新西兰、澳大利亚，有人口很多但耕地面积多的美国、俄罗斯和巴西，有土地和耕地少人口密集的以色列、荷兰、日本和人口众多的可耕地面积不大的德国和法国等四大类，其中新西兰是气候温和始终坚持人工草地为主的国家，人均产谷物为237.72千克，对豆类很重视，人均达15.15千克，人均谷物产量为中国的66%，除猪肉和鸡蛋水平低于中国外，牛肉、羊肉、禽肉和奶牛奶的水平分别是中国的36、71、2.9和528倍，而成为发达国家。中国没有这么多的好草地，不能全盘学他们，但是新西兰奶牛不喂精料，不追求奶牛个体高产，不追求饲料报酬高的肉鸡业这三点，很值得我们考虑，在不同地区因地制宜来实施，可减轻对粮食的压力。

加拿大和澳大利亚，人均产粮都是我国的4倍以上，加拿大重养猪业，澳大利亚重肉牛和奶牛业，肉毛兼用养羊业，两国的禽肉人均产量也都是我国的2倍以上，奶业都是我国的50多倍和100多倍，他们保持生态种植业，重现耕作层不裸露，按轮作，在青贮和牧草上下功夫，成为世界上出口粮、肉等的大国。美国和俄罗斯，虽然人口众多，但是在种植业上都把玉米作为饲料，奶牛和肉牛业分别具有相当的优势。粮多、奶多、肉多、蛋多，也是两国的特色。

德国和法国可谓是欧洲很具代表性的大农业国，耕地面积少，抓多年生作物（牧草）生产是其特色，在国土面积中占35.3%和33.8%；谷物产量人均水平很高，为1 099.8千克和539.5千克。因此，养猪业很发达，人均产猪肉各为40.1千克和45.6千克，高于我国。法国畜牧业效果很好，猪肉、牛肉、羊肉、禽肉、牛奶、鸡蛋水平都超过我国，分别为我国人均水平的1.27、776.3、1.32、3.85、74.23和1.29倍。牛奶、牛肉和禽肉优势明显，是动物农业思路指导下经营农业（包括畜牧）的典范，法国的人口密度很高，却是畜牧强国。

日本是近邻，人口密度比我们高2倍多，耕地十分不足，限制了畜牧业的发展，但是奶牛和鸡蛋这两个饲料报酬最高的产业很发达，人均生产水平是我国的11.9倍和1.45倍，而肉牛业是国际上生产质量最高，价格最贵的雪花牛肉唯一的国家。很有值得外国牧业生产深思的地方。

以色列以奶牛和禽业两个高报酬牧业占优势，奶牛单产世界第一。

荷兰是耕地面积不足，用人工填海造田而闻名于世的。目前在动物农业经营水平上是世界第一，虽然以某一类畜产品而论，它并不都占第一，但是其鸡蛋业最发达，禽肉和猪肉为世界第二，牛奶业为世界第三，除羊肉不作为优质草地牧业重点以外，都十分发达。

要注意的是荷兰在人均只有85.48千克谷物产量的情况下，人均猪肉产量124.31千克，牛肉25.1千克，禽肉45.06千克，牛奶692.41千克，鸡蛋40.93千克，分别是我国相应畜产品量的3.94倍、6.34倍、4.92倍、122.9倍和2.98倍。那里人工草地、粮饲兼用作物是动物农业经营的物质生产基础。当然以色列的人均产粮只有14.75千克，粮食靠进口，势在必行。但是荷兰在粮食问题上，并不是进口大国，那里强调的单位面积的植物蛋白总产量和四季常青的土地植被保护，肉牛业是奶牛业的捆绑行业，真正是值得我们学习和细细品味的。

巴西，人均产谷物283.56千克，是畜产品国际贸易的强国，他们的草地牧业发挥着优势。牛奶、牛肉和禽肉，都胜过我国。

第二节　“2116”食物安全工程

21世纪我国的食物安全问题是个基本问题，作为“2116”工程，关键问题的讨论是十分有益的。20世纪末的改革开放20多年食物安全的概念已经由“吃饱到吃好”转变了，由“人均吃多少粮到人均保证多少能量和蛋白质”。这显然是农牧双丰收的结果。从单一地考虑粮食到食物的能量和蛋白质是食物安全观念上的一次飞跃。

一、配合饲料贡献率对畜牧业的突破性贡献

据张子仪对1952年以来我国养猪业进步的分析（表3-6）：

表3-6　新中国成立以来我国养猪生产进展

年　份	猪肉总产量（万吨）	出栏数（亿头）	出栏率（%）	平均出栏活重（千克）	人均消费猪肉（千克）
1952	325	0.65	50	50	5.95
1962	194	0.43	42	45	—
1967	670	1.34	50	50	7
1977	842	1.53	53	55	—
1987	1 835	2.61	78	71	17.0
1994	3 024	4.12	107	76	—
1999	4 006	5.20	116	77	—

人们都认为“猪多—肥多—粮多”是我国传统农业的精辟概括。但是这个模式在什么时候被突破的，从表3-6中可以明显地看到是1977—1987年10年之中。关键之年上面已指出是1980年，那时万头猪场在大城市郊区兴起、市民菜篮子的肉以郊区集约化猪场为主，是粮多猪多，如北京的通县和顺义，在当时贡献大矣。然而猪粪未必都还回农田。随后的15年，各大城市畜粪成了污染源，21世纪一开始北京五环路以内禁养牲畜，种粮靠化肥。但猪肉的人均生产水平从20世纪50—60年代的6～7千克，已增加到现在的31千克。虽然农村养猪占全国猪肉产量的83.2%，但农村中农户养猪已分化为两种，一种是粮食产区的养猪大户、另一种是欠发达地区的个体散养户，后者还是传统的按养猪积肥为主，而前者地区猪粪污染已为苏、浙、皖、鲁、冀、湘、鄂、川、桂、粤等省、自治区的治理对象。加上集约化养鸡业的兴起，那里配合饲料的贡献率为54.1%，比养猪业的16.8%，高出2倍多，表现出谷物农业内部猪鸡关系的变化。自20世纪80年代起养猪单一化畜牧业已被彻底地改变了。但显然还是谷物农业为主，与上述畜牧先进国家相比是不同的，问题是还没有领悟到那些国家的动物农业的先进之处。

饲料工业在循环经济日益受到重视的今天，玉米和豆粕的短缺已经成为饲料工业发展的瓶颈，随着集约化畜牧业的发展需要，非常规饲料和添加剂的应用，会促使饲料工业的新发展。据专家预测，2030年我国的人口将达到16亿，粮食的总需求将是7.43亿吨，在耕地面积缩减20%的情况下，粮食产量期望达到7.1吨。包括可能的变数在内，估计

在2020年、2030年原粮需求会达到43%、和50%，饲料工业的延伸，是当前的必然规律。

二、粮饲兼用玉米对蛋白质饲料来源的贡献

众多的学者和管理人员都认为蛋白饲料不足是妨碍我国畜牧业进一步发展的瓶颈。前20年内畜产品提供了优质能量和可消化蛋白，提高人民的体质，缓和了粮食不足。然而养猪、养鸡业的再发展就对谷物提出再增产要求，表3-4已说明饲料对谷物的需要，加上人们的口粮要求会超出现有耕地的承载力。控制人口再增长非本议题所能及，国家已然给予特殊关注，2003年之初已有专题研究。那么，蛋白质的工厂化生产被提到了议事日程，并且于90年代试投产，如赖氨酸工厂生产。但赖氨酸厂投资大，产品昂贵，原料不足，排污问题未能解决，成品价格在国际上处于劣势，一个万吨的赖氨酸厂已遇到复杂的问题，全国要建多少这样的工厂才能满足如表3-4上提出的需求呢？张子仪测算，到16亿人口时，人均每日占有动物性蛋白质量为25千克，全国需要1 460万吨，按最佳的配合饲料技术要51万吨的赖氨酸。这个数量相当于20世纪末国内年产赖氨酸工业总产量的25倍，也相当于目前全世界氨酸工业总产量的120%，因此是不可能的技术路线。张子仪提出一条可行的方案，他估算，2010年全国玉米总产量达到1.6亿吨时，若一半能够改造成高赖氨酸玉米，将玉米中的赖氨酸含量从0.20%提高到0.50%，因为国际上已经有0.80%的高赖氨酸玉米，就相当于全国农村中建成22座万吨级赖氨酸厂，农民是真正受益的对象，此时全国的粮食安全问题当可以初步解决，其实优质蛋白质供应问题会出现质的变化。像荷、法、日、以等国那样，动物农业的概念才会深入人心，使我国处于饲料安全，食品保障的安全线内。

三、牧草源饲料蛋白来源潜力

除上述重量级的饲料来源赖氨酸工厂化生产问题目前尚未解决，还有一个非常重要的领域，那就是牧草业。上述荷兰的人均年产粮不到100千克的情况下，畜产品产量分别是我国的3～120倍，依靠的尚有牧草业，成为荷兰农业的效益所在。这是将饲料蛋白的来源放在更广泛的植物资源上，将灌丛，牧草资源放进来，那时半干旱的西部、北部，丘陵众多的南方、西南各地，荒芜偏僻的地方，废弃地都可开发，这在“草业”中作讨论，如我国现有人均草地2 666.7米^2，拿出667米^{2}来改造成牧草灌木林，将有1.07亿公顷，以667米^{2}产500千克干草量计算，会产出多少畜产品呢。这在荷兰农业一章中也作了介绍。

第三节 饲料安全

当我国的农业走出了口粮短缺的循环圈之后，农村人口的膳食营养水平也已经摆脱了缺粮的境地，户户平均储粮两年有保障。现在是要步入小康社会，饲料安全转而成为粮食安全的核心。而三元结构农业是我国种植业改变的核心。表3-5中美国种植业生产谷物，

人均产量达1 216.53千克，是我国的 3.34 倍，其中人口少是主要原因，他们是 2.76 亿人，只为我国人口数的 21%。但是必须知道，美国耕地只有 9.4%用于种粮食为1 682.6万公顷是我国耕地面积的 12.5%，而种饲料作物的却占 45%，为8 055万公顷，是我国耕面积的 60%。由于人口总数相差巨大，不能都学他们，但是上述荷兰的人均耕地面积比我们少，却用 70%耕地种饲料作物，法国、德国也各占 60%。这些具有欧洲人口密度大的国家，和我国发达的东部和四川省等情况相似，他们的良田有一大半是人工牧草和玉米。畜禽饲料不与人争粮，主要是饲料玉米的产量，同时牧草的增产可以在相当大程度上缓解畜禽对玉米饲用的压力，但是今后的 30 年内玉米作为精料主体的状况还不会改变，因为我国草地改良的难度是很大的，除非温和气候带的大部农田都改为人工草地。当然这是不现实的。

一、玉　米

玉米是精料的主体，据 20 世纪我国玉米产、销、进出口情况（表 3-7）。

表 3-7　我国玉米 10 年的产、销、进出口情况

单位：万吨

年　份	1990	1991	1992	1993	1994	1995	1996	1997	1998	1999
产　量	9 682	9 877	9 538	10 270	9 280	11 199	12 747	10 430	13 295	12 808
消费量	8 090	8 180	8 580	9 290	9 950	10 900	11 335	11 745	11 725	—
进　口	37	0	—	40	126	518	44	45	25	7
出　口	340	778	1 034	1 150	1 000	11	16	662	468	430

玉米的消费量主要是用作口粮的，而作饲料用的在9 300万吨上下，按 20 世纪 90 年代中期的年产量估计占 77%～80%，其余是农民的一些储备。出口玉米量最高的是在 1993 年和 1994 年净出口量约占产量的 10%，是一笔不小的收入。玉米增产是我国的增加外汇的手段之一，但与美国等国比，我们的弱点是成本过高，在加入世贸组织前是依靠国家补贴，如在 1989 年和 1999 年玉米大丰收，仅黑龙江、吉林、辽宁、内蒙古 4 省、自治区玉米库存就达 400 万吨以上，而南方湖北、湖南、江西、广东、广西、浙江、安徽等省、自治区早稻难卖。南方需玉米要从北方调入，而国际玉米价低于中国的。当时，我国政府采取对玉米出口进行补贴的政策，以低价打进国际市场。据海关统计 2001 年 1—10 月我国出口玉米 840 万吨。另有报道称玉米的 273 万吨到韩国，103 万吨到马来西亚，35 万吨到日本。出口玉米价为每吨 105 美元，政府补助为每吨 44 美元。加入世贸组织后我国玉米出口补贴必须取消，那么出口价将是每吨 149 美元，这在国际上缺乏竞争力。

参加世贸组织后在 2002 年玉米进口关税配额达 585 万吨，到 2004 年将上升到 720 万吨；2002 年私营企业进口玉米的比例为 32%，到 2004 年将上升为 40%，即是说，国家全部放开配额的话，而近年玉米的供应却必须进口。2002 和 2004 年的进口玉米将分别达 187 万吨和 288 万吨。很明显价格差将成为决定玉米是进口还是出口的关键。

就地区而言，东南沿海各省、直辖市，粮食已开放，又不是玉米产区，进口将是主要流向；东北是玉米产区，由于玉米连续好收成，2001年吉林省玉米积压多达到4 000万吨，相当于该省两年的总产量，其积压量相当于全国玉米年产量的60%，而那里玉米的水分又高出华北玉米水分的10%，据估算用烘干的方法，可烤出400万吨水，是一个小水库的容水量。粮价低伤农，漫灌种粮费水，我们还老是这样去生产玉米谷物吗！学一学美、法、荷、德等换一半面积种整株饲用玉米。一个简单的测算，每667米^{2}玉米蛋白质产量可从50千克提高到200千克（有关章节有介绍），就地发展畜禽产品，像美国的中西部和加州既是谷物产区，又是肉、奶、蛋产区，何乐而不为之。先进的粮食产区已计划将产粮强区转为畜产强区，是我国实践正在证明的，粮饲兼用玉米对致富农民是更具现实意义的，是与时俱进的措施。

二、大豆及其他饼粕

大豆饼粕是我国畜禽生产的主要蛋白质来源，在草食家畜比重未能调高之前，这个趋势是不可能改变的。大豆是我国出口强项，以往饼粕自给有余（表3-8）。

表3-8　1999—2000年我国大豆进出口情况

单位：万吨

年　份	生产量	进　口	出　口	净进口
1990	1 110.0	0.1	94.0	－93.9
1991	988.7	0.1	111.0	－110.9
1992	1 042.4	12.1	65.8	－53.7
1993	1 530.7	9.9	37.3	－27.4
1994	1 599.9	5.2	83.2	－78.0
1995	1 350.4	29.4	37.5	－8.1
1996	1 322.2	110.7	19.2	91.5
1997	1 473.0	279.0	19.0	260.0
1998	1 515.0	320.0	17.0	303.0
1999	1 425.0	432.0	20.0	41.2
2000	1 541.0	1 042.0	21.0	1021.0

资料来源：《中国海关年鉴》、《中国农业统计资料》，1999—2001年；《中国农业发展报告2001》。

2000年，我国生产大豆1 541万吨，虽然比上年的1 425万吨略有增加（表3-8），但由于国际上大豆供货能力强，期货和现货价格双双下跌，1995年的前出口大豆的优势已成为历史。

又据美国农业部估计，到2011年中国大豆进口量会达到3 000万吨，因此在我国以增产大豆来增加国内蛋白质饲料的生产不会有操作意义，除非高油大豆的丰收计划有大的进展，否则植物蛋白饲草的增产，对养殖户才会有实际的支持作用。

豆粕是猪、鸡日粮中的主要蛋白质来源，目前苜蓿蛋白虽然已开始应用，但并未形成规模，豆粕是各类饼粕中的最佳选择。然而出于同样的原因。1995年以前，我国豆粕一直处于净出口的地位，平均每年出口40万～100万吨，是世界上豆粕产品的主要出口国。

由于豆粕是良好的饲料原料，一方面随着养殖业的高速发展，国内产生了对豆粕的巨大需求；另一方面，尽管我国是世界上第 4 豆粕生产国，但是国内豆粕的产量和价格不适应国内畜牧业发展的需要，在这种情况下，刺激了我国对豆粕产品的进口。在 1996 年开始发生重大转折，由豆粕的净出口国转变为净进口国。1996 年豆粕进口量为 187.6 万吨，1997 年豆粕进口量提高近 1 倍，高达 347 万吨，约占国内豆粕产量的一半，1998 年豆粕进口量达到 373 万吨从 1999 年下半年开始，我国恢复对进口豆粕征收增值税，再加上当年国内饲养业不景气，豆粕进口出现了锐减的形势，2000 年进口豆粕仅 51 万吨(表 3-9)。

表 3-9　1992—2000 年我国豆粕进出口情况

单位：万吨

年 份	进 口	出 口	净进口
1992	3.7	82.7	−79.0
1993	5.5	36.4	−30.9
1994	0.1	115.1	−115.0
1995	0.1	90.2	−90.1
1996	187.6	6.8	180.8
1997	347.0	2.0	345.0
1998	373.3	1.9	371.4
1999	57.2	1.4	55.8
2000	50.5	2.9	47.6

资料来源：《中国海关统计年鉴》、《中国对外贸易年鉴》，1993—2001 年。

鉴于我国榨油工业依赖进口大豆的程度越来越高，在南方尤甚，据称 2001 年从美国进口大豆已达1 390万吨，相当于我国每月消耗约 120 万吨用于榨油的数量，是国产大豆每月消耗量约 50 万吨的 2 倍。就大豆主产区黑龙江省而言，其产量占全国大豆的 32%，其中用于榨油占 70%，因此东北豆粕储量还比较充足，华北的储量尚可。如果大豆的进口，涉及价格及进口配额限制等问题，华东、华南地区豆粕会大量进口，这对肉猪和养禽业的影响会很大，对奶牛业也有相当的影响。

油菜粕也是含蛋白质量高在饲料，其蛋白质含量达 36%上下，并且在氨基酸组成中，其蛋氨酸含量较高达 0.63%，仅次于芝麻粕，因此是日粮配方中的常用原料。

棉子粕，当去壳程度和出油率较高时，当残油量只有 3%～5%时，蛋白含量可达 40%，但是棉子粕中除精氨酸和苯丙氨酸含量较多外，像赖氨酸的含量都很低，适宜于饲喂反刍动物，如牛羊等。由于棉酚的毒性可被瘤胃微生物化解，提高其用量可降低成本，提高牛羊育肥效益。

总之，因为大豆生产主要在黑龙江省，作为奶牛、肉牛饲料，豆粕的应用具有就地取材之便，相邻省、自治区也受其利。在其他地区种植高蛋白饲用作物显得尤为必要，当粮食生产面积受到压缩后，大豆品种可能会向菜用转向，牲畜饲料将受影响，尤其当进口豆粕价格上涨时，种植粮饲兼用的高蛋白牧草和作物必然会受到更大的重视。否则大豆进口量猛增的趋势不可遏制。

第四节　粮食安全保障的流向和饲料

一、我国的膳食保障

当前党中央、国务院明确提出农业结构调整的方针，据此，农业部又提出了“三元结构农业”的具体方案，粮食以人均生产400千克为目标，20世纪末期基本完成这个目标，在此基础上，全国年人均的肉、蛋、奶占有量从改革开放初期的10千克、2千克和1千克，各自增加到2000年的49.5千克、18.1千克和7.4千克，分别增加了4倍、8倍和6倍多。全国人民的膳食结构和营养水平得到改善。据统计调查，2000年人民的膳食结构大致如表3-10，以城市人均耗粮最少，肉蛋奶最多。

表3-10　2000年全国不同人群每日营养品对比

项　目	热　量	蛋白质	脂　肪	粮　食	肉　类	蛋　类	奶　类	水　产	水　果	蔬　菜
2000年目标	1 0878	72	72	213	25	10	6	9	23	120
城　市	1 0543	74	81	150	34	12		12	33	140
农　村	1 1003	71	68	230	23	9		8	14	115
贫困地区	1 0878	67	51	250	16	4		4	9	140

注：热量单位千焦，蛋白质脂肪单位为克。

据了解1978年全国城镇居民年消费成品粮为160千克，到1998年已下降到87千克。说明营养问题的解决不依赖于粮食，这是其一。其二粮食的内涵发生了变化。全国5亿吨粮食中以1/3用作饲料统计，但是还在粮食一类中统计；经济作物中棉花、油菜、花生中大概有3 000万吨棉子、油菜子、花生饼和大豆饼用作饲料。配合饲料生产总量为5 573万吨。但是2000年全国总生产肉类6 124.6万吨，奶类919.1万吨，蛋类2 216万吨。这5 000多万吨的料，按最好的配方和最佳的品种，以料肉比为3∶1计算充其量也只能生产出1 858万吨肉，用于奶和蛋的料都没有算在内，这是不可思议的。然而畜产品的实产是如此。可见在农村养殖分散的条件下，各种农家料（草）提供着比5 000多万吨多几倍的营养源，家庭养殖提供畜产品占总体的80%。其中对猪肉生产贡献率达80%，对蛋生产贡献率达69%，对禽肉生产贡献率达73%。其三，按播种面积算，因循历年的统计方法，只有粮经二元结构，其实生产上已变为三元结构。张子仪的分析后，归纳为表3-11。

表3-11　当前三大类作物播种面积的两种分类

作物类型	粮食作物（%）	经济作物（%）		饲料（%）	合计（%）
		一类经济作物	二类蔬菜瓜类		
传统分法	73.1	13.7	8.7	<0.5	100
市场实际流向	50	7	10	33	100

按照官方统计当然依然是二元的粮经结构，因为以玉米为例，打下的玉米粒是入粮食的，涉及收购政策，粮库容量和建设，调运等问题，不按粮食渠道走无法行事。一旦玉米

改成了青贮收割，无论个体户、大户、企业的青贮不是粮，当然是草，粮食部门自然不会去介入，也不成其粮了，那时候才成为三元结构。虽然过去国有农场种玉米也做青贮喂奶牛，种玉米只计种植面积，不计谷物收入，因为总面积很小，不影响国家统计，只在农垦系统单列一条，不会有什么误解。如果33%的玉米都是青贮作物，那么国家的每年粮食收获量目标就得修改。这时候有个概念问题会引起进一步讨论，那就是“藏粮于草”。草则又不只指青贮，还指真正的牧草。草原是不是三元结构的三分之一呢？这很难认可。草原依然是草原，只要不去开荒破坏草原，认草地为粮田，可保护中华民族的生态环境不再受破坏，“草”不进入三元农业结构的概念还是应当认同的。不过那一大块，也的确是“藏粮于草”，这也是不容含糊的。

那么可以这样说，草地畜牧业要走上规范和现代化后，解决畜产品的大量蛋白质和能量来源后，对粮食的紧张压力不就能进一步缓解了吗？这恰好是新西兰草原的贡献。他们保持人均237千克粮食，我们呢？从表3-10已知，实际上2000年我国人均需口粮目标是213千克，是根据充足的；把草原“三化”治好了，天然森林保护好了，在达到人均产220千克谷物为粮食之后，如果以20世纪末实产人均水平为400千克匡算，产粮地改为饲料地潜力可大了。那么饲料作物比例可以扩大到45%。

二、近期饲料量需求趋势

除上述对2030年前饲料需求量预测表示的趋势以外，据农业部畜牧兽医局提供的材料，《中国牧业通讯》报道，从1978年改革开放以来，我国畜牧水产养殖业连续24年增长，肉、蛋、奶和养殖水产品的平均增长速度为8.9%、10.8%、11.8%和14.1%。养殖业的发展依赖饲料供应，饲料粮在粮食总产量中的比重连续提高，已成为我国粮食安全的重要组成部分。

1. 饲料粮 在我国用作饲料的主要有玉米、稻谷、小麦、谷子、高粱和薯类。豆粕作为在大豆加工的副产品广泛用于饲料工业。以1978年为基数，当年饲料用量4 575万吨，2002年达16 454万吨，年平均递增5.5%。1978年饲料粮占粮食的比重仅为15.0%，1990年达24.4%，2000年达34.8%，2002年达到36.0%。其中饲用玉米占9 300万吨，占到饲料粮的56%。

2. 饲料进口矛盾 20世纪90年代我国养殖业规模加快扩大。据统计1990—2000年，我国年平均进口谷物820万吨，1995年曾进口2 027万吨，其中玉米518万吨。玉米播种面积增加，但仍满足不了要求，已经连续4年动用国家储备量作为饲料粮。按测算，2002年的玉米库存需求玉米总量的比例不足25%，扣除不适宜作饲料的粉质化陈化粮后，已逼近饲料粮储备的国际警戒线。

其中矛盾最突出的是蛋白质饲料的需要，得大多依靠进口。如鱼粉的约70%需要进口，生产豆粕的大豆约70%需要进口，构成蛋白质基本单元的合成氨基酸约70%以上靠进口。这3个70%是阻滞我国饲料工业发展的关键。蛋白质问题不解决，造成其他饲料粮的浪费。

3. 缺口的进一步扩大 根据《中国食物和营养发展纲要（2001—2010）》和养殖业发

展规划，在实现粮食生产规划目标的前提下，2005 年和 2010 年养殖产品的计划生产量分别为：肉类7 040万吨和7 600万吨，蛋类2 400万吨和2 700万吨，奶产品1 800万吨和2 600万吨，水产品4 600万吨和5 000万吨。同时，随着退耕还草和禁牧休牧制度的实施，牧区舍饲圈养迅速增多，到 2010 年，牧区和半农半牧区的牲畜将基本实行舍饲，饲养方式的转变将进一步加大对饲料产品的需求。预计 2005 年和 2010 年饲料粮需求量将分别为20 540万吨和24 510万吨，比 2002 年分别增长 24.8%和 49.0%。

饲料粮缺口逐年增大。1978 年以来，我国粮食总产量以每年 1.7%的速度递增，低于饲料粮 5.5%的递增速度，加上饲料作物生产滞后，饲料粮的缺口逐年增大。预计 2005 年和 2010 年饲料粮的缺口将达到2 500万吨和3 000万吨。随着动物性食品消费增加，口粮消耗将呈下降趋势。但是，受耕地面积减少、单产提高水平有限等因素的影响，口粮消费下降和种子用粮减少并不能抵消饲料需求的增长。饲料粮缺口的增大，增加了粮食安全的隐患。

因此，为解决这个问题，实施三元结构农业，是最大的国策之一。

三、日本的膳食保障

日本是一个可耕田面积比我国紧张得多的国家，在缺粮的情况下他们怎么保持人民营养的呢？

第二次世界大战以后，自 1960 年日本经济高速增长，到 1984 年人均占有谷物，包括进口的为 337 千克，本国生产的谷物人均仅有量仅为 109 千克，占 32.3%。这是日本耕地很少的条件所限定的。1975 年前口粮占第一位，饲料粮其次，加工用粮占第三位。在粮食、蔬菜、水果、奶、肉、蛋等生产中只有大米保持自给的（111%），其余都靠进口（表 3-12）。

表 3-12　1978 年日本农产品自给情况

项　目	国内生产量（万吨）	国内消费量（万吨）	自给率（%）
大米	1 259	1 136	111
小麦	37	586	6
大麦、裸麦	33	238	14
大豆	19	419	5
其中：食用大豆	19	61	31
蔬菜	1 641	1 686	97
水果	616	790	78
年奶及奶制品	626	701	89
肉类	276	347	80
其中：牛肉	41	56	73
猪肉	132	147	90
鸡肉	102	109	94
鸡蛋	198	204	97
砂糖	67	292	23
食品综合自给率			73

（续）

项　目	国内生产量（万吨）	国内消费量（万吨）	自给率（%）
谷物自给率			68
饲料自给率			29
口粮加饲料自给率			34

注：1985 年日本《袖珍农林水产统计》。

大豆进口以饲料为主，在 419 万吨中，食用的只是 61 万吨，占 45%，玉米是饲料是进口物资，不在人的直接消费之内。蔬菜是运输费用很高的食物，自给率达 97%，鸡蛋是易损食品，自给率也达 97%，依次是鸡肉 94%，猪肉 90%，牛奶类 89%。食品的综合自给率达 73%，谷物略低达 68%，饲料最低为 29%。保持大米、鸡蛋、鸡肉、猪肉、奶类的高自给率依然是日本的国策。

日本的人口 1.2 亿左右，约为我国的 1/10，1984 年共消费谷物3 842万吨，国内生产量为1 305万吨，进口量达2 714万吨，库存量只有 177 万吨。人均占有谷物为 337 千克。年人均贮粮为 14.8 千克，只有半个月的贮备。用谷物量是比较紧张的。

1984 年人均消费的食品中，谷类为 108.7 千克，其中大米 75.3 千克、小麦 31.8 千克，薯类 17.7 千克，淀粉 14 千克，豆类 9.0 千克，蔬菜 109.9 千克，水果 34.8 千克，肉类 24.3 千克，鸡蛋 14.8 千克，牛奶及奶制品 68.1 千克，鱼贝类 35.7 千克，砂糖 21.3 千克，油脂类 15.2 千克。

在蛋白质、脂肪、碳水化合物的消费中，对热量的贡献上，后两者可以相互替代，而蛋白质是生命之源，因此蛋白质占 12%以上是很高的比例（表 3-13）。

表 3-13　日本每人每日蛋白质、脂肪、碳水化合物供热比

年　份	蛋白质（克）	脂肪（克）	折合热量（千焦）	其　中（%）		
				蛋白质	脂肪	碳水化合物
1951	58.4	20.1	7 772.6	12.6	9.7	77.7
1965	74.3	44.7	10 280.5	12.1	16.4	71.5
1975	79.4	64.9	10 537.4	12.6	23.2	64.2
1984	82.8	80.7	10 858.7	12.8	28.0	59.2

每人每日供给的营养量中蛋白质是上升的，脂肪是上升的，而谷类的供应是下降的。如果说 1965 年人均供奶类 37.4 千克的话，1984 年上升到 168.1 千克，油脂从 6.6 千克上升到 15.2 千克，而谷类从 145.2 千克下降到 108.7 千克。按中国习惯计量来说，是人均每天吃 400 克下降到 300 克。同期是从每天 102 克，提高到约 200 克，奶消费量是中国人的大约 10 倍。立足于国内生产牛奶是成效显著的。

日本的膳食标准比较适宜，表现在日本人的长寿上，对膳食结构以供给总热量10 460千焦为宜，其中淀粉质占4 518.7～4 644.2千焦；蛋白质达 84 克，其中动物蛋白质 45 克（水产品 21 克）、植物蛋白质 39 克；脂肪 78～82 克。蛋白质、脂肪、碳水化合物的热量比例为：13.5%，28.5%～29.5%，57%～58%。按营养需求测定，要超过这个标准，在没有加大活动量的情况下，就会出现营养过剩。

保证自给的对策。日本是个人口密集的国家，人均耕地面积只有我国的32.1%。据日本民意测验，大部分人主张粮食自给。73%的自给率是不安全的。由于大米是高产的，有主张大米“饲料化”，在水田上作调整，把大米、麦类、大豆、饲料作物来统一考虑。强化牛奶和牛肉的生产，养牛有利于草地和青粗饲料生产，发展水旱田轮作和牧地来保证优质动物蛋白质的生产。在整体上要确保优良耕地的面积，即使在人口密集的本土，水稻田是必须耕种的，农民为商农兼作，即使是农业收入比例不大，也要坚持不懈种水稻，在粮料自给率上要继续奋斗。然而这里有一个值得思考的问题，即：在全国人均谷物有109千克左右的情况人均占有牛奶量达68.8千克上下，奶牛的头均产奶为3 500千克，可见奶牛的高产并不是依靠粮食，那么青饲和牧草供应的解决是个关键。

四、建立我国粮食安全的弹性体系

上面介绍的材料清楚的说明粮经二元结构下，粮食短缺在某种不利因素突出时会显得十分敏感和紧张，如2003年的粮食总产量降到4.316亿吨时，库存粮少，主要是玉米，大量用作非草食家畜的饲料。缺粮与减产呈刚性的直接相关，缺少弹性的调节环节。

在人均需粮设为250千克时，我国城市人口也好，农村人口也好，都能满足口粮需求。美国或印度的人均粮食实际消耗都低于这个数。他们发达的畜牧业中节粮型和草食型畜牧业有很高比重。我国现代化畜牧业的进步中，猪肉产量比例，从50年前的95%，降到现在的66%。禽蛋、禽肉、牛羊肉、牛奶的生产在继续上升，向着良性结构改变，这为我国食物安全提供了一个弹性体系，可以使得对粮食缺口的刚性相关，有缓冲地带，保证优质动物蛋白的生产。同时对谷物的需求，可以由牧草，非常规饲料等来满足。对农田面积要求的紧张程度，可以由山区、草地的饲草基地来缓解，就如养猪大省四川那样，农家用草及其他农副产品发挥着巨大的作用。

当现代的动物农业有机地长入农业的时候，我国的农业实力必然会增强，饲料安全，也体现为粮食安全。此时粮、经、饲三元结构农业必然是未来我国农业的基本结构。粮、经、饲三者各自应占多少，要适应我国的国情。北方的草原，南方的草山在经营理念上不能沿袭原有农区的粮食理念，要把粮饲兼用放在首位。保护耕作层厚度，如不受风蚀和冲刷，如提高有机质，应该是可持续发展的基础。那时候就不用发愁东北黑土地的退化问题了。建立黑土地的奶、肉、谷物产业带一定会比黑土地的粮带具有更强大的生命力。这种产业带也必然是要乔、灌、草，粮、经、饲2个三元结构的综合体，粮食安全的弹性体系也就能应顺需要地建立起来了。

第四章

牧业集约化和环境保护

集约化的畜牧业综合地应用了优良的种质、先进的饲养管理和繁殖技术，经济效益明显优于传统的散养方式，尤其是在提供规格化、标准化、批量化的产品方面，表现出巨大的经济效益。然而20年来，环境保护问题被忽视了。当我国畜牧业开始向集约化规模化迈进的时候，或稍早一些，集约化的牧业经营已经在发达国家出现了问题，这就是对环境的污染。当畜牧业发达的国家已经重视，并开始环境治理的时候，我们却没有意识到，依然走人家已经走过的老路，重复集约化对环境的污染，直至大城市的污染到了已经影响到城市面貌的时候，方才醒悟。幸而技术界较早地觉察到了，并不断呼吁，在行政部门的大力支持和媒体的大力宣传下，今天畜禽排泄物的治理和利用问题，受到了空前的重视，及时地出台了治理规程和法规。

第一节　畜禽排泄物含有的有害物质

畜禽粪便未经处理是含有许多有害物质的，在饲养量小，饲养密度不大的情况下，粪便对空气、土壤和水体的污染不大，能被氧化或微生物所分解，不致造成环境污染；在规模化、集约化饲养条件下，若不及时处理就能造成严重危害，其主要的致害物质有：

有机污染物：粪便中含有大量碳水化合物，含氮化合物等腐败有机物进入水体后，首先使水质浑浊，水色变黄，气味恶臭。在微生物作用下，大量消耗水中的溶解氧，严重时，溶解氧被耗尽，有机物进行厌氧分解，产生恶臭物质，水体变黑发臭，水质恶化，不能饮用。

衡量污水中有机污染物的指标主要是化学需氧量（COD）和生化需氧量（BOD）。化学需氧量指水体在规定条件下的化学氧化过程中所消耗氧的数量，以每升水样中消耗氧的毫克数表示。生化需氧量指微生物在分解有机物的过程中所消耗的水中溶解氧量，以每升水样消耗溶解氧的毫克数表示，一般都以在20℃条件下、培养5天所消耗的氧来表示，记为$130D_5$。

氮、磷污染：氮、磷是畜禽排泄物污染的主要来源。据测算，一个万头猪场每年至少向周围环境排污3万吨，其中约含100吨氮和30吨磷。在有机物分解过程中，有机物氮、磷还要被矿化为无机氮、磷。多数含氮物被氧化成硝酸盐，其中一部分滞留在表土层，另一部分则渗入地下，日积月累则会污染地下水源。含磷过多的污水流入河沟和池塘，可使藻类等浮游生物大肆繁殖疯长，导致水中氧溶量降低并产生多种毒素，对鱼类有毒。由于藻类大量繁殖，加大了水的浑浊度，使底生植物和藻类的光合作用发生障碍而死亡，死亡的藻类和底生植物在厌氧条件下腐烂分解，导致水体恶化，从而危害生态环境。

铜等矿物元素污染：现代的畜禽日粮都配以高浓度的矿物质，以提高生长效果。当日粮中添加高剂量铜（125～250 毫克/千克）能使猪快长，但是大剂量的铜破坏土壤质地和微生物群落结构，同时影响作物产量和养分的积累，也影响动物的健康和畜产品的食用安全性。随着铜添加量的提高，锌、铁等元素的添加量也相应增加。近年来，不少企业使用 2 000～3 000毫克/千克氧化锌来预防仔猪腹泻。高锌、高铁的使用同样会产生类似高铜的后果。

畜牧业大量应用砷制剂将显著提高土壤含砷量。据统计，若饲料中添加阿散酸 100 毫克/千克，一个万头猪场每年可向环境排放 125 千克砷，若将这些排泄物施用在 133 公顷的土地上，则 8 年可使土壤含砷量增加 4.6 毫克/千克，地下水的含砷量也会增加。土壤含砷量将提高作物含砷量。据刘更另（1994）报道，土壤含砷量每升高 1 毫克/千克，甘薯中的砷含量即上升 0.28 毫克/千克。按此计算，不到 10 年，在上述土壤条件下所产甘薯的含砷量就会超过国家食品卫生标准，该片土地只能弃耕。若饲料中阿散酸的添加量超过 100 毫克/千克，则土地就会更快被弃耕。

恶臭气体污染：畜禽排泄物有大量有机物，排出体外后会迅速腐败发酵，产生硫化氢、氨、胺、硫、醇、苯酸、挥发性有机酸、吲哚、粪臭素、乙醇及乙醛等恶臭物质，污染猪舍和大气环境，产生的氨气等还会挥发到大气中形成酸雨。除猪舍排出的有害气体外，猪场的化粪池、堆肥及施肥场地也是散发臭气的主要场所。

恶臭是使人的嗅觉产生厌恶感的气体物质，会对人畜产生有害作用。畜禽排泄物产生的恶臭能刺激嗅觉神经和三叉神经，对呼吸中枢产生毒害。恶臭不仅污染人类的生活环境，同时也危害畜禽健康，引发呼吸道疾病和其他疾病，最终导致畜禽生长和生产性能下降。

在恶臭气体中，对人畜健康影响最大的主要有氨气和硫化氢。现以氨气为例来说明。据报道，幼猪生活环境中的空气含 500 毫升/升氨，则幼猪的增重畜会下降 12%；空气中含氨，100～500 毫升/升，则生长畜下降 30%。空气中含氨 20 毫升/升则会引发鸡的角膜炎和结膜炎，大大增高新城疫的发病；含氨 50 毫升/升则会使呼吸频率下降，使产蛋量减少。在大型养殖场下风口的居民，同样是受害对象。据 1992 年日本对畜牧业投诉中起因于臭气问题占 63.2%，我国近年这类投诉也呈上升趋势。

甲烷污染：甲烷排放主要是牛羊，占大气中甲烷来源的 1/5，与二氧化碳作用相同，是地球温室效应物质。

疫病和寄生虫污染：实践证明，畜禽排泄物及污染的水体、土壤、空气和饲料最终会伴同寄生虫病的蔓延和发展。人兽共患传染病的传播载体也主要是粪尿排泄物。据世界卫生组织和联合国粮农组织有关资料统计，目前已有 200 种人兽共患传染病，严重的有 89 种，其中由猪引发的有 25 种，由禽传染的 24 种，由牛传染的 26 种，由羊传染的 25 种，由马传染的 13 种。

药物添加剂的污染：许多饲用药物添加剂不但会在畜禽体内蓄积，而且会随畜禽粪尿作为肥料被植物吸收，残留在植物组织中，从而通过食物链对人畜产生毒副作用。

畜产品中含瘦肉精类激素，直接使人受害，比较容易引起社会关注，然而农药的不当使用，使其在土壤和植物中残留，引起畜禽产品蓄积毒性更应引起重视。我国对猪肉、猪内脏、鸡肉、鸡蛋的检测。常有药残超过国家规定和出口的允许标准量的情况发生。食品中含量多少不一，但是猪肉比鸡蛋严重，鸡肉再次之。动物油脂比肥肉严重，结肠、大肠再次之，舌内又少些，瘦肉中严重性又少些。草食动物的肉如：牛羊兔肉，因是否规模化饲养和用料情况不同而异，在自然放牧的山区和牧区有污染的话，也很轻，或没有污染，农区的最严重。其超标率不亚于猪、鸡类食品。2000年以来国家下令禁止使用高毒农药，情况有很大改善，但是依然要不断检查，否则会旧病重犯。

在饲料中农药残留浓度，依照由多到少的顺序是蚕蛹、鱼粉、棉子饼、麸皮、麦粒、玉米、稻米、豆饼、混合饲料。猪鸡等喂用这些饲料后，会引起不孕、肝肿瘤、胚胎死亡等。

抗生素污染：大量使用抗生素饲料如土霉素、盐酸氯丙嗪以及曲霉菌、青霉菌、镰刀霉菌污染，检出率在20%～76%不等。据对曲霉毒素（AFTB1）的测定，饲料中含量高的达每千克含0.031毫克，最低为0.013毫克，平均0.027毫克。它能使呼吸加快、心率减慢、脱毛和流产。

二恶英污染：二恶英是强致癌物质，给家禽喂肥油，并混有废机油的导致严重的事故。比利时发现鸡脂肪和鸡蛋中含有超常规达800～1 000倍的二恶英毒素，就是一例。

疯牛病（BSE）和禽流感、“猪日本流脑”等也是饲料中添加不合法的成分所致，以及环境应激的结果。

第二节　畜禽排泄物治理的力度

畜禽排泄物的污染是畜牧业生产由分散经营转为集约化经营后形成的，凡是形成规模，畜禽集中饲养后排泄物大量堆集，得不到及时净化即产生严重的环境污染。我国近20年来畜牧业已由农村副业成长为独立的产业，主要是大型畜牧场体现出高度的生产效率和经济效益。在全国粮食总产量较长时间保持在5亿吨的情况下，牧业产值，迅速上升，在1998已达4 000多亿元，占农林牧渔业总产值的32%。2000年猪肉产量达4 305万吨，禽蛋产量达2 216万吨，分别占世界同类产品产量的47.2%和39.5%，居世界首位，肉鸡业的产肉量达到1 220多万吨，占世界的20%。养猪和养禽两业在集约化条件下，年排出粪便总量达5.8亿吨，粪水排放量达60亿吨。奶牛业、肉牛业集约化生产相继达到高度发达水平，又增加了对环境的污染。

据国家环境保护总局2002年3月公布，在23个省市调查的结果。我国有90%的规模化畜禽养殖场未经过环境影响评价，60%的养殖场缺乏必要的污染防治措施。据报道，1995年全国工业废水的COD排放总量达768.37万吨，而畜禽行业的废水COD排放量达728.6万吨，两者相当。造成的环境污染已经达到很严重程度。

1999年全国畜禽粪便排放量达到19亿吨，是同期全国工业废弃物的2.4倍。养猪比较发达的湖南、河南、江西等地甚至超过4倍，多数省也超过1倍。

畜禽排放物变废为宝，在20世纪末的发达国家，已经成为产业，是这些国家重视生态和经济效益的象征，中国正在迈向现代化，因此动物农业的现代化在中国是大有可为的。

一、大城市郊区的治理

据1999年统计，全国生猪在规模化养殖场的发展方面年存栏量达500头以上的猪场，饲养总量已经占到总出栏量的7.7%。养鸡年均存栏2 000只以上的规模化肉鸡场已占到全国肉禽出栏量的48%以上。蛋鸡规模化饲养占44.2%。这些规模化的牧场除集中在北京、上海、广东等大都市化的城市以外，主要在山东、江苏、河南、河北、湖南、辽宁、吉林等地。这10个省、自治区、直辖市的规模化养殖场数量已接近全国规模化养殖场的50%，其中对环境影响比较大的大中型畜禽场有80%分布在人口集中、水系较发达的沿海和江湖地区。只有不到总数的20%的分布在中部各省，而仅仅占总数1%左右是在西部地区。

在我国成为WTO成员之前，追求千头牛场、万头猪场、百万只鸡场等大型养殖场，是一种时尚。在人口密集的地区有的甚至把建二层楼畜牧场看成是高招。然而高密度集约化养殖场，带来的生态环境的污染越来越严重。主要表现在使养殖场的疫病发生机会迅速增加，使用抗生素药物的剂量提高，强度催肥使用过量的化学药物和添加剂，造成畜禽的抗药性和药物残留加重，畜产品质量下降。在国际上称："畜产公害"，已到了非治理不可的程度。

以畜禽粪便的总体土地负荷警戒值小于0.4作比较，北京、上海、山东、河南、湖南、广东、广西等地的土地负荷警戒值已超过0.49。

由于集约化规模化的饲养业大多由大中城市开始，向农村发展，城市的畜禽粪水污染问题首先在大中城市形成严重生态问题。据有关统计，1997年（表4-1）北京等四大城市的畜禽粪水排放量达3 700多万吨。

表4-1 1997年部分城市畜禽粪水排放

单位：万吨

城 市	总粪水量
北 京	1 193.1
上 海	1 456.3
天 津	693.8
杭 州	405.7

1990年中国农业环保协会牧业生态学组对上海郊区畜牧业考察时，发现上海畜禽粪便量已达1 200万吨，远远超过全市工业排放废渣663万吨和生活废弃物666万吨的排放量。此污染占黄浦江污染负荷的36%。20世纪80年代北京市畜禽粪便年排放量为1 000多万吨，折合COD431万吨，BOD215万吨，相当于1 700万城市人口粪尿排放量。然而城市畜牧业进一步发展。21世纪初，北京市年出栏肉猪300万头，养蛋鸡2 300万只，其牧场废弃物排放量相当于3 100万城镇人口的排污量，已经达到目前北京城镇人口排污量的2～3倍，BOD超标40～80倍，为保持城市居民生活环境，现在北京市五环路以内，58个畜禽场将全部关闭，同时，北京市安排规模化畜牧场向远郊转移的同时，也对养殖场的畜禽粪便治理做出定期规范的要求，2008年要全部达标。

为此，北京市农委安排专项资金从郊区不同规模养猪场中选择 22 个，作为试点开展畜禽粪便治理工作，成功后将在全市推广。力争到 2005 年，全市规模化畜禽养殖场污水治理率达到 80%，2008 年达到 100%。这些畜禽场产生的粪便收集贮存发酵后，将达到不渗漏、不外溢，粪便经加工处理后水分含量低于 60%。此次试点工作采取的主要措施是，改造现有猪场的生产工艺，取缔水冲式清粪，改为人工清粪，减少水的使用量；在猪场外或者田间建储粪池，对粪便进行发酵，发酵后的粪水直接用于农业生产；配备固液分离机和粪水运输车。采取粪水固液分离、粪肥脱水后加工成有机肥，尿水曝气后，送到农田使用；在畜禽养殖场、养殖小区集中的地区附近建立有机肥加工厂，实现畜禽粪便的资源化利用。

二、发达地区的治理

在发达地区畜禽排污处理也普遍引起重视，据何定明报道，江苏省常熟市在调整农业结构的同时，强化了治理力度。

2001 年，全市畜禽养殖业产值已达到 3.21 亿元，占农林牧渔业总产值的 20.1%。但是，在畜禽养殖业向规模化、产业化发展的过程中，由于重生产，轻环保，养殖污染影响了养殖业的良性发展。针对越来越严重的养殖污染问题，常熟市委、市政府高度重视，积极探索综合治理对策。8 月 10 日，在支塘镇满园春生物有机肥厂召开的全市畜禽粪便治理现场会上，常熟市委、市政府提出：以综合利用为主，推广先进治理技术，结合生态农业建设，大力推行生态养殖，把养殖和种植结合起来，走良性发展的路子，力争通过两年的努力，使全市规模养殖户治理率达 75%以上。

据统计，常熟市现有养猪场和养猪户5 090（个）户，饲养生猪 56 万头，每年出栏 35 万头，其中出栏 20 头以上的养猪大户3 046户，出栏 500 头以上的养殖场（户）36 个，出栏1 000头以上的养殖场（户）35 个。以每头猪年产粪 2.1 吨，全市存栏 20 万头猪计算，全年猪粪尿产生总量在 42 万吨以上；全市共有奶牛养殖户 292 户，存栏近5 000头，其中 20 头以上的 50 户，50 头以上的 13 户，以每头奶牛年均产粪尿 14.4 吨计算，全年产粪尿约 6.5 万吨；全市鸡鸭存栏量保持在 150 万～170 万羽，饲养2 000羽以上的专业户有 19 户，年产禽粪尿总量约为 4.5 万吨；羊存栏量为 4.6 万头，其中存栏 50 头以上的专业户 21 户，年产粪尿 5.1 万吨。据此测算，全市每年畜禽养殖产业产生的粪尿总量在 60 万吨以上，污水产生总量在 300 万吨以上，而其中的 70%产生于规模养殖大户，综合利用（处理）率不足 50%，小规模养殖户处理率则更低。养殖业发展带来的环境污染问题越来越突出，已成为不可回避的事实。

针对日益突出的养殖污染问题，常熟市委、市政府提出了综合治理的内容和方法。要求各镇和农林、环保、卫生、科技等部门要把畜禽养殖污染防治工作摆上重要位置。2001 年 8 月底前各镇要根据实际情况编报治理方案并积极组织实施。要抓好镇村领导、养殖从业人员的宣传教育，认真宣传和贯彻《畜禽养殖业污染防治管理办法》、《江苏省农业生态环境保护条例》等有关文件的精神，提高畜禽养殖业主的环保意识。要积极宣传、推广使用有机肥料，改变农户用肥习惯。要建立以农林部门为主体，环保部门监管执法相配合，有关部门按各自职责分工齐抓共管、共同治理的机制。具体的做法：

一是科学规划，合理布局。制定、调整畜禽养殖业发展思路和发展规划，坚持发展、规划、治理同步进行，严格控制小规模、零星养殖。各镇要在充分调查摸底的基础上，对养殖业布局进行科学规划，推广海虞、白茆、何市等镇建设养殖小区的做法，创造条件，积极引导农户发展相对集中的饲养，防止污染点的扩散。养殖小区可一次规划，分步实施。对新建规模畜禽场按国家有关规定实行审批制，避免走“先发展、后治理”的老路。由建场单位通过镇政府向市政府提出申请，并邀请有关专家对建设方案、防疫卫生和环保措施进行可行性论证，市、农林、环保部门受理批准后，土地管理部门受理农业用地和基建手续，工商部门受理企业登记手续。外地搬迁过来的奶牛场，在建牛舍的同时，必须考虑粪便处理问题。已建成的处于禁养区域的畜禽养殖场要限期搬迁或关闭。

二是积极治理，综合利用。针对全市养殖业机械化和自动化程度不高、规模有大有小、畜禽养殖业比较益低、财力有限等特点，根据不同情况分类开展畜禽养殖废弃物的治理。基本思路是：采取养殖大户自我治理和分区域设立畜禽粪便处理厂相结合的治理新路子。

对较大规模的养殖户实施强制治理，限期达标。按照统一部署、综合治理、两年见效的原则，以提高畜禽粪尿综合利用率为着眼点，由养殖户因户制宜制订治理方案和措施，自行进行配套治理，政府对设施投入给予一定补贴。要求做到以下几点：①积极采取安装使用自动饮水器等节水措施，从源头上减少污水总量。②必须开挖、铺设封闭式污水专用管道，等距设置阴井，落实雨污分流措施。③建造具有相应容积的干粪堆仓和污水处理池，畜禽粪尿必须全部经排污道进入化粪池，经沉淀生化处理后排放。④干粪必须经堆肥发酵、灭菌、微生物处理后生产商品肥料。

布局分散、面广量大的一般规模养殖户，由有机肥料生产加工企业统一收集治理。有机肥料生产加工企业实行个人投入、政府政策扶持、市场化运作的模式。政府鼓励有资金、有技术的能人投资建办这类企业，并根据全市养殖业发展情况引导设点布局，市、镇两级政府给予一定的政策扶持。从长远看，建办畜禽粪便处理厂将是发展方向，这样容易形成专业化处理、规模化生产、商业化运作。在鼓励养殖大户自我配套治理的同时，鼓励他们对外收集畜禽粪便进行治理，扶持政策包括：在对设施投入给予一定补贴的同时，根据产品销售量给予一定补贴，时间暂定为2002－2003两年。

为有效治理畜禽排泄物对环境的污染，浙江省环境保护局和省农业厅联合发出的《关于加强畜禽养殖业污染工作的通知》要求：各地必须在2003年6月底前划分畜禽养殖禁养区，禁养区内严禁新建、扩建各类畜禽养殖场，区内现有的畜禽养殖场要在2004年底前实现关停转迁。禁养区主要包括以下几个区域：一是重要生态功能区、生活饮用水源保护区、风景名胜区、旅游度假区、森林公园文物和历史遗迹保护区、自然保护区的核心区及缓冲区；二是城市和城镇居民区、文教科研区和医疗区等人口集中地区。在非禁养区建畜禽养殖场也必须合理布局，落实污染防治措施。养殖场不得建在城镇规划区及城镇上风向2公里范围内，所有规模化养殖场在2005年底前必须实现污染物达标排放。

2003年10月，杭州市出台的《杭州市畜禽养殖污染综合整治工作方案》明确规定：杭州市禁养区内现有的畜禽养殖场要在三年内逐步实现关停转迁，到2004年末完全实现禁养，为杭州创建“蓝天、碧水、绿色、清静”的优美环境做出贡献。杭州市区划定的畜禽禁养区主要集中在规划中的绕城公路内线钱塘江以北地区，杭州市生活饮用水源保护区、西湖风景区及其他各类风景区、度假区、科技园区、经济技术开发区、大学城等，以及钱塘江、苕溪、运河（含塘河）等流域两侧各1 000米以内的范围。在禁养区内全面禁止饲养畜禽。

厦门市为建设生态市，有关部门已于 2002 年 10 月下旬制定出时间表，计划在三年内彻底关闭岛内的养猪场。厦门本岛要建设成为海湾型生态城市，而且本岛又是海湾型生态城市的核心区，根据国家法律的要求，生态保护区应该划为禁养区。另外，厦门本岛农村城市化进程的加快和厦门养殖场污染现状也迫使厦门市采取措施。根据厦门市人民政府办公厅转发市环保局、市农业局关于整治岛内畜禽养殖污染工作计划的通知，岛内被划定为畜禽禁养区，并将在两年内基本做到禁养，三年内达到全面禁养，取缔岛内所有生猪养殖场。按照通知要求，厦门思明区必须在 2002 年底前完成辖区内 173 家生猪养殖场的关停和搬迁任务；开元区必须在 2003 年底以前完成辖区内 211 家生猪养殖场的关停和搬迁任务；湖里区必须在 2004 年底前完成辖区 422 家生猪养殖场的关停和搬迁任务。

三、西部地区的治理

我国西部地区规模化养殖场的数量虽然只占全国的 1%，然而建场地的污染强度同东部地区是一样的，由于规模化养殖场是经济效益型的企业操作模式，发展势头很旺；加上西部地区，草原禁牧，开荒地退耕还草，牛羊舍饲大力提倡，这样对养殖场排污问题要着手安排，立法治理，不能走先污染再治理的旧路。每个专业养殖区要统筹安排，畜禽粪尿要净化，充分利用，提高收入，优化环境。有机肥就地生产还具有距离优势，可促进舍饲养畜的进步。

四、我国台湾省治理畜禽排污物的经验

据廖新梯报道，在 20 世纪 80 年代，我国台湾省在畜禽类处理和利用上已经进行了相当全面的研究和大量有效的工作，积累了丰富的经验，值得我们借鉴。

（一）1999 年我国台湾省畜禽饲养头数和估算的畜禽粪产量　养鸡业的排粪量比例最高，占 46.5%，其次是猪，占 39.6%，然后是草食动物（奶牛、肉牛、羊和鹿），一年达1 268多万吨，是我国台湾省一笔重要的财富。畜禽排污物生产成有机肥，是人口密集的中国台湾省，保持良好生态环境的重要举措。

表 4-2　1999 年我国台湾省畜禽饲养头数和估算的畜禽粪产量

畜　别	头　数	每头每天排粪量（千克）	每头一年排粪量（吨）	一年总排粪量（吨）	所占比例（%）
草食动物					13.9
奶牛	135 984	30	10.9	1 489 024	
肉牛	29 264	15	5.5	160 220	

(续)

畜　别	头　数	每头每天排粪量(千克)	每头一年排粪量(吨)	一年总排粪量(吨)	所占比例(%)
羊	363 135	0.8	0.292	106 035	
鹿	21 200	1.0	0.36	7 738	
猪	7 243 194	1.9	0.7	5 023 155	39.6
鸡					46.5
蛋鸡	35 866 000	0.14	0.015	1 832 752	
肉鸡	85 647 000	0.13	0.047	4 063 950	
合　计				12 682 874	100

(二)我国台湾省畜禽排污物处理　我国台湾省对排污物的处理很具实用意义，据总结是采取三段式废水处理方法。

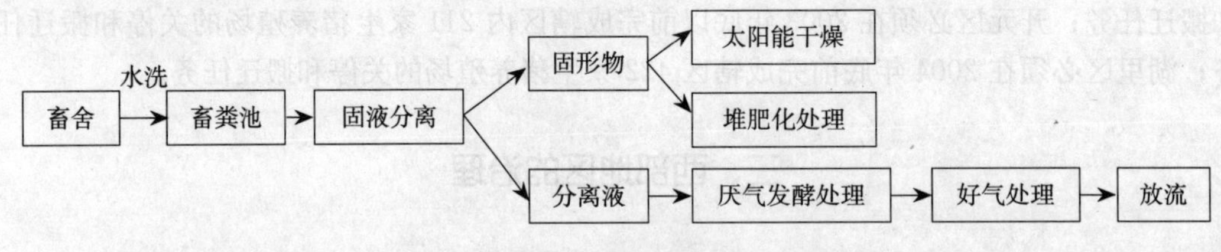

我国台湾省养猪场粪便废水处理流程

三段式废水处理是我国台湾省畜产所的研究成果，主要包括固液分离、厌气处理和好气处理。经过多年的实践和改进，这种废水处理系统被中国台湾省农委会和广大养猪户广泛接受并得到普遍实施。

1. 固液分离　猪场废水主要包含粪、尿、冲洗用水、饮用水溢出部分及其他污水。固液分离是猪粪尿处理的重要环节，大量有机质在这一环节被分离出来。分为如下两类：

非机械处理法：包括捡粪法和沉淀法。

机械处理法：挤压式固液分离法、流下式固定筛法、震荡筛法等方法。

一般养猪业主大多采用固液分离机进行粪尿的固液分离，分离后的固形物含水率一般在85%左右，这种固形物如果掉落在地面，会产生厌气发酵的恶臭，并使液体外溢，影响环境。如果加装挤压机，固形物含水率可以降至70%以下，同时又便于搬运。不论采用哪种方法，都要与猪场的管理结合起来。廖新梯根据国内养猪业的现状，着重介绍了捡粪法。

捡粪法是最佳的猪粪尿固液分离方法，即用铲子将粪铲入栏外的装粪袋或手推车中。实施捡粪法必须有如下条件配合：①猪舍必须是实地面；②猪舍地面排水良好；③每头猪所需栏舍面积较大；④饮水器滴下的水必须有引道排到舍外水沟中；⑤夏天淋浴必须采取间接性洒水的方法；⑥猪舍屋檐应在栏舍线外，这样雨水不至于冲到栏舍内；⑦具有能承受此种铲粪工作的人员。

2. 厌气处理　中国台湾省畜产所推荐的卧置式红泥胶皮覆盖厌气发酵槽在我国台湾省猪场废水处理中使用十分普遍，构造简单，对废水处理效果好。废水在发酵槽停留的时间（HRT）为10～15天，为了充分获得沼气，HRT可设为20天，为了处理废水，HRT可设为10天。

卧置式红泥胶皮覆盖厌气发酵槽所产生的沼气切勿直接利用，应经过恒压装置后贮藏于沼气储气袋，再引出利用。恒压装置的主要功能是保持厌气发酵槽上覆皮一定程度的隆起，这样还可以延长覆皮的使用年限。

3. 好气处理　厌气处理后的污水不进行好气处理就达不到排放标准。好气处理主要采用洗性污泥法或氧化沟法。主要经过如下几个设施：调节池、计量槽、初沉池、曝气池、终沉池、污泥浓缩池或污泥晒干床。这里着重介绍其中三个环节。

调节池：要把贮藏一天的废水调整成适合曝气池的水质，必须把一天的废水按量平均分送至曝气池处理，即定时、定量、定质地抽送厌气发酵排出液至曝气池。其容积大小通常以1～2天的量估算。

计量槽：使由调节池抽送至曝气池的废水在一天内能平均输送。

曝气池：主要功能是使废水混合均匀而不产生沉淀，并通过机械供给微生物以足够的氧气。水的停留时间约为1.5天，因此容积约为每天废水量的1.5倍，形状一般为长方形、方形或圆形，有效水深一般为3～5米。

（三）堆肥　每头猪每天排粪量为1.9千克，含氮19克、磷13.3克；每头牛每天排粪量为30千克，含氮129克、磷51克；每只鸡每天排粪量为0.14千克，含氮1.9克、磷0.78克。可见畜禽粪确为高浓度污染源，但其所含物质却是植物所需的养分。畜禽粪制成堆肥并回归农田使用，既可防止畜禽粪便污染环境，又可为植物提供养分，还能改良土壤和增强地力。

1. 堆肥成分　堆肥含有机质50%～85%，还含有丰富的氮、磷、钾、钙、镁等养分（表4-3）。

表4-3　不同堆肥成分（%）

项目种类	pH	水　分	有机质	有机碳	TN	P	K	Ca	Mg	C/N
猪粪渣堆肥（平面舍）	6.9	41.1	85.2	38.2	2.1	1.0	0.4	4.2	0.5	16
猪粪堆肥（加稻壳）	7.9	25.6	77.6	34.9	2.4	5.5	1.7	4.3	2.4	15
猪粪堆肥（稻壳垫料）	8.3	36.8	71.6	32.2	1.4	3.8	3.1	3.3	0.9	23
牛粪堆肥（蔗渣垫料＋鸡粪＋木屑）	7.5	42.0	65.0	29.3	1.9	2.3	1.7	5.5	1.3	15
牛粪堆肥（稻壳垫料）	7.1	36.2	63.2	28.4	2.3	2.9	5	3	2.3	12
纯鸡粪堆肥	7.7	29.6	50.0	22.5	2.2	9.2	4.6	14.3	1.8	10
肉鸡粪堆肥（稻壳垫料）	7.1	22.9	55.2	24.8	2.0	6.3	4.5	8.6	1.6	12
污泥堆肥（加稻壳）	8.1	19.4	53.9	24.3	2.4	6.6	0.7	8.9	1.1	10
羊粪堆肥	9.3	57.2	76.1	34.2	2.7	2.1	4.2	5.9	1.2	13

2. 堆肥技术 堆肥流程包括发酵前处理、发酵处理、二次发酵（后熟发酵）、筛选和装袋。这里着重介绍前两个环节。

(1) 发酵前处理

调整含水率 堆肥发酵最适含水率为60%～65%。低于30%，微生物增殖受抑制；高于70%，空隙率低，空气不足。调整水分的方法有四种：一是添加稻壳、木屑或甘蔗渣等当地来源容易的农副产品；二是添加已发酵的堆肥；三是干燥；四是机械脱水。

调整碳氮比 最适碳氮比是20∶1。牛粪为20～23∶1，猪粪为10～14∶1，鸡粪为9～10∶1，所以堆肥处理时，牛粪可不调整碳氮比，而猪鸡粪则需要调整。调整材料常用高碳氮比的稻壳（碳氮比为70∶1）、养菇废弃木屑（碳氮化为57∶1）以及木屑（碳氮比为298∶1）等。

调整pH 堆肥微生物喜微碱性，即pH7.0～8.0，当pH降低时可用石灰调整。

混合均匀。

(2) 发酵处理 堆肥发酵必须调整养分、微生物、氧气、水分、温度和时间。1 000千克原料约可生产堆肥404千克。与堆肥发酵有关的微生物主要包括细菌、丝状菌及放线菌三大类。堆肥时，先由中温性细菌、丝状菌分解糖类、蛋白质，产生高温，再由好热性细菌、丝状菌及放线菌等进行分解，之后再经中温性微生物继续分解而腐熟。制作堆肥时混合少部分的发酵堆肥，既可提供部分微生物，又可调整水分含量。如果堆肥2～3周后仍不产生高温，必须重新调整各条件。

有机质分解时间：猪粪、牛粪需3～4周，鸡粪需2周，其有机质残留表现比较稳定，但达到完全腐熟需要更长时间（2～3个月）。

干物分解时的产热：由于畜禽粪便所含有机物的差异，每千克干物产热不同（表4-4）。

表4-4 常见畜禽排泄物含水率及干物热能值分析

种　类	含水率（%）	热能值（千焦）	热能值/干物重量（千焦/千克）
雏鸡粪	68.0	13 552	18 460
成鸡粪（堆积1个月）	73.4	11 657	17 192
成鸡粪（新鲜）	74.2	12 949	18 497
仔猪粪	69.5	17 075	21 288
成猪粪（肥育）	73.0	17 175	25 443
成猪粪（种猪）	76.7	11 393	14 205
奶牛粪（成牛）	85.5	14 795	19 338
奶牛粪（肥育）	87.5	13 196	16 619
奶牛粪（奶牛）	80.2	11 297	13 242

注：含水率（湿基）（检坦繁光，1987）。

一般畜粪干物发酵热值18 828千焦/千克，调整材料以12 552千焦/千克作为发酵设施处理量估算的依据。理论上每千克水分蒸发所耗费能量约2 510千焦，但在堆肥过程中，由于材料温度上升、通风空气温度上升、发酵槽壁热损失、干物分解使水分蒸发等，所需热量均由干物分解热来负担，从实验结果推知，开放型设施每千克水分蒸发约需3 766千焦能量，绝热较好的密闭型设施以3 347千焦来计算。

3. 堆肥腐熟度的判定 堆肥腐熟度的判断方法极为复杂。现介绍几种中国台湾省的判定方法：

（1）堆肥温度 堆肥发酵过程产热，数天内温度急速上升，持续几天后温度下降，经过几次翻堆以及堆温上升、下降之后，堆温不再上升，可认为堆肥腐熟。

（2）有机质残存率 堆肥处理过程中，有机质因不断分解而减少。经过一段时间，有机质残存率呈稳定不变时，可认为堆肥腐熟。

（3）发芽率试验 采用萝卜种子，在5%堆肥萃取液中，于20℃恒温培养3天，良好的发芽率可认为堆肥腐熟。

（4）齿形图形显示判定法 滤纸用0.5%硝酸银溶液浸泡，烘干待用；往堆肥样品中加入苛性钠溶液，取其上清液，吸入滤纸，若呈现齿突起图形且很明显，可认为堆肥腐熟，未显示齿状突起者为未腐熟堆肥。

（5）综合性判定 发酵天数60～90天；堆肥颜色呈黑褐色；材质形态均匀细小；没有粪尿臭，有堆肥发酵味；呈干燥状态，手压不成块，发酵温度高达70℃以上；翻堆次数6～7次以上。

4. 推广 1987年中国台湾省农林厅辅导成立第一家牛粪集中处理堆肥场，收集处理牛粪，制造堆肥销售。从此，畜牧业者开始从国外引进堆肥制造机械。1991年，中国台湾的农政单位开始制订计划，辅导畜牧场设置简易堆肥舍，并于1993年辅导畜牧场堆肥舍设置自动翻堆机械。1995年以来，中国台湾省农林厅在全岛多个地方辅导设置畜牧废弃物资源共同处理中心。政府进行辅导，并提供补助款。各层农政和农会单位均积极推动利用畜禽粪等农业废弃物制造堆肥。

我国台湾省的畜禽粪堆肥化处理可归纳为8种，分别是：袋装堆肥式、箱型送风式、静置堆肥舍式、送风堆肥舍式、回转搅拌式、钢板勺子翻堆式、横圆筒式等。采用堆积方式，设备投资较少，但处理时间较长，而采用机械搅拌方式，设备投资及维持费较高，处理期短。中国台湾的畜禽粪堆肥多采用木屑脱臭，操作容易，脱臭效率达300%。

（四）臭气管理措施 猪场臭气影响人畜健康，试验表明，在20～60毫克/升的NH_3环境中，每天吸10～15分钟，猪肺上的绒毛都没有了，猪患肺炎的机会大增加。臭气还影响猪肉品质，因为粪臭素会进入皮肤。

畜舍臭气是引起周围人群投诉的最主要原因。较臭的物质来自氨气、含硫化合物以及碳水化合物，其中含硫、含氮化合物来源较少，比较容易控制。可产生臭味的含硫饲料原料包括含硫氨基酸、含硫矿物质和含硫抗菌剂，这三类含硫化合物均有机会生成硫化氢、其他硫化物及硫酸类，而构成臭气源。含硫氨基酸包括甲硫氨酸、胱氨酸和半胱氨酸等；含硫矿物质包括硫酸铜、硫酸镁、硫酸锰、硫酸亚铁、硫酸锌等，在含硫抗菌剂中，磺胺剂均含有硫，使用磺胺剂越多，粪便中排出的硫越多。

畜舍或粪堆的除臭剂很多，例如酵素、丝兰属提取物、乳酸菌类等生菌制剂，沸石粉和活性炭等，但更重要的是应从畜舍和废弃物管理入手。改善畜禽饲养管理可减少氨气等臭气的排出量。

氨来自饲料蛋白质的转化分解，蛋白质过多造成氨气增加，因此要减少猪饲料中蛋白质的用量，而且小猪料不能给大猪用。应用理想蛋白质的用意之一也是为了减少氮的排泄。甲硫氨酸太多也是含硫臭源增加的重要因素。矿物质中多含有硫酸根，易造成湿粪或软粪，产生硫化氢和吲哚等，因此宜用螯合物。干粪不臭，即水越少越不臭。有些药物会强烈抑制肠道微生物，也会使臭气排放增加。减少灰尘也是减臭的措施之一。

猪身和栏舍地面应保持干净，排水沟应清扫干净，使污水直接排走，固液分离机运转现场防止死角，分离出的固体应让它掉在有滤水的不锈钢网面上，这样固体可以更干燥，否则既有臭气苍蝇又多；也可以在固体中加入适量的石灰石粉，使其不生臭，并利于改良酸性土。厌气塘可用红泥塑胶袋。好气塘打气不足或不均匀时，会形成局部厌气，从而有臭气产生。堆肥和施肥过程同样有可能产生臭气，需要控制。

畜禽舍采用水帘，舍内外臭味会消失或基本消失，这是改善舍内外环境的有效措施之一。一方面因舍内干燥，再加上降温、除尘，减少了微生物的繁殖机会，降低了废弃物的分解，减少了臭气的产生。

抽风机口是舍内臭气集聚的地方，可在离风和口 5～6 米处设置滤网和浪板（挡风墙），可以显著地减少臭气。

五、现用的净化处理方法

1. 堆肥法 传统的农业，个体农户都使用这种方法，是十分有效的，但只能在每家每户饲养少数几头牲畜时使用。现代畜牧场要采用机械处理，将固态和液态排泄物分离，再加上添加物，如木屑、秸秆等加速发酵。小型的畜场均可以利用此方法。

2. 干燥膨化鸡粪法 鸡粪中有 70％的营养物质未被消化吸收，膨化杀死寄生虫，挥发有害气体后加工成猪、鱼饲料，在蛋鸡类的膨化饲料中要添加磷，在肉鸡类的膨化饲料中要添加钙。以达到磷钙平衡。

3. 高温好氧发酵法 以干燥后，用制粒机生产有机复合颗粒肥料，蛔虫卵死亡 95％～100％，粪大肠菌值降到 1/10～1/100。经济效益良好。

4. 沼气法 这是在我国推广有效的方法，自中国科学院江西红壤试验站“猪沼果”模式成功之后，在我国南北各地有很多因地制宜的应用，并在江西赣州推广成为“能源生态工程模式”，成为发展中国家的一个典范。

第三节 发达国家治理畜产公害对策

在发达国家这种畜产公害在 20 世纪 50 年代已经出现。在 60—70 年代许多发达国家很快采取措施，改变粪尿污染环境的状况，通过了各种立法和规范管理规章制度。如规定每个生产点允许饲养的畜禽数，建场必须有粪便和污水储存设施及净化装置；未经许可，不得将污水排入河流和本场的粪池；粪便未经无害化处理不得施入耕田等等。同时还制定有相应的处罚条例和严格的监督措施。有关条例可见以下各节。

挪威：为了防止畜禽污水污染水资源，1970 年颁发《水污染法》，环保部于 1973、1977、1980 年又发布了许多法规，规定在封冻和雪覆盖的土地上禁止倾倒任何牲畜粪肥；

禁止畜禽污水排入河流。

丹麦：为了减少粪便污染，规定根据每公顷土地可容纳的粪便量，确定畜禽最高密度指标；施入裸露土地上的粪肥必须在施用后 12 小时内犁入土壤中，在冻土或被雪覆盖的土地上不得施用粪便；每个农场的贮粪能力要达到贮纳 9 个月的产粪量。

英国：是基本无畜产公害的国家，虽然其人口和工业化比较集中，但畜牧业远离大城市，与农业生产紧密结合。经过处理后，畜禽粪便全部作为肥料，既避免了环境污染，又提高了土壤肥力。

新加坡：政府曾规定，养猪场的污水排放必须小于 250 毫克/升（未处理前高达 30 000毫克/升）。为此，养猪场需付出代价，相当于每销售一头猪分摊 7.45 美元。

通常的情况下，如果畜禽场没有相应的设施，污物要进入市政污水处理渠道的，畜禽场必须支付污水处理费用，直接向河流排污的要严重惩处。在农村对于畜禽污染要求既养畜又种田，使畜禽粪便有充足的土地进行消化。

荷兰：畜牧业高度密集，全国每年约有 1/6 的畜禽粪过剩。为了防止畜禽粪便污染，1971 年立法规定，直接将粪便排到地表水中为非法行为。大中型农场（包括农业、畜牧业）分散在全国 13.7 万个家庭，产生的畜禽粪由农场进行消化。

日本：由于人口稠密，20 世纪 70 年代对畜禽污染立法，先后制定了 7 个畜禽污染管理控制相关的法律。其中直接相关的有《废弃物处理与清除法》、《防止水污染法》和《恶臭防止法》。

《废弃物处理与清除法》中规定，在城镇等人口密集地区，畜禽粪便必须经过处理，处理方法有发酵法、干燥或焚烧法、化学处理法、设施处理等。

《防止水污染法》中规定，畜禽场污水排放标准：BOD、COD 日平均为 120 毫克/升，最大不得超过 160 毫克/升；SS（固体悬浮物）日平均 150 毫克/升，最大不得超过 200 毫克/升。后来又增加了氮、磷的排放标准，氮的允许浓度为日平均 60 毫克/升；磷允许浓度为日平均 80 毫克/升。并规定一个畜禽场养猪超过2 000头、牛超过 800 头、马超过 2 000匹时，排出的污水必须经过处理，并符合规定要求。

美国：虽有大型畜牧场，但在养猪方面起主导作用的是年产 200～500 头猪的小型农牧结合的农场。美国联邦水污染法中的规定侧重于畜禽场建设管理，规定超过一定规模的畜禽场，建场必须得到许可。当养畜头数在1 000标准头以下、300 标准头以上的畜禽场，其污水无论排入自身贮粪池，还是排入流经本场的水体，均需得到许可；300 标准头以下的畜禽场，无特殊情况，可不经审批。

德国：规定畜禽粪便不经处理不得排入地上或地下水源中。凡是与供应城市或公用饮水有关的区域，每公顷土地上家畜的最大允许饲养量不得超过规定数量：即牛 3～9 头，马 3～9 匹，羊 18 只，猪 9～15 头，鸡1 900～3 000只，鸭 450 只。

第四节 畜禽排泄物的优化有机肥生产

畜禽的排泄物在我国历来就是农家肥料来源。农业区肥是农家宝，在化肥推广时期，由于化肥的使用量低，省劳力，很受农民欢迎。在原先多年使用有机肥的耕地，化肥的作用在开始时显出非常好的增产作用。之后每单位重量的化肥对作物的增产效果越来越低，耕地土壤板结日益严重，土壤退化，有机肥用量减少，有的地区因几乎不用有机肥，使作物生产成本过高，农民种粮食缺乏积极性。而一些发达国家对施用有机肥十分重视。畜禽粪尿的肥料元素含量如表 4-5 所示。

表 4-5 家畜粪尿的肥料元素含量（%）

种类	水分	有机物	氮（N）	磷（P_2O_5）	钾（K_2O）
牛粪	83	15.0	0.3	0.17	0.1
牛尿	93	2.3	0.6	微	0.5
马粪	76	20.0	0.4	0.30	0.4
马尿	90	6.0	1.3	0.01	1.3
猪粪	80	15.0	0.5	0.40	0.5
猪尿	97	2.5	0.4	0.07	0.03
羊粪	60	25.0	0.7	0.40	0.3
羊尿	85	5.0	1.5	0.01	0.1

一、美国畜禽有机肥产量估计

各类家畜由于品种不同，饲养方式不同，出栏的终重要求不同，饲喂强度不同，产生的粪肥量在同一物种内也不尽一致，美国饲养的都属大型畜禽品种，可以作为我国同类品种的参考。据 Fogg. C. E 的研究，对 1974 年全美国各类畜禽粪肥的年产出量做出了估测(表 4-6)。

表 4-6 1974 年美国各种畜禽粪肥产出量

畜种	头（万）	动物单位（万）	干粪肥量（万吨）	含氮（万吨）	头均干量（吨）	集约化饲养		
						比例（%）	万头	万吨
奶牛	1 980	1 780	2 750	110.03	1.55	65	1 160	1 790
肉牛	9 690	6 300	9 250	445.50	1.47	25	1 570	2 310
肉鸡	52 310	130	300	18.98	2.31	99	130	300
其他鸡	38 650	170	400	25.25	2.35	97	170	390
猪	5 760	580	690	42.87	1.19	80	460	550
羊	1 370	100	150	6.37	1.50	13	10	20
火鸡	7 010	70	170	10.13	2.40	68	50	100
鸭	240	<10	<10	0.23	1.0	78	<10	100
马	730	>30	2 110	36.32	2.89	29	210	610
总计		9 860	15 820	695.68	1.60		377	6 080

以上测算都以 454 千克活重为一个动物单位，各类畜禽都折算在同一个活重做基数。集约化饲养下粪尿可以收集，加工成肥料。由于畜禽的物种属性不同，在集约化饲养条件下处理方法有差别。

经测算氮的损失量因物种而异，其中奶牛 60%，肉牛为 68%，肉鸡为 54%，猪为 63%，鸭为 69%，马为 62%。在总产量为 1.58 亿吨的干粪重量中，含氮素 695.68 万吨。

在美国的畜禽生产结构下，牛的干粪量最大，其次是马，再次为猪和肉鸡与其他，以单位折算体重为对比，马的排粪量最高，鸡为其次，牛羊相似为第三，最后是猪。

Fontenot J. P 指出，各类家畜禽的厩肥产量因放牧与舍饲不同，差别非常大。草地育肥牛可收集的量，按干重测算，只占 3.64%；而育肥圈养的可收集量占 97.39%，奶牛舍饲可收集 80.75%，蛋鸡和肉鸡可收集量各占 96.59%和 97.50%。养猪在冲洗的条件下只可收集 41.45%。由于各地可生产有机肥的对比性不强，都按照集约化饲养来测算。

据日本衣川雄的介绍厩肥的化学成分见表 4-7。

表 4-7 厩肥的化学成分（%）

种 类	水 分	氮（N）	磷（P_2O_5）	钾（K_2O）
牛	83.0	0.29	0.17	0.10
马	75.8	0.44	0.32	0.35
猪	82.0	0.65	0.25	0.30
羊	65.5	0.60	0.30	0.15
兔	66.6	20.50	11.20	1.70
鸡	56.0	1.60	1.70	0.80

* 衣川义雄《最新着兔法》。

据美国的一组牛、猪，以含水量 88%折算值计，见表 4-8。

表 4-8 每吨含水量 88%的厩肥含肥量

单位：千克

种 类	氮素（N）	磷素（P_2O_5）	钾素（K_2O）
奶牛	4.4	1.8	4.4
肉牛	5.5	3.3	4.0
猪	7.6	3.3	4.4

* 美国参数。

二、我国有机肥产量估计

因为报道的来源不同，对我国有机肥数量估计不一，有认为是 17 亿吨，或 19 亿吨，或 24 亿吨的。按氮、磷、钾三种元素，大致估计，折算成尿素、过磷酸钙和硫酸钾，分别约为1 500万吨、900 万吨和1 000万吨。

在我国，肉鸡和蛋鸡业首先进入集约化饲养，养猪也有很高比例的集约化规模场。大城市郊区奶牛业一直是舍饲的，因此有机肥的生产量会越来越大，随着净化和厩肥有效利用认识的提高，可为我国的种植业提供可观的有机质肥源。

据估测，一个千头奶牛场，日排放粪尿约50吨，一年是1.8万～2.0万吨。一个千头肉牛场，日排放粪尿20吨，一年是0.7万～0.8万吨。一个万只蛋鸡场，日排放2吨，一年是0.75万吨。一个万头猪场，一年是3万多吨。据估计加工成有机肥是1 333～2 667公顷农田的施肥需要量。

冲水清粪使大量氮、磷流失，占农田氮肥的流失量为8%～20%，磷肥流失为5%，相比畜禽粪便的氮、磷流失量分别为农田化肥流失量的122%和132%。据估算，氮的逸出有50%～60%是从尿排出的，逸去空气中大约在38小时内会有25%～90%的尿氮量。因此，从氮的利用上尿氮是不易处理的。磷的代谢在反刍动物由于瘤胃中微生物能产生植酸酶，能较容易地利用植酸磷，而单胃动物，如猪则不行，只能从尿中排出，因此猪场的排污物中含有1.6%的磷，对环境的磷污染比牛场严重。但只要利用得当，是一个很大的财富。

为了减轻粪尿对环境的污染，最好的办法是从饲料调制入手，减少过量饲喂，即生态营养概念。在生成的排放物方面是进行物理的、化学的和生物学的处理方法，使有害成分分解，使之转化成为有用的物质，如有机肥料、沼气、净化的再生饲料等。

生态有机肥的前景，自从1992年引进日本有效微生物EM原菌综合体以来，10年的时间，有关的开发公司林立，在畜牧业上如生产EM蛋等，起着越来越好的效果。作为饲料添加剂和厩肥净化、优化都有广阔的应用前景。

据北京生态文明科技发展中心，自2002年起对湖南加华肉牛公司合作生产的生态源牌有机肥腐熟物的化验结果，全氮含量为1.08%，全磷0.73%，全钾1.15%，有机物总量73.9%，腐殖酸19.2%。重金属元素含量低于肥料有害成分，其中镉0.797毫克/千克，铬17.75毫克/千克，铅11.60毫克/千克，砷1.32毫克/千克，汞4.99×10^{-10}毫克/千克。牛粪加工后生产“加华生态肥”，其样品经湖南省化肥农药质量监督检验授权站检测，确定为合格产品。五项指标，总养分（$N+P_2O_5+K_2O$）测定值为24.9%，高于标准值≧20.0%，有机质为34.6%，高于标准值≧25.0%，总氮（N）达13.2%，有效磷（P_2O_5）达3.8%，钾（K_2O）达7.9%。

通过大田试验，该有机生物复合肥用于西瓜生产，在瓜地土壤为黄泥，有机质含量2%，基础肥力一般情况下，结果见表4-9。

表4-9 加华生态肥对比试验

项　目	复合肥量	无机肥量	不施肥对照
基肥（千克，667米^2）	15	7	无
追肥（千克，667米^2）	6.6	4.5	无
667米^{2}产量（千克）	2 673.6	2 530	1 680.5

与对照相比，复合肥增产59.1%，无机肥对照组增产50.5%，生物肥组西瓜单个重量比复合肥的高5.7%。果实长大期有机组为正常，复合肥组的脚叶开始发黄，无肥组脚叶发黄。结实情况，生物肥挂果105个，复合肥挂果101个，无肥组挂果70个。第一批采果，生物肥组为32个，复合肥组为27个，无肥组为15个。

近来北京伊埃姆生物技术研究所推出的世纪生态菌在饲料处理上取得良好效果。

第五节　生态营养饲料降低畜禽排污效率

据李伟立等的报道，厩肥的优化处理可以取得良好的效果。

一、生态营养饲料的概念

牧业的污染主要来自畜禽尿粪和臭气的排出，以及食品中有毒有害物质的残留，其根源却在饲料，一般日粮配合中不注意有毒有害物质在畜禽体内的聚集和消化不完善物质的排出量，结果一是由于饲料中的微量有毒有害物质通过食物链逐级聚集，增强了其毒性和危害；二是对环境造成污染；三是在畜产品中残留，危害人体健康。与此同时，由于氮、磷、铜、锌及药物添加剂等营养物质排出后，一方面在土壤中日积月累的营养聚集，造成集粪的表层土和地下水质恶化；另一方面消化不完全的营养物质发酵增加了臭气浓度，恶化了人们的生活环境。因此，生态营养饲料就是围绕解决畜产品公害和减轻畜禽粪便对环境污染等问题，从饲料原料的选购、配方设计、加工饲喂等过程出发，进行严格质量控制和实施动物营养系统调控，以改变或控制可能发生的畜产品公害和环境污染，使饲料达到低成本、高效益、低污染的效果。

二、配制生态营养饲料的措施

1. 选购符合生产绿色畜产品要求和消化率高的饲料原料。有什么样的饲料原料，就会有什么样的饲料产品。为使生产饲料达到消化率高、增重快、排泄少、污染小、无公害的目的，在选购饲料原料时，一是要选购消化率高、营养变异小的原料；二是选择毒害成分低、安全性高的原料。

2. 尽可能准确估测动物对营养的需要量和营养物质的利用率。设计配制出营养水平与动物生理需要基本一致的日粮是减少营养浪费的关键。而要设计配制出与生理需要量基本相一致的日粮，就要准确地估测动物在不同生理阶段、环境、日粮配制类型等条件下的营养需要量和对养分的消化利用率。

三、降低排污公害的方法

（1）要按理想蛋白质模式，以可消化氨基酸含量为基础，配制符合动物生理需要的平衡日粮，以提高蛋白质的利用率，减少氮的排出。据报道，在猪日粮中添加赖氨酸，使日粮中粗蛋白的含量降低 2%，既不影响猪的生产性能，又可使粪便中排出的氮减少 25%左右。如果按照理想蛋白质模式配制，粗蛋白水平可降低 2%～3%，氨排出量可减少 20%～50%。

（2）添加酶制剂、益生素等促消化添加剂，以提高饲料的利用率。据报道，日粮中添加植酸酶，能有效地提高氮，尤其是植酸磷的利用率，减少排出量的幅度为 2%～50%；

添加蛋白酶、聚糖酶等酶制剂，对促进营养的消化吸收也有明显作用，尤其是在幼年动物日粮中添加效果更好；添加益生素，通过调节胃肠道内的微生物群落，促进有益菌的生长繁殖，对提高饲料的利用率作用明显，可降低氮的排泄量2.9%～25%；添加抗菌素对提高饲料利用率的作用效果显著，但要注意合理利用，尽量选用高效、低吸收、无残留的抗菌素，或不易产生抗药性的畜禽专用抗菌素以及其替代品。同时，要严格执行用法用量，以保证畜产品的安全卫生和减少排出量。

如添加 200～1 000个单位的植酸酶减少粪尿磷排出量的 25%～50%，同时提高其他矿物元素的利用率，清除植酸盐对锌、锰、铜、铁等元素的螯合作用。

（3）添加丝兰属植物的提取物、沸石等，可以直接结合氨、硫化氢和甲基吲哚等有害气体，提高肠道消化率。

（4）使用尿酶抑制剂，减少尿酶对尿素的分解，提高氮素的利用率，加强动物对氮的消化吸收，提高产奶量，增重量等。

（5）不使用高铜、高锌日粮。高铜、高锌日粮对动物，尤其是猪，确实有显著的促进生长和防腹泻等效果，并被广泛应用于生产中。但由于长期使用高剂量的铜和锌，对生态环境是一个潜在的污染，是一个以牺牲环境质量为代价换取生产一时发展的做法，因此生态营养饲料中不提倡添加高铜、高锌。

（6）使用除臭剂，减少动物粪便臭气的产生。据报道，日粮添加活性炭、沙皂素等除臭剂，可明显减少粪中氮气及硫化氢等臭气的产生，减少粪中 40%～50%的氨气量。因此，使用除臭剂是配制生态营养饲料必需的添加剂之一。李维炯等从 1995 年引进日本 EM 有效微生物技术配制生物活性饲料，使鸡舍内氨气浓度由不添加的每立方米 87.6 毫克，减少到 26.5 毫克。饲料利用率提高 10%，增重提高 2.8%，总经济效益提高 29.7%；对除恶臭达到 42.12%和 69.7%，17 种氨基酸总量提高 28%，促进了畜禽生长，提高了免疫能力。

（7）采用膨化颗粒化加工技术，破坏或抑制饲料中的抗营养因子、有毒有害物质和微生物，以改善饲料的卫生状况，提高养分的消化率，减少排出量。

第六节　蚯蚓用于厩粪的优化处理

蚯蚓养殖在净化环境、清理有机废物方面是十重要的生物资源，在人口密集的城市和畜禽场可以起到优化生物环境的作用，而且能将人们遗弃的有机垃圾和畜禽粪便转化成高效的有机肥和生产出大量有利于人类的蚓体，在国际上已开始形成蚯蚓热。

美国是养殖蚯蚓最早的国家之一，大型的蚯蚓养殖场有数百家，而各种较小规模的蚯蚓场遍布各地。日本、加拿大、英国、意大利和荷兰等国利用蚯蚓净化环境、清理垃圾和有机废物。其中日本的养蚯蚓业发展尤快，20 世纪 80 年代养殖场就有 200 多家。意大利佛罗伦萨附近建立了养殖面积达 16 公顷的欧洲最大的蚯蚓养殖场。此外，欧美等国，养殖蚯蚓的速度也很快，特别对蚯蚓的深层加工、利用，中外都有很大进展。我国 1979 年从日本引进蚯蚓良种太平 2 号和北星 2 号后，在各地已有几十家企业从事蚯蚓的规模化生产。上海环境工程学院、中国科学院动物研究所、中国农业大学都在研究和推广中都取得了可喜的成果。

一、蚯蚓的利用领域

根据综合各方面资料，蚯蚓已经在以下方面取得生产效益。

1. 环保方面 蚯蚓的食物是人们遗弃的有机废物、垃圾和畜禽的粪便，这些东西恰是大城市的污染源，人类可以利用蚯蚓处理掉这些污物，变成高效有机肥料，变废为宝。

2. 食品方面 经分析蚯蚓含蛋白质达 60%，其含量高于大豆，食用价值很高。在国外，食用蚯蚓的人越来越多；我国台湾的部分餐厅已把蚯蚓做成名菜，摆上餐桌。蚯蚓还有提神、清热、解毒、活血及保养作用。科研部门用蚯蚓生产的保健品已投放市场。

3. 饲料方面 蚯蚓的鲜品和干品含有高量蛋白、多种维生素和丰富的微量元素，是禽、畜、鱼的高蛋白饲料；喂养家禽产蛋率高，增重快，蛋肉品味好；喂养畜类也会生长快，抗病强，肉质色美味香。

4. 医药方面 我国古代用蚯蚓（地龙）配制的中药就有 40 多种。当今蚯蚓在医药方面的开发，中外已有新的突破。1994 年底中国科学院生理研究所历经 8 年的临床实验，用蚯蚓提取蚓激酶，治疗中老年的脑血管疾病已获成功，卫生部批准应用并获中华医药成果奖，现全国多家生产，年需量多达几百吨。蚯蚓在医药方面开发利用的前景更好。

5. 有机肥方面 蚓粪也有极高的利用价值。蚓粪含氮、磷、钾三种元素，比有机肥高 3～5 倍，并含有 18 种氨基酸。对比实验证明，蚓粪在提高作物产量和优化质量上明显好于其他肥料，并可使作物早熟，具有较强的抗病防病能力。施用蚓粪的蔬菜色味俱佳，鲜嫩可口，品质优良。蚯蚓粪是棚菜、花卉、草坪、果树及各种农作物的优质有机肥。

二、蚯蚓产品和市场

现在蚯蚓产品有：

1. 蚯蚓粉 鲜蚯蚓经风干或烘干后粉碎即成。蚯蚓粉的蛋白质含量高达 70%，与进口鱼粉相当，其中精氨酸含量比鱼粉高 2～3 倍，是牛肝的 7 倍，还含有较多的胡萝卜素和多种维生素及微量元素。一般每 6 千克鲜蚯蚓可加工成 1 千克蚯蚓粉，其原料干蚯蚓市场参考价格为每千克 35 元左右。

2. 蚯蚓液 蚯蚓消化道中有 10 多种蛋白水解酶和纤溶酶等，利用这些酶水解体蛋白，使之变成可溶性的小分子活性肽和氨基酸，作为添加剂可以被其他动物体完整地吸收，发挥其抗病促长作用。

3. 保健品 利用现代生物技术，可从蚯蚓中提取 4 种防治疾病的药品和保健品：①有一定抗癌作用的药品；②溶解血栓的药品；③富含 17 种氨基酸的高级营养保健品；④治疗烧烫伤的外用药。日本研制的蚯蚓粉保健食品，可调节身体疲劳状况，除去血管内过多的胆固醇，对高血压患者是一剂“良药”。美国的蚯蚓食品已达 200 多种。蚯蚓饼干、罐头以及用蚯蚓肉和牛肉制成的汉堡包，更是畅销欧洲各地。我国无锡已生产“纯地龙粉”(即蚯蚓粉)出口创汇。南京生产以蚯蚓为原料的“龙泰舒胶囊”的药品，用于治疗心血管疾病，促进血液流动。用蚯蚓制成的“高活性蚓激酶”，用于治疗和预防动脉硬化、脑血管病，可改善血小板聚集功能，对脑血管病引起的瘫痪和语言障碍的疗效尤其显著。江西的科技工作者，从蚯蚓活体提取过氧化物歧化酶（SOD）获得成功，研制出帝龙SOD天然系列产品，从而使该技术的开发应用获得了新发展。过氧化物歧化酶，即SOD，具有很强的抗肿瘤、抗衰老、抗辐射、增强免疫功能等作用，还可治疗高血压、心脏病、肺气肿等。在化妆品方面，SOD作为抗衰老主要成分被广泛使用。

4. 蚯蚓粪 蚯蚓粪呈黑色细小颗粒状，是优质的有机肥料。据中国农业科学院土肥测试中心检验结果表明：蚯蚓粪含氨2.15%、磷1.76%、钾0.27%、有机质32.4%，并含有23种氨基酸，是花卉、草坪、城市绿化的好肥料。用蚯蚓粪可配制成各种专用肥，现年用量达万吨以上，国外市场广阔，仅美国就有高尔夫球场12万个，年需肥量达千万吨。在高档苗圃、名贵花卉上应用更多。每吨蚓粪售价800～900元。

同时，蚯蚓是水产、畜禽最好的饵料添加剂，蚯蚓粉养鸡，效果比鱼粉好。肉仔鸡日粮中加入7.5%蚯蚓粉，同日粮中加入80%的鱼粉相比较，56日龄增重情况喂蚯蚓的高出喂鱼粉的13%；在产蛋鸡料中添加4%的蚯蚓粉比不加的产蛋量提高20%左右。使用鲜蚯蚓喂鳖增产20%，可使对虾产卵率提高51%，成活率提高30%。

蚯蚓产品的市场和效益，近年来发达国家已兴起一个开发蚯蚓保健食品热，蚯蚓的年贸易额在20亿美元左右，而每年正以20%～25%的速度递增。美国、加拿大、日本等国都在大力发展蚯蚓养殖业，目前已发展到工厂化养殖和商品化生产，养殖蚯蚓成了前景广阔的新兴养殖事业，蚯蚓的开发价值，引起了广泛的注意。1997年美国的300个大型蚯蚓养殖企业组成了国际蚯蚓养殖协会，以帮助促进这个行业。

人工养殖蚯蚓，用牛粪、猪粪养殖蚯蚓在国外其产品蚓粪的收入是蚯蚓收入的4倍，蚓粪主要用于城市绿化，生产绿色食品及其他方面。蚓粪的开发利用，将降低生产成本，提高养蚓效益。据资料介绍，美国计划在2005年，将在2/3生产蔬菜、食品的土地上使用蚓粪，来改善蔬菜、食品的品质，满足绿色食品的市场供应。随着经济的发展，我国人民对城市绿化、绿色食品的需求成倍增加，蚓粪市城需求进一步扩大，这将推动养蚓事业发展，为养牛养猪企业发展，为农民及下岗职工，又增加了一条投资少、效益高的致富之路。

北京大环蚯蚓养殖场多年与科研部门、大专院校建立联系，在同行业中处于龙头企业。自1989年建厂10年后，现养殖蚯蚓年产200多吨。1999年7月世界蚯蚓协会主席爱德华兹来华时，在北京大环蚯蚓养殖场筹建了世界蚯蚓协会中国分会。根据国内外市场的需求，该厂决定与大型奶牛场、养猪场联合养殖蚯蚓。该厂实行产供销一体化，产品包销10年，全力推进我国人工养殖蚯蚓事业的发展。

天津市宁河县贾立明1995年创建了宁河县蚯蚓购销养殖总场，养殖蚯蚓0.67公顷，年产鲜、干蚯蚓10多吨，产品供应全国各地，部分产品通过外贸公司代理，出口日本与韩国，该场已向华北各地农户提供日本大平2号良种蚯蚓并回收干品。芦台镇党委、政府利用当地养奶牛户多，牛粪生产量大的资源优势，鼓励养殖能手开发辖区县土产公司闲置荒地6.7公顷养殖蚯蚓。聘请大专院校专家教授传授科学养殖新技术，请农业部肥料质检中心和北京营养源研究所对该镇生产的蚯蚓粪产品进行化验检测，帮助生产加工人畜药用、食用，畜、禽、渔业饲用的干燥、新鲜、冷冻蚯蚓及蚯蚓粉、蚯蚓蛋白酶、蚓激酶、蚯蚓三合一生长素、无公害蔬菜、芦荟、仙人掌，有机茶叶专用肥料等 10 多种蚯蚓系列产品和粮、菜、茶、饲、药物、经济作物、苗木、花草有机肥和重茬剂等 10 多个干净无味、卫生的蚯蚓粪系列产品。牛粪转化为蚯蚓粪后，卖到 600～1 000元一吨，比牛粪增效增值 5 倍以上。

据报道，一个 500 头规模的奶牛场，年产牛粪3 500米^3，可养蚯蚓 0.47 公顷，年产 8 吨，每吨 2 万元，产值 16 万元。年产蚓粪 700 吨，每吨 200 元，产值 14 万元。两项合计 30 万元，利润为 15 万元，其引申产业为药用业、饲料业及花卉等用的有机肥料。

第五章

绿色食品

绿色食品是包括种植业和养殖业在内，以安全无污染生产为目标的原料所生产的产品和加工产品的总称。这种食品的生产是指没有使用在植物农业中禁止使用化学合成的肥料，人工合成的化学植保药剂和贮藏保护剂，和在动物农业中禁止使用人工激素，防腐剂和部分地限制使用非有机种植业生产的饲料，并保证在动物福利等条件下生产的食品。

绿色食品是有机食品在当今时期的名称，它的发展方向是有机食品，以达到与国际食品市场接轨的目的。

第一节　绿色产业的兴起

一、绿色产业兴起的国际背景

随着科技进步，人类从农业社会转向工业社会，创造了前所未有的巨大物质财富，推进了文明建设的进程。但是也付出了沉重的代价。全球性的环境污染、生态破坏等一系列问题日益突出，严重地阻碍着经济的发展和人民生活质量的提高，威胁着全人类的生存和发展。在这种严峻形势下，人们逐渐认识到通过资源消耗追求经济数量增长和“先污染后治理”的传统发展模式已难以为继，必须寻求一条人口、经济、社会环境和资源相互协调的，既能满足当代人的需求，又不对后代人需求构成危害的可持续发展的道路。

人们认识到，现在世界人类发展史已进入巨大的变革时期，这就是人类文明已由工业文明的历史时代，进入生态文明的历史时代和跨入知识经济的新历史时期，在这个时期，人类正面临着人口、资源、环境三大问题的困扰。要发展社会和发展经济，必须保护大自然、保护人类的生存环境，发展绿色经济和绿色产业，提高人口素质，实施可持续发展战略，推动国际、国内产业结构战略性调整。为此，联合国于1972年6月5日至16日在瑞典首都斯德哥尔摩召开了第一届人类环境大会，发表了著名的《人类环境宣言》，并决定把每年6月5日作为世界环境日，揭开了人类环境保护的序幕。经过20年的努力，虽然为保护地球取得了一定成绩，但是，进展步履艰难，治理赶不上环境恶化的步伐。为加大保护生态环境的力度，促进可持续发展，联合国于1992年6月3日至14日，在巴西里约热内卢召开世界环境与发展大会。这是有史以来与会级别最高、规模最大、影响最广泛的一次“绿色国际会议”。全世界178个国家的118位国家首脑和上万名政府官员参加了会议。会议通过了《里约热内卢环境与发展宣言》、《21世纪议程》、《关于森林问题的原则声明》等重要文件，并签署了联合国《气候变化框架公约》、联合国《生物多样性公约》。

这次大会把环境保护和可持续发展推向了一个新阶段，是拯救地球的里程碑。会后，各国际组织和众多国家认真落实会议精神，在全球掀起了推动环境保护和可持续发展的“绿色经济”、“绿色产业”、“绿色浪潮”和“绿色革命”。

二、国际上的“绿色革命”

“绿色革命”（Green Revolution），原来是指发达国家在第三世界国家开展的，以培育和引进高产稻麦新品种为主要内容的生产技术改革活动。后来，绿色革命由以推广高产品种为主，转向综合性的农业技术改革，包括通过运用生物技术、病虫害综合防治以及植物营养一体化管理，既提高农作物的产量，又保护现有可耕地、森林、植被等生态环境，保证农业的可持续发展。随着人类对环境问题重视程度的提高，绿色革命的内涵不断扩大，现在已扩展为食物天然化、环境绿色化、空气和水源纯净化的革命，即保护和优化生存环境的革命，出现了一些推行绿色革命的组织，引起全球人们的广泛关注。

早在1971年，由加拿大戴维·多格塔格特发起成立国际性环境保护组织绿色和平组织，在世界范围内维护自然生态环境，促进人类与自然界的和谐相处。1981年世界上最早的“绿党”在瑞典成立，其任务是对现有的环境破坏全面出击。其后，法国、德国、匈牙利、美国等10余个国家先后成立“绿党”。1982年绿色大学在意大利成立，设有生态平衡、替代能源、自然医疗、废料处理、环境保护等课程。

1987年联合国环境与发展委员会发表了《我们共同的未来》宣言；1992年6月联合国环境与发展大会通过《里约热内卢环境与发展宣言》和《21世纪议程》。从而在全球掀起了以保护环境、节约资源为中心的绿色浪潮。现在不仅有“绿色食品”产品，而且还有“绿色冰箱”、“绿色汽车”、“绿色建筑”、“绿色服饰”等产品，甚至有“绿色家庭”、“绿色城市”出现。美国政府决心“把可持续发展的美国带入21世纪”。他们先后制定和实施了《改变气候行动计划》、《绿色建筑计划》、《绿色电脑计划》等，积极推广“生物技术”、“生态工程”、“环境工程”、“无污染工程”等绿色技术，大搞生态农业和生态工业，发展“生态产业群”。日本政府制定和实施了以“21世纪新地球”为题的绿色地球百年行动计划，各企业认真贯彻落实，争先恐后地生产绿色产品，开展“绿色营销”，目前已生产经营绿色产品3 600多种，居世界前列。欧盟不断增加对环境保护研究和发展环保技术、环保产业的投资，在税收、信贷、出口政策上扶植绿色产品的生产，加快绿色能源、清洁能源和可再生资源的开发利用，争当“世界绿色革命的带头人”。韩国决心控制煤炭、石化燃料使用的比例，扩大城市绿色面积，净化水质，提高资源综合利用率和垃圾处理率，积极发展环保技术，使环保技术和绿色产业2010年达到国际先进水平。印度尼西亚正在采取措施保护亚洲最大的热带森林。巴西政府制定了新法令，保护大西洋森林带的生态平衡和林业资源。至此，绿色革命已席卷全球。

三、发展中的绿色产业

根据世界环境与发展现状，多数专家认为：“21世纪是绿色世纪，绿色产业世纪”。

广义的绿色产业包括：第一、二、三产业全部；狭义的绿色产业包括：粮食作物、畜牧、水产、果品、食品深加工、饮料、食品包装、无公害农业生产资料和人类其他生活用品等。凡是与生态环境有关的事物，在国际上都冠以"绿色"；为了更加突出绿色产品来源于最佳生态环境，因此，又称"绿色产业工程"。联合国工业发展组织中国投资促进处胡援东、揭益寿指出：绿色产业工程是一项融科研、环保、农业、林业、水利、食品加工、食品包装及有关行业为一体的宏大系统工程，属于高科技产业，发展前景十分广阔。

绿色产业已获得了人类的普遍欢迎和各国政府的积极扶植，发展势头迅猛，效益可观，必将成为21世纪经济的主导产业和支柱产业。绿色产业的蓬勃发展带来了日益激烈的竞争，越来越多的国家政府和银行不断增加"绿色投资"，力求在未来国际绿色市场上获得竞争优势。美国每年投入几百亿美元发展绿色产业，是当今世界上最大的绿色产业国和环保设备出口国，每年环保设备对外贸易顺差超过60亿美元。美国发展绿色产业的战略目标是：在2020年之前每单位国内生产总值少产生40%～50%的废物，少使用20%～25%的原料，生产可维持美国新增加的3 000万～4 000万人口的能源，有毒废气的排出量低于1995年的水平。德国是世界上最重视环境保护和绿色产业的国家之一。20世纪80年代后期，成立了世界上第一家"绿色银行"，命名为"生态银行"，专门贷款给绿色工程。1993年，德国政府拨款80亿马克，之后逐年增加，用于扶植绿色产业。日本政府从1993年起，推行综合能源环境对策，投资5 800亿日元，之后逐年增加，扶植绿色产业，促使产业结构和能源结构向与环境协调方向转变。据测算，从1993年到1999年，日本绿色产业创造的增加值年均增长率超过5%。韩国从1992年到1999年投资180亿美元扶植环保产业，环保企业数每年递增20%以上。据联合国有关组织对世界177家投资和商业银行中的90家银行的调查，今后15年全世界对"绿色工程"投资和贷款的银行数量将增加2倍，投资和贷款金额将增加6倍，绿色产业必将成为21世纪世界经济的支柱产业。

第二节　绿色食品的定义

一、绿色产品和绿色食品

所谓绿色产品（Green Products）是指在生产、加工、流通、消费过程中不破坏生态、不污染环境，有利于人体健康的产品。它包括生产资料、生活用品和食品等。狭义上是指不含任何化学物质的纯天然食品或天然植物制品；广义上来说，是指生产使用及处理过程中符合环保要求，对环境无害或危害极小，且有利于资源再生和回收利用的产品。如自然纤维类：亚麻、棉布、丝绸等无污染物质制作的"自然袋"、"生态服"；工业产品类：绿色冰箱、绿色电脑、绿色汽车、绿色建材；绿色食品类：绿色饮料、蔬菜瓜果等。绿色食品（Green Food）是我国农业部推出的一种安全无污染的食品概念。绿色食品的定义：它是指按照可持续发展原则，按照特定生产方式，执行严格生产、加工、包装与运输标准，经专门机构认定，许可使用绿色食品标志，无污染的优质、安全、营养类食品。

中国政府为规范绿色食品，由农业部绿色食品发展中心规定绿色食品有两个等级：A级和AA级。

A级绿色食品系指在生态环境质量符合规定标准的产地，生产过程中，允许限量使用限定的化合成物质，按特定的生产操作规程生产、加工，产品质量及包装，经检测、检查符合特定标准，并经专门机构认定，许可使用A级绿色食品标志的产品。

AA级绿色食品系指在生态环境质量符合规定标准的产地，生产过程中不使用任何化学合成物质，按特定的生产操作规程生产、加工，产品质量及包装，经检测、检查符合特定标准，并经专门机构认定，许可使用AA级食品标准的产品。AA级绿公食品与国际上的有机食品是一致的。

因此，绿色食品标准包括环境质量标准、生产操作规程、产品标准、储藏和运输标准及其他相关标准，它是一个完整的质量控制标准体系。

绿色食品产地的生态环境质量标准是指：农业初级产品或食品的主要原料，其生长区内没有工业企业的直接污染，水域上游、上风口没有污染源对该区域构成污染威胁，该区域内的大气、土壤质量及灌溉用水、养殖用水质量均符合绿色食品大气标准、绿色食品土壤标准、绿色食品水质标准，并有一套保证措施，确保该区在生产过程中环境质量不下降。

绿色食品的生产操作规程包括种植业、养殖业和食品加工业，各个环节必须遵循的规范程序，以及农药、肥料、食品添加剂、饲料添加剂和兽药的使用规则。

绿色食品产业标准参照有关国际、国家、部门、行业标准制定高于或等同现有标准，有些还增加了检测项目。绿色食品产品标准包括质量标准和卫生标准两部分，其中卫生标准包括对农药残留、有害重金属和有害微生物的控制标准。

绿色食品产品的包装、装潢，应符合《绿色食品标志设计标准手册》的要求。《绿色食品标志设计标准手册》对绿色食品标志的标准图形、标准字体，图形与字体的规范组合、标准色、广告用语及用于食品系列化包装的标准图形、编号规范均作了严格规定。

为推动我国绿色食品的发展，1992年11月5日中国绿色食品发展中心正式成立，隶属于农业部。此后，先后委托29个省、自治区、直辖市及部分地区成立了绿色食品管理机构，又分区域委托9个食品监测中心负责绿色食品质量检测。在标准建设方面，中国绿色食品发展中心制定了《绿色食品产地环境监测及评价纲要》；通过农业部质量标准司对绿色食品25个品种的质量标准进行了行业鉴定；制定了一批具有国内先进水平的绿色食品产品标准和生产操作规程；出台了《生产绿色食品的肥料使用准则》和《生产绿色食品的农药使用准则》。在标志管理上，该中心首先将绿色食品标志作为商品商标，在国家工商行政管理局进行了注册，并作为质量证明商标使用，从而使绿色食品标志纳入了知识产权保护范围，确定了标志的权威性。以后，又制定了《绿色食品标志暂行规定》和《餐饮企业使用绿色食品标志暂行规定》。至1998年，全国有五大类，1 018个产品获得了绿色食品标志使用权。

二、我国绿色畜产品的规范标准

绿色畜产品除符合一般食品的营养和卫生标准外，还应具备无污染、安全、优质的特征，在生产加工及包装储运过程必须符合严格的质量和卫生标准。其营养品质指标应能体现该食品的主要营养品质和情况；卫生安全指标则参照有关国家，行业及国际有关方面标准的规定，项目内容有农药残类、有害无毒类（以金属为主）、兽药残类（以抗生素为主）、添加剂与污染物类（色素、甜味素、防腐剂、黄曲霉素、苯并芘等为主）、病原菌类（以大肠菌、致病菌等为主），根据不同的产品，产地生产过程情况具体制定。具体表现在：养殖用水符合 GB11607—89，畜禽饮用水符合 GB383888，加工用水符合 GB574985，大气环境质量符合 GB3095—82 的一级标准，生产过程操作评价标准按生产绿色食品的添加剂使用准则，生产绿色食品兽药使用准则及有关地区的绿色食品生产操作规程的有关条款执行。产品的各种化学合成农药及合成食品添加剂均不得检出，其他指标应达到 NY/T268—95～NY/T292—95，其包装标准按有关的国家标准，GB7716—94，农业部绿色食品设计标准手册及有关规定。绿色食品标志与标准字体均为绿色，底为白色，其环境质量标准（大气，饮用水等）及包装标准的评价标准同 AA 级绿色食品标准。我国的 AA 级绿色食品的质量标准已达到甚至超过了国际有机农业运动联盟规定的有机食品基本要求，但两者间毕竟有一些区别，故如何将绿色食品与有机食品接轨是以后发展的结果。

三、我国发展绿色产业的优势

发展绿色产业，我国具有很大的优势，能够形成独具特色的产业。

（一）政府重视 早在 20 世纪 80 年代初，我国政府就有计划地推进生态农业，把控制人口和保护环境确定为两项基本国策，1992 年以后率先制订《中国 21 世纪议程》，实行可持续发展战略。2000 年 6 月 5 日，中国政府总理朱镕基为世界环境日发表了电视讲话。国家环境保护总局发布了《1999 年中国环境保护状况公报》，农业部也发表了中国农村环境状况的消息，这说明中国政府对环境问题的高度重视。朱镕基总理在电视讲话中指出：在千年交迭之际，联合国把今年世界环境日的主题确定为："环境千年，运动起来"。这反映了世界各国人民改善环境、创建美好未来的共同愿望，也是全球环境与发展相协调的历史呼唤。朱镕基总理指出：中国政府将继续坚持国际环境合作的原则，积极关注和参与全球环境问题的解决，履行国际环境公约，为保护全球环境做出应有的贡献。

我国政府高度重视环境问题，把环境保护作为一项基本国策，制定了一系列保护环境的法律法规和政策措施，为改善环境状况进行了不懈地努力。特别是近几年来，结合经济结构调整，加大了环境保护和生态建设的力度，取得了积极成果。

国家环境保护总局在《中国环境保护状况公报》中指出：1999 年是中国实现"九五"环保目标的决胜之年，国家和各地都增加了对城市基础设施建设和环境保护的投入，2000 年全年用于环境污染治理的投资为 823.2 亿元，占国内生产总值的 1%。为了遏制和治理"三化"草地，农业部先后施了飞播牧草、草地牧业综合示范等重大工程项目，累计种草保留面积达 0.15 亿公顷，建成同质量草地围栏 860 万公顷，取得了显著成绩。为了遏制沙尘暴，国家林业局拟投资 60 亿元，用 10 年时间治理荒漠化地区，使"沙进人退"变为"人进沙退"。为控制长江和黄河流域的水土流失，决定采取以粮代赈办法将 25°以上的山坡地一律退耕还林还草。为控制工业的"三废"的污染，限期治理或关停并转污染企业。国务院通过了《全国生态环境规划》，以县为单位增加投入，逐步实施。但是，必须清醒地看到，我国环境污染仍相当严重，生态环境恶化的趋势还没有得到根本遏制。据国家林业局发布的第五次全国森林资源清查结果显示：全国森林面积列世界第五位，人工造林面积居世界第一位，但中国森林覆盖率仅有16.55%，比27%的世界平均水平还低得多，可见生态环境形势仍不容乐观。

朱镕基总理强调：我们必须认真执行可持续发展战略，把环境保护和生态建设放到更加重要的位置。加大资金投入，加强污染治理，大力种树种草，搞好水土保持，改善生态环境。使中华大地水更清、天更蓝、山川更加秀美。

（二）有丰富的自然资源和社会资源　自然资源包括气候资源、地理资源和生物资源，分布在自寒温带至热带的广大地域；社会资源包括历史文化资源和劳动力资源，只要依靠科学技术，把这两类资源优势转化为商品优势和经济优势，就会大大提高综合国力和在国际竞争中的地位。通过发展绿色产业，开发绿色食品和有机食品，生产安全、营养、可口、美观、价廉并有中国文化品味的食品，具有十分广阔的市场前景，在这方面中国是能够大有作为的。

（三）农业和农村经济进入战略性调整的关键时期　农业和农村经济结构调整包括三个层次，建立三个三元结构体系。第一个是种植业的三元结构，包括粮食作物、经济作物和饲料作物。把饲料作物单列出来是为了适应发展养殖业的加工业，即从生产初级产品（原料）转为生产最终产品（加工产品），以满足消费者的需要。第二个是在农业内部的三元结构，包括种植业、畜牧业和水产业。第三个是农村经济的三元结构，包括种植业、养殖业和农畜水产品加工工业以及相应的流通服务业。

农产品加工体系又包括三大系列：第一个是食品工业，这是加工业的主要部分，重点是绿色食品；第二个是纤维工业，包括棉、麻、丝、毛、绒、皮、羽7种，以天然织物为主的纤维工业在21世纪将会有更大的发展；第三个是医药工业，主要是指以中草药为原料的医药工业，目前有1 200多种，其中动物性的占20%，植物性的占80%，具有中国特色，很受国内外欢迎。由此可以看出，在大力发展农产品加工业过程中，开发绿色食品、绿色纤维工业、绿色医药工业以及相配套的为农业服务的绿色饲料工业、绿色机械工业、绿色肥料工业、绿色农药工业、绿色能源等，形成绿色产业体系，发展的前景和潜力是非常广阔的。

（四）生态农业起步早、发展快、规模大　我国的生态农业由生态户、生态村、生态乡向生态农业县发展。目前已有国家级生态农业县100多个，还有省级生态农业县100多个。有一批地市和省、自治区、直辖市正在全区域范围内实施生态农业建设。经过十几年的实践，在不同生态类型地区创造了生态农业的技术模式，并建立了技术支撑体系、质量标准体系、人员培训体系、环境监测体系、专家指导体系以及组织领导体系等，为我国农业和农村经济的可持续发展积累了丰富的经验。此外，国家环保部门推行的生态示范区，林业部门推行的山区综合治理县，水利部门推行的小流域治理县和科技部门推行的高科技优质高效农业示范区以及内贸部门的“三绿”工程（绿色通道、绿色市场、绿色消费）的建设，不仅取得了良好的生态、经济和社会效益，而且还创造了很多成功的经验，都为绿色产业的发展打下了良好的基础。

（五）欠发达地区的有机农业优势　我国农业发达地区农业大多是石油农业危害地区，主要是使用化肥、化学合成、农药、激素等，已造成了农村土壤污染、水体污染、地下水污染、空气污染，而欠发达地区，包括西部开发区，相对地少用或有的尚未使用以上化工产品，污染较少。从现在起重视种植业与养殖业的结合，充分利用农业和牧业的废弃物，强调轮作和多样化的种养结构，保护有害生物的天敌，控制水土流失，在整体上合理布局农业结构，充分利用劳动资源，就具有生产纯天然、无污染和优质食品的可能。

20世纪80年代，我国开展了生态农业建设，90年代开发了绿色食品，在此期间也引进了有机食品的概念。为了促进有机食品发展，国家环境保护总局于1994年成立了国家环境保护总局有机食品发展中心（OFDC），并加入了国际有机农业运动联合会。该中心的主要工作有基地、食品的检验、认证，标志的管理、标准制定、信息交流、人员培训、国际合作等。在全国各省已建立了十几个分中心。

全国还有一些生产、加工、贸易、认证、研究咨询单位，约有30多个，其中有20多家加入了国际有机农业运动联合会。1994年开始经营活动，也开始了国际认证。

1998年底，全国已通过有机食品认证的生产基地有4.5万多公顷，颁证产品100多种，如茶叶、蜂蜜、奶粉、大豆、芝麻、荞麦、小麦、核桃、松子、葵花子、南瓜子、八角、中草药等。主要销往美国、加拿大、日本、欧洲各国。贸易额1995年30万美元，1997年800万美元，1998年1000美元，1999年1500万美元，每年增长30%左右。1997年通过政府间合作，利用德国300万马克建设的“中国贫困地区有机农业项目”，取得令人满意的成果。

简言之，绿色食品的生产必须是：出自良好的生态环境；实行“生产、运输、销售”全程质量控制；具有绿色食品标志。

第三节　实施绿色食品生产的必要性

随着工业化和现代化的发展，环境污染问题日益突出，尤其是通过食物链的污染更直接威胁着人类的健康。据华盛顿报道因环境每年死亡人数高达1700万之多。贫困地区5个儿童中有1个活不到5岁，工业发达地区的癌症、心血管病、哮喘日益增多。癌症仍居死因的首位，我国患癌人数达160万人/年，死亡人数达130万人。癌症诱因的90%是环境因素，其中通过食物进入人体诱发的比例，高达60%之多。随食物链进入人体的最引人注目的环境污染是重金属中的汞、镉、铅、砷类金属，有机污染物中的亚硝胺、苯并芘、生物污染物中的霉菌和环境激素中的二恶英、有机氯化学农药（六六六、DDT……）等。因此，防止食物污染是保障人体健康的当务之急，而发展绿色食品是防止食品污染、截毒保健的重要途径。

因此在流程上是包括三个环节，具体如下。

一、畜禽场生产环节

具有水、土、气三个生态环境要素和无污染的粮草，添加剂等饲料供应，生态型畜禽养殖圈舍和加工设施，废弃物的无害化处理（结合有机肥料生产），即生产流程。如绿色食品畜禽养殖过程中经过无害化处理后的废弃物才能作为肥料，按量再施到饲料生产基地，达到不污染土壤和水环境并保护水、土资源的目的。近 20 年来，畜禽养殖废弃物对环境的污染与危害是随着养殖业集约化、工厂化、规模化的崛起和发展而日益加重的，大中城市郊区（县）的畜禽粪便资源变成了污染环境的废弃物，不仅成为公害，也阻碍畜禽业自身的发展。这是畜禽养殖业，特别是全国菜篮子工程所始料未及而今后必须克服的污染物的种类。畜禽养殖业所排放的污染物包含粪便及其分解产物、伴生物和添加物，对空气和水体的危害。

(一) 畜禽粪便对空气的污染　粪便对空气的污染，主要发生在畜牧场圈舍内外、堆粪场周围的空间，这些区域的粪便分解所产生的有害的挥发性气体，浓度大，可形成局部性空气污染。其污染物主要有两类：粪便有机物分解产生的恶臭和粉尘携带的病原微生物。

1. 恶臭污染　恶臭是来自畜禽粪便、污水、垫料、饲料、畜禽尸体的腐败分解而产生的臭气。粪便腐败、分解产生的恶臭分别来自动物、粪便和饲料，动物产生的二氧化碳、甲烷等，粪便产生二氧化碳、硫化氢、甲烷、氮气、氧化二氮和各种气体，饲料产生气体，含有胺、芳香类化合物，有机酸，含硫化合物等。

恶臭物质对人体的主要危害是，使中枢神经系统的反射调节作用产生障碍。人对恶臭的感应是由鼻腔的嗅觉器官开始的，由嗅觉细胞传到大脑皮层后，引起兴奋和抑制过程的紊乱，判断能力和记忆力减退，工作效率降低。

恶臭使畜禽呼吸变慢，肺活量减少，食欲不振，严重时导致呼吸困难，进而影响代谢功能降低机体抵抗力和免疫力，发病率和死亡率提高，生产量下降。一定时间内产生的污物限量值见表 5-1。

表 5-1　空气中各项污染物的浓度限值

单位：毫克/米^3（标准状态）

项　目	浓度限值	
	日平均	1 小时平均
总悬浮颗粒物（TSP）	0.30	—
二氧化硫（SO_2）	0.15	0.50
氮氧化物（NO_X）	0.10	0.15
氟化物（F）	7（微克/米^3）	20（微克/米^3）
	1.8[（微克/（分米^2・天）]（挂片法）	

注：白瑛摘自“绿色畜禽食品生产关键”。

2. 粉尘污染　畜禽养殖中主要是粉尘携带的细菌的污染。因粉尘是微生物的载体，它是由极细的饲料粉末、粪便飞屑、水气等组成的气溶胶，提供营养和庇护条件，它所搭载的病原微生物可安闲地生存和繁衍，并弥漫在空间，传播人、畜疾病。

(二) 粪便对水环境的污染　粪便对水体污染，主要由粪水直接进入水环境所致。粪水主要来自现代化养殖场圈舍的冲洗和堆粪场，其水量随清粪方式和粪堆含水量、粪场是否可避雨水冲淋等条件而定。

粪便对水体的污染是通过恶化水质、富营养化和生物病原菌污染三种方式。粪便污染水传播疾病一是以水，特别是以饮用水直接传播，如传播痢疾、伤寒、副伤寒、霍乱、病毒性肝炎等。二是以水生动、植物为中间宿主或媒介，通过人们生食而传播传染病和寄生虫病。绿色食品养殖场畜禽粪便和粪水不能任意排放，必须经过处理。养殖场废水和生活污水经处理必须达到国家或地方污水排放标准，以保证环境不受污染。

二、环境条件和污染物限量标准

养殖场和饲料产地环境条件具备什么微生态环境，及其可允许的致毒致害限量值是操作依据。有的已形成国家标准，可供参考。如：

饲养的圈舍必须能保证动物按其物种本身特有的行为方式生活，包括活动、休息、饮水、群居、繁殖方式等等。对中型动物来说活动面积不少于 2 米^2/头。

畜禽必须得到充足的阳光和新鲜空气和充足的清洁的饮用水，其水质必须达到国家生活饮用水标准（GB5749—95）。

土壤各项污染物含量、产地水环境污染浓度限值见表 5-2 和表 5-3。

表 5-2　土壤各项污染物含量限值

单位：毫克/千克

pH / 污染物	旱田			水田		
	<6.5	6.5～7.5	>7.5	<6.5	6.5～7.5	>7.5
镉	0.30	0.30	0.40	0.30	0.30	0.40
汞	0.25	0.30	0.35	0.25	0.40	0.40
砷	25	20	20	20	20	15
铅	50	50	50	50	50	50
铬	120	120	120	120	120	120
铜	50	60	50	50	60	50

注：1. 果园土壤中的铜限量为旱田中的铜限量的 1 倍。

2. 水旱轮作用的标准值取严不取宽。

3. 绿色食品农产品产地必须保持较高的土壤肥力水平。

表 5-3　产地水环境污染浓度限值（NY/T391—2000）

指　标	灌溉水	渔业用水	畜禽养殖用水	加工用水
色、臭、味	—	不得使水产品带异色、异臭、异味	不得有异臭、异味	—
漂浮物质	—	水面不得出现油膜或浮沫	—	—
悬浮物	—	人为增加量不得超过毫克/升	—	—
色度	—	—	15 度，不得呈现其他异色	—
混浊度	—	—	3 度	—
pH	5.5～8.5	6.5～8.5（淡水） 7.0～8.5（海水）	6.5～8.5	6.5～8.5
总汞 Hg（毫克/升）	0.001	0.000 5	0.001	0.001
总镉 Cd（毫克/升）	0.005	0.005	0.01	0.01
总铅 Pb（毫克/升）	0.1	0.05	0.05	0.05
六价铬 Cr（毫克/升）	0.1	0.1	0.05	0.05
总砷 As（毫克/升）	0.05	0.05	0.05	0.05

（续）

指　　标	灌溉水	渔业用水	畜禽养殖用水	加工用水
氟化物（毫克/升）	2.00	—	1.00	1.00
粪大肠菌群（个/升）	1 000	—	—	—
细菌总数	—	—	100（个/毫升）	100（个/毫升）
总大肠菌群	—	5 000 个/升（贝类 500 个/升）	3（个/升）	3（个/升）
氰化物（毫克/升）	—	—	0.05	0.05
溶解氧（DO）（毫克/升）	—	>5	—	—
生化需氧量（BOD_5）（毫克/升）	—	5	—	—
悬浮物（SS）（毫克/升）	—	<10	—	—
挥发酚（毫克/升）	—	0.005	—	—
石油类（毫克/升）	—	0.05	—	—
氯化物（毫克/升）	—	—	—	250

注：灌溉菜园用的地表水需测粪大肠菌群，其他情况不测粪大肠菌群。

圈舍的建筑要有一个卫生的环境，以免对终产品产生不良影响，如避免使用具有潜在毒性的建筑材料，不能使用有毒的木材防腐剂处理的材料等。

三、其他需要环节

1. 品种　选择适应当地自然条件的健康的品种为主要品种。

2. 来源　最好是绿色食品繁育场的，若不能满足，需经 CGFDC（中国绿色食品发展中心）认可后允许从其他地方购入，其比例不应超过成年畜禽总量的 10%。

3. 饲养与饲料

（1）饲料和营养品必须来源于绿色食品产地和环境符合绿色食品产地环境质量标准的天然草场、水域等。严格按成年和幼龄畜禽的生物学特性和个体生态学原理进行饲养管理。

（2）禁止使用化学合成生长促进剂、镇静剂、兴奋剂、驱虫保健剂、化学防腐剂和人工着色剂以及采用鸡粪、牛粪或其他畜禽粪便作饲料；禁止注射如乙烷提取过的物质的溶剂和纯的氨基酸。

允许添加食盐、氧化镁、微量元素、维生素、磷酸钙、碳酸钙等天然矿物。

（3）不允许长期套枷饲养和笼养，必须定期放牧。严禁给动物去喙、割尾、冷（热）烙、强制脱毛等使动物肢体残缺的措施。

（4）必须通过预防措施来保证畜禽的健康。一旦患病，须优先选择自然疗法。只有经兽医确诊，遵照《生产绿色食品的兽药使用准则》规定才能使用对症疗法，对新化学药物需经 CGFDC 批准方可使用。

（5）禁止使用化学合成促生长剂、繁殖剂和天然及合成的激素类药物。允许使用生物制品（遗传工程生产的活病毒疫苗除外）、生物源药物、无机及矿物性药物、维生素。

4. 运输和屠宰　运输过程中，要善待动物，不得使用任何电驱赶辅助设备。运输前，车辆应彻底清洗干净，运输中要保持良好通风和环境卫生，并及时给动物喂水、喂食。运输前和运输中不得使用化学合成的镇静剂或兴奋剂。

在使用车辆运输时，将动物运至屠宰场的时间不得超过 24 小时。屠宰前应接受检验和检查，合格的畜禽必须在绿色食品的定点屠宰场屠宰。屠宰前必须先击昏，致昏至开始放血致死的时间应尽量短暂。

5. 档案

（1）与生产、销售、购进的生产资料有关的文件需存档妥善保存，以备检查员考察，其中包括：对产地的环境状况的有关资料及监测评价资料；作物生产地的有机生产方式的记录材料；生产资料的投入，如肥料、农药、食品添加剂的投入等均要符合有关规定，并有记录。

（2）检查员要对过去一年以来购进的材料和生产者使用的材料进行核查，有关单据要妥善保存。进场畜禽、年龄、来源、检疫期；购进（自产）饲料，其来源、种类、供货商、数量、给饲定额、添加剂等的有关单据、记录。兽医处理详情，包括畜禽病虫疫情、日期、使用药物、处理的畜禽、检疫期及检疫地点等有关资料和单据。

（3）销售情况　种、养的每一种类或品种、数量、价格、购买者或销售地、销售的绿色食品的发票或发票复印件须存档备查。上述各生产资料购入，须将购买时的发票复印存档备查。

第四节　饲料安全与检测

一、饲料检测的必要性

饲料的安全生产在国民经济意义上是衡量国家发达水平的标准之一。现在人们对“绿色食品”、“无污染食品”、“保健食品”趋之若鹜。而畜产品污染主要是通过饲料或添加剂造成的，因此，饲料安全检测已列入议事日程。我国饲料的安全问题是受到国家领导和主管部门高度关切和重视的，饲料的规范化生产正处在不断改进的过程之中。改革开放以来，我国畜牧业生产取得举世瞩目的成就，主要畜产品产量连续 18 年增长，成为世界上肉、蛋生产第一大国。人均肉类占有量达 49 千克，大大超过世界平均水平 38 千克，已赶上发达国家的水准。随着畜产品的日趋丰富，我国畜产品市场正在由卖方市场转向买方市场，市场对畜产品的需求已由数量型为主转向数量和质量并重的消费格局。

养殖业在相当大的程度上是摆脱了传统的饲养模式，其中养猪和肉鸡、蛋鸡行业领先进入世界先进水平。其中饲料工业发挥了巨大的作用。从 1978 年至今的 20 余年中总产量从年产 60 万吨增加到 2001 年的7 806万吨。饲料加工企业总数达11 905个，配合饲料加工企业达6 761家，浓缩饲料加工企业2 539家，添加剂预混料生产企业2 579家，饲料添加剂生产企业 964 家，饲料原料企业1 426家，饲料机械加工企业 72 家，总规模仅次于美国而居世界第二位。

然而我国饲料生产还不很成熟，存在的问题颇多，如滥用饲料添加剂和饲料原料是当前饲料和养殖行业中比较普遍的问题。滥用饲料添加剂不但造成人用食品药物和重金属残留超标，危害人民群众的身体健康和生命安全，而且对我们赖以生存的生态环境造成严重危害。

一些饲料企业为迎合部分养殖户和消费者的喜好，取得一时的利润，在饲料中超量添加铜、锌和使用砷制剂等，已经对养殖场附近的土壤和水源造成污染。某些饲料企业谋取不正当利益，使用不合格的饲料原料，如矿物质饲料原料磷酸氢钙脱氟不彻底或工艺不完善，易造成氟超标，皮革蛋白粉在加工过程中铬残留超标，以及玉米、花生饼粕等霉菌总数超标，都影响饲料产品质量。当这些饲料喂给动物后，其中含有的有害成分进入动物体内，并残留在各种组织器官和肉、蛋、奶中，最终为人类食用，引起慢性中毒，甚至致残、致癌、致突变、致畸胎等，严重威胁人类健康。以 1995 年全国配合饲料统检为例，这次统检共抽查猪、鸡配合饲料2 638批次，合格率仅为 62%。在不合格的1 002批次样品中，有毒有害物质如重金属铅、砷、铬及致癌的黄曲霉素等卫生指标不合格的几乎占了一半。2001 年国家有关部门进一步加大饲料市场监管力度，检测的添加剂预混合料合格率达 81%，饮用水中瘦肉精检出率由 2001 年的 6.6%下降到 2002 年的 2.8%。饲料中瘦肉精检出率由 2001 年四季度的 0.66%下降到 2002 年四季度的 0.1%。

一些不法企业为牟取暴利，在饲料中添加绒毛膜促性腺激素、甲基睾丸酮、雌二醇等激素类药物，导致“饲料卫生事件”时有发生。

从长远看，我们必须认识以下一些问题。就饲料工业和养殖业而言，虽然我们在一些尖端技术上与发达国家的水平相差不远，但先进的科学技术的普及方面差距甚远。动物产品的总体质量水平与发达国家相比，差距很大。我国添加剂开发和生产上科技成果储备低，工业基础薄弱，生产成本过高，必须从根本上提高技术含金量。我国加入 WTO 后，经济上的贸易壁垒不复存在，如让国际农产品大举进入中国市场，一方面要消耗我国的大量外汇，另一方面，由于大量外国产品的涌入，势必使国内的农业生产受到沉重打击，进而伤害农民的利益。更为严重的是，大量进口农、畜产品势必使国内农业生产萎缩，在这种情况下，一旦国际经济、政治或军事形势发生变化，食品将成为一种极为重要的战略物质而威胁到我们的国家安全。

二、有毒饲料的危害

绿色畜产品的生产从饲料角度考虑，要求饲料中不含激素，农药残留物、重金属含量超标等成分，包括：

（一）亚硝酸盐 土壤硝酸盐含量积存过多，导致饲料中硝酸盐氮含量过多，硝酸盐在土壤中在反硝化细菌的作用下，还原成亚硝酸盐，并产生氮和二氧化氮等，后者在光作用下，可形成二氧化氮，该物质是致皮肤癌的物质。在谷物种植过程中氮肥的施投量过大，生产的饲料对家畜是不利的，过量的施用磷肥，在土壤中的铁和锌形成水溶性的磷酸铁和磷酸锌，降低这两种元素被植物吸收的量，使得饲料中缺铁和缺锌。由于磷肥中镉的含量较多，长期用磷肥过多，使土壤中含镉量比常规的高十倍到数十倍之多，使地下水含镉量超过卫生标准（0.005 毫克/升）能造成家畜的镉中毒。世界卫生组织（WHO）指出，每升水中，亚硝酸盐量超过 44 毫克，就是危险剂量，亚硝酸盐中毒占各种中毒情况的 20%，中毒的死亡率牛是 25%，猪是 40%～50%。

（二）有机氯和有机磷农药 化学农药的污染主要来自有机氯农药和有机磷农药。这些农药的化学成分比较稳定，不降解，在土壤中能长期残留，在这种土壤上长成的谷物和秸秆都含有农药的成分，高残留量被畜禽采食，引起中枢神经、肝脏、肾脏等器官的损害，出现病患；而动物体中，尤其在脂肪、内脏和蛋中以积累和浓缩的形式存在。人们食入这些喂过含有高残留农药成分的饲料和饲草的畜禽生产的畜产品，容易发生致癌、致畸和其他突变性疾病。对六六六、DDT 等农药污染的土壤农地不得用于饲料生产。

（三）“三废”污染 废水、废气和废渣（粉尘）简称“三废”都有引起畜禽中毒物的危害。

1. 氟 氟中毒，食入含氟量过大的草料是破坏磷钙代谢的原因。氟中毒轻是引起牙齿发黄，较重时，牙齿、骨径变形，跛行，再重则肋骨及尾骨软化，中柱脆弱，产后严重瘫痪，卧地不起，至死亡。排出含氟废气的工厂有：炼铝厂、炼钢厂、陶瓷厂、磷肥厂、氟盐厂等。主要是氟化氢（HF）和四氟化硅（SiF4）等废气，未经处理排放在环境中会使工厂周围农业环境遭到污染，使饮用水、饲料、牧草含有过多的氟化物，家畜采食这些饲料后，成批患氟中毒。因此，在这类工厂周围的土地，都不宜生产粮食和饲草饲料作物，也不宜做放牧场。

2. 砷 家畜摄入含砷水和含砷饲料，可引起中毒。急性中毒的表现为急性肠胃炎伴有食道炎、鼻炎和眼结膜炎、步行踉跄、口渴、消瘦、流涎、虚脱等。慢性中毒的症状为消瘦，被毛粗乱，有些掉毛、湿疹，偶尔有肌肉麻痹。牛在喷洒灭蜱药物时，皮肤吸收中毒量为口服量的1/10。虽然量较小，也会滞留体内，开始时少量的砷有增加家畜食欲和毛光泽的作用。但要警觉，因随后将会中毒，要立即预防。

在冶炼厂附近放牧牛、马、羊等都会发慢性砷中毒。产乳牛的乳量可降低 12%，乳脂减产 8%，污染地区母畜流产和不孕的事例要比非污染地区高，放牧在含甲砷钠高（300 毫克/千克）的草地的牛，7 天后，其肝内砷的残留量可达 5.5～6.0 毫克/千克，肌肉中可达 8.8 毫克/千克。甲砷一钠是农田中使用的一种除草剂。可见，其危害之大。据推算一个万头猪场按美国 FDA 允许使用的砷制剂剂量推算，若连续使用添加含砷药物的饲料，5～8 年之后将可能向猪场周边排放近 100 千克砷（As）。同时地下水中的砷含量也将相应地升高。据 Tseng（1977）对我国台湾省西南海岸发病地区的40 421人的调查发现，428 人由于饮水中含砷而患皮肤癌，而且老年人的发病率高于年轻人。世界卫生组织，1995 年已将饮水中的最大允许量从 1981 年的 0.5 毫克/升修订为 0.1 毫克/升。可见不能认为饲料工业是个“绿色”行业而麻痹大意。联合国环境规划署、国际劳工组织、世界卫生组织于 1987 年联合发布了《砷的环境卫生标准》，该标准详尽地对砷的特性、分析方法、迁移分布，空气、水、食物、饮料、动物及人体各部位的砷含量浓度、砷的代谢、砷的“三致”作用、危险性评价等进行了详细的综述，并做出了一系列规定。中华人民共和国国家标准饲料卫生标准中也做出了鱼粉、石粉及猪、鸡配合饲料中的含砷量分别不得超过 10 毫克/千克、2 毫克/千克和 2 毫克/千克的规定。当前，我国广大农村还保留着大面积的未被污染的土地及清洁养殖业的生产条件，这是保证在我国农村生产绿色食品的有利条件。当前加强法制建设，保卫净土已成为全民的共识，作者确信做到了这一点，“中国产”这一品牌预计在国际市场上将会占有更高的声誉。

3. 镉　镉进入家畜体内后，可分布于动物全身，蓄积在肾脏内，使肾小管发生结构变化，进而破坏肾脏的排泄能力。据测定，镉在肾脏内可耐受量为271毫克/千克。如超过此阈限值可引起中毒，家畜中毒症状表现为缺铜性贫血、缺铁性贫血、锌缺乏症和钙代谢障碍等。

乳牛在被镉污染的牧地上放牧，采食被污染的饲草和饲料，可使牛乳中含镉量大为提高，能引起婴儿的慢性镉中毒。羔羊和牛犊尤为敏感，土壤的含镉量超过12毫克/千克，就会受害。

4. 铍　在煤块及其热解产物中都含有铍，我国煤的使用量很大，从煤炉烟囱提排放的铍量已大大超过允许量。试验证明，家畜长期暴露于铍量较高的环境中，能产生严重的后果，在含铍100毫克/米^{3}的环境中暴露14天，含铍50毫克/米^{3}的环境中暴露51天，含铍1毫克/米^{3}的环境中暴露100天，均可致死。中毒症状表现为典型的肺炎、呼吸道发炎、黏膜受刺激、咳嗽、搐搦而致死。即使含铍量很少也能发生体内氮代谢变化，还可能抑制某些代谢酶的活性；长期暴露（6～9个月）之后，表现为肺泡壁纤维化、增厚并发生炎症，若再继续暴露，则可导致上皮增生和癌变。炼焦厂等附近都不宜搞绿色食品生产。

5. 铅　家畜吃了被铅污染的牧草后引起铅中毒。经测定，在污染区的牧草、干草、青贮料内的含铅量可达139毫克/千克。而未污染的干草只有1.8毫克/千克。牛对大气中的含铅量的最大允许量为0.15毫克/米^3。

Singer报道，由于汽车排气污染公路附近带90～100米内，植物体内含铅量要比正常植物高100倍，因而铅中毒发生率大为增加。虽然绵羊对铅的抵抗力比牛强，而猪对铅较为敏感，但都不宜将公路沿线开辟为饲料生产地。

铅主要贮存在肝脏、肾脏和骨骼中，急性中毒表现食欲不振、便秘、被毛粗乱、流涎、昏迷、乳量下降。慢性中毒表现为消瘦、神经失常、搐搦、夜盲或失明、贫血、腹泻、共济失调、呆痴、毛粗乱、有的发生流产。

当消除外界污染源后，铅可慢慢地从尿中排出，但骨中的铅可滞留在动物体内达数周、数月以至数年。哺乳犊牛体内的铅残留量主要来自污染的乳或通过胎盘的转移。这样，铅污染区地不能生产绿色食品。

6. 汞　进入家畜体内的汞可以蓄积在体组织内，以肝脏和肾脏内较多，排除很慢。日本水俣病地区的猪、鸡、猫等因甲基汞中毒，引起神经症状、步态不稳，继而痴呆、全身麻痹、身体弯弓，甚至高叫而死。但多由误食所致，可以防患。

7. 锰　锰是畜禽体内所必需的微量元素之一，在肌肉和血液中的含锰量应低于1毫克/千克。但在工业区的水域中，往往有过多的锰，畜禽由于饮水和采食该地区的饲料饲草，以至摄入过量的锰，引起锰中毒。根据安徽省安庆市乳牛场于1979年报道，该场曾发生锰中毒，使55头乳牛发病，发病率为40%。主要症状为明显的肉垂水肿，经化验表明，该地区的地下水中含锰量超过国家规定标准的45倍。

（四）有害饲料添加剂　瘦肉精等激素的中毒是必须避免的，只要饲料中不添加有关违禁激素，可以无害于人。1999年5月29日国务院颁布《饲料和饲料添加剂管理条例》，规定“不得直接添加兽药和其他禁用药品”，“生产药物饲料添加剂，不得添加激素类药品”。“瘦肉精”也称盐酸克伦特罗，对人畜健康都极为有害。中毒的症状为：肌肉震颤、心悸、神经过敏、头痛、目眩、恶心、呕吐、发烧、战栗等。

小结：绿色饲料的认定要符合绿色食品中的三个准则，即：饲料和饲料添加剂使用准则，兽药使用准则，动物卫生准则。生产企业符合这三个准则的才被允许使用中国绿色食品专用标志。

标准规定，90%的动物饲料必须来自绿色食品生产基地，标准中对包括欧盟允许的一些药物添加剂也禁用，抗寄生虫药、抗菌药经过严格筛选后能够使用的仅有20余种，我国规定的停药期在世界各国规定中也是较长的，如庆大霉素的停药期就有40天。这种严格的规定保证了我国绿色动物性食品标准与国际接轨，更重要的是保证了广大消费者的健康和生命安全。只有这样，才能保证我国入世后，绿色食品在国际市场上占有利位置。

绿色动物性食品必须具备如下四个条件：一是绿色动物性食品和原料（饲料）的产地必须符合农业部制定的绿色食品生态环境标准。二是饲料原料一农作物种植、畜禽水产养殖及加工必须符合农业部制定的绿色食品操作规程。三是绿色动物性食品必须符合农业部制定的绿色食品质量和卫生标准。四是绿色动物性食品外包装必须符合国家食品标签通用标准，符合绿色动物性食品的条件包括原料生产环境、动物养殖及加工、产品质量和卫生标准、包装等均需达到农业部颁布的有关标准。

第五节　绿色食品生产的经营理念

一、现代农业的经营思想

现代农业在实行劳动密集、资金密集、技术密集、能量密集、商品密集相交叉的集约经营时，要避免片面集约化，精心谨慎地对待农业，通过精湛的农业工艺与农业生态工程，以便在小块土地上首先生产高价位产品，再通过物质循环利用与加工使产品增值。通过提高系统的自我组织能力，使自然资源增值，以维持系统生产的高效益。绿色食品生产强调更多地发挥生物措施、生态措施的效能，通过生物群落的综合，多能、多层次、多向利用，实现最低的消耗，最低的成本，最高的效能，表现为生态结构的不断进化，使各种生态因子的组合更为理想，相互之间的因果关系更加协调。绿色食品生产通过食物链网络化以及农业废弃物资源化来充实生态位，充分发挥资源潜力和物种多样性优势，实现可再生资源的连续利用，以弥补我国自然资源相对短缺的不足，提高农业生态系统的稳定性。绿色食品生产强调农业的商品生产，把生态系统食物链和经济系统的投入产出链科学地结合为一体，发展合理的农产品加工业，一方面可以多层次地综合利用各种生态系统的生物产物，创造出国际国内市场需要的商品，实现价值的多次增值；另一方面还通过对产出链或加工链环节的投入，促使人工安排的农业生态系统的食物链更加合理，使各种有机物和废物得到多层次利用，产出更多的生物产品，使农业发展进入资源一商品一资源的良性循环。绿色食品生产要求农业生产必须因地制宜、保持和提高农业生态环境的质量，强调物质投入的经济效益和生态效益的统一，以农业系统的经济状况和生态结构决定物质投入结构，创造无污染农业。绿色食品生产强调进行物种群的时空优化，构成模式多样的农业立体结构。

二、绿色壁垒

绿色壁垒是种保护措施，产生于发达国家，在出口产品上凭借科技优势，打开进口国的门户，而进口国凭借保护环境和人类健康为由，通过立法或制定严格的强制性法规对国外商品进入本国实施准入制的贸易办法，即设立贸易壁垒。在世贸组织成立之后，成员为了保护本国市场不受冲击，保护农民利益，依照WTO关于“不得阻止任何国家采取必要的措施保护人类、保护环境条款设置的贸易障碍”的简称“绿色壁垒”采取对策。由于世界贸易组织成员间相互扩大市场开发力度，进出口关税进一步降低，逐步削减进出口配额，不仅使关税保护失去了作用，传统的非关税保护手段应用的空间越来越小，各成员为了保护本国利益采取对应的措施，要设立必要的绿色壁垒。

绿色壁垒又称技术壁垒或环境壁垒。畜产品必须是绿色食品，以符合优质、安全和动物福利原则为生产来源，并且产品的高技术内涵越来越高，对国际贸易的产品不仅要看产品本身的质量，并要考察该产品的生产场地、生产条件和生产过程中的每个关键环节以及所执行的标准和认证等。绿色壁垒全称为绿色技术贸易壁垒，实质上是国际贸易战问题。由保护贸易利益所引发的国际争端时有发生，这在很大程度上提高和增加了国际贸易上的门槛，强化了进口国家在畜禽产品贸易中的主动地位，加大了出口国向发达国家出口产品的难度。发达国家在畜禽产品生产中启动的绿色食品和安全食品生产的时间早、技术规格高，因此在国际畜禽产品上占主导地位，发展中国家，就比较被动。在市场机制下，生产者相对于消费者来说是弱者。入世之后，中国要在畜产品贸易上占据主动地位，必须改变观点，提高技术含量，提供环保和安全型产品。

随着国际经济一体化的发展和贸易的自由化趋势，在传统的关税和非关税壁垒藩篱不断拆除的同时，西方发达国家纷纷采取隐蔽性更强、透明度更低、更不易监督和预测的保护性措施——技术贸易壁垒，以阻止发展中国家的产品进入本国市场——所谓技术贸易壁垒，是指一国以维护国家安全或保护人类健康和安全，保护动植物的生命和健康，保护生态环境，或防止欺诈行为，保证产品质量为由，采取一些强制性或非强制性的技术性措施，这些措施成为其他国家商品自由进入该国的障碍。

随着我国对外经济贸易的加速发展，特别是加入世贸组织，发达国家势必也将加强对我国技术贸易壁垒的实施，因此，研究发达国家在国际贸易中所实施的技术壁垒状况，对我国的出口贸易及企业的生产等都具有十分重要的意义。

对安全食品的生产，具有以下一些法定要求：

（一）技术标准与法规 技术标准是指经公认机构批准的、非强制执行的、供通用或重复使用的产品或相关工艺和生产方法的规则、指南或特性的文件。有关专门术语、符号、包装、标志或标签要求也是标志的组成部分。

技术法规是指必须强制执行的有关产品特性或其相关工艺和生产方法，包括：法律和法规；政府部门颁布的命令、决定、条例；技术规范、指南、准则、指标；专门术语、符号、包装、标志或标签要求。

在质量标准方面，欧盟规定进口商品必须符合 ISO9000 国际质量标准体系。

目前，欧盟拥有的技术标准就有 10 多万个，德国的工业标准约有 15 万种，日本则有 8 148个工业标准和 397 个农产品标准。美国的技术标准和法规就更是多得不胜枚举了，而且，这些发达国家的技术标准大多数要求非常苛刻。

（二）合格评定程序 合格评定程序一般由认证、认可和相互承认组成，影响较大的是第三方认证。认证是指由授权机构出具的证明，一般由第三方对某一事物、行为或活动的本质或特征经当事人提出的文件或实物审核后给予证明，这通常被称为“第三方认证”。认证可分产品认证和体系认证。

产品认证主要指产品符合技术规定或标准的规定，其中因产品的安全性直接关系到消费者的生命健康，所以产品的安全认证为强制认证，欧盟对欧洲以外的国家的产品进入欧洲市场要求符合欧盟指令和标准（CE）；北美主要有美国的 UL 认证和加拿大的 CSA 认证；日本有 JIS 认证。

体系认证是指确认生产或管理体系符合相应规定，目前最为流行的国际体系认证有 ISO9000 质量管理体系认证和 ISO14000 环境管理体系认证；主业体系认证有诸如 QS9000 汽车行业质量管理体系认证、TL9000 电信产品质量管理体系认证等。

（三）包装和标签要求 近十几年来发达国家相继采取措施，大力发展绿色包装，主要有：

（1）以立法的形式规定禁止使用某些包装材料 如含有铅、汞和镉等成分的包装材料，没有达到特定的再循环比例的包装材料，不能再利用的容器等。

（2）建立存储返还制度 许多国家规定，啤酒、软性饮料和矿泉水一律使用可循环使用的容器，消费者在购买这些商品时，向商店缴存一定的保证金，以后退还容器时由商店退还保证金，日本分别于 1992 年发布并强制推行了《回收条例》和《废弃物消除条例修正案》。

（3）税收优惠或处罚 即对生产和使用包装材料的厂家，根据其生产包装的原材料或使用的包装中是否全部或部分使用可以再循环的包装材料而给予免税，低税优惠或征收较高的税赋，以鼓励使用可再生资源。欧盟对纺织品等进口产品还要求加贴生态标签，目前最为流行的生态标签 OK0－Tex Standard100（生态纺织品标准 100），是纺织品进入欧洲市场的通行证。

（四）产品检疫、检验制度 基于保护环境和生态资源，确保人类和动植物的健康，许多国家，特别是发达国家制定了严格的产品检疫、检验制度。2000 年 1 月 12 日，欧委会发表了《食品安全白皮书》，推出了内含 80 多项具体措施的保证食品安全计划；2000 年 7 月 1 日开始，欧盟对进口的茶叶实行新农药最高允许残留标准，部分产品农药的最高允许残留量仅为原来的 1/100～1/200。美国食品和药物管理局依据《食品、药品、化妆品法》、《公区卫生服务法》、《茶叶进口法》等对各种进口物品的信证、包装、标志及检测、检验方法都作了详细的规定。日本依据《食品卫生法》、《植物防疫法》、《家畜传染预防法》对入境的农产品、畜产品及食品实行近乎苛刻的检疫、防疫制度，由于各国环境和技术标准的指标水平和检验方法不同以及对检验指标设计的任意性，而使环境和技术标准可能成为技术贸易壁垒。

（五）信息技术壁垒 EDI和电子商务将是21世纪全球商务的主导模式，而电子商务的主导技术是信息技术，目前，发达国家在电子商务技术水平和应用程度上都明显超过发展中国家，并获得了战略性竞争优势，而发展中国家尤其是不发达国家在出口时因信息基础设施落后，信息技术水平低，企业信息化程度低，市场不完善和相关的政策法规不健全等而受到影响，在电子商务时代处于明显劣势，导致信息不透明，如合格认定程序，信息传递不及时；如技术标准更改，信息传递路径不畅通等，这种新的技术壁垒——信息技术壁垒在发达国家与发展中国家、不发达国家之间形成了。

（六）绿色技术壁垒有关的条例 绿色技术壁垒是指那些为了保护环境而直接或间接采取的限制甚至禁止贸易的措施，为避免人类健康和生态环境遭到灾难性的危害，国际社会签订了一系列国际公约，如《濒危野生动植物物种国际贸易公约》、《保护臭氧层维也纳公约》、《关于消耗臭氧层物质的蒙特利尔议定书》及其修正案《控制危险废物越境转移及其处置巴塞尔公约》、《生物多样化公约》、《联合国气候变化框架化公约》、《生物安全协定书》等等。1996年4月国际标准化组织专门技术委员会正式公布了ISO14000系列标准，对企业的清洁生产、产品生命周期评价、环境标志产品、企业环境管理体系加以审核，要求企业建立环境管理体系，这是一种自愿性标准。目前，ISO14000正成为企业进入国际市场的绿色技术壁垒。

主要发达国家还先后分别在空气、噪声、电磁波、废弃物等污染防治、化学品和农药管理、自然资源和动植物保护等方面制定了多项法律法规、许多产品的环境标准，如美国UL和“绿十字”欧盟的“EU制度”、加拿大“ECP”等等。

另外，西方发达国家以保护环境为名，对一些发展中国家的出口产品频频征收环境税，还要求根据谁污染谁治理原则，污染者应彻底治理污染，并将所有治理费用纳入成本，也就是使环境资源成本内在化，否则是进行生态倾销，应征收生态反倾销税等。

三、强化畜产品安全生产的原动力

（一）改变被动地持续大量引进市场主要产品的畜禽原种 在我国占市场营销量主体畜产品的原种大多数是进口的，关键是一而再，再而三地每年大量引进原种或曾祖代，禽、猪、牛、羊等无一例外，我国原有的良种资源，除少数以外，无提纯复壮和改进遗传能力。出口梅山猪的时候，人们共同的认识是丧失了宝贵的遗传种质，把猪的多仔基因低价出售给别国，使国外可以缩短几十年，赶上中国猪的多仔性能。这在20年前，是什么基因控制猪的多仔性状并不清楚的情况下是如此，就是到了今天我们已经知道有几个多仔基因在控制猪的仔性状时，也依然如此。如果我们的遗传育种能力很强，引进那些曾祖代、祖代鸡、猪的种系时，能立即着手超越原系的性能时，那些出口鸡、猪曾祖代的国家也会感到丧失了基因库，然而这种舆论从未出现，而且是源源不断地竞向中国输出原种。情况很清楚，在中国这样畜禽品种资源遗传多样性十分丰富的国家，畜牧工作者做贡献的前景广阔，但任重而道远，希望中国成为世贸组织的成员后能聚起奋进，多做贡献。

（二）强化畜产品的安全食品监察制度 近年来，有关政府部门在打击“注水肉”、禁止“瘦肉精”、监察重金属元素和抗生素残留，启动注册绿色食品，改善畜禽生产的生态环境等方面，有的是重拳出击，卓有成效，但有的是法规成文，执行乏力。造成这种情况的原因很多，如基层组织机构不健全，或经费不足，或地方上只顾眼前利益，短期行为等弱化了行政力度，造成了出口贸易上屡屡出现到岸产品被全部焚毁或处理的被动局面。可喜的是在入世后的不到两年时间，全国有十多家企业始终保持禽肉等产品绿色通行的记录，可见中国具有这种生产“绿色食品”和“安全食品”的条件，并且已成事实。是这些企业具有与国际接轨的经营绿色食品的理念。由这样的优势企业去取代弱势企业是大势所趋，中国入世会加速这个过程，也是国内同行产业间竞争的良好势头。前者是行政因素，后者是企业因素；还有一个市场因素，即市民对安全食品的认识。比如说，对含高抗生素剂量的牛奶的害处，含“瘦肉精”猪肉的害处被民众所认识以后，抵制这类产品就形成强大的群众舆论，进而在市场上形成对非安全产品群众性的抵制，十分有利于在国内形成规范化的安全食品市场。

（三）以科技普及为主，建立畜牧业生产优质化体系 科技进步的作用，在发达国家在畜牧业增产的经济增长中贡献率达60%～80%，我国则刚刚超过40%，在畜牧业生产优质化体系建设过程中，一是要广开无污染的牧草和饲用作物的资源和利用技术；二是研制和开发新型的绿色动物营养和饲料添加剂；三是加速发展胚胎工程，高新繁殖技术的推广应用，建立自主的可行的良种良繁制种体系；四是完善和强化畜禽主要疾病预警预报体制，提高防治结合的全国网络；五是突破畜禽粪尿优化环保处理和利用；六是加速畜牧业标准化技术规范的出台；七是研制全国畜牧业信息化网的软件和管理系统。

优质畜禽产品是突破“绿色壁垒”的主要指标，优质的核心是畜禽的健康生产，并贯穿于“从生产到餐桌”的全过程。包括食品的安全、营养、风味和商品品质，其整体是建立可持续发展的动物农业生产体系。

（四）发挥我国丰富资源特点，建立知识产权大国谋略 中国是中兽医传统悠久和中草药资源特别丰富的国家之一，在绿色畜产品开发上具有无比的特长和优势，不断积累和创新，在治疗药物和饲料配方上必然会独占鳌头，形成大批知识产权是时间问题，关键是要在科研体制上加以强化。动植物资源的遗传多样性方面，我国在世界上也是名列前茅的，自力更生地开发改进型良种资源，不但可以满足国内对畜产品不断提高和增长的需求，而且必然可以促进对外贸易的长足发展。

（五）推动民间协会组织，统一对外贸易标准和策略 我国的市场经济发展历史较短，民间协会组织几乎等于零，地方行政的外贸操作往往是以地方局部利益为重，未能重视企业来参与全国统一的外贸事业。20多年来，自中央的外贸权下放后，地方出口产品的内部竞争和不协调，导致优质不优价，相互自我压价的事件常有发生。面向“绿色壁垒”一个世贸组织的成员还不能摆脱旧有的分割局面，就只能处于贸易逆境之下。然而民间协会组织的形成没有几十年的滚打是不可能的，可喜的是有些大企业的主持者具有远景设想，在企业发展壮大之时，不断地在联合分散的、非规模性的畜牧生产单位，建立起新的威望。如果能引入国外的协会机制，由政府组织促进企业家组织行业协会，形成中国式的新农民协会和合作生产体系，为子孙万代的大业打好坚实的基础。好在2001年12月9日中国畜牧业协会正式成立，已着手协调企业间的关系，可望在畜产品外贸上有统一的政策。

(六) 强化知识产权观点，打出中国食品品牌　入世后，人们懂得申报专利的重要性，这是对商品市场认识的一个巨大进步。越是经济发达的地区，申报专利的企业越多，如广东省珠江三角洲地区，专利批准数在国内领先；而经济欠发达或不发达地区，申报专利就少。那些地区有不少是土壤和空气没有污染的处女地，生产绿色食品可以免去很多麻烦，但是有的地方为了加速引资，不顾引入项目的生产会不会是发达地区已拒绝的环保不合格产业，都全部接受不误，出现急功近利的行为，这对于申报绿色产业及有关的专利权是格格不入的。

有专利才有利于打出自己的品牌，随着大中城市居民品牌意识的加强，没有品牌的产品很难再有竞争能力；绿色食品的成功需要更高的标准，先进的企业无不在谋划高层次的产品，那么优质必须是环保型的，或生态食品，或称绿色食品。如果达不到有关的要求，不仅在国内品牌间失去竞争能力，而且当外国的产品打入中国市场时，没有对抗能力而处于被动的地位。以国产奶粉而言，许多生产基地还以小农为主，手工挤奶，缺少卫生操作的规范，牛奶收购标准和检验技术与国际要求还有相当距离，与发达国家的奶业，用机械化挤奶，通过自动消毒系统和运输过程，保证牛奶的各方面品质相比，弱势历历在目。世贸协议全程执行之日，为期不远，应当给予严肃的关注。只有质量信誉的品牌才能突破绿色壁垒。以浙江省为例，列举如下：

一个旨在发展优质无公害畜产品，提高浙江省畜牧业整体竞争力的"绿色畜产品行动计划"已经启动。据浙江省农业厅负责人介绍，该计划将从肉蛋奶三个产品着手，争取在3年内实现浙江省主要规模养猪场、养禽场和乳制品加工企业上市的肉蛋奶达到绿色畜产品的要求。

根据该计划，浙江省将以实施畜牧业走出去战略为突破口，加快建立一批绿色畜产品生产基地。3年内，全省年出栏生猪5 000头以上的规模养猪场和年出栏肉禽5万羽以上的养禽场，在防疫、饲料、环境等方面将全面按照绿色畜产品生产要求，实行标准化生产。

衢江是浙江人民的"母亲河"钱塘江的源头河段之一，贯穿江山市全境。近年来，江山市畜禽业快速发展，据统计，2001年末江山畜禽存栏总数有400多万头（只），其中生猪40多万头，年产粪尿总量为80多万吨，污水量140多万吨。以生猪为主的畜禽养殖业的发展，既给畜禽养殖户带来了效益，同时也给衢江水质带来了威胁。保护钱塘江源水质就是保护江山的发展环境。为此，江山环保部门积极借鉴和引进畜禽粪便、秸秆等农业固废的综合利用和循环利用技术，分门别类做好畜禽污染物综合治理和利用的文章。对大型规模养殖场主要以建有机肥厂、废水综合处理场来解决。如江山市天蓬公司、江山绿业公司等大型养殖场即采取了这一措施。天蓬公司创办了年产万吨复合肥有机肥厂，年可消纳猪粪约3.5万吨，不仅全部消纳其本身的养殖污染物，而且帮助周边区的养殖场消纳很大一部分畜禽粪便；该公司日处理废水500米^{3}的沼气处理装置，可使该公司养殖污水全部得到治理。该市绿业公司的花园岗养殖场，通过建立堆肥场，把猪粪堆放发酵后，直接用于公司333公顷猕猴桃基地的用肥。废水处理主要利用地势差，建筑1个厌氧池和4个氧化塘，水面种水葫芦，污水经处理变清后用于基地林木的浇灌。中等规模养殖场主要推广使用中型沼气工程，对尿和废水进行综合处理，经处理后的"放心水"用于农田灌溉；猪粪通过堆肥发酵后还田或为有机肥厂提供原料。小型规模养殖户，大多分散于村落。

通过上述不同方式的处理，该市畜禽粪尿的综合处理利用率达 76.9%，各家各户的畜禽养殖所产生的粪尿主要通过堆肥发酵直接用作肥料还田。这一来，不仅土地肥力提高，而且农村生态环境质量得到保证，钱塘江源头的水质得到保护。良好的环境质量也促进了畜禽业的进一步发展。2001 年，全市生猪出栏数达 80 万头，白鹅饲养量达 580 万羽，江山成了浙江省畜牧强县（市）和全国最大白鹅养殖基地。江山“绿色畜禽经济”得到了快速发展，据测算，全市农民总收入的 40%来自这一渠道。

第六节　二恶英和疯牛病

一、二恶英

二恶英和二恶英类化合物是一个有 400 种以上不同分子的族类（75 种多氯代二苯并二恶英－PCDD，135 种多氯代二苯并呋喃—PCB），其特点是具有共同的化学结构。其中，7 种多氯代二苯并二恶英，13 种多氯代二苯并呋喃和 11 种多氯代联苯被认为会产生二恶英所特有的毒性，而 2、3、7、8 四氯代二苯并二恶英（TCDD）则是人们已知的，不断地被释放到环境中的毒性最强的化学品。在某些啮齿类动物体内，只要有了数量很微小的纳克级二恶英，它的致癌性、生殖毒性、内分泌毒性和免疫抑制作用便会表现出来。据估计（Fries，1995）进入人类体内的二恶英 90%以上系来自于动物所提供或动物做的食物（鱼、肉、奶）。当动物长期连续地摄入即使是含有为数甚为微少二恶英的饲料时，动物的脂肪及用动物制成的食品中发现存在较高的毒性。原因是二恶英在动物体内脂肪具有高度的可溶性和积累性，使动物脂肪成为人类中毒的食物源。

经研究确定，环境中的二恶英来源大体有以下几种途径：工业生产过程，如除莠剂和氯代苯酚的制造过程，加氯处理过程和石油炼制过程；燃烧过程，如废物焚化炉和发电厂的排放物，汽车等机动车辆所排的尾气，所产生的不良副产物。20 世纪末国家已禁止使用含铅汽油，并对废物（垃圾）焚化炉做出了严格的控制，地方含有二恶英的不良副产物的生成散发均已得到了一定的限制。

农业上使用除莠剂，以及将含有二恶英或被二恶英所污染的残渣（包括各种油泥、酸渣、碱渣等）倒在土地上或混入肥料，都是造成这些分子在环境中扩散的原因。除莠剂的制造工艺得到改进，对各种残渣中的二恶英含量做出了控制，二恶英的这些来源现在也已开始有所减少。

由于在燃烧木头的炉子的烟囱中发现有二恶英的存在，因此，有人认为森林火灾和自然界其他燃烧引起的火灾是造成大量二恶英和呋喃被排放到环境中的重要原因，还有一些人认为天然的二恶英还可能由于下列原因而产生，如辣根在酶的催化作用下而发生的转化以及各种微生物中所含的特种酶所产生的生原体氯化过程等。

二恶英是一些在环境中具有极高稳定性的分子，一旦释放到环境中，有可能会存在数十年以后才发生降解。

切断食物链中二恶英饲料源。环境中的二恶英进入动物体内的途径与动物日粮有关。

说得更确切些，二恶英是通过土壤、植被和食用饲料而进入到动物体内的。

由农作物到产品和饲用作物被摄入二恶英，转移到整个植株的问题上，一般认为子实有保护作用，含量不会很大，而茎秆中可能较大。比较多的事实是证明二恶英能通过空气直接沉积到植物的表面，空气传播的亲脂性化合物会相当多地聚积在植物表现的角质层蜡中，成为二恶英富集区。工矿区的尘土也是二恶英污染的重要来源，当地的作物秸秆通常带有大量的尘土，这些秸秆不经清洗地直接铡碎饲喂是致癌的重要原因。

在追踪比利时二恶英污染源时，发现是库存饲料中含有大量二恶英。因为在制作配合饲料时使用了做结合剂的 80 吨污染脂肪。其多氧代联苯（PCB 型）是工业电气变压器中所用的冷却油——阿洛克勒（alochlor），是欺诈性买卖的恶果，其饲料中二恶英浓度达到每克含 781 纳克 TEQ（毒性当量系数），喂过这种污染饲料的种鸡体内，二恶英浓度变为 958 皮克 TEQ/千克。

在其他国家还发现石灰石与乙炔产生的副产物，一些露天矿附近的土壤等都蓄含二恶英。美国的有关食品和药物管理局对肉、禽和蛋的 2、3、7、8TCCD 的含量有规定，限量值为 1.0 纳克/千克。

通过饲喂污染二恶英的另一个原因，是饲料接触到被污染物的表面，如用氯代苯酚处理过的木料制作的动物饲料槽、桶、房舍等，畜舍用的木料使用五氯代苯酚处理过，当动物舔吃或啃嚼木头时，被认为是动物产品中二恶英含量超标的原因之一。

工矿区附近土壤多二恶英致毒因素。二恶英是增水性的，而化学成分稳定，一般不会渗透到土壤断层以下，而是集积在土壤表层 30 厘米的范围，并且与有机物保持紧密的结合，因此工矿区附近不宜开辟饲料生产基地。

二、疯牛病

疯牛病是人兽共患的新型传染病，目前在我国尚未发现。据 2002 年 6 月 5 日农业部发布的第 203 号公告称，2001 年对全国疯牛病监测结果表明中国没有疯牛病。

牛海绵状脑病（BSE）俗称疯牛病，是成年牛的一种进行性、高致死性、神经性疾病，饲喂被羊病污染的肉骨粉是疯牛病的发病原因，该病能通过牛源性食品传染给人。该病首次于 1985 年 4 月发现在英国，至今世界上先后已有 20 多个国家发生疯牛病，如爱尔兰、瑞士、法国、德国、丹麦、意大利、葡萄牙、加拿大、比利时、卢森堡、阿曼、厄瓜多尔以及日本。这些国家发生的 BSE 主要是输入英国的牛和饲料，牛大多是进口牛，英国向这些国家出口 5.79 万头，被认为是主要的传染途径。在英国于 1986 年发现 12 例，1987 年为 461 例，1988 年剧增到3 000多例。英国政府于 1988 年 7 月开始实行反刍动物饲喂牛肉骨粉（MBM）的禁令，按潜伏期为 3～5 年的预测，1990—1992 年该病病例分别递增 86%、76%和 44%，1993 年出现负增长，为－10%，1994 年和 1995 年分别下降 30%和 53%。禁喂 MBM 产生了作用。并且发现在 1996 年 5 月发病的28 000头牛，都是 1988 年 7 月以后出生的牛，经分析其原因是贯彻禁令不力所致。

2000 年我国农业部根据世界动物卫生组织（OTE）的有关规定，在 31 个省、自治区、直辖市实施 BSE 监测计划，根据全国疯牛端正风险因子调查，重点对 1990 年以来所有进口牛（包括胚胎及其后代）进行全面追踪调查，对有关牛群作重点群长期追踪监控，在饲养场、屠宰场采集牛脑组织1 963份，在农业部动物检疫所全国疯牛病检测中心和中国农业大学试验动物中心对送检样品做实验检测，据病理组织染色、免疫组化、免疫转印酶联免疫等方法样检结果均为阴性。可以证明我国是不存在疯牛病的。

为此，宣传有关疯牛病的常识和防范意识是十分重要的。疯牛病被确认为人畜共患病，传染的途径主要是食品，还有化妆品。世界卫生组织（WHO）将它归为食源性疾病。人体感染后是神经系统受破坏，发病没有炎症反应，体检也测不到特异性的免疫反应，但病症与已知克维氏病和库鲁病等海绵样脑病极为相似，所以被疯牛病感染人的病被称作变异型或新型雅克氏症。也叫做早老痴呆症。研究证明，致牛、人患海绵样脑病都是朊病毒，为共同病源。感染的途径除食入有病牛的制品外，尚通过医疗途径和皮肤途径。用病畜油脂做成的化妆品都具危险性。

欧亚20余个国家发生疯牛病震动了政府首脑机构。日本发生了4例疯牛病事件有一例是女孩，感染上新型雅克氏病。为此，日本农林省次官被迫引咎辞职。

我国已宣布没有疯牛病，政府强化了出口动物食品的检疫，并立法不得用动物性饲料喂牛、羊，并召回从疯牛病的疫区引进医疗器械及化妆品，可谓谨慎之谨慎。但是对疯牛病依然要有危机感和紧迫感，必须未雨绸缪，提高防患意识，拒疯牛病于门外，国人无论出国与否都宜知之。

对疯牛病要以防患为主，原因是传染病原的一种具有可传染性的蛋白粒子，也称朊病毒（Prion），其病原中不含核酸（DNA或RNA），能耐受高温，在高压1～2小时，或者在强酸强碱作用下才能灭活。它的主要成分是一种蛋白酶抗性蛋白。人类一旦感染这种病毒后，潜伏期很长，一般达10～20年或30年，期间不易被察觉，即使发觉也没有特异性的诊断法和药物治疗，也无疫苗可供免疫，其结局只有死亡，故被认为当前最可怕的人畜共患病之一。

由于母仔传染也是疯牛病的传染途径之一，在饲养母牛的地方还应该切断这个途径。牛群周转一般是5年，每年淘汰20%感染母牛，5年可以淘汰完。在英国1993—1994年传播情况可以从根本上得以缓解，并逐步消灭。如果20世纪不再有新的感染，英国可望在2010年内消灭BSE。各种经验和根除传染病的方法，都值得我们吸取。

三、食物链的连接性和生命共荣区

这个命题的提出是英国发生疯牛病等人兽共患后的自我检讨，他们提出了健康畜牧业的食物链问题。以下是该报道的译文：

可畏的口蹄疫近几年在英国的传播，已传遍牛、绵羊和猪，使许多畜产品生产者日子难过，引起广大群众强烈的抗议，并意识到英国的牧业一定出了什么毛病，随着疯牛病的暴发，许多有识之士得出结论，在食物链的生产上存在着某些根本性的错误，农户们曾向权力部门不断地反映过他们的观点，但问题还是发生了。

英国政府为此组织知识界，设立了几个委员会，多方面研究口蹄疫传播的问题。第一个这样的委员会是2001年8月成立的，于2002年1月向政府提交的报告，题目是：《农事与食物：可持续的未来》。唐纳德·柯里爵士是这个关于农事与食物未来政策委员会的主席。该报告现可称柯里报告。全文简明，毫不含糊地指出现行农事系统是非可持续性的系统，必须改变。柯里主席将英国农业总结为：

“2001年是农事上可怕的年份，口蹄疫只是对此产业的最新打击。通过这个深层次的疯牛病传染必须采取根本的措施，不及边际修修补补将无助于该产业彻底更新。”

彻底更新一个产业就像一艘全速前进的大航船要调头，简单地反向行驶不是回答，生命是不能返回的。柯里报告指的“非可持续性”是指大约近20年内关于农事和环境的论述。一般是指对自然资源和环境过度利用，掠夺和陋习。他更是指英国农事上许多更广泛和更深层次非常情况，维持现有方向不改，将在很多方面破坏我们生活和农事，长此以往，将报复人们的健康，安全和生命质量，为此再提如下概念。

头脑简单地一味追求集约化是导致口蹄疫快速传播的因由，疯牛病传播也是这种集约化的后果，柯里报告指出集约化并非单一专门技术，问题是先要改变旧事，涉及的有生产、食品加工、零售和超市、金融、环境、服务于农事和食物链的各生产部门。

改变这种现状要什么样的决策？用什么样的改变方式？报告说是要“连续性”。现在食物链不是链，因为不懂得该链的各部分应该是各种什么成分，而是各自强调自身特点，各自为本部门谋取最高利益的观念驱动下制订独立政策，而累加起来的，多种成分不是链，而是混合体。

于是谈什么食物链都是错误的？将各独立的行动和目的用许多环节去整合是错误的幻想？这些问题的回答是：部分对，部分错。现在我们知道的食物链在自然资源短期的利用中，食物链中间过程的各成分即加工者、运输、包装、宣传以致超市（他们为吸引消费者互相竞争，甚至互相攻击）等，都按单元食物价格来度量各自经济效力的产业部门的连接。农户们得到的只是食物链上的边际效益，其原因是农户生产的产品具什么经济性能和技术性能并非自己说了算，而是受购买者监督的。实际上是购买者所付的款额能返回到农户的百分比是逐年递减的，现在是到了最低点。农户要生存下去的唯一的一个可持续方式是扩大生产规模，其结果是进一步集约化；于是小农户脱产了，农区出现大量的失业，农民生活质量下降。这样何谈连接性！

时至今日，原有食物链并未起到连贯一致的链条作用。能查阅到的信息是商贸和运输，似乎没有预警信号，结果是一连串瘟疫产生了。

柯里报告中心命题是重新组合，包括三点：①将农户与他们市场和食物链的其他环节重新连接。②将食物链与健康和诱人的农村环境重新连接。③将消费者与他们所食的东西和产地重新连接。

疯牛病已为缺乏连接性提供了实例，给牛喂牛的肉骨粉，是个明证。它将病传给人，一种变异的雅克氏病。这是与加工和饲料生产有紧密关系的畜牧工作者所决策的，但是缺乏消费者和公众价值观，而与之脱节。

四、食物链的共荣区

在某种意义上，食物可看作为公众财产。生产上的诸多自然资源是社会共同财富的一部分。重新连接是将食物链由每一环节与全社会的得失拴在一起。像口蹄疫和疯牛病的破坏是将多年来积蓄的经济效益迅速冲销。给牛属动物喂牛肉骨粉出事了，人们要问他们吃食的东西是什么本质。食物链上的商贸组织是文明社会的组成部分，他们的地位因经济成就被承认；但是不能局限于此，食物链上各环节的决策者要认真地倾听全社会的呼声后，再去做决策。

现在欧共体将动物保健局的矛磨尖了，去考虑动物和动物产品的保健环节。英国要实行许可证制去鉴别生产劣质产品的农户，这要求更多的规程和经费，这有难度，但必须进行。

五、组建食物共荣区

共荣区是精神上的，而不是组织划一的社区。精神一致是有难同当，有福共享，在社会上不同贡献的个人和组织要架在一个共同目标的套上。在市场制度下这是个难题，但要摆脱非可持续性，资本社会必须进行改革。

六、对畜牧工作者的挑战

柯里报告现今是处于公开讨论之中，畜牧工作在这方面要向自己提出一个根本性问题：畜牧工作者对联销更密切的食物链和具有可持续性更好的生命共荣区如何做出贡献!?

七、禽流感的警示

自 2004 年 1 月 27 日广西隆安县丁当镇首例禽流感发现以来到 2 月 13 日止，共有 14 个省、自治区 45 个县区的报道，自南西北出现。而且邻国如越南、泰国是处于热带条件下，照样暴发。不全是遵照天气热就不发作的规律，而且那里还感染了 3 人，印度尼西亚在 2003 年 11 月全国出现禽流感疫情，我国台湾省、日本山口县，柬埔寨、巴基斯坦南部，老挝等普遍流行。我国农业部于 2004 年 1 月 16 日即公告，将高致病性禽流感列为危害严重的动物疫病进行预防。1 月 30 日国务院成立了由副总理回良玉担任总指挥的全国防治高致病性禽流感指挥部，农业部立即组织成立相应的工作组，对阻止禽流感蔓延发挥了重要作用。

对高温灭活事实的挑战。禽流感病毒在高温下丧失活性，这是科学的结论，但是亚洲各国包括热带各国禽流感的传播，至少说明一个问题，那就是动物生产流程存在着问题，禽流感病毒携带者在高温条件下能致病，证明它是具备生存条件和致病能力，那就是“动物福利”原则没有得到贯彻，拥挤的鸡笼，浓密的鸡舍粪臭使得高温地区禽流感照样传布。有的省一个省内就有十个以上县市发生疫情，可见问题的严重性。今后怎么能够不再发生这样的事情呢？那就是要在动物生产上做到“人畜共荣”，即英国人在总结疯牛病的问题后，提出的“人畜共荣区”的概念。要讲究畜禽福利，即优良的畜牧生产环境，保护好生态环境，才会有健康的畜牧业。

我国政府以果断的措施处理疫区的病鸡，可以有效地阻止禽流感的传播。然而不建立健全的畜禽福利管理原则，就等于没有建成人畜的生命共荣区和食物链的可持续发展链条。因此食物共荣区是对畜牧工作者的巨大挑战。

第七节　有机食品

有机食品（Organic Food），这是国际普遍接受的名称，也叫生态食品，是指原料来自于有机农业生产体系，或自然的产品，根据有机食品加工标准和技术规范所加工出来的，并通过独立的有机食品认证机构认证的一切农副产品。除了有机食品以外，尚有有机化妆品、纺织品、生物农药、有机肥料等，统称有机产品。

农业的工业化生产（即我们称谓农业产业化）到了过度的集约化之后所产生的弊端早就引起国际上的广泛关注。在 20 世纪 30 年代国际上就有人提出“保护土壤健康，发展有机农业和有机食品，为人类生产无污染的健康食品的思想。也有国家建立了“有机农业协会”，这是有机农业的发展初期。

一、有机农业运动

为了有效地推动有机农业和有机食品，1972 年 11 月 5 日美、英、法、瑞典、南非等五国集会，并成立了国际有机农业运动联合会（International Federation of Organic Agricultural Movement，简写为IFOAM)，该会的宗旨是在世界范围内推动有机农业运动，保护环境，保护人类健康，生产安全无污染的有机农业产品。为发展有机农业和有机食品，组织国际活动，交流传播信息，制定有机农业的有机食品标准。在作物生产整个过程中，禁止使用化学合成氮肥及其他易水溶的肥料、人工合成的化学植保药剂和化学贮藏保护剂。在畜产品生产中，禁止使用人工激素、开胃药、防腐剂等，及从非有机农业企业购入的饲料不得超过配方的 10%，不得虐待牲畜。1991 年 6 月，欧共体又通过法规对有机产品的生产、销售、标识作了明确的规定。1999 年该会所制定的标准已被国际标准委员会（ISO）认为国际标准，按规定该标准可作为世贸组织和其他机构制定贸易政策和解决争端的依据。1990 年，国际有机农业运动联盟成员已发展到 300 多个，分布于 60 多个国家和地区，有机产品生产企业16 400家，产值1 000亿美元。现在已有成员 500 多个，分布于 90 多个国家和地区。20 世纪末全球有 107 个国家和地区、740 多个团体加入联合会。

目前，有机食品的主要消费市场在欧洲，西欧有机食品的销售量已占销售总量的 5%～10%；而全世界有机食品销售量仅占食品销售总量的 1%左右。在发达国家，有机农产品的售价比普通农产品高 20%～30%，甚至更高。有法规和标识，说明有机农业生产已成熟，为了鼓励各成员国发展生态农业，除了有一系列的法规外，还采取了经济上给予生产单位补贴的措施，以保证有机食品的生产。

在瑞典，1995 年生态农业面积已达 10 万公顷，约占其耕地面积的 3%；到 2000 年可发展到总耕地面积的 10%。目前，瑞典已有 400 多家加工厂生产有机食品，有机食品价格比普通农产品高 1～2 倍，产品仍供不应求，因此许多农民仍乐于进行生态农业生产。

奥地利的生态农业耕种面积于1996年已达30万公顷，在最多的两州的生态农业面积已分别占耕地面积的25%和50%。

德国有机农业兴起于20世纪60年代末至70年代初，有机农业企业6 000多家，占全国农业企业的1.1%。生态农业面积30万公顷，占农业用地面积的1.8%。有机农业产品市场占有率为2%～3%。有机农产品产量较普通农产品产量低30%～40%，故价格高2～3倍。德国政府每年对有机农业的补贴为每公顷350马克，也推动了有机农业的发展，但过于强调完全不用化学制品，发展较慢且受到局限。

1990年以来，有机食品在北美市场的年均增长率超过20%，仅美国就有12 000多个有机农场。据美国农业部估计，1999年美国有机农产品市场可达35亿美元，今后10年将增加4倍。美国、日本和西欧各国对有机农业产品定义为：完全不使用或基本不使用人工合成肥料、农药、除草剂、生长调节剂和饲料添加剂以及转基因技术生产和饲养农产品和畜产品。一般一块土地连续3年未使用合成肥料和农药，第四年生产的作物产品才可认为是有机农产品。美国刚刚颁布的有机食品标签法规定：食品中含100%的有机成分者叫“100%有机食品”；含95%以上有机成分的食品叫“有机食品”；含有50%以上有机成分的食品叫“含有机成分制品”；含量少于50%有机成分的食品不得标注“有机”二字。

在亚洲，新加坡已用水耕法种植蔬菜，泰国已有部分农田实现了生态农业，其产品均供不应求。

国际上与绿色食品相类似的食品，在英语国家多称为有机食品。芬兰、瑞典等非英语国家称为生态食品，日本则称为自然食品。总之，绿色食品、生态食品、有机食品和自然食品其本点是一致的，它们均是绿色产业的重要组成部分。

有机食品市场是小康以上社会的市场，缺乏有机食品概念的生产者，是弱者。我国出口对虾到欧洲受到封杀就是明显不过的例子。2002年1月25日欧盟理事会决议，禁止从中国进口对虾，理由是发现超量的氯霉素。在同一文件中同时遭禁的还有越南（2001/699/EC）和另一文件2002/705/EC中的印度尼西亚。

每千克虾中含千万分之一克（0.1微克/千克）的氯霉素是微量污染，对人体健康有多大呢？这是人们都会思考的。然而就因为是超过这个含量，根据欧盟相关法规这批货物遭到没收并且销毁，这说明养虾流程中的任何一个环节都不得使用氯霉素和含有氯霉素的产品，与虾接触的人也不能使用氯霉素（即使是在家中使用）。欧盟的有关条件是怎样的呢？试看以下各款。

2002年1月25日，欧盟先后通过两个决议，即2001/699/EC和2001/705/EC，对中国、越南和印度尼西亚进口的虾采取自动扣留并进行批检的保护性措施。决议的内容如下：

“1. 根据97/78/EC欧盟指令第22条，从第三国进口的某些产品，如若出现或者正在传播可能对动物和人体健康构成危害的疾病因素，必须对其采取必要的措施。”

“2. 在从中国、越南和印度尼西亚进口的食用虾中检测出含有氯霉素。”

“3. 由于食物中含有氯霉素将对人体健康造成潜在危害，对产自或者经由中国、越南和印度尼西亚的虾必须进行抽样检测，确保对人体无害。”

“4. 本决议将根据中国、越南和印度尼西亚当局提供的担保，以及成员国做出的检测结果进行复查。”

该决议进一步规定：

“第 2 条 欧盟成员须采用合适的抽样方案和检测方法，对每个集装箱的虾进行化学检验，以确保其对人体健康无害。特别要注意检测是否存在氯霉素。”

“第 3 条 除非检测结果符合第 2 条要求，否则成员国不得批准进口。”

“第 4 条 执行本决议所需的任何费用应由发货人、收货人或其代理商承担。”

这些条件中对氯霉素残留并没有绝对的规定标准，因此问题的严重性在于欧盟委员会交由各成员国负责选择合适的抽样方案和检测方法，确定能对人体健康造成危害的氯霉素污染程度和水平，并将处理权交由进口国。如比利时当局规定，出具每份健康证明书须对 500 箱以内的虾货抽样 7 份，500～1 200箱抽样 10 份，1 200～3 200箱抽样 15 份。每份抽样的色谱分析需花费 120 美元，持续 2～4 个星期。这期间集装箱必须滞留在港口。这样的规定足以使出口商望而却步。实际上是全面禁止进口。我们必须引以为戒。

但是从总体来说，有机食品需要符合 5 个条件：①其原料必须来自有机农业生产体系，或以有机方式采集的天然野生产品。②产品在生产加工过程中，不许使用任何人工合成的化学物质，如化学添加剂、化学色素、防腐剂等，只允许使用天然的饲料、香料、色素等。③产品在整个生产加工过程中，要严格遵循有机食品生产、加工、包装、运输、贮存标准进行，防止食品污染。④生产者在有机食品生产和流通过程中，要有完善的质量跟踪审查体系和完整的生产、销售的记录档案。⑤生产加工出来的产品，必须经过独立的有机食品认证机构的认证。

二、有机农业与传统农业

有机农业与传统农业的最大区别是，有机农业是我们在高度发达的科学技术基础上重新审视人与自然关系的结果，而不是倒退至传统农业上。有机农业拒绝使用农用化学品，但决不拒绝科学；相反，它是建立在应用现代生物学、生态学知识，应用现代农业机械、作物品种、现代良好的农业管理方法和水土保持技术，以及良好的有机实践基础之上的。

有机食品是指来自于有机农业生产体系，根据国际农业生产要求和相应标准生产加工并通过独立的有机食品认证机构认证的一切农副产品，包括粮食、蔬菜、水果、奶制品、禽畜产品、蜂蜜、水产品和调料等。

三、有机食品和绿色食品的区别

中国国家环境保护总局有机食品发展中心（OFDC）对有机农业的定义是：指遵照有机农业的标准，在生产中不采用基因工程获得的生物及其产物，不使用化学合成的农药、化肥、生长调节剂、饲料添加剂等物质，而是遵循自然规律和生态学原理，协调种植业和养殖业的平衡，采用一系列可持续发展的农业技术，维持指标连续稳定的农业生产过程。

有关的技术包括选用抗性作物品种，建立包括豆科植物在内的作物轮作体系，秸秆还田、施用绿肥和动物粪便等培肥措施，保持土壤养分循环；采用物理和生物防治病虫草害；采用合理的耕作方式保护环境，防止水土流失，保持生产体系及周围环境的生物多样性等。

如果绿色食品的标准中允许使用高效低毒的化学农药，允许使用化学肥料，不拒绝基因工程方法及其产品，那么有机食品的生产过程是强调以生态学原理建立一个多种类的种养结合，循环再生的完整体系，尽量减少对外部物质的依赖，禁止使用人工合成的农用化学品。

在绿色食品突出地注重生产环境和产品的检测结果，而有机产品的证明要包括这个产品链中的所有方面，包括牧场主，加工商，设备制造商，出口者，进口者，批发商，零售商，都是有机的。如果说绿色食品在发达国家没有统一的规定，或者在不同时期有不同的标准的话，有机食品作为天然食品的商品品位，决定了它是最严格的食品要求，是指没有任何污染的食品，也是今后国际贸易上要生产和提供的食品。

四、发展有机食品的时代要求

（一）发展有机食品是食品安全保证 近年来欧洲被疯牛病、口蹄疫、猪瘟和二恶英等动物疫病及食品安全等问题困扰，食品安全问题已成了与人类生存、经济发展和社会稳定息息相关的世界性问题。在经济全球化的今天，食品安全问题也呈全球化。世人惊呼，明天我们还能吃什么？食品安全危机终于使消费者开始关注纯天然、无污染的有机食品市场，生产者也感受到了单纯追求利润的恶果。各国政府正在改变现行农业政策，大力发展有机农业。

（二）发展有机食品是入世后开拓国际市场的有效手段 我国是一个农业大国，农产品资源丰富，劳动力成本低廉，农产品具有一定的价格优势。但是，近年来随着国外“绿色壁垒”的实施，发达国家对农产品质量标准的要求越来越高，特别是欧美等国家提出所谓“有机食品”以及类似的“生态食品”、“自然食品”、“健康食品”等等，对农产品中化学物质限量更加严格，我国农产品屡屡被禁止进口，出现退货和索赔事件，严重损害了我国农产品的国际形象，降低了市场竞争力。因此，安全、优质、营养、无污染的有机食品已经成为国际公认的未来农牧业和食品业发展的趋势。

（三）发展有机食品是保护生态、维持环境与经济持续发展的重要途径 有机农业和有机食品的生产可以在农村资源污染治理中发挥重要作用。①有机农业的本质决定它重视生产体系的内部循环，最大限度地减少了对外部物质和能量投入的依赖；②充分利用农业废弃物，减少营养物质流失到河流湖泊；③重视种植和养殖相结合，可以充分吸纳畜禽养殖废弃物为有机肥源，避免对环境的污染和人类的危害；④拒绝基因工程生物，强调轮作和多样化种植，强调保护天敌栖息地，控制水土流失，对自然保护和生物多样性保护起到积极作用。

（四）发展有机食品是产业结构调整需要 入世后，客观上要求我们加大调整农业生产结构，提高我国农产品国际竞争力和扩大国内需求。蔬菜、水果、畜产品、水产品等行业，按照国际标准进行生产、加工，对外部物资和能量投入的需求较少，生产的有机食品在国际市场具有较高的价格，既可以提高农产品在国际上的竞争力，又可以缓解人口增长与资源短缺的矛盾，增加农民就业和收入。

五、有机食品的国际市场

由于有机食品是一种纯天然、无污染、品质极好的健康食品，出于对环保和自身健康的关注，消费者特别是工业化国家的消费者对有机食品十分青睐。一项跨国民意测验表明，85%的工业化国家公民在选择食品时首先选有机食品。有机食品正成为国际食品市场上的宠儿。尽管有机食品在市场上的价格比传统的食品高出20%～50%，但市场销售额将会不断上升。据专家预测，到2005年，在全球上市的主要农产品中将至少有1/3的农产品是用有机耕作方式生产出来的。

目前，世界有机食品消费市场主要在发达国家。其中美国是有机产品最大消费国，有机食品的销售总额1998年为54亿美元，2000年达77亿美元，2003年达130亿美元；德国是欧盟成员中有机产品最大消费国，2000年零售额为25亿美元，有机产品销售占全部食品销售的比例由1997年的1.2%增加到1.75%；丹麦有机产品占国内食品市场的2%～3%；奥地利约54%的消费者购买有机食品。最常见的有机食品是水果、蔬菜、奶类及奶制品以及肉和肉制品。目前，奥地利有机食品产量的2/3在国内销售，其余的1/3主要出口德国、英国和瑞典；瑞典虽然有机食品在市场上仅占1%～1.5%，但其需求量每年增长却达到25%～30%，各类有机产品的销售都在增加，销售份额最高的有机产品种类有蔬菜、粮食、牛奶和儿童食品；法国奶制品业是法国有机食品工业中增长最快的行业之一，有机肉类和家禽的生产迅猛增长。法国有机食品专业协会称，有机食品供不应求，零售商经常脱销；阿根廷138.4万公顷的土地用于有机牲畜生产，有机牛占绝大部分。1998年有机产品的消费分别为：有机牛肉268吨，牛奶150万吨，奶酪4吨，家禽120吨，巴西有机产品生产年增长10%，有机禽、蛋和奶产量增加，至1999年底，有机鸡产量为55万只，奶为1 650万升。

亚洲有机食品的开发总体上还处于起步阶段，但各国之间发展不平衡。日本、韩国从20世纪70年代即开始发展有机农业。1994年日本政府就明确有机农业是持续发展战略的一部分，目前日本有机食品的销售额占食品销售总额的2%，年增长率达30%～40%。韩国有机食品年销售额为1.2亿美元，年增长率30%以上。泰国、印度尼西亚、菲律宾等国也都发展了自己的有机农业，并有产品出口，但规模还不大。

据权威人士预测，有机食品将成为21世纪的主导食品，有机农业发展前景极其广阔，将成为21世纪农业发展的方向。

六、制约我国有机食品发展的因素

有机食品已成为世界农业领域发展最快的一个产业。有关资料显示，全球有机产品市场正在以20%～30%的速度增长，几年内将达到1 000亿美元。我国西部尚有许多没有污染的土地，因此，中国有机食品有着巨大的国际市场和潜在的国内市场。国际上对中国有机产品的需求逐年增加，越来越多的外商想要进口中国的有机大豆、稻米、花生、蔬菜、茶叶、药材、蜂蜜等；国内大城市有机食品的消费也呈上升趋势。专家指出，经过几年努力，中国的有机食品在国际市场所占份额达到1%～2%是完全可能的，这就意味着每年可出口创汇10多亿美元。日本贸易官员认为，有机食品是今后中国向日本出口的最有前途、最有附加值的产品。但目前我国有机食品在国际市场份额所占的比例还较小。

目前，制约我国有机食品发展的因素包括政策、法规、科技和观念等多个方面：一是缺政策。普通农田发展有机农田，通常要有三年的转换期，国家对此没有经济补偿，导致进入门槛高，作为一项特殊的环保产业，国家没有相应的扶持政策，出口享受不到优惠，研究与开发缺乏经费等。二是缺科技。有机农业生产的关键技术尚未得到有效解决，如生物治虫、土壤改良等。三是观念落后。直到现在很多人可能仍不知道什么是有机食品，甚至分不清有机食品和绿色食品的区别。四是缺法规。有机食品管理法规还不健全。

因此，我国在发展有机食品过程中存在的种种问题其症结根本在于我们还没有很好地将它作为一个产业来做，特别是将有机食品作为我国迎接入世挑战的重要措施之一。尽管近年来，各级政府在生态农业县、生态示范区及绿色食品基地发展上投入了大量财力和人力，但仍以基地建设为主，未与产品开发战略紧密结合，规模化、产业化水平低。另外，对有机食品的发展趋势还不了解。对我国扩大有机食品的生产和出口极为不利。

事实上，我国具有发展有机农业，生产和出口有机食品的许多优势。特别是我国欠发达地区在发展有机农业方面有相对优势：①化肥和农药工业产品投入相对较少，土壤与水资源污染程度低或几乎没有；②生物多样性较丰富，为病虫害防治创造了条件；③劳动力资源丰富，劳动力成本较低，有利于从事劳动密集型的生产。

目前，我国正在进行农业和农村经济结构的战略性调整，使其主动适应市场对农产品多样化、高品质的需求，从根本上提高农业与农村经济的整体质量和效益，增加农民收入具战略意义：如①有利于解决现代农业大量施用化肥、使土壤板结，黑土地褪色，地力衰退等一系列问题；②有利于解决农村人口就业，提高农民收入，有利于妇女加入到有机生产体系中，提高妇女的社会经济地位；③有利于促进西部地区的开发和建设，促进当地的环境保护和生态建设，避免长江、黄河上游重要功能区的环境破坏，保护西部丰富的生物多样性和世界上不可多得的基因库；④有利于实施科技扶贫战略，变资源优势为经济优势，提高农产品附加值及其市场竞争力，实现农业的可持续发展。

同时，专家也指出我国在发展有机食品生产时会遇到一些困难：如①相对于常规农业，有机农业产量偏低，尤其是2～3年转换期内，产量会有明显的降低；②有机农业的效益会在未来几年后才能显现出来，使相当大的一部分农民持观望态度；③有机农业要求土地相对集中连片，要农民看到实惠，需要示范，需要时间，不可能一蹴而就，同时将增加管理成本；④贫困地区基础设施条件差，需要投入多，加上资金缺乏，从而给项目成果的转化带来困难；⑤贫困地区的农民对新事物的接受速度慢，缺乏有机农业生产方面的知识和经验，不易主动参与；⑥有机食品需要检查与颁证服务给予及时配合，但我国较为严格的有机食品安全食品颁证机构较少，无法提供及时的服务，且收费较高，农民根本无法承受；⑦引入资金和技术的软环境和硬环境都比较差，外部的贸易公司或投资商对于这方面的投资十分谨慎。

有机农产品认证工作还很薄弱，在一定程度上影响有机食品的发展和对外贸易。因此，要参照国际标准和法规，尽快建立和完善我国有机食品法规体系，对外与外国政府的有机食品相关法规对接互认，对内规范有机食品的生产和质量控制。

同时，必须加大有机食品生产技术研究和推广的力度。在国内外有机食品技术和市场调查的基础上，重点解决有机农业生产的技术难点，推广现有成熟技术，完善有机食品科研开发、咨询和推广服务体系。

我国作为一个农业大国，耕地与人口的矛盾日益尖锐，为了保证农作物有好的收成，除大量使用化肥外，农药用量也十分惊人，任意加大农药用量的现象相当普遍，有的地方还继续使用国家早已明令禁止生产和使用的农药，使农作物受农药残留物污染的问题日益严重。据了解，我国每年都有因农药污染造成食物中毒案例，老百姓对此忧心忡忡。另外，农药污染对我国传统的出口创汇也造成相当大的影响。

专家指出，我国目前大量使用的农药由有机化合物组成，有机磷、有机氯等残留物在自然环境中难以降解，通过食物链进入人体后不能全部排出，未排出部分在体内积存造成慢性中毒，而慢性中毒往往不能引起人们足够的重视，从而造成一些疾病甚至癌症的发病率升高。因此，开辟有机农业生产，还有许多工作要做。

七、有机农业国际标准建设的基本框架

（一）有机农业国际标准建设的前提条件 ①凡标上“有机”标签的产品，生产者和农场必须属于 IFOAM 成员。②不属于 IFOAM 的个体生产者无权声明他们是按 IFOAM 标准进行生产的。③IFOAM 标准要有包括农场审查和颁证方案及证件。

（二）要达到的目标（即基本标准的框架） ①生产足够数量具有高营养的食品。②维持和增加土壤的长期肥力。③在当地农业系统中尽可能利用可再生资源。④在封闭系统中尽可能进行有机物质和营养元素方面的循环利用。⑤给所有的牲畜提供生活条件，使它们按自然的生活习性生活，即动物福利保障。⑥避免由于农业技术带来的所有形式的污染。⑦维持农业系统遗传基质的多样性，包括植物和野生生物环境的保护。⑧允许农业生产者获得足够的利润。⑨考虑农业系统较广泛的社会和生态影响。

根据上述目标各国组织必须要制定自己的标准。

采用方法和技术可采用遵循自然生态平衡的要求，强调指出禁止使用农用化学品，例如化学肥料、杀虫剂等。

如何使产品成为有机产品？使原来无力生产有机产品，通过转换，让其变为有机产品，在一定时期内按标准要求进行转换，由每个有机农业颁证机构确定转换过程的时间，并定期（每年）进行评价，转换计划包括：

（1）增强土地肥力的轮作制度。

（2）适当的饲料计划（养殖业）。

（3）合适的肥料管理方法（种植业）。

（4）建立良好环境，以减少病虫害转换周期时间，如果产品在两年之内满足所有标准，则第三年可作为有机产品出售，对种植业强调如下几方面：①环境条件（由颁证组织审查无污染）。②作物品种选择：应选适应当地土壤气候对病虫有抵抗能力的品种。③实

施轮作(包括豆科作物)。④肥料政策:如提倡有机肥返回土壤,保持土壤肥力,禁止焚烧稻草,其中氮肥必须是有机的。农产品颁证组织应对产品的硝酸盐含量加以限制,对引进的肥料要审查等。⑤害虫管理:要保护天敌,提倡生物综合防治,禁止使用合成杀虫剂。⑥杂草的处理:限制或禁止使用除草剂,采用合理的轮作、种植绿肥,平衡的施肥管理,使用物理除草等方法。

在畜牧生产中禁止使用人工激素和其他生长剂,从非有机农业组织购入的饲料不得超过10%~20%(根据牲畜种类而异)。此外,不得采取虐待牲畜的生产方式。

八、有机食品认证的要求

有机食品的生产企业,必须对产地进行认证,如生产基地的环境或购入原料的基本要求。

(一)有机产品生产基本要求(主指环境和流程) ①生产基地最近三年内未使用过农药、化肥等违禁物质。②种子或种苗来自于自然界,未经基因工程技术改造过。③生产基地应建立长期的土地培肥、植物保护、作物轮作和畜禽养殖计划。④生产基地无水土流失、风蚀及其他环境问题。⑤作物在收获、清洁、干燥、贮存和运输过程中应避免污染。⑥从常规生产系统向有机生产转换通常需要两年以上的时间,新开荒地、撂荒地需至少经12个月的转换期才可能获得颁证。⑦在生产和流通过程中,必须有完善的质量控制和跟踪审查体系,并有完整的生产和销售记录档案。

(二)有机产品加工/贸易的基本要求(指原料和辅助剂) ①原料必需是来自已获得有机认证产品和野生(天然)产品。②已获得有认证的原料在最终产品中所占的比例不得少于95%。③只允许使用天然的调料、色素和香料等辅助原料和《OFDC有机认证标准中允许使用的物质》,不允许使用人工合成的添加剂。④有机产品在生产、加工、贮存和运输的过程中应避免污染。⑤加工/贸易全过程必须有完整的档案记录,包括相应的票据。

其认证程序包括:

(1)申请者向国家环境保护总局有机食品发展中心(简称中心或OFDC)索取申请表。

(2)申请人将填好的申请表传回中心,中心根据申请表所反映的情况决定是否受理。若同意受理,则书面通知申请人。申请人向中心缴纳申请费后,中心将全套调查表及有关资料寄给申请人。

(3)申请人将填好的调查表寄回中心,中心将对返回的调查表进行审查,若未发现明显违反有机食品颁证标准的行为,将与申请人签订审查协议。一旦协议生效,中心将派出检查员,对申请人的生产基地、加工厂及贸易情况等进行现场审查(包括采集样品)。

(4)检查员将现场检查情况写成正式报告报送OFDC颁证委员会。

(5)颁证委员会定期召开会议,对检查员提交的检查报告及相关材料依照有关程序和规范进行评审,并写出评审意见,通常有以下几种不同的颁证结果:

①同意颁证:申请者的产品若全部符合有机食品认证要求,可以分别发给《OFDC有机(生态)食品原料生产证书》或《OFDC有机(生态)食品加工证书》以及《OFDC有

机食品贸易证书》，在此情况下，申请者申请认证的产品可以作为有机产品的销售。

②有条件颁证：在此情况下，申请者的某些生产条件或管理措施需要改进，只有在申请者的这些生产条件或管理措施满足认证要求，并经OFDC确认后，才能获得颁证。

③不能获得颁证：生产者的某些生产环节/管理措施不符合有机生产标准，不能通过OFDC认证。在此情况下，颁证委员会将书面通知申请人不能颁证的原因。

④如果申请人的生产基地是因为在一年前使用了违禁物质或生产管理措施尚未完全建立等原因而不能获得颁证，其他方面基本符合要求，并且打算以后完全按照有机农业方式进行生产和管理，则可颁发《有机转换基地证书》，从该基地收获的产品也可作为有机转换产品销售。

(6) 给通过认证的有机生产、加工和贸易者颁发销售证书，并签订OFDC标志使用协议。

第八节 日本政府的“绿箱”扶农政策

日本是一个人口密度极高，农产品自给率很低的国家，在WTO入关问题上面临比中国更加严峻的一面，即如何保护本国十分脆弱的农业。在这个问题上中国社会科学院李成贵2002年在《中国畜牧报》上做了题为：《日本政府如何帮“弱势”产业变“强势”》的文章，很有启发，特引来推荐给读者，以作引申思考的借鉴。该全文如下：

在世界各国中，日本的农业在许多方面具有与我国相似的特点。在农产品贸易自由化的过程中，日本是如何应付的？采取了什么样的对策？这对于我国加入WTO后农业的发展，具有重要的借鉴意义。

一、日本的“软肋”——农业

(一) 低自给率和高农业进口 从20世纪70年代开始日本除了大米一项还保持100%的自给率之外，其他农产品自给率都处于减少的趋势，到1998年按供给热量算得自给率仅为41%，按粮食（包括食用和饲料用的谷物类）供给计算，自给率才有29%。与其他国家比较，日本是农产品自给率最低的国家之一。日本从1984年就取代苏联和联邦德国成为世界最大的农产品进口国，每年大约进口260亿美元的农产品，而且随着日元升值的影响，进口价格相对减低，进口规模也不断扩大。

过低的自给率引起了日本国内的普遍担忧。数年前日本总理府实施的一项民意调查的结果，在其中绝大多数人是担忧目前的粮食自给率的。而且在另一项调查中，75%的人认为即使比外国价格高，能在国内生产的还是要尽量保持自给。

(二) 过高的内外价差和过低的国际竞争力 多年来日本的农产品价格远远高于国际价格，已经失去了国际竞争力。以大米为例，日本产的大米价为美国的5.6倍，是泰国的9.5倍。造成如此巨大价差的原因是多方面的。其中，很重要的一点就是相对高昂的生产成本。日本农户的平均经营规模与美国相差140倍。正是这种经营规模的巨大差异，使得日本大米的平均生产成本比美国高出10倍。日本与另一个大米出口国泰国的比较，双方的经营规模差不多，都属于小规模经营，其中日本的生产技术很明显地比泰国先进，单产比泰国高很多，但是在劳动力工资上日本比泰国竟高出近40倍，结果使得日本大米的生产成本比泰国高达16倍左右。不难看出，由于土地资源和劳动力成本的差异，日本的大米已经完全失去了国际竞争力。一旦开放市场，日本农业在廉价的外国农产品的冲击下是不堪一击的。

二、日本对入关的承诺

不管情愿还是不情愿，日本的农业最终还是被卷入了贸易自由化的潮流之中。虽然在乌拉圭回合谈判中，日本一直强调自身的困难，如粮食安全保障的问题，农业在国内环境保护中的作用等等，但这些申辩并没有奏效。日本不得不在开放农产品市场上做出让步，接受乌拉圭回合达成的农业协议。根据该协定，日本在撤除非关税贸易壁垒、开放国内市场上做出的较为重要的承诺主要归结为以下两个方面：一是对于大米，最初是决定采用关税化特例措施，在协定实施的期限内暂不实行关税化，作为这一特例措施的代价补偿，日本提高最低市场准入量的比例，即在初年度（1995年）必须进口国内消费量4%的外国产大米，在最末年度（2000年）进口量必须达到国内消费量的8%，而且对于进口大米，政府粮食厅只能征收上限为292日元的差价收益。但是到了1999年，鉴于大量的最低市场准入量的进口大米造成的压力，以及从下一轮谈判的策略考虑，日本政府决定取消关税特例措施，转而对大米也实施关税化措施。二是对于大米以外的农产品，如小麦、大麦、花生等，按照农业协定规定的基准年份的国内外差价计算关税率，全部实行关税化。由于按差价额计算出的关税率较高，因而在协定实施期间，民间自由进口的可能性不大，基本上还是保持原来的贸易形式。

WTO农业协定的实施给原本就缺乏国际竞争力的日本农业带来巨大的冲击，特别是最低市场准入量的进口大米（1999年是76.7万吨）对日本国内长期过剩的供需局面和生产调整政策都造成巨大的影响。而且这些冲击还仅仅是开始，欧美及其他出口国并不满意日本农产品市场的开放程度，日本政府也预感到在下一轮WTO谈判中上述各国将会提出更进一步的开放市场的要求。正是面对这样的外部压力，日本政府从乌拉圭回合谈判达成协议后就开始着手国内农业政策调整。

三、日本的行动

（一）扩大财政对农业的投入，提高农产品的国际竞争能力 就在1994年，也就是乌拉圭回合谈判结束不久，作为应付贸易自由化冲击的重大决策，日本政府发表了一项高达6 100亿日元的投资决定，专门用于农业结构调整农业基础建设等方面。该投资分6年实施，从1994年至2000年，也就是到下一轮WTO谈判开始之前完成。6 100亿日元是一个巨大的数额，几乎是日本政府每年农林水产财政预算的2倍。其目的就是，在贸易自由化的冲击下仍然努力维持国内农业生产的稳定，保持国内农产品自给率不至于下降。这项巨额投资，主要用于以下几个方面：一是强化农业生产经营的基础建设，比如大江河流附近的平原地带，促进大型土地区划和土地连片，并修建与之相配套的灌溉排水设施和农用道路。二是政府采取投资或者低利息融资方式，支持经营能力强的农户和团体引进先进的生产设施，提高农业的效率，提高农产品的质量和附加价值。比如共同育苗设施、农产品储藏设施等等。三是积极开发新技术，比如成立了国家生物系特业产业技术研究推进机构。四是提供金融支持和财政补贴，促进土地流转，主要是推进农业土地向有较强经营能力的农户集中（包括购买和租赁的方式）。五是对于受到 WTO 农业协定下实行税化和税下调影响的各种作物（如花生、杂豆、水果等），由政府提供资助，开展本国产品消费宣传，开发新的加工方法等。六是支持农业结构调整，如对于受到关税下调影响的水果生产，为缓解进口水果带来的市场冲击，由政府出面协助农户调整果园的种植结构，将生产过剩的温州蜜橘果园改为种植其他水果品种，对配合改种的农户由政府提供所需贷款的利息补贴。

（二）在新的国际环境下调整国内农业政策和制度 乌拉圭回合谈判终结后，日本就深感国内农业制度和政策体系已经不符合 WTO 体制下国际贸易自由化趋势。因此，日本政府除了采取上述增加财政投入以提高农产品国际竞争之外，还开始着手调整国内农业方面的制度和政策。其中，最主要的一是废除原有的粮食管理法，制定新粮食法。在过去 50 多年的粮食管理法体制下，由于实行了价格保护，致使日本大米价格一直居高不下，远远高于国际价格水平。日本政府为了避免外国大米扰乱了国内农业市场稳定，采取了一系列非关税的保护措施。随着 WTO 农业协定的实施，日本原有的粮食管理法显然不能再适应新的国际环境了，所以，日本政府在 1995 年废除了旧的粮食管理法，实行了新粮食法（全称是“主流通粮食供需及价格安定的法律”）。与旧法相比，新法更强调市场机制的作用，放松了对粮食流通的控制，允许农民自由销售大米，也允许流通商自由进入粮食流通市场。至于政府收购的大米价格制定，主要是“参照自主流通米价格动向”。政府收购价不再是自主流通米价格形成之下的垫底保护价格，反过来政府的价格还得参照自主流通米价水平来确定。而自主流通米价又是在自主流通米价格形成中心（相当于交易所）按照供需状况来确定的，是一种自由竞争的市场价格，因此政府的收购价也就跟着受影响而接近一种准市场价格。由此看来，新粮食法已不再具有保护农民利益的收入支持的功能，即使在下轮的 WTO 谈判中这样的制度也是无可非议的。二是创立新的收入调整制度。在废除旧粮食法之后，日本政府也在寻找其他保护农民利益的替代对策，结果是设立了一种“稻作安定经营对策”。该对策的目的是为了防止自主流通米价下跌给生产大米的农户造成过大的冲击，利用农户和政府共同出资建立的基金，对因价格下跌带来的收入损失进行补贴一项制度。补贴的对象是 100％完成政府规定的生产调整任务的农户。补贴资金的来源，是由农户拿出大米基准价格 2％的资金，政府提供基准价格 6％的资金，共同建立稻作安定经营基金。补贴的办法是根据前三年的自主流通米价格平均数算出基准价格，然后从稻作安定经营基金中支付基准价格与当年价格差额的 80％。具体计算补贴金额的公式是：补贴金额＝基准价格－当年价格×0.8×自主流通米销售数量。日本政府设立这项对策的意图是很明显的，是想在今后将“稻作安定经营对策”逐渐发展成收入保险制度，充分利用 WTO 的“绿箱”政策，做到既能支持农民收入稳定，又可以当做被削减的对象。

四、日本农林水产省对偶蹄动物熟肉品的要求

日本对偶蹄动物熟肉制品的热加工具有明确的要求和卫生标准，具体为：

（一）对熟肉制品的热加工要求

1. 偶蹄动物的肉 经宰前宰后检验，凡感染传染病的偶蹄动物，其去骨的肉须经下列一种方法加热熟制：①经100℃或100℃以上蒸煮，肉中心温度达70℃或70℃以上，至少保持1分钟。②经水煮，肉中心温度达70℃或70℃以上，至少保持30分钟，再用热风或其他方式干燥。

2. 偶蹄动物的消化道、子宫和膀胱 经宰前宰后检验，未感染家畜传染病的偶蹄动物，其消化道、子宫和膀胱应煮1小时以上。

3. 经宰前宰后检验，未感染家畜传染病的偶蹄动物，其去骨的内脏 应：①经100℃或100℃以上蒸煮，其中心温度达70℃或70℃以上，至少保持1分钟。②经水煮，其中心温度达70℃或70℃以上，至少保持30分钟，再用热风或其他方式干燥。

4. 用偶蹄动物的肉和脏器制作的香肠、火腿和熏肉 经宰前宰后检验，未感染家畜传染病的偶蹄动物，其去骨的肉和脏器，非冷冻保存3天以内，经腌、熏等处理后，需由下列一种方式加热熟制：①经100℃以上蒸煮，其中心温度达70℃或70℃以上，至少保持1分钟。②经水煮，产品中心温度达70℃或70℃以上，至少保持30分钟，再用热风或其他方式干燥。

（二）日本农林水产省对熟肉制品加工厂的卫生标准 熟制偶蹄动物肉和脏器的加工厂以及由偶蹄动物肉和脏器制作火腿、香肠和熏肉的加工企业必须遵守下列标准要求：①加工厂应有生肉加工间和熟制加工间及其相应的设备和设施。②生肉加工间和熟制加工间要严格分开，两者之间只能用可关闭的窗口由生肉加工间向熟制加工间传递原料。③生肉加工间应有贮存、处理和检验生肉的设备设施。④熟制加工间应与外界完全隔开，并配备热处理设施、检验设施，如自动温度记录仪以及热加工后的检验、预冷、贮藏和包装设施。⑤为避免交叉污染，生肉加工间和熟制加工间工人的出入口、更衣室、厕所、餐厅等要严格分开。⑥地面、墙壁、天花板应光滑、易清洗，地面用不渗透材料铺设，坡度适宜，排水良好，消毒方便。⑦加工间应配置充足的水源和消毒设施，以利清洗消毒。

第九节 无公害畜产品的概念

无公害畜产品，是指产地环境、生产过程和产品质量符合国家有关标准和规范的要求，经认证合格获得认证证书允许使用无公害农产品标志的未经加工或者初加工的畜产品。这类产品要符合以下四条要求：

1. 产地环境、生产过程和产品质量符合国家有关标准和规范的要求 如鸡蛋，产地环境需符合《GB/T18407.3—2001 无公害食品 畜禽肉产地环境要求》或《NY/T388—1999 畜禽场环境质量标准》，生产过程需符合《NY5040—2001 无公害食品 蛋鸡饲养兽药使用准则》、《NY5041—2001 无公害食品 蛋鸡饲养兽医防疫准则》、《NY5042—2001

无公害食品　蛋鸡饲养饲料使用准则》、《NY5043—2001 无公害食品　蛋鸡饲养管理准则》，产品质量需符合《NY5039—2001 无公害食品　蛋鸡》。

2. 经认证合格获得产品认证证书。

3. 允许使用无公害农产品标志　目前，无公害种植业产品、渔业产品和畜产品使用一个标志，已于 2002 年 11 月 25 日由农业部和国家认证认可监督管理委员会联合公告。

4. 未经加工或者初加工的畜产品　这里所说的初加工是不能使畜产品的性质发生变化或添加其他成分。无公害畜产品认证的管理部门《无公害农产品管理办法》规定，农业部门、国家质量监督检验检疫部门、国家认证认可监督管理委员会按照“三定”方案的职责和国务院有关规定，分工负责，共同做好全国无公害畜产品的管理和监督工作。无公害畜产品产地认定实施主体：省级畜牧兽医行政主管部门负责组织实施本辖区内的无公害畜产品产地认证工作。

第六章

牛奶的营养和奶产业

第一节 牛奶的营养保健作用和生产前景

一、鲜奶的营养成分

奶是动物有机体所需营养物中生物学价值最高的食品，这个特性主要表现在吸收和消化效率上。牛奶作为人的食品，是被称作“最接近完善的食物”，其表现为：

1. 优质蛋白质 液体全脂牛奶通常含蛋白质是30%，主要是酪蛋白和乳清蛋白，其生物学价值是85，而谷类蛋白质的生物学价值为50～65，以100为全价，牛奶是所有食品营养价值最高的。牛奶中含有人类所需的全部氨基酸，其中含硫的两种氨基酸，即蛋氨酸和胱氨酸的含量略低以外，其他都十分丰富。日饮500克牛奶可以提供每日所需的全部必需氨基酸。牛奶蛋白质的另一特点，奶蛋白质与热量比是最适宜比例，就人的消化来说，在保证足够量蛋白质的同时又能保证足够量的能量需要。

2. 脂肪 牛奶中含有脂肪量通常是3.6%，是全奶所提供的热量的48%，乳脂同时使奶具有特殊的香味。牛奶的脂肪呈乳糜化的微小颗粒状，熔点低，极易消化。牛奶含有磷脂和人体必需的脂肪酸，已鉴定出来的有500多种脂肪酸及其衍生物，还有相当比例的短链脂肪酸。这些短链脂肪酸是水溶性的，无须再合成甘油就能通过小肠壁而被吸收，经静脉直接运送到肝脏，并立即转化成可供热能的形式，所以牛奶脂肪是能量供应的快速来源。

牛奶中胆固醇的平均含量是每100毫升15毫克，比其他动物食品低。

3. 碳水化合物 牛奶中最丰富的糖类是乳糖，含量为3.4%～4.6%。其甜度是蔗糖的1/6，具有调节胃酸，促进胃肠蠕动和消化腺分泌的作用。乳糖在肠道中具有助长某些乳酸菌繁殖，阻止腐化菌生长的作用。乳糖经乳糖酸作用分解成葡萄糖和半乳糖，动物出生后消化道内这种酶很多，以后逐渐减少，人也是这样。乳糖在肠道中产生乳酸，使pH降低（即酸度提高），能增加钙盐的溶解度，利于钙的吸收。幼儿停奶后连续饮奶，可保持乳糖酶的分泌，不会消化不良。

4. 矿物质 牛奶是动物食品中钙含量最丰富的食物（表6-1）。每500毫升牛奶含钙量达500毫克以上，不但易于吸收，而且磷钙比例恰当，是生物学效价最好的磷钙食品，成为强壮骨骼和牙齿的佳品。缺点是缺铁，每100毫升牛奶只含铁0.3毫克，只有多吃牛肉的人，可以不缺铁。

表 6-1 每 100 克动物食品的主要营养成分

营养成分	全脂奶粉*	米饭	馒头	瘦牛肉	瘦猪肉	鸡肉	鸡蛋
热量（千焦）	1 715.4	485.3	966.5	443.5	1 631.8	690.4	648.4
蛋白质（克）	20	2.6	7.6	20	13.3	19	12.5
脂肪（克）	21	0.3	1.0	2.3	36.6	9.3	11.0
钙（毫克）	680	6.6	57	9.0	6.0	8.9	44.0
维生素 A（微克）	148			6.0	112	46	191
维生素 B_2（微克）	0.8		0.03	0.13	0.17	0.10	0.10

* 鲜奶量以 660 毫升计算。

5. 维生素 牛奶是含 A、D、E 等脂溶性维生素的食品，同时又富含维生素 B_2、B_{12}、B_6 及生物素和泛酸等营养物质（表 6-2）。

表 6-2 动物食品在美国居民营养中的占有比例（%）

成 分	乳制品*	畜禽肉和鱼	蛋 品	合 计
热量	9.9	21.0	1.8	32.9
碳水化合物	5.7	0.1	0.1	5.9
脂肪	11.2	36.1	27	50.0
蛋白质	20.0	42.9	4.9	68.0
钙	71.6	4.2	2.4	78.2
磷	32.6	28.6	5.2	66.4
镁	19.8	14.0	1.2	35.0
铁	2.4	31.1	5.1	38.6
维生素 A	12.2	23.9	5.5	41.6
维生素 B_2	36.3	23.5	4.9	64.7
维生素 B_{12}	18.4	71.9	8.2	98.5

* 不包括黄油。

牛奶对人来说含有几乎所有为生长和保持健康所需要的全部营养素，一切文明的社会中牛奶是主要食品，在发达的国家人们膳食中的钙有 60%～70%来自于乳制品，有充分乳品供幼童到青年阶段饮用的人们，能有强壮和高大的体格，表 6-2 所示为美国人从动物性食品所获得的营养。

以每 100 克食品计算，表 6-1 牛奶的蛋白质与瘦牛肉和鸡肉相当，而能量是瘦牛肉的将近 4 倍，钙比鸡蛋中钙量高 10 倍以上。如果与瘦猪肉相比，能量上牛奶略胜一些，而脂肪量只有瘦猪肉的 2/3，而维生素 B_2 是最丰富的，维生素 A 也是很高，仅低于鸡蛋。因此西方一些国家（表 6-3）奶和乳制品在膳食中起到重要作用。

表 6-3 奶和乳制品在欧洲人主要营养的供应量（%）

成 分	西班牙	英 国	荷 兰	爱尔兰	德 国	丹 麦
热量	15	13	15	11	9	16
蛋白质	21	20	27	20	20	29
脂肪	18	17	23	16	13	18
维生素 B_2	47	33	44	44	33	13
维生素 A	25	14	41	17	13	13
钙	69	47	73	51	61	53

注：摘自刘冬生 1998 年牛奶科学论坛汇编。

据刘冬生报道，1992年我国城乡每人日摄入的奶及乳制品只有14.9克（6.1～27.3克），从全膳食中钙的摄入量为405.4毫克。

此量只达到我国膳食钙推荐供应量（RDA）的50%，以致婴幼儿佝偻病，中老年人骨质疏松症成为常见病。据近年报道，北京市区60岁以上的女性60%～70%有骨质疏松病。目前大城市居民对饮奶的好处有认识，牛奶消费量呈快速增长趋势。但是能达到国家“推荐膳食营养供给量（RDA）”的人群，在北京市内男的只占9.5%，女的占7.1%，说明饮奶的好处已被有些人所认识，体格高大的人多了起来。但是就全国来说，还非常不够。人乳、牛奶主要营养成分和氨基酸含量，矿物元素和维生素含量如表6-4和表6-5所示。

表6-4　人乳、牛奶主要营养成分和氨基酸含量

主要成分			每100毫升奶氨基酸成分（毫克）		
项　目	人乳	牛奶	项　目	人乳	牛奶
水（毫升/分升）	87.1	87.2	组氨酸	22	95
能量（千焦/分升）	313.8	276.1	异亮氨酸	68	228
总固体（克/分升）	12.9	12.8	亮氨酸	100	350
蛋白质（克/分升）	1.1	3.5	赖氨酸	73	277
脂类（克/分升）	4.5	3.7	蛋氨酸	25	88
乳糖（克/分升）	6.8	4.9	苯丙氨酸	48	172
灰分（克/分升）	0.2	0.7	苏氨酸	50	164
蛋白质比（%）			色氨酸	18	49
酪蛋白	40	82	缬氨酸	70	245
乳清蛋白	60	18	精氨酸	45	129
每100毫升非蛋白氮（毫克）	15	6	丙氨酸	35	75
			天门冬氨酸	116	166
			光氨酸	22	32
			丝氨酸	69	160
			酪氨酸	61	179

表6-5　人乳、牛奶矿物元素和维生素含量

矿物元素			维生素		
项　目	人乳	牛奶	项　目	人乳	牛奶
钙（毫克/升）	340	1 170	维生素A（国际单位/升）*	1 898	1 025
磷（毫克/升）	140	920	硫胺素（微克/升）	160	440
钠（毫当量/升）	7	22	核黄素（微克/升）	360	1 750
钾（毫当量/升）	13	35	尼克酸（微克/升）	1 470	940
氯（毫当量/升）	11	29	维生素 B_6（微克/升）	100	640
镁（毫克/升）	40	120	泛酸（毫克/升）	1.84	3.46
硫（毫克/升）	140	300	叶酸（微克/升）	52	55
铁（毫克/升）	0.5	0.5	维生素 B_{12}（微克/升）	0.3	4
铬（微克/升）	—	8～13	维生素C（毫克/升）	43	11
锰（微克/升）	7～15	20～40	维生素D（国际单位/升）	22	14
铜（微克/升）	400	300	维生素E（毫克/升）	1.8	0.4
锌（微克/升）	324	3～5	维生素K（微克/升）	15	60
碘（微克/升）	30	47			
硒（微克/升）	13～50	5～50			

* 牛奶中夏季维生素A 690国际单位，维生素D 331国际单位。

二、乳糖不适应症问题

喝奶保健和乳糖不适应，牛奶在人的营养需要中，上面已介绍（表 6-2），钙的补充是主体，占 71.6%，磷与钙平衡是 2∶1，达到两者最佳消化吸收比例，牛奶成为钙的最重要的营养源。据中国预防医学科学院营养与食品卫生研究所于 1992 年开展的多次调查，我国居民每日膳食摄入的钙平均只有 405 毫克，而世界卫生组织推荐的每日膳食钙供给量为 800～1 200毫克，说明实际摄入量不足 50%。婴幼儿佝偻病患病率不同地区为 15%～80%不等，平均达 50%，缺钙是普遍问题。

以每 100 克鲜牛奶含钙 104 毫克计算，每袋鲜奶 250 克可供钙 260 毫克，一天饮 500 克奶，能获得 520 毫克钙，加上其他食品提供的 300 毫克钙，总计每日摄入 820 毫克，可略为高于世界卫生组织建议标准的低限。如用豆制品来弥补，每 100 克黄豆含钙 191 毫克，每 100 克（北方）豆腐含钙 138 毫克，100 克豆腐丝含钙 204 毫克，按 500 克牛奶的含钙量计，要用 136 克黄豆，或 190 克（北）豆腐、或 127 克豆腐丝。饮 500 克奶比较容易，而吃 136 克黄豆，是一个较大的分量。

饮奶腹泻问题。这是在我国东部地区经常听到的。明显地出现乳糖不耐受反应，这主要出现在 5 岁以上儿童和成年人，有 80%的人是消化道内乳糖酶不足，而牧区民族和欧洲民众乳糖不耐症的发生率只有 5%左右。人体内乳糖酶水平下降是出现在婴儿断奶以后，终生喝奶的人们乳糖不耐症的发生率极低。因此，我国应提倡幼童不断奶，要从小给予饮牛奶的习惯。事实上，有乳糖不耐症的人中，大多数人每天仍能耐受 10 克乳糖，指每 100 克牛奶含 3.4 克乳糖而言，只要天天饮奶，一天饮用 245～250 克的袋装奶是可以耐受的，如果多次少餐，则是比较好的解决办法。刚开始恢复饮奶的，也可以每次饮用 100 克上下。依然不能适应的人，可以饮酸奶，不会产生腹泻问题。

三、母乳育婴和补充牛奶

母乳是婴儿 4～16 月龄前唯一的食物，与牛奶相比人乳的某些营养成分虽然比较低，如表 6-4 所示，蛋白质含量是牛奶的 1/3，为 1.1 克/分升，但更适合婴儿需要，人乳蛋白质以乳清蛋白为主，在婴儿胃中经胃酸作用形成芝麻大小的柔软絮状凝块，更宜于婴儿消化。人乳的脂肪含量虽与牛奶脂肪含量相仿，但人乳的不饱和脂肪酸（8%）高于牛乳的（2%）。人乳中亚油酸、花生四烯酸、二十二碳六烯酸（DHA）都比牛奶多，另外还富含对婴儿脑发育至关重要的卵磷脂、牛磺酸等。人乳中的乳糖高于牛奶，且全部溶于乳汁，乳糖能促进钙的吸收，抑制大肠杆菌繁殖，减少婴儿腹泻。人乳中钙磷比例适宜，为2∶1略强，更有利于吸收。人乳中铁含量不多，但吸收率可达 50%，比牛奶中铁的吸收率为 10%的比例要高；人乳的锌吸收达 41%，牛奶中的锌仅为 28%。基于物种的不同，人乳对婴儿的消化吸收是天赋食物。

以母乳哺育婴儿有许多免疫物质，如乳铁蛋白，溶菌酶，IgA、IgG、IgM 等，以及生长因子，多胺，核苷酸等生物活性物质能调节新生儿的新陈代谢，促进整体及特定器官的发育。母乳不会引起婴儿的过敏，不需消毒。母亲哺乳对增进母婴感情，防止感染，促进婴儿发育是无可替代的。

母乳哺育与人工喂奶相比，据20世纪60—80年代的多次调查统计，在智力上，前者比后者智力高达约10%，运动能力上大约高1.9%，因此只有当母乳不足时才补以牛奶以及混合喂养，用逐渐替代的方式来进行。

青少年期，自半岁以后儿童食物由母乳开始过渡到谷物、奶、蛋、鱼、肉、菜、果等混合营养，此期称为断奶。但断奶只指停喂乳，并非停止其他可食的牛奶或羊奶。在荷兰，1～4岁儿童平均每人每日饮奶466克。100%的儿童都吃牛奶和乳制品，由奶类提供的蛋白质、钙、维生素A和维生素B_2各自占摄入量的35.9%、75.5%、41.2%和2.5%。然而据王慧安等资料，上海市城区及其三个县的儿童，1～3岁托儿所儿童平均每人摄入乳类仅95克，3～6岁幼儿园儿童仅174克，6～12岁仅82克，上海市是经济发达地区尚且如此，农村情况则更差。

据1992年全国营养调查，我国6岁以下儿童有17%体重达不到标准，32.3%是身高达不到标准，据1997年底的统计，全国约有2 160万儿童体重不足，4 200万儿童生长迟缓。由于缺铁，碘，维生素A、D等营养不良的，疾病使智力和健康不良情况十分严重。这是与奶类这种优质蛋白和钙供应不足密切相关。儿童期每天保证250克牛奶是不可再少的，缺此条件要多用豆浆代替。

人在体格不再增长时，新陈代谢并未停止，人体的组织器官要不断更新。人体肝脏组织的蛋白质约10天要更新一半，肌肉组织中的蛋白质约185天更新一半。骨骼的更新在长度上大约18岁开始稳定，男儿要晚一些，但骨密度要在25岁才达到稳定。而钙的代谢从不间断，即使人的年龄转入衰退时期，也需摄入足量的蛋白质和钙以延缓组织器官的衰老。人过40岁后骨中矿物质逐渐减少，估计每年要减少1%；50岁以后骨骼总量可减少30%，只有充足地饮奶才能延缓这种衰老现象。

第二节 奶酪的营养与保健

据马仁法在《中国食品报》上报道，奶酪中除了含有丰富的蛋白质和脂肪外，还有糖类，有机酸，矿物质元素钙、磷、镁、钠、钾、铁、锌以及脂溶性维生素A、胡萝卜素和水溶性维生素B_1、维生素B_2、维生素B_6、维生素B_{12}、烟酸、泛酸、叶酸、生物素等多种营养成分。

奶酪中的脂肪在发酵成熟过程中，被分解成脂肪酸，其中，大部分为人体必需的脂肪酸。必需脂肪酸具有重要的生理意义，它不仅是组织细胞的组成成分，而且还与类脂质代谢有密切关系，对修复皮肤损伤非常重要。胆固醇高是引起动脉硬化等心血管疾病的主要原因之一，控制胆固醇的摄取量或降低人体内的胆固醇是防治心血管病、高血脂、高血糖的一种有效方法。而食用奶酪，由于其含有大量的人体必需脂肪酸，可降低血清胆固醇，对心血管病防治是有益的。奶酪中的脂肪，可以使组织保持特有柔性及湿润性。

奶酪中含有的人体必需的矿物质元素，如钙、磷、镁是骨骼和牙齿的重要成分，其在生理代谢方面也有重要的作用；磷是构成组织蛋白的成分；铁是血红蛋白和细胞色素的组成成分；锌对胰岛素活性有重要作用，矿物质元素是细胞内液及细胞间液的重要成分，它们和蛋白质共同存在能维持各组织细胞的渗透压，因而在体液移动和滞留过程中起着重要作用。矿物质元素维持机体的酸碱平衡，当组织代谢产生酸时，不会使体液的 pH 有明显变化。矿物质元素还是酶的活化剂，如镁离子对磷酸化酶有活化作用。此外，各种无机离子，特别是保持一定比例的钾、钠、镁离子，是使肌肉、神经产生一定兴奋性所必需的物质。

奶酪中还含有脂溶性维生素 A、胡萝卜素和水溶性维生素 B_1、维生素 B_2、维生素 B_6、维生素 B_{12}以及烟酸、泛酸、叶酸、生物素等多种维生素。维生素不是供给肌体的能源，也不是构成组织的原料，但却是维护肌体正常生长、发育、繁殖不可缺少的物质，其主要生理功能是在物质代谢过程中起作用。一般的食品中，维生素含量很少，而当维生素供给不足时，会出现代谢障碍和临床上的一些症状，叫维生素缺乏病。当身体不能合成维生素或合成太慢，不能满足肌体需要时，必须由食物供给。维生素 A、胡萝卜素可抗干眼病，预防表皮细胞角化，促进生长；缺乏维生素 A 会导致夜盲、干眼、角膜软化、表皮细胞角化、失明等症状。维生素 B_1 可抗神经炎，预防脚气病。维生素 B_2 可预防唇炎、舌炎等。维生素 B_6 与氨基酸代谢有关。维生素 B_{12}可预防恶性贫血，它是人及动物体内核酸合成及红血球细胞合成所必需的。烟酸又称为维生素 B_5、维生素 PP，可预防癞皮病；烟酸缺乏，在临床上表现为皮炎。叶酸又称为维生素 B_{11}，可预防恶性贫血。生物素又称为维生素 H，可预防皮肤病，促进脂类代谢，并参与物质代谢中羧化反应。

奶酪中乳糖含量很少，因为在制酪过程中，大部分糖已转入乳清中被分离了，不会引起消化不良症状。奶酪是奶制品中的重要品种，中国营养学会对其十分推崇，国内已有企业生产。包头骑士乳品（集团）公司生产的两种世界上最普及的切达和古乌达奶酪，原来牛奶中含有的脂肪类物质，在奶酪成熟过程中已被分解成人体易于吸收的成分，经常食用奶酪，可提高人体综合营养指标，且不会导致肥胖。

法国《科学与未来》曾发表题为《吃奶酪有益健康》的文章，奶和奶制品是提供钙的主要食品。奶酪制品提供的钙可能被吸收 80%～85%，而植物提供的钙能被吸收 20%。为了预防骨质疏松，多吃奶制品和奶酪，是最好的保健方法。

许多研究表明，爱吃奶酪的人较少患某些癌症。在荷兰进行的一次调查表明，爱吃奶酪者很少患结肠和直肠癌。科学家莫布瓦说：“发酵产生的奶蛋白质能够刺激人体的免疫系统。”他领导的实验室证明，奶蛋白质可通过淋巴细胞刺激干扰素和白细胞介素的产生。这一个在试管内进行的试验，揭示了奶蛋白质对人体抗癌能力的作用。

第三节　强化奶业、强国强民的宣传教育

改革开放发展了我国的经济，也加速了膳食结构的进步。奶业已经在不少地区成为农村经济腾飞的产业，中央号召发展奶业的意义越来越深入人心，在全国范围奶业也正在转化为畜牧业中独立的经济体系而出现勃勃生机。近 20 年来我国奶业的发展速度是很快的，然而牛奶的总产量在 13 亿人口的国家于 2001 年才达到 800 万吨，人均不到 7 千克，而同时，世界人均占有的奶量已达到 90 千克。同年我国啤酒的产量是24 000万吨，是牛奶产量的 3 倍，可见其差距之大。其原因虽然很多，但主要的原因是奶业的生产链条很长，社会因素众多，要发展规模的奶业，必须改变传统的种植结构，完善健全的奶源生产体系，

随后才是奶品企业的操作和谋略问题，发展奶业要付出更多的努力。

在发达国家，奶业一直是当地民众的主食和食品工业的重要组成部分。这些国家的畜牧业不是“粗放的传统畜牧业”，而是与种植业紧密结合的农业生产的一个环节，奶牛业由来已久地是动物农业的主体。谈农业必然养牛、养猪、养鸡等，而并非指单一的粮食，现代的奶牛业是与乳品加工业不可分割的两大主体组分，即原料奶生产和加工奶生产。美国是只有300多年历史的国家，继承了欧洲各国的奶业传统，在强大的工业体系和市场体系支持之下，成为世界第一流的乳品工业强国。

在发展中国家中，印度也是人口大国，在人均产粮只有233千克的情况下，提出白色革命，使每人的平均牛奶占有量达到77千克，产值达100亿美元，占世界第一位。饮奶习惯普及到农村，人民的健康状况大为改善。

在中国有人说，“中国人不吃奶”。这是十分片面的提法，而且十分有害。首先中国是多民族国家，由于汉族人口占到90%以上，汉族人在长期的贫困条件下造成缺乏饮奶的习惯，东北、华北等地的满族也遭此命运。但是不能一概而论。汉族人在世界各地不也是视饮奶为饮料吗！从小饮奶一辈子也习惯饮奶，那么“中国人不吃奶”的说法不就成立不了了吗。现在生活条件好了，大城市的人群中，相当多的人一直受益于牛奶，养成了习惯。可见饮奶习惯是可以因生活条件而改变的。在许多少数民族地区，乳品则是生活必需品，在传统畜牧业的情况下，鲜奶、奶豆腐、酥油、曲拉、奶茶、糌巴、乳扇等等，都是一天也不能缺少的食品，只是那里的牧区，过去不受重视，近年来，内蒙古的伊利集团和蒙牛集团成为全国的奶品大企业，已经发展到工业化生产的程度。现在有识之士提出了奶业产业化的见解，这正是顺应时代之识，应全力宣传和支持的。西部地区的农区和农牧交错带兼具有生产牛奶的传统习惯，又有植(作)物资源，是良好的奶源基地，在国家大力提倡西部开发的战略下，在日后西部可以成为我国牛奶产业化发展的重要基地，其意义是深远的。

50多年的中国奶业经过了从计划经济到市场经济的转轨，奶业由一个管理性行业转变成乳品产业体系，由单一的国有事业和生产单位逐步转化为企业，近年迅速成长的民营企业和外资企业参与全国乳品产业的建设，并各自发挥着独有的优势，全国牛奶生产呈现出蒸蒸日上的形势。然而牛奶人均产量确实过低，怎么能改变中国奶品工业不发达，改变农业结构不合理，农民收益不高和民众饮奶量过少而体质不强壮的现象呢！问题在于营销和各产业链上先进技术的应用，如果保持原有传统的观念去发展奶业，一是要多走弯路，多受损失，二是会被更先进的国际奶品企业所制约，使民族乳品工业遭受打击。为此要强调多方面宣传，促进乳业的健康发展。总起来讲，需要市场机制，高新技术推广，农业结构调整与奶品基地建设，传统乳业生产体系的改造（包括对牛的品种和乳制品单一化的改造)，及村镇生态建设等领域，在整体上形成绿色农业体系，使奶业成为持续农业发展中能提供高效、高产优质的具有绿色通行证的产品。

进一步加强宣传和采取政府行为，提倡人人饮奶。首先要实施“学生饮用奶计划”，喝牛奶从娃娃抓起，从小培养喝奶习惯，这是实现“一杯奶强壮一个民族”的可行谋略。当前世界上有100多个国家实施学生奶计划，全部都是政府行为。学生奶实施的方式有两种。一种是由当地政府出钱向企业买奶，生产厂直送学校，老师义务服务，中间不得收取任何费用，免费给学生饮用；另一种是为学生生产“学生奶”的厂家享受免税政策，政府让利给学生，“学生奶”价格优惠，低于市场上同类奶。这两种方式都是政府行为，严格封闭运行，不准进入市场。我国自1995年提出学生奶计划时，还不是政府行为，而是专家和社会舆论的呼吁和建议。当时奶业尚不规范，牛奶的质量得不到保证，学生奶计划无法真正实施。只有在政府真正提出规划后，才有真正意识的学生奶工程。自此之后不到10年我国的奶业出现了空前的高涨，中国人不喝奶的怀疑自然打消。2003年的奶量比2002年增产34.35%，学生奶计划已成了我国政府相当长时期的工作任务。

一有政府的支持，宣传工作仍不可间断，除了大众人群之外，向老少两极宣传十分重要。

中老年饮奶，向他们讲清喝奶对保养心脏、滋润肺部、补充钙质，强健肌体等的益处，目前有不少的年逾八旬的人群是长期坚持饮奶的，而且这样的人群正在不断地扩大。在幼儿方面，据1999年北京的一项调查说明，北京婴幼儿奶消费总量19%，60岁以上的消费量占28%，可见饮奶人群在持续扩大。从消费者职业结构来看，2000年北京市公务员消费牛奶的开支为每户96元，工人为20元，农民为30元，这也反映饮奶素质培养的重要性；这也是现在大中城市人均消费牛奶量超过25千克以后用量继续递增的原因。继续强化饮奶的宣传教育，形成良好的膳食习惯，是强国强民的国策之一。

第四节　国家奶业政策的推动力

据农业部畜牧兽医局张喜武的报告，全国奶业发展目标，在“十五”计划末奶类总产量达1 400万吨，与2000年相比，以年均增96万吨，或年递增9%的速度增产。2015年奶类总产达3 600万吨，比2005年再增加2 200万吨，年递增10%，人均将占有25千克。

2001年我国存栏良种及改良奶牛566.2万头，在奶类总产量1 122.9万吨中，牛奶达1 025.5万吨，这自1978年的97万吨经13年后，在产量上10倍的递增。其中1997—2001年5年中牛奶产量年平均增长14.3%，是世界上奶业增长最快的国家（表6-6）。由于原来奶业基础薄弱，到2001年人均产量也还只有8.8千克，是世界人均水平的1/13，与世界上发达的奶业国家相比，是1/37；在发展中国家以印度的奶业最为发达，人均占有奶量达77千克，我国与之相比只占其1/15.6。

表6-6　1949—2001年我国奶品产量

单位：万吨

年　份	奶类总产量	其　中		干奶粉制品
		牛　奶	山羊奶	
1949	21.7	20.0	1.7	
1959	29.9	27.0	2.9	1.8
1969	56.1	51.0	5.1	2.6
1979	130.1	106.5	23.6	5.4
1980	136.7	114.1	22.6	6.3
1989	435.8	381.3	54.5	28.7
1990	475.1	415.7	59.3	37.3
1999	806.9	717.6		69.08
2000	919.1	827.4		82.9
2001	1 122.9	1 025.5		

目前奶类产值还只占牧业值的10%上下，占农林牧渔业总产值3%，是今后农业结构调整中的重点之一，也是朝阳产业之一，对农民致富建设小康农村能起到非凡的作用。在2000年牛奶产量达827.4千克的情况下，依然是产销两旺，即奶业的发展能在一方面很好地反映我国小康社会的建设势头。但是目前对奶业的发展存在着错综复杂的因素，如全国只有几百万头奶牛，和具有相当高技术水平，但人数比较少的奶业专家；西部大开发在发展奶牛与调整农业种植结构上缓慢的进度不协调；有中央的政策支持和已经意识到奶产业重要性的行政领导，与传统保守的牧业经营习惯等相矛盾，这些都是目前要解决的问题。

但是目前最有利的因素是国家大力推行的“学生奶计划”、“奶类行动计划”、“蛋白质工程”、“中国营养改善运行计划”、“中国居民膳食指南”等政策的出台。加上20年来改革开放的成就，全国人民经济收入普遍提高对奶及其制品需求量的增加这是经济基础。再加上民众喝奶意识的增强（表6-7、表6-8）。这表现在城市和农村对用量的提高上。

表6-7 1992—2000年我国城乡居民奶品年人均消费量

单位：千克

地区	年份								
	1992	1993	1994	1995	1996	1997	1998	1999	2000
城镇	6.32	6.12	6.71	5.23	5.56	5.92	7.25	9.19	11.66
农村	1.46	0.85	0.67	0.64	0.8	0.95	0.93	0.96	1.00

资料来源：农业部农村经济研究中心《中国奶业发展研究课题》根据《中国统计年鉴》、《中国市场统计年鉴》、《中国农村统计年鉴》整理而来，表中人均消费量为鲜奶、酸奶、奶粉消费量之和。

表6-8 1999年城镇居民奶品消费支出的比例

项目	平均	最低收入户	低收入户	中等收入户	高收入户	最高收入户
人均可支配收入（元）	5 854	2 618	3 492	5 512	8 632	12 084
消费性支出（元）	4 616	2 523	3 137	4 432	6 443	8 262
食品支出（元）	1 932	1 313	1 548	1 918	2 396	2 763
奶品支出（元）	56.2	25.6	36.9	55.7	77.5	93.1
奶品支出占消费支出（%）	1.22	1.01	1.18	1.26	1.2	1.13
奶品支出占食品支出（%）	2.91	1.95	2.38	2.90	3.23	3.37

资料来源：《中国统计年鉴》2000年。

一、大城市喝奶人群的增加趋势

北京市有多少人有每天喝奶的习惯，这尚未见统计，但是按照300万人，年均消费180千克牛奶产量是不够的。其实周边地区进入北京的各种液态奶和奶粉，以及国外进口的，量要远远地超过北京市年生产30.3万吨的数量。全市年的消费量会高于100万吨。

二、农村喝奶人群的增加趋势

居民对奶品的消费水平是影响奶业发展的重要因素。据调查研究（表6-7），我国城镇居民乳品年人均消费量1992年为6.32千克，2000年达到11.66千克；但农村居民对乳品的消费，近年来一直处于很低的水平，1999 年人均消费量只有 0.96 千克。仅为城镇居民的 10%。

根据《中国农村住户调查年鉴》，我国农村现阶段的动物性食品消费量，1990 年人均，肉类 12.60 千克、蛋类 2.41 千克、水产品 2.13 千克，奶类 1.08 千克；1999 年人均，肉类 17.07 千克、蛋类 4.28 千克、水产品 3.82 千克、奶类 0.96 千克，10 年期间分别增长 35%、78%、79%，而奶类消费没有增加。表明我国农村家庭现阶段的动物性食品主要消费量是肉类、蛋类和水产品。

据作者的调查，近 3 个来华北地区奶牛产区的农民已经出现常年喝牛的人群。2001 年至今在闽北等长江以南沿海省份的农村，也都讲究喝奶。牛奶和酸奶是市上的旺销产品。

从整体看，在消费年龄结构上，过去以婴儿、病人、老人为主，在职业结构上，据天津市等地的调查，原来是高级干部和专家的保健品，现在是工人家庭占 47%，干部家庭占 38%，知识分子家庭占 15%。据市场的反馈（北京三元乳品），每天的销量由 1999 年 200 多吨，增加到 2000 年 500 吨。因为乳制品需求量的增加势头很旺，已改变了单一需要鲜奶的局面。据国务院有关部门的预测未来 20 多年内将有 8～10 倍的产品要求。如 1978 年全国牛奶产量 98 万吨，乳制品 4.63 万吨，到 2001 年分别达到1 025.5万吨和 108 万吨，增加 9.5 倍和 22 倍。

国务院发展研究中心农村部课题组对我国 1998—2030 年奶类需求生产预测的分析见表 6-9。

表 6-9 1998—2030 年奶类产量平衡表

单位：万吨

项　目	1998	2000	2005	2015	2030
需求量	747	794	1 150	1 619	3 205
生产量	475	792	1 145	1 619	3 205
余缺量	−2	−2	−5	0	0
生产量*	745		1 196	2 832	6 787

注：1998 年为实际产量，2000 年为计划产量，* 为规划产量。

国家发展和改革委员会《畜牧业发展及牧区经济问题》课题组关于我国奶类生产预测认为居民收入的提高是今后奶业高速发展的经济原因，也是对乳制品或多样化要求越来越高的原因。这里国家奶业政策所起到的作用是十分明显的。

三、2003 年我国奶业发展新趋势

2003 年是我国奶业发展非常突出的一年，全年各类总产量达1 848万吨，比上年增长 32.0%，其中牛奶产量达1 746.3万吨，比上年增长 34.35%。在我国南北方都有高速增产的省份，增幅超过 20%的省份在北方有 11 个，南方有 9 个。而主体产奶区依然在北方，其产奶量占全国的 68%。大城市的产奶量因不同的农业资源而异，如天津市增产 23.5%，北京市增产 14.4%，而上海市反而下降 1.7%。这与郊区的面积，农民转二、三产业的情况不同而异，很符合客观经济规律。

牛奶的价格问题。由于消费区对牛奶需求量越来越大，而生产量赶不上需求量，如长江以南的经济发达地区，奶价上扬，一般每500毫升在2.5元以上，而北方的生产量超过消费量，一般价为每500毫升1.6元以下，在北京，什么品牌牛奶都抢滩超市，比本地的"三元"奶价格要降低才能占有相应市场。

强化科技投入。国家启动了重大奶业专项投资，各企业也强调科研开发。上海的农工商集团与光明乳业，投资近3 000万元强化研发工作；为取得绿色食品标志，ISO9000的认证和HACCP认证工作成为企业必须有的流程。2003年农业部组织学生奶定点生产企业的HACCP培训工作，48家有关企业全部参加，提高了"全程无污染"的放心奶生产水平。

国家《食品标签法》的推行，正在促进《复原奶》的规范化标识的实施，这是有利于用户，促进我国奶业健康发展和提高与奶制品进口相抗衡的有力举措。有关法规的出台，将会提高我国奶品品牌在国际上的地位，也成为农业的越来越重要的组成部分。

奶牛营养与牛奶质量问题国际合作的启动。2009年5月5—7日中国农业科学院北京畜牧兽医研究所主办了以"奶牛营养与牛奶质量问题"的国际合作研讨会，有中外283个技术部门和企业的520余人参加了该会议。面向全球金融危机的冲击和国际上二恶英、微生物污染、三聚氰胺和高氯盐酸污染等一系列乳品质量安全事件的影响问题，在美国出现了宰杀母牛3万多头的巨大损失。对中国奶农面临生鲜奶的质量偏低、进口奶粉冲击奶农经济效益下滑等困难，进行了研讨。我国于2007年奶牛存栏1 219万头，奶类产量3 633万吨，城镇居民人均消费奶类25千克；养奶牛户达269万户，奶牛养殖产值达847亿元，约占畜牧业总产值的5%，并推动了种植结构的调整。当前牛奶质量安全体系建设成为必须突破的瓶颈，先进国家的专家就牛的泌乳的营养代谢，优质乳的形成等学术问题进行了介绍和研讨；我国以天津三元绿荷公司为代表介绍了TMR日粮管理和牛奶质量监控体系，其中对于粗饲料的来源和牧场自已生产粗饮料提出了建议。农业部和中国奶业协会，以及FAO和新西兰驻华使馆的代表的支持和内蒙古农牧科学院，南京农业大学的成果，和中国农业科学院与世纪荣耀（北京）奶业生物工程科技发展公司共同开发的CLA（共轭亚油酸）牛奶的投产，都体现了奶牛业向优质健康发展的良好动向。

第五节　我国奶业的生产区域

长期以来奶业是一个不受重视的产业，过去在城市牛奶供应只是为了保障首都和特大城市双职工以及医院和托儿所的最低需求，而不是现在人们认识到的是改善膳食结构，强壮一个民族的一个阳光产业。由于当前有了一个政策（国家的政策）两个提高（经济收入水平和民众喝奶意识）的缘故，我国的奶业有了空前的发展。

一、全国奶牛奶业的生产区域

近年来，各地奶业发展不太平衡，比较发达的大城市郊区、沿北京周围区、辽吉黑三省、鲁豫皖粮区、新蒙宁牧区和青藏高原区。如果说现在强省强区在城市及周围城区和东北的话，那么未来的是在西部地区，这从表 6-10 可见从西北、高原、西南、三大城市、东南、中部和东北七个地区的产奶水平比较上可看到各地区的巨大差距。

表 6-10　2000 年各地区奶类产量水平比较

地　区	奶产量（万吨）	人口（百万人）	人均（千克）	地　区	奶产量（万吨）	人口（百万人）	人均（千克）
内蒙古	79.8	24.85	32.1	江　苏	25.5	75.59	3.4
陕　西	39.2	36.74	10.7	浙　江	11.2	46.38	2.4
甘　肃	13.3	25.9	5.1	福　建	9.6	33.43	2.8
宁　夏	23.6	5.55	42.56	广　东	9.2	71.23	1.3
新　疆	72.5	17.44	41.6	海　南	0	7.54	—
西　北	228.4	110.48	20.7	东　南	55.5	234.17	2.3
西　藏	16.2	2.51	64.5	安　徽	4.1	56.15	0.7
青　海	20.6	5.29	38.9	江　西	5.6	45.59	1.2
高　原	38.8	7.8	49.7	湖　北	5.6	61.58	0.9
广　西	1.7	47.44	0.4	湖　南	1.1	69.11	1.5
贵　州	1.7	37.79	0.5	山　西	33.5	33.43	10.0
云　南	13.0	40.97	3.1	山　东	45.7	95.01	4.8
四　川	28.5	88.26	3.2	河　南	16.1	99.38	1.6
重　庆	5.6	30.67	1.8	河　北	84.2	70.17	11.9
西　南	50.5	245.13	2.1	中　部	195.8	530.42	3.7
北　京	30.3	11.89	25.5	辽　宁	18.9	43.21	4.4
天　津	16.5	5.94	27.8	吉　林	14.3	28.01	5.1
上　海	25.6	13.22	19.4	黑龙江	154.3	29.2	52.28
三　市	72.4	31.05	23.3	东　北	187.5	100.42	18.7
				合　计	828.9	1 259.47	6.6

在奶的产量上，西北占 27.6%，中部 8 省占 23.6%，东北占 22.6%，三大城市占 8.7%，东南占 6.7%，西南占 6.1%，高原占 4.7%，而人均产奶水平上，高原占首位为 49.7 千克，其中西藏遥遥领先，为 64.5 千克，三大城市为 23.3 千克，西北 5 省、自治区为 20.7 千克，东北为 18.7 千克，其他都低于全国平均 6.6 千克。

大城市的奶业以北京、天津、上海 3 个城市作统计，2000 年共3 100万人，人均达到 23.3 千克，仅次于青藏两省、自治区，那里是 780 万人，人均 49.7 千克，但两地乳业性质完全不同，后者以牦牛奶为主，居民就地产就地消费，商品性很弱，而三大城市却都是商品奶，在 20 世纪末城市奶业已不是 40 年前那样，为全国领先的。在商品奶业上黑龙江省已人均达 52.8 千克，15 年前已是全国的奶业基地，依然保持优势。当前，商品性最强的是宁夏、内蒙古和新疆，宁夏人均水平最高，达 42.5 千克；内蒙古总产量占第三位，达 79.8 万吨，比三大城市总量 72.4 万吨更高，而且增长势头旺盛，新疆是人均 41.6 千克，总产量达 72.5 万吨，两指标双双超过三大城市，其势头是势不可挡，充分体现了西北奶业在未来的旺盛前景。因此，不同地区奶业的主导产品上将分工越来越明显。若大城市以部分鲜奶自给和发酵奶品为主，以及新鲜稀奶油等为辅的话，那么西北地区在超高温灭菌奶及其同类液态奶如 ESL 奶的生产，奶酪、黄油、奶豆腐、奶粉，炼乳等将成为新产区。

大城市奶牛带，由于市区在扩大，绿化和生态环境要求提高了，农业中的粮食生产部分日益退出农业经营的情况下，已经转移到远郊区，那里是新区，而且因大多是过去没有养过奶牛的农民或外地农民，虽然有原来国有农场的技术可提供帮助，还得等待时日才能达到头均年产 6 吨以上的水平。此时东北三省的奶业，东南沿海几省的奶业和大西北的奶业迅速增长并各具特长，参与国内奶业的竞争。如东北玉米带加大豆带，东南原有经营方式和高技术，大西北的广阔土地加未来的苜蓿带和人工牧地，民族奶业的传统等，将极大丰富我国的奶品工业。由于东南沿海各省人口密度大，但奶业薄弱；西北则相反，奶和乳制品生产的深厚潜力和销售的市场流向日益明显。形成西强东弱形势，因此新的世纪之初为西北奶类产业的运作提供了广大的回旋余地，商机洋洋，大有作为。

从奶业的经济效益来看，虽然牧业在原料奶生产占有特殊的优势，然而与工业相比，其生产还是低效率的。在这方面分析，可以预计，大城市的土地资源昂贵，人员工资处于高水平，在奶加工上比原料奶生产更占优势，在不久的将来，不是人均生产指标上占多少，而是消费上人均占多少的问题，和在乳品加工业上产值是多大的问题，及每个城市在本市范围内有多少土地还离不开农业的问题。

围城省区，由于直销鲜奶等的距离优势，如河北、山东、山西、内蒙古占有地理优势和农区牧业的优势，相应的部署奶业力度较大的还有河南、江苏和辽宁、吉林等省。显然东南各省原来具有奶业技术优势也有长足的进步，那里的优势是有草山，较高的农民素质和改革开放政策。由此可见，我国奶业的发展正在各显神通，形势是良好的。

在奶业生产上，中国的牦牛和水牛业，前者是已开发但极其需要改善生态条件的，而后者是非常需要引进和重视技术投入的部门，后面另有叙述。

二、牦牛奶生产区

我国的牦牛占全世界牦牛总头数的 92%，达到1 300万头，以青海最多，有 420 万头，依次为四川 387.6 万头，西藏 362.1 万头，甘肃 94.04 万头，云南 51 万头，新疆 16 万头。分布的范围在海拔3 000～5 000米的高原，是当地居民奶、肉、役的主要来源。青海、西藏两省、自治区，由于牦牛挤奶，人均产奶量在全国都遥遥领先。

然而牦牛奶的生产面临日益严重的生态破坏的挑战。从屠宰牦牛的记载，20 多年来，牦牛胴体重下降且繁殖率很低。其原因主要是草畜矛盾突出所致。

牦牛大省青海，退化草原占全省草原面积的 80%，鼠害占 22%，现在的产草量只有 20 世纪 60 年代的 1/3，甘肃、四川、西藏、新疆的牦牛产区情况也不容乐观。以青海为例，在相当长期内，牦牛奶的生产也不能去追求高产，而应保护草场，改善草原生态环境为前提，努力弱化牦牛过度挤奶。禁绝、高原草甸农耕，以供应粮和奶粉的办法来解决牧民的奶制品要求，如每年提供 10 万吨奶粉，换取当地牦犊牛有足够的吮奶量，有良好的生长发育，以及保护可持续发展的高原牧业。

保护高原生态，提高牦牛犊的成活率和体重，以及提高肉用牦牛出栏率是牦牛生产的长期谋略和重要的国策。

三、水牛奶生产区

水牛奶是优质奶，在我国乳业产品收购没有走上按质论价的阶段，水牛的产奶量在低位时，质量的高位优势得不到体现，但是拥有1 700万头这么大的群体，大量的是没有挤奶，而显示不出效益。按母水牛占群体的25%计算，有425万头，假定每头产奶700千克/年的话，那么是接近300万吨优质奶。可惜这个情况没有任何官方统计，原因是没有列入发展农村致富的计划之中。按照水牛奶平均乳脂率为8.0%，与荷斯坦牛平均为3.3%对比，是2.4倍的产量，那么每头水牛的产量是相当于每年达到1 680千克，这是在非常粗放情况下的产量。

按照中国农业科学院水牛研究所拥有的尼里拉菲本地三品种杂交的母水牛，产奶量达2 041～2 268千克，是相当于黑白花牛5 170千克的产奶量。可惜南方省份中只有广东、广西少数县市将其作为开发项目，据称每千克水牛奶售价为8.0元是供中国香港和广州的畅销产品，那么水牛的挤奶项目要做起来前途应该是好的。

我国传统水牛奶名牌“擒雕”的故乡，温州。自1996年当地政府的支持下，重新开发水牛奶生产，并引入外血杂交推广“尼温”水牛，每日头均产奶12千克，奶的全乳固形物占19.3%，脂肪10.9%，蛋白质5.13%，乳糖5.16%，分别比黑白花牛高出77%、248%、102%和11.7%，奶价每千克为12元，头均年收入近7 000元，这对恢复传统名牌，具有重要意义。

按照农业部制定的《全国奶业“十一五”发展规划和2020年远景发展目标规划》，对于南方水牛区要通过优化奶水牛区划布局和基地建设，要加快发展步伐。规划提出，水牛抗病力强，耐粗饲，饲养成本低和分布面广阔的特点，要形成具有杂交牛竞争力强的新型产业。摩拉杂交水牛是良好的载体。实践证明：一头杂交水牛到12月龄的售价达2 000～2 500元，比同龄本地水牛多增1 500元，杂一代水牛平均单产1 400～1 600千克，本地水牛为750千克，二代达1 900千克，优秀的达到3 800千克。杂种公牛2岁体重达400～500千克。项目区每千克水牛奶出售价为5元，一头奶水牛最高年收入为1.5万元，最低的为7 000元。

四、中国生产的乳品种类

在奶类的生产中，牛奶是最主要的种类，据报道2000年全世界生产奶类的总产量达567 925 807吨。其中奶牛奶484 746 594吨，占8.4%，水牛奶61 833 173吨，占10.9%，山羊奶12 066 038吨，占2.1%，绵羊奶7 991 832吨，占1.4%，骆驼奶1 288 170吨，占0.2%。发达国家的奶类生产大国是美国，全部奶类都是奶牛奶，产量达76 294 000吨，人均产量达267.19千克。在2000年中国的奶总产量达11 460 567吨，只占世界总产奶量的2.0%，而中国人口却占世界人口的1/5，显得特别不相称。中国是个多民族的国家，由于自然条件和民族生活习惯的不同，有的民族是常年离不开奶品的，是传统食品，人均水平很高，如西藏人均产奶达64.5千克，是全国人均水平的10倍。就全国而言，奶类是以奶牛品种所产的牛奶为主，据1988年统计牛奶占87.4%，羊奶占12.6%，这个数据比较反映实际情况。但这几年奶牛奶增产很快，是新的形势。

（一）奶制品种类和传统优势产区的转变 传统的奶业是在牧区，已有数千年历史，包括西藏、青海、新疆、内蒙古、四川的牦牛、蒙古牛、伊犁牛（20世纪20年代以前）、云南的牦牛和邓川黄牛、浙江温州（水牛）。近70年奶牛场在大城市出现，形成了城郊和牧区两类完全不同的产区，即供应市民为主和当地自销为主两大类。从80年代开始，实施改革开放政策，发展农区奶业，向城市供奶，这是奶业生产现代化的重要里程碑，虽然农区奶业的经营模式和饲养水平、育种程序都不及城郊，但是它反映我国农业结构的大调整，牛奶产区将从此出现根本性的转移，城郊奶业在产量比例上将越来越小，到2000年，按李易方等报道，在1 024万吨奶量中，城郊生产304万吨，占29.7%，牧区生产148万吨，占14.4%，农区生产572万吨，占55.9%。这反映出当前我国奶业的动态。

按奶品种类而言，城郊产奶有运输距离的优势。在液态奶的418.5万吨中，城市郊区产188.5万吨，占45.1%；农区产143万吨，占34.2%；牧区产87万吨，占20.7%。城郊的奶业尚占上风，但是可以看出围城的农区正在兴起奶牛热，加上种植业向三元结构转向，来势迅猛，以农区奶业为主体的我国奶牛业兴旺是指日可待的，具有中国特色。为此要把奶业的支持对象转向农民，也包括牧区的农牧交错带的牧民。提高农民素质，提高经营水平，完善奶业体系，形成奶业联合体，或合作体制，将是中国奶业能持续发展，达到高水平的光荣任务，其实大西北的奶业优势就在其农区和半农半牧区内，应优先支持。

（二）乳制品结构的地区分化 就奶及奶制品结构而言，奶粉和饲料奶是近期的主要奶类制品。据统计在不同地区的乳制品已经出现不同的类别的分化（表6-11）。

表6-11 2000年我国奶及奶制品结构估测

单位：万吨

类别	地域分类							
	城郊		农区		牧区		总计	
	用奶量	%	用奶量	%	用奶量	%	用奶量	%
液态奶	188.5	62	143	25	87	58	418.5	40.9
发酵奶	36.5	12	28	5	22	15	86.5	8.5
奶粉	30.4	10	286	50	14.8	10	331	32.3
炼乳	5	1.7	25	4.5			30	2.9
奶油	7	2.3	12	2	10	7	29	2.8
干酪	7.6	2.5	14	2.5	10	7	31.6	3.1
饮料奶	26	6.8	41	8			73	7.1
其他	3	0.9	1.7	3	4.2	3	24.4	2.4
合计	304	100	556.7	100	148	100	1 024	100

* 引自《中国奶业发展战略的研究和探讨》。

鲜奶是城郊供应主体，奶粉生产只是对旺季牛奶的调剂，作用越来越小，故以发酵奶和饮料奶转向为上策。在农区鲜奶尚非优势产品，但是加工水平的提高和高速公路网的延伸，将成为日益发展的产品，如河北保定、石家庄、唐山各县市。牧区的奶品原本是就地销售，但是发酵奶、奶油、干酪生产甚至液态奶也转而成为未来的奶业优势。

（三）优化民族乳制品的生产 奶粉的名字在老百姓中最为熟悉，因为50多年来，偏远地区的牛奶大多被加工成奶粉运往大城市，解决城市用鲜奶供应不足和调剂牛奶季节性生产的余缺问题，酸奶和冰淇淋已成为受欢迎的日常乳品。黄油和奶酪大多停留在大城市的涉外宾馆市场，然而乳制品种类缺少，在对外开放的国际性旅游点仍是个缺陷。当欧美宾客到达民族的地区尝到奶豆腐，酥油等制品时，无不称吃得痛快，这些制品现在在呼和浩特，乌鲁木齐、西宁等城市也是短缺产品，因为大多数乳品生产都还停留在饮料奶的竞争上。

饮料奶的利润大，对刚进入饮奶的人群中有市场，这为积累乳业资本提供了便利，适合当前的我国饮食行业市场。但是应该看到，城市中长期喝奶的人群，素质较高的人群，多为北京的三元、上海光明、内蒙古的伊利、蒙牛等公司生产常奶的顾客，只有不太熟知牛奶特点的人群，还在误把饮料奶作为鲜奶。屋形奶，尤其是软保装的消毒奶是价廉质优的，为长期的饮奶户所青睐，也是民族地区最受欢迎的奶品种类，最具旺盛的生命力，应该规范起来，提高品质。从长期看导向不是生产饮料奶，而是纯鲜奶。

然而乳制品种类繁多，以稀奶油、稀密坦、奶油、酸奶油、酥油等奶油系列而言，城市居民尚称陌生，曲拉、乳扇、软奶酪、切达干酪等有人也许从小说或旅游杂志中看到过，加上汉族人群中饮奶习惯时间短，市场还不大，但是像云南普米族、白族、彝族等食用软质奶豆腐，质优味美，现内蒙古牧区生产的酸奶豆腐、甜奶豆腐等，在品质和卫生上都很规范，但数量很少，用当地牛种生产的这些产品在相当长时间内也是稀缺的，也是奶业应当考虑的制品。中国作为一个奶业弱国，要发展壮大，道路将是很长的。

五、奶牛品种多样性谋略

当前牛奶生产以液态奶为主，奶牛品种的主体是荷斯坦，两者符合发展规律。然而各地的气候和地理环境各异，各品种牛对不同气候和地理环境的要求也不同，要因地制宜布局品种，生产鲜奶为主体是我国的条件所需要，而多种奶制品生产也是市场所必需的。如大城市缺少奶酪的供应，是涉外市场的缺陷。随着国际交往日益频繁，如2008年的奥运会，北京的奶酪和黄油供应如果跟不上去，那么这两档食品将是由进口来解决。这是一笔巨大的外汇，同样2010年上海市的世博会也面临同样问题。如果供鲜奶可以由荷斯坦牛品种来进行，那么乳品质丰厚的西门塔尔牛、草原红牛、新疆褐牛以及三河牛的奶是生产奶制品的牛种。20世纪80年代中期呼伦贝尔盟的三河地区曾由于过多地引入黑白花牛冻精改良三河牛，奶汁变稀了，如拉布达林的奶粉厂生产奶粉时，成本大为提高。原来三河牛的牛奶是6.5～7.5千克鲜奶生产1千克奶粉，黑白花牛改良的三河牛的奶要8.5～9千克鲜奶才能产出1千克奶粉，成本增加了大约26%。因此，多品种奶牛方略，也是我国奶业要注意的。尤其在加工用奶源基地的建设上这些品种比黑白花牛更具有特色，南方娟姗牛的重新引入，可以培育耐热的乳用品种。四川宣汉云蒙山黄白花奶牛在年雨量1 800毫米的高热地区，生产高固体态物含量的牛奶，一直是乳制品加工的优质奶源，当可扩大种群，继续培育温热气候的奶牛新品种。乳用品种丰富的多样性是欧洲国家的特色，值得我们这样的多民族地理气候特点国家仿效。

由于我国是牦牛大国，也是水牛大国，除牦牛为高原奶业的唯一来源，一直是民族奶品的奶源，也是至今当地的高营养食物来源，而水牛奶的开发，速度并不快。只有广东、广西的几个县坚持引用摩拉、尼里水牛改良中国沼泽型水牛，取得良好效果，奶价比黑白花牛的牛奶价格高出1倍以上，处于供不应求形势。水牛奶已进入中国香港，由水牛奶生产的乳制品，如意大利水牛奶酪是其他奶酪售价的4～5倍，可见水牛奶业，应当给予更多的支持。

第六节　国际乳品贸易与乳品质量

我国的奶业是产量低、品种杂、质量低，初级市场尚未形成体系，在WTO入关之后，中国这么大的食品市场自然地会加速成为国际乳制品企业角逐的场所。

一、支持民族乳品工业企业

我国的农业在向三元结构的调整中存在着极大的空间，发展奶业，致富农民，将是几十年内的经济动向；奶业还处幼稚的状态，技术、规模和生产体系距发达国家的差距甚大；当前民族奶业生产成本与奶业发达国家相比高得多，这些因素一旦成为外资的投入方向，在中国直接建立原奶生产基地将势如破竹，长驱直入。竞争和机遇并存，各地行政机构，企业单位要看准时机，因势利导，招商引资乳品企业，发展好本地的乳业，使之为本地区的开发建立实体，带动农民。

奶业的品牌意识。中国的奶业在几十年前就存在有品牌意识，如上海的光明，只是在市场经济不发达的年代，品牌的经济意义不受重视，但一些奶粉生产厂依然在本厂的奶粉上使用品牌，如金星牌的奶粉等等，形成了传统，这在我国加入世贸组织后，为壮大民族乳品工业奠定了良好经营基础。诸如内蒙古的伊利和蒙牛、北京的三元、山西的古城、四川的云蒙山、宁夏的夏进、黑龙江的完达山等都已经成为国内的或地区的名牌，而名牌的形成与各地的地理优势、人文优势和生产优势是密切相关的，其中最关键的是质量优势。

群众对乳品质量的评价。食品是日常消费品，天天在受到消费者的评品，一种品牌乳品在质量上的改进群众是最敏感的。然而我国奶品消费者与传统饮奶习惯国家的消费者不同，大多数居民对纯奶品与奶饮料分不清，奶饮料的利润率又高，因此良莠不分的情况普遍存在，对于品牌间的竞争带来一些误导。在入世之后，当真正优质乳制品打入中国市场的未来时间和空间，中国民族乳品企业如何正确地应对将令人翘首以待。应该可以看到，随着乳品消费者队伍的壮大和成熟，中国乳品工业也会成为可以与国际名牌相匹敌的行业。就像加钙牛奶在医院里不是病房菜谱上的食品一样，有营养知识的居民也不饮加钙牛奶，可见有了成熟的消费者，方会有成熟的奶业。这种条件是成熟的自由贸易市场。打开世贸市场后对中国乳制品应该是产品较量的时代，民众可以从中得到好处。

二、迎接国际乳品与行业的挑战

WTO与中国乳品行业。中国作为一个人口大国是个硕大的国际市场，中国成为WTO的成员之后，这个市场即已开放，只是有5年的政策调整时间。在这个市场开放之前，世界上的奶类生产是基本上产销平衡的，每年增长不多。在1999年全世界的奶类总产量达5.64亿吨，预计到2005年将达到6.15亿吨，平均年增长为1%。其中各国用政策加以限制是增长慢的因素之一。中国奶类市场一开放估计将会促进世界奶类的增产。

1999年世界乳制品贸易量（表6-12）折合鲜奶为3 900万吨，占总产量的7%，到2005年将达到4 400万吨。原来乳制品贸易最活跃的地区是欧盟内部和大洋洲，两者占世界总贸易的93%。其中新西兰占26%，澳大利亚占17%，这相当于120万吨。澳、新两国自销牛奶数量比较少，主要是出口亚洲，中国显然是销售对象。1999年中国自产牛羊奶为807万吨，到2002年出现低水平的牛奶过剩现现象。而澳、新两国的牧草资源丰富，鲜奶的售价低于中国，而且奶牛单产提高的潜力巨大，一旦国际市场上能打开奶制品的销路，出口到中国，其产品将定向而来，质量之争将是势所必然。此间坚定的品牌意识必然是国内乳品企业首要的经营理念，原因很清楚，当前广大农区、牧区正在迅速兴起的奶业，还缺乏技术、卫生、环保、动物福利、绿色食品的概念，原奶的等级很不尽如人意，随后的消毒方法再好，乳品包装技术再高，也难以登上优质品牌的名榜。加上进口奶品关税减让的协议（表6-13）像乳清粉甜奶粉等制品会受到一定的冲击。

表6-12　1999年主要国家乳牛数、平均产乳量和鲜奶乳价格

国　家	成乳牛数（万头）	平均产乳量（千克）	生乳价格（元/千克）
日　本	117.4	7 888	5.28
荷　兰	157.0	6 850	1.92
丹　麦	68.1	6 950	2.98
美　国	915.6	8 061	2.80
澳大利亚	212.2	4 867	1.59
新西兰	328.9	3 189	1.34
中　国			1.8～3.2

表6-13　中美农产品贸易协议中中国乳制品关税减让承诺（%）

年　份	奶和奶油	乳清粉	鲜奶酪	酸　奶	冰淇淋	甜奶粉	乳　糖
2000	25	50	50	50	45	50	50
2004	20	20	12	10	19	25	12

如1999年我国进口奶粉为13.98万吨，相当于全国奶粉总产量的28%，这是在国产奶粉价格上尚有优势的情况下产生的，如果国产奶粉质量不能提高，进一步受冲击将在所难免。此时除了澳、新两国有将乳制品直接打入中国市场以外，欧盟各国会加强投资和技术的输入力度进入中国。

据国家统计局的资料，国内奶业企业中，2001年“三资”乳业的产值已占到我国乳业产值的1/3左右，利税总额占40%以上。

自20世纪80年代起，已有许多乳品跨国企业登陆我国，有雀巢、达能、卡夫、惠氏、帕玛拉特、雪印、明治英特尔、丹尼斯、菲仕兰等，世界排名前25强中已有半数抢滩我国乳品市场。

我国现有1 600家乳品企业，但大多规模较小，没有优势，国内比较活跃的有光明、维维、新希望、太子奶、伊利、蒙牛、长富、金牛、鹏程、均瑶、妙士、金星、完达山、红星、银桥、圣元等等，不一而足。

目前，在我国上千家乳品加工企业中，日处理鲜奶能力平均为2.5～3吨。其中，日处理能力在100吨以上的企业占5%左右，日处理50吨的企业占40%，其余企业的日加工能力都在20吨以下，生产规模普遍偏小。即使国内的几个大乳业集团如内蒙古伊利、上海光明、黑龙江完达山企业集团，与国外同行相比，仍属小规模。大部分欧美及新、澳等乳品加工企业，平均日处理规模均在2 200吨左右，大的可达4 000～5 000吨。2000年，我国乳品加工前十大企业的总销售额也仅为86亿元，占全国乳品企业总销售额的46%，但是只及世界第一大乳品加工企业雀巢公司同年销售额980亿元的8.1%。企业规模小，设备落后，加上人才与科技严重不足，研制与开发高附加值产品十分困难，难以和国外奶业集团相抗衡。因此，国内企业的强强联合也是重要的出路和必然的趋向。

我国的乳品企业应充分利用各地区的不同经济条件，相对较低廉的劳力，新兴的市场，改进管理，提高技术水平和劳动生产率，提高鲜奶和成品奶的质量，努力降低成本，增加效益，增强实力，争取国际市场，也应该是大有可为的。如1992年我国出口奶粉和炼乳分别达到2 614吨和602.8吨，1999年增加到10 000吨和4 152吨，证明可以在竞争中取得成功。

CLA（共轭亚油酸）牛奶的投产　CLA（共轭亚油酸）牛奶在中国农业科学院北京畜牧兽医研究所的研制下于2007年投产，在北京以传喜牌，天然CLA牛奶投放市场，其营养成分与普通牛奶相比更具优越性，如CLA（共轭亚油酸）含量多6倍，高胆固醇脂肪酸低20%～40%，母牛日产奶达20～40千克等优势指标。0.6克CLA牛奶中共轭亚油酸的含量与7～13千克的普通牛奶中的共轭亚油酸的含量一样。日饮2杯300毫升的CLA牛奶就可以达到医学有效剂量。具有抗癌（抗乳腺癌、直肠癌、肝癌）、抗粥样动脉硬化、增加免疫力、调节脂肪代谢和减少糖尿病发生等优点。发达国家的居民膳食中CLA的来源，有60%来源于乳及乳制品，32%来源于牛羊肉，0.90%来源于禽类产品，0.60%来源于猪肉，其他占6.50%。因此，中国农科院北京畜牧兽医研究所的成果揭示了奶业发展的新时期，企业的介入是中国奶业的良好转型机会。

黑龙江省飞鹤乳业，地处林草带，饲草品质优良，其产品经历了大头娃事件和三聚氰胺事件的考验，经检验都属优质，销量大幅增加，可谓是生态型奶业的企业；此例证明，草业与奶牛业的融合是我国畜牧业的发展方向，且具有良好的前景。

三、利用“绿色壁垒”政策保护奶农利益

乳品工业的“绿色壁垒”。绿色壁垒政策是WTO成员保护本国产品的有效手段，奶类生产强国也不例外，如美国《联邦牛奶市场纲要》规定，国内市场的液态奶必须百分之

百的使用本国生产的初级原料奶和原料，从而抵制了别国进口奶粉在美国对成液态奶的做法，美国的牛奶竞争国都具备生产成本比美国更低的优势，利用绿色壁垒政策有效地保护了本国的奶农。我国作为奶业的弱国，正在兴建自己的民族乳品工业，理所当然，我们的政府和协会组织要以 WTO 的规则来扶植本国未来的阳光产业。

四、加速先进原奶生产技术的推广

北京、上海、广州、天津、西安等大城市是新中国成立以来培育荷斯坦奶牛的基地，具有雄厚的奶业技术人员、育种基础和先进的牛奶生产体系以及完备的营销网络。许多核心群体产奶量在 7 吨，甚至 8 吨以上，育种、饲养、挤奶等居更高水平的牛场，母牛平均奶量已超过 9 吨。而全国近 500 万头奶牛的平均单产仅2 800千克，城市奶业的优势非常明显。从种畜的质量，完整的谱系和后裔鉴定工作，到电子化的挤奶系统，营养比较全面的日粮配方，到繁殖技术和管理都值得后进地区学习。

近一二十年内一些原来没有奶业的农村和山区，相继建成不少先进的奶牛场和奶业基地，毫无例外地是与有原来从事奶业的工程师、教授、研究员或高层次的毕业生直接驻点指导分不开的。这些高速、成规模、连片的优质奶生产基地的建成不只在山东、福建等东部沿海地区，也出现在四川、宁夏、内蒙古等西部地区。事实说明，不仅在原来的饲料、牧草条件较好的黑龙江适合发展奶牛，在调整作物种植结构建立三元农业体制后，西北地区如新疆、四川也都能拥有高产的奶牛群，母牛产奶量突破 6 吨，高的已超过 9 吨。这说明不仅在大城市周围能形成优质高产奶牛群体，而且在广大农村，无论是山区，半农半牧区和原来是只从事粮食生产的农区，都能迅速形成优质高产牛群，而且牛奶生产的成本更低，更少形成环境污染，有利绿色食品生产，提高农民收入和吸收剩余劳力后，可减轻大中城市郊区日益紧张的土地利用压力，越来越增加的生产成本和由畜粪尿引起的污染等缺点，对调整产业结构，具有长远的战略意义。不发达地区奶业的兴起有着非凡的意义，必须全力以赴加以支持，然而，这些新区是在中国这个奶业极不发达，对奶产业的规范性缺少理解的情况下出现的，农民以传统养牛的方式去追求奶业的高效益，因此中间存在着知识和经济两个间隙，表现为技术间隙。以奶品质量问题最为严重。只有当改进饲养，结合机械挤奶时，牛奶质量会有本质性的提高。

表 6-14　机械与手工挤奶效果的对比

奶质指标	手工挤奶		机械挤奶	
	范围	平均	范围	平均
比重	1.027～1.029	1.028	1.028～1.030	1.029
脂肪（%）	3.0～3.3	3.15	3.3～3.6	3.45
蛋白质（%）	2.7～3.0	2.85	2.9～3.0	2.95
酸度（T）	14～19	17.5	14～18	16
固体（%）	11.2～11.5	11.25	11.9～12.0	11.95
细菌（万/毫升）	/	1 000	1.6～2.0	<10

从表 6-14 可见，细菌数的值在手工挤奶时，高度超标，成为当前最严重的问题。机

械挤奶目前水平也不很高，细菌数还是偏高。为此，必须改进机器挤奶的生产流程，向生态奶业前进。

在这方面福建的长富奶业以生态流程一步到位的方式出现，长富奶业从 1997 年底建场开始由于顾问的指导，奶牛场从牛粪尿的净化利用，挤奶系统的管导化自动冷贮，饲养上发挥当地种牧草的优势和充分应用瘤胃助消化剂，高产牛电脑配方自动喂养育成母牛培育，成母牛的合理舍饲和护理等都与现代的有机食品生产接轨，为市场提供优质牛奶，具备现代奶业的氛围。

那里的产品是奶，又有“有机肥”，推动的是周边农民种草，改变传统的单一种粮经结构，为农民提供育肥公犊的牛源。这个模式从 11 头奶牛试养开始，到 2002 年的 1.9 万头。33 个牧场具有全封闭式牛奶生产线，是全国1 500多家乳品企业中的第一家。原料奶的微生物指标，每毫升不超过 5 万个，可与国家先进标准媲美。长富奶业在经营上体现“高起点、高标准、高素质”的“三高”特色，也是改革开放先进地区特色的体现。高产核心群体的建立在那里是指日可待的。

五、避免奶业生产的误区

于孝东和李玫曾指出，在奶业迅速发展中，如果不解决认识上的误区，对农民不加正确引导，技术上不加强对他们的培训，将会在一定程度上影响我国奶业的发展。例如：

（一）养奶牛收入高　为了提高本地区的奶牛养殖规模，一些部门往往进行一些不切实际的宣传，说农户每饲养一头牛，年可纯收入5 000元、6 000元，甚至7 000元。到底能否收入这么多呢，首先要看一头母牛的产奶量。饲养一头高产母牛，年产奶 7.5 吨以上，再生一头小母牛，收入6 000元是可能的；即使有这种高产的能力，也得有高水平的饲养管理，年产奶量达到 7 吨。如果把人工费、水电费、饲料费、折旧费都实事求是地返销进去，每头奶牛年纯收入也就是3 000～4 000元。有的养殖户听说养奶牛收入高，不考虑客观实际，盲目购进奶牛饲养，往往事与愿违，打击农民积极性。

（二）鲜奶有货不愁销　有的地区为了确保辖区内牛奶能及时收贮，建立了鲜奶收购站，养殖户就认为鲜奶有了销路而大量饲养。其实，收奶站只是个中转机构，收购与否、价格高低要看加工单位，最终要根据消费水平来决定。现在有的地方已经出现了区域性的牛奶过剩，有的地方奶价开始下降，农民养奶牛本来是想增加收入，奶价下降了，就可能达不达预期效果。

（三）上规模不怕价位高　搞养殖，没有规模就没有效益，很多养殖户已经充分认识到这一点。因此，在目前我国奶牛价格相对较高的情况下，也不惜代价地追求规模效益。由于近年我国的奶牛业发展太快，奶牛的繁殖能力有限，各地用于出售奶牛量不多，奶牛价格被越炒越高，有的地方牛价格竟然达到每头 2 万元左右，使奶牛业在发展上出现了新的不平衡。新养殖户投入太高，短期不能回收成本，影响奶业发展。

（四）缺少技术指导　农民防疫消毒卫生意识淡薄。不少养奶牛户认为牛抗病力强，因而不注意加强防疫、消毒，结果往往导致奶牛发病死亡，造成损失。奶牛代谢十分旺盛，对环境敏感，极易遭受病原微生物侵袭，因此，搞好防疫、卫生、消毒是至关重要的。但当地兽医防疫力量不强，或服务体系不完善。在奶牛出现乳房肿胀、乳房炎以及营养失调等疾患的时候得不到及时治疗，更有甚者，在出现传染性病症时，无人知晓，待疾病传开了，造成巨大损失。对挤奶缺少日常护理，如生产中每天可用刷子或梳子拭牛体，以保持皮肤清洁卫生，增加皮肤的血液循环，充分发挥奶牛的生产性能。每次挤奶前对乳房进行严格的清洗消毒，对环境、场地、用具进行经常性的、程序化的消毒，同时对饲料、饮水卫生、控制与外界人员的接触、做好防病治病工作等生产缺乏指导。青年牛初配年龄体重不达标准。奶牛初配年龄应为18～20个月，体重350～400千克，以便使奶牛达到体成熟和性成熟。但有些养殖户在犊牛出生未足18月龄就开始配种，还有养殖户不注重育成期饲养管理，18月龄时体重只有250～300千克，认为月龄已到，便开始配种，常常造成头胎难产，结果不得不进行助产，造成产道损伤，阴户破裂，继发子宫内膜炎，影响牛的生长发育、产奶性能和下一胎的正常繁殖。配种技术人员水平不高，对生殖道疾患，不会治疗，不会诊断技术，母牛屡配不妊，母牛不能高产。政府部门在指导奶业生产区中，不能只注重牛舍的建设，与此同时，必须考虑地方畜牧兽医技术队伍的培训，市场的发展，生态环境等各方面环节，带动地方有关联产业的发展。

第七节　有机牛奶的市场前景

一、有机牛奶的含义

有机牛奶是有机畜产品的一种，其生产过程禁止使用化学饲料或含有化肥、农药成分的饲料来喂养；在牲畜生病时也应尽量不使用滞留性的有毒药品。有机食品的需求量随着人们生活水平的提高而提高，据报道，1995—1997年全球以有机牛奶为原料生产的冰淇淋消费量猛增293%。欧洲上市的有机牛奶价格比普通牛奶高出37%。由于居民以牛奶作为保健食品，愿意为此付出较高的价格。

1990年，美国食品与药品管理局批准有机植物制品、有机蛋制品和有机奶制品可以使用有机食品标签。1999年2月，美国农业部（USDA）批准可以对有机肉制品实行标签制度。美国农业部（USDA）规定，对于用来生产有机肉制品、奶制品和蛋制品的动物，要求符合以下标准：①动物自出生第二天开始，按有机方式进行饲养。②饲料应为100%的有机产品，但可使用规定的合成维生素和矿物质。③饲养过程中严禁使用激素和抗生素。④可使用一些防护性管理措施，如疫苗，以保护动物的健康。⑤有病和受伤的动物必须隔离处理。⑥动物饲养过程必须有场外放养。

美国在发展有机畜牧业方面处于领先地位。在美国，每个有机畜牧场平均面积达75.6公顷，全美约有一半的州发展有机饲养业。有机牛奶的生产是美国畜牧业生产中发展最快的项目。1992—1994年间，有机奶牛饲养量增加了3倍，1994—1997年间有机奶牛数量又翻了一番，达1.3万头。1997年美国有13个州饲养有机奶牛，以纽约州最多。1999年，美国有机奶制品行业销售达5.98亿美元，占当年美国有机食品市场销售额的9%。以HORIZON ORGANIC HOLDING CORP（全美有机奶制品有名的生产商）为例，1999年增长78%；该公司2000年第三季度销售记录为3 340万美元，比上年同期增长46%；2000年前9个月，该公司销售增长50%，达8 940万美元，在天然食品中有机奶制品的销售增长40%，而有机酸奶则增长45%。

据一项民意调查，14%的被访父母承认在孩子18岁之前，给孩子购买天然和有机食品，20%的父母给6岁以下的孩子购买有机和天然食品。

有机牛奶在美国受到如此青睐是在传统儿童食品里依然残留较高的激素及抗生素。尽管美国食品及药物管理局（FDA）声称普通牛奶很安全，但消费者仍心存疑虑。在欧洲及加拿大转基因药品骨质生长激素（rBGH）已经被法律禁止使用，但自1993年美国FDA批准使用以来，在美国，该药品一直被合法使用。证据虽然不很确凿，但一些科学家相信，使用了rBGH的奶牛，牛奶产量虽然增长15%，但如果食用该牛奶或其制品，患前列腺癌或更年期乳腺癌的概率增加，而有机牛奶及其制品里则不含rBGH。另一个重要原因，就是人们对环境保护及动物安康的关心。有机农业在环保、健康以及持续发展上极具重要性，有机奶牛是在牧场环境、不喂养化学性饲料条件下，养殖环境非常适宜奶牛的生长，迎合了人们对动物保护的关心心理。

二、有机奶类的生产条件

（1）得到初乳的仔奶牛可以在出生后12～24小时内断奶。断奶后即可售出或用全脂奶喂养3个月后出售。禁止在奶牛生产期内使用激素。

（2）奶处理设备必须达到国家的卫生要求。牛奶中的体细胞年平均含量最大不得超过40万个/毫升。建议每月分析一次每头奶牛产奶中的体细胞含量。

（3）采用专用的清洁物质来清洗牛奶设备中的清洁器和奶牛乳房，在完成常规清洗步骤之后，至少再用净水清洗2次。

（4）在无法用专用的措施医治奶牛的情况下，可以采用药物对奶牛进行治疗，但所生产的牛奶在12天内不能作为有机牛奶出售（或以所用药物说明书上药物降解期限2倍时间作为用药奶牛的非牛奶生产期）。

（5）有机牛奶必须满足下列条件：①在颁证前一年以及申请颁证期间，奶牛必须用100%经有机食品发展中心或其授权机构颁证的有机饲料喂养。新申请颁证的奶牛在用占饲料总数80%以上经颁证的有机饲养喂养10个月后，再用100%的经颁证的有机饲料喂养60天可以成为有机奶牛。这种奶牛生产的牛奶即为有机牛奶。②在不可抗拒的特殊情况下，经颁证机构批准，常规奶牛全部用有机饲料喂养60天后生产的牛奶可以考虑颁证为有机牛奶，但这类牛奶的数量，不得超过颁证牛奶全部产量的5%。③服用过抗生素的奶牛所生产的牛奶，经过检测表明未受污染的可作为有机牛奶。

（6）奶牛的饮用水除要达到国家规定的有关细菌和微生物等方面的标准外，饮用水中硝酸盐（以氮计）的含量不得超过10毫克/升。

三、新的生鲜牛乳标准

2001年9月3日，农业部发布了中华人民共和国农业部行业标准（NY5045—2001），该新的行业标准中，对生鲜牛乳提出了新的标准要求，包括对生产无公害生鲜中乳的奶牛饲养管理方式，生产生鲜牛乳的产地环境，生鲜牛乳的感官、理化、卫生、微生物、掺假、检验方法、检验规则、盛装、贮存和运输等均作了明确的规定和要求。新的标准中最为突出的是在卫生标准中，明确要求不得往生鲜牛乳中掺入碱性物质，淀粉、食盐、蔗糖等非乳物质。对生产无公害生鲜牛乳的产地环境，提出了要符合无公害食品产地的环境标准。在制定此新的生鲜牛乳标准时，共引用了GB478.18食品卫生微生物学检验，乳与乳品检验、GB/T5409—1995《牛乳检验方法》和NY5409《奶牛饲养管理准则》等16个法规的相关规定作为法规依据，新的标准于2001年10月1日实施，这意味着，我国的生鲜牛乳又上一个新的质量平台，今后将会逐步走向国际标准化。新的生鲜牛乳标准其感官、理化、卫生和微生物的具体要求指标见表6-15。

表6-15　生鲜牛乳标准

技术要求项类	项　目		指　标
感官要求	色泽		呈乳白色或稍带微黄色
	组织状态		呈均匀的胶态流体，无沉淀，无凝块，无肉眼可见杂质和其他异物
	滋味与气味		具有新鲜牛乳固有香味，无其他异味
理化要求	比重		1.028～1.032
	脂肪（%）	≥	3.2
	蛋白质（%）	≥	3.0
	非脂乳固体（%）	≥	8.3
	酸度（T）	≤	18.0
	杂质度（毫克/千克）	≤	4
卫生要求	汞（以Hg计，毫克/千克）	≤	0.01
	砷（以As计，毫克/千克）	≤	0.2
	铅（以Pb计，毫克/千克）	≤	0.05
	铬（以Cr^{6+}计，毫克/千克）	≤	0.3
	硝酸盐（以$NaNO_3$计，毫克/千克）	≤	8.0
	亚硝酸盐（以$NaNO_2$计，毫克/千克）	≤	0.2
	六六六（毫克/千克）	≤	0.05
	滴滴涕（毫克/千克）	≤	0.02
	黄曲霉毒素M_1（微克/千克）	≤	0.2
	抗生素		不得检出
	马拉硫磷（毫克/千克）	≤	0.1
	倍硫磷（毫克/千克）	≤	0.01
	甲胺磷（毫克/千克）	≤	0.2
微生物要求	菌落总数（个/毫升）	≤	500 000

第八节　可持续低碳经营的奶牛行业

奶牛业依然是现代农业中的朝阳产业，这个特征决定于奶业的自然本质。中国的奶业处于从传统向现代的过渡之中，以传统蕴现代，产业链长，内涵十分丰富。

一、奶业在国民经济中的至尊地位

奶业在国民经济中的基础地位和持续发展生态奶业在国民经济中的重要性体现在它的经济自然规律上，对此人们可以有某一时间的不认识，但终究会认识。根据21世纪初中国奶业协会近10年的统计，中国奶牛存栏数以每年24%的速度递增，奶类产量以27%的速度递增，这是人们对奶业认识的持续升华的表述。这个趋势应该会再保持10多年。牛业的产业链链条，正如社会科学家刘振邦所讲："奶牛，肉牛推动了食品工业的发展。西方食品工业中以牛奶的加工为第一位，牛肉加工第二位；法国的汽车工业非常重要，占全年国民经济总产值的6.5%，而乳品工业则为国民经济总产值的8.7%"。

饲草是奶牛日粮组成的成分之一，草业必须是联结奶业的一个产业。在美国等发达国家无一例外，种草养牛事业都很发达，刘振邦指出"2001年美国有219万农户，其中专业化种草养牛有123万户，占50%以上。荷兰65%的农户是种草养牛"。养奶牛是劳动密集型产业，现在"转型为资本密集型，也叫草食农牧型，或营养体农业……其耕作制为混合饲养制，"是西方农业强势所在。这种模式在中国正在转型（即建设和纠偏中），中国农业经济中宜加强研究、关注和学习。

草畜一体化是奶牛业的天然强势，以西方的奶业生产模式最为完整。中国的牧区奶业缺少强势的草业支撑，表现为春肥秋乏的落后牧业；农区奶业则依靠秸秆为粗饲料基础，表现为牛奶质量差、产量低下；唯有近期的城郊现代化奶业为全程的优质生产体系，具有低碳经济的内涵。要推广这种先进的奶业需要全业界共同努力，而奶业的天然产业链很长，分支众多，须重点突破方能见效。奶业的要害是蛋白质饲料短缺，光从精料求解，就出现了三聚氰胺等问题，从草业求解才是方向。奶业的低碳经济特征明显，经济效益宏大，从以下一些近年的实践可见其端倪。

二、奶业产业链经营模式的多样性

（一）多态的草畜模型　草业是奶牛业营养物质流的源头，由于草业资源广阔，为此该营养流多样性丰富，在我国奶业实践中可见一二。

1. 籽粒苋与全株玉米青贮模式　在新疆伊利察布查尔自治县多年来种植籽粒苋，与果穗玉米，都以全株方式铡短混合入窖青贮。籽粒苋株高2.5m，每100g籽粒苋青贮饲料，相当于，或比每250克青贮玉米蛋白质的赖氨酸含量高；籽粒苋亩产6～10吨。麦茬地复播每亩只需100元左右，中原单高蛋白玉米，一般籽粒重700千克，收青绿秸秆5

吨，平均含蛋白质 9.17%。耐旱抗倒伏，青贮成本为每吨 24 元。两者的混合青贮饲料喂奶牛，年产奶量为6 000千克。当地为一家一户模式，经营指标：种植有机小麦亩产 500 千克，高蛋白玉米1 000千克，做到口粮自留有余，饲料自给有余，亩产青玉米秸 5 吨，结籽籽粒苋鲜草 10 吨，秋天制作高蛋白青贮 50 吨，喂奶牛 5 头，头均年产 6 吨，产牛犊 5 头，用于育肥牛 5 头。这样的农户可以做到一亩地养一头牛，种植业收入为23 500元，牛的舍饲收入为113 850元：牧业收入占 82.8%。即全年投入近 5 万元，可获 13 万元收入。

2. 糖高粱开发　糖高粱是由中国科学院从美国引进的高产饲料作物，近年糖高粱（含糖率 18%～24%）在奶牛业上有可喜的开发利用，北京西郊奶牛场成功地用于饲养头均 8 吨产量的奶牛群，之后在各地推广，如山东曹县的银香乳业、阳信清真肉类有限公司等。鉴于高粱耐旱、耐涝、高产，是高糖分粗饲料，作为青贮原料可供常年轮供，和特殊泌乳阶段的营养调剂饲料，如围产期对高能量饲料的需要；秸秆平均亩产5 000千克，子粒 350 千克，农民每亩收入达1 000元，极具发展前途。在华北和西北地区地表水不足，地下水枯竭，如海河流域地表水下降 41%，已经构成对农业和人民生活的双重压力，必须要转向耐旱饲料作物。

3. 苜蓿性奶牛业　苜蓿性奶牛业是健康型奶牛业的标志，也是高产奶牛业的名词。北京西郊奶牛场王运亨已有详细的论述，不再累述。当前苜蓿草的生态地域极广，适应年降水量为 250～1 600毫米，极低气温低于－40℃到大于－1℃，割茬 1～7 次以上。适应区已经不是传统概念上的华北和西北地区，南方潮热地区则更高产。但是北方干旱区，如甘肃省 2006 年播种已达 51.9 万公顷，仅次于小麦和马铃薯的播种面积，每吨苜蓿售价已达2 000多元。

4. 桑基渔塘　桑基渔塘是中国传统的生态蚕渔产业，当蚕丝产业萎缩时我国已有种桑养畜的报道，而日本是引领潮流的。蚕叶含 20%以上的蛋白质，以一年收割两次论，每公顷产 15 吨，高于苜蓿。中国是桑葚之国，资源丰富。为此联合国粮农组织 2001 年在杭州举行了种桑养畜的会议。种桑养畜模式报道丰富，本文不多解释。至于杨、槐、榆树、胡枝子、银合欢及沙棘等乔木、灌木的利用可查阅“乔木灌丛草地对发展牛羊业的作用”一文。

5. 畜牧业对粮食的依赖　如果全国的畜禽饲料都依赖于粮食的话，共需5 124万吨植物蛋白，相当于12 810万吨大豆或64 049万吨玉米，仅猪禽两项需植物蛋白质3 694万吨，相当于需用9 235万吨大豆，或需用46 174万吨玉米；所幸的是牛羊等的饲料主要是诉诸于草类，而且养猪也有相当大的比例用的是牧草，否则，全国的粮食都用于饲料也不够。21 世纪初全国的饲料用量约占粮食产量的 40%。畜产品的生产一直是依靠以草代粮的中国式草食家畜畜牧业，近代奶牛业的发展为改善居民的营养做出了巨大贡献。

据周鼎年的转报，以需要同样饲料单位（合3 804个）的粮食喂奶牛，产出5 000千克牛奶（①），而喂肉猪，产出 743 千克猪肉（②）。相对的比较可见以下一组数据：5 000 千克牛奶产出蛋白质，155 千克，743 千克猪肉产蛋白质 124 千克，①比②增产 31 千克，或＋25%；①产脂肪 175 千克，②产 177 千克，①比②减产 2 千克或少 11.3%；①产糖分300千克，②产8千克，①比②增产292千克，或+37.5倍；①产糖分能量335焦耳，②产245焦耳，①比②多产热能90焦耳，或+1.36%；①产钙质6千克，②产钙质0.084千克，①比②多产5.9千克，或+71.45倍。以上各项，除脂肪是猪肉生产的能量高以外，牛奶都比猪肉的营养大。这个问题在经济学和营养学上都值得关注和进一步讨论。

（二）厩肥优化循环利用的产业链延伸 据1999年有关统计，中国全年畜禽粪便排放量已达19亿吨，是全国同期工业废弃物的2.4倍。十年来大型畜禽场继续迅速发展，东部省区的畜禽粪便排放量甚至比工业废料量高出4倍以上，京、沪、鲁、豫、湘、粤、桂等地的土地负荷已超警戒线，厩肥的优化处理也进入快速发展期。目前厩肥优化基本上是两大类：有氧（好气）和无氧（厌气）处理。

奶牛以每头年均产粪尿14.4吨计算，千头牛场则年产1.44万吨。成为奶牛带的一大环保重点对象。在奶牛分户饲养带一般以个体户的堆肥为主，亦有合作户联办沼气池的模式；大型奶牛场的新趋向是发展无氧发酵，人口密集地区以厢（塔）式为实用，自动装填和卸料，成熟后的有机肥制动封装。特需作物的有机肥则连接另一工艺。其环保意义和经济意义都十分宏大。

通常奶牛场的厩肥回收率可达80.1%，但是若不加处理，仅氮素一项的损失率可达60%，奶牛有机肥富含磷和钾，据美国的一项报道，每吨含水为88%的奶牛厩肥为优良的氮钾肥，含氮素（N）4.4千克，磷素和钾素（K_2O）4.4千克；成品有机肥则是粮食和高秆作物如玉米和高粱增产的重要肥源，可以形成草畜肥的产业链，大有可为。北京生态文明科技发展中心，以及伊埃姆生物技术研究所等单位推出有成熟的成果。厩肥的产业链有；沼气发生、有机肥生产、蚯蚓（地龙粉）、蚓激酶与蚓粪生产，及其中药加工、饲料和花卉等行业。一个1 000头规模的奶牛场，年产牛粪7 000米^3，可养蚯蚓近1公顷，年产16万吨，32万元/吨；产蚓粪1 400吨，200元/吨，产值28万元，两项合计60万元，利润为30万元，引申产业的生态和经济效益明显。

（三）乳品加工工业的辉煌前景

1. 低碳经济的选择 从节能低碳的角度出发，干乳制品中以奶酪为最佳，适应于各类能源来源的地区发展。2010年的头10个月中全国干乳产品同比增产12.9%，比奶粉的12.4%的增幅要大。但是1—9月份进口乳制品达54.26万吨，比同期增长23.9%，价值14.37亿美元，比同期增长95.9%；其中乳清粉的进口历年都在50%左右，浓缩奶占40%。占近年的全国年度农产品和食品贸易逆差值200亿美元的近10%，净进口价值可达5 400多万美元。奶业在进入小康社会之后，在农业中越来越体现它所具有的重要地位。乳制品平均进口单价为2 648.5美元/吨，说明国产乳品的质量尚不理想，提高产量和质量的余地极大。

2. 炼乳 炼乳是低能耗的产品。历史上温州产的熊猫牌炼乳是出口名牌，源于水牛奶，经浓缩而成。印度奶业发达，水牛奶制成的咖啡伴侣是民间的常用食品，在县间公路旁的冷饮店铺内的是常备饮料，也应当是我国水牛产区的未来产品。

3. 沙特在汶川赈灾物资中有奶酪的启示 从新华社报道的沙特的汶川赈灾物资中有

奶酪，在民族食品中乳蛋白是其重要的营养物质，在现代大中城市中比萨饼是流行食品，可见其重要性。乳酪的营养成分好、不易腐败，宜长期保存，便于携带，保护胃黏膜，老幼皆宜，食用时不怕没有水，在任何一种紧急情况下都能应急。我国的奶酪除西藏、新疆和部分内蒙古地区外，都是用荷斯坦奶牛奶来生产，不像欧洲用专门的乳肉兼用牛种来生产；在我国的兼用牛种有新疆褐牛、西门塔尔牛、草原红牛、娟赛牛和奶水牛等，尚待大力开发。山于荷斯坦牛的牛奶乳蛋白和乳脂率都偏低，故生产成本较高、品种一般，价位上不去；故优质奶酪大量进口，业界应当对乳品种类生产的多样化，尤其在低碳节能生产上宜多加考虑。

4. 民族特色乳制品的生产　乳制品这条产业链也很长，除常规乳品供应城镇以外，如乳清粉，乳糖等产品种类繁多，其中进口乳清粉占市场总量的 50%，均为短缺产品。民族特色产品，如曲拉、奶豆腐等低能耗乳类制品，可在品种多样化内容，以及在提高民族产品质量和风味上下功夫，提高乳产品的竞争力，其经济效益可观。

5. 共轭亚油酸（CLA）牛奶的发展　CLA 奶的生产是与成优质牧草如苜蓿等饲草的供应分不开的。苜蓿素和优质去纤维素等营养物质为在牛奶中产生亚油酸这种抗癌物质提供基础，为当前京津地区生产特种优质乳提供了可能。有健康的草业就有健康的乳业。

（四）犊牛系列　乳业中的犊牛产品有犊牛肉生产和犊牛血清与胎牛血清产品两大系列。①尽管犊牛肉生产进入肉类行业，犊牛肉属高档餐饮业用料；②血清尘产进入医药行业，然而两者的资源都来源于乳业。犊牛血清，或胎牛血清属高科技生物医药产品，为抗癌和干细胞培养等的必用生物制剂，我国只有天津等少数乳业投入，效价高和效价稳定的高科技用血清，尤其是胎牛血清，都要依赖从美国或澳大利亚进口；2009 年我国有1 218 万头奶牛，而国产品产量少之又少，并且只占其低档部分，目前这两大系列产品在业界尚处于盲区，认识还很不足。

（五）秸秆饲料利用　我国秸秆产量达 6 亿吨以上，其利用于要从提高饲料蛋白质水平出发，否则就会出现三聚氰胺问题。就这个问题原中国奶协理事长刘成果有精辟论述。

1. 秸秆利用问题　麦秸的蛋白质含量才 2%～3%，可行的利用方法，①去泥沙，麦秸经浸泡可以去杂和软化，可提高采食量，在山东等地无论是个体户或规模化奶牛场多年来都有推广。②铡短。③黄贮加尿素。④膨化或加压，制成草颗粒或草块。后者可成为贮存及救灾物资之一，如储备粮一样具有一定的效果。2010 年云南省大旱，然昆明小哨的牛业中心重视牧草种植，其牧草储备充足，生产和科研得以顺利进行，即为一例。

2. 秸秆的低碳利用　秸秆可以发展：作燃料、沼气的配料、生物柴油、板材加工、工艺品加工、造纸和直接肥田等，全属低碳行业，可发展到多个行业。秸秆作为饲草利用在乳品价位合理的情况下，如氨化需要的经费投入小是可以考虑的，否则不如上述各项更符合低碳经济原则。再如微贮饲料曾一度风靡，但个体户用了无经济效益，企业大户不用，自然萎缩，在微生物降解纤维素技术未过关前不宜推广。

3. 三聚氰胺问题　三聚氰胺是由以劣质粗饲料，和低蛋白质日粮所引起的乳蛋白成分低下，牛奶收购不合格，用非法手段添加化学试剂所致，奶业市场规范化后当能解决，毋庸赘言。

三、三个“最佳”理念，倡导“绿色”

奶业经营要本着最佳的利用资源，最佳的节能方案、最佳的经济效益，来倡导绿色经济。以新西兰的乳业与以色列的乳业作对比，前者以广袤优质的草地，是以放牧为主的新西兰加工奶业，后者是全舍饲的鲜奶奶业，前者强调高浓度的乳汁，后者以高产为主；两者在饲料资源、经营效益上有着更根本的差别，虽然都养的是荷斯坦牛，但是育种谋略、饲料配制、牛奶加工生产、营销对象以及国际合作上都有着千差万别的理念区别，在三个“最佳”是各具特色，但是都是绿色的奶业经济。

水牛业和牦牛业则都属浓厚奶业，牛种在适当的杂交和本品种选育的基础上以加工奶业为首选，方能为地方经济贡献力量。

四、宏观政策的引导和地方技术机构的支持

奶业是强势农业的一部分，衣食住行中，唯“食”为纯，无法用非食物来代替，奶则唯“乳”独尊，老幼皆宜，故为强势。对此只有尚未认识的人们，和没有做好的奶业，却没有做不好的奶业，和没有人去做。要做好，在目前我国的奶业需要几方面加以关注。

1. 政策的继续引导 2010 年城镇劳动人口已达到 7.9 亿，加上农牧交叉带，边远贫困地区开发的需要，未来奶类市场和生产的潜力将数十倍于今天，即效益几百倍于今天；在人们对此认识不足的情况下，政府得在政策上继续引导，方可与时俱进，扩产业，创辉煌。

2. 引申“学生饮用奶计划” 学生奶的潜力大头在农村，目前尚未到位，政府必须在有条件的地区向农村地区延伸，培养新一代消费群体，其意义十分深远。

3. 完善和优化奶业合作体系 当市场性合作体系渐渐成长时，企业与各种规模、处于各种养牛阶段的农户互相结合，实属时间问题。解决这个问题，要有奶农技术协会、奶农生产服务社等，包括从繁殖、疫病、鲜奶销售、机修和奶汁检查等一系列的环节，关键是需要有良好的合作制，企业与农民诚信合作，互利双赢，共创伟业。

4. 三元结构农业 “粮-经-饲”的三元结构要因地制宜加快实施，包括以上所述的内容。“桑基牛业”已渐见于肉用牛业，尚未见于奶牛业，可这是宏大的商机，但需要决心和科技支撑的未来阳光产业；但愿传统能转化为现代，可能创建类似 CLA 奶业同类的健康食品产业链。须知“优质奶是中国奶业未来发展的唯一出路。”

总之，奶类食品产业链是条低碳的链条，业界要有共识，共同努力，提升理念，提高经济效益。低碳问题含义丰富，奶牛业却是发挥节能的动物农业。

第七章

我国肉食品生产和国际贸易

第一节　世界肉品生产的动向

据估计到2050年世界人口将增加到100亿人，是1950年25亿人的4倍，人口剧增会导致食品不足，那时农作物的生产满足不了社会的需求，而畜产品增产可能有助于解决这个问题。

在20世纪的最后20年发达国家的畜牧业发展到相当高的水平，家畜的存栏量和出栏效率都比较高，畜产品的增产主要靠出栏效率，而发展中国家，因饲养和管理水平较低，提高生产还在靠提高存栏量。我国已经从依靠存栏量向提高出栏量过渡，以鸡和猪的生产效果最为明显，由于人均猪肉生产水平达到30千克已超过世界人均水平，而鸡肉还只有11千克，在未来的10～20年鸡肉的增长仍应看好，而牛羊肉的生产水平还较低，增产能力会提高。

从全球范围看，欧洲的牛肉不会有多大的发展，但是美国、澳大利亚和阿根廷的牛肉出口将保持优势。全球猪肉生产可能低速增长，亚洲与墨西哥是主要的猪肉生产国，美国、加拿大、俄罗斯和中东欧的猪肉生产也将逐步增加，而日本可能会降低。

全球的鸡肉生产，依靠高饲料报酬和鸡肉的低脂肪含量，具有较长期增产潜势，而美国会依然是最大的鸡肉生产国，2001年美国生产鸡肉1 686万多吨，占世界鸡肉总产量6 880多万吨的24.5%，中国居第二位，巴西占第三位，世界鸡肉的出口贸易以每年4%的速度增长，美国和巴西则是中国在鸡肉世界贸易上最大的竞争者。

一、乌拉圭产品商会的报告

据乌拉圭产品商会公布的一份研究报告，在20世纪末，世界肉类年产量达到2.22亿吨（带骨），人均肉类消费371千克。

在世界肉类的生产结构中，猪肉产量最高达8 900万吨；鸡肉次之，为6 500万吨；牛肉占第三位，为5 600万吨；羊肉仅1 200万吨。

世界每年人均肉类消费量差别很大，最多的是美国，欧盟15国，阿根廷，乌拉圭，巴西，加拿大和俄罗斯，从60～126千克不等。年人均消费量最低的是印度，仅5千克。非洲和亚洲其他国家的年人均肉类消费量为10～20千克。

猪肉：1990—2000年，世界猪肉产量增加了2 000万吨。中国是世界第一大猪肉生产国，产量达到4 100万吨，其次是欧盟，1 800万吨，美国第三，900万吨。世界每年人均猪肉消费量不到 30 千克。欧盟国家最多，人均达 45 千克。紧随其后的是中国台湾和美国。

每年国际猪肉贸易量为 330 万吨，只占总产量的 3.7%。欧盟、美国和加拿大是世界上最主要的猪肉出口国。日本、韩国、俄罗斯和中国香港是最大的猪肉进口国和地区。

鸡肉：最近 10 年来，世界鸡肉产量增加了 2 500万吨，是所有肉类中产量增加最多的。美国是世界上最大的鸡肉生产国，年产量达到1 900万吨，中国居第二位，1 100万吨，欧盟第三，900 万吨，巴西第四，510 万吨。

1999 年，世界鸡肉出口量为 525 万吨，其中，美国 240 万吨，欧盟（主要为法国）100 万吨，巴西 80 万吨，世界鸡肉最大的进口国或地区是俄罗斯、日本、中东地区、中国香港和墨西哥。

牛肉：1990—2000 年，世界牛肉产量增加近 250 万吨，1990 年，世界牛肉产量超过鸡肉产量 31%，而目前却比鸡肉产量少 12%。

美国是世界第一牛肉生产国，产量达1 200万吨，其次是欧盟，770 万吨，巴西第三，600 万吨。

世界牛肉贸易量占牛肉产量的 11%，美国和澳大利亚每年的牛肉出口量最多，达 100 多万吨，其他主要牛肉出口国是欧盟、新西兰、加拿大、巴西、阿根廷和乌拉圭。

美国也是世界上最大的牛肉进口国。另外，日本、俄罗斯、欧盟和加拿大每年也进口大量牛肉。

羊肉：近 10 年来，世界羊肉产量增加迅速。中国已经成为世界上最大的羊肉生产国，2000 年的产量约为 200 万吨，其他主要羊肉生产国依次是欧盟（114 万吨），印度（100 万吨），澳大利亚（70 万吨）和新西兰（60 万吨）。

世界人均羊肉消费量介于 15～20 千克，其中澳大利亚、新西兰和乌拉圭人均羊肉消费量遥遥领先。

1999 年，世界羊肉贸易量为 100 万吨，只占羊肉产量的 8.9%。新西兰、澳大利亚和乌拉圭几乎垄断了世界羊肉出口市场。欧盟和美国是世界上主要的羊肉进口国。目前，欧盟每年给新西兰的羊肉出口配额是 22 万吨。

二、我国未来畜产品生产大国的前景

我国的农业包容有 2 亿个以上小规模的农户，只使用少量的机械，大体上每公顷耕地需要 1 名农业工人，与之相比，美国的农场数不到 200 万个，经营着 25%以上的耕地，平均每个农业工人要种地 140 公顷以上。

我国的多数农民是在小块土地上种植水稻、小麦、玉米、棉花、油菜子、花生或烟草等，拥有一小块菜地，饲养着为数不多的家畜或家禽。这种自给自足的传统生产结构正在为更加商业化的农场所替代。

全国的农业生产正在从以粮食和基本蔬菜为主转为生产肉、鱼、水果、精制植物油和加工食品。不断涌现出的超市和餐馆连锁店，均需得到大量标准化的高质量产品。数量庞大的个体小生产者已无法来提供其需要。

在各类农产品中肉品生产是产品组成中增长最快的一个，我国除了已经生产着全世界近半数的猪肉外，还是世界第二大的家禽生产者和第三大的牛肉生产者。

为了满足对肉品日益增长的需求。我国畜牧业预计还要进一步增加产量，传统的饲养方式是在“后院”养猪和几头牛、羊、鸡、鸭，用作饲料的是人吃剩的饭菜、某些废弃物和水生植物。现在，畜牧生产已转变为规模较大、更加商业化的方式，专业户或养殖小区，而且用的是工业生产的饲料。

1985 年我国传统的“后院”饲养方式生产的猪肉总共占到猪肉产量的 95%，现在，此份额已降到 60%。在猪肉生产中份额增长的是专业的家庭养猪户（15%）和商业养猪场（占 5%）。

现在，越来越多的国外投资者和其他的快餐店、超市和出口市场肉品供应商，均通过合同订购的方式向大型饲养场购买家禽、食品和乳制品。畜牧业的快速增长和商业化，使饲料用谷物和饼粕的需求量大幅增加。由于饲料用谷物和油料作物种植量的增加，正促使某些粮食作物的种植面积减少。许多国际企业家认为：中国有可能更多地依靠进口玉米和大豆来饲养其数量日益增多的畜禽。

事实上，近几年我国对蛋白饲料的需要量增加，表现在大豆进口量大幅上升（从 1995 年的7 500万美元增至 2001 年的 28 亿美元）。按照美国农业部的预测，到 2011—2012 年可望达到年进口 780 万吨。

外商认为，中国的家庭专业饲养户和商业的畜禽饲养场，有可能供应全国日益增长的畜产品需求量中的大部分，但中国的肉品进口量将会增加。另一些分析家则认为，由于畜牧业的进一步商业化，将使中国的国际市场上具有竞争力，而且如果食品安全和卫生方面的要求能够得到满足，中国甚至有可能成为向其亚洲邻国出口肉产品的国家。

有专家认为，随着中国经济的发展和与世界经济一体化的推进，中国很可能成为进口农产品的前所未有的稳定消费大户，尤其是谷物和油料，在土地和自然资源不会承受过重负担的情况下能够自己养活自己。

现在中国的消费者对方便、优质食品日益增长的需求，大部分均可通过国内生产的产品，加上一定数量的进口得到满足，如果中国的种植业和畜牧业生产实现了现代化，市场的基础设施得到了改善，食品安全和动物健康的问题会得到圆满解决，中国将成为水果、蔬菜、鱼和肉产品及禽产品出口的有力竞争者。我国在参加世贸组织以后，肉类的税率将大幅度削减（表 7-1）。

表 7-1　我国加入世贸组织后肉类税率（%）

产品名称	加入世贸组织时	2002 年	2003 年	2004 年
牛　肉	31.8	25.2	18.6	12.0
猪　肉	16.8	15.2	13.6	12.0
羊　肉	19.8	18.2	16.6	15.0
家禽肉	16.0	14.0	12.0	10.0

注：摘自国家海关总署税率行情。

随着进口产品关税的逐年递减，国外肉食品的进口量会增加，造成对国内生产品的冲击，因此，国内薄利生产的肉类将首先遇到挑战。生产成本中劳动力价格低是目前我国畜产品生产中的优势，西部地区在这方面优势更强些。然而现在畜产品生产中成本最高的是饲养费用，这要靠技术，恰恰在这方面我国处于弱势，西部地区的弱势更加突出，要与国际畜产品竞争，提高技术含量是建设畜牧强国的首要任务，在饲料成本中，优质原料生产，高蛋白、高能量饲料的就地生产，降低成本，成为未来的优势，在这方面，草食家畜的开发比例就应提高，以谷物为主要日粮配方原料的畜种也应采用优质植物蛋白饲料。总之，提高技术在养殖业上的贡献率还任重而道远。

现在的情况是自改革开放以来，我国肉类产品生产快速发展，从 1990 年起已成为世界第一生产大国，2000 年肉类产量达6 444.5万吨，占世界肉类总产量的 27%，但是，肉类产品以本国消费为主，参与国际贸易的比例一直很小。1998 年，我国出口肉类产品 68.6 万吨，仅占当年我国肉类总产量的 1.17%，占当年世界肉类总出口量的 3%。实际上大部分肉类产品是销往我国香港，这就是中国肉类产品真正参与国际贸易比例小的原因。世界平均肉类产量中有 10%参与国际贸易，主要生产国和出口国有丹麦、新西兰、荷兰、澳大利亚，其产量的 40%以上参与国际贸易；法国、加拿大、英国、美国的肉类产量出口量也都超过其总产量的 10%。

目前，我国肉类产品市场已处于暂时性相对饱和状态，肉类人均占有量已超过世界平均水平，其中人均猪肉占有量达世界平均水平的 2 倍左右，但从总体来看，随着经济快速发展，人均收入和消费水平的不断提高，对肉类产品的需求必将继续呈上升趋势，我国肉类消费市场仍然蕴藏着巨大的潜力。但是，按照乌拉圭回合农产品协议及中国与其他 WTO 成员签订的双边和多边贸易协定，中国加入 WTO 后不仅要大幅度降低肉类产品的进口关税，而且要取消很多非关税进口限制，加之很多肉类产品主要生产国和出口国的肉类产品市场营销谋略较好，对中国肉类产品发展的未来是巨大的挑战。

放在世界大市场来看，中国肉类产品的价格是有一定竞争力的。以 1998 年为例，世界平均每吨猪肉出口价格1 988美元，而中国平均每吨猪肉出口价格1 719美元；世界平均每吨牛肉出口价格2 579美元，而中国每吨牛肉出口价格1 517美元；世界平均每吨山羊肉和绵羊肉出口价格分别2 540美元和2 363美元，而中国每吨山羊肉和绵羊肉出口价格分别为1 439美元和1 452美元。由此可见，中国肉类产品出口价格有一定的优势，但必须清醒地看到，我国肉类产品依然处于弱势，生产水平、养殖规模，质量和安全、屠宰及商品化处理和加工转化等多个方面，都与世界肉类生产大国、出口大国有一大段距离。如果不能改变这个现状，我国将是肉品进口大国，改变好了就是一个出口大国。

要改变这个现状，首先，要充分利用乌拉圭回合农产品协议所提供的国内支持与调控空间，加强对畜禽业的支持和调控力度。各级政府可通过增加科技投入，支持畜禽良种繁育与推广；支持肉畜禽疫病防治措施和高效低残留或无残留饮料添加剂的研究、开发和推广；支持无疫区的建设和保护；支持药物和其他有害物质残留检测方法的研究和实施检测和监控技术队伍及从业人员的培训；支持适应市场需要的畜禽产品商品化处理和加工转化的研究、开发和推广。

第二，利用目前国内市场肉畜禽供给充足的大好时机，尽快制定并从严实施符合国际标准的有关动物和动物源食品中残留物质的监控体系，同时，从严控制药物饲料添加剂使用名录。

第三，鼓励农户在保持可持续发展的前提下，进行规模化饲养，以保持和发展已有的价格优势，支持并鼓励达到一定规模的经营者提供符合国际标准的安全动物性食品，尤其是鼓励大企业创造自己品牌，为进入国际市场创造条件。

第四，在对农户进行技术推广和培训同时，还应对其进行市场营销策略的培训和宣传，提高农户的市场营销意识和营销能力，提高合作意识全面提高我国畜禽产品的国际竞争能力。

三、入世后肉类行业的国际竞争

据中国肉类协会中食品产业集团的分析，认为入世涉及国内畜禽养殖业、屠宰加工业和肉类食品流通业，对我国影响很大。

（一）我国畜产的优势　我国是世界肉类产销大国，从国际竞争的角度看，有以下一些比较突出的优势。

第一，据联合国粮农组织的统计，2000 年全球肉类总产为23 320万吨，其中中国为6 444.5万吨，占 27.6%，当年全球肉类产量居前十位的国家依次是：中国、美国、巴西、法国、德国、墨西哥、西班牙、印度、俄罗斯和意大利；居二、三位的美国和巴西的产量之和只约为我国的 83%。我国猪肉产量约占世界总产量的 45%以上，在世界前十位的猪肉生产国中，后九个国家的产量之和尚不及我国的 70%；我国的羊肉产量也位居世界第一；鲜蛋产量占世界总产量的 41%左右，也居全球各国之冠；禽肉产量仅次于美国居世界第二；牛肉产量在美国、巴西之后位居第三。如此规模的肉类产量为开拓国内外市场提供了丰富的商品资源。

第二，我国肉类食品消费有着很大的市场潜力，2000 年我国人均肉类占有量达 48.6 千克；预计到 2010 年将可能突破 60 千克。肉类食品的消费除在城市仍有扩展的余地外，在农村有着更大的增长潜力。从 1997 年城乡居民肉、禽消费比例看，农村居民的人均肉、禽消费分别只有城市的 66.8%和 47.8%，是一个巨大的消费空间。随着我国农村城市化进程的加快和农民收入水平的提高，肉类食品的消费数量会持续增长一个较长的时间，这又为我国肉类食品的发展提供了比欧美各国更好的条件。

第三，我国拥有肉类食品的成本价格优势。由于拥有丰富的人力资源，劳动力成本低，我国的肉类生产成本普遍低于世界上的肉类产销强国。以 1998 年做比较，我国猪肉、牛肉、禽肉的批发价格低于美国、加拿大、德国、丹麦、澳大利亚等发达国家，其中活猪、活鸡的收购价格美国虽比我国低，但经屠宰加工环节后，其价格优势被逆转。肉类生产作为拥有一定技术含量的劳动密集型的产业，我国更具有比较优势，成本价格，在国际市场上具有竞争力。

第四，在国内市场的竞争中，还有着很强的本土优势。我国地域广大，不同地区、不同民族均有自己特定的肉类消费习惯，在激烈竞争中崛起的不少肉类加工企业已能比较准确地把握国内市场不同层次的需求，开始了市场细分化的工作，形成了贯通城乡的产销体系，这些都是国外企业在短期内难以做到的。另一方面，肉类食品本身是一个跨国性行业，与计算机、通讯器材、飞机、汽车等全球性行业不同，其国际贸易量占全球消费的比重并不大，跨国公司在本国的生产集中度可以很高，但尚难形成全球性的贸易垄断。2000

年全球肉类产量为23 320万吨，其中主要国家和地区的进出口贸易量为2 800万吨，只占12%。全球肉类的这个行业特点，有利于我们充分发挥本土优势，有效地开展竞争。

（二）我国畜产的差距 入世后能够向我国肉类行业发起挑战的，是那些在生产、加工技术和营销方式上处于世界领先水平的肉类产销强国。与之相比，尽管我国肉类行业具有以上一些优势，但产业的总体素质不高，综合竞争力不强，差距仍十分明显。

第一，产业集中度低。从畜禽养殖环节看，我国分散饲养方式在相当长时间内仍占主导地位，而养殖业发达国家，近百年前就已淘汰了家庭副业型的分散饲养，实行专业化规模饲养，养殖集中度在不断提高。从屠宰加工环节看，肉类产销强国的生产集中度在急剧上升，并形成了垄断竞争，而目前我国私屠滥宰还没有得到完全遏制，小型和个体屠宰加工厂遍布全国。从流通环节看，全国统一的肉类大市场尚未完全形成，地区封锁与部门分割造成的流通阻滞和市场秩序混乱问题，极大地影响着大型肉类产销集团的规模化发展。在进入世界500强的9家中国企业中没有一家是肉类食品企业。

第二，生产技术水平不高。我国肉类生产经营高度分散的直接后果是难以应用先进科学技术的。1999年我国生猪出栏率为120%左右，而发达国家在167%～179%；我国出栏畜禽平均胴体重量与美国相比，生猪低7千克，牛低176千克，家禽低0.33千克；我国生猪平均瘦肉率为46%～48%，而发达国家在52%～60%。在我国，手工屠宰的生产方式仍占60%，大多数肉类屠宰加工企业的设备、工艺和管理水平仍十分落后。目前，全国各类肉制品加工总量有大约200万吨，约占肉类总产量的4%；冷却肉加工还处于起步阶段，市场上90%以上还是生鲜肉，而发达国家肉制品的产量平均要占肉类总产的30%～40%，有的高达70%，而且生鲜肉品普遍实行冷却分割、冷链运销。我国要改变这种现状，还须进行巨大的技术革新和体制改革。

第三，肉品卫生质量差。肉类的卫生质量是一个从饲料生产、畜牧业生产直到餐桌的系统工程，涉及饲养环境、防疫检疫、屠宰加工技术、物流、保鲜、包装等多种因素。在这些方面我国与国际先进水平存在较大差距，各个环节的卫生质量监管也相当薄弱，尤其是检疫检验和环保标准明显低于发达国家。近10年来，我国肉类产量越来越高，出口不但没有同步增长，甚至主要品种还不断下降，应该是符合国际统一标准的，如果绿色食品概念不能普及到农民，在大幅度地提高肉类检验标准的时候，受制约的恰恰是落后者。

第四，营销方式落后。我国肉类食品的零售绝大多数是通过集贸市场进行的，传统的大案卖肉式销售方式仍占主导地位。发达国家肉类流通基本实现了“冷链化”，几乎全部采用先进的零售方式入店经营。例如，欧盟各国现代化的连锁超市和大卖场，约占肉类销售的65%，肉类连锁专卖店和普通肉店约占25%，其余10%直供宾馆和餐厅。先进的营销方式往往是外资企业核心竞争力的重要因素。我国的国际化大都市的绿色食品准入制刚刚在少数几个城市启动。连销营销在商品上还缺少有效保障机制，尚不能指日与WTO规则接轨。

第五，缺少在国际上有影响力的品牌。虽然我国畜禽屠宰加工成本和肉类零售价格明显低于发达国家，也有了一批国内品牌产品，但这是在国内市场相对封闭的条件下形成的，并未经受国际化激烈竞争的考验。衡量一个产品是否具备国际品牌有七项评价指标，其中领导能力、国际性和国际市场占有率指标最为重要，恰恰这几项指标我国肉类企业无法和产销强国相比。

四、中国和美国农业生产水平对比

中国在2001年加入世界贸易组织之后，提出的给生物工程农产品加贴标签的新规章和关于中国谷物的实际库存量问题成了国际市场分析家和政策制定者关注的两个热点。

食品是农业的延续。这个行业涉及食品的消费、销售和运输，国际贸易、农业政策，地区差别，生物技术，农业的投入市场，农村的发展及市场信息。

21世纪的中国将随着全国经济的增长和发展，经历各种前所未有的变化，并从一个以农业为主的、集中计划控制的低技术经济实体逐步变成一个城市化的市场和消费者驱动的经济实体。食品工业必然是新兴的产业，中国多年以来一直是世界上最大的小麦、玉米、棉花和大豆消费者，但进口数量的浮动幅度很大，而且农产品的进口总量低于其潜在需求量。

作为一个人口多达12.7亿的国家，人口数为美国人口的4.5倍（表7-2、表7-3），而拥有的耕地（为美国的75％）和其他天然资源却有限，每个劳力的农业产值极低，进口一些动植物产品是势所必然的。但中国作为一个人口大国，食品的主体必须自给自足，从一些土地充裕的国家进口农产品，进行调剂对放活经济促进国际交流是互补和互利的。

与美国相比，我国在人口和每平方公里人口密度两项上高于美国之外，就是农产品的产值上略高一些（表7-2）。我国的可耕地比美国的还少，然而在世界总产量中所占份额有以下几项超过美国，即：猪肉、蔬菜和瓜菜、蛋、烟草、大米、油菜子、棉花和水果。我国以占世界7％的土地养活占世界21％的人口主要是米、肉、蛋、菜、果和棉花等的持续高产所取得的，表现为劳动密集型生产的结果。

表7-2　1999年中国与美国几项统计的对比

对比项	中国	美国	倍数
人口（亿人）	12.66	2.82	4.8
人口增长率（％）	0.9	1.2	0.75
人口密度（人/平方公里）	134	30	4.47
国内总产值（亿美元）	9 890	92 000	0.11
人均国内总产值（美元）	770	30 850	0.02
国内总产值增长率（％）	7	2	2.33
耕地面积（亿公顷）	1.3	1.74	0.75
农产品价值（亿美元）	2 550	2 150	1.18
每个工人的农业产值（美元）	325	72 000	0.005
商品出口额（亿美元）	1 950	6 950	0.28
商品进口额（亿美元）	1 660	10 590	0.157
食物在出口中所占的份额（％）	6	8	0.75
食物在进口中所占的份额（％）	4	5	0.80

注：从陈擎译表计算所得。

表 7-3　2000 年中美两国的人口、土地和某些农产品产量在世界总量中所占的份额（%）

对比项	中国	美国
可耕地	9	13
人口	21	5
猪肉	47	9
蔬菜和瓜菜	42	6
蛋	41	9
烟草	35	10
大米*	34	2
油菜子	28	2
玉米*	21	40
棉花*	20	19
小麦*	19	11
禽类	19	25
水果	15	7
大豆*	9	45
牛肉和小肉牛	9	22
甘蔗	6	3
牛奶	2	13

* 数据取自美国农业部世界农产品供需量估计（1999—2000 市场年度）。

1995—2000 年我国农产品的进口量是缓慢的增长（表 7-4），实际上农产品在我国进口总量中的份额 1980 年约占 33%，到 1999 年则降为约 7%，根据 WTO 的统计，2000 年中国农业贸易的保守数字为 29 亿美元（农产品进口额减去农产品出口额）只相当于中国全部贸易顺差2 250亿美元的 1.3%。净出口的是食品、养殖业产品和蔬菜、净进的是肥料、皮毛织物、油料和谷物。

表 7-4　中国各类与农业有关商品的进出口值

单位：10 亿美元

类目	1995—2000 年平均年贸易额		
	出口值	进口值	净出口值
食品和饮料[1]	3.5	0.3	3.3
动物和动物产品[2]	2.2	0.5	1.7
蔬菜	1.6	0.1	1.5
鱼和海产品	1.9	0.8	1.1
烟草、咖啡、茶和香料	1.1	0.2	0.9
水果和坚果	0.4	0.2	0.2
谷物、饲料和面粉等磨成粉状的产品[3]	1.4	2.6	−1.2
油料作物、脂肪和食用油	1.3	2.9	−1.6
纤维、织物、皮革和毛皮[4]	5.5	7.2	−1.7
肥料	0.2	2.8	−2.6
其他农产品	0.4	1.2	−0.8

注：1. 烘烤产品、罐头食品、饮料。

2. 活动物、肉品、乳品、蛋、蜂蜜和其他磨成粉状的产品。

3. 谷物、饲料和食品废料，面粉和其他磨成粉状的产品。

4. 丝、毛、棉纱和织物、皮革和毛皮。

2001年我国成为WTO的成员，进一步向世界开放市场，今后如何利用国外有种植优势的农产品，合理利用国内的优势资源，是颇受国际关注的。据认为，农业市场的经营管理水平的完善程度，对农业生产起到引导作用。其中包括：

(1) 对各种农产品生产的协调中，国家统一监管与市场制两者的关系在今后的各自力度。

(2) 国内外贸易对中国农民，尤其是贫困地区的农民会产生多大影响。

(3) 一些会对贸易政策产生影响的薄弱环节或部门如何适应新的形势。

由于中国的市场非常巨大，其变化动向其对世界农产品市场会产生带根本性的影响，全世界的农场主、农业综合企业的经营者和政策制定者，都对中国经济发展的整体过程予以密切关注。

(一) 美国对中国的进出口

1. 美国从中国进口情况　1998年，美国从中国进口金额为11.47亿美元，比上年增长4.2%；在美农产品进口总额中，中国农产品所占份额由1995年的2.5%增至2.6%。

1998年美国从中国进口千万美元以上的农产品依次为加工水果和蔬菜、鱼片、虾、茶（包括药茶）、可可酱、水果和蔬菜汁、精炼油、植物种子、坚果、小食品（包括巧克力）、新鲜蔬菜、香料和烟草；进口百万美元以上农产品依次为：植物油（豆油除外）、饲料（宠物食品除外）、酒和啤酒、糖及甜味剂和饮料基、园艺产品和切花、红肉、鲜水果（香蕉除外）。近年美国从中国进口农产品一直以上述20种为主，1998年这20种农产品的进口额为5.98亿美元，占美国从中国进口农产品总值的52.1%。另外，还从中国进口奶制品、大米、原糖、咖啡、皮革和毛皮、活畜、粗粮、热带油及其他农产品。

1995年以来，美国从中国进口水果和蔬菜汁、植物油、坚果、小食品、鲜蔬菜、烟草、鲜水果、糖及甜味剂和饮料基、鲑鱼、红肉等产品保持持续增长态势，而龙虾进口则急剧下降。1998年美国从中国进口茶、植物油、糖及甜味剂和饮料剂、小食品、鲜水果、水果和蔬菜汁、园艺产品和切花、香料等产品的进口额均达到1970年以来最高水平。

2. 美国对中国出口情况　1995年以来，美国对中国出口呈下降态势，但中国仍为美国农产品出口的主要对象，1998年中国为其农产品的第四大对象国。1998年，美国对中国出口总值为29.17亿美元，比上年下降15.66%；在美国出口农产品总值中，对中国出口所占份额从1995年的7.2%下降到5.4%。1998年对中国出口值超亿美元的农产品依次为豆油、禽肉、大豆、棉花、鲜水果、皮革及毛皮、豆粕、红肉（冷鲜及冷冻）。1998年美国对中国出口总值中，以上8种农产品出口值占68.8%。其他主要出口品种为加工水果及蔬菜、奶制品、小麦、坚果、粗粮、小食品、酒和啤酒、鲜蔬菜、其他植物油、饲料、糖及甜味剂、园艺产品和切花、红肉、活畜、蛋及其制品、植物种子、早餐谷物、鲑鱼、动物脂肪、烟草、水果和蔬菜汁、鱼子、螃蟹和蟹肉、宠物食品、鱼肉糜、大米、花生、豆类、鲑鱼罐头、小麦粉等。

1995年以来，美国对中国出口的主要农产品。除花生、早餐谷物出口额保持持续增长，棉花和烟草出口额持续下降外，其他主要农产品的出口值最大的3种依次为棉花、粗粮和小麦，1998年豆油、禽肉和大豆的出口值跃居前三位。

近年由于国际市场大豆价格低迷，我国大豆、豆油、豆粕的进口迅速增长，冲击了国内市场，大豆生产面临萎缩，油脂企业面临停产，这将加大我国对进口产品的依赖程度。以上情况说明畜产品贸易量是微乎其微的。

（二）中国对美国的进出口

1. 中国海关总署统计 我们定义的农产品，为关贸总协定口径加渔产品，统计数据中不包括中国香港地区。按此口径统计分析，我国是美国农产品的净进口国，1995 年中美农产品贸易逆差达 27.7 亿美元。近几年，我国从美国进口下降，出口增加。贸易逆差逐年减少，1998 年减少到 9.5 亿美元。

（1）中国从美国进口的农产品情况 美国在我国农产品贸易中占有十分重要的地位。长期以来，美国一直是我国最大进口原产国，1995 年我国从美国进口 34.7 亿美元，约占我国农产品进口总值的 30%。但近几年，我国从美国进口的农产品比 1995 年减少了 10 多亿美元。1998 年受国内需求不足的制约和亚洲金融危机的影响，进口总值比 1997 年减少了 16.3 亿美元，其中 1/3 是由于从美国进口的减少。但尽管如此，美国作为我国农产品第一大进口国的贸易地位仍然稳固，大大超过从其他国家的进口，比第二大进口原产国澳大利亚多 12 亿美元左右。

我国从美进口的种类主要是畜产品、大豆、植物油、棉花、水海产品和谷物类商品。1998 年这六类商品的进口值共计 16.1 亿美元，占我国从美进口农产品总值的 88%。1995 年这六类商品进口总值为 33.8 亿美元，占我国从美国进口农产品总值的 98%。进口商品种类高度集中。1998 年与 1995 年相比，进口商品结构发生了较大的变化。谷物类由原来的第一位降为第四位，进口值降幅达 80%；而畜产品由原来第四位升到第一位；大豆进口迅速增加，由原来第六位升到第二位，进口值增加 10 倍。这六类商品之外的其他农产品如蔬菜、水果和坚果类产品的进口值都有较大幅度的增长。

1998 年我国从美进口的亿美元以上的商品依次是大豆、豆油、豆粕、原棉、牛皮革、马皮革、生牛皮。这五种商品的进口值共计 10.3 亿美元，占我国从美国进口农产品总值的 57%。其他在千万美元以上的主要有冻鸡块、小麦、饲料、鱼粉、肉骨粉、西洋参、玉米、饲料添加剂、冻鲽鱼、已梳棉花、蔬菜种子和乳清等。

（2）中国农产品出口到美国的情况 农产品出口主要集中在日本和我国香港，二者占出口总值的 70%～80%。美国在我国出口总值中的份额占 6%～8%，基本处在第三或第四名的位置，与出口到韩国的水平相当。但是从我国对美国出口值来看，呈现稳步增长趋势，即使在 1998 年农产品出口面临亚洲金融危机的困难情况下，对美国的农产品出口仍比 1997 年增长 6%，达到 8.8 亿美元，比 1995 年增加 1.8 亿美元。表明中美农产品贸易大有潜力。

出口到美国农产品种类大体上比较稳定，主要是水海产品、畜产品、水果、蔬菜和坚果类产品。1998 年与 1995 年相比，出口都有不同程度的增长，尤其是水果、坚果和蔬菜、植物油增长幅度较大，分别比 1995 年增长 243%、112%、45%和 491%。

2. 美国农业部统计 据美国统计，1995 年以来，美国从中国（包括香港地区，下同）进口农产品（包括食用水产品，下同）贸易额逐年增长，而对中国出口贸易额逐年下降，但 1998 年美国从中国农产品贸易仍保持净出口。1998 年美国从中国进口农产品总值 11.47 亿美元，比 1995 年增长 28.6%；美国对中国出口总值为 29.17 亿美元，比 1995 年下降 31.1%。1998 年美国对中国农产品贸易顺差由 1995 年的 33.56 亿美元减少到 17.70 亿美元，下降 47.3%。

第二节　我国各类畜产品的世界贸易

一、我国的猪肉生产与进出口

据中华食物网专供信息等各种媒体报道，从全球看，2000 年世界猪肉生产增长 1.4%，因此对猪肉贸易是非常有利的一年。根据联合国粮农组织统计，猪肉是 2000 年世界消费量最多的肉类，占肉类消费总量的 39%。在促成这一因素中，以下几点尤为突出。

加拿大出口增加，在 1998 年它超过了丹麦和美国，成为世界最大猪肉出口国。欧盟取消对养猪业的补贴，使其 2000 年出口下降，预计 2001 年继续下降。我国台湾省暴发口蹄疫，自 1996 年以来，严重影响其生产和出口能力。韩国在 2000 年也暴发了类似事件，阻碍了猪肉出口，增加了国内供应，从而减少进口。

(一) 主要生产国　根据联合国粮农组织统计，世界猪肉生产最近五年增长了 15.9%，即从 1996 年的7 850万吨增加到 2000 年的9 100万吨。中国是最大的生产国，近几年保持着增长的势头，1996—2000 年，产量从3 160万吨增加到4 160万吨，增长 31.7%。欧盟是世界第二大生产国，1999 年产量达到最高峰——1 790万吨，2000 年生产下降，2001 年可能会保持这一趋势。美国占第三位，虽然 2000 年的产量从 1999 年的 876 万吨减少到 857 万吨。1996—2001 年，巴西猪肉生产持续发展，超过了俄罗斯和波兰，在世界生产国中占第四位。俄罗斯猪肉生产从 1996 年的 170 万吨下降到 1998 年的 151 万吨，且最近三年一直徘徊在这一水平上，继续是进口。

(二) 最大消费国　中国是猪肉最大消费国，2000 年消费量达4 160万吨，这样大的消费量还在逐年增长，预计 2001 年将达到4 330万吨。欧盟占第二位，消费量比较稳定，每年1 600万吨，其中德国为 470 万吨。从人均消费量看，2000 年最高的是丹麦，每个居民为 77.2 千克，其余依次为西班牙（64.2 千克）、捷克（60.6 千克）、奥地利（57.7 千克）、德国（57.3 千克）、巴西（11 千克）。在巴西，猪肉的人均消费量如同其他肉类一样，近几年来一直在发展，这是因为自 1994 年起，巴西实施经济稳定计划后收入再分配的结果，使低收入人群第一次能购买高蛋白食品。

(三) 最大进口国　日本是猪肉最大进口国，虽然目前的进口量不是其历史上最高的。1996 年的最高进口量为 93.3 万吨，1997 年为 73.1 万吨，并一直在增长，2000 年回升到以往 90 万吨的水平，预计 2002 年猪肉价格继续攀升，进口量持续增加，4—5 月份日本猪肉进口量已达 16.5 万多吨，比 2001 年同期增长 20%。

美国是第二大进口国，2000 年进口量达 45.3 万吨，相当于当年其出口量的 80%，同时，进口量超过了俄罗斯的进口量，后者 2000 年的进口量从 50 万吨减少到 30 万吨。由于经济回升和关税下调，预计 2001 年俄罗斯的进口将增加到 40 年吨，中国香港地区肉制品的进口自 1996 年以来稳步增长，2000 年分别达 12 万吨和 26.4 万吨。墨西哥（1998 年进口 16 万吨），白俄罗斯（14.2 万吨），匈牙利（5.2 万吨），波兰和罗马尼亚（各 6.7

万吨）。

（四）最大出口国 加拿大（1999 年以来最大出口国）、美国和丹麦三国组成世界猪肉制品最大出口群体，法国、巴西、中国和波兰组成第二出口群体。如果预计的 2001 年出口量得到确认的话，巴西将成为第四大出口国。

加拿大：其出口远远超出其他生产国的预料，从 1999 年起，成为世界猪肉制品最大出口国。自 1999 年（当时加拿大一蹴而就地超过了美国和丹麦）以来，加拿大巩固了其全球领先地位，并增加了份额。关于加拿大肉制品的出口数量一直有着很大的争议，该国官方出口数字被认为低估了 20%左右，1999 年政府宣布出口量为 43.2 万吨，而该国的检验机构报道为 53.1 万吨。根据 CPI（一个专门促销猪肉制品的加拿大出口促进机构）的统计，1999 年加拿大出口的猪肉制品中，71.3%是新鲜肉、冷藏肉和冷冻肉，12.8%是加工品，11.2%是副产品，4.7%是脂油。80%的加拿大肉制品出口到：美国（53.7%），日本（14.8%），中国/香港地区（6.6%），俄罗斯（4.7%）。

美国：2000 年出口量略有减少，主要原因是亚洲市场（中国/香港地区和台湾省以及韩国、菲律宾和马来西亚）、中美洲和欧盟的需求减少。2000 年向北美自由贸易协定成员国的出口有增长（墨西哥增长 56%，加拿大增长 19%），此外，向日本出口增长 4%，向俄罗斯出口增长 108%。按美国肉类出口协会（USMEF）的统计，日本占美国出口的 37%，墨西哥占 31.1%，加拿大占 9.5%，中国香港地区占 5.7%。

丹麦：2000 年是世界第三大出口国，出口了 56.8 万吨（欧盟除外），它的主要出口品是分割肉（65.1%），副产品（12.4%），加工品（10.3%），腊肉（8.3%），猪骨（3.8%）。丹麦肉制品的最大买主（欧盟除外）是日本（21.11 万吨），俄罗斯（9.52 万吨），韩国（5.74 万吨）和美国（5.38 万吨）。欧盟以内，1995 年丹麦的出口量为 77.6 万吨，主要进口国是德国（21.3 万吨），意大利（10.6 万吨），法国（8.2 万吨）和瑞典（3.8 万吨）。

（五）全球情况 2001 年全球猪肉生产能力达8 500万吨，生产为8 370万吨，比 2000 年增产 235 万吨（3%）、中国当年生产4 240万吨（据美国中西部 12 所大学的 FAPRI 食品政策研究所估计，认为中国 2001 年猪肉的实际生产量不足3 000万吨），占全球的 50%以上，欧盟和美国的猪肉产量分别是1 760万吨和 870 万吨。另一个统计数字表示，2001 年全球猪肉消费8 315万吨，比 2000 年增加 225 万吨，增长 2.8%。猪肉消费居全球前三位的也是中国、欧盟和美国，消费量分别为4 230万吨、1 635万吨和 840 万吨。中国猪肉消费量占全球消费量的 51%。2001 年全球猪肉产销率为 99.4%。预计，2002 年全球猪肉消费将保持增长，消费量达8 480万吨，比 2001 年增加 165 万吨，增幅接近 2.0%。猪肉产销率可望升至 99.6%。全球猪肉产业生产、消费平稳。

2001 年全年猪肉贸易量 360 万吨，比 2000 年增加 15 万吨，增长 4.5%，国际贸易占当年猪肉总产量的 4.3%。猪肉出口居全球前三位的是欧盟、加拿大和美国，它们的猪肉出口分别达 125 万吨、73 万吨和 71 万吨。2001 年欧盟猪肉出口占世界出口总量的 1/3 以上（34.6%）；美国猪肉出口增加 12.5 万吨，增幅达 21.4%；巴西猪肉出口比 2001 年翻了一番。猪肉进口居前三位的是日本、俄罗斯和美国。它们的进口量分别为 105 万吨、55

万吨和 45 万吨。日本猪肉进口占世界进口总量的 34.0%，俄罗斯占 17.5%。预计，2002 年世界猪肉贸易量 370 万吨，创历史新高，比 2001 年上升 4%。

表 7-5 列出 2001 年十大猪肉消费国。

表 7-5　2001 年世界十大猪肉生产（消费、出口、进口）国

单位：万吨

猪肉生产国#		猪肉消费国		猪肉出口国		猪肉进口国	
国　家	产　量	国　家	消费量	国　家	出口量	国家	进口量
中　国	4 240	中　国	4 208	丹　麦	155	日　本	91
美　国	869.8	美　国	843.2	荷　兰	116.3	德　国	60.9
德　国	385.5	德　国	454.9	加拿大	71	俄罗斯	55
西班牙	301.0	西班牙	298.5	美　国	69.6	英　国	51.1
法　国	323.0	意大利	223	中　国	67.5	美　国	44.1
巴　西	211.7	日　本	218.5	西班牙	44.5	中　国*	36.2
丹　麦	174.0	俄罗斯	211.4	德　国	394	墨西哥	28
加拿大	172.0	法　国	191	巴　西	26.5	荷　兰	14.7
荷　兰	162.0	巴　西	187	匈牙利	14	韩　国	12.1
越　南	151.0	波　兰	145.7	爱尔兰	12	加拿大	9

#　产量在 150 万吨的国家还有俄罗斯和波兰；*　包括中国香港。

引自联合国粮农组织统计资料。

十大国中有两个在亚洲，一个在美洲，一个在南美洲，其余都在欧洲，在欧洲各国中西班牙是当前猪肉增产潜力最大的国家（表 7-6）。

表 7-6　欧盟各国 2001 年养猪存栏数及与 2000 年相比的变化

单位：千头

国　家	总　数	增减%*	母　猪	增减%	国　家	总　数	增减%	母　猪	增减%
德　国	25 814	0.2	2 509	−0.7	英　国	5 687	−4.4	609	−6.7
西班牙	24 745	11.7	2 707	10.9	澳大利亚	3 440	2.8	339	4.7
法　国	15 253	0.6	1 360	1.2	葡萄牙	2 389	2.2	323	−0.3
荷　兰	11 514	−10.2	1 161	−8.7	瑞　典	1 920	1.3	214	4.3
丹　麦	12 975	2.6	1 348	0.3	爱尔兰	1 763	1.8	187	1.3
意大利	8 410	1.0	729	0.3	芬　兰	1 454	−0.1	182	0.1
比利时/卢森堡	6 851	−6.7	681	−5.8	希　腊	938	0.2	153	−15.9

*　引自联合国粮农组织统计资料。

西班牙的养猪规模增加最大，存栏总数和基础母猪数分别提高了 12%和 11%，这就意味着西班牙 2001 年的猪存栏头数和基础母猪存栏头数分别比 2000 年增加了 290 万头和 29.6 万头。而存栏猪头数降低最多的 3 个国家分别是荷兰（−10.2%）、比利时/卢森堡（接近−7%）和英国（−4.4%）。综合欧盟 15 国的养猪规模，存栏总数有 1%的增长（相当于增加12 315万头猪），基础母猪头数增加 0.5%（相当于1 250万头母猪），据欧盟统计部分的估计，2002 年预计增长 2.4%，使得欧盟猪肉产量增加1 786万吨，西班牙 2002 年猪肉生产量将增长 9%，我国猪肉的出口在全球只占 2%以内，出口金额才8 700万美元，与中国是个猪肉生产大国的位置很不相符。发达国家猪肉出口量是我国的 60 倍，金额是60倍，说明出口量少，质低。1999年中国出口活猪196.1万头，占世界总额的12.2%。主要是到港澳。我国活猪出口平均每头120.7美元，比发达国家高56.2%，证明活猪质量是高的，今后在养猪业继续提高的基础上，出口活猪是一方面，提高出口猪肉的品质是另一方面，是应该抓好的工作。但是活猪出口并非乐观，2002年1—5月份我国出口活猪共计763 033头，比2001年同期下降9.7%。出口到中国香港的占其中的93.27%，因此也下降9.68%。出口鲜、冷、冻猪肉的总量在2002年1—5月份为5.9万多吨，同比增长76.37%，其中出口中国香港占38.17%，增长7.61%；出口俄罗斯占40.86%，增长428.1%，出口澳门增长18.34%。同期我国进口鲜、冷、冻猪肉为5.65万吨，同比增长52.72%，其中从美国进口量占75.29%，从加拿大进占24.52%。可见猪的出口情况不容乐观。

二、我国的鸡肉生产与进出口

中国出口的冷冻鸡肉在2000年为35.6万吨、5.13亿美元，每吨售价是1 441美元，出口仅占全年1 207万吨的2.95%。进口冷冻鸡肉78万吨、4.25亿美元，每吨售价是579美元。进口多为鸡翅、鸡爪等国外人不吃部位肉。进口量为出口的2.19倍，售价则只有出口的88%，然而走私进口和中国香港转口贸易进口的在80万吨以上，也是鸡杂碎等鸡副产品，据称通过各种渠道进口的达121万吨。说明我国是鸡肉的净进口国，那么我国鸡肉进出口贸易问题需要深思。

鸡肉是中国肉类中唯一能大量出口创汇的产品，但是中国的鸡场能大规模出口的还少，只有山东和上海的几家是全进全出制鸡场，有此能力。

我国养鸡的饲料转化率低，在中国是2.2，而美国只有1.9。饲养上尚缺乏动物福利和安全意识，且不说2004年的禽流感暴发，在1996年欧盟因中国鸡肉达不到欧盟标准而封关，到2001年才允许少量企业出口。出口欧盟要以胸肉等高价肉为主，致使鸡腿肉成为出口日本的主要产品；此时泰国将鸡胸肉占领欧盟市场，供不应求，而鸡腿肉出口日本，使日本市场上鸡腿肉价从每吨1 800美元跌到1 400美元，使我国鸡腿肉出口日本在价格上又受打击。由此引发的肉类出口问题是必须从根本上进行研讨的，我国肉鸡业是已经运用“全进全出”制的先进畜牧业，在出口问题上做出榜样的可行性也最大，应成为示范的行业。

（一）1990—2001年世界各国发展家禽简况 世界禽肉总产量由3 854万吨，增加到6 597万吨，增长71.2%，年均增长6.5%左右。在此期间，中国的家禽养殖业处于快速发展并以市场为导向改善结构、提高质量的阶段，1990年产禽肉322万吨（占世界禽肉总产量的8.35%），2001年增加到1 228万吨，增产2.8倍，年均增长25.5%（占世界禽肉总产量的18.6%，上升了10.25个百分点）。在同期发展较快的有巴西1.74倍，墨西哥1.09倍，泰国93.3%，韩国74.1%，澳大利亚68.3%，美国55.4%。而俄罗斯和日本呈下降趋势。

（二）人均禽肉占有量 2001年世界人均占有禽肉数量为11千克，虽然总产量较2000年增长1.9%，但被人口的增长所抵消。人均占有量仍是我国的香港居首位，为56

千克左右，美国 49.2 千克，科威特 40 多千克，加拿大、沙特阿拉伯和中国台湾均在 34 千克左右，巴西、马来西亚、澳大利亚都在 32 千克左右，日本和俄罗斯在 11 千克左右。禽肉消费少的国家或地区，不等于肉类消费少，有的侧重于牛羊肉，有的侧重于猪肉或其他肉类（表 7-7）。

表 7-7 2001 年世界主要国家和地区禽肉生产、贸易、消费概况

国家及地区	生产量（万吨）	进口量（万吨）	出口量（万吨）	人均年消费量（千克）
全球合计	6 883.5			11.0
美国	1 686.6		310.4	49.2
中国	1 228.6	199.1	131.0	10.0
中国香港	1.0	199.1	130.9	46.4
中国台湾	73.0	3.0	0.2	34.0
巴西	693.6		131.8	32.6
法国	229.1	2.0	44.0	26.7
墨西哥	203.3	43.0	1.0	24.1
英国	159.3	5.0	10.0	29.0
日本	118.0	74.2	0.4	15.3
南非	84.0	8.1	1.0	20.3
泰国	115.7		32.2	13.3
意大利	123.0	2.0	2.0	20.0
加拿大	109.2	10.0	8.0	33.0
西班牙	100.0	2.0	0.8	27.0
阿根廷	98.0	3.0	0.6	26.8
德国	75.0	14.0	5.0	15.0
荷兰	75.0	3.0	24.0	22.0
印度尼西亚	92.0	1.0		4.2
韩国	47.0	6.0		9.0
科威特	3.0	6.4		54.5
沙特阿拉伯	44.0	39.1		37.0
俄罗斯	82.0	100.0	2.0	14.4
澳大利亚	70.0		2.0	32.0

注：本表数字引自 FAO，少数为引用 2000 年数字，仅供参考。

（三）我国的禽类生产和消费具有巨大的发展空间 一是在我国唯独禽肉是全民皆食，禽肉属于我国消费人群最广的肉食。目前我国人均占有禽肉约 10 千克（其中鸡肉约 7.8 千克），低于世界平均 11 千克的水平。据世界普遍规律，肉类消费达到一定水平后，发展的重点是白肉（禽肉和鱼类并称为白肉，胆固醇含量低，有益于健康）。加上生产禽肉饲料报酬高，既省粮又降低生产成本，省粮符合我国国情；随着国家经济的发展，人民生活节奏加快以及青少年一代欣赏快餐，必将推动洋肉鸡和土种肉鸡的发展；目前我国鸡价相对偏高，500 克带骨的鸡肉相当于 500 克不带骨的猪肉（各省名贵鸡种的肉鸡，价格还要高许多）。在美国 1 千克瘦猪肉卖 6.17 美元，而 1 千克白条鸡只需 0.22～2.2 美元。禽肉价格下降，必然会扩大内需，并且具有强大的出口潜力。

（四）2001 年全球禽肉进出口概况 2001 年全球禽肉的进口总量在 600 万吨左右，出口总量在700万吨左右，比上年度均稍有上升。

1. 净出口国家和地区 美国净出口310万吨，主销俄罗斯、中国香港、日本、墨西哥和加拿大等国家和地区；巴西出口131万吨，主销中东、北非、中国香港、中国、欧盟等国家和地区；欧盟进口242.5万吨，出口285.3万吨，主要在欧盟内部交易。净出口42.8万吨，主要销往俄罗斯、中东、北非等国家；泰国出口32万吨，主销日本和欧盟市场；墨西哥出口34万吨。

2. 净进口国家和地区 俄罗斯和独联体国家进口171万吨，主要从美国、欧盟、巴西进口；日本进口74万吨，主要来自中国、泰国、美国、巴西；中国香港净进口70万吨左右，由中国内地、美国和巴西供货；中东、北非进口73万吨，其中沙特阿拉伯进40万吨，阿联酋进14万吨；中国进口199万吨，由美国、巴西等国供应。中国出口131万吨，供中国香港、日本和中东、欧盟等国家和地区。

我国禽肉出口变化，妨碍出国的主要原因是质量不稳定，如发生抗生素、重金属超标等事端。但是毕竟有不少大型肉鸡企业被国际公认为合格有信誉的单位，已有了市场地位，即使还会有技术贸易壁垒等问题，这些领头企业必然会壮大实力，扩展业务和带出一批新的单位。在全国10余家肉鸡加工企业中，有的已有20年的历史，每日每班加工能力在3 000吨以上。鸡腿肉、鸡胸肉的售价高，大量出口不但能抵消进口低价的鸡爪、鸡翅肉的金额，而且可以获得净外汇收入。与泰国相比（表7-7），其总产量只有我国禽肉的1/10，但出口量几乎为我国的1/4。再如巴西，禽肉生产总量为我国的一半多，但出口是与我国出口量相平。确定出口贸易思路，在我国各类肉品出口中禽肉无疑是潜力强大的。

三、我国的牛肉生产与进出口

在牛肉生产上中国尚处于弱势，尽管总产量上中国的牛肉产量居世界的第二位。但是每个胴体和每头存栏牛出肉量上，我国是落后之国（表7-8）。

表7-8 2000年几个养牛发达国家牛肉生产指标对比

单位：千克

国别	胴体重/名次		每头存栏牛出肉量/名次	
日本	406.1	1	116.3	3
以色列	349.6	2	114.4	4
美国	326.6	3	125.6	2
加拿大	319.8	4	99.6	5
英国	295.1	5	63.0	8
法国	275.6	6	78.7	6
意大利	257.6	7	161.51	1
澳大利亚	238.4	8	77.8	7
中国	140.2	—	48.0	—
世界	202	—	42.5	—

由于发展中国家的养牛业大多数都处于粗放阶段，还有不少专家提倡小农户畜牧经济，因此不利于在这些国家形成规模化、批量化和规格化的产业格局。而我国在近10多年大力推动畜牧企业和区域化治理，养殖规模达到商品化的要求，操作规范的企业已成为

稳定的出口单位，养牛业正在向市场经济接轨，目前每头存栏牛出肉量已超过世界平均水平，但胴体重还只有世界平均水平的70%。这一方面反映牛的繁殖系数在提高，又反映中国本地牛中有一大半是小个子牛，改良进度依然滞后，虽然在偏远山区仍宜保留一部分中小体型牛种，但肉牛业上改良工作必须普遍展开，向胴体重250千克的水平提高，为出口牛肉打好品种基础。

近年我国牛肉进出口的动向可以从入世后的情况看出一二。2001年优惠税率为39%。2002年进口牛肉，降为25.2%，于是美国、巴西、加拿大等牛肉加工企业纷纷在中国申请注册，要求检验其产品，并给予批准。

目前口蹄疫等流行状况下，中国牛肉进口保持持续增长趋势。

据分析，由于目前国内优质牛肉生产相对落后，同时牛肉副产品消费稳中有增。当进口关税净减13%以后，进口牛肉以及副产品将继续增加，主要原因如下：①牛副产品价格便宜。2001年10月进口美国牛副产品价格0.35美元/千克，比国内价格便宜1.5倍以上，同时沿海地区走私牛肉副产品屡禁不止。②中国优质烹调牛肉产品产量少。目前中国牛肉标准低于美国分级标准。虽然2003年年初公布了肉牛标准，但由于符合标准的活牛数量不足，产肉数量有限，符合中高档饭店消费标准的牛肉少。③目前全国农户养牛平均每头净收益只有7.3美元。2001年受饲料价上涨影响，除东北和华北地区肉牛养殖农户微有收益外，大部分地区养牛卖肉基本处于亏损，农户补栏不积极。④目前建立的牛肉屠宰加工企业，2001年普遍效益低于2000年，大部分因开工不足以及成本增加而经营困难，无法带动肉牛专业户规模化生产。⑤中国发展较快的高收入城市中，牛肉消费持续稳定增长，城市牛肉消费年递增5%左右。对优质牛肉的追求渐渐成为时尚。

我国进口牛肉多为优质牛肉，其趋势有增无减，国内大企业也在谋略之中，竞相获得一个份额。为此，牛肉，尤其是优质牛肉生产已成为人们关心的大事。

目前我国出口一头体重达到500千克的活牛，比内销有更大的赢利，但国际上份额有限。2000年牛肉和牛杂出口总共才4万吨，分别是澳大利亚出口量的3.3%，美国的3.4%，欧盟的6.2%，新西兰的8.7%。美国的牛肉商宣称，中国今后可能成为美国牛肉的主要市场之一，5年内中国每年将有购买5亿美元美国牛肉的市场潜力。

日本是美国的牛肉市场之一，然而我们在大量进口牛肉的同时，也在我国寻找牛肉销售的商机，这是非常值得深思的。问题是我国应当成为向日本卖牛肉的输出国还是从日本买牛肉的进口国。要出口必须在肥育水平、牛杂交配套系组装、动物福利和环境卫生等方面有大的提高，动物检疫和无特定疫病区的建立也是必须达标的。2003年全国出口牛肉产值才2 507万美元，而进口达到4 073万美元。

日本牛肉市场在基本上克服了疯牛病这一严重的影响生产和消费的大问题之后，2002年日本东京都中央批发市场肉食市场进行了首次拍卖会，牛肉批发商们为了弥补已经不大充足的库存而进货，其中日本和牛的买卖情况比较理想，基本上顺利地恢复到2001年9月疯牛病发生之前的数量。在日本，以高级牛肉为主的品种较为受消费者欢迎。可用于烧烤、涮肉的日本品种的销路再次成为比较热门的产品。在日本发现的疯牛病有3头，都是奶牛不能再挤奶的淘汰牛，所以消费者依然对黑白花奶牛淘汰所生产的牛肉有逆反心态。日本在进口美国牛肉时，依然要求用日本和牛血统的杂交牛作为供货牛源，在此之外，对进口牛肉的安全性依然抱有戒心。日本是1991年月实行牛肉进口自由化的，刚开始实行进口自由化时，日本有关管理部门和农畜产业振业事业团体指定了36家有实力的公司经营牛肉进口业务。可是在看到牛肉进口开放市场是一个很好的买卖机会以后，很快就有100多家参与牛肉进口业务，争相从国外进口品质较好的各种规格的牛肉。进口牛肉价格开始降低了。

此间，中国作为近邻，应该在优质牛肉上为出口日本做好准备，如大连雪龙黑牛的雪花肉生产就是可供参考的，长远地供应值得借鉴。振兴中国的肉牛业对西部大开发和欠发达的发达地区也都是长久之计，不能等闲视之。

四、我国的羊肉生产与进出口

2000年中国绵羊和山羊的存栏数分别为1.31亿只和1.48亿只，各自占世界绵、山羊存栏数10.64亿只和7.15亿只的12.3%和20.7%。中国绵、山羊胴体重各为15千克和12.1千克，与世界平均水平15.6千克和12.1千克基本相似，但只相当于日本绵、山羊胴体重30.9千克和25.2千克的一半。2000年，全国生产的绵、山羊肉分别达到145万吨和120.4万吨，各自占世界绵、山羊产肉量759.6万吨和371.3万吨的19.1%和32.4%，占世界首位。

2001年全国羊存栏量达2.98亿只，比2000年增长2.7%。农区存、出栏率较高。河南2001年出栏2 856万只，居全国首位，但体重较小。按羊肉产量多少来看，排在前二位的是新疆和内蒙古。

2001年中国羊肉产量292.6万吨，大约占世界总产量的25%，产量居世界首位。由于受到连续两年雪灾袭击，牧区内蒙古、新疆出栏商品羊数量是下降趋势。但目前牧区如新疆、内蒙古羊的存栏量仍居全国之首，存栏量占全国总存栏量的23%左右。

在肉类国际贸易中，羊肉增幅最高，国内市场羊肉价格也在不断攀升，目前全国36个大城市零售价格，每千克平均价格达到18～22元，广州、上海两市每千克价格高达30～45元。现在中国已经成为羊肉净进口国。1998—2002年，我国羊肉产量均增加20万吨。

1991—2002年城市羊肉消费增长幅度高于农村。城市消费由年人均1.4千克增加1.89千克，增长20%左右（农村增长4.7%）。从国家计委价格中心羊肉价格显示，2002年12月全国城市羊肉平均价格16.82元/千克，比2001年同期上涨5.25%。

今后羊肉消费仍呈旺盛势头。主要是由于羊肉消费在城市烹调大众化，如北方涮羊肉等，以及羊肉的营养有利健康。城市、农村对羊肉消费普遍增加。几年以前，羊肉消费特点是以回族为主体。随吃法的不断创新，使羊肉变成了北方大中城市大众消费品种，对羊肉需求将继续增加。

近些年羊肉进出口贸易都呈现增长趋势。

羊肉进口主要源于澳大利亚和新西兰。2002年1—11月进口羊肉3.27万吨，同2001年相比增长8.1%。(包括带骨和不带骨羊肉)，辽宁省进口量最多，约占总进口量的70%以上。2002年1—11月羊肉出口3 922吨，同比增长6%。每年出口羊肉主要到中国香港等地。我国是羊肉生产大国，但不是生产强国。

出口量四川、内蒙古最多，占总出口量的 50%左右，其次是河南、山东等。这为我国发展草食家畜带来良好的商机。要提高羊肉质量，成为羊肉生产强国。

五、我国的马肉生产与进出口

中国历来是养马最多的国家，更特殊的是，中国还拥有数量巨大的驴和骡。在历史上存栏量最多的马、驴、骡数分别达1 200万、1 200万和 600 万匹；那是在 20 世纪 50—60 年代。从 80 年代开始马驴数迅速下降，1991 年马、驴、骡匹数自别降到1 009万、1 116万和 561 万匹，因转入肉用，当年生产马肉 5.7 万吨，驴肉 6.3 万吨和骡肉 2.1 万吨，合计 14.1 万吨。1996 年马、驴、骡头数分别降到 872 万、944 万和 478 万匹，产肉合计 36.6 万吨。2000 年统计产马肉 16.56 万吨，驴肉 16.9 万吨。

在国际贸易上马肉的进出口量不大，但占有的比例很高，1998 年进口量占 20.8%，出口量占 21.5%。

马肉的生产和出口最多的国家都是发达国家，1998 年生产马肉 30.8 万吨，占全球产量的 49.7%。出口 8.28 万吨，占全球出口量的 62.9%。虽然发达国家的马匹数量不多，但马肉的产量世界第一。欧洲 1998 年生产马肉 30.5 万吨，占全球产量的 50.22%，是本国产量的 54.16%；第二是加拿大，1.459 万吨，占出口的 11.09%，是本国产量的 81.06%；第三是巴西 1.276 万吨，占出口的 9.70%，是本国产量的 89.23%；第四是美国 1.240 万吨，占出口的 9.43%，是本国产量的 23.6%。以后是澳大利亚、波兰、法国、荷兰、墨西哥等，出口 0.716 万～0.334 万吨，占出口的 5.4%～2.5%。大部分国家屠宰马肉是为了出口，国内不吃不用。我国出口有限，只有 450 吨，占世界出口的 0.3%。我国的马肉却只在低档产品市场上出现，很不合理。

世界主要养马国家马肉进出口量见表 7-9。

表 7-9　1998 年典型国家马肉进出口

单位：万吨

国　家	进　口	出　口
法　国	2.768	0.419
意大利	1.857	0.029
荷　兰	1.447	
日　本	1.293	
墨西哥	0.217	0.334
俄罗斯	0.160	
加拿大	0.012	1.459
丹　麦	0.008	0.039
美　国	0.007	1.240
中　国	0.005	0.045
巴　西	0.114	1.76
阿根廷		2.708
波　兰		0.696
澳大利亚		0.636

马肉进口最多的也是发达国家，1998 年马肉进口 12.51 万吨，占全球进口量的 97.9%。国家排序是法国、意大利、荷兰、日本，进口最多的法国，1998 年是 2.768 万吨；意大利 1.857 万吨；日本进口 1.293 万吨。其他国家如俄罗斯、加拿大、丹麦、美国、南非也进口马肉。马肉出口价格差别比较大，可能与马肉质量与用途有关。欧洲发达国家马肉价格很高。1998 年马肉每吨平均是3 155美元，比出口牛肉要贵 12%，比我国出口牛肉或猪肉价格要贵 1 倍。发展中国家的马肉出口平均价只有2 091美元，比发达国家少 33.7%，大约是发达国家的 2/3，也比他们出口牛肉要贵 28%。欧美的马肉出口价都在3 200美元左右。最贵的是法国，每吨平均价达 4370 美元。南美国家，如巴西、阿根廷的马肉出口价为1 615～2 245美元，与我国竞争马肉市场的国家主要是阿根廷、巴西、蒙古、澳大利亚等国。欧美的马肉可能都是淘汰大型马，体重比较大，需要育肥以后的马肉。这种马肉成本很高。因为马是育肥效率最低的畜种。我国出口只对着日本，日本 1998 年才进口马肉 1.29 万吨，占全球进口量的 10.1%。

日本进口马肉平均每吨支付2 624美元，只有欧洲平均价的 81.6%，是法国进口平均价的 64.5%。我国一向依靠日本市场。马肉在日本国内是高档食品，价格很贵。

2002 年中国拥有马 892 万匹，驴 935 万匹；分别占全世界养马5 993万匹和驴4 356万匹的 14.8%和 21.5%。数量都不多的情况下，但我国目前每年还进口 50 吨马肉用于高档消费，这种情况是应当转变的，因为中国养马属动物所占比例还是比较高的，要进行马肉生产，必须改变现在的粗放生产方式，国际贸易上才可以有一席地盘。

第三节　我国兔业产品的开发

兔业产品在我国动物农业生产中所占的比例很小，在市场上有兔肉供应的只在少数地区有所听闻。然而，兔业是节粮的产业之一，其经济转换方式别具特色，人们对它的商品属性要从系统工程的新思维去加以认识，结合兔产品的特点去开辟国内外贸易市场，建立物流、能量流和蛋白流的良性循环体系。

1. 毛兔生产　兔毛至今是受欢迎的纺织纤维原料，其制品的销路与流行潮密切相关。我国兔毛的出口量约占国际贸易量的 80%，在高峰年度达 92%，如 1988 年曾出口9 733吨。中国兔毛生产出口一直在国际贸易上占优势，但必须改变原毛出口的单一化局面，今后要提供半成品和成品出口，如兔羊毛衫、人造纤维兔毛混纺制品，才能巩固出口优势，促进毛兔业的发展。

2. 肉兔生产　兔肉一直是我国的出口商品，每年在 2 万～4 万吨，以去日本的最多。近年来销售到欧洲共同体国家的数量呈上升趋势，但遇到东欧各国的竞争。冻兔肉的出口竞争者主要是澳大利亚和匈牙利。目前国内兔肉生产呈上升景象，扩大内需是必须关心的。提倡兔肉的保健作用十分必要，是兔肉生产的优势所在。

3. 皮兔生产　兔皮要用专门的品种来生产，以提供高档的裘皮制品。专用的皮兔品种有中国的塞北兔和外来的獭（力克斯）兔，都属于大型品种，且适宜于干旱地区，兔子以食草为主。常用的饲草，可用栽培型牧草或野草，甚至用沙柳、沙棘、柠条、黄芪等灌木的枝叶，可见家兔比常规的草食家畜更胜一筹。结合治沙，防止荒漠化的皮兔饲养区在内蒙古、张北等地，与贫困地区的开发相结合，已经形成生态与环境保护和特殊畜产品开发区。

总之，养兔业不可小视、宜积极提供。兔肉是高蛋白质、低胆固醇的食品，目前供应尚少。无论是毛兔还是皮兔，最终都归结于兔肉生产，养兔业是可循环、可持续农业的产业，前景良好。

第四节　向有机肉食品发展的需要

如果说在国内的一般市场上无公害食品能满足需求的话，在国际上，则必须是有机食品。我国已经是世贸组织成员之一，在全球经济一体化的浪潮下，进出口商品非进则退，由于发达国家消费者对有机食品的青睐，其消费量不断增加，萌生了有机食品的国际贸易。但是目前全球尚缺乏贸易规则，出台了有机食物标准，要有国际公认，但也有反复。在总体上国际贸易量随着贸易规则的形成，会进一步提升。其中有机食品的产品证明和认可也变得日益重要了。肉和奶酪在欧洲是传统的制品，自 1999 年 11 月起，已有为生产有机制品饲养牛的流程设计，在奥地利已经开始生产有机猪，多个农场按合同定价运作。在丹麦生产有机肉品的占 4%，仅次于奶牛场的 20%，青睐有机猪、有机鸡使一些农场的生产车间向更好的环境改进。

在法国肉类和家禽制品批发价达4 200万美元，国内市场的是求大于供，出口需要量中的 17%为有机食品，因此有机畜牧业成为时尚。在南美各国，如阿根廷有机牛占畜牧生产的绝大部分，1998 年生产的有机牛肉 268 吨，80%为出口，主要输往欧盟，奶类比 1997 年增长 40%，禽类增长 60%，在巴西牛是强项，为传统产品，而舍饲的鸡转向有机生产。

全球有机肉品消费动向。于 1997 年美国有机食品总零售额约为 45 亿美元，欧盟略少，到 2006 年美国和欧盟将分别达到 470 亿美元和 580 亿美元，肉制品占 5%。1999 年丹麦有机食品和饮料的年销售额为 3 亿～3.8 亿美元，占食品总零售市场总量的 3%；畜产品中奶类领先，肉类其次。奥地利的消费者购买有机食品的占 54%，次序是水果、蔬菜、奶类和肉类。80%是超市采买，这几类大多是直接从农场购进。奥地利国内零售占总产量的 2/3，出口占 1/3，出口对象是德国、英国、瑞典，出口品多为肉类、奶酪。瑞典的有机食品在国内市场占 1%～1.5%，但需求量每年提升 25%～30%，儿童食品占相当份额，有 27%的城市开始向学校和医院配送有机食品，麦当劳餐馆也转向有机肉类，国内供应量远远不能满足市场需求。德国是欧盟有机食品的最大消费国，2005 年的零售额达 25 亿美元。此动向很值得关注。

第八章

发达地区畜牧业的升华

畜牧业在农业中产值比例的提高，是国民经济发达的标志，这个规律已经表现在我国东部发达地区，现以北京市等行政区域发展的一些情况为例，试以说明。

社会主义市场经济制度的建立，彻底地改变了各行政区域间农产品产供销的关系，如东部地区一些省市粮食供应实行自由贸易，不再强调自给自足，活化了和促进了各省区的物资流通和市场繁荣。

北京市的粮食在放开供应的前提下，全市的农业结构调整有了可能，从 1998 年开始北京市原来的粮食高产区的通州和顺义几十万亩高产粮田改种苜蓿等牧草，农业开始由种植业向畜牧业调整，畜牧业本身的结构出现深刻变化。

第一节 大城市畜牧业

一、牧业产值继续增加

2000 年北京市畜牧产值达到 90 亿元，比 1999 年增长 10%。占农林牧渔业总产值的比重由 1999 年的 44%上升到 46%。畜产品的增产表现为各业的普遍提高。总体上生猪和禽蛋增速减缓，其他各业猛增（表 8-1）。

表 8-1 2000 年北京畜牧各业出栏量的增长对比

项 目	生 猪	禽 蛋	肉 鸡	肉 鸭	肉 牛	肉 羊	鲜 奶
出栏量	410 万头	16 万吨	9 200 万只	2 000 万只	15 万头	100 万只	26 万吨
增长（%）	2.27	3.23	11.93	6.04	11.11	13.38	6.12

经济效益除禽蛋略有亏损外，其他各业收入保持平稳增加，2002 年全市牧业产值上升到 125 亿元，占农林牧渔业总产值的 50%。

二、畜牧业内部结构变化

肉蛋奶的结构发生改变，这三者的比例由 1999 年的 53∶19∶28，变为 53∶18∶29，奶类比例上升，蛋类下降，而肉类中猪肉下降 1 个百分点，牛羊肉上升 1 个百分点。

据报道，2000 年大中城市居民人均猪肉消费占肉类总量的 66%左右，BOABC 认为，目前中国生猪养殖业已逐渐由大中城市郊区向粮食产区转移。同样原因，北京养殖业向远郊区转移，因此，近郊区牧业产量比例下降，北京近郊区基本上退出了大规模的养殖生产，其商品猪、鲜蛋和鲜奶产量占全市消费量的比例下降到9%、5.2%和5.5%，在全市牧业总产值提高的同时，近郊区畜牧产值由占农业总产值的10%以上，大幅度地降为3%。养殖业向远郊区县转移。

三、种畜禽业迅速发展

种畜禽业迅速发展，显示出北京畜牧业的科技优势。主要畜禽良种覆盖率达95%以上，尤其是猪、肉鸡、北京鸭、奶牛已面向全国供种。

1. 猪的良种繁育体系 有原种猪场8个，含杜洛克、大白猪、长白猪、皮特兰、北京黑等。全市原种猪场的种群达4 100头，其中父系1 200头，母系2 900头。原种核心群(GGP) 1 600头，父系700头，母系900头。有祖代猪场41个，含用于生产长大、大长、迪卡父母代种猪的祖代种猪26 484头，生产终端父本公猪的祖代猪1 626头，提供的13.5万头种猪中，供外地的达44%。种猪相对地集中在京郊东北平原和浅山区，占全市的89%。还建成种猪测定站。

2. 蛋鸡的良种繁育体系 北京有全国最早建立的原种蛋鸡场（北京华都集团）1个，有纯系鸡群4万套，血统694个，配套提供京白、京红、宝万斯配套系列祖代种鸡10万套，父母代鸡100万套，市场覆盖华北、东北。有祖代种鸡场12个，饲养祖代种鸡25万套，年生产父母代种雏1 660万套，种蛋5 000万枚。

父母代种鸡场30个，饲养种鸡105.6万套，年产商品代鉴别雏能力6 800万只，种蛋20 000万枚，主要市场在长江以北地区，本市需求占28.6%。

商品蛋鸡。全市蛋鸡存栏1 312万只，产蛋鸡1 191万只，饲养祖代种鸡1万套，父母代种鸡30万套。

种鸡品种。北京市种鸡品种很多，当前生产上使用最多的有京白、京红、宝万斯、海赛、海兰、依莎、迪卡等配套系。

3. 奶牛 以荷斯坦奶牛著称，含国家级奶牛良种场1个，饲养良种奶牛1 000头，品种来自国外优良奶牛胚胎或精液配种繁殖，年均产奶量8 000千克/头以上。农业部批准认定以生产销售奶牛精液为主的种公牛站1个，饲养种公牛83头，年产冷冻精液细管和颗粒138.5万剂，年销售85.5万剂，种牛为国外著名种公牛子孙和经过测定最优秀的种公牛，本市自繁奶牛全部进行了良种登记，谱系资料齐全。

全市奶牛存栏5万头，其中成年乳牛3.5万头。

4. 北京鸭 北京鸭是我国和世界优良鸭种，开展育种选育的场有国家级北京南口北京鸭育种中心，基础母鸭12 000只，3个家系，109个血统；北京养鸭育种中心，基础母鸭3万只，6个家系。

四、畜牧业投资格局改变

发展畜牧业的巨大潜力在于农民，如何引导农民来投资，要有一定的谋略，“养殖小区”的建设是新兴农村建设的模式，北京市进行“养殖小区工程”是在投资上将农民游离资本吸引到农村改造的良方，这是北京市发展畜牧业的新举措。这就打破了北京畜牧业传统生产格局，变原来以国有规模畜禽场为主体成为以农民做主体。2000年由于养殖小区的发展改变了过去规模畜禽场一统生产的局面，农民成为郊区畜牧业生产投资和经营的主体，对畜牧业结构调整和多元化发展起到积极作用。小区总数达到1 061个，入区农户3.79万户，占全市养殖户总数的25.3%，建设总投资12.77亿元，其中农户投资10.38亿元，占81.3%。小区建设突出了以草食家畜为重点结构方向，其中奶牛小区135个，肉牛93个，肉羊169个，肉兔41个，草食家畜小区总计438个，占总数的41.3%。山区建成养殖小区736个，建设速度明显超过平原地区，尤其是因地制宜发展特种养殖，使特养小区数量占全市的70%，饲养品种超过40个，富裕了农户，丰富了市场。

这场变革是十分深刻的，其成就来源于政府宏观政策的正确；政府业务部门严格和相宜的要求和规范；服务部门的恰当介入，具体的表现为：政府出政策，农民出资金，使农民成为养殖生产的投资主体、生产主体和经营主体。为建设养殖小区，北京市各区县乡都出台了优惠政策，由集体拿出配套资金，通水通电通路建设基础设施，有的免地租，有的奖砖瓦，有的管贷款，有的免提留，因地制宜实施。

同时，北京市政府对养殖小区的建设也提出严格的标准，要统一规划，合理布局，畜禽舍建筑要符合养殖工艺，入小区的农户要达到一定的养殖规模，每个小区要建立相应的农民合作经济组织，提供技术服务和帮助销售，小区必须配备防疫设施和防疫人员，建立兽医卫生防疫制度。经市政府检查验收达到市级标准一级的养殖小区，给予挂牌并奖励30万元，二级由县区奖励。小区内整齐规划，防疫饲料有人管，安全保卫不操心，收购销售有保证，因此农民投资小区搞养殖的积极性空前高涨。顺义县张镇肉鸡小区资产1 520万元，农民投资1 320万元，占投资总额86%；通州区台湖乡养殖小区投资130万元，农民投资100万，宋庄镇总投资4 000多万元建小区，农民投资3 500多万元。北京市实施“养殖小区工程”使北京的畜牧生产在畜产品价格低的形势下养殖产品总量保持稳定增长，郊区牧业产值达86.2亿元，占农林牧渔业总产值的46%，向发达国家牧业产值占65%的水平靠近。

在这一举措之下，全市一年新增养殖专业户7.9万户，总体上达到17.9万户，占全市务农户比例的26.3%，由于牧业经济效益高，养殖户的比例还会继续攀升。

五、牧业政策和格局变化

除上述特点外，其他变化主要体现在以下几方面。

1. 一大批龙头企业的崛起　如卓宸、绿健、金鑫、兴绿原、盛世富民等民营加工销售企业采用新机制，市场竞争力强，具有创汇能力，农工商公司、华都集团、大发畜产公司等大型国有企业和前鲁鸭场等集体企业继续完善机制，由带户逐步转向带动养殖小区共同发展，产品数量和质量有新的提高。他们架起了农户与国内外市场连接的桥梁，具有引导潮流的作用。

2. 出口创汇增加，经营趋于外向　北京市直接出口创汇的畜牧企业有4家，分别是北京大发正大有限公司、北京华都肉鸡公司、北京前鲁鸭场、北京峰业公司，产品出口到欧亚十余个国家。通过开拓市场，严格食品卫生标准，提升产品质量，2000 年创汇额达到8 831万美元，同比增长 99%。创汇也应该是我国牧业发展的方向。

3. 食品安全起步，生产与国际接轨　自 2000 年 5 月起在全市范围内开始建设北京市食用农产品安全生产体系，通过实施《北京市食用农产品安全生产暂行标准》，对养殖业的生产环境质量、养殖生产限制使用药物、饲料卫生标准实行严格管理。县区根据标准提出了实施办法，出现了资源集团的安全猪肉等一批安全畜产品。这些工作的开展，为提高畜产品质量，向国际标准接轨奠定了基础。当年在对本市的 33 个畜产品生产厂家抽检中，环境合格率达 94%，饲料合格率达 100%，药物残留合格率达 90%。

4. 合作组织增多，组织化程度提高　全市建成畜牧类农民专业合作经济组织 761 个，其中，出资型合作 227 个，契约型合作 237 个，会员型合作 297 个。带动农户 4.6 万户，占从事畜牧业生产农户的 30.7%。较好地解决了农民在畜牧生产和产品销售等方面的五环节问题。

5. 十分有利于生态型村镇的规划和改造　专业村建成以畜牧业为主的专业村 245 个，专业乡（镇）22 个，有效地推进了畜牧业区域化布局、专业化生产的发展。

6. 进京肉菜的准入制　北京市从 2003 年 1 月 1 日起全面启动“食品放心工程”，对进入北京市场的外地农产品实施市场准入制度，要求“场地挂钩”、“场厂挂钩”即北京农贸市场、超级市场与外地的蔬菜基地、屠宰企业挂钩，按协议供贸，为绿色畜牧产品打开通道，深得市民拥护。

在计划经济年代大城市的畜牧业依赖的是规模化国有农场，而从 1992 年底开始，北京市的肉、蛋、奶、禽价格全面放开，饲料、能源价格全面提高，再加上北京市场的全面开放，成本较北京低的外埠肉、禽、蛋大量流向北京，在这种情况下北京市的畜禽产品在市场中的竞争力不断下降。因此，从 1993 年开始紧紧围绕两个转变，解放思想，深化改革，扩大开放，奋力攻坚，调整结构，开拓市场，采取了一系列措施。首先，对国有畜牧企业，按照《公司法》进行改组、改造和改制建立规范的现代企业制度。到 1997 年，这项工作基本完成。其次，集体畜牧企业，根据市场需要和企业状况，分别实行租赁、承包经营、股份合作制、出售等多种形式进行深化改革，重组、转制，搞活资产，发展经济，增加生产，提高效益，提高市场竞争能力。对少数产品供大于求，企业本身管理不了、扭亏无望、又无人承包、租赁的集体畜牧企业，则按照“关、停、并、转、破”的方法进行处理。目的是盘活资产，把经济搞上去。调整畜牧业的产业、产品和品种结构。重点是将国有商品蛋鸡场的产蛋鸡，按照自愿、两利、风险共担的原则，有偿转给饲养成本低、有经验、有技术、有实力的农户饲养；国有鸡场重点做好种鸡、饲料、防疫、技术服务和产品销售或加工等工作，在新的历史条件下，充分发挥龙头带基地、带农户的作用，做到优势互补，共同提高在市场中的竞争能力。到 1998 年底，华都集团公司所属的 6 个商品蛋场 140 万只商品蛋鸡，绝大部分已经转移到农户饲养，从而提高了蛋鸡产业的运行质量和效益。如峪口养鸡总场，原饲养产蛋鸡 50 万只，另有父母代种鸡场、饲料加工厂、榨油厂、烧鸡厂等，其中 50 万只产蛋鸡连续几年亏损。1998 年 6 月，将 50 万只商品蛋鸡全部转到农户饲养，抑制了亏损。到年底共发展养鸡农户 700 户，饲养商品蛋鸡 80 万只，峪口鸡场重点做好雏鸡、饲料、防疫、产品销售和淘汰鸡加工，既为农民开辟了一条致富门路，又实现了扭亏为盈，成为北京蛋鸡产业龙头企业之一。

以家庭养殖收入为主的农户。由原来的6.2%，增加到30%。从而大大增强了北京市畜牧业的活力。目前首都市场的肉、畜、蛋等主要畜禽产品80%～90%是由农户和农民饲养专业户提供的。而向特需市场提供的特种畜禽，几乎100%是由家户和农民养殖专业户提供的。

由农民小规模的养殖区代替大规模的畜牧场，解决了排污过于集中的问题。一个1万头的猪场，一天所排放污物合生物耗氧量（BOD）计算，相当于1个10万人口的城镇；一个20万只蛋鸡场的BOD排放量相当于5万人口的城镇，这样规模的牧场排污都集中在百亩土地上，而一个10万人的城镇一般占地为0.2万～0.27万公顷，在污染强度上一个蛋鸡场的污染是城镇的300～400倍。1995年北京近郊畜禽排污量已经是全市工业和生活排污总量的3倍，因此畜产基地又向远郊转移，进而又向邻省区转移，这是必然的趋势。

上海市的情况也不例外，据1995年统计上海市畜禽排污量已达200万吨，即每年3 000吨磷污染水源。因城市生态建设的要求，原先划定的一些适度饲养区，如金山、奉贤、南汇、崇明等地，逐渐转变成禁养区，市郊畜禽养殖场关转的步伐加快，在转移的同时注意畜禽场的规模化、标准化与无公害化相结合。上海大龙集团在蚌埠投资450万元建立年产生猪4万头的大龙畜禽养殖公司。在此之前，该公司已在江苏、浙江、山东、湖北和内蒙古等省、自治区建立了128个养殖基地，上海市2003年以后3年内将关闭203个畜禽养殖场，郊区畜禽生产量将减少40%。对于留在上海的畜牧企业按照无公害标准进行生产，并帮助农民树立农产品的大品牌意识，规模型龙头企业强化牧场的排污处理，使畜禽粪便实现生态循环利用。

大城市的优势在于有良好的开放政策，宽松的引资政策，强大的技术队伍，先进的科研力量和高额的投资力度。实施了转移后，被转移的省、自治区的优势是较低的劳动报酬，更低的土地和饲料成本，缺乏的是文化和技术素质，投资的力度。因此，城市畜产向农村转移要有成龙配套的软政策和硬件，必须全面研究，才可行动。东部省、直辖市向其他省、自治区畜产供应的转移，其变化是深刻的，非常值得总结。当人们关注西部，开发西部的时候，借鉴大城市的畜牧业与邻省畜牧业互相依赖、衬托的关系，研究其不断发展各自强项、谋略、成就和经验，可以加速西部畜牧业的调整，建立可持续的、全面的、健康的发展方略。

六、都市型畜牧业的前景

都市型畜牧业在未来的年代会不会被发展中的牧区牧业所代替呢？还有没有发展的潜力，这取决于都市的特点，北京与华盛顿不同，上海也与纽约不同，美国的大都市以商贸方式解决食品供应问题，作为第一产业的农业，牧业在美国都市不需要考虑，而中国的大城市包括北京、上海、广州、重庆、天津等，都有农业，有农田，因此畜牧业必然占有一席之地，问题是发展哪个行业的前景最好，经济效益最高。在这个问题上各城市面临的问题是有区别的。

2000年北京市以人均产肉50千克，产鲜蛋26千克，鲜奶27千克计算，其自给量，与全国人均产肉48.9千克、鲜蛋17.9千克、鲜奶8.1千克相比，尚分别高于全国水平，奶和蛋水平更高，但人均的实际消费量已达到发达国家水平，肉、蛋、奶依然要外购，从发展上看，北京市有2/3的土地是山地，除绿化和保护城市生态外，有一部分可以种草养畜，这有利牧业结构调整。

上海市的人口很密集，其土地面积是国土面积的0.06%，而人口占全国的1%，单位面积人口是全国平均的16倍。比北京市要稠密，按农村住户平均每人出售畜产品的数量分析（表8-2），上海市的畜产品自给能力按农民人均供应量而言，必不如北京。而天津市的农村面积更大，农民人口占41.69%，比北京、上海要高出很多，牧业结构依然是肉猪和蛋鸡为主，其调整余地就更大。以重庆市而言，农村人口占全市的78.62%，那么发展畜牧业的潜力又2倍于北京，3倍于上海。加上那里的贫困农区的脱贫任务重大，草地牧业应该是有巨大的生产潜力可以发挥的。

表8-2　2000年四大城市肉蛋奶的农户人均出售量

单位：千克

市别	猪肉	牛肉	羊肉	禽肉	牛奶	禽蛋	农民人口比例（%）
北京	14.93	0.47	2.21	17.38		4.64	31.49
上海	12.93		0.67	2.40		4.51	25.38
天津	61.66	1.18	0.14	5.08		25.91	41.69
重庆	41.78	0.98	0.18	4.80	0.01	2.10	78.62

重庆市农业人口为2 430万人，而北京、上海、天津的农业人口都在340万～380万人，相比要多5、6倍左右，那里的农村即使没有东部大城市农民生产畜产品的能力，按人均生产40千克肉和20千克奶的能力来估计，那么重庆农业人口可以提供97万吨肉和约50万吨鲜奶。人均收入按这两项产品估算，在550元上下，合计可达133.6亿元。

2000年全国农业人口是9.15亿人，占总人口的73.9%。北京、上海两市农业人口占其总人口的28.2%。如北京牧业收入90亿元，上海牧业收入77亿元，两市农业人口合计686万多，共获畜牧业产值167亿元，同期全国的牧业产值才约为2 230亿元。全国农业人口人均收入为243.9元，而两市农业人口人均收入为2 433.8元，大城市牧业效益高，这里应该包括大企业和原有国有农场的贡献，没有这些龙头企业的作用，依靠农民用传统畜牧业是不可能奏效的。但这些收入中不包括畜产品初加工和深加工的产值，即不包括食品行业和农民进入第二和第三产业的收入，只是最初级产品的产值。据称，后继行业的产值是5倍到10倍于此。大城市农产品工业化的过程必然具有很大潜在优势。

第二节　大城市畜牧中各业的市场

一、奶业市场

大城市的牛奶供应一直是居民十分关心的话题，进入21世纪的前十几年内，城市居民首先接近小康生活水平，加上国家提出“学生奶工程”，城市牛奶的消费已出现旺势，城郊奶业首先受到重视，人们已普遍认识到，奶业是朝阳产业。城市原来的奶业发生了根本的变化。这表现在以下几方面的调整上。

从20世纪60年代开始城市作为一个大的行政区域，生产的自给自足是最重要的政治方向，北京要面临肉、蛋、奶的自给问题，所以大型畜禽场都建在距市区尽量不是很远的地方。建场是由政府投资的，如千头奶牛场等，直到80年代初期，依然是这种思路指导下发展的，但当时已经开始与城市发展相矛盾。

无环境保护意识的建场表现在：场内布局，不考虑对周边环境的评估，对畜禽污染排放没有标准，畜粪尿处理不在建场考虑之内；不经济的饲料供应线。猪和鸡要大量的精料事情还比较好办，奶牛要大量的羊草，大多数需自千里以远，譬如呼伦贝尔盟，运进京城，这是违背畜产品生产原则的，仅羊草一项从东北运抵北京，不但在运输时间上与运粮南下争火车车皮而出矛盾，而且运费昂贵，因此北京市在当时生产牛奶每年要组织人力去东北收购羊草，但是为了本市牛奶供应的自给自足，每头奶牛要补助1 000元，否则奶牛场要赔钱，这显然与现代化大都会的操作相逆，为市场经济规律所摒弃。从90年代开始北京市陆续改变这个模式。与取消蔬菜的补助，从外省市进蔬菜不仅花色繁多，可以四时供鲜的效果一样，奶业出现市场化操作，超市的牛奶品牌来自各方，进入北京奶业市场的是伊利、蒙牛、光明、古城、妙士、夏进、完达山等等，不一而足。三元乳业凭借原来是北京企业的地理优势，着力于调整产区，向远郊迁移。重新组织核心奶牛群，提高种群产奶量；同时启动农民养奶牛，于是国有牛场养牛数减少了，农民养牛头数倍增，结果是在总头数上有较大的增加，远郊区行政机构又吸收外省区企业在京郊投资，建奶牛场，更促进了北京奶业的多元竞争局面，这形势于居民有利，于奶农有利，于城市的发展有利。

如上海市在牛奶生产上计划在5年时间内牛奶加工量达到48万吨，人均牛奶消费水平从现今的25千克，提高到50千克。目前是上海市牛奶公司遥遥领先。今后上海郊区农民也会介入牛奶生产，唯时间而已。因公司与农民的协作关系而异，如农户和公司养牛平均单产牛奶分别达7 464千克和超过8 000千克。

另外，国内其产奶区的牛奶也纷纷介入超市，以质量取胜和低成本取胜的竞争形势十分明显。这两个因素，将决定大城市郊区奶业的前景。

二、肉蛋市场

大城市发展引起的地价上涨是畜牧业逐步转移到远郊区和邻省围城县市的原因；市区以及全市人口增加，对畜产品需求量的迅速提高，使得本市的生产出现供不应求和成本较高的现状。鲜奶这种运输耗费很大的产品，本市生产至少有一个运输距离的优势，同是出现围城县市抢占市场的趋势，不像其他畜产品那样具有本地产不如外购便宜的现实。

2001年上海市的鲜蛋供应绝大部分来自邻近各省，其中江苏省提供的占上海全市零售总额的60%。其余部分还依靠规模化鸡场，远郊农民提供的鲜蛋只占本市上市量的20%，本市鸡蛋产量每年以6%的速度下降。但蛋价低于每千克5元，合每只鸡蛋零售价仅 0.32 元，是市民公认的价廉物美的营养品。郊区生产鸡蛋有一定的优势。

禽肉的生产方面，上海市没有北京市的远郊土地面积大，生态环境好，每户农民提供的禽肉是 2.4 千克，北京市为 17.38 千克。这是一种因地制宜的发展结果。然而原有的规模化肉鸡场依然具备生产优势，如果说中国人爱吃本地黄羽鸡的话，让肉仔鸡的出口成为营销谋略。上海市一年的肉禽出栏达 1.72 亿只，外贸出口达 0.48 亿只，占出栏的 28%，鲜蛋外购、肉仔鸡外销，成为活跃上海畜产市场的特色。

第三节　东部牧业强省的出现

经过 10 余年的发展，过去农民家家养牛，户户喂猪，老太太喂鸡的传统个体养畜的方式在东部各省也已被彻底改变，代之而起的是畜牧内部专业分区格局的出现，其中养殖专业区域化的实施是东部一些牧业大省向强省转化的原因。

一、河北省畜牧专业分区格局

在河北省，生猪养殖业相对地集中在石家庄、唐山、保定、廊坊、衡水等地的猪肉产量占全省的 62.4%；蛋鸡业集中在石家庄、邢台、邯郸、保定，其鸡蛋产量占全省的 70%以上；肉鸡业相对地集中在秦皇岛、唐山、沧州，其出栏肉鸡占全省的 56.6%；肉牛业集中在以承德、廊坊、石家庄、沧州为主的地区，牛肉产量占全省的 55.6%；肉羊在张家口、沧州、保定、邯郸，羊肉产量占全省的 61.3%；奶牛主要在石家庄和保定，牛奶产量占全省的 71%。相对集中，这反映出畜产品商品专业化性质的内涵得到了强化，表现在产品批量大，批量集中，易于提高科技水平，易于引资，易于与畜禽的加工企业接轨和加速肉食品加工工业的兴起，便于服务行业的介入和信息网的建设，易于促进农民合作生产的强化和保护农民生产者的利益。

河北省农村大批畜禽养殖专业户迅速崛起，家庭规模养殖已成为农村的一项骨干产业。全省畜牧专业村已发展到4 100个，各类畜禽养殖专业户达 69 万家，同时建成和发展了 108 个畜产品养殖基地，814 个养殖小区，家庭规模养殖的年产值超过了 107 亿元，农民人均增加纯收入 247 元。

近年来，河北省采取统一规划、统一设计、统一建设、统一服务、分户饲养的形式，先后出台了多项优惠政策，对各级各类的规模养殖专业户的资金，占地用地等方面给予了倾斜和扶持。为推动畜牧养殖向规模化、专业化发展，河北省投资兴建了 36 个万头（只）养殖场，迁入养殖专业户1 500个，存栏各类畜禽 5.3 万头。

针对家庭规模养殖的特点，河北省还强化了各项服务措施的落实。全省每年通过举办各类技术培训班的形式，培训各类畜牧技术人员和农民 79 万人次，推广畜禽良种达 270 万头（只），使全省主要畜禽良种覆盖率达到了 68%。政府的事业机构在养殖专业村的建设上也大有作为，发挥了人才优势。

专业区域格局的出现由于可以形成批量生产，符合市场化规律和要求，必然有利于吸引加工企业的介入，如北京三元奶业落户于石家庄，河南屠宰加工企业双汇落户于唐山市玉田即是证明。

优质肉畜生产的基础之一是良种，肉猪配套系必须有的长白猪、大约克猪，加拿大的育种公司在玉田县建场。如此等等，种畜禽在河北深深扎根于专业产区农村。其规律与北京市畜牧业的发展规律同出一辙。

河北省2000年肉类总产量达到419.4万吨，其中猪肉242.8万吨，牛肉65.3万吨，羊肉24.6万吨，禽肉73.9万吨；禽蛋357万吨，而奶类达到96.2万吨，比上年有更大幅度的增长，增长率为39%，超过了内蒙古而居全国第二。

蛋鸡业是河北省的一大强项。2000年全国禽蛋产量为2 243.3万吨，河北省达357万吨，占全国的15.9%，仅次于山东省（366.2万吨）。河北人均占有鲜蛋量达53.5千克，是全国第一，比全国人均18.1千克，高出195%，比1996年268万吨，增产33.2%，河北蛋价因成本更低有比较优势，达中等盈利水平，显示其突出的商品性，其鲜蛋的上市价格对全国大城市的供应价有着明显的影响。

河北省是全国第六产粮大省，2000年粮食产量达2 551.1万吨，已超过黑龙江(2 545.5万吨)，人均占粮382.4千克。用于作饲料的玉米，在2000年依然保持994.5万吨，占约38.9%。蛋鸡集中在河北粮食主产区，是优势产区，为整体畜牧业的发展起到了良好的保证作用。

全省的牧业产值接近300亿元，占农林牧渔业总产值的39%，河北在京津的外围，商品地理优势十分明显，发展畜牧业是河北成为壮大全省经济的重要产业之一。

河北奶牛养殖小区模式。河北省四面围绕北京，发展奶牛业是河北畜牧业中首选项目。近几年，石家庄市奶牛业快速发展，奶业已经成为当地畜牧业中发展速度最快，比重高，在畜牧业中对农民增收贡献最大，产业化程度最高的新的经济增长点。2000年底，该市荷斯坦牛存栏6.95万头，牛奶产量28.6万吨，比1999年底分别增长20.8%和19.6%。全市奶牛养殖小区已发展到58个，入区饲养奶牛户333户，存栏奶牛7 000多头，占总存栏量的10%，其中当年新建的奶牛小区达41个。小区建设主要有以下五种模式：一是能人或集体组织牵头统一规划，分户建设、分户饲养，集中挤奶。其特点是能人或集体组织牵头办理占地证。并投资建设机械化挤奶厅，养牛户分户建单元式牛舍，分户饲养，集中挤奶。二是股份制建区，其特点是村集体和农户共同投资，集体负责办占地证和小区建设，集中管理，专业化生产，农户以出资多少按股分红。三是由养殖大户或其他组织、个人投资牵头建设挤奶厅，供养牛户挤奶，引导养牛户入区饲养。其特点是由个人或组织负责办占地证，费用各户分摊，投资者主要从提供饲料、技术服务和收奶上得到收益。四是几户集中联建，其特点是养殖大户往一起集中，分别办占地证，合建挤奶厅，共同使用。分户建牛场，分户饲养。五是个人独资建小区，按小区建设要求单独投资。其特点是个人投资，个人办占地证，建规范化牛场和挤奶厅。投资者主要是一些从事其他行业并致富的老板，看好奶牛业发展的前景和市场，将大量资金投向奶牛业，为畜牧业发展注入了新的活动。

无论何种形式的奶牛小区，都建设了机械化挤奶厅，并配备相应的挤奶设备；小区内规划建设了兽医室和配种室；小区内全部规划建设了永久青贮，全部搞青贮。

奶业区的建设首先是牛奶销售渠道畅通，然后是行政部门有序引导和指导，村镇奶牛养殖区做到统一规划建设，统一饲料配方，统一防疫灭病。按其牛奶生产量估计，牛奶一项的产值 2000 年在 5.5 亿元以上。显然奶业是河北方兴未艾的朝阳产业。

二、河南省畜牧专业分区格局

河南省是全国畜产品产值最高的省份，这几年的成就，也与专业格局的形成有关。河南省已形成畜产区域有豫北的蛋肉鸡、豫南水禽、豫西肉羊、豫东—中—南肉牛、铁路公路沿线瘦肉猪、城郊奶业。肉猪出栏率已达到 132%，成为全国商品猪生产省，60%以上销往上海、广州、深圳等大中城市。

产区格局的形成加快了规模养殖的进度。各地由于资源优势，交通条件，主导产业各异，出现大片的专业产区。如淇县以禽蛋、肉鸡和猪肉深加工为主，固始以地方鸡和水禽养殖为主，南阳以牛肉加工为主；20 世纪初内蒙古科尔沁肉牛企业加盟南阳，优化了产业体系。河南省肉牛胴体重由 140 千克提高到 156 千克。

畜牧产品加工业在河南是近 10 余年最受关注的行业，除双汇的火腿肠依然占有重大的市场份额以外，有郑州亚卫、商丘科迪、淇县兴业和永达、潢川华英和亚美等集团因为大企业介入畜产品加工业而具成效，成为河南省动物农业的一个新亮点。

奶业是河南的弱项，这两年才引起重视，但年增长率在 25%上下，牛奶在河南目前自销量很小，但在起步之初即有漯河三剑客、洛阳巨尔，郑州亚卫、商丘科迪等集团投入营销，作为农村新的经济增长点而大力扶持奶业。“十五”期间奶类产量每年增长会在 20%左右，成为新的经济增长点。

生态畜牧业在河南省开始引起关注，尤其是药物残留、饲料卫生和动物福利问题。牧业系统大力实施动物保护工程而推动全省牧业的进步，牧业产值在 2002 年达 750 亿元，按不变值计算占农林牧渔业总产值的 37%，而超过全国水平 7 个百分点。

三、山东省畜牧业特色

山东省是产粮大省，一直比较重视粮食的转化，肉类生产是全国最强省。2000 年全省肉类总产量达 560 万吨，其中猪肉产量占全国第三，居四川省（419 万吨）和河南省（323 万吨）之后，而禽肉占全国第一，为 167.6 万吨，超过广东（109 万吨）和江苏（96.5 万吨）。

在畜产上山东的特色是外调的数量大，如 2000 年生猪外调达1 500多万头，禽蛋达 100 多万吨，禽肉达 100 多万吨。出口禽肉是全国第一，据报道，年出口额可达 15.6 亿美元，比 1999 年猛增 29.8%，是我国畜产出口大省。在规划上全省将济青高速公路两侧定为优质高效畜牧带，反映着要强化出口畜产品的谋略。

作为产粮大省，1998 年山东全省农民人均纯收入中，来自种植业的占 58%，其中来自粮食的占 33.1%，而粮食主产区菏泽市在 1997 年分别是 60.7%和 34.5%，按照粮产区是肉产区的普遍规律，畜牧业较为滞后的地区自然会后来居上，只是目前还没有发挥出应有的优势，可以期望山东畜牧业的全面发展是指日可待的。

在畜牧强省的建设中，合作组织是山东成功的因素之一。据报道，2000 年全省有各类畜禽经济合作组织 100 多个。这是应顺大产区、大流通、大协作的趋势而产生的，它的出现克服了一家一户分散养殖信息不灵、科技水平不高、畜产品卖难、农民增收难、畜牧业发展难的弱点。合作组织有以技术、中介、生产、销售、运输等。在连片大面积的苜蓿和其他牧草的种植中以黄河三角洲为突破口，已在 2 万公顷之上，初步目标是 6.7 万公顷，全省各类地块种牧草面积据称已达 9.7 万公顷，虽然占总耕地面积的比例并不大，但潜力很明显。

中原牧业强势的分析：农村养殖技术编辑部，做了一个精辟的报道，于 2003 年刊载于《农村养殖技术》18 期，现摘录其部分数据以飨读者，2002 年底河南、河北和山东各自的总人口数分别为9 555万人、6 735万人和9 080万人，农业人口分别为7 739万人、5 296万人和6 700万人，占总人口的 80.9%、78.6%和 73.8%。

2002 年上半年三省及全国每个农村居民主要农产品出售量见表 8-3。

表 8-3 农村居民人均出售谷物

单位：千克

谷物种类	河南	河北	山东	全国
小麦	40.38	26.04	54.36	12.64
稻谷	9.57	2.38	2.54	29.81
玉米	41.92	119.34	103.31	60.71
合计	91.87	147.76	160.21	103.16

注：按原表作部分计算。

表 8-3 数字反映出河南人口特别多，而人均产粮达不到全国人均水平。三个中原省是玉米和小麦的产区之外，在粮食问题上并不是全国最突出的。三省的区别在于从事牧业的人口占农村住户人口的比重有不同，河南为 4.31%，河北为 1.41%，山东为 0.96%。与全国的占 2.64%相比，河北，尤其是山东是占优势的，即较少的人生产更多的产品。从农民受教育的水平看，以高中和中专以上程度的农民比例作比较，表 8-4 的数字显示，高中以上程度的都比全国的高，其中山东省最突出，达到 12.8%，目前是个先进的比例，但要赶上国际先进国家水平尚需分外努力。

表 8-4 三省及全国农民家庭劳动力文化程度对比

单位：%

文化程度	河南	河北	山东	全国
高中程度	11.0	12.3	12.8	9.3
中专以上	2.1	2.0	3.3	2.3

到 2002 年上半年三省农村居民家庭平均每人出售牧业产品的现金收入，河南为 172.84 元，河北为 152.49 元，山东为 270.83 元。以山东最突出，高于全国平均 196.8 元。牧业收入占农产品收入的百分比，分别为 21.46%、13.16%和 17.06%，以河南最突出，高于全国平均数的 17.53%，这说明他们的农业结构调整取得一定进步，虽然总的说都还是在起始阶段，然而山东省动物农业的成就应当刮目相看。

三省的肉、蛋、奶产量见表 8-5。

表 8-5　河南、河北、山东三省 2002 年肉、蛋、奶产量

单位：万吨

产品	河南	河北	山东
肉	570	475	627
蛋	302	389	339
奶	39	149	117

三省的牲畜出栏数见表 8-6。

表 8-6　三省猪、牛、羊、禽出栏数

单位：万头、万只

畜种	河南	河北	山东
猪	4 498	3 652	4 387
牛	624	500	488
羊	3 437	2 141	3 035
禽	530	543	1580

良种覆盖率情况见表 8-7。

表 8-7　三省畜禽良种覆盖率

单位：%

畜种	河南	河北	山东
肉鸡	85	94	100
蛋鸡	76	94	90
生猪	94	94	88
肉牛		86	40
肉羊		75	25

三省的畜牧业投入产出情况见表 8-8。

表 8-8　2002 年三省畜牧生产和投入情况

项目	河南	河北	山东
产值（亿元）	750	707	701.44
占农林牧渔业总产值（%）	37.0	40.9	27.8
畜产品出口（亿美元）	1.87	2.13	8.08
人均畜牧收入（元）		371	590
占农民人均收入（%）		32	20
畜牧业投资（亿元）	42.5	52.38	

在规模生产上，三省都取得长足的进展，畜牧内部结构调整上河北在奶牛业进步最突出，有可能超过黑龙江这个历年来的奶业大省水平，肉鸡出口上山东在全国是凤毛麟角者。河南的肉牛优势明显。由于奶牛经济报酬率是牧业中最高的，体现在河北牧业产值占 40.9%的比例上，农民得到了实惠，山东为什么只达到 27.8%，从以上数据很难说清其原因，然而出口畜产品达 8.08 亿美元，是规模化生产的企业的作用，估计这些数字没有统计到农民的人均收入中。

四、其他省份的特点

东部各省自南向北气候条件千差万别，在生产粮食上、雨量、土质、劳动力效益等等大多都是丰产地区，东北三省中，黑龙江省已发展成全国第一奶业大省，吉林在粮肉关系上推行高效转化生产体系，辽宁是畜牧业较全面发展的省份，这些情况是人们早已熟知的，下面简略介绍几个其他省份利用区域特点，发展商品畜牧业的事例。

江苏洪泽湖地区。江苏省洪泽县四面环水，水面占县域总面积的60%以上，境内水网密布，水草丰盛。1999 年养鹅 450 万只，发展四季鹅养殖产业。县投资 150 万元兴办种鹅场和孵化厂，年孵化鹅 150 万只，推动养鹅大户发展，当地农民素有养鹅习惯，很快成了气候，出现年销售收入达 10 万元以上的营销大户 130 户，推销 100 万只。组织共和、三河、仁和三个合作社在苏州、无锡和常州，及宁波、上海和杭州设窗口，做到四季供鹅，又通过招商引资，建成在三河冷冻食品厂和麻辣鹅加工厂，日产量达1 500只，每年增加 100 万只的销量，其中 60%～70%销往浙江省。2002 年预产 600 万只，全省种草面积于 2001 年也达 4.7 万公顷，除养牛、羊、鹅外，也开展牧草加工，初获成功。

江西省过去重视生猪和肉鸡生产，但全省山区面积占有总面积的 26.6%，发展农区草食畜牧业成为优势，多年来耕牛改肉牛、改奶牛坚持始终。全省以南昌为中心，建立家畜改良站，发展荷斯坦奶牛、西门塔尔杂交肉牛，同时根据各地区特点发展肉羊和肉鹅，全省形成赣中、赣北、赣南肉牛区、城镇郊区奶牛区和滨湖地区肉鹅区的生产格局，与草畜业发展相配合的是推广秸秆利用，青贮，种植牧草，如有饲料玉米、黑麦草、苏丹草、杂交狼尾草等；草坡开发建示范基地县 3 个，飞播牧草基地县 2 个，改变了单一的粮食生产思路。促进肉牛发展是起拉动作用的活牛专业交易市场，全省有 234 个活牛、20 个活羊交易市场。运输车队形成专业户，拓宽了流通渠道，如高安县每年有 10 余万头改良牛推销到杭州、宁波、上海及其他中等以上城市。据统计，牲畜周转率提高了 5～10 个百分点，养牛区粮食亦因肥多而增产，农民发展养牛后粮食增收在 20%以上。21 世纪江西省的生态畜牧业，各分支的良性结构，产业升华势头越来越好。

福建省在东部是一个畜牧弱势省份，但是近 5 年来，以适应市场为依据，由偏重产量向质量与产量并重转变，畜产品结构得到调整。2000 年全省肉类总产量达到 137.6 万吨，每年增幅在 7%上下，禽蛋达 40.7 万吨，每年增长 8%，奶类增加迅速，年产量开始超过广东，达 9.9 万吨，反映出沿海开放省份在蛋和奶需求量迅猛增长的趋势。粮食供应开放，实质上在更大程度上是饲料供应的开放，在进口饲料价比国产饲料价优惠的情况下，对畜牧业的发展，在沿海省份不取决于粮价，而取决于饲料价和畜产品价格。福建省本身有西部山区相对滞后地区，畜牧区划新格局正在形成，如南平地区奶业的兴起就是很好的例子。

浙江省是畜牧业的弱省。2000 年 7 月 18 日，在相隔 18 年之后，又召开了全省畜牧工作会议。2000 年全省肉蛋奶分别达到 117.6 万吨、37.2 万吨和 11.2 万吨，除猪肉产量人均接近 20 千克，略好以外（依然远远低于全国水平），是个畜产品进口大户。畜产的优势在规模化生产，全省规模化养猪场（户）2.53万个，出栏商品猪占全省出栏猪的48%，1.83万个规模养禽场产的禽蛋占全省禽蛋数的85%，奶牛和蜜蜂饲养比重也分别占66.85%和95.9%，未来畜产的发展不在产量上，而是在培育优质名牌产品上，在加工上，在与邻省联营有关产业上，该省在可持续农业和绿色环保畜产品生产上依然具有旺盛生机。

第九章

西部畜牧业可持续发展之路

西部12省、自治区、直辖市（内蒙古、陕西、甘肃、宁夏、新疆、西藏、青海、广西、贵州、云南、四川、重庆）地域辽阔，国土面积达695万平方公里，占全国国土面积的71.15%；1999年西部总人口35 846万人，占全国总人口的28.47%，国内生产总值15 354亿元，占全国国内生产总值的18.74%。

1999年，全国总人口中，乡村人口为87 017万人，占69.11%。而西部地区的总人口中，乡村人口达27 828万人，占78.75%，比全国平均水平高9.64个百分点。在西部地区的全部从业人员（18 139.9万人）中，乡村从业人员（14 536.2万人）的比重高达80.13%，比全国的总体水平（70.18%）高出9.95个百分点。西部地区的国内生产总值中，第一产业占23.79%，比全国总水平（17.65%）高出6.14个百分点。农村地域广大和农村人口比重高，是整个西部地区最为显著的两大特点，而其中农村人口比重高和农村劳动力偏重于依赖农业来就业这一大特点，是造成西部地区农民收入偏低，同时也是当前制约西部地区经济、社会发展的最主要原因。因此，要实现西部大开发的战略性目标，必须把农业、农村、农民问题放在突出的重要位置。就当前实际情况来看，积极促进农业、农村经济的结构调整，努力扩大农民的就业空间，应该是西部地区农村发展的当务之急。

但如何发展农业，则应当进行具体的分析。西部地区的人均耕地资源相当充裕，农民人均经营的耕地为0.159公顷，比全国平均水平0.098公顷，多61.9%。但是，处于西南的广西、重庆、四川、贵州和云南，农民人均经营的耕地面积都明显低于全国水平，川、渝两地甚至只及全国平均水平的一半。因此，西部耕地资源多，实际是西北耕地较多，而那里的农业面临的最突出问题，则是水资源的明显短缺。我国全部耕地的有效灌溉面积占40.9%，东北沿海10省、直辖市的有效灌溉面积占60.8%，而西部12省、自治区、直辖市的有效灌溉面积只占29.9%。不解决水资源的供给和节约使用问题，西北的农业显然难以发展。其粮、棉、油、糖和烟的1999年单位面积产量，分别相当于全国平均水平的83%、126%、78.8%、104.3%和96.1%。值得指出的是，西部地区稻谷的单位面积产量，是全国平均水平的101.5%，而小麦的单位面积产量，只及全国平均水平的72.2%。

在畜牧生产上，大西北是人们印象中的牧区，然而畜产品的产量大部分省、自治区都远在全国平均水平之下，与上述种植业的差距相对地比较接近的情况形成明显反差。以牧区的主产品牛羊肉而言，按地区比较2000年，牛肉产量内蒙古为21.8万吨，新疆为22.2吨，都远远地低于山东省的69.2万吨，河南省的83.0万吨和河北省的65.3万吨。羊肉产量内蒙古为31.8万吨，新疆为37.5吨，而山东省为24.8万吨，河北省为24.6万吨，河南省为32.0万吨，略具优势。而内蒙古的猪肉产量达76.6万吨，在全国的位置也是名列前茅的，因为“独富一套”的黄河在那里，东部的科尔沁也是粮区。按人均计算的牛羊肉产量西藏和青海为全国之首。牛肉人均产量分别为33.8千克和13.3千克；羊肉分别为22.7和14.58千克。这些优势靠的是那里广袤的草地。土地的单位面积的生物学产量是草原比农田低，历年来投入又不多，包括人力、资金、肥料、水量、科技等，只有阳光和风，西北是占绝对优势的资源。在“以粮为纲”的年代，国家政策重点在农区，西部的牧业省、自治区，也各自随着向省、自治区内的粮田倾斜，纯牧业，处于自生自灭和人为破坏使草原到沙化的境地。20多年的改革开放，一部分人先富起来了，各地的经济也活跃得很，党的十六大做出全国小康建设的前景，显然，西北是战略攻坚的一大腹地。如果在保护高原生态，成倍地加大投入，制止林草地破坏，恢复30年前的植被，将对全国生态环境建设起大屏障的作用。西北富起来了无疑能使东部发展更具后劲，东西部平衡发展必然会给我们的祖国富强奠定坚实的基础，21世纪初正是关键时期。

第一节　国家在西部开发上的优惠政策

实施西部大开发战略，加快中西部地区发展，是我国现代化战略的重要组成部分，是中央高瞻远瞩综观全面的重大决策，是面向新世纪的全国经济健康发展的大手笔。

中国经济的发展，先要使一部分人先富起来。早在20世纪80年代中期，邓小平同志提出了“两个大局”的战略思想，“一个大局”东部沿海地区要充分利用有利条件加快对外开放，较快地先发展起来，中西部地区要顾全这个大局；另“一个大局”是到20世纪末全国达到小康水平时，要拿出更多的力量帮助中西部地区加快发展，沿海地区也要顾全这个大局。自党的十四届五中全会开始，江泽民同志多次强调西部大开发问题，指明要把实施西部大开发作为党和国家重大的战略任务，指出解决地区发展差距，坚持区域经济协调发展，是今后改革和发展的一项战略任务。从“九五”开始要更加重视支持中西部地区经济的发展。在《关于陕北地区治理水土流失建设生态农业的调查报告》上批示：历史遗留下来的这种恶劣的生态环境，要靠我们发挥社会主义制度的优越性，发扬艰苦创业的精神，齐心协力地大抓植树造林、绿化荒漠，建设生态农业去加以根本的改观。经过一代一代长期地、持续地奋斗，再造一个山川秀美的西北地区，应该是可以实现的。经过数年的酝酿、积累和筹划，到1999年江泽民同志指出：实施西部大开发，是全国发展的一个大战略，大思路，加快中西部地区发展的条件已经基本具备，时机已经成熟。

2000年国内生产总值为8.9万亿元，2001年达到9.5万亿元以上。人均国内生产总值接近900美元。2001年的国内生产总值比2000年的增长7.8%，在国际经济普遍衰退的情况下中国是一枝独秀。2002年估计能再以7.0%的速度增值。改革开发的成就历历在目，也为西部大开发打下了较好的物质基础。改革开放的20年，为西部经济发展提供了宝贵的经验，理论上取得了重大的突破。在经济体制上“以公有制为主体，多种所有制经济共同发展”已经写入了宪法，个体私营经济成为国家经济的重要组成部分。“科学技术是第一生产力”的理论不断深入人心。商品市场逐步完善，生产要素市场快速发展。全方位对外开放的格局基本形成。这些都为中国经济更好地融入国际经济，做好了准备，2001

年中国正式被接纳为世界贸易组织成员。

一、西部开发的意义和重点

西部大开发的战略意义在于加快中西部地区的发展，逐步缩小地区差距，加强民族团结，保障边疆安全，推动社会进步。在促进滞后地区经济发展的同时，拓宽全国经济发展的空间，建设小康社会，实现现代化建设的第三步战略目标。在中西部各项建设的工作重点是：加快基础设施建设；加强生态环境保护和建设；加强农业和调整产业结构；发展科技教育、人才培养和文化卫生事业，以此来深化改革、扩大开放。在四大项任务中，加快基础设施建设是开发的基础，加强生态环境建设是开发的根本，抓好产业结构调整是开发的关键，发展科技教育和加快人才培养是开发的重要原动力。深化改革、扩大开放是所有建设的政策源泉。

西部大开发的重点，按照中央规定为使5～10年时间内能取得突破性的进展，确定把基础设施、生态环境、特色经济、科技教育作为西部开发的重点领域，建设好一批对西部开发全局具有关键作用的重点工程。在地域分布上选择现有经济基础较好，区位优势明显，人口较为密集、沿交通干线和城市枢纽的一些地区，作为西部开发的重点区域。以线串点，以点带面，依托亚欧大陆桥、长江黄金水道、西南出海通道，促进西陇海兰新线经济带、长江上游经济带、南（宁）贵（阳）昆（明）经济区的形成，在这些交通干线上重点发展一批中心城市，带动周围地区发展。

二、推动草食动物养殖与西部四大重点建设的联系

首先是西部地区煤、油、气、矿产、水能等资源的基础建设和交通、通讯、水利等基础建设。这是今后长远发展的坚实基础，这些建设要求大量的劳动力，是吸纳农村劳动力的极好机会。农村劳动力到工地，增加农民的非农收入，提高其素质，本身就是改变农村结构的重要方面。农业人口进城有的会返回农村，成为新农民，对改造传统农业有好处，有的成为新的农村产业的骨干，有的依然务农，但带回浓厚的商机。就像大城市郊区的农民一样，带着农村户口的“帽子”，实际上是第二和第三产业的成分，只有一小部分从事现代农业，这种深刻的变化带来了大城市的繁荣，东部是如此，西部也不会例外。少数从事动物农业的人口为城镇居民提供畜产品，是新牧民致富的关键。

其次是生态环境保护和建设。生态环境保护和建设是国家第三步战略发展目标的第二项。由于西部地区水土流失严重、生态脆弱，给生产和生活造成极大困难，成为经济发展的重要制约因素。生态建设包括天然林资源保护、退耕还林还草、天然草原恢复和防沙治沙工程等内容，除天然林资源不是畜牧工程的直接项目，但同时也是持续畜牧业的天然防风防沙屏障，其余三大项都可以与草食畜牧业的建设密切配合，或者甚至是必要的配套建设。

第三是调整农业结构。这是以西部自然条件为根据的项目。草食动物必然是重要的组分。从动物农业的概念，畜养的动物并非一定是草食家畜。具有市场优势的畜产品都可以

组成动物农业的一环。从良种到产品深加工，在西部这么大的地域可以形成各具特色的基地，从整体来看，西部可以成为东部地区的农产品基地而具有战略意义，因为土地资源丰富，人口较少，是我国最有农业发展前景的宝地。目前全国耕地的3/4用于生产粮食，在调整结构后饲料作物比例上升，加上非农耕地生产牧草，包括禾本科、豆科牧草，加上灌丛的饲用开发，直接生产畜产品，在效果上是增加了农用土地，还减轻了对耕地的压力，提高了国土面积的土地承载力，这恰好是西部可以发挥土地优势的所在。

第四是发展科技教育。从动物农业的角度出发，科技教育的工作是提出农区和牧区畜牧业的跨越或发展工程，彻底改变传统牧业的概念，要中国人改变牧区传统畜牧业的经营概念和改变农区畜牧业单纯地依靠粮食（谷物）的经营概念，把在牧区和农区种草的意义，从一个原发性的作为牛羊等草食农畜的饲草，提高到农业的重要组成部分来认识，即是从只生产粮食和农副产品提高到获得作（植）物的生物学产量的概念的高度上来。其中尤其是蛋白质饲料的生产，要以单位面积土地生产出更多的植物蛋白和生物学总量来衡量农业生产的水平。从单位面积耕地生产出多少畜产品的指标，从长远看应成为当前突破农业生产的首选点。

三、强化西部开发的农业政策

为了加大西部开发的力度，国家各有关部门都提出了相应的建设项目。这里就国家发展和改革委员会和农业部在这方面的项目引出几条作介绍。

（一）国家发展和改革委员会项目

1. 加大投入力度，加强农业基础设施建设 这是以党中央、国务院关于实施西部大开发的战略构想和主要任务为中心，以加强西部农业基础设施建设为重点，以改善西部地区农业生产条件，提高广大农牧民收入水平和生活质量，促进西部地区农业和农村可持续发展为目标，集中资金投向西部地区农业基础设施重大项目建设的。国家计划安排西部水利、林业和农业等方面基础设施建设和投资占全国农业投资的30%左右，用于西部地区的国债资金达34%。

健康的畜牧是必须以可靠的水利、林网和农业为前提和条件的。草食家畜又是与这些项目可以紧密结合，形成配套生产体系的行业。国家将四川紫坪埔水利枢纽、宁夏沙坡头水利枢纽工程为主要投资对象。重点支持西部地区堤防整治、大型灌区以节水为中心的配套和改造、人畜饮水工程、水土保持等建设；天然林资源保护、京津风沙源区治理、退耕还林还草重点防护林体系、重点地区生态环境建设；以加强种植业种子工程、畜禽良种工程和动植物保护体系等建设。

2. 加强草原建设和草场改良 国家发改委单独以加强草原建设和草场改良立项，这具有重大的历史意义，体现国家对农业行业的全面支持，对西部大开发具有重大的保证。西部12省、自治区、直辖市草原面积为3.31亿公顷，占土地面积的49.1%，占全国草原面积的84.1%。广阔的草原由于50多年来，过度超载放牧和不合理开垦造成越来越严重的草原退化、沙化和碱化。国家发改委安排专项资金、启动牧草种子繁育基地，天然草场恢复建设工程。具体的安排有13项牧草种子繁育基地，为西部地区退耕还草、改善生态环境提供种源，缓解我国牧草种子供应紧缺的局面而设。针对西部草原有北方天然草地、青藏高寒草地、黄土高原草地和南方草地四个类型，分类选择了30个县进行天然草场恢复试点示范、建设稳产高产的人工草场，引导牧民由靠天养畜向现代养畜方式转变，缓解天然草场载畜压力，恢复和保护天然草原的活力。按计划拟实现46.7万公顷的天然草原保护任务。

3. 建设国家级商品粮基地 这是国家发改委对强化农业投入的又一基本措施。西部地区要满足基本口粮需求，将退耕还林还草与建设旱涝保收基本农田相结合，在大规模实施生态环境治理工程的同时，在粮食生产适宜区集中建设商品粮基地，稳定西部地区粮食生产，提高粮食优质化水平。在2000年国家计委就安排了1.8亿元投资在陕西渭南、内蒙古巴彦淖尔盟和贵州黔西南州建设国家级大型商品粮基地，并同时加强农田水利基本建设等措施，提高粮食生产能力。众所周知，10余年来中国的粮食基地不仅是肉猪业的基地，也同时是肉牛业的基地，西部粮食基地的建设也同样为提高农业中畜牧产品产值打好了基础。像吉林省以省这么大范围的粮食基地，农牧良性结合，牧业产值能占到农林牧渔业总产值的42%以上，道理上一样的，西部的粮食基地也必然是西部非常重要的畜产品基地。

4. 促进特色农业发展 发展特色农业，是要充分利用光、热、水的资源优势大力发展无公害和特色农业，形成规模化的集中产区。主要有大力支持新疆棉花基地建设，促进新疆优质棉花生产的发展；促进广西和云南的甘蔗，内蒙古、黑龙江和新疆高糖甜菜为主的糖料生产基地发展；通过支持良种繁育基地，扶植西南地区柑橘、热带水果，西北地区苹果、葡萄等优质水果生产基地生产。

（二）农业部项目

1. 组织实施天然草地保护工程 重点抓好四种草地类型的恢复和建设，即北方天然草地资源保护区、长江上游和黄河中上游草地植被恢复区、青藏高原天然草地保护区、西南草地保护与合理利用区的天然草地建设。其中主要抓六项工作：一是加强草地建设，力争到2005年在西部地区治理和建设1 467万公顷。二是开展牧草良种繁育体系和草地生态环境预警体系建设。三是实施机械化草场改良工程，使用机械手段对过度放牧和沙化、碱化、退化严重的草场进行改良。四是抓好草地自然保护建设。五是尽快研究出牧草地家庭承包经营的有关政策。六是加大《草原法》执法力度，研究制定《草地保护利用条例》，建立专业的草原执法队伍。

2. 加强粮食自给基地建设 计划在粮食生产条件较好的，如成都平原、河西走廊、新疆南部地区、陕西关中地区、宁夏河套、内蒙古河套等灌区，优先组织实施“沃土工程”。将在这6个区域内国家已经投资建设的290个商品粮基地县进行巩固完善。

3. 建设特色农产品生产基地 在巩固提高“九五”期间已经建设的8个优质棉基地、9个油料基地、26个糖料基地及其他特色农产品生产基地的基础上，重点抓好优质棉花、糖料、水果、蔬菜、花卉、中药材、烟叶、橡胶等八大特色农产品生产基地建设。

4. 大力发展旱作节水农业 计划到2005年，将主要在陕西渭北旱塬、陕北黄土风沙区、陕南秦岭山丘地，甘肃陇中、陇西、陇东，银南黄土山丘岗地及部分河西灌区等9个类型区内建设200个旱作农业示范县。

5. 积极推进生态农业的发展　计划到 2005 年，在西部地区建设 100 个生态农业示范县，推广“种—养—加”、“粮—果—草—畜”等复合型生态农业模式。选择 150 个县实施“生态家园富民计划”，建设以可再生能源技术为依托的庭院能源生态工程，达到家居温暖清洁化、庭院经济高效化、农业生产无害化，提高农民生活质量，增加农民收入。

6. 加快发展西部地区养殖业　把发展畜牧业与保护和建设生态环境结合起来，在搞好草畜平衡的前提下，调整畜群品种结构，转变养殖方式。扶持畜牧业的发展：一是建设牛、羊规模化养殖基地。二是加强良种繁育体系建设。三是加强动物防疫体系建设。四是大力发展畜产品加工。加强渔业生产新技术的推广，“渔业丰收计划”等项目要向西部倾斜，尽快提高西部地区渔业发展的技术水平。

7. 发展农产品加工业和乡镇企业　重点发展粮油制品、肉制品、果蔬制品、饮料制品、中草药制成品等，形成区域经济支柱和具有地方特色、民族特点的农产品加工体系。引导、支持发展一批农业产业化龙头企业。利用乡镇企业的发展，引导、支持发展一批为西部能源、交通、通讯、生态建设配套和服务的乡镇企业。加强垦区基础设施建设，调整垦区经济结构，大力发展农产品加工业。

8. 加强农业社会化服务体系建设　重点抓好三大体系建设，一是健全和完善农业技术推广体系。二是加快农产品批发市场和农业市场体系建设。三是建立健全农业质量监测体系和农业标准体系。

9. 大力推进农业技术进步　组织力量研究、引进和推广一批适合西部地区特点的农业优良新品种和先进实用生产技术。进一步加大“科技西进行动计划”实施力度。加强西部地区农业科技基础设施建设和农业新技术推广示范基地建设。

10. 开展基层农技人员和农民的职业培训　继续大力组织实施“绿色证书工程”、“跨世纪青年农民科技培训工程”、“农业科技电波入户工程”以及通过农业广播学校，有计划地为西部地区培养一批农业科技人才，提高农民的科技文化素质。

再如国家林业局、中国气象局等都有重点项目，加大对西部的投资力度，西部开发形势十分有利。

第二节　西部地区畜牧业生产的优势对比

开发西部是我国经济进一步高速发展的战略部署之一，是向中等发达国家水平迈进不可缺少的组成部分。

西部 12 个行政区在自然条件上区别是很大的，有世界屋脊之称的青藏高原、有戈壁滩和沙漠为主的半荒漠地带等。然而也嵌镶有生态条件良好的绿洲和黄河流域可灌溉谷地，如内蒙古和新疆；有以黄土高原为主而黄河贯穿其间的宁甘陕三省、自治区；有雨量充沛，水热条件良好，却崇山峻岭的西南五省、自治区。这些差异十分巨大的省份在农牧业生产中又有多民族生活习惯的不同，经济地理和产业类型是各式各样，发展生产必须各具特色。然而在向现代农业的发展中，也有共同点，这就是搞农牧结合，即以“动物农业”的理念去指导发展生产，充分利用国家的优惠政策，突破生产瓶颈，取得新进展。

一、改变传统牧业经营理念

农业或牧业在过去的50多年时间内，大部分是在传统方式下进行的，农业以种植业为主，畜牧业是副业；种植业以种粮食为主，经济作物其次，为我国独特的粮棉二元结构模式。自20世纪80年代开始，改革开放政策带来了国民经济的繁荣，市场经济冲击了二元结构，为人民步入小康生活提供了良机。畜产品产量大幅度提高，市场的肉蛋奶供应出现了根本性的改善，肉和蛋的总产量都居世界第一。2000年，全世界产猪肉9 100万吨，中国产4 300万吨，占世界猪肉产量的47.2%；中国产绵羊肉145万吨，占世界绵羊肉产量的19.1%；产山羊肉120.4万吨，占世界山羊肉产量的32.4%；产马肉16.6万吨，占世界马肉产量的24.3%；产驴肉16万吨，占世界驴肉产量的94.3%；产兔肉31.5万吨，占世界兔肉产量的31.5%；产鸭肉194.5万吨，占世界鸭肉产量的69.2%；产鹅肉180.1万吨，占世界鹅肉产量的92.5%。产鸡蛋1 922万吨，占世界鸡蛋产量的37.9%。

另外，畜牧业的发展，特别是草食家畜业的发展，为三元结构农业带来了可能，农业有了新的生机，三元种植模式是发达社会的农业基础，近20年来我国畜牧业的高速持续发展是成绩斐然的，赢得了各界的信誉和支持。同时生态保护问题也日益成为社会媒体报导的热点，生态畜牧业的成就也为国家制定关键性的决策提供了依据。国务院办公厅转发《农业部关于加快畜牧业发展意见的通知》，明确地提出了如何发展近期畜牧业的整体指导思想，如何布局好西部开发中畜牧业的整体指导思想，如何布局好西部开发中畜牧业的重点，是十分重要的文件，而且非常及时。

国务院办公厅的这个文件，在全局方面指出：加快发展畜牧业是农业发展新阶段的战略任务；不失时机地加快畜牧业发展；尽快把畜牧业发展成一个大产业。在具体调整方略上指出：明确畜牧业结构调整重点；优化畜牧业区域布局。在体系建设上指出：加大畜禽良种体系建设力度；建设高效安全饲料生产和监管体系；强化动物疫病防治体系建设；加强对转基因畜禽产品生产、安全的监管。特别引人注目的是草地资源问题被单独提出，主要的有两大内容，一是合理使用草地资源，二是强化草原建设、保护和监管。在科技方面，强调了科技进步问题，明确指出：加强畜牧业科学技术研究；加大畜牧业技术培训和推广力度。关于畜产品增值的条文是具有产业化意义的指示。例如在促进畜产品加工转化增值的一条中明确提出：重点培育一批规模大、起点高、带动力强的畜产品加工企业；发展畜牧业产业化经营；促进畜产品出口。在市场营销上明文提出激活畜产品高效经营的指导意义，因此，它又是非常重要的决策性指示。文件提出：建立开放统一、竞争有序的畜产品市场体系；培育畜牧业合作经济组织和中介组织；加强对畜产品的质量监管和信息服务。最后一个内容指明要加大对发展畜牧业的领导和支持力度。这里包含的三条对于我国加入世贸组织，接轨国际畜产品竞争是极大的支持和关注。要求政府强化其功能，指出：加强对畜牧业发展的组织领导；多渠道增加对畜牧业的投入；完善畜牧业法规、加大执法力度。

以上这些条文，将在西部地区开发的可能和潜力、重点和配合、组织和措施等方面发挥巨大作用。本人借近十多年国内在农业结构调整中的成功经验，同时借鉴欧洲国家中农业改革较为最成功的国家，如荷兰农业的近几十年发展经验，汇成独立的一章以供参考。下面就 12 个省、自治区、直辖市的情况做一对比和讨论。

二、各地区人均农牧产品产量对比

将全国各地，按 667 米^2 粮食产量、人均产粮、人均产肉、人均产奶和人均产蛋这 5 个指标进行对比，分析西部地区各行政区在农牧生产上的优势。其中粮食产量按每 667 米^{2}300 千克为 100%，人均产粮按人均 400 千克为 100%，肉、奶、蛋的人均产量都以全国的人均数为 100%，求出各行政区有关生产水平均指数，大于 1.0 的是水平较高的，见表 9-1。

表 9-1　2000 年各地区粮食 667 米^2 生产、人均产粮、肉、奶指数

地　区	粮食 667 米^2 生产指数①	人均产粮指数②	人均产肉指数③	人均产奶指数④	人均产蛋指数⑤
全　国	0.947	0.934	1.00	1.00	1.00
北　京	1.039	0.324	1.00	4.76	0.78
天　津	0.797	0.337	0.67	2.42	1.56
河　北	0.819	0.956	0.47	1.95	2.96
山　西	0.595	0.667	0.42	1.51	0.69
内蒙古	0.622	1.349	1.32	4.88	0.59
辽　宁	0.886	0.689	1.16	0.72	1.87
吉　林	0.949	1.558	1.74	0.77	1.69
黑龙江	0.720	1.721	0.87	5.72	1.12
上　海	1.494	0.329	0.88	2.65	0.71
江　苏	1.301	1.098	0.98	0.49	1.41
浙　江	1.176	0.676	0.56	0.34	0.45
安　徽	0.888	0.984	1.01	0.09	0.94
福　建	1.038	0.646	0.89	0.41	0.66
江　西	1.080	0.969	0.79	0.16	0.38
山　东	1.158	1.069	1.32	1.05	2.25
河　南	1.009	1.076	1.12	0.29	1.56
湖　北	1.186	0.934	0.89	0.06	0.96
湖　南	1.223	1.062	1.42	0.02	0.44
广　东	1.181	0.587	0.91	0.17	0.24
广　西	0.929	0.809	1.24	0.05	0.17
海　南	0.818	0.655	1.06		
重　庆	0.887	0.895	1.04	0.24	0.49
四　川	1.093	1.002	1.40	0.46	0.66
贵　州	0.819	0.789	0.72	0.07	0.09
云　南	0.770	0.900	1.07	0.48	0.10
西　藏	1.061	0.957	1.18	10.99	
陕　西	0.633	0.762	0.49	2.42	0.66
甘　肃	0.567	0.704	0.49	0.73	0.24
青　海	0.570	0.430	0.93	5.99	
宁　夏	0.696	1.139	0.73	5.76	0.76
新　疆	1.186	1.093	0.90	5.89	0.58

注：①以 667 米^2 产 300 千克为 100%。②以人均产粮 400 千克为 100%。③以人均产肉 47.1 千克为 100%。④以人均产奶 7.4 千克为 100%。⑤以人均产蛋 18.1 千克为 100%。

根据统计结果,第一,在667米^{2}产量水平上,呈弱势的是甘肃、青海、内蒙古、陕西、宁夏(都是省、自治区相比的话,山西也是低产者之一)。可是新疆和西藏却是高产区,其水平达到东部沿海省、直辖市的单产水平,故不可以像以往那样笼统地把西部看成牧区。这两个自治区在部分地区农业有其不可替代的自然优势条件。第二,以人均产粮水平来分析,东部人口密集,工业发达,经营粮食对农民的吸引力越来越小。除北京、上海、天津这样的大城市,具其特殊性,可不与其他省、自治区那样对待,而像浙江、福建、广东、海南的人均产粮对比指数分别为0.676、0.646、0.587和0.655,都极大地低于1.0。其粮食要靠外购。鉴于人口继续增加,人均耕地只会减少,不会增加,今后就会像日本等经济发达而人口稠密的国家或地区那样,人吃畜喂都得靠进口。第三,以广东为例,食品工业发达,是改革开放以来最早生产曲奇等高档食品的,以生产高档食品来提高农产品产值,商贸效益更高,较早地步入现代化,谷实购进,精品输出,很值得产粮地区人们的深思。

西部地区,地域大,人均耕地面积大,单产水平是弱势,具备地域调剂余缺的能力。而东部地区人均粮食水平低是长时期的弱势。没有西部,只有粮食大省东北和中部,中国的粮食问题必然是严峻的。西部的潜力,在粮食亦在生物学产量上得到体现。

按表 9-1 上的指数,将各行政区以指数值的大小,可分为发达地区、中等地区、欠发达地区和不发达地区四类,5 种指数各自的标准见表 9-2,以供讨论。

表 9-2　5 种指数,四类发达程度分类标准

经济发达程度	粮食 667 米^2 产	人均产粮	人均产肉	人均产奶	人均产蛋
发达地区	>1.1	>1.1	>1.2	>1.2	>1.2
中等地区	0.9～1.1	0.80～1.1	0.95～1.2	0.95～1.2	0.95～1.2
欠发达地区	0.7～0.9	0.5～0.8	0.7～0.95	0.7～0.95	0.7～0.95
不发达地区	<0.7	<0.5	<0.7	<0.7	<0.7

按此表分类标准来划分,可以排出表 9-3 至表 9-6。

表 9-3　按粮食 667 米^2 生产指数划分的不同经济发达程度地区

经济发达程度	地　区
发达地区	上海、江苏、浙江、山东、湖北、湖南、广东、新疆
中等地区	北京、福建、江西、河南、吉林、广西、四川、西藏
欠发达地区	天津、黑龙江、海南、贵州、云南、河北、辽宁、安徽、重庆
不发达地区	山西、内蒙古、陕西、甘肃、青海、宁夏

从表 9-3 可见,以粮食 667 米^2 生产指数而分,分布在四个类型地区的行政区域数都比较接近,总的趋向是东部和南部省份发达,西部滞后。只有新疆最突出,其次为广西、四川、西藏,其生产水平较高。

表 9-4　按人均产粮指数分的不同经济发达程度地区

经济发达程度	地　区
发达地区	内蒙古、吉林、黑龙江、宁夏
中等地区	河北、安徽、江西、山东、河南、湖北、湖南、广西、重庆、四川、云南、西藏、新疆、江苏
欠发达地区	山西、辽宁、浙江、福建、广东、海南、贵州、陕西、甘肃
不发达地区	北京、天津、上海、青海

从表 9-4 可见，以人均产粮指数划分，各行政区的分布是两头少，中间多，除了京、津、沪为大城市外，青海是问题最突出的省。四川、重庆、云南、西藏、新疆的情况都比较好。内蒙古和宁夏都名列前茅，潜力很大。

表 9-5　按人均产肉指数的不同经济发达程度地区

经济发达程度	地　区
发达地区	北京、天津、河北、山西、内蒙古、黑龙江、上海、西藏、陕西、青海、宁夏、新疆
中等地区	山东
欠发达地区	辽宁、吉林、甘肃
不发达地区	江苏、浙江、安徽、福建、江西、河南、湖北、湖南、广东、广西、海南、重庆、四川、贵州、云南

从表 9-5 可见，以人均产肉指数划分，各行政区的分布出现两头大，中间小的情况，西北的各行政区是产肉强省区，而西南许多行政区是产奶弱省区。东部的一些行政区也是同样情况，两头都有，可见是因为重视程度不同而形成的。

表 9-6　按人均产蛋指数划分的不同经济发达程度地区

经济发达程度	地　区
发达地区	天津、河北、辽宁、吉林、江苏、山东、河南
中等地区	黑龙江、湖北、
欠发达地区	北京、上海、安徽、宁夏
不发达地区	山西、内蒙古、浙江、福建、江西、湖南、广东、广西、海南、重庆、四川、贵州、云南、西藏、陕西、甘肃、青海、新疆

从表 9-6 可见，以人均产蛋指数划分，各行政区的分布是发达区集中津、冀、辽、吉、苏、鲁、豫 7 省，反映出蛋鸡业的兴旺，而不发达的产蛋区的分布缺少规律。蛋的生产似乎在于各地运载产业的安排，不在于地域的条件是否不利，其中除青藏高原是海拔的影响而外，蛋鸡作为饲料报酬高的畜牧业，很大成分是饲料价与蛋价的比值因素在左右，与各地粮价有一定关系，也有科技水平在起作用。

第三节　西部地区畜牧生产优势对比

经统计，2000 年西部地区人均产粮、肉、奶水平情况见表 9-7。

表 9-7　2000 年西部地区人均产粮、肉、奶水平情况

地区	人均产粮（千克）	人均产肉（千克）	人均产奶（千克）	粮肉比	粮奶比
全　国	373.7	47.1	7.07	7.93	52.86
内蒙古	**539.7**	**62.2**	**36.1**	**8.68**	14.95
新　疆	**437.4**	46.9	**43.7**	**9.33**	10.27
陕　西	304.8	23.2	**17.9**	**13.14**	17.03
甘　肃	281.6	23.3	5.41	**12.08**	23.31
宁　夏	**455.8**	34.3	**42.6**	**13.29**	34.29
西　藏	**382.9**	**55.8**	**81.3**	6.86	4.71

（续）

地区名称	人均产粮（千克）	人均产肉（千克）	人均产奶（千克）	粮肉比	粮奶比
青　海	172.1	43.7	**44.4**	3.94	3.87
广　西	323.5	**58.4**	0.36	5.54	**898.61**
贵　州	315.8	33.7	4.6	**9.37**	**68.65**
云　南	360.0	**50.3**	3.6	7.16	**100.00**
四　川	**401.0**	**66.1**	3.44	6.07	**116.57**
重　庆	358.0	**49.1**	1.81	7.29	**197.79**

注：黑体字是高于全国平均水平的统计数。

在人均产粮、肉、奶和粮肉比、粮奶比的水平上，内蒙古和新疆都在前4项指标上全国领先。陕、甘、宁以宁夏在第1、3和4项上遥遥领先。西藏在前三项上高于全国平均水平，其中产奶是首屈一指。西南五地区，在人均产肉上（除贵州外）都是上乘的，四川尤其突出，在人均产粮和产肉上高于全国平均水平，但都是产奶的弱势省，粮奶比的数字说明，产奶业是组织上不重视而落后的。因为只有贵州、云南、四川和重庆中的极少数县市注重奶业，在省级层次上没有排上队。西藏和青海是牦牛之乡，作为特殊情况分析，而新疆和宁夏的奶业却具很大的商品效率，值得学习。

东部地区畜产品的产量是占全国的绝大多数是与人口密度相一致的；由于人均收入也高，对畜牧产品的消费，也是越来越高。因此，未来对西部的畜产品要求会不断增长，以弥补东部的不足。这弥补的部分一是从外国进口，另一是从西部购入。西部的弱势，不在人均产量上，而是在可提供的商品率问题上，如四川为全国提供的猪肉是具有优势的，但不是西部各地区都是。

西部地区畜牧业如果不在质量上下功夫，则缺乏商品优势。西部畜产品质量能上档次，或者有品牌的也有，如夏进牛奶，但为数寥寥。如今，东部民众已普遍具有强烈商品意识的同时，西部的生产管理部门已开始意识到品牌的作用。但在群众性生产组织上却必须下更大的硬功夫，否则还得继续落后于东部。由于东部刚迈入小康生活水平，对优质肉的要求，刚刚体现在繁华的都市，质量普通的畜牧产品，还依然占市场的绝大多数。食用畜产品只要符合无公害级标准，又是低价位的，必然为广大民众所欢迎。因此大众产品还会在相当长的时期内占主要销售份额。西部地区在提高畜产品产量的同时，生产出绿色食品级，甚至有机食品级的产品时，不但可以打入东部市场，也必然能进入国际贸易市场。我国已经是WTO的成员国，畜产品质量问题无疑是应放在主导位置上的，由数量型向质量型提高。

第四节　西部地区牧业类型

西部地区以自然气候区分，明显的可以划分成三大类，即西北5省、自治区：陕西、甘肃、宁夏、内蒙古、新疆；青藏高原：青海和西藏；西南5省、自治区、直辖市：四川、重庆、贵州、云南和广西。其中西北的内蒙古和新疆是公认的大牧区。但大西北的共同特点是干旱。青海和西藏是世界屋脊的高原地域。西南5省、自治区、直辖市以湿热多雨而著称。西南的资源优势是水源丰富，气候温和，四季常青，耕地复种指数高。西北是阳光充足，温差明显，人均占有可利用耕田和草原面积大，有相当大的农业区域。越是往西部受工业和农药残留污染的程度越轻。充分利用这些优势是发展动物农业的良好条件。其实这12个地域内自然气候、地理特点各有特色，一个行政区域内也类型多样不能一概而论，现按三大类四种农牧生产特点进行讨论。

农业生产中最大的天然资源之一是水。西北缺水，是众所公认的，节水灌溉是最根本的，是持续农业的生命线。西南多水，也无人怀疑。然而西南是两大灾害，一是雨季水灾，二是旱季高热干旱，其危害之大也不亚于西北。如果做到雨季贮水，旱季用，做好调剂余缺的工程应该是就地可行的，村村、户户有可行的贮水设施，将是造福于万民的福利工程，这一点在选定任何一种牧业产品类型问题上都应首先考虑。西部发展畜牧业是哪种畜产品为领先生产领域呢，具有特殊优势的显然是羊毛羊绒。在畜产食品方面，由于西北除绿洲外，大多数耕地土壤较贫瘠，单位面积谷物产量低，缺水之下，以灌溉而论，只能以节水型为主。至于草原更是处于“三化”的严重威胁之下，因此在改造低产田时，摒弃单一的谷物生产思路引入高产抗干旱的优质牧草和粮饲兼用作物，提高单位面积的蛋白质产量或生物学产量是进行产前畜牧的考虑点，而利用草食为主的家畜禽结合提高饲料报酬为产中畜牧生产的考虑点。如用1千克饲料喂奶牛所能获得的动物蛋白比喂猪所产出的动物蛋白至少高2倍，然后是市场饱和量的分析，作为安排适合当地生态条件下最能体现低成本保质保量的畜产品。

据联合国粮农组织统计，我国猪肉产量占世界总产量的44%，我国人均猪肉消费水平已达28千克，远远超过了世界15千克的平均水平。猪肉的发展空间已很有限。

我国牛肉人均占有量为3.3千克，羊肉人均占有量仅1.7千克，两者相加仅达到国际平均水平的30%，而其中优质牛肉更少。我国牛羊肉有着广阔的发展空间。

我国禽肉产量占肉类总产量的2%，低于世界肉鸡产量占总产量25%的水平。我国肉鸡的发展具备一定的空间。

我国蛋产量占世界总产量的41.8%，人均占有量为17.2千克，达到发达国家水平。发展空间有限。

我国奶产品生产消费滞后，奶类产量仅占世界总产量的不到2%，人均占有量仅为世界平均水平的1/16，为6.3千克。发达国家肉、蛋、奶消费的比例为0.4：0.06：1，而我国则是6.6：2.7：1。我国奶类存在巨大的发展空间。

显然国内市场上，生产空间潜力最大的是奶类制品、牛羊肉和禽肉。国际贸易上打入中国市场的也主要是这三大类，国际企业到中国来投资也主要在这几方面。

一、内蒙古和新疆

内蒙古和新疆是第一类的第一种，为大西北的主要草原所在。

从内蒙古、新疆两牧区土地资源和畜产品水平的对比，内蒙古是人均猪肉产量突出，新疆是人均牛奶产量突出，两者都是人均产粮水平超过全国平均水平和人均牛羊肉产量处于全国的上游的地区。人均草原面积虽大，在极其干旱的情况下大多处于生态脆弱地带，干旱草原载畜量过重，“三化”严重，农民人均收入低。如果数量畜牧业概念不改变，生态条件会继续恶化，在今后是危害无穷的（表9-8）。

表9-8 内蒙古、新疆两牧区土地资源和畜产品水平对比

项 目	内蒙古	新疆	合计
人口（万人）	2 301	1 791.5	4 092.5
土地总面积（万公顷）	11 830	16 511	28 341
耕地面积（万公顷）	820	398.6	121.6
粮食面积（万公顷）	443.6	146.8	590.4
粮食总产量（万吨）	1 242	784	2 026
667 米^2 粮食产量（千克）	187	356	228
人均耕地（公顷）	0.36	0.22	0.30
人均产粮（千克）	539.7	437.4	495.1
养牛数（万头）	351.6	385	736.0
养羊数（万只）	3 551.6	3 690	7 241.6
养猪数（万头）	801.3	133	934.3
养奶牛数（万头）	71.9	118.9	190.8
猪肉产量（万吨）	76.6	10.8	87.4
禽肉产量（万吨）	7.5	7.6	15.1
牛肉产量（万吨）	21.8	22.2	44.0
羊肉产量（万吨）	31.8	37.5	69.3
牛奶产量（万吨）	83.0	78.2	161.2
禽蛋产量（万吨）	24.4	18.5	42.9
人均产猪肉（千克）	33.3	6.0	21.4
人均产禽肉（千克）	3.3	4.2	3.7
人均产牛肉（千克）	9.5	12.4	10.8
人均产羊肉（千克）	13.8	20.9	17.0
人均产牛奶（千克）	36.0	43.6	39.4
人均产禽蛋（千克）	10.6	10.3	10.5
草原面积（万公顷）	8 666.7	5 132.2	13 790
人均草原（公顷）	3.77	2.87	3.37
森林面积（万公顷）	1 866.7	659.9	2 526.6
农民人均纯收入（元）	2 038	1 618	1 854

（一）内蒙古自治区 提起内蒙古，人们想起牧区，这个概念由来已久，但开发西部不仅要想到内蒙古的广大牧区，还应当想到，那里有一大片农区，而且是粮食产区，是粮库。以玉米来说如通辽和黄河的河套区，它不仅是内蒙古的而且是我国的产粮区。

内蒙古的玉米种植面积，一直在增加。1996年为111.6万公顷，居山东（282.6）、黑龙江（266.3）、河北（252.4）、吉林（248.1）、河南（215.0）、辽宁（157.6）之后，是第7位。而2000年进到第6位，居河北（239.7）、山东（235.2）、河南（186.4）、吉林（182.1）、黑龙江（180.1）之后。在全国玉米种植面积减少0.9%的情况下，内蒙古的玉米面积增长26.7%。

内蒙古种植玉米，以每公顷的产量而言，是居上游。1996年吉林省的单位面积产量最高为7.07吨/公顷，内蒙古是6.73吨/公顷。然而2000年的单产却下降了。居山东（5.53吨）、吉林（5.45吨）、辽宁（5.43吨）、河南（5.39吨）之后，退居第5位。

在全国作为饲料工业的原料粮，用量年年增长，占玉米销量的70%左右；在2000年全国饲料总产量7 400万吨中占5 400万吨。农村散养畜禽用量估计为3 000多万吨，合计达到8 400多万吨。内蒙古也是属于这类散养为主的肉食产区，真正牧区提供的肉产量是很少的。

内蒙古种植玉米一怕春旱，二怕早霜，这是指生产谷实才会出现的危险。如果从动物农业来看，生产青贮，在玉米的乳蜡熟期收贮，种晚玉米在多数情况下收青贮依然可有保证。怕的是初夏缺水。在目前推广节水灌溉的情况下，做青贮生产，丰产是确有保证的。特别是饲用玉米以生物学产量为度，667 米^2 顶1 333米^2 地的蛋白质和能量收获量。如果说黑龙江和吉林的玉米是我国的主要贮粮库的话，内蒙古的玉米生产，既是粮库，又是饲料库，那里为数众多的牧区牲畜，要有农区的支持。

因为，内蒙古作为牧区，地处内地深处，生产玉米为粮食依然有意义，但主要方向还是农牧结合，玉米粒饲用和青贮玉米两者兼有会比在其他地区的意义更大。内蒙古多干旱，又是灾害频繁，有灾之年玉米秸成为应急的有效资源，已成上下共识。在其半农半牧区发展饲草种植，对草原禁牧方略是战略调剂地带。

内蒙古粮食单产不高，人均产粮达到540千克，是靠多种薄牧，开荒地秋收后，耕地没有植被覆盖，西北风吹走的土壤使千百年积累的一些有机质损失殆尽，退耕种草是上策。在雨量不到400毫米的地区不但要禁止开荒，而且要建起灌木林带和林网，形成防风屏障，营造天然围栏和放牧小区，草灌结合，才是长久之计。对于可以种粮的农地在秋收后要讲究留茬，保护耕作层不受风蚀。

2000年冬内蒙古遭受了特大雪灾，有8个盟市、44个旗县的492个苏木乡镇共计48.32万户，256.65万人在灾区；受灾草场面积2 805.12万公顷，受灾牲畜2 322.9万头（只），死亡牲畜38.4万头（只）。灾区集中在锡林郭勒盟、兴安盟、呼伦贝尔盟、赤峰市和通辽市的草原地区。在暴风雪发生的同时，还有风暴雪灾与沙尘同时出现的异常天气，是内蒙古地区近40年来的首次出现，充分地暴露出本区草地必须加速生态恢复和保护建设的迫切性。

内蒙古天然草地占土地面积的68.81%。内蒙古草原是高原型地貌，大陆性气候，干旱缺水。

近20年来内蒙古畜产品如牛肉、猪肉、羊肉、牛奶、羊毛、禽类产品都成倍增加。内蒙古的农区和农牧交错区有良好水利条件，生产水平较高。据1997年统计牧业产值仅占农林牧渔业总产值的27.8%。牧业和农业都是传统的生产方式，两者自行其是缺乏良性结合和循环，草地风蚀严重，农业结构存在严重问题。

内蒙古6 359万公顷可利用草地中已退化的为3 867万公顷，占60%。历来被公认为草地保护最好的牧区呼伦贝尔草原、锡林郭勒草原退化面积也分别达到23%和41%，其中具有世界上最典型的草甸草原东乌珠穆沁旗，草场退化面积已占全旗可利用草场的66%。荒漠草原的形势更为严峻。如果说鄂尔多斯草原退化达68%以上的话，那么阿拉善盟和伊克昭盟的退化加沙化程度更为惊人。与20世纪50年代相比，阿拉善旗草地覆盖度下降了30%～50%，沙化荒漠地面积已占该旗的96.9%。

阴山北麓有较好的水利条件，因此走的是农垦之路，不是草原性利用，是开荒种粮，土壤有机质下降，如武川的滩川开垦后30年，土壤有机质从2.81%，下降到1.74%。开荒后撂荒。土地失去植被保护，多次发生（1993年和1998年）沙尘暴风蚀了80%的开荒地，形成了1万多平方公里的风蚀沙化带，对首都及周边的生态环境造成严重威胁。2000年和2001年春季内蒙古和北京地区发生了10次以上的扬沙和浮尘天气，形势可谓严峻。2004年春这里又是沙尘暴源头。

内蒙古的肉类产量在近20年增加了1倍多，这是以破坏草原为代价的，据李哲敏报道，草场资源破坏严重，如1985年锡林郭勒盟的草场载畜量，已从2 500个绵羊单位，降到了1 000万个单位。每公顷产草量从2 745千克，降到了1 839千克，此后每年减产20.4千克/公顷。按测算，现在已降到1 431千克/公顷。要彻底改变现状，必须是先突破农区和半农半牧区的粮饲兼用作物生产，同时在牧区将草地恢复起来。

（二）新疆维吾尔自治区 新疆是人们都熟知的牧区，有伊犁等水草丰美的大草原，人均生产的畜产品量在全国居比较先进的水平（表9-9），产肉水平与全国水平基本相同，产奶水平优势明显。这个成绩的取得既有牧区的贡献，也有农区的贡献，如各区绿洲生产粮食，加上民族习惯，养牛都挤奶，纯乳用和乳肉兼用品种牛在全疆各地因地制宜，都有相应的发展。产粮水平达到人均437.4千克，这里除了光照，水利灌溉等优势外，牛羊的厩肥得到合理利用，是当地的人文优势。全新疆人均土地面积大，可改造的荒地幅员辽阔，一旦形成可灌溉良田后，如克拉玛依新灌区，在农业上是块宝地，在全国国民经济发展中将起着越来越重要的作用。其前景之大是不可等闲视之的。

传统的新疆葡萄和哈密瓜、棉花、新兴的新疆番茄都已广为人知。在牧业上丰产高产优质的苜蓿，一度在只重粮食的思想指导下几乎被人遗忘，但是从事奶业多年来，在实验基地大量种苜蓿和青贮用玉米，在全国以群体母牛平均产量已超过8吨而著称，使农民走上小康之路，此业已有十余年的经验。

在南疆地区粮棉高产靠绿洲、推广乳肉兼用牛和青饲玉米与苜蓿结合，为当地打好精粗饲料生产基础，得到生产和生态兼顾的农牧结合模式成为乳肉兼用品种西门塔尔牛的基地。

新疆草原“三化”问题也是很严重的，据报道，新疆的精河县有可利用天然草地66.5万公顷，1980—1996年间“三化”草地达31.8万公顷，占天然草地总面积的48%左右，产草量下降51%。精河县在新疆不是雨量奇缺的县份，其情况发展到如此严重的地步，全疆问题之大，可见一斑。

在水的问题上，全疆是严重缺水，局部的是水源充沛。要打造畜牧强区，改造半荒漠地带，必须营造以耐旱树种为主体的乔灌草三位一体网带，发展节水牧业，建立成片的耐旱树木群体，改变林阴道式的单行稀种方式，发展饲用灌木丛，以牛羊为主要供应对象，也可为其他家畜禽提供绿色饲料，则新疆的潜力是极其巨大的。近年来最突出的例子是克拉玛依戈壁滩的改造。

克拉玛依市的高效生态农业成就。克拉玛依市位于新疆准噶尔盆地西北缘，面积9 500平方公里，人口32万余人。克拉玛依，系维吾尔语“黑油”的音译，是新中国开发的第二个大油田的所在地，被誉为“大西北的一颗璀璨的明珠”。

近年建成的引水工程，每年向克拉玛依市供水4亿$米^3$，为大力发展林业和养牛为支柱产业的现代高效生态农业创造了基本条件。目前，作为首期农业开发的 3.3 万公顷宜农荒地已规划建设，其中 1.1 万公顷土地已开发种植；防风林建设工程已栽植各类苗木 50 万株，建成一条 15 公里长、200 米宽的绿色屏障；利用现代遗传技术加快肉牛良繁试验，还试养了非洲驼鸟、天山马鹿、鸳鸯、肉鸽等特种畜禽；成功地进行了枣树、鲜食葡萄、花灌木、牧草和中草药等引种试验；引进了三倍体毛白杨、美国三角杨等一批造纸树种。

“十五”期间，克拉玛依市将建成 2.7 万公顷造纸原料基地和 30 万吨纸浆厂；建成 6 667公顷饲草料基地饲养 10 万头优质肉牛；建设牛肉综合加工厂、乳品厂等一批龙头加工企业；开发六大水库和艾里克湖等水面，可生产 1 万吨高附加值的水产品。然而新疆大部分地区缺水，节水牧业应立为全区的主体。

二、陕西、甘肃和宁夏

陕、甘、宁为第一类的第二种，这是黄土高原、沙漠、草原的交错带，与内蒙古和新疆相比，在人们的印象中不是牧区，其人口为6 660多万人，比两个牧业区人口4 092多万要多出 38%以上，但是粮食总产量上两大地区是几乎相当的，以 667 米^2 产粮计是 185 千克对 228 千克，人均产粮是 308 千克对 495 千克，农业以种植业比反而不如内蒙古和新疆两区。在禽蛋两项较好；在人均产量上却只有禽蛋生产为 11.1 千克比 10.5 千克，略占优势，农民人均收入也只有 0.78：1，比内蒙古和新疆地区弱，是我国最贫困的地区（表 9-9）。

表 9-9　陕、甘、宁三省、自治区土地资源和畜产品水平对比

项　目	陕西	甘肃	宁夏	合计
人口（万人）	3 572.2	2 533.6	554.3	6 660.1
土地总面积（万公顷）	2 057.9	4 550	664	7 271.9
耕地面积（万公顷）	514.0	502.4	126.9	1 143.3
粮食面积（万公顷）	382.2	279.8	80.7	742.7
粮食总产量（万吨）	1 089	714	253	2 056
667 米^2 粮食产量（千克）	190	170	209	18.5
人均耕地（公顷）	0.14	0.20	0.23	0.17
人均产粮（千克）	304.8	281.6	455.8	308.7
养牛数（万头）	257.7	343.4	60.5	661.6
养羊数（万头）	635.3	1 163.3	394.3	2 192.9
养猪数（万头）	639.9	548.2	120.3	2 391.1
养奶牛数（万头）	15.7	7.1	8.1	30.9
猪肉产量（万吨）	60.9	38.9	8.8	108.6
禽肉产量（万吨）	8.1	2.8	2.8	13.7
牛肉产量（万吨）	7.9	7.9	3.3	19.1
羊肉产量（万吨）	5.4	7.5	3.3	16.2
牛奶产量（万吨）	64	13.7	23.6	101.3
禽蛋产量（万吨）	42.5	11.2	7.6	73.7

（续）

项　目	陕西	甘肃	宁夏	合计
人均产猪肉（千克）	17.0	15.4	15.8	16.3
人均产禽肉（千克）	2.3	1.1	5.1	2.1
人均产牛肉（千克）	2.2	3.1	6.0	2.9
人均产羊肉（千克）	1.5	2.9	6.0	2.5
人均产牛奶（千克）	17.9	5.4	42.6	16.0
人均产禽蛋（千克）	11.9	4.4	13.7	11.1
草原面积（万公顷）	317	1 700	260	2 277
人均草原（公顷）	0.08	0.67	0.47	0.34
森林面积（万公顷）	947.4		26.3	
农民人均纯收入（元）	1 444	1 429	1 724	1 462

1. 陕西省　陕西是人均产粮水平较低的省份，关中地区是全省的粮区，奶业以西安市为中心，多年来基础良好，奶山羊是陕西的特长，建有多个奶山羊基地。虽然其他县市奶业未排上重要位置，若以关中地区单独而言，其奶、肉生产是上乘的。以粮肉比而言，达到 13.14：1，潜力较大，以粮奶比 17.03：1 而言，比内蒙古还宽舒一些（表 9-9）。但与经济发达地区相比，产肉和产奶的人均水平都不高，属于必须全面改善饲粮生产情况行政区域。陕南水热资源丰富，然而人口密度极大，交通闭塞，是需要特殊引起注意的地区。陕北是光照好，雨量少，但不等于水源不足，因为它是黄河流域及黄土高原的一部分，因人口相对稀少，故是属于保土和生态农业应特别关注的地区，宜大量种植灌丛和耐旱乔木，有可能在较短期内改变生态的话，再加上强化当地的畜牧业，尤其是发展草食家畜会有很好的效果，延安也好，榆林也好，能保护好黄土高原的水土不流失，情况可能比人口密集的陕南要强得多。

然而，陕西省的主体在黄土高原，全省要搞好可持续农业要正面面对黄土高原问题，才能扭转乾坤。黄土高原水土流失是破坏农业基础的基本，破坏林草植被是水土流失的根本原因。据报道，延安市丘陵沟壑区平均土壤侵蚀模数高达每平方公里6 968吨，陕北黄土高原每年流失水土在 8 亿吨之多。林牧交替带毁坏灌木和乔木情况严重。当地许多地方年年造林，年年是当年的新林，可见毁林问题没有解决。陕西省 69 个贫困县有 53 个是严重的水土流失。20 世纪 90 年代初贫困农户不足 50%，1996 年增到 70%。

榆林市曾一度水草丰美是因为当时有大片成林的耐旱树种——榆树，种植生态适应的树木是当务之急。现在科学发达了，耐旱的乔、灌、草品种很多。尽可大面积地退耕还灌（木），退耕还草。那里的年雨量不足 400 毫米，种锦鸡儿、柽柳、沙棘等对保护黄土层少受冲蚀可能是首选的，其意义不亚于种苜蓿。因为苜蓿已被大家公认为好草，但这些灌木的好处有其独到之处和某些胜过苜蓿之处，大力发展可以获得事半功倍的效果。

2. 甘肃省　甘肃省在粮肉和奶的生产水平上都在全国平均水平之下，在全国肉畜业发展比较快的情况下，这里依然是个后进的地区。甘肃全省山脉横贯，然山体大部裸露，植被稀少，乏育水功能，属于干旱地区，水缺少是制约谷物生产的重要因素。历来人口稀少，农业比较落后。然而河西走廊在汉朝是屯军之处曾有过繁华，全省唯有祁连山尚具雪水灌溉之利，若加速人工育林，当可改善其生态功能。其北部十分干旱，南部的水利设施对农业十分有利，是未来的粮区之一；临夏以南雨量较多，平凉是黄土高原，主要是森林匮乏，若能林牧兼顾，种植灌木和多年生牧草，如紫花苜蓿，已证明是十分高产的，是发展动物农业的良好基础。多种畜禽组装从植物蛋白的增产抓起，当然可以期望获得良好的效果。从整体看，祁连山是甘肃之宝，这里规划好生态畜牧业是良久之策。

3. 宁夏回族自治区 宁夏在牧业生产上尤其在奶业居上位。人均产粮 455.8 千克，产奶 42.6 千克，河套的优势一目了然。虽然人均产肉水平居全国平均数以下，粮食的潜力远远没有发挥出来；仅仅河套地区畜牧生产潜力从粮肉比和粮奶比值来看（表 9-9）还有数倍的潜力。近年宁夏中部沙漠改造和干旱草地“三化”治理加速进展，出现人进沙退的局面，形势良好。如果能乔灌草综合推进，在西北地区会首先崛起。加之，宁夏的南部在解放战争之初还是牛羊成群粮草丰富，是为支援红军做出过巨大贡献的地方。海原以南是数百年来森林受严重破坏的地区。这几年生态情况的好转无疑地在鼓励人们强化那里的植树活动。海原等地区干旱年份，粮食产量严重下降。如果说宁夏中部农民的商品意识已比较旺盛的话，南部很需要的是活化商品畜牧业，并建立有规范的商品市场，中南两片联成一体，很具竞争能力。

奶业在以吴中县为中心的周边地区有很强的发展势头，而南部山区、半山区、黄土高原降雨量比较多，林草结合又有光热条件，农林牧结合的生态建设应列为首要任务，前景也是乐观的。

三、西藏和青海

青藏地区是西部的第二类，是以高山草甸为主的大牧区。

西藏和青海不仅在中国，就是在全世界也是具有独一无二的地貌和高原气候的地域。对于这么一个地域，它的意义主要是保护好生态特点，能生产一定特色的产品，而不在于从西藏和青海生产出多少粮食或肉、奶。作为江河源头，情系整个中华大地，是广阔的森林，高山草甸和湿地在维持着一个远东，以至东南亚、南亚的生态和多民族的繁华。保护母亲河源头是国之大策。

两个高原的省区牦牛奶关系着民众的生机，没有政府号召的时代，也是人均奶产量为全国最高的。挤奶不在乎每头母牛一年能产多少，而是头头都挤奶，绵羊也用于挤奶，曲拉、酥油和糌巴是藏族的主食，不可多得的优质蛋白和能量来源，牦牛毛本来是当地的生活资料，当牦牛绒的开发被工厂化生产之后，牦牛绒毛衣不出 5 年成为时尚。市场化对当地是最大的诱惑。

高原是生态脆弱地区，30 多年来原始森林被大面积砍伐，干旱草甸上大面积的灌木，甚至芨芨草被挖光后，还继续开荒种地，草原鼠类的天敌被有意或无意地残杀，乱猎麝香、藏羚羊等稀有动物接连不断。金矿、铜矿乱采乱开，已成为近数年内江河源头水源枯竭，草地荒漠化，资源破坏的根源。这些都是一些急功近利的做法。这个地域比任何一个地方都更需要综合的生态保护和牧业可持续生产的体系。牧业生产情况（表 9-10），有相当成绩，但是有代价的，付出破坏生态为代价的结果，要认真总结。

表 9-10 青藏地区土地资源和畜产品水平对比

项　目	西藏	青海	合计
人口（万人）	251	480	731
土地总面积（万公顷）	12 000	7 200	19 200
耕地面积（万公顷）	36.26	68.8	105.1
粮食面积（万公顷）	20.14	32.27	52.41
粮食总产量（万吨）	96.2	82.7	178.9
667 米^2 粮食产量（千克）	318.4	170.9	227.6
人均耕地（公顷）	0.145	0.123	0.143
人均产粮（千克）	382.9	172.1	244.7
养牛数（万头）	526.2	391.0	917.2
养羊数（万头）	1 664.3	1 642.0	3 306.3
养猪数（万头）	23.5	104.0	127.5
养奶牛数（万头）	—	11.5	
猪肉产量（万吨）	0.8	7	7.8
禽肉产量（万吨）			
牛肉产量（万吨）	8.5	6.4	14.9
羊肉产量（万吨）	5.7	7.0	12.7
牛奶产量（万吨）	20.4	21.3	41.7
禽蛋产量（万吨）	0.2	1.3	1.5
人均产猪肉（千克）	3.1	14.6	17.7
人均产禽肉（千克）			
人均产牛肉（千克）	33.85	13.33	20.38
人均产羊肉（千克）	22.71	14.58	17.37
人均产牛奶（千克）	81.27	44.38	57.05
人均产禽蛋（千克）			
草原面积（万公顷）	8 000	364.7	11 647
人均草原（公顷）	30.9	7.6	15.9
森林面积（万公顷）	8 333.3	244.5	8 577.8
农民人均纯收入（元）	1 331	1 490	1 435

总之，这个地域农业上人均耕地不多，粮食平均单产低落。除西藏的藏南农区和青海海西少数地区有产粮的优势：因整体产粮不过 180 万吨，在人均达到 240 多千克的水平下，能把畜产品的肉、奶两项保持一定水平，也是能达到较高的营养水平的。如果粮食和肉奶制品给予一定的支持，缓解对高山草甸的载畜量压力和改善草地产草能力，才有可能激活这一大片特殊地域的生机。尤其是青海，人均 7.6 公顷高原草地是低水平的，如果草甸再破坏下去，10 公顷只能养一头牦牛的话，这个脆弱的生态链将被彻底破坏。现在那里的牦牛，2 岁的同 1 岁的同样大小，不长个子的原因是饲草不足，还在强调增加饲养头数的话，后果是不堪设想的。

1. 西藏自治区　西藏作为世界屋脊，大部分地区是高海拔，林、水资源居全国首位。低海拔地区农牧开发潜力巨大，近年在粮食生产上，667 米^2 产达 318.4 千克，人均

282.9千克牧业上，主要依靠牦牛，人均产乳64千克、产肉近70千克都达到较高水平。但是在高海拔地区应以保护为主，比较适宜的近期措施是，进一步在低海拔地区发展奶业和加速牦牛异地育肥，减轻高原草地压力，促进高原生态进一步恢复。强化旅游，扩大产业分化，可以不断地提高当地的经济实力。而高原牧区在目前的潜力下不宜增加放牧压力，保护生态是长期的战略。

2. 青海省 青海省是人均耕地才0.123公顷的省份，大多集中在东部农区，那里的面积只占全省面积的4%，是黄土流失严重的地方，雨量稀少也是生态脆弱带。而西部和西南部为牧区，地处高海拔的干旱区，森林少，理论上水资源丰富，但大多随深谷而去，是别省区的水源库，略有旱情农牧业都受损害。引进家畜禽品种虽多达40个以上，但对高寒气候适应者不多。青海省共有天然草地面积3 646.7万公顷，可利用草地占3 160万公顷，平均为产青草169千克，天然草地载畜量3 600万个羊单位，现有存栏牛526万头，羊1 664万只，以折合4 500万个羊单位计算超载25%。

中度以上退化草地7 266.7万公顷，占可利用草地面积的23%。与20世纪50年代相比，单位面积产草量下降在不同地区，自30%～80%不等。

黄河源区在近20年草场退化速度比20世纪70—80年代加快1倍多。沙化型退化面积达266.7万公顷，集中在柴达木盆地和青海湖区。

全省流域区水土流失总面积达1 066.7万公顷，在黄河流域达1 073.3万公顷，长江流域达320万公顷，使大量泥沙冲入黄河、长江，致使两条母亲河含沙量逐年提高。

为改变现状，1998—2001年国家共安排青海24个县的生态环境建设综合治理，投资4.7亿元。到2001年底已投入3.89亿元，占计划的82.6%，完成治理水土流失面积共13.1万公顷，其中草地围栏等6.64万公顷，另有草地灭鼠17.6万公顷，分别占可利用草地的0.4%和0.55%，或个别中度退化草原的1.8%和2.4%。这两个比例虽有提高却也来得不易。

如果能巩固成绩，不再退化，约需60年能恢复到20世纪50年代的水平。这要后代2～3代人连续奋斗才有希望。

据青海省畜牧厅介绍，随着青海江河源头水气条件恶化，草原沙化加剧，沙漠化草地已达1 446.7万公顷，占全省草地面积的20.1%，这使一个北京市的面积大小草地变成沙漠。

卫星遥感图显示，黄河源区近20年草地退化面积比20世纪70—80年代加快1倍多。青海省海南藏族自治州可利用草地共计329.8万公顷，其中沙化面积89.26万公顷，退化草地面积126.7万公顷，两者合计215.96万公顷，占总面积的65.5%，严重性可想而知。因此，全省应疏导西部牧区的载畜量，强化西繁东养，强化地方良种选育和幼畜的培育。全省应强化保水保土的生态工程，制止高原草甸继续出现的严重退化，休养生息是长期的治理根本，否则不但会对本省，而且将对全国造成不可挽回的损失。从生态农业出发，发展种草护坡和三元结构农业，将畜牧中饲料报酬高的奶牛业和禽业作为东部农业区和有水利优势地区的主产业，减轻西部高原牧区的压力，改善生态环境，保护好两江源头的水源，实为重大国策。

青海省政府将青海湖地区2.67万公顷耕地全部退耕还林还草的决定显然是符合子孙

万代长远利益的行政决定。

四、广西、贵州、云南、四川和重庆

桂、黔、云、渝、川五省（自治区、直辖市）为长江流域的山岳与平原过渡区，是西部的第三类。西南的粮食生产就其总量和单位面积产量上，在西部地区是最高的，分别达到8 636万多吨和278千克。人均产粮为360千克，按20世纪末我国民众膳食结构和每天摄入量来衡量都已经超过口粮的实际需要，有相当多的粮食可用作饲料，传统畜牧业在当地都很发达（除贵州稍差），人均产猪肉达到43千克。广西和四川的饲料工业发达，为养禽和养猪提供优质配合料。在调整农业结构中，云南和四川的肉牛业和奶牛业已经启动，两省的养羊业也占较高比例，虽然比西北有很大差距，其原因是对草业的推动力度相对地比较弱。同时草山的利用有着与北方完全不同的经营管理要求，过去在这方面的投入也比较少，科技的投入是必须加强的重要内容（表9-11）。

表9-11 广西、贵州、云南、重庆、四川土地资源和畜产品水平对比

项　目	广西	贵州	云南	重庆	四川	合计
人口（万人）	4 723.6	3 676.0	4 076.6	3 091.0	8 407.0	23 974.2
土地总面积（万公顷）	2 360	1 762	3 940	615	4 888	13 566
耕地面积（万公顷）	440.8	490.4	642.2	158	659	2 390.4
粮食面积（万公顷）	365.6	315.1	423.8	277.3	685.5	2 067.3
粮食总产量（万吨）	1 528.5	1 161.3	1 467.8	1 106.9	3 372.0	8 636.5
667米^{2}粮食产量（千克）	278.7	245.7	230.7	266.1	328.0	278.5
人均耕地（公顷）	0.09	0.13	0.15	0.05	0.078	0.099
人均产粮（千克）	323.5	315.8	360.0	358.0	401.0	360.2
养牛数（万头）	775.3	658.1	854.8	164.1	1 002.8	3 455.1
养羊数（万头）	241.8	341.8	892.9	160.6	1 321.6	2 965.0
养猪数（万头）	3 171.8	1 802.7	2 587.1	1 610.0	4 781.1	13 952.7
养奶牛数（万头）	1.0	0.8	10.4	1.6	4.3	18.1
猪肉产量（万吨）	206.8	104.8	172.6	132.1	419.1	1 035.4
禽肉产量（万吨）	55.9	7.3	12.6	14.2	87.9	177.9
牛肉产量（万吨）	9.8	7.0	12.8	4.4	23.8	57.8
羊肉产量（万吨）	2.5	4.2	5.8	1.9	16.2	30.6
牛奶产量（万吨）	1.7	1.7	14.7	5.6	28.9	52.6
禽蛋产量（万吨）	14.5	6.5	10.6	27.9	99.7	159.2
人均产猪肉（千克）	43.8	28.5	42.3	42.7	49.9	43.2
人均产禽肉（千克）	11.8	2.1	3.1	4.6	10.5	7.4
人均产牛肉（千克）	2.1	1.9	3.1	1.4	2.8	2.4
人均产羊肉（千克）	0.5	1.14	1.4	0.6	1.9	1.3
人均产牛奶（千克）	0.4	0.5	3.6	1.8	3.4	2.2
人均产禽蛋（千克）	3.1	1.7	2.6	9.0	11.9	6.6
草原面积（万公顷）	650.1	17.0	1 531	37	152.3	238.7
人均草原（公顷）	0.14	<0.001	0.38	0.02	0.02	0.10
森林面积（万公顷）	12 692	761	2 436	301	1 153	17 343
农民人均纯收入（元）	1 864	1 374	1 479	1 892	1 904	1 741

1. 广西壮族自治区　广西的土地总面积2 363.9万公顷，草山草坡达869.9万公顷，占36.8%，而可利用草山草坡为650万公顷，占其中的74.7%，或占全省土地面积的27.4%。

因广西工业相对地比较发达，受二氧化硫和酸雨复合污染的达174万公顷，农作物减产的占耕地面积的12.6%；但广西的“三荒”地面积有417.8万公顷，宜农、宜果、宜牧面积各为24.7万公顷、45.7万公顷和93.9万公顷，这类土地主要分布在交通不便、人烟稀少、地势较高的丘陵低山上，其实都是需要生态重点保护地区。综合治理以生态保护为前提，中低产田的改造以农牧结合思想为指导，能较快地加速经济实力的提高。

广西是西南发达地区之一，有海港之便，开发比较早。畜牧业的产肉水平，在全国也是领先的一个，人均产奶是最滞后的一个，反差十分明显。全区的人均产粮在全国不算高，但用粮有余，只是地区间差别较大，东部县市显出明显的优势。全省先抓肉，后抓奶也是全国农区的规律，由于广西既非牧区，又非大城市经济，奶业上注意得很少，虽然水牛的改良和最好的奶用水牛种群都在广西，利用在农村发展强势经济和调整农业结构中还得引入广东某些县市的经验。糖业是广西的拳头行业，糖蔗和蔗尾是奶牛的良好饲料，在当地还没有配合成龙，这一水牛奶特色的食品加工业是很有指望的产业，应成为全国的领先行业。广西是具有一定面积的喀斯特地貌的地区，那里水的冲蚀严重，不保土是贫困的根子，对全区的发展有不利的方面。然而，南方的草业对调整广西农业是具有普遍意义的，只是具体模式在石山地区要多注重饲用树种，提高草食畜禽的比例，利用广西具有较大的林草地面积，将退耕还林还草与牧业有机结合，还是广西的强项。

2. 贵州省　贵州省的畜牧业是西南，也是全国的弱省。由于人均耕地面积不是最低的，粮食的生产可以保持自给，过去也是在养猪上投入比较大，这与全省的山区大，土层薄，增产粮食的潜力有限是不太相配的。喀斯特地貌的地区面积很大，要将其改造成粮地并不容易，农业的出路在发展节粮型畜牧业。原来的养羊业有一定的基础，由于与林业的矛盾主要在山羊，而奶牛业一直是以花溪奶牛为领头，农民已有一定的经验；养蛋鸡也是高饲料报酬牧业。全省的畜牧业高速向奶和蛋方面发展，兼而推动羊肉、牛肉和禽肉行业，比较符合贵州省的实际。饲用木本植物在当地也很丰富，将其列入推广项目，是护山护水，开辟畜牧产品的基础，温带型草种适宜于贵州气候，提高单位面积的生物学产量，以人均耕地面积而言，贵州省在西南不是在末位，人均0.127公顷很有回旋余地，种草(包括饲用树种)，养畜是很适合省情的。肉牛、肉羊个子小，虽然是弱点，但不一定都得提高体型再开发，比较现实的是提高繁殖率和出栏率、商品率。每头母畜的产仔成活率提高了，就能积小成大，积少成多。以水土保持为前提，调整农业结构，农村的生产面貌是会有巨大的改变的。

黔西南州拥有35.3万公顷草山草场，发展畜牧业具有良好的自然条件，加之地处滇、桂、黔三省、自治区结合部，区位优势突出，随着南昆铁路的开通，为畜牧产品提供了广阔的市场。州委、州政府把畜牧业摆在突出位置来抓，近3年每年拨600万元专款用于草场、品种改良等基础建设。从新西兰等国引进的黑麦草、鸡脚草、皇竹草等长势良好，为发展草地畜牧业奠定了基础。2001年投资近百万元，新建了86个品种改良点，2002年将新增品改点47个。

黔西南州畜牧业快速发展，肉类总产量由“八五”期末的8.1万吨增加到2001年的14.1万吨，增长74%，人均占有量由30千克提高到48千克。2001年牧业产值达14亿元，牧产值占农林牧渔业总产值的比重由“八五”期末的30%提高到36.6%。

3. 云南省 云南是自然条件多样性和物种资源多样性十分丰富的地区，农业环境也比较好。目前在粮、肉、奶的人均生产水平上唯牛奶处于很低水平，产肉水平略高于全国。由于省内气候适宜于种植各类作物，人均土地和耕地面积比贵州有明显的优势，作物和家畜禽产量的提高潜力巨大。牛奶生产虽然以省而言，水平很低，但是洱源的黄牛改奶牛工作在20世纪60年代已闻名遐迩，成绩斐然，奶品加工已粗具规模。小哨是在省领导关怀下成立的肉牛中心，饲养的婆罗门牛是唯一的可直接用于南方高峰牛杂交而具抗虫的肉用品种。云南又是全国唯一适宜于繁育半细毛肉兼用绵羊的地区。新发现的乌骨绵羊具有药用特性，开发前景良好，由于人均耕地在中东部县份都较多，开发牧业的资源雄厚。云南畜牧业是特有种开发和大众畜产品开发能双双丰收的地区。问题是雨水大，坡地多，全省的水土流失严重，偏远地区人均耕地很少。生态保护任务重大，草地畜牧业在此应成为顺理成章，具有良性嵌合效业的行业，在云南应该能更显特色和多样性。

4. 四川省 四川是天府之国，久负盛名。人均产粮401千克、产肉66千克，都高于全国平均水平。以养猪而言，四川省是农民分散的小规模养猪，广泛应用当地资源，部分采用大规模饲养取得成功的省份。因此粮肉比为6.07，从字面上看比全国平均7.93的比例要低一些，然而其饲养方式是更为省粮的。光是养猪一项的产肉效果尚能提高，何况半农半牧的西部地区，肉牛业正在兴起。奶牛和养羊业的适宜地区也遍布各县市，在成都盆地水利条件优越，强化农业结构调整对于人均土地较少的四川依然是可行之路，草畜结合，与改造陡坡地为草和灌木林是非常重要的手段，可以营造一个以持续农业为基础的新型的天府之国。其中众多的山坡地种草护坡发展草畜对人口密集的县市尤为重要。

四川西部是广袤的牧区，是现今四川肉牛和肉羊的基地，也是四川在这两项指标上能领先于西南各省的原因，牛奶的生产虽然在成都附近有一定规模，但是民众的基础在牧区，把四川看成是纯农区，那么是不完全的，是顾此失彼的。四川的水源资源在西部，那里的林草建设关系着成都盆地的繁荣，江堰的作用在调水、理水，而出水在上游。

成都盆地周边是山峦环抱的特殊气候区，对于周边山区的治理又是一项巨大的水土保护工程，护山护坡退耕还草还林也是不可忘记的，近年洪雅等地，种草养奶牛与建设生态是进展很有成效的工作。四川省人口多耕地少，盆地范围内人均只有几分地，全省平均才667米^{2}多一些。人均产粮可达400多千克，从长期效果来说，盆地以养猪为主，西部和盆周，必须以牛羊为主，统辖全面，天府之国才能永世流芳。

5. 重庆市 重庆市的农业生产基本上是四川类型，不过自然条件更差，又是一个工业城市。原重庆市在奶业上是比较重视的，划成直辖市后，人均产奶水平下降。作为一个强项，由城市奶业向农村奶业的发展，必须引入新的生产模式。作为山地尤其是三峡库区的建设，山高坡陡的特点，林草结合又是经济发展手段。在养猪、禽蛋的同时，利用川蜀特有的气候条件强化奶业和其他草食畜禽生产，对粮食生产不是削弱，而是有益的补充。在动物农业中种草养畜禽，增加有机肥提高植物蛋白生产是良性循环，完全适合当地自然环境，对发展农业经济是根本的措施。

以上章节有关乔灌草综合利用的介绍，由联合国粮农组织推动实施，在西南地区有直接的借鉴意义。

第十章

21 世纪动物农业前景

现代农业 现代农业是资本密集型农业，又称草食农牧业，或营养体农业，其耕作制为混合饲养性的农牧结合制度。草食农牧业与草地农牧业只有一字之差，却有着天壤之别。草地农牧业，代表在天然草场上放牧的原始农牧业；草食农牧业，是用现代高附加值的人工牧草饲养草食性动物的营养体农牧业。刘振邦指出，现代农业的总体定量标准：①用于农业的劳动力下降到占全国总劳动力的20%以下；②用于农业劳动力的投资占当年农业净产值的40%以上；③农业劳动生产率高，一个来自农业劳动力的收入可养活10人以上。如美国、加拿大于1950年，西欧、北欧于20世纪60年代中期，日本于70年代，相继达到上述指标，进入了现代农业阶段。农业劳动力的转移是农业现代化进程的核心。他指出，资本密集就是用资本代替劳动力，结果会导致生产率和资本收益的提高。

北京的农业结构变化，据陈印军等报告，北京粮食产量占全国粮食总产量的比重从1980年的0.621%，下降到2000年的0.312%。北京种植业产值占本市农林牧渔总产值的比重从1990年的55.6%下降到1999年的49.5%，再迅速下降到2000年的43.7%；而畜牧业产值从1990年的39.8%上升为1999年的44.0%，再迅速上升为2000年的50.6%。仅2000年北京市就发展蔬菜2万公顷，完成果树更新改造1.67万公顷。花卉、药材首次突破0.67万公顷，种植牧草2万公顷，粮食作物与经济作物之比由1999年的64：36调整为55：45。2000年设施农业产值达到48亿元，比上年增长77%，农产品出口交货值达到26.4元，比上年增长89%。观光休闲农业收入达12亿元，增长1.3倍。这是典型的农业经济调整的实例，反映非粮食产区调整已经进入良性循环，经济效益倍增，未来的调整将会更好。

由于畜禽粪尿的排泄量很大，以生物耗氧量（BOD）计算，一头猪一天所排粪尿的BOD相当于10个人一天的BOD值，或一只鸡的相当于0.7口人的量，或者说一个拥有1万头猪，或20万只蛋鸡的畜牧场，相当于一个10万人口或14万人口的城镇的污染度。据报道，20世纪末上海郊区畜禽粪尿已突破1 200万吨，远远超过工业废渣的排放量(663.1万吨）与全市居民的生活排放量相当。在国家调整城市居民肉蛋奶供应不必自给自足的政策下，依靠科技的畜牧生产代替传统的经营为大城市的发展提供新的理念和机遇。北京市也不例外，因此城市经济的调整是引领着改革的。其实华北的一些高度集中的养猪和养鸡场都因为恶臭扰民而不断遭到上诉，说明经济发达地区的农业必须向环境友好性方向调整。

按刘振邦所述，劳动力转移分为4步，西方称为梯度模式。其中第一步是改变农业内部的产业结构，把大量农业劳动力从种植业尤其是从谷物种植中转移出来，去种饲料发展草食动物，留下少量人以规模化方式经营粮食。可以说，农业现代化的过程不仅是农业劳动力的转移过程，还是调整农业内部产业结构的过程，其目标是拉长产业链，以适应加工业的扩展和改善饮食结构的需要。具体做法是把大量耕地种草和饲料作物，饲养牛羊等草食动物，相对减少以谷物为饲料的猪等动物的饲养量。2001 年美国有 219 万农户，其中专业化种草养牛户 123 万，占 50%以上。荷兰 65%的农户是专业种草养牛的农户。农业劳动力转移的第二步是改变国民经济和中小城镇的产业结构，大力发展食品工业，以便吸引农业劳动力。西方的经验，食品工业原料的 80%来自畜牧业，15%来自水果和蔬菜，只有 5%来自谷物。可见，没有畜牧业就没有食品加工业，而牛羊业又是畜牧业的主体。从种草和饲料作物到饲养草食动物，再到加工奶、肉、皮、毛、血、骨的加工业，产业链长的行业，附加值高，就业面广，如果加上发展为其服务的第三产业，这不就是农业和农村的发展方向吗？他认为我国提出的农业现代化标准不科学。中国最早提出四化：机械化、水利化、化学化、良种化，有的加上电气化，这些都是技术层面的问题，说明需要有高技术，认识是深化了，但是宏观的社会问题未能同国际接轨，即只“化”，不转移人口，加大成本，增加农民的负担，很难提高农民的生产生活水平。现代农业的理念完全符合中央经济工作会议中提出的：“要把解决符合条件的农业转移人口逐步在城镇就业和落户作为推进城镇化的重要任务，放宽中小城市和城镇户籍限制。要以扩大内需特别是增加居民消费要求为重点，以稳步推进城镇化为依托，优化产业结构，努力使经济结构调整取得明显进展”的精神。

第一节　粮食安全与食品安全

粮食的标准，随着国家经济的发展，人口的增加，耕地面积的缩小，加上人均消费质量和水平的提高，对于农业生产及其产品产量和质量的要求也随之提高，对粮食，实际上是对食品的要求越来越高。我国连着 5 年粮食增产，农业的增产技术做出了很大的贡献。2009 年粮食总产量达到 5.030 亿吨，人均达 408 千克，然而，粮食紧张程度并没有根本性的好转。在我国，粮食生产达到什么水平可以被认为是安全的呢？按照 2008 年国务院发布的《国家粮食安全中长期规划纲要（2008—2020）》（以下简称《纲要》），把粮食自给率不低于 95%作为贯彻始终的目标。从国际贸易来看，进口粮食不超过国内消费的 5%是保证国家粮食安全的“红线”。按 2007 年进口大豆数量达3 082万吨，出口 45.6 万吨，净进口3 036万吨计算突破了这个底线；因此情况不如人们想象的那么乐观，光依靠谷物的单位面积增产来解决中国的粮食问题是值得讨论的。

对于粮食，人们的理解基本是指谷物。谷物有稻、麦、玉米、小米及其他谷物。按照《纲要》的定义，粮食指谷物、豆类和薯类。由于畜牧业的发展，玉米作为主要的饲料占有的比例如上一章所述已经达到饲料粮的 56%。而大豆的进口量十分巨大。2007 年我国进口大豆数量高达3 082万吨，出口 45.6 万吨。2008 年达3 800万吨，多了 718 万吨。2009 年上半年已经达2 200万吨。2009 年将达4 400万吨。如果以此速度，中国每年进口的大豆占到世界大豆年产量的 50%上下，也突破我国年产粮食 5 亿吨的 5%的红线，局限于单一谷物理念是个十分值得考虑的问题。

一、人均耕地的局限

尽管中国的国土面积广大，但是13亿人口的现实情况下，在中国可以供应发展耕地的面积十分有限。在世界各国中是属于可耕地不多的国家。将几个面积大，或耕地相对较少的国家加以对比，见表10-1。

表10-1　几个国家的人均耕地和谷物状况

（亩，千克）

项目	美国	欧洲	法国	印度	世界平均	中国
人均耕地	8.85	6.85	4.6	2.26	2.23	1.63
人均谷物	1 317	740	1 158	212	357	322
亩产谷物*	149	108	252	94	160	198

注：国外畜牧科技，2001年6月，欧洲人均5.13亩。

*亩产谷物＝人均谷物÷人均耕地。

21世纪初中国和印度在食品安全问题上的对比。从谷物的每亩产量而言，从表10-1可见，印度的人均产出的粮食明显低于中国，为212千克，比322千克低了100多千克。然而按人均耕地面积而言，印度高于中国，为2.26亩，比1.63亩高0.63亩，食品安全的基础比我国宽裕。这说明要缓解食物安全问题，在提高单位面积粮食产量的同时，有一个非常重要的战略问题，这就是调整种植业结构，与畜牧业结构的调整相衔接，形成优化的产业结构，以缓解对谷物的紧张需求和促进与和谐的稳步经济发展。

二、作为食物供应的蛋白质问题

以豆类生产为例，中国的人均生产为4.23千克，印度为16.13千克，巴西为17.33千克，三个发展中国家，以巴西最好，印度也比我国高得多，将近4倍；连牛奶产量很高的新西兰也很重视豆类生产，其大豆产量达到人均15.15千克。可见作为食物安全问题，豆类也必须与其他作物种类一样，在整体食品理念中要有重要地位应该是受到重视的指标。

从食品角度看，印度的奶类生产高于中国，人均达72.4千克，中国仅9千克（2001年）。发展中国家的巴基斯坦为160千克，巴西为人均130千克；近邻的日本为67千克，韩国为49千克，我国近年在奶业上下功夫，调整畜牧业的产业结构，是符合国家的长期战略目标的，说明牛业和养羊业必须在畜牧业比重中进一步提高，从而代替养猪业的饲养量，向林草要饲料，以改变对谷物的压力。

以肉牛产业为例，肉牛作为奶业连续产业的概念，奶牛最终依然是肉牛，何况犊牛中一半是公犊，接轨于肉牛。奶业发达的国家，都是人均牛肉产量很高的国家，如美国达43千克，加拿大53千克，丹麦33千克，法国30千克，荷兰25千克；以放牧为主的澳大利亚甚至达到115千克，新西兰达143千克。唯印度是因为受到宗教影响，很少宰牛，人均产牛肉2.83千克。我国不太重视养牛业的整体性，人为地将肉牛业与奶牛业分割，行政政策也不利于高效益产业的整体发展，距离发达国家对牛业的理解很远，使得人均牛肉产量也不过4.2千克。我国在这个问题上，尚需在各个层次上调整理念。生产的饲料，无论是谷类作物、饲料作物，都要结合各类畜产品生产对饲料营养的需要出发来安排，才有利于提高国家的实力和战略的安全。

2008年是全国畜牧业不平凡的一年，先后蒙受了南方低温雨雪冰冻灾害和“5·12”汶川大地震等特大自然灾害的严重损失，以及三鹿奶粉事件的严峻挑战，在政府的支持下，全国民众齐心协力地挺立过来了。畜牧业同其他行业一样取得了胜利。生猪和家禽行业以5%上下的速度稳定上升，奶业增势未见减退。饲料的需要量不断增长。猪饲料大幅度增长，达到了4 000万吨，同比增长了10%。蛋鸡饲料也上扬，达到2 600万吨，同比约增长3.2%。肉鸡饲料达到3 900万吨，同比增长6.5%左右。反刍动物饲料稳中有升，达600万吨。同比增长5.6%左右。水产饲料经历了困难的一年，鱼虾在冰冻雨雪下大量死亡，而减产到1 320万吨，同比下降0.5%。由于上百万吨的大型饲料企业加速发展，月增长23.3%，达13家，其产量约占全国总产量的1/3。可见饲料粮的需求在上升，我国的谷物生产虽然在全国粮食连年增产的情况下，依然不乐观。2006年全国农民人均纯收入已经达3 587元，因为在农牧民大量入居城镇，人均生活水准稳定提高的情况下，对动物蛋白的需求必然加速提高，面临的农产品种类的比例会继续向动物产品增产的方向倾斜，要解决好人民吃穿用问题这个头等大事，对经济的持久、稳定、协调发展也好，对国家社会长治久安也好，农业丰收是基础，而农业内部结构的调整是首当其冲的，任务是很重的。

三、“以粮为纲”农业系统的缺陷

以植物生产所得的产品，无论谷类作物、油料作物、还是纤维作物，为肉类所直接利用的部分不会超过25%（一般只有12%左右），而其余75%以上都要通过草食动物，尤其是反刍动物转化为动物产品。这部分生产所产生的产值将等于或大于植物产品的产值。任继周指出，中国传统的“以粮为纲”的农业系统至少存在着三重缺陷。

第一，是在植物生产层中把谷类作物以外的植物摒弃不用或减少利用，损失的生产力就达到一半以上，扰乱了植物生产层的结构，降低了植物生产的多样性水平，削弱了它的功能，达不到植物生产层可能达到的水平。

第二，是动物生产层的缺失拦腰折断了生态系统，割裂了植物生产层与动物生产层的自然耦合机制，使提高农业系统生产力的人为耦合无法施行，这是传统农业生态系统效益低下的致命“硬伤”。

第三，是动物生产层中“以猪为首”的结构，降低了动物生产层的多样性水平，实际上建立了一种很特殊的“粮-猪”系统。这个系统没有给草食动物以应有的地位，又损失了一半以上的生产力。凡是农牧并举，农牧结构比较合理的国家，牧业产值都在60%左右，而且以反刍动物为主，道理就在这里。而中国与之相反，在“以粮为纲”的基础上建立“粮-猪”系统，是有偏向的。另外，经常听到这样一种错误说法：西方人喜欢吃肉喝奶，而中国人只习惯吃五谷杂粮，因此不需要更多的畜产品。中国人是先有伏羲氏，后有神农氏，分别有7千年和4千年的历史，我们的消化器官也是属于杂食动物，这里有异议吗？只是合理的食谱要因人制宜，偏见也是要改变的。

任继周指出，“生态学告诉我们：食物环境决定生物的食性，而不是相反。‘粮-猪’系统是不符合我国国情的。我国是贫粮国，养了4.6亿头猪，生产了全世界50%的猪肉，而美国是富粮国，只养了9 600万头猪，生产了全世界9%的猪肉。如果美国农业也舍弃草地畜牧业而走‘猪-粮’系统，也养5亿头猪，他们的农业结构是什么状况将不堪想象。”如果我国以牛羊取代1/3的猪，估计可节约谷物0.67亿吨，节约耕地846.67万亩（姑且称之为农田当量）。总之，无论从生态健康来看，还是从生产效益来看，现代农业中应有比重不少于50%的畜牧业，而畜牧业中又应该以草食动物为主。草食动物为人类文明做出过最初的贡献，也与人类社会同步发展。草食动物是人类忠实的伙伴。

第二节　食品链的生态层次

动物、植物、微生物（三物）的三者平衡是现代农业的观点和动向，刘振邦和吴广义指出，三者平衡是遵循农业生态系统的能链流动和物质循环规律的，是促进生物种群的互利共生关系，防止生态环境的污染，实现农业生产的良性循环的系统。

中国有史以来，是以传统农业为治国之本的，是《汉书·食货志》里所说“辟土植谷曰农”的大田耕作，即种植业为整体的农业观念。大田耕作制，从二元结构农业制，向混合耕作制（草地轮作制）的三元结构转变是发达国家的现代农业的一致规律。中国在20世纪中期由何康部长提出三元结构农业，由于国家的整体环境和理念不到位，30多年来只有少量试点，未能在全国实现。在发达国家，大田耕作制以谷物为主，主要是谷物的自给自足：混合饲养型耕作制以种植牧草和养牛为主，目标是销售和增收。发达国家的农场以养牛的居多，法国是中小农场养奶牛，大约占农场总数的60%；大农场种谷物，实行规模化经营。荷兰在世界农产品进出口中占第二位，其鲜花占世界产量和出口的一半，但鲜花、水果、蔬菜的播种面积只占世界耕地面积的3.5%，大部分农户还是种牧草养奶牛；2001年荷兰畜牧业的比重在农业产值中占55.3%，种植业占44.7%。加拿大的农场中牛类农场数量最多，约占整个农场数量的36%。各国的奶牛饲养规模分别是：欧洲养牛户平均规模为22头，其中英国、荷兰、德国、法国的平均饲养规模为50～70头，美国701头，新西兰150头，澳大利亚170头。他们大都以中小型农场为主。“发达国家食品加工业原料的80%来自畜牧业，主要来自牛奶和牛肉，15%来自水果蔬菜，只有5%来自谷物。可以说没有牛业就没有食品加工业，也就没有农业的商品化和现代化。”

一、整体国土面积食品生产观点

徐更生等提出解决食品安全的主要观点，是要建立：利用整体国土面积生产食品、口粮与饲料粮分列以减轻商品粮供应的压力、对商品粮实行区域专业化生产以提高粮食生产效益、适当增加谷物进口积极参与农产品的国际交流。在重视对粮食产区实行奖励政策的同时，要重视对非粮食产区的食物生产的奖励政策。

紧张的耕地利用面积 按我国现有耕地面积，为人均 1.41 亩。参照联合国粮农组织的资料，我国人均耕地面积只相当于世界人均面积的 2/5，大约是美国的 1/6，法国的 1/3，阿根廷的 1/7，印度的 2/3。沿海经济发达地区人均只有几分地，而且随着改革开放和经济的发展耕地还在迅速减少。加上水资源十分匮乏，单一地提倡粮食安全，其问题不小，不改革大农业结构是不可行的。全国按 960 万千米^2 面积测算，平原面积只占 11.98%，山地、丘陵和高原分别占 33.3%、9.90%和 26.04%。其中耕地只占 13.54%，而可以适合畜牧业的丘陵、山地平原有 220 万公顷，约占 22%。开发和大力发展畜牧业潜力巨大。

欧洲内陆国家，如法国、丹麦、德国，人均国土面积分别为 13.72 亩、11.87 亩和 6.35 亩，耕地面积分别为 4.6 亩、6.3 亩和 2.15 亩。还有相当数量的草地也是欧洲乳制品和肉制品的主产地。因此，中国在重视粮食生产的同时，对于土地和耕地的使用方针必须调整，要有整体的国土利用的理念。按照发达国家的生产实践，牛业不但是畜牧业的主导产业，也是大农业的主导产业。以牛业为主的食品加工业又是国民经济的主导产业。这是世界农业发展的一般规律，大国都不例外。何况我国的人均耕地面积尚不如以上各国。

目前我国每年生产达 5 亿多吨的粮食，13 亿人口按人均口粮 230 千克计算，年消耗量达 2.99 亿吨，有 2/3 的盈余可以供应于饲料，即饲料的需要是粮食问题的要点。2000 年的统计表明，全国农民人均年收入达到2 253元，人均消费口粮为 206 千克，蔬菜 110 千克，食用植物油 8.2 千克，食糖 7.0 千克，肉类 25.3 千克，蛋类 11.8 千克，奶类 5.5 千克，水产品 11.7 千克。食物结构得到了明显改进。按 2006 年的畜牧业统计材料，2005 年全国肉蛋奶的生产量分别达到7 743.1万吨、2 879.5万吨和2 864.8万吨，都按规模化方式生产，在这 2 亿吨粮食基础上，至少再得 1 亿吨粮食的进口，实际上我国从未出现过这样的缺口。因为我国有大量的牛羊肉是不用全精料日粮饲喂的，即便是养猪，在非规模化的饲养场（如在四川）农民用大量的野草和残羹废食作饲料，起到了重要作用。2009 年中国生产肉类总量达7 500万吨，蛋类2 660万吨，奶类3 550万吨。依然保持上升趋势。说明居民生活水平在不断地提高。对饲料的需求量在提高。粮食问题，其实是饲料问题的解决是当务之急。各地须因地制宜设法解决。

二、丰富的植物资源

草地畜牧业或称草地农业，或“有机农业”的一个分支。它是将生态系统中植物生产与动物生产这两个生产层加以系统耦合，达到最大生产效益的系统。中国是一个多山的国家，适宜农耕的地区不足 12%；此外有 80%到 90%的土地资源，如草地、林地、滩涂等不可忽视，要加以利用。按李向林的材料，稻谷、小麦、玉米、冬种黑麦草、青贮玉米和多年生人工牧草，这 6 种作物种类的每公顷产量分别为 5.3 吨、2.75

吨、3.6吨、16.6吨、20.0吨和9.0吨。无论是牧草还是青贮玉米，其干物质产量和蛋白质产量，不但都比与三大粮食作物的子粒的营养价值高，甚至比它们的全株的营养价值都要高3～4倍。

其中稻谷、小麦和玉米三大作物所产生的粗蛋白和代谢能产量，如以植物全株的干物质产量来计算，其营养价值可以有丰富的潜力。例如：①冬闲田种草，在南方15省、自治区、直辖市：上海、江苏、浙江、安徽、福建、江西、湖北、湖南、广东、广西、海南、重庆、四川、贵州和云南，共有水稻面积近2 500万公顷，假设其中40%，即1 000万公顷为冬闲田，可以在冷季种植一年生牧草（黑麦草、小麦草、燕麦等），按农田当量计算，相当于1 440公顷，同时增产310万吨粗蛋白。这相当于生产全国近2 000万吨禽蛋所需的粗蛋白需要。②青贮玉米，在南方15省的玉米种植面积为609万公顷，玉米主要用于饲料。如果用其中的1/3，约203万公顷的粮食玉米改为青贮玉米，相当于355.25万公顷"农田当量"的耕地；减去原来粮食玉米的面积（203万公顷），相当于实际增加155.25万公顷，是168万吨的粗蛋白产量。足够全国牛和羊全部用实施舍饲养的饲料需要。③南方有天然草场建立的人工草场，6 700万公顷可以建成高产人工草场，能产出粗蛋白1800万吨。按1996年农业部畜牧兽医司的一个报道，全国大量草地基本处于休牧状态，其他尚有不宜利用的荒漠和半荒漠可以改造，潜力很大。按任继周院士的测算，我国可能新增农田当量和饲料粗蛋白产量潜力如下，见表10-2。

表10-2　我国可能新增农田当量和饲料粗蛋白产量

地　区	农田当量（万公顷）	饲料粗蛋白（万吨）
南方农田地区	2 532	2 538
南方天然草场	1 500	1 800
北方农田地区	3 715	3 384
北方天然草场	1 200	2 725
合　计	8 947	10 447

如果达到全部改造，按稻田增加面积，折合8 940万公顷，或者是相当于10 447万吨粗蛋白，植物粗蛋白计算的各种动物生产需要的蛋白质量，以表10-2所示，就都能达到要求。

粮饲兼用作物的价值　畜牧业结构的调整离不开粮饲兼用作物的发展。①以兼用玉米为例，按中原单32号的推广结果，该品种在中等水肥条件下，亩产500～600千克/亩，秸秆产4～6吨/亩。在宁夏春播产600～900千克/亩，秸秆6吨以上。在黑龙江果穗与青秆一起收获的生物学产量为7～8吨，最高达10吨，干物质产量高，适宜于制作青贮。②以饲用高粱为例，按甜高粱晚熟品种M-18E的推广结果，该品种在有积水的含碱（4%）地种植，2005年在1.8万亩土地上，平均亩产子粒200千克，鲜秸秆6 000千克，（糖）汁液纯度为16%～21%。2006年全县种植3万亩，平均子粒产量240千克，鲜秆7 100千克，汁液纯度为18%～23%。结合养牛羊和变性燃料乙醇的综合利用，建立了燃料乙醇生产车间和鲁北新型科技饲料厂以及高效生物有机肥厂各1个。按饲料高粱品种乐食（Everlish）的推广在云南的亩产达到1.5万～3万千克，在水热条件好的西双版纳甚至达到了40吨，在弥勒县每顿鲜草售价为100～130元，每亩年收入达2 000～3 000元。

不低的中国粮价 美国一号硬小麦的价格0.157美元/千克，二号玉米0.083美元/千克，大米0.31美元/千克（2005年）。这组粮价都比我国生产的粮价要低，体现了规模化生产的优点。

大力推行节粮型畜牧业 美国生产粮食，人均1 317千克。美国式畜牧业是中国学不起的，2006年中国人均占有肉、蛋、奶分别达到48.9千克、22.5千克和24.4千克。按中国人均322千克粮食，剩余的100千克当作饲料来用，是如何也不够用的，事实上我国大量的饲料来源是多样化的，如上所说，四川省农民养猪用大量鲜草，是产粮大省，也大量用草，是值得称赞的。家禽业具有肉蛋的优势，其中水禽，包括鸭、鹅，都是中国人喜欢的食品，很有推广前景。但是草食家畜在中国的比例依然不足，其肉类生产比例要提高，牛乳的生产更要继续强化。

第三节 现代牛羊业的生态和生产特征

按夏伦志等对德国最近期的考察，一户拥有200公顷耕地面积，饲养280头育肥公牛的福特一家4口人，以高效机械化生产谷物、油菜、牧草、青贮和部分秸秆，实行饲料的咨询配料等。加上对另有几家奶牛农场的考察，发现规模化的肉牛和奶牛场的发展，在当今的德国并没有对环境产生污染源。传统的粪便还田法，在德国的规定是每年的9月1日至第二年的2月1日是禁止施用的，代之以粪便与秸秆沼气生产技术。德国的能源有9.3%为生物能源，其中林业占48%，油料和秸秆占35%，沼气占17%。预计10年后，生物能源能占20%。动物粪便和秸秆的综合利用会大幅度地提高。按刘玉满的报道，德国巴伐利亚州的奶牛农场的饲养规模都不大。按奶牛头数计算，一般60头以下的占93%，超过60头的只占7%。牛奶销售收入占总收入的85%，才能有经济效益。我国饲养奶牛的规模有：一般农户（1～4头），小规模农户（5～19头），专业户（20～99头）及规模化饲养场（100头以上）。奶牛户的规模要因地制宜，过大的户型不一定有利。

一、农牧交叉带建设问题

中国草原学会理事长洪绂曾先生提示，1984年钱学森院士曾创造性地提出“立草为业”和发展草产业系统工程理论。继任继周院士和毛达如教授的努力和支持下，草业这个二级学科上升为一级学科，是中央重视的结果。其研究成果指明了西北生态环境恶化的原因，以及总结抗洪救灾经验的基础上，中央做出了退耕还林的重大决策，使21世纪的中国土地政策有重大的推进。“头数畜牧业”的概念有了广泛的转变，对草产业的理解得到了升华。

建立现代化草地农业体系，是实现农牧交叉带可持续发展的必然选择。由于农牧交叉带系统成分普遍独立分类分布，存在系统的主体行为不明确和生产发展目标不明确等问题，成为人、地关系紧张，系统间的关系不能整合、矛盾突出的主要原因。因此必须在农牧结合的结构问题上改变现状。发展的战略目标有两个主要方面，即生态环境建设和经济发展建设改造问题上，从目前情况看，以防风治沙（含抗旱）为重点的生态环境最为突出，从当前看是拿钱买环境，从长远看是依靠当地资源发展经济。

农牧交叉的发展战略思想要有一个转变，即“实行保护型农业耕作种植，以解决裸露农田造成的春季起尘扬沙问题”，（见科尔沁沙陀子草地的改造，第一章第七节之三）由年年被动向林-草-农田的综合林带建设转移。

结构调整是南北农牧交叉带建立现代动物农业的前提。几十年来，农牧交叉带的农业结构在半干旱向半湿润过渡的区域发展种植业，既不稳定，又存在效益低、风险大等问题。但是鸡、猪、牛、羊、驴、马间的比例，没有因地制宜的安排，结构主体不明确，需要各地在充分尊重客观规律的基础上合理调整。实现“种、养、加”一体化，加上“产、供、销”一条龙，大力拓展和延伸外生物生产层的效益，放大本地产业的经济效益，才能促进本地区农村经济发展和农牧民的增收，也就是要耦合本地和外地的产业效益。

二、草地建设问题

现代草地农业，可以避免单一林带的不足。研究证明，单一林带的有效防风距离为林高的15倍，故挡不住1 500～2 000米高空刮过来的沙尘，因此林带结合草地建设必不可少。林带的中长期效益削弱，且不宜更替，因此，除局部区域以外，林业要以草地、农田防护林带、林网形式进行建设。

洪绂曾指出：“发展现代草地农业这样一个生态-经济-社会功能兼优的产业，不但可有效解决该区的生态环境问题，又可以其为纽带，通过系统间、区域间的优势互补、有机耦合。一方面，把农林牧三个系统高效连接起来，极大地提高区域资源的综合利用效率。另一方面，优质草产品和牛羊畜产品，在中、长期内都是效益比较高的产业，并且草地农业的层次多、产业链长，发展潜力大，可把长、中、短期经济发展有机统一起来”。第九章所说的西部各地区的发展虽然有南北方之别，但是草业经营的原则，是要各取其长，结构调整却是共同的。

第四节　全面认识秸秆利用的意义

秸秆在农村很丰富，他的首要用处是作碳化处理，进行燃气生产，促进农村当地的能源供应，这是最为实际的举措，但是需要国家支持和引导，也是具有战略意义的举措。

一、秸秆养牛羊项目

秸秆养畜项目自1992年启动，到2000年中央政府已经为13个市（地区）的380个县提供了3.67亿元的项目投资，专业于秸秆养牛羊项目，其中大部分用于肉牛生产。中央政府在3年内每年为每个秸秆养畜示范县提供人民币100万元，地方政府以1：1的比例提供项目配套资金。

为提高农区结构的利用，据 2008 年 9 月 19 日全国秸秆养畜现场会议消息，中央财政累计投入秸秆养畜项目建设资金 8.65 亿元，让秸秆养畜的企业和农民真正获益。会上下发了《国务院办公厅关于加快推进农作物秸秆综合利用的意见》。项目资金主要用于秸秆处理、培训和基础设施等方面，如购买水泥（造秸秆处理窖）、尿素、塑料布等物资；地方政府可以自主决定将其用于配种服务（人工授精体系建设）、改善防治服务、育肥场建设、活牛市场建设。衡量一个县（市）是否符合标准，作为秸秆养牛项目加以扶植，必要的条件是养牛的基础头数，所需的进一步增加牛羊饲养量的剩余秸秆潜力。

2008 年会议要求做好以下工作：①科学指导，制定秸秆养畜中长期发展规划。明确每个省发展的重点县和重点地区。②争取政策，加大秸秆养畜扶植力度，制定秸秆饲料工业化生产企业扶植力度措施。③强化科技，提升秸秆养畜技术支撑能力。要积极培育科技创新体系，在技术方面有所突破。④培育主体，推进秸秆养畜产业化发展，鼓励种养企业，农民经济合作组织、饲料企业参与农户之间的订单生产模式，促进种植、养殖业的专业分工。⑤强化舆论，大力宣传秸秆养畜工作的成绩和经验。创造全社会关注秸秆养畜工作的良好舆论氛围。

秸秆是低营养饲料，喂牛羊必须要补喂精料和其他蛋白质饲料，单独的稻草、玉米秸秆等都是连维持需要都不够，何况育肥。因为已知干枯的作物秸秆的中性洗涤纤维（NDF）含量超过 70%，故消化率和采食量很低，按冯仰廉，李爱科（1996）的研究表明，未经处理的稻草单独饲喂时，对体重 372 千克的阉牛，按每 100 千克体重采食量仅为 1.00 千克，即喂 3.72 千克稻草时，不但达不到牛的维持能量需要，反而使牛的体脂肪每天下降 69 克，即所谓的“掉膘”。当稻草铡细后再经氢氧化钙和尿素复合处理并压成颗粒，这时才能使食量在单独饲喂时达到维持的能量需要，即每 100 千克体重到 1.82 千克。在高精料条件下氨化秸秆的进食量，每 100 千克体重仅为 1.10 千克，采食量是远远不够要求的。因此过于强调用秸秆的意义，会误导民众，既不能合理有效地利用秸秆，也达不到理想的增重效果，并会出现生产上的损失。

添加尿素可以解决部分问题，但是提高了成本，需要在补助政策上加以考虑。如果发挥草地畜牧业的优势，恰当地利用秸秆资源，才能有利于生产；进而言之，营养需求在草原体系中可以完善调剂，在那里秸秆作为部分粗饲料来利用才是上策，因此农牧交叉带的健康发展观是事关重要的战略决策。

秸秆养牛具有很大的推广意义，然而在上述技术推广时经济效益是关键。当氨化加工用的尿素价格较高时，农民只用于种粮，不用于氨化秸秆，一旦政府支持的项目经费到期，秸秆项目就自动停止。故秸秆养牛项目要能长入生产，必须有以下条件：①项目经费列入永久性国家支农预算，秸秆是粮食生产的副产品，作为种粮补贴的一个组成部分，投入农业。②氨化或其他处理用肥料等低价供应养牛专业户，设立支农专项。③科技的突破，使低蛋白低能量的秸秆在营养生物学上有本质性的突破。否则秸秆养牛的第二期投入，也将只能是短期行为。

摈弃不当的提法。“秸秆氨化”在国际上是用来加工秸秆的方法，以无机氮处理代替部分有机氮饲料。不幸的是有人以“替代粮食的说法”混淆视听，误导舆论，使用者务须注意。

二、生产颗粒饲料

开展秸秆的机械化加工作为粗饲料利用。这是农民最易理解和接受的举措。通过机械化具有提高粗饲料利用效果，如德国的卡尔（KAHL）公司对作物秸秆的加工技术和设备能有效地提高粗纤维的利用效率，我国也在优化研制有关设备。主要的工艺包括粉碎、化学处理、加热和加压，使其可以作为一种廉价的饲料添加成分。可以在秸秆的原产地加工成颗粒饲料，以免将结构做长途的运输，或者在添加有效营养成分后作为复合饲料来利用。

其中化学处理可以用氢氧化钠、碳酸氢钠溶液、液氨或尿素稀释液等，提高秸秆的营养成分。秸秆压块后制成颗粒有利于储备和运输，也有利于救灾，应该成为秸秆利用长期的生产流程之一。

三、改善饲料蛋白质供应和杜绝三聚氰胺的危害

我国奶牛管理上的一个缺陷是饲料蛋白质供应不足，单一地强调秸秆利用而没有解决蛋白质饲料的生产和供应，其结果就是牛乳中蛋白质含量低，达不到正常牛奶的蛋白质标准含量，从而掺兑三聚氰胺来造假。引发造假是问题的一个方面，而没有为农牧民指导蛋白质饲料生产是企业只求盈利，不保护农民的短期行为，是问题的另一个方面。要解决饲料蛋白质的生产，企业、政府和农牧民三者都应该投入。因此新启动的结构调整项目，要全面地推动养牛羊的饲养管理工作。如添加尿素的方法，促进秸秆这种资源能够长期合理利用。颗粒秸秆饲料加尿素也算可行的用法之一。上述不当的以秸秆“替代粮食论者”对过于偏重用秸秆饲料，造成农民的奶牛生产不了合格的牛奶，至少道义上是有责任的。

针对三聚氰胺问题，专家提出了中肯的意见和建议，下面是有关专家的论述。

（1）三鹿奶粉事件是忽略草业的直接后果（任继周）　从植物生产到动物生产，一般先进的、合理而经济的转化率，应该达到50%～60%，甚至70%、80%。而我国现在的转化率只有30%。这表明植物生产未能充分发挥，动物生产也得不到充足而营养平衡的全价饲料。植物生产与动物生产之间存在断裂，将导致两败俱伤。这个断裂间隙也是我国到达农业现代化的距离。我们期望能进一步唤醒全社会对草业的认知。唤醒农业系统中对草业地位的认知。

（2）饲草生产是国家食物安全与生态安全的重要保障　现代畜牧业应用加工的配合、混合饲料。但他们的原料主要是秸秆。而且良好的饲料也要有青绿饲料搭配才能完善日粮的营养，符合高产畜禽的需要。

为此，提出几点建议：①从可能性与必要性而言，饲料生产和草业的科学工作者，要通过自己的研究成果，科学地、实事求是地宣传人工种植饲料和牧草的重要性。②饲料和草业工作者密切合作，积极推动饲料作物和牧草的产业。学术和科学的进步是产业发展的基础，但不能代替产业的发展。反过来，没有产业的发展，学术难以深入，难以提高……③饲料和草业的科学教学单位要把推进饲料和牧草产业化放在重要地位，发挥科技优势，

组织队伍，深入实践，整合资源，综合研究，根据不同地区的生态和经济特点，利用综合试验站、区试验基地以及大型企业，在农牧相结合上做出示范，引领发展。④饲料作物和栽培草地要因地制宜，合理布局，有序发展，逐步推进。在牧区和半农半牧区，要有条件地发展人工育养和灌溉草地，建立饲料基地，促进草畜平衡，缓解天然草原的压力，转变生产方式，提高优良种畜生产力；对于农区的中低产田要大力引草入田，实现低产变高产。以生产优质商品和高蛋白饲草为重点，将饲草纳入粮经轮作体系，建立科学的农作制度。在提高农牧业生产的同时，培育耕地持续发展的能力。在南方高产农区，争取粮食高产再高产的同时，要利用立体种植指数和冬闲田等资源的利用率，种植牧草和饲料作物。

(3) 草畜乳协调发展，是建设现代奶业的必然选择（刘成果） 三鹿事件后，中国奶业遭到重创。原料奶收购价格散养户 0.8～1.2 元/千克，已大大低于 1.8 元/千克的生产成本。黑龙江目前产奶牛4 000多元就卖掉，全国第一奶牛大县双城已卖掉5 000多头。中国奶协已通过国务院政策研究室《重要信息快报》上报给国务院有关领导。

农区种草养牛的必要性。内蒙古的呼和浩特、包头、乌兰察布、呼伦贝尔虽在牧区，但奶牛饲养业多集中在半农半牧区或纯农业旗（县）。特别是中国奶牛的主体品种荷斯坦牛更是集中在农区。据有关调查，农户实施全株青贮玉米喂奶牛的不足 20%，饲喂玉米秸秆青贮的奶农约占 30%，光喂玉米秸、麦秸或稻草的占 50%以上。日粮中粗蛋白含量明显不足，导致乳蛋白率不达标（研究表明，当日粮中粗蛋白含量从 17%降到 9%时，粗蛋白每降 1%，乳蛋白就下降 0.2%）。饲料中矿物质、微量元素和维生素亦严重缺乏，结果影响奶牛生产力的发挥，形成“三高”、“三低”。三高是奶牛代谢病概率高，兽医药费高，饲养成本高；三低是产奶量低，原料奶品质低，饲养效益低。再不抓住机遇，通过人工种草改变这种落后状况，实行奶牛饲养的转型升级，则难以为继。给不法之徒有了添加非蛋白氮的可趁之机。

走出“草粮争地”的认识误区。要抛弃狭隘的粮食观念，树立“大粮食”的观念。粮食安全是一刻也不能放松的头等大事，但粮食安全的本质是食物安全，而食物安全的本质是营养安全，科学调整种植结构，合理增加优质牧草和饲料的种植，不仅不会影响粮食安全，而且有助于食物营养安全。2008 年发布的《国家粮食安全中长期规划纲要》(2008—2020 年）中明确提出，保证粮食安全，除了提高粮食生产能力外，还要利用非粮食物质资源。并强调指出：“调整种养结构，逐步扩大优质高效饲料作物种植”，“加快农区和半农区节粮型畜牧业发展”，而且还明确提出了到 2010 年、2020 年的牛奶总产量预期指标分别是4 410万吨和6 700万吨。这是走出“草粮争地”认识误区上难得的进步。研究表明，1 公顷苜蓿草比种 1 公顷粮食作物约增产粗蛋白1 050千克，同样面积的专用全株青贮玉米提供可消化的总养分、粗蛋白、胡萝卜素含量分别是粮食玉米的 1.44、1.86 和 30.88 倍。因此必须从认识误区中彻底走出来，大胆调整种植结构，建立粮、经、饲三元结构，实现农牧结合，建设现代奶业。

四、有机肥生产

农区秸秆产量巨大，据联合国工业发展组织中国投资与技术促进处绿色产业专家委员会材料，粮产区的山东高唐，泉林嘉有机肥责任公司大量利用秸秆为原料，利用作物秸秆达100万吨，生产60万吨有机肥，有普通有机肥、腐酸有机肥、有机无机复合肥、黄腐酸液体肥四大系列，40多个品种年产销量高达98%以上。该公司的山东省绿色肥料研究所成为我国首家通过“ISO14021Ⅱ型环境标志”国际认证和授权使用国家质量技术监督总局防伪认证的企业之一。其生态效益为每年减少近30万吨二氧化碳的排放量；60万吨有机肥的使用可以减少20余万吨氮肥，12余万吨磷肥，18余万吨钾肥的生产和使用对环境的破坏和能源的需要，真正达到了秸秆还田的目的，生态效益良好。对于该肥的利用，能提高作物抗病抗重茬能力，改善果品品质及改良土壤结构，为生态农业发展所必须，又可减少农民投入；据调查使用该类有机肥可以为农民增加近30%的收益，直接降低10%～20%的投入，并且其农产品具有绿色食品的性质，为健康食品。2008年报道，该公司的年收入达7.2亿元，税收1.44亿元，直接提供1 000多个就业机会。可见在产量区发展有机肥，是动物农业的必然趋势之一。

联合国工业发展组织绿色产业专家委员在山东设立的有机肥绿色产业园和临沭绿肥产业基地（史丹利）等，经济和生态效益明显。

五、沼气生产

现代动物农业是生物能源的生产产业，中国在这方面随着世界大潮流的引导，很快跟进，取代了长足的进步。根据《可再生能源发展“十一五”规划》，到2010年我国要建成沼气发电100万千瓦。大型的沼气生产，以北京德清源鸡粪沼气项目是大中型畜牧场养殖场废弃物排放治理中最有代表性和成功的。在有相当条件和准备的德清源鸡场，于2009年4月，联合国将沼气发电列为“全球大型沼气发电技术示范工程”。沼气的日产量不少于15 000米^3，沼气中甲烷含量不低于60%，实现了热电肥三位联和的供应系统。同年5月19日该发电厂正式竣工，电厂并网发电后延庆每年可为首都提供10亿度绿电。德清源的新兴厌氧反应器的发展从池型，进料系统等多方面设计出高固体含量畜禽粪便沼气发酵反应器，提高了能源化利用率，还解决了脱硫技术，为我国大型畜牧企业的畜禽粪便发电建立了榜样。

在农村可用的中性规模上，北京大兴区长子营镇民营村沼气站，为7个村1 659户提供清洁能源。年处理畜禽粪便为12万吨，将惠及村民5 900余人，已于2009年3月18日开工，显示了首都在清洁能源上的先进理念。其实中小型的畜禽粪便生产沼气和发电，多年前在南方的多个省份建成，为地处偏僻的乡村提供了绿色能源。这类项目是应时代的生态建设，为畜牧业的产业链条之一，全国都宜迅速发展。这种模式在生态、经济和政治上都是和谐的。

第五节　畜牧业结构的调整

1978年以来，我国居民人均肉产品消费量在小幅度波动的情况下，呈现稳步增长的趋势。2007年人均猪肉、牛肉、羊肉、禽肉的消费量分别比1978年增长了1.04、4.85、0.94和2.66倍。随着居民收入的提高，对肉类产品的消费也呈刚性增长趋势(表10-3)。

表 10-3　主要年份全国居民平均肉类消费量

单位：千克/人

年份	猪肉	牛肉	羊肉	禽肉
1952	5.92			0.43
1957	5.08			0.50
1960	1.53			0.36
1965	6.29			0.36
1978	7.67	0.26	0.49	0.44
1980	11.16	0.31	0.53	0.80
1985	11.83	0.43	0.55	1.55
1990	12.63	0.78	0.67	1.82
1995	12.51	0.81	0.40	2.45
2000	14.53	1.27	0.66	3.76
2005	17.54	1.52	0.93	6.00

数据来源：《中国统计年鉴》。

按上表计算，在消费量整体增长的趋势下各类肉品的比例出现了变化。猪肉从来是消耗较多的，但是在消费水平提高时比例下降（表 10-4）。

表 10-4　主要年份全国居民肉类消费量结构变化（%）

年份	猪肉	牛肉	羊肉	禽肉	其他肉
1978	86.57	2.96	5.5	4.97	
1980	87.26	2.54	4.04	6.25	
1985	82.38	3.01	3.82	10.79	
1990	79.43	4.93	4.19	11.45	
1995	77.37	5.04	2.44	15.15	
2000	71.86	6.30	3.24	18.60	
2005	68.13	6.13	3.87	21.86	
2007	63.38	6.17	3.85	26.40	

这个比例与世界各国对比，中国的肉类生产格局尚有调整的可能。各国生产的肉类比例对照见表 10-5。

表 10-5　有关各国生产的肉类比例对照（%）

国家及地区	牛肉	猪肉	禽肉	羊肉	其他肉
世界	21.66	40.41	26.00	3.11	8.82
欧盟 15 国	19.20	51.77	19.55	2.52	6.97
中国	8.03	67.51	11.99	2.87	9.60
美国	28.81	23.80	38.27	0.20	8.92
澳大利亚	54.30	9.08	19.45	15.25	1.92
日本	16.63	39.45	43.70	0.0034	0.22
巴西	39.34	15.59	43.17	2.52	6.97
泰国	21.66	40.41	26.00	3.11	8.82

数据来源：《中国统计年鉴》和 FAO《农业统计年鉴》。

我国是世界上最大的畜产品生产国，同时也是世界上最大的蛋白质原料的需求国，最大特点是蛋白质原料供应紧张。中国于2008年饲料用豆粕达2 480万吨，目前用于加工饲料豆粕的70%以上都需要进口。国际大豆市场受国际原料市场，尤其是某些大国市场变化的影响。据美国农业部资料，中国在连年粮食增产的情况下，2007年大豆消费量4 600万吨，2008年5 000万吨，2009年增至5 100万吨。据海关统计，2008年国内进口大豆总量为3 743.56万吨，同比增长21.46%，再创历史新高。为保证大豆供应充足，我国于2007年将大豆进口关税从3%降至1%。国内大豆销售减少，而进口量进一步增加。进军中国市场的跨国粮食巨头占据了中国大豆进口80%的份额，拥有中国70%的大豆加工厂。中国市场价格如何能由国家来调控好呢？大豆进口趋势猛不可挡（表10-6），表明市场对畜产品的要求在迅速提高。

表10-6 1996—2008年我国大豆进口情况

单位：万吨

项目	1996年	1998年	2000年	2002年	2008年
产量	1 350	1 473	1 538	1 650	3 743
进口	111	321	1 042	1 132	5 000

21世纪初人们普遍地认识到，在粮食的需求上饲料粮比重日益加大，从发展的眼光看，全国的饲料粮将成为中国粮食消费的第一大项。中国的饲料粮缺口很大，只有保证了饲料粮的安全，才能保证粮食的安全。饲料粮的自给率愈高，中国的粮食安全性愈高。由于能量饲料相对地比较有保证，而蛋白饲料缺口大，是未来动物农业发展的瓶颈。这在第一章第四节蛋白工程问题的分析上已经明确提出。生产植物蛋白是有潜力的，而且国内大豆生产能力在上升。

据中国农业科学院报2009年32期报道大豆新品种《中黄13》，由该院研究员，博士，著名大豆专家王连铮的团队选育并推广，于2008年示范推广面积达1 118万亩，连续两年居全国第一，将中黄13号从黄淮海流域大豆区扩大到北方春大豆的广大地区，对推动我国大豆生产的恢复和发展产生重要作用。以中黄等几个大豆的特征，据韩敬花报道，见表10-7。

表10-7 中黄等几个大豆的特征*

品种名	粗蛋白含量(%)	粗脂肪含量(%)	单产(千克/公顷)	百粒重(克)	春播生育期(天)	夏播生育期(天)
中黄13	42.84～45.8	18.66	2 401.5	23～26	130～135	100～105
中黄35	高产高油		3 076.8	17～18.5	121	102*
中豆28	无kunitz**		2 634			*
中豆27	高异黄酮		2 223			*
中豆18	地豆腥味		2 533.5			*
中豆30	39.53	21.44	2 833.5			*
中黄41	43.62%	19.16%	2 829			

注：*示范田或区试结果，**不含库尼兹胰蛋白酶抑制剂。

由表 10-7 可见，我国大豆的性能正在追赶国际水平，为大豆的自给带来了希望和可能。

第六节 饲料蛋白源基地的建设

畜牧界对于饲料基地建设历来很重视，在全国范围内各地都有不少的饲草饲料基地建设的试验和实践。尤其是对于多种植物蛋白质的需求，在 13 亿人口和人均粮食不到 450 千克的现状下，要求拿出更多的粮食作饲料必然有很多问题，可喜的是我国政府近年来提出的退耕还林、还草的政策，对改善农业产业结构的调整，扩大饲料资源是有长远的意义。在开发上也有许多成功事例，可供参考。

一、苜蓿基地建设

2005 年苜蓿在中国的种植面积达到了 133 万公顷，次于水稻、玉米和小麦，成为第四大作物。而在甘肃省 2006 年种植面积为 51.9 万公顷，苜蓿素以“牧草之王”著称，不仅产量高，而且草质好。仅次于小麦和马铃薯，成为省内的第三大作物。苜蓿业发展成为环境保护、种植结构调整、农民增收草畜结合的一体化新兴产业。苜蓿干物质中营养成分高（表 10-8）。

表 10-8 苜蓿的营养成分

营养成分	粗蛋白	赖氨酸	粗脂肪	粗纤维	无氮浸出物	粗灰分
含量（%）	18～24	1.06～1.3	2.4	35.7	34.4	8.9

其粗灰分中钙为 1.09%，磷为 0.3%。初花期和盛花期苜蓿干草的产奶净能为 1.23 和 1.68 卡/千克，接近于中等能量的饲料。苜蓿蛋白含有 20 种以上的氨基酸，可满足人和动物所需的全部必需氨基酸：蛋氨酸 0.32%、赖氨酸 1.06%、缬氨酸 0.94%、苏氨酸 0.86%、苯丙氨酸 1.27%、亮氨酸 1.34%，以及一些稀有氨基酸（瓜氨酸、豆氨酸等），这些氨基酸主要存在于苜蓿的叶片中。一亩苜蓿可年产约5 000千克鲜草，按鲜干比值 4∶1计算，可产1 250千克高蛋白和维生素成分。其蛋白质量是种一亩普通玉米蛋白质的 4～6 倍，相当于 750 千克大豆的蛋白质含量；生物学含量相当于玉米的 3～4 倍；维生素、矿物质元素的产量相当于种玉米的 10 倍以上。其综合营养价值高于玉米、小麦等粮食作物。种植苜蓿每年可固氮 10～20 千克，相当于含蛋 46%的尿素 43 千克；亩存积残根量2 050千克，相当于施肥尿素 67 千克/亩，效果极为明显。

我国牛奶总产量从 1984 年的 259 万吨，增加到 2000 年的 919 万吨，到 2008 年的 3 830万吨，增速不断提升。然而奶牛生产中优质禾本科和豆科牧草的使用量极低，大量的使用劣质秸秆饲料（玉米秸、麦秸和稻草）与三大料（玉米、麸皮、饼粕）的简单混合，使能量有余，蛋白质单一不足，氨基酸搭配无从谈起，因此饲料转化率低，引发产奶量低、乳脂率低和牛只健康不断恶化等一系列的问题；并引发如上所提到的掺兑三聚氰胺问题，警示还不够多吗！下面从四种粗饲料的营养成分可见苜蓿的重要性（表10-9）。

据李胜利研究，用优质苜蓿喂奶牛对生产性能的影响可使日增重提高3.2千克，乳脂率提高9.7%，乳蛋白提高3.8%。王运亨（2000）用2.5千克苜蓿干草取代2.5千克羊草喂奶牛，牛奶产量提高，乳成分改善，日增售牛奶效益为3.8元。

用于喂猪，据试验添加5%的苜蓿草粉比添加9%的草粉平均日增重高17.78%。申瑞玲在含10%的苜蓿的日粮中添加0.1%的复合纤维素酶可使粗蛋白的利用率提高19.2%，粗纤维率提高41.1%，日增重提高17.9%，屠宰率提高5.69%。可空怀母猪和妊娠母猪可不使母猪太肥，不会出现受孕率低或产仔率不高的弊端。在空怀期和妊娠的前期和中期，这两个半月在给母猪多喂优质牧草，不仅可以节省大量精饲料，而且苜蓿中含有的大量维生素矿物质对胎儿的发育十分有利。

用于喂鸡，由于苜蓿含有生理活性物质，如苜蓿总甙（具有类似大豆黄酮的功能），雷祖玉的试验表明肉仔鸡的腹脂重和腹脂率分别下降了7.70%和11.16%，半净膛重提高了3.89%。苜蓿粉含有丰富的叶黄素，可使蛋黄色泽鲜艳，提高产蛋量。陶福军报道，用苜蓿草饲喂豁鹅，可使个体产蛋量提高19%，商品蛋蛋黄颜色变深、发红、呈金黄色，每只鹅增收12元。蛋鸡料中添加苜蓿草粉5%，具有明显效益。

表10-9 苜蓿等粗饲料的营养成分对比

成 分	苜蓿干草	玉米青贮	羊草干草	玉米秸秆
NEL/（兆焦/千克DM）	5.6	3.8	3.4	2.1
CP/%DM	17.9	10.4	6.7	6.4
NDF/%DM	45.5	66.0	69.6	84.3

苜蓿草适应于南北各地，在南方过去被认为不抗热，现在在福建、湖南等省都取得高产的结果。以“盛世”等抗热品种更为明显，在第七章曾作论述，这里不再赘述。

据报道，在奇镇十里堡村，种小麦产量为6 375千克/公顷，售价1.34元/千克，总收入8 542.5元，扣除支出4 575元，纯收入3 967.5元；而种植苜蓿，产草量（鲜）达48 750千克/公顷，可饲养52只羊，每只售价250元，总收入13 000元，扣除支出（包括饲养员工资）4 300元，纯收入8 700元。种植苜蓿比种植小麦增收了4 732.5元，增收率为119.3%。并且种苜蓿可节水20%，有利于干旱地区推广。在育肥场的舍饲条件下，羔羊育肥体重达25.7千克，架子羊体重达48.2千克，疏通流通领域，架子羊从青海和内蒙古转移到山丹苜蓿产区，建立“产-供-销”方式，有巨大的经济效益。

二、退耕还草（林）建设

中国的草地是欧亚大陆草原的主体部分。以温带草原为主，总面积近39 176万公顷，占陆地面积的41.7%，比现有森林和农田面积的总和还大，是当之无愧的最大的陆地生态系统类型。我国草原主体在蒙古高原，它的东侧主要分布在辽河平原和松辽平原，西侧分布在黄土高原，再向西是青藏高原。受降雨的影响，我国草原的类型从东向西，依次有草甸草原、典型草原、荒漠草原和高寒草原。它的主体是以草本和少量灌木组成的地被，“草无林”的地貌是自然规律。

多年来全国90%以上的草地已经有不同程度的退化，沙化也以每年200万公顷的速度在急剧扩张（贾幼陵）。我国同许多发展中国家一样，对耕地的需求随着人口的增长而急剧增加，草原就成了人口膨胀的必然牺牲品。据资料统计，全国1/5的耕地来自于近代对草原的开垦。在干旱、半干旱地区，由于土壤、植被、气候地形的限制，不适宜开垦的草原被开垦，植被和土壤被强行改变，使农业和草业两败俱伤。为改变这种具有周期性和灾害性的破坏，国务院启动了“推广还草工程”，使这种“饮鸩止渴”的当前致富行为得以初步抑制，促使资源锐减、生态恶化、灾害迸发的情况初步扭转。然而，在多行业、多区域、多层次、多方位的开展草原生态环境保护与建设时，在“退耕还林还草”、“退牧还草”、“生态移民”、“围栏封育”、“小城镇建设”等的诸多安排中，依然有不少误区，应以避免。如在还林与还草间，“还林”比“还草”的补贴高出一倍，这必然引导牧民在本来不宜种树的草原去种树，结果是优质草原上出现了没有生机的“老头林”；在“退耕还草”地区，原来用季节禁牧很有效，却要“全面禁牧”，减少了牲畜的数量和产量；大量开发水资源，使草原进一步退化；一哄而起的“围地运动”，缺乏统一规划，中断了牧道，成了无形的禁牧，引发了矛盾。

令人幸会的是在草地退耕还草的工作中有许多成功的事例可以推荐。甘肃省的退耕还草工程，据骆进仁报道，退耕要以还草为主，还兼顾还灌。具体地要按各地的降水量和灌溉条件而异，要依干燥度为主要指标，贯彻“宜草则草、宜灌则灌、宜林则林或草灌乔结合”的原则。在牧区和半农半牧区大力进行天然草地保护，遏止草地退化，提高天然草地生产力，使与农区的退耕形成良性循环，促进各自然系统的耦合。

在甘肃省经实地调查的结果提出了全省总体的实施方案，为：“进、退、还”和“保、退、还”两类模式。在“进、退、还”模式中“进”指以农田水利建设为中心，大力平整土地，采用高效农业实用技术，建设高标准农田；“退”指将水土流失严重区>25°以上的坡耕地和部分15°～25°坡耕地退出耕作；“还”指对退出耕地的坡耕地用于人工草地和人工造林。三者的关系是：边进边退、以进保退、以退逼进、以畜带还、进退相结合。退耕区立草为业，发展舍饲畜牧业，延长产业链。在“保、退、还”模式中，“保”指实施天然草地保护工程，主要内容是禁牧封育围栏、休牧、划区轮牧、草地改良、饲草饲料基地建设。简称“禁、休、轮、改、建”；“退”指退耕，是将生态脆弱的风沙区、江河源头的水土流失区及坡耕地部分退出耕作；“还”指还草还林还牧，具体指将推出耕作的耕地用于人工种草和人工造林，其中少部分人工草地也可作放牧之用。三者的关系是：保退还并举、以退促保、立草为业、异地育肥、强化异地分工协作，发展舍饲养殖，注重放牧利用技术。以下有8种模式可供参考。

1. 退耕地模式 五个生态区要因地制宜：①陇东黄土高原沟壑区在2001—2010年10年内草地保护工程以禁牧为主，并逐步开展天然草地改良工程。②陇中黄土高原丘陵沟壑区在2001—2010年10年间，应实行，即每平整6°～15°坡耕地5亩（合1 334米^2）的高标准农田的同时，退出667米^{2}在15°以上条件较差的坡耕地的模式；在2010—2020年间除个别地方外，应以营造灌木林为主，乔木林为辅的生态林，退耕地还林还草的比例2010、

2020、2050年分别为2∶8、3∶7、3∶7，其中经济林与生态林比例确定为2∶8。另外，近10年内草地保护工程以禁牧为主，并逐步开展天然草地改良工程。③陇南山地地区在2001—2020年20年间，前10年在平整6°～15°坡耕地的同时，将<25°坡耕地逐年全部退出耕作。后10年继续平整15°～25°坡耕地。退耕地还林还草的比例2010、2020、2050年分别为5∶5、6∶4、7∶3，其中经济林与生态林的比例为8∶2，近期以禁牧为主，并逐步开展天然草地改良工程。④甘南高原区在2001—2010年10年间，退耕地全部用于还林还草，还林还草的比例为3∶7，经济林与生态林之比为2∶8。⑤河西走廊高平原区在2001—2010年10年间，退耕地全部还林还草，还林还草的比例为2∶8，经济林与生态林的比例为2∶8。

2. 草地轮作技术模式　草田轮作是农牧民作为决策主体，农牧部门积极倡导的一种技术模式，是将人工种草与农作物栽培有机结合，避免农作物连作造成的诸多弊端，提高土壤肥力、改善土壤理化性状、减少病虫害、防止土壤次生盐渍化、缓解供水矛盾、减少水土流失、增加土地单位面积产量和调整农业生产结构的重要技术手段。确定农田时间和草地时间的长短，应在考虑上述因素同时，还要考虑农作物和草种的生物学特性。在低湿地上，由于土壤的通气性不良，有机肥分解缓慢，土壤中储存了大量的有机质，为了充分利用土壤肥力，农田时间可以长一些；在贫瘠的梁坡地上，土壤水分含量低，通气良好，土壤有机质含量少，草地时间可以长一些；在河床冲积地上，农田时间和草地时间大致相等。建议推广的模式：

陇东黄土高原沟壑区有：

（1）苜蓿（6～8年）→谷子或胡麻→冬小麦（3～4年）；

（2）苜蓿（3～5年）→玉米（套种大豆）→（冬小麦）；

（3）冬小麦（复种毛苕子或豌豆）→（套种大豆）；

（4）苜蓿（5年）→玉米或马铃薯→冬小麦→冬小麦；

（5）苜蓿（5年）→高粱或谷子→玉米→冬小麦；

（6）冬小麦套种箭舌豌豆或毛苕子→玉米→冬小麦；

（7）冬小麦套种小日月糜→烤烟→冬小麦→或大豆；

（8）冬小麦→套种箭舌豌豆或毛苕子→西瓜→冬小麦；

（9）胡麻→冬小麦→麦后复种豆青收草→玉米；

（10）东小麦套种油菜→油菜复种豆青收草→玉米或冬小麦。

陇中黄土丘陵沟壑区有：

（1）麦后复种豆青收草→玉米或马铃薯→马铃薯或玉米；

（2）莜麦混播草木犀→玉米→冬小麦→冬小麦；

（3）红豆草→（3年）→冬小麦（3年）；

（4）红豆草（3年）→马铃薯或玉米→冬小麦；

（5）红豆草（2～3年）→春小麦（2～3年）→土豆；

（6）红豆草（4年）→小麦（2年）→胡麻→土豆→毛苕子→小麦（2年）或豌豆、扁豆→小麦（2年）；

（7）小麦→胡麻（混播红豆草）→红豆草（3年）→土豆→小麦（2年）→豌豆、扁豆→小麦；

（8）谷子→小麦→红豆草（3年）→小麦（2年）→土豆→箭舌豌豆→胡麻→（或胡麻混播草木犀）；

（9）苜蓿（4～5年）→马铃薯或玉米→冬小麦（3年）→玉米或马铃薯；

（10）苜蓿（4年）→冬小麦→（3年）→马铃薯或玉米；

（11）苜蓿（5年）→冬小麦（3年）→马铃薯或玉米→玉米；

（12）胡麻、谷子（混播苜蓿）→苜蓿（4年）→土豆→小麦（3年）或小麦（2年）→莜麦、荞麦（混播苜蓿）→苜蓿（4年）→土豆→小麦（3年）或小麦（2年）→莜麦、荞麦（混播苜蓿）→苜蓿（5年）→谷子；

（13）小麦（2年）→胡麻（混播苜蓿）→苜蓿（4年）→土豆（谷子）→胡麻（或胡麻混播苜蓿）。

河西走廊高平原区有：

（1）春小麦套种草木犀（草木犀版茬越冬）→草木犀复种玉米间大豆→春小麦套种毛苕子套种玉米间大豆→亚麻、甜菜等经济作物；

（2）苜蓿（4～5年）→小麦间玉米（4～5年）→春油菜复种苜蓿；

（3）碱茅草（3年）→春小麦复种白菜或绿肥植物（盐渍地）；

（4）碱茅草（3年）→甜菜（盐渍地）；

（5）碱茅草（3年）→水稻（盐渍地）。

陇南、甘南区：

两区人均耕地较少，除局部或短期粮草轮作外，主要以粮草轮作为主，陇南区将后也可总结推广草林间作模式。

3. 牧草混播技术模式 牧草混播技术模式是农牧民，特别是牧民在安排生产中的一类技术模式。在进行退耕还草、天然草地改良、饲草料基地建设选择单播或混播技术时，在水肥、土壤等条件好时用单播，否则用混播。在种植作物多年单一的情况下，混播可以较好地解决这个问题；不同草种的空间配制可以充分利用光能，提高生物学产量；综合利用各种牧草可以提高牧草的适口性和利用效果；实现草地养分自我平衡。牧草混播主要在利用目的、利用年限、植物学营养成分、立地条件等多方面的考虑。在时间上有1年生、越年生和多年生之别；多年生中又有中寿、长寿之分。在空间上有高草、低草；草种上有不同科、属、种的搭配，有上繁和下繁、疏丛和密丛等多种立体组合。在饲草利用目的上有放牧用、刈割用、刈牧兼用或轮作倒茬用之别。在立地条件上要考虑草地的光、水、热、地形条件。

实践证明，混播牧草一般要有禾本科与豆科两类中的2～5个种或品种组成。放牧利用时以下繁草、密丛型、长寿型的草为主；轮作利用时以轮作草地主要播种豆科牧草为主；刈割利用时以上繁草、疏丛型、中寿型草为主。混播中豆科和禾本科的比例大致为：短期（2～4年）的豆科占55%～45%，禾本科占45%～55%。中期（5～8年）的豆科占25%～39%，禾本科占75%～70%，长期（8年以上）的豆科占15%～20%，禾本科占85%～80%。

在陇东、陇中黄土高原区，不论是天然草地的补播改良还是荒地种草，都宜混播效果最好，与单播相比可以推迟草地的衰败期。补播模式下采用：花苜蓿＋沙打旺＋扁穗冰草，人工重建牧草模式下采用：小冠花＋无芒雀麦，或红豆草＋无芒雀麦，或紫花苜蓿＋无芒雀麦。

在陇南，水热条件好，可采用的混播模式有：白三叶＋多年生黑麦草，或白三叶＋多年生黑麦草＋鸭茅＋苇状羊茅＋草地早熟禾，或白三叶＋红三叶＋多年生黑麦草＋无芒雀麦＋百脉根，或红三叶＋鸭茅＋猫尾草。

在甘南，要建立优质高产刈割草地可采用：燕麦（永久169）＋333/A春箭舌豌豆，花苜蓿＋无芒雀麦或披碱草；高寒区可采用：红三叶＋猫尾草，老芒麦＋燕麦，老芒麦或垂穗披碱草＋中华羊茅＋花苜蓿＋草地早熟禾。

青海省贵南由丰润草畜有限公司经营禾本科牧草，规模较大，主要牧草是多叶老芒麦、无芒雀麦、披碱草、燕麦等，老芒麦是披碱草草属的牧草种类之一，叶片多和花序占总重的32.94%，以青干草投产。公司制定了企业标准，见表10-10。

表10-10　老芒麦饲料加工品丰润公司企业标准（老芒麦产品质量体系）

名　称	标准号	指　标
饲用多叶老芒麦草粉	Q/GFR001-2004	草粉、草捆中蛋白质＞8%
饲用多叶老芒麦颗粒	Q/GFR002-2004	草颗粒，草块中蛋白质＞10%

分级

一级	收获期为开花期，颜色为绿色或灰绿色，叶量为40%	绿度40%
二级	收获期为成花期，颜色为黄绿色、叶量为25%	绿度30%

在河西走廊盐渍化沼泽草地可采用：降盐碱牧草混播模式，即碱茅＋冰草＋芦苇＋水三棱。半荒漠木偶草地可采用抗旱模式，即沙打旺＋草木犀＋羊草＋小糠草，或羊草＋边穗冰草＋沙打旺＋红花岩黄芪＋柠条（或毛条）。沙化荒漠草原可采用抗风沙、抗干旱飞播模式，即沙打旺＋红花岩黄芪或细株岩黄芪＋梭梭＋白沙蒿＋芨芨草。

表10-11　柠条营养成分

单位：%

项目	水分	粗蛋白	粗脂肪	粗纤维	无氮浸出物	粗灰分	钙	磷
含量	6.5	9.26	2.26	49.02	29.5	3.1	0.93	0.054
干物质中含量		9.90	2.80	52.43	31.6	3.3	0.99	0.058

柠条营养成分的消化率是按干物质中粗纤维的含量增加降低的，其规律见表10-12。

表10-12　反刍家畜饲料中粗纤维含量和消化率

单位：%

饲料干物质中粗纤维含量	消化率			
	粗蛋白	粗脂肪	粗纤维	无氮浸出物
25～30	71.1	54.6	65.1	72.3
30～35	64.4	53.4	60.3	68.5

（续）

饲料干物质中粗纤维含量	消化率			
	粗蛋白	粗脂肪	粗纤维	无氮浸出物
35～40	62.4	52.8	54.4	65.7
40～45	58.9	44.9	44.8	63.3
52. 43	50.0	35.0	34.0	59.0

故柠条在返青后适时进行刈割和晒干，能生产优质的蛋白质饲料。在储存和运输时都十分有利。以生产奶牛饲料为例，据杨晓民报道如表 10-12。按柠条的营养价值用于喂奶牛时比作物秸秆的蛋白质要高得多，约 4 倍，用于喂肉牛在吊架子阶段能基本上符合要求，见表 10-13。

表 10-13 柠条喂奶牛的营养价值和换算

项目	粗蛋白	粗脂肪	粗纤维	无氮浸出物	合计
含量(%)	9.9	2.80	52.43	31.60	
消化率(%)	50.00	35.00	34.00	59.00	
燃烧热价	5.79	8.15	4.42	4.06	
DE(兆焦/千克·干物质)	1.20	0.33	2.30	3.17	8.00
ME(兆焦/千克·干物质)	6.56				
TDN(%)	4.95	2.21	17.83	18.64	43.63

与几种野草和大豆秸秆比较其营养价值见表 10-14。

表 10-14 柠条和几种粗料的营养价值比较

饲料名称	样品地	干物质中营养成分含量						
		产奶净能（兆焦/千克）	奶牛能量单（NND/千克）	粗蛋白（%）	可消化蛋白（克/千克）	粗纤维（%）	钙（%）	磷（%）
野干草	上海	0.003 3	1.04	6.9	40	23.1	0.34	0.32
针茅	内蒙古	0.003 3	1.04	9.1	46	51.6	—	—
大豆秸	吉林	0.003 2	1.03	3.6	10	52.1	0.68	0.03
大豆秸	辽宁	0.003 0	0.97	5.1	15	54.1	—	—
大豆秸	河南	0.002 9	0.93	9.8	28	48.1	1.35	0.22
柠条	*	0.003 3	1.30	9.9	52.4	52.4	0.99	0.06

* 柠条的无业期枝条的饲用价值。

资料来源：1998 年版《中国饲料成分及营养价值表》，北京：中国农业出版社。

据杨晓民研究，在山西雁门关地区柠条作为耐牧植物，能抗风沙，抗水土流失，保护生态又能提高部分饲草供应，对建立饲料基地和生态基地，建设生态畜牧经济区十分有利。

胡枝子是豆科灌木，有一年生和多年生之别，为相对地耐旱和耐瘠薄的植物，当管理得当时，可获得较高的饲草和种子产量；在我国东北和华北山区都为常见的野生状态，在林间边缘成小片分布。据对二色胡枝子、兴安胡枝子、截叶胡枝子的分析（中国饲料学），胡枝子具有丰富的蛋白质，见表 10-15。

表 10-15　几种牧草的蛋白质成分

牧草名称	粗蛋白含量（%）	相对比例	粗纤维含量（%）
紫花苜蓿	17.1	100.0	30.9
胡枝子	15.7	91.8	32.0
羊草	7.4	43.0	29.4

注：引自张子义《中国饲料学》。

胡枝子的蛋白质成分与苜蓿接近，与羊草对比，其粗蛋白含量要高出1倍多（1.12倍），其中兴安岭胡枝子的蛋白质为19.9%，实为优质蛋白质饲料。如果要用于喂养奶牛，约需要日用2.5千克的胡枝子干草，可以达到年产奶7 000千克的水平，并且保证生产优质牛乳，防止泌乳母牛出现乳房水肿，减少或杜绝发生母牛酮病，降低乳中的体细胞数。在具有成片林地的地方可以开发胡枝子干草的商品生产。

4. 还林模式　在陇东黄土高原沟壑区宜采用：塬边、沟边防护林体系营造模式和生态经济型防护林体系营造模式。在陇中黄土高原丘陵沟壑区宜采用：侧柏沙棘混交林体系营造模式，薪炭林营造模式，林果营造模式，高效灌木经济营造模式。在陇南山地区宜采用：林草生态型营造模式，农林复合营造模式。在甘南高原区宜采用：退耕封育自然恢复植被模式。在河西走廊平原区宜采用：灌草型天然植被封育模式和“带网片”防护林营造模式。此外，各区都可采用的有生物埂造林模式。林业系统有丰富的树木类资源可供畜牧业的饲用原料，许多种类是具有特殊用处的，并且可供新的畜产品的开发利用，见表10-16。

表 10-16　几种树木类营养和保健添加用料*

资源名称	特　殊　用　途
绿茶类	1. 儿茶素，应用于生产低胆固醇（CHOL）保健蛋 2. 茶叶末，提高鸡的胫色和蛋黄色 3. 蛋保鲜时间延长7～10天，鸡胴体货架期延长24～50小时
松针粉	1. 松针粉每千克含类胡萝卜素238毫克，可达到鸡肉鸡皮及当黄的增色效果 2. 使肉鸡提高增重12.3%，肌肉中含硒量提高5.17%，延长肉鸡胴体的货架寿命36～48小时
刺槐叶粉	添加5%刺槐叶粉，可使当黄颜色从1级提高到9级，并保持不变
侧柏叶粉	侧柏叶粉每千克含类胡萝卜素225毫克，添加3%～5%，可达到鸡肉鸡皮及当黄的增色效果
杨树叶粉	产蛋率高8%，淡黄色质高4级，用5%～7%的杨树叶粉
泡桐树叶粉	瘦肉率比对照高8.17%，腹脂下降2.13%，鸡肉香味提高。添加泡桐树叶粉含12.54%～21.33%粗蛋白，粗脂肪3.24%～5.82%，钙1.92%，磷0.1%～0.21%
桑树叶	添加3%桑树叶，增加氨基酸量，肉味口感好鸡舍内氨气浓度大幅度降低
核桃树叶	鸡蛋黄所含α-亚油酸比普通鸡蛋含量高4.5%
香蕉皮	添加10%新鲜香蕉皮鸡肉皮肤等级高2级，蛋黄高3级。效果类似槐花、山楂皮

*依据孙克年资料，树木资源对提高鸡产品品质的研究。饲料广角，2003（8）：19-21.

从上表所示甘肃省的退耕还草有很细致的模式，为全国所青睐，面向严重的生态环境已有方略，令人鼓舞的。草原与动物产业，林业与动物产业的结合对于西北，像甘肃和其他各省区那样，都能加速地方经济的发展。

在南方基地建设同样具有现实意义。我国南方丘陵山地宽广，为黄红壤地区，位于北纬15°～33°，东经60°～125°，包括广东、海南、湖南、江西、贵州、福建等省的全部和云南、浙江、四川省的大部，以及湖北、安徽省的南部与东南部、江苏西南部的一小部，总面积为217.9万平方千米。该地区年平均降雨量达1 200～2 500厘米，年平均气温为14～18℃，≥10℃的积温4 500～9 000℃，高温多雨，水热条件充分，植物生长期长，复种指数比温带高出1倍左右。区内华中一带平均气温由东南向西北逐步下降，冬季气温南高北低，夏季转为东高西低。日照数是北多于南，东多西少，年平均太阳照射总量由东向西逐步减少，年平均降雨日数南多于北，南北相差50～60天。区内大河与湖泊星罗棋布，长江和珠江两大水系的总流域面积占全国面积的1/4，地表径流量为全国之最。其中耕地2 793.33万公顷，占13.6%，林业用地9 057.78万公顷，占44.1%，牧业用地753.3万公顷，占3.7%，荒山荒地4 820万公顷，占23.46%，水域等其他占15.14%。人口稠密，耕地少，耕地为全国人均耕地的1/2，人均耕地面积0.067公顷，比全国人均耕地面积少1/3。随着人口增加和非农用耕地的有减无增，预计该区人均耕地面积为继续下降。由于人民的衣食住行主要是靠有限的土地来解决，在人口不断增长，森林受破坏的地方，水土流失加剧，致使农民的三料（饲料、肥料和燃料）奇缺，严重影响农村各业的发展。按李科云等报道，南方有宜牧草地5 333.3万公顷，滩涂草地1 333.3万公顷，还有便于开发的农闲地和林间草地，实行“草灌乔”基地建设，发展畜牧业的潜力巨大，具有现实的意义。李科云报道牧草经牲畜果腹还田，增加肥料，同时改良土壤，培肥地力。如果一亩红三叶每年固氮13.5千克，相当于29.3千克尿素，还可以利用牧草和粪便发展沼气。

5. 林草结合，种养结合模式 该地区有成片林，也有不整齐的散林，“小老头树”杂生，多年造林不见林的地方众多，以“草灌林”的方式经营，以草促农、促牧、促林方式，潜力依然很大。其中林草结合，包括用材林和经济林、种养结合，对于见效慢（8～10年方能成材）的地方，可以种草，达到周期短，见效快的目的。在发展牧业时做好保持水土，培肥地力，可以生态和经济两利。估计在13省（区）有幼林285～340万公顷，特别是果木幼林，大都可以成梯田，但要控制杂草，并施肥，可为种草创造有利条件。根据试验结果，每公顷产鲜草量可以达30吨计，潜力很大。如在欧洲某些发达国家的草场、刈割草地和放牧地的情况。

6. 稻田冬闲期种草模式 按每年的11～12月晚稻收割至翌年4月，长达120～140天，除了一部分种植绿肥、小麦和油菜外有300万～500万公顷的休闲田，推广粮草间作投资少、周期短、用途广、效果好。其中以种植一年生的黑麦草与紫云英为最佳。

7. 调制人工干草 南方草地产草量比北方高2～3倍，由于气候变化大，降雨不均等原因，每年4～6月气温高、雨量大山区的牧草都处于牲畜吃不完的状态，而每年7～9月受高温干旱的影响，牲畜不能采食。从10月开始，以华中一带为严重，受露后受季节风的危害，气温下降，尤其是12月份最严重，多年生牧草生长受阻，冬季的缺草期达180～230天之久，其中严重缺草达120～150天，为此南方养畜要解决干草的储备问题。农田种紫云英，在每公顷产草30～35吨的条件下，有一半的鲜草能被加工，估计量达4 800万吨以上。

在闽北地区，种植象草、杂交狼尾草、墨西哥类玉米和青贮玉米取得有效成绩。推广的种植要求为：南牧1号、杂交狼尾草定植规格为50厘米×60厘米；墨西哥类玉米两年，均为穴播规格为30厘米×50厘米，穴植2苗；青贮玉米为穴播，按大田规格为25厘米×59厘米，穴播1苗。一个时期：象草、南牧1号、杂交狼尾草、墨西哥类玉米在地上部高达1.8米时，玉米为蜡熟期中期一次收割，都能获得良好收获（表10-17）。

表10-17 5种草的产量和经济效益*

牧草名称	亩产（千克）	单价（元/千克）	亩产值（元）	成本（元/亩）	效益（元）
象草	14 324.5	0.09	1 289	215	1 074
南牧1号	13 535.5	0.12	1 626	176	1 448
杂交狼尾草	12 655.0	0.09	1 138	190	948
墨西哥类玉米	12 655.0	0.11	1 205	164	1 041
青贮玉米	10 955.0	0.19	1 332	133	1 199

*引自谢善松《5种高禾草在闽北地区生产性状和营养品质的比较》。

5种牧草的使用，经南平长富集团用于奶牛饲养，由于青贮玉米具有玉米子实，受奶牛场欢迎。相同高度的象草、南牧1号、墨西哥玉米与饲喂奶牛的饲用率分别达到78%、100%、85%和100%。如果喂养肉牛，可以按不同的饲养或育肥阶段选择相应的牧草。

据全国土地资源调查资料显示，仅25°以上的坡耕地达9 100万亩。长江、黄河中上游地区由于长期毁林开荒、坡地耕种，已使之成为世界上水土流失最严重的地区之一，每年流入长江黄河的泥沙量达20多万吨，其中2/3来自坡耕地。所以退耕还林草，再结合畜牧业的有效管理，可以为边远地区民众解决生计问题，把改良生态与移民和调整产业结构结合，建立生态补偿机制，可谓一举三得。

8. 青饲论供实例——新疆的察布查尔县种籽粒苋扶贫工程 籽粒苋作为一种优质蛋白质饲料作物引入到新疆的察布查尔县，经过2年的实地实验，于2006年取得了成效。据孔·伊克坦的报道，新疆察布查尔锡伯族自治县是位于乌孙山伊犁河南岸的边疆地区。在新疆维吾尔自治区85个县中，以农作物播种面积计排在第29位，农林牧渔总产值排在第50位。财政自给率为人均2 245元，居第56位，牧民纯收入为2 186元，是一个典型的“边、少、穷”的国家贫困县。当地农区农作物秸秆非常丰富，但营养价值不高，养牛时还需要铡碎，氨化微贮时要有新的投入，农民嫌费工费钱，不愿意接受。农区野草资源越来越少，青绿饲料日益紧缺。养一头日产奶20千克的奶牛，要喂10千克精料，花15元钱再加上饲草和奶子用来喂牛犊，卖奶的钱就不多，在这种情况下牛价下滑，无利可图。贫困户本来生活就困难，政府扶贫虽然解决了买牛的问题，也因拿不出钱来喂牛，致使牛体瘦弱，产奶少，搞不了收入。种植籽粒苋后，与玉米青贮混合青贮，可以制作蛋白质含量高的饲料，而且品质优良。生产和加工上在籽粒苋结子期茎叶亩产10吨，每亩成本240元（种子费20元、播种费30元、肥料费40元、收割费50元、压窖费100元），合籽粒苋的青贮每吨的成本是24元。奶牛喂这种青贮，每天只需加1～2千克混合精料，即每天1.5～3元钱的精料费，奶的品质好。用麦茬地种植，不占耕地，大大提高了生产效益，极大地调动了农民的积极性。种植串叶松香草，可以与籽粒苋和玉米青贮一起形成青割论供,保证母业的常年营养平衡,对奶牛户的管理十分有力。串叶松香草作为多年生饲草,在第一年种植成功后,生成旺盛,刈割用能与籽粒苋玉米青贮结合,常年使用,取得了实效。

察布查尔锡伯族自治县引进的籽粒苋是从中国农业科学院作物研究所提供的红苋K112品种,该品种的样品在新疆畜牧科学院测定,其营养成分为:子实含粗蛋白15%,子实成熟后的秸秆含蛋白质13.5%。2005年用麦茬地种植长到70天时,鲜草产量达6吨/亩。牲口爱吃,不留一点残食。于两个月时收割,株高达2.5米,单株重2千克。在2006年县科技局开展示范种植,两个月的时候,在苗长到10多厘米后,生长速度很快,有的株高达3.16米,杆粗达21厘米,重的一株达3千克,与冬小麦复种,推广很快,为扶贫工作打开了局面。

第七节 对地区产业耦合可行性分析示例

生产效益的耦合,按地区或单位的情况而定,可以分为本区的和跨区的2类。

本区内的耦合。以黑龙江省农垦总局建三江分局的绿色产业示范区为例。建三江分局地处北大荒,为黑龙江、松花江和乌苏里江三江的河间地带,以蓝水清地的塞北江南著称。总面积达1 855万亩,其中荒原多,芦苇塘多,耕地多,资源丰富。总人口20万人,土地利用潜力极大。但是,分局按绿色食品基地发展的要求分析了许多制约影响因子,诸如经济结构、产业结构不合理,种植业比重过大,畜牧业和第二、第三产业比重偏低;高科技含量和高附加值产品所占比重小,各业发展不协调;原来的农业基础设施薄弱,实施生产工程面临改造水、桥、田、仓储等多方面资金缺口,要高负债经营;农业产业化尚在起步,企业规模小,全局运营机制不健全等,加上管理人才和高级专业人才短缺等因素。找到了问题的根源,如果安排恰当,会具有良好的可操作性和前景。三江分局紧邻俄罗斯,牛肉需求量大,肉牛良种繁育基地为全省的基地之一,肉羊效益看好,猪业利润较好,有机肥生产量和创收潜力很大,草地辽阔,水稻产量高、品种优良,加工大米和秸秆的量大,纸板和食用菌的生产条件优厚,林场潜力远未发挥,水产面积可观。以作者在考察中的体会,其中有多个产业是可以耦合为一体化的大产业,对促进人口向第二第三产业转移是良好的机遇。就地发展,生机旺盛,正是机遇。

跨区的耦合。和顺县位于山西省东部,太行山中段,历史悠久,有4 000年的记载,北齐时期置梁余县,随开皇十年更名为和顺,至今已1 400余年。和顺是全国重点产煤县、全国林业基地县、全国商品牛基地县,资源丰富。1986年以来牛种改良工作成果明显,本地牛98%以上为西门塔尔牛化。20世纪80—90年代,除了本县发展乳肉兼用,生产奶粉和提供架子牛以外,向邻县供牛源,提出“以牛为主,全面发展”的方针,成为农民致富奔小康的支柱产业,当时的牛业收入占县人均收入的30%。地处晋中市东部平原地区的祁县等从和顺引进西门塔尔牛,在细致的饲养管理条件下,母牛产量高、乳汁好,推动了祁县的乳品产业发展,肉牛来源充足,牛肉产量稳步提高。曾经是,现在也是地区间耦合的范例。

虽然,以上两者都属高寒的气候,宽阔的森林和人均土地面积大为其共同特点,资源十分丰富，但是多种经济体的耦合在地域上前者为一个地区和一个行政单位，比后者的跨行政地域有很大的优点，需要统一步调，统一计划。而后者有地区之间容易出现不协调的弊病，更加需要境外产业合作理念的指导，煤业、林业和牧业都需要从长计议，统筹规划；如和顺县的重金属矿业丰富，煤层又在城区地下，林业有一定的衰退，牛业的产业链不完善等，妥善的决策更需集思广益，以制定出宏谋大略，取得远大的成果。

第八节 21世纪10年代中国畜牧业面临的挑战和预测

基于国家对畜牧业的重视，一系列政策的实现，使动物生产有了快速的进步。

首先是改革开放，促使人们的思想理念有了突破，最早体现在屠宰和饲料配方等方面。①1979年2月国务院颁布了《关于保护耕牛和调整屠宰标准的通知》允许除种牛和能繁母牛以外，各种牛可以育肥后屠宰出售。②在北京红星鸡场，要实施的按营养需要的饲料配比喂鸡时，就遇到了思想障碍，后来在突破了“连人也没有按营养配方的，哪提得上畜禽的日程”的保守论点与阻力后以才得以实施。当时只有像王震副总理那样，站在国家的高度，想民众之所想，批准了科学的饲养方案，科学的养鸡业才有了突破。③1979年中国刚刚开放就率先在深圳建立了第一家合资企业，采用了所谓的“高位嫁接”，启动了企业经营模式。以上列举的几例足以证明畜牧业进步的几个转折点，是从畜牧业是副业，到科学的动物农业，再到产业的企业化，如此等等为中国畜牧业的改革开放奠定了政策基础，发挥了高科技和高资金投入的作用，有力地推动了中国动物农业的稳步发展。

工业反哺农业时代的促进。社会主义市场经济的体制在全国范围内取得了成就，人民生活水平迅速提高，改善了国民的膳食结构。据1978年数据统计，我国人均动物蛋白质的日摄取量为6.48克，占动植物蛋白质摄取总量的12.4%，是世界平均水平的28.2%。到2003年人均动物蛋白质的摄取量达到了32.98克，占动植物蛋白质的40.3%，已超过同期29.08克的世界水平。2007年城市居民的人均肉类消费量达53.4千克，是在1994年就超过了世界的平均水平。用以表达消费高水平的另一个指标，牛肉的消费量，2009年城市年人均牛肉消费达到2.59克，比前十年增加了31%，农村居民年人均消费量为0.68克，城市中优质牛肉已处于供不应求的状态，但是在整体上尚处于低水平。最近报道，2009年农村人均收入已经超过5 000元。预计肉食品在居民的消费量必然还会继续提高。

吸取剩余农村劳动力，相关产业促进农民增收，稳定社会安全。30年来肉类生产以大于8%的速度发展，畜牧及相关产业的劳动力约1亿人。肉类产业为农村经济中最活跃、农民获得收益最实惠、最实在的亮点，占农民收入的30%以上。这30年中畜牧业已经从家庭副业发展成为农业诸部门中规模化、集约化、产业化和市场化特征最为突出和最有活力的产业。全国畜牧业产值占农业的总产值不断上升，从1978年的15%左右，到2001年的30%，再到2007年的33%。1978年农民人均牧业纯收入为15.9元，2006年为265元，占家庭经营农业人均现金收入的54%。畜牧业的产业链较长，如畜产品加工业、饲料工业、市场营销、运输业、包装业等都吸纳了大量的劳动力。2006年饲料工业的产值就在3 000亿元左右，加上兽医和畜产品加工，产值已超过5 000亿元。其中吸纳农村剩余劳动力是对社会发展非常重要的贡献。

农业产业链的产业化的龙头。自20世纪80年代初期，全国出现第一个牧工商企业，畜牧业就走在农业其他行业前列，到80年代末，全国各级畜牧业系统的牧工商公司约有500家，随之各地与港台、外商合资兴业，大批的吸纳劳动力，产业化涌现出来的多种专业合作社发展到4万多个，其中国家级龙头企业达220家，为农业和农村的产业组织的发展积累了丰富的经验。

科技进步的贡献。1978—2007年间，我国的人均粮食产量一直徘徊在300～400千克，但是人均肉类生产水平却提高了6倍。在此期间粮食的年均增长为2.1%，人口持续增长的情况下，畜产品消费量的增长极大地缓解了对粮食需求的压力。畜牧科技的进步是功不可没的。畜牧科技的贡献力由“六五”末期的34%，提高到目前的50%以上。“丰收计划”、“科技下乡”等推广项目为各项牧业科学技术成果的转化和推广，肉类产业的生产效率的提高发挥了至关重要的作用。

法制建设的推动和保障作用。2006年《中华人民共和国畜牧法》公布，与7月1日正式实施，这是我国畜牧业的法制建设的一件大事，是我国畜牧业发展历史上重要的里程碑。全面规范了畜禽资源保护、种畜禽生产经营、畜禽养殖、畜禽交易与运输、质量安全保障控制疫病发生、提高畜产品质量与安全等的法规建设，正在产生巨大的作用，而具有里程碑的意义。

肉类生产的整体水平。进入2010年，我国的畜牧业结构已经由量化和部分优化，向质量型牧业转变。以肉类生产的情况而言，见表10-18。

表10-18 1997年与2006年各类肉产量对比

年份	单位	肉类总产量	猪肉	牛肉	羊肉	禽肉	其他
1997	万吨	5 268.8	3 596.3	440.9	212.8	978.5	40.3
	%	100.0	68.3	8.4	4.0	18.6	0.7
2006	万吨	8 051.5	5 197.2	750.0	469.7	1 506.6	128.0
	%	100.0	63.4	9.3	5.9	18.8	2.6

在总体产肉量依然不断提高的情况下，各类肉品生产量继续沿着调整的规律发生变化，肉饲比率高的禽类和牛羊肉的生产量继续上升。新的大企业陆续投入生产，大企业之间的竞争日益激烈，新科技广泛采用，各种肉品的分割技术得到优化。同时肉产品加工多样化，高级化趋势日益明显，安全化呼声高涨。肉类市场由产量的竞争转为质量的竞争；优质的传统产品保持着良好的声誉。国际产品进军中国肉类市场，也加剧了竞争。总的趋势是全国动物农业的健康发展。

挑战和预测

（一）对粮食和饲料需求的变化 近30年，在我国耕地少，人口多，农业生产水平低的格局下，以养猪业为首的现状受到很大的挑战。其粮食和饲料消耗见表10-19。

表 10-19　口粮和饲料消费粮及占粮食总需求的比重

年份	1986	1990	1995	2000
口粮消费量（万吨）	27 704.4	29 266.5	28 655.1	27 014.9
口粮比重（%）	78.0	71.6	62.0	55.2
饲料粮消费（万吨）	5 776.5	7 785.1	12 317.7	16 845.8
饲料粮比重（%）	15.9	19.1	26.1	34.4

据专家预测，饲料粮在整个粮食中的比例在 2010 年、2020 年和 2030 年将分别达到 38%、43%和 50%。2030 年我国人口将达到 16 亿，粮食的总需求量为 7.43 亿吨，而耕地面积缩减 20%，粮食产量期望达到 7.1 亿吨，但依然存在着变数。实际上解决养殖业所需的饲料问题是个关键。因为上游产业是种植业，由二元种植结构向三元种植结构转变必然是我国农业的基本国策。

（二）饲料价格的稳定提高　我国的饲料依靠进口，美国的玉米是其中的大宗。在美国，玉米用于饲料和生物能源生产，按 2007 年 12 月美国总统批准的一项能源法案，要求到 2022 年美国可再生能源产量提高到 360 亿加仑；以玉米为主要原料生产乙醇的势头强劲。2007 年中国工业消费玉米量达3 200万吨，同比上涨了 14.2%。养猪依靠玉米，是个非常值得关注的问题。专家预计，未来 15 年我国粮食生产将难以满足国内要求，畜产品与饲料之间的缺口，对进口玉米的需求更为迫切。体现在饲料上，尤其是蛋白质饲料的短缺，因为饲料加工业的发展对于畜产品生产的要求都相差甚远。如饲料大豆的进口连年攀升，60%以上的氨基酸要靠进口，饲料添加剂国内生产问题很大，在质量和数量上都十分落后，如果没有大的突破，进口的局面很难缓解，因此开辟新的饲料尤其是蛋白质饲料的来源，急不可待。

（三）耕地面积持续减少　1996—2005 年我国耕地面积从 19.5 亿亩减至 18.3 亿亩，每年减少1 333万亩，减幅达 0.5%。几年来的新增建设用地每年达 400 万亩。国家设定 18 亿亩的底线，形势要求我们去改善现有的非耕地，并且城市化进程在加快，对畜产品需求的提高等综合因素，对食品的安全比以往任何时候都要迫切。全国有 666 个县（区）的人均耕地面积低于国际公认的 0.795 亩的警戒线。1949 年我国人均耕地为 2.7 亩，到 2003 年只有 1.425 亩，54 年减少了一半。据当年国土资源部公报显示，从 1997 年到 2003 年年底，7 年整整减少了 1 亩，年均减少1 400多万亩。其中退耕还林大约8 800万亩，超过总数的 80%；1 700万亩用于建设用地。未来全国的小城镇建设是必然趋势，按每个城镇要占粮田 200 亩，每个县平均占用 300 亩计算，全国一年需 300 多万亩。因此除了以三元结构来提高生物学产量以外，提高和改善农牧交叉区，和非粮食用地的地力，发展蛋白质饲草饲料的种植，是势在必行的举措。以内蒙古科左中旗，地处科尔沁草原腹地，在三元结构的理念指导下，发展动物农业全旗的种植业为粮经饲三元结构的比例为 6.4∶2.9∶0.7，虽然饲料作物面积只有 7%，通过中的产地的改造使大小畜存栏量达 124.66 万头，其中牛存栏 28.28 万头，成为农业部肉牛和肉羊的生产基地。

（四）农业产品成本上扬　①我国是世界上粮食单产较高的国家，维持这个水平在很大程度上依赖化肥的价格，我国单位面积耕地的化肥用量已经达到世界水平的 1.6 倍，随着油价的上涨，化肥的价格也上涨，必然拉动粮食生产成本的上升。②猪肉价格的上升，是有其周期性变化规律的，但是要缓和上涨的幅度，在根本上要解决饲料粮供应的短缺和降低添加剂的价位，否则畜产品价格的上涨会成为CPI价格上涨的罪魁祸首。加上劳动力成本的上升，以猪肉为首的我国畜产品生产，将影响着生产和生活的稳定。

（五）药物残留问题 除了上述饲料日趋严重短缺的情况外，产品的药物残留将是引人关注的。动物疫病频发和环境污染等对畜牧业本身和人类居住环境带来的危害极大，并影响着动物农业的发展。如何保证畜禽产业的"优质、高效、绿色、环保"是当前的要点。

（六）对建立家畜禽良种繁育体系的迫切要求 我国良种繁育体系的建设迟后，长期以来依靠"重引种、轻选育"，每年以2 000万美元的价格进口种畜，削弱了自我制种的能力，猪、牛、羊、禽无不例外，连北京鸭，这样的中国名种都连年引进，走着"引种→维持→退化→再引进"的恶性循环。人们应该向荷兰的养鸡体系学习。

荷兰的鸡种体系 其种植体系是世界上的领先国家之一。如创始于1954年的尤理勃特公司（Euribrid）是世界上最大和最成功的种禽（畜）公司之一，提供着：海波罗肉种鸡、海波利德种火鸡、还赛克斯白壳蛋种鸡、海赛克斯褐壳蛋种鸡、海波尔瘦肉种猪，向世界上90多个国家出口优良种畜禽。另一家著名的公司是海佩克（Hypeco B. V. Poultry）公司，提供着国际一流的肉用鸡品种，有海佩克白羽黄皮型肉鸡、海佩克白羽白皮性肉鸡、海佩克花羽肉鸡以及海佩克小型肉鸡。尚有海佩克肉鸡品种波文斯（Bovans W. L.）白壳蛋鸡、金得来（Goldline）褐壳蛋鸡和尼拉（Nera）褐壳蛋鸡。荷兰是国土面积不大而种鸡优良，闻名于世的国家，十分值得我们学习。

荷兰的国土面积是408万多公顷，人口只有1 500多万，其农业部门，包括农业供应工业（与农业有关的工业）和农产品加工业（以农业为基础的工业），及初级生产者本身（农民）的总和。农业部门的产值约占国民生产总值的15%，1986年农业部门的出口额为950亿元，占荷兰出口总额的25%。在整个农业土地面积201万公顷中，牲畜饲养（主要为牧场）57%，耕地种植占28%，园艺占5%。在700亿元总产值中牲畜养殖占63%，耕地种植占9%，园艺占28%。这组数据说明牲畜饲养业的重要地位。

可见向荷兰的制种业学习，是我们这样的大国刻不容缓的。目前除了蛋鸡和白羽肉鸡生产体系具有先进的纯种制种和配套系的繁育体系外，黄羽肉鸡的曾祖代体系就相对地落后，肉猪的体系也是初步有序。好在这几个系统都有企业在进行，接近国际的先进水平，而牛羊业的制种问题，有奶牛业，如荷斯坦牛的鉴定具有多年的科研单位和奶业协会的操作，日常的记录制度正在发育之中。然而其他品种却是大量的依靠国家事业机构和企业介入，能独立地开展育种，并达到一定水平的品种是微乎其微的。因此，目前我国极其需要科研单位的介入，做出示范和具体指导，方能转化为生产力，尤其是个体鉴定，争取尽早达到国际先进的水平，是当务之急。

（七）生态环境的呼吁 近期我国有关部门宣布，中国的人工造林面积是世界的首位，但是30年来对自然界的破坏不是一下可以修复的。环保部门有大量报道，以上宏观的许多方面，这里不多赘述。

就动物农业行业内存在的问题必须提出以下建议：①建立植物蛋白质生产基地，包括苜蓿基地，各类牧草生产基地，和粮饲兼用作物，如高蛋白玉米、甜高粱和其他。②在肉类生产比例上，提高禽肉产量和牛羊肉产量和比例，提高奶类人均产量。③加快畜产品加工业的发展，提高牛羊胴体的分割技术和水平。④分别在人口密集区和生态牧业区建立不同产业特征的奶业基地。⑤加速发展畜禽粪便与粗料（含树林残枝落叶）用于沼气生产，以及沼气发电工程建设等。这里强调一下糖高粱的重要性。

糖高粱是普通粒用高粱的另一个变种，每亩产量也达200～300千克的粮食，在含糖量达到17%～21%的高糖成分下，茎秆产量达4～5吨，其植株到达4米以上，鲜生物学产量为每亩11 267千克，是一般玉米产量的3.2倍。甜高粱耐涝、耐旱、耐盐碱，适应性极强，从海南到黑龙江，凡0℃以上的，积温达2 600～41 000℃的地区均可栽培。国务院颁布的《九十年代中国食物结构改革与发展纲要》中指出：要将传统的粮食和经济作物为主的二元结构，逐步改变为粮食—经济作物—饲料作物的三元结构。到2000年其种植比例调整为59∶20∶21。在畜产品结构方面，逐步减少耗粮型的猪肉比重而增加草食动物，牛、羊肉的比例，积极推广甜高粱是实现《纲要》的一项很好的措施。不过在经营理念为调整之前，还得大力宣传。

甜高粱

①做饲料：用于饲养牛、马、猪、羊、兔等成本比种玉米低80%；

②做专卖饲料：由于含糖量高，砸碎鲜喂家畜，每株0.5～1元，亩产售价200～3 000元；

③制作白酒：按每公顷产出的高粱，月产白酒3 000～4 000千克，价位在7 000元以上，成本仅1 000元；

④生产酒精：产量为6 000～7 000千克，月产值8 000元，比玉米用于生产酒精增产1.5倍，成本低50%。

⑤其他：可以用于生产酒精、纤维板和造纸。对生态保护十分有利。

（八）提高屠宰体重问题　在中国猪牛禽的屠宰体重都偏轻，见表10-20。

表10-20　世界几个国家畜禽屠宰重比较

项　目	中国	美国	巴西	世界
猪屠宰数（万头）	62 172.3	10 300.0	3 840.0	127 816.9
胴体重（千克/头）	76.8	90.6	81	78.5
总产量（万吨）	4 774.8	933.1	311.0	10 033.6
鸡屠宰数（亿只）	68.9	89.5	52.6	467.1
胴体重（千克/只）	1.37	1.74	1.65	1.45
总产量（万吨）	94.39	155.73	86.79	21.45
牛屠宰数（万头）	4 957.7	3 480	3650	31 602.1
胴体重（千克/头）	114	322	213	186
总产量（万吨）	565	1 123	777	5 887.9

表中所示，猪、牛、鸡三者的屠宰重都偏小，尤其是牛的屠宰重更小，相当于世界平均水平的62%，巴西的54%和美国的35%。其中猪的屠宰重相当于世界水平的98%，巴西的96%和美国的85%。鸡的屠宰重，为世界的95%，巴西的83%和美国的79%。其原因可能很多，主要是对最佳经济效益的观点有欠缺之处，或不够全面。最明显的一点就是每头存栏畜（禽），或每头繁殖母畜计算的出栏重都是较低的，或许与单纯地追求育肥畜

（禽）个体在生产期的最佳生长报酬有关，没有顾及存栏数的因素。这是一个值得研讨的问题。因此，这里也有相当大的生产潜力。

（九）鲜奶生产和加工奶源基地建设 提倡在农区建立奶源基地是有距离消费市场，有距离短的优势；然而这显然是有一定偏向的，如果在半农半牧区或草地良好的牧区建立加工奶源基地，虽然有距离消费区的较远的缺点，但是能发挥两个地区类型的积极性。而且在半农半牧区建立加工奶源基地，具有抗灾保风险和调节农区奶业市场的生产波动的作用；如四川汶川大地震后，沙特给予我国以奶酪为救灾物资，说明奶酪、黄油类乳品，有利于贮存和运输，应该是比较全面的观点。在半农半牧区建立奶源基地是个战略措施，能提供战略物资，很值得关注。在我国以乳制品作为战时的军用物资，如同肉类罐头那样，在历史上也不是第一次，难道不是嘛！

（十）农家养猪、禽模式 尽管规模化的猪禽大企业在我国饲养业上占据很大的份额，但是依然不能忽略农家散养在我国的作用。1999 年全国农户产出的猪肉，尚占4 006万吨的 83.2%，至今虽只占 66%左右，依然是大多数。鉴于农民养鸡猪，用料少，就地消纳粪肥，加上农区和半农半牧区的牛羊饲养业大部分依然以农家的为主，通过农牧结合，普及科学技术知识，因地制宜，分类指导，加强法制建设，和合作化经营，依然具有生命力。小型农户的牧业也是要推广三元结构，尤其是推动偏远地区的牧业建设。

（十一）草原的有序经营 鉴于草原的不断退化、沙化和碱化，围栏草库伦，围栏放牧和定期轮牧，打草与人工草地管理必须有强有力的规章制度。当前是可用的科技措施要普及和兑现，行政管理要得法。草地经营要成为区域治理的首要监督条例，保护草地要成为国家之法，才能够制止草地生态的退化，国土生息的能力免受继续损伤。

（十二）“产供销，种养加”模式的完善 改革开放的最大成果是企业的发展，他带动农民的生产形成了产业链。目前需要的是农民合作制的建设及其与企业的有机结合，从初级生产到加工业，到餐饮业，需要通过生产的发育，加以引导。发挥政府的指导作用是我国的优势，中国社会主义特色是强有力的，区域治理都应该特别予以关切。

2009 年我国全国居民的人均年收入已经达到3 000美元；这个水平，在世界各发展国家的发展历程中是一个关键的水平，要进入一个更为富强的社会，提高人均收入必须要经历国民经济结构的改革和完善，农牧业的结构调整是其中十分重要的一环，有识之士必然会全力关注，并设法使之实施。

最后，动物农业需要有国家金融体系的强烈支持，以活化市场和产业链，促成农业的全面升级，向发达的国家迈进。

第十一章

世界贸易组织

我国于2001年12月11日正式加入了世界贸易组织，成为21世纪WTO成员中最年轻的国家，进入了全球经济一体化的门槛。搞社会主义市场经济不可能孤立于世界经济之外，自我封闭，只有吸收世界上最先进的生产技术，采用和汲取适合时代发展的管理经验，鼓励对生态农业的积极投资，掌握商贸规则，允诺和实施WTO已达成的协议，以壮大我国的国民经济。执行这些协议，也叫做应用这些游戏规则。此间，如何利用优势，避免劣势，把世贸事业做大，做好。本节摘录了一些农业方面有关WTO的知识，作为备查，供关心此题的各界人士参考。

第一节　世界贸易组织协议

世界贸易组织（WTO）的核心是由全球大多数贸易国/地区经过谈判后签署，并由该国/地区议会批准的WTO协议文件。这些协议文件成为了国际商业活动的基础性法律规则。从本质上说，这些文件就是合同，是保证成员国/地区的最重要的贸易权利合同。这些文件同时约束着各成员国/地区政府，要求它们将其贸易政策控制在已由各方一致同意的、对各方平等互利的范围之内。

当前有效的WTO协议文件是1986—1994年乌拉圭回合谈判的最终议定书。该议定书包含了绝大部分经过修订的关贸总协定（GATT）的内容。实际上，GATT就是WTO最主要的货物贸易规则。而乌拉圭回合的主要成就在于制定出了关于服务贸易、知识产权、争议解决和贸易政策审查等重大领域的新规则。乌拉圭回合决议由近60项协议和单项承诺构成，总计近30 000页文件。WTO的有关协议有五部分：

第一，关于货物贸易的多边协议。为两部分组成，共16条。

A.《1994年关税与贸易总协定》，包括：（1）《1947年关税与贸易总协定》，即GATT原文及1995年1月1日前对其所作的修改等；（2）1995年1月1日前根据《1947年关税与贸易总协定》做出的决定；（3）乌拉圭回合中就6个GATT条款达成的谅解，涉及国民待遇及其他税费、国有贸易企业、国际收支限制条款、关税同盟和自由贸易区、WTO义务的豁免和关税减让的修改等；（4）乌拉圭回合中达成的关税减让表及其实施方法。

B. 有关货物贸易其他领域的协议，也就是货物贸易理事会管辖的下列12个领域的协议：（1）《农业协议》；（2）《实施动植物卫生检疫措施的协议》；（3）《纺织品与服装协议》；（4）《技术性贸易壁垒协议》；（5）《与贸易有关的投资措施协议》；（6）《关于实施1994年关税与贸易总协定第6条的协议》（即《反倾销协议》）；（7）《关于实施1994年关税与贸易总协定第7条的协议》（即《海关估价协议》）；（8）《装船前检验协议》；（9）《原产地规则协议》；（10）《进口许可程序协议》；（11）《补贴与反补贴措施协议》；（12）《保障措施协议》。

第二，《服务贸易总协定》。

第三，《与贸易有关的知识产权协定》。

第四，《关于争端解决规则与程序的谅解》。

第五，诸边协议，即《民用航空器协议》、《政府采购协议》、《国际奶制品协议》和《国际牛肉协议》（后两者已于1997年底终止）。

一、世界贸易组织的基本原则

WTO主要协议有：关税与贸易总协定、服务贸易总协定、与贸易有关的投资措施协议、与贸易有关的知识产权协议等。这些协议主要体现了以下基本原则：

（一）非歧视原则 非歧视原则是WTO的基石，由无条件最惠国待遇和国民待遇原则组成。“最惠国待遇”是指在货物贸易的关税、费用等方面，一成员给予其他任一成员的优惠和好处，都须立即无条件地给予所有成员。而“国民待遇”是指在征收国内税费和实施国内法规时，成员对进口产品和本国（或地区）产品要一视同仁，不得歧视。

（二）市场开放原则 WTO倡导成员在权利与义务平衡的基础上，依其自身的经济状况及竞争力，通过谈判不断降低关税和非关税壁垒，逐步开放市场，实行贸易自由化。

（三）公平贸易原则 WTO禁止成员采用倾销或补贴等不公平贸易手段扰乱正常贸易的行为，并允许采取反倾销和反补贴的贸易补救措施，保证国际贸易在公平的基础上进行。

（四）权利与义务平衡的原则 权利与义务的平衡是WTO的最大特点。WTO成员要履行WTO的义务，如遵守WTO的基本规则，履行承诺的减让义务，确保贸易政策法规的统一性和透明度。与此同时，WTO成员也享受一系列WTO赋予的权利，如参与制定多边贸易规则；在贸易伙伴不履行WTO义务，对本国（或地区）产业造成损害时，可提出磋商或诉诸WTO贸易争端解决机制，或在其他贸易领域获得相应补偿。此外，WTO成员在特殊情况下确实无法履行WTO义务时，可以向WTO申明理由，提出暂停或延期履行相关义务。

二、WTO有关名词

（一）世界贸易组织的机构 1994年4月15日在摩洛哥的马拉喀什市举行的关贸总协定乌拉圭回合部长会议上决定成立更具全球性的世界贸易组织（世贸组织），以取代成立于1947年的关贸总协定（GATT）。

世贸组织是一个独立于联合国的永久性国际组织。该组织的基本原则和宗旨是通过实施市场开放、非歧视和公平贸易等原则，来达到推动实现世界贸易自由化的目标。1995年1月1日正式开始运作，负责管理世界经济和贸易秩序，总部设在日内瓦莱蒙湖畔的关贸总协定总部大楼内。1996 年 1 月 1 日，它正式取代关贸总协定临时机构。

与关贸总协定相比，世贸组织管辖的范围除传统的和乌拉圭回合新确定的货物贸易外，还包括长期游离于关贸总协定外的知识产权、投资措施和非货物贸易（服务贸易）等领域。世贸组织具有法人地位，它在调解成员争端方面具有更高的权威性和有效性。

建立世贸组织的设想是在 1947 年 7 月举行的布雷顿森林会议上提出的，当时设想在成立世界银行和国际货币基金组织的同时，成立一个国际性贸易组织，从而使它们成为二次大战后左右世界经济的“货币—金融—贸易”三位一体的机构。1947 年联合国贸易及就业会议签署的《哈瓦那宪章》同意成立世贸组织，后来由于美国的反对，世贸组织未能成立。同年，美国发起拟订了关贸总协定，作为推行贸易自由化的临时契约。1986 年关贸总协定乌拉圭回合谈判启动后，欧共体和加拿大于 1990 年分别正式提出成立世贸组织的议案，1994 年 4 月在摩洛哥马拉喀什市举行的关贸总协定部长级会议上才正式决定成立世贸组织。该组织作为正式的国际贸易组织在法律上与联合国等国际组织处于平等地位。它的职责范围除了为关贸总协定原有的组织实施多边贸易协议以及提供多边贸易谈判场所和作为一个论坛外，还负责定期审议其成员的贸易政策和统一处理成员之间产生的贸易争端，并负责加强同国际货币基金组织和世界银行的合作，以实现全球经济决策的一致性。

世贸组织的最高决策权力机构是部长会议，至少每两年召开一次会议。下设总理事会和秘书处，负责世贸组织日常会议和工作。总理事会设有货物贸易、非货物贸易（服务贸易）、知识产权三个理事会和贸易与发展、预算两个委员会。总理事会还下设贸易政策核查机构，它监督着各个委员会并负责起草国家政策评估报告。对美国、欧盟、日本、加拿大每两年起草一份政策评估报告，对最发达的 16 个国家每 4 年一次，对发展中国家每 6 年一次。上诉法庭负责对成员间发生的分歧进行仲裁。

世贸组织成员资格分为两种，即创始成员和新加入成员。创始成员必须是关贸总协定的缔约方，世贸组织在接纳新成员时，须在部长级大会上由 2/3 多数成员投票表决通过。

（二）中国加入 WTO 可享受的权利　入世会使中国与其他世贸组织成员一样享受如下基本的权利：①能使我国的产品和服务及知识产权在 135 个成员中享受无条件、多边、永久和稳定的最惠国待遇以及国民待遇。②使我国对大多数发达国家出口的工业品及半制成品享受普惠制待遇。③享受发展中国家成员的大多数优惠或过渡期安排。④享受其他世贸组织成员开放或扩大货物、服务市场准入的利益。⑤利用世贸组织的争端解决机制，公平、客观、合理地解决与其他国家的经贸摩擦，营造良好的经贸发展环境。⑥参加多边贸易体制的活动获得国际经贸规则的决策权。⑦享受世贸组织成员利用各项规则、采取例外、保证措施等促进本国经贸发展的权利。

由于有以上权力，所以可以产生如下好处：

维护世界和平　WTO 为产生贸易分歧的国家提供建设性、公平的解决方案，其倡导的相互信任与合作的精神对世界和平产生深远的影响。

解决贸易分歧　WTO 成员方在发生贸易争端后不会单方面采取行动，而是将争端交由世贸组织来解决。

轻松贸易　世贸组织遵循平等、不歧视的宗旨，一套单一的规则应用于所有的成员方，从而避免了贸易进行的繁杂程序。

降低生活成本　WTO的全球贸易体系通过谈判降低了国与国之间的贸易壁垒，生产中所需要的进口商品关税的降低使生产成本降低，商品和服务的价格也同时下降。

更多商品可供选择　通过进口，可以尽情享受国外的优质食物、服装、书籍和电影等等，通过出口，其他国家的人们也可以购买我国的商品。

增加收入　国际贸易使国内的商品生产商直接面对进口商品的激烈竞争，政府可以将税收进行再分配，扶持国内的商品生产商更好地应对竞争。

刺激经济增长　贸易能够刺激经济增长，而经济增长意味着更多的就业机会。

提效率降成本　国际贸易使不同国家之间的劳动力分工成为可能，生产资源得到有效利用。WTO贸易体系可以大大提高工作效率，从而降低劳动成本。

防止狭隘政策　GATT和WTO帮助成员方政府采取均衡的贸易政策，使贸易为所有经济领域服务，从而避免目光短浅的局部保护主义行为。

保持政府清廉　WTO规定，一旦成员方政府做出某一经济领域贸易自由化的承诺，就很难再轻易更改。WTO所坚持的透明、程序简化和不歧视原则可以防止政府任意制定贸易政策以及欺骗。

（三）WTO农业贸易常用术语　农业协议（Agreement on Agriculture，AA）作为乌拉圭回合的一个部分，农业协议涉及与农业有关的三个领域：市场准入、出口补贴、国内支持。成立WTO的一揽子协议共包括29个独立的法律文件，农业协议是其中之一。农业协议实施期为6年，即1995—2000年（发展中国家为10年，即1995—2004年）。

综合支持量（Aggregate Measure of Support，AMS）衡量政府用于支持一部门投入的货币价值的指标。正如农业协议对综合支持量的定义，综合支持量包括预算支出和从消费者向生产者转移的收入，其结果将导致市场价格扭曲。综合支持量包括对生产者直接支付（如差额补贴）、投入品补贴（如对灌溉用水的补贴）、能够引起市场价格扭曲的收入转移的估计值（如市场价格支持）、商品贷款计划的利率补贴的实际发生额或累计额。

关贸总协定条款（Article of GATT）指总协定中所列出的条款，他们被缔约方用来监督其管理国际贸易和贸易政策的规划与程序。关贸总协定的38条中每一条都要处理贸易领域中的一个方面。

“蓝箱”政策（Blue Box Policies）指给予被要求限制生产的农民的某些直接支付。可以豁免。但需满足一些条件，如按固定面积或者产量所提供的补贴，或根据基期生产水平的85%或85%以下所提供的补贴，或按牲畜的固定头数所提供的补贴。

“蓝箱”政策事实上是乌拉圭回合谈判中为了满足美国和欧盟的要求而做出的妥协，如欧盟共同农业政策的补偿支付和土地休耕计划，以及美国的差额补贴计划。而限制生产计划在发展中国家并不广泛，因此“蓝箱”政策对发展中国家几乎没有什么作用。所以，在我国的总支持等式中又少了一项限制生产支持（“蓝箱”）政策，最终只剩下：

总支持=8.5%的最低支持+“绿箱”政策支持

可见，中国入世后，国内支持水平将受到较大的限制。尽管目前我国的国内支持水平很低，但参照其他国家的发展历程来看，对农业的国内支持将逐步增加。因此，只能在履行入世承诺，遵守世贸规则的同时，充分利用“绿箱”政策来实现农业与国民经济的协调发展，这也是中国长远利益的要求所在。

“黄箱”（Amber Box Policies）政策指必须予以削减并逐步停止的国内支持政策，即那些对生产和贸易产生扭曲作用的政策措施，采用综合支持总量（AMS）作为削减依据。根据协议，各成员承诺以 1986—1988 年的 AMS 平均水平为基础，自 1995 年开始，发达国家在 6 年内逐步削减 20%，发展中国家在 10 年逐步削减 13%，最不发达国家不需要进行削减。AMS 包括所有特定农产品的综合支持量、所有非特定农产品的综合支持量以及所有特定农产品支持等量。综合支持量等于国内价格与世界市场价格的差额乘以生产量，再加上不以产量或价格提供的国内补贴的总和。在无法计算综合支持量的情况下，应计算支持等量。《农业协定》的附件详细说明了价格选择及计算方法。

在国内支持措施中，有一些是可以免除削减承诺的，这包括“绿箱”政策、“蓝箱”政策及最低豁免。

“绿箱”（Green Box Polices）政策应符合两条标准：一是所涉支持应通过政府财政资助的计划来提供（包括放弃的政府财税收入），而不涉及来自消费者的转移。二是所涉支持不应具有对生产者提供价格支持作用。《农业协议》的附件 2 中还列出了特定政策标准和条件。主要包括这样几类：

一般服务政策：包括研究、虫害与疾病控制、培训、咨询、检验、营销与促销业务、基础建设服务政策，但向牧场设施提供的补贴及投入或操作优惠收费的补贴除外。

以粮食安全为目的的公共库存：要求其数量与积累，应与事先确认的仅与粮食安全有关的目标一致，财务透明，且按市场现行价格购买和不低于现行价格销售。

向生产商的直接支付：一是对单独收入的支持：其获得资格按诸如收入、生产商或土地所有人的身份，生产要素使用或在已确定的基期内生产水平之类的指标确定，并不得以要求进行生产行为获得此类支付的条件。二是收入保险和净收入保障项目：其获取条件按收入损失程度确定，即损失超过了总平均收入的 30%，总平均收入可用 3 年净收入平均或前 5 年除去最高和最低后平均值。支持数额只与收入有关，与生产商所从事的生产种类或生产数量无关，此项目主要用来补偿生产商在当年的收入损失不足 70%的部分。三是救济自然灾害的款项；其获取的数量标准与上述相同，补偿款项不超过损失总数，并只能使用于收入损失、牲畜损失、土地其他生产要素的损失，生产商在同一年度获得的收入保险、收入保障项目和救济自然灾害的总款项应低于收入损失总额的 100%。

农业生产者退休或转业援助：支付应视被支付人完全和永久地退出市场所需的农产品生产的情况而定。

资源停用计划提供的结构调整援助：支付应以适销农产品生产所用土地停用至少 3 年为条件。若是牲畜，则以被屠宰或最终永久处理为条件。不得以将有关资源投入特定的农产品生产作为受援条件，或以干预农产品市场价格为目标。

农业生产结构调整性投资补贴：可以根据政府的农业生产结构调整规则而进行相应调整，但补贴应基于明确的结构调整规划和受援标准，不得以干预有关农产品的市场价格作为补贴措施的目标。

环境保护计划下的支付：获得此类支付的资格应被确定为明确规定的政府环境保护计划的一部分，并应满足该政府计划下的特定条件，包括与生产方法和技术有关的条件，支付的数额应限于为遵守政府计划而涉及的额外费用或收入损失。

区域发展援助计划下的支付：获得此类支付的资格应限于条件不利区域的生产者。支付应仅向合格区域的生产者提供，但应使此类区域内的所有生产者普遍获得。

另外，介于鼓励农业和农村发展的直接和间接援助均是发展中国家的发展计划中不可分割的部分，因此这部分支持可以免除减让承诺。主要包括：发展中国家农业一般可获得的投资补贴，发展中国家的低收入或资源贫乏生产者一般可获得的农业投入补贴，以及发展中国家成员为鼓励以生产多样化为途径停止种植非法麻醉作物而给予生产者的国内支持。

最低豁免指特定产品国内支持不超过该产品产值的5%（发展中国家比例为10%）、或非特定产品国内支持不超过农产品生产总值的5%的部分，可以免除减让，这也被称作“微量支持标准”。

综合以上讨论，作为发展中国家的世贸成员，在农业协议框架下，对其农业的行政总支持包括以下项目：

总支持＝削减后超过最低支持上限的生产（贸易）支持＋最低支持＋特殊和区别待遇支持＋限制生产支持（“蓝箱”政策）＋“绿箱”政策支持

以上是世贸组织《农业协议》中各成员在农业国内支持政策措施方面所应做出的减让协定，中国要成为其中的一员，自然要遵守这些基本的规则。同时，为了能尽早融入到国际经济的潮流中，我国不得不在一些方面做出让步，以开放换开放，最终达到“双赢”的谈判成果：而农业国内支持领域正是西方国家要价很高的部分之一。因此，我国还做出了一定的让步。

由于中国目前的国内支持水平远远低于微量支持标准，所以将中国的基期AMS水平定为零，这也就意味着中国在今后应将国内支持水平保持在微量支持标准以内，也即上式中的“削减后超过最低支持上限的生产（贸易）支持”不存在。

发展中国家的微量支持标准，中国承诺将降为8.5%，也即上式中的“最低支持”只有农业生产总值的8.5%，这也是迫于西方国家的压力，他们认为我国是世界农业生产大国之一，并且在很多农产品上具有很高的竞争力。

而“特殊和区别待遇支持”对于我国也不再特殊，因为我国承诺将“发展中国家的发展计划中普遍存在对农业发展、低收入、资源贫乏及转产生产者的投资补贴”列入AMS的计算中，当然就要受制于到8.5%标准水平。

约束税率（Bound tariff rates）关税约束（Tariff “binding”）经过关贸总协定/WTO谈判而确立的关税率，列在各国家的关税减让表中，可作为总协定的一部分而得到执行。关贸总协定第2条强制各国实行的约束关税，如果WTO成员把税率提高到约束水平以上，受影响的出口国家有权进口别国的等价值出口产品采取报复性措施或接受赔偿，其形式通常为要求该进口国降低对受影响国的其他出口商品降低关税。

凯恩斯集团（Cairns Group）由15个国家组成的非正式联合体，它1986年成立于澳大利亚凯恩斯，在乌拉圭回合多边贸易谈判中凯恩斯集团是一个坚强的联合体，它要求撤消贸易壁垒并稳定削减影响农业贸易的补贴。其成员国包括：阿根廷、澳大利亚、巴西、加拿大、智利、哥伦比亚、斐济、印度尼西亚、马来西亚、新西兰、巴拉圭、菲律宾、南非、泰国和乌拉圭。

国家减让表（Country Schedules）　在关贸总协定下各成员达成的官方的补贴减让承诺表和关税约束表。

不挂钩（Decoupled）　支付政策对农民的支付与他当前决定生产什么不相关，当支付与生产脱钩时，农民决定生产什么的依据是其对未来市场收益的预测。

透明度（Openess）　WTO三个主要目标（贸易自由化、透明度和稳定性）之一。WTO第十条规定："缔约国有效实施的关于海关对产品的分类或估价，关于税捐和其他费用的征收率，关于对进出口货物及转账支付的规定、限制和禁止，以及关于影响进出口货物的销售、分配、运输，保险、存仓、检验、展览、加工、混合或使用的法令、条例等一般援用的司法判决及行政决定，都应迅速公布，以使各国政府及贸易商对他们熟悉。一缔约国政府或政府机构与另一缔约国政府或政府机构之间缔结的影响国际贸易政策的现行协定，也必须公布。"这就是说，WTO透明度指的是同过境货物流动有关的基本权利和义务，当政府实施有关过境货物的法律规章时，必须予以公布，使更多的个人和公司尽可能地了解贸易的条件。在WTO中，主要是通过两种方式实现的，一是各国政府必须通过经常性的"通知"，向WTO及其成员通知各自的具体措施、政策和法律；二是WTO对各国的贸易政策进行经常性的审议，即贸易政策评议。但是，透明度原则是有一定范围的，并不要求缔约国公开那些会妨碍法令的贯彻执行，会违反公共利益、会损害某一公司、企业的正当商业利益的机密资料。也就是说，WTO允许各缔约国对某些机密不予公开。

最低减让条款（De minimis provision）　当一国的特定商品综合支持量超过该商品产值5%，非特定商品综合支持量超过农业总产出值5%时，该国必须对其综合支持水平进行削减。

争端解决机构（Dispute Settlement Body，DSB）　指WTO总理事会，它由所有成员的代表组成，并敦促各国执行各协定通过的规划与程序。争端解决机构有权成立专家组，采纳专家和上诉机构的报告，监督规则和建议的实施情况，授权中止各协议所规定的特许权与义务。

"绿箱"政策（Green Box Policies）　用来描述在乌拉圭回合农业协议下不需要做出减让承诺的国内支持政策的术语。这些政策对贸易只产生极小的影响。包括的政策如：科研、技术推广、食品安全储备、自然灾害救济、环境保护和结构调整计划。

市场准入（Market Access）　一个国家允许进口的商品数量。各种关税或非关税贸易壁垒都可以用来限制外国产品的进口。

最惠国待遇（Most Favored Nation，MFN）　两国间互相给予优惠也要给其他任一缔约国。例如，一国给另一国的最低关税率也应给任一第三国。只有当两国都是WTO成员或双方协议中有关于最惠国待遇的特别规定，一国才有义务将最惠国待遇给予另一方。

非关税贸易壁垒（Non-tariff trade barriers）　政府用以限制贸易的除关税以外的措施。非关税壁垒包括：数量限制、进口许可、差价税、进口配额和技术性壁垒等。

通知程序（Notification process）　成员向WTO提供其承诺、政策改变以及其他各协议所要求事项的报告的程序。

经济合作与发展组织（Organization for Economic Cooperation and Development，OECD） 该组织于1960年12月成立，其任务是对贸易及相关问题进行研究与讨论。成员包括：美国、加拿大、欧盟、挪威、冰岛、瑞士、波兰、匈牙利、捷克、澳大利亚、新西兰、墨西哥、日本、韩国和土耳其。

谈判回合（Round） 由关贸总协定发起，为削减关税和其他贸易壁垒举行的一系列多边贸易谈判。自1947年关贸总协定实施以来进行了8个回合的贸易谈判。

动植物卫生检疫措施（Sanitary and Phytosanitary，SPS） 它是为保护人类健康和控制动植物病虫害而制定的技术壁垒。在动植检协议实施中，WTO成员同意把动植检建立在进口风险评估基础上，而且评估应使用科学的方法。

第22节（Section22） 它是对1933年美国农业调整行动的修正规定。它授权美国在有必要防止进口对支持计划产生冲击时，对所涉及的进口商品发放配额或征收费税。1955年在GATT第22节中，美国获得了关贸总协定对特定商品进口数量限制的松动。

特殊差别待遇（Special and differential treatment） 它是一个允许发展中国家做出的减让承诺比发达国家少的原则。在乌拉圭回合中，适用于发展中国家和最不发达国家的原则要比那些适用于发达国家的原则宽松得多。

关税（Tariff） 一国政府对进口商品所征的税。关税可采取按进口产品数量单位征收固定费用（从量税）和按价值征收固定比例的费用（从价税）两种形式。

关税化（Tariffication） 将非关税壁垒转化为约束关税的过程。在乌拉圭回合农业协议下，这样做的目的是提高现存贸易壁垒透明度，并促使各国履行自己的减让承诺。

关税配额（Tariff-rate Quota，TRO） 对超过一定数量限制（配额）的进口产品采用较高的税率，对配额以内的进口则采用较低的税率。

贸易技术壁垒（Technical Barrier to Trade，TBT） 指能产生贸易障碍的规则、标准（包括对包装、标志、标签等的要求）、检测与证明程序和其他非关税壁垒。在贸易技术壁垒协议下，WTO成员就农业和工业产品使用贸易技术壁垒的约束纪律达成了一致。

东京回合（Tokyo Round） 1973年由《东京宣言》正式启动并于1979年结束的关贸总协定谈判。参加本轮谈判的国家（包括许多发展中国家和几个东欧国家）比前几轮都要多，讨论的内容也扩大到包括非关税壁垒问题在内地领域。

乌拉圭回合（Uruguay Round） 由关贸总协定组织发起的多边贸易谈判。在成立WTO一揽子协议的29个独立法律文件中，《农业协议》是其中之一。该谈判开始于1986年9月乌拉圭的埃斯特角城，1994年4月结束于摩洛哥的马拉喀什市。

世界贸易组织（World Trade Organization，WTO） 作为乌拉圭回合谈判的成果之一，WTO成立于1995年1月1日，它取代关贸总协定成为世界多边贸易体系的法律基础和常设机构。它为政府确定如何构建和实施国内贸易立法和规则提供了一个原则性、契约性标准。它也是一个为推进国家间贸易关系进行集体辩论、谈判和判决的论坛。

(四) 什么是国民待遇原则 国民待遇原则是指在民事权利方面一个国家给予在其国境内的外国公民和企业与其国内公民、企业同等待遇，而非政治方面的待遇。

国民待遇原则是最惠国待遇原则的重要补充。在实现所有世贸组织成员平等待遇基础上，世贸组织成员的商品或服务进入另一成员领土后，也应该享受与该国的商品或服务相同的待遇，这正是世贸组织非歧视贸易原则的重要体现。国民待遇原则严格讲就是外国商品或服务与进口国国内商品或服务处于平等待遇的原则。

在世贸组织框架内，国民待遇原则在货物贸易中包括三个主要内容：

第一，一成员不能以任何直接或间接的方式对进口产品征收高于对本国相同产品所征收的国内税或其他费用。

第二，在有关销售、分销、购买、运输、分销或使用的法规等方面，进口产品必须享受与同类国内产品相同的待遇。

第三，任何成员不能以直接或间接方法对产品的混合、加工或使用有特定数量或比例的国内数量限制，或强制规定优先使用国内产品。如国产化要求、进口替代要求均被视为直接或间接对外国产品构成歧视，违反国民待遇规定。

第四，成员不得用国内税、其他国内费用或定量规定等方式，为国内工业提供保护。

国民待遇原则在实施中还应特别注意三个重要方面：

第一，任何成员不能以某种产品不受关税约束而本身又可对该产品征收更高关税为理由，对其征收更高的国内税。

第二，国民待遇必须在每宗进口产品案中都得到履行。因此，不能以某种产品获得了其他方面更优惠的待遇，或该产品出口国的其他出口产品获得了更为优惠的待遇为理由而对该产品实行歧视。

第三，当某种产品在一国内不同地区享有不同待遇时，其中最优惠的待遇应给予进口相同产品。

在货物贸易中，世贸组织对国民待遇的实施也有例外规定：

第一，国民待遇义务不适用于政府采购。

第二，国民待遇义务并不禁止单独支付给某种产品国内生产者的补贴。

第三，国民待遇原则并不禁止有关电影片的国内放映数量限制。

第四，世贸组织允许发展中国家自1995年1月1日起的5年中对使用国内产品进行补贴。对于最不发达国家，这一期限延长为8年。

由于服务贸易与货物贸易的差异及其自身的复杂性，世贸组织对二者有关国民待遇的要求大有区别。服务贸易中国民待遇是以世贸组织成员间在平等基础上通过谈判方式达成协议，根据协议在不同行业中不同程度地履行国民待遇。

对于与贸易有关的知识产权领域的国民待遇，世贸组织规定每一成员向其他成员的国民就知识产权的保护提供的待遇不得低于其给予本国国民的待遇。同时允许各成员在涉及工业产权的保护领域中，凡有关司法行政程序、司法管辖权问题的法律都可声明保留，不给予外国人以国民待遇，这也符合国际社会的通常做法。

三、世界贸易组织的主要职能

主要职能包括：监督执行贸易协定；作为贸易谈判的论坛和载体；解决贸易争端；审查各成员国/地区贸易政策；通过技术援助和训练计划，在贸易政策方面帮助发展中国家；与其他国际组织合作。

其中最主要的三大职能：一是制定和规范国际多边贸易规则。WTO制定和实施的一整套多边贸易规则涵盖面非常广泛，几乎涉及当今世界经济贸易的各个方面，从原先纯粹的货物贸易，到后来的服务贸易、与贸易有关的知识产权、投资措施，一直延伸到新一轮多边贸易谈判可能要讨论的一系列新议题，如贸易与环境、竞争政策、贸易与劳工标准以及电子贸易等。二是组织多边贸易谈判。WTO及其前身GATT通过8轮回合的多边谈判，各成员大幅度削减了关税和非关税壁垒，极大地促进了国际贸易的发展。自关贸总协定成立以来的50年间，发达国家的加权关税水平已从1948年的40%左右，降到目前的3.8%左右，发展中国家的加权关税水平已降到12.3%左右。三是解决成员之间的贸易争端。WTO的争端解决机制在保障WTO各协议有效实施以及解决成员间贸易争端方面发挥了重要的作用，为国际贸易顺利发展创造了稳定的环境。越来越多的WTO成员，特别是发展中成员开始利用争端解决机制，从1995年WTO成立到1999年11月底，WTO共受理了144起争端投诉，已经结案39起。

其他的特殊条件有：

1. 涉及发展中国家反倾销的优惠规定 《反倾销协议》规定，发达国家在实施反倾销时，对发展中国家出口的产品在特殊情况时要给予特别考虑，尤其该发展中国家成员如果主要依靠某一种或几种出口产品时，针对这些产品的反倾销措施，应当尽可能考虑采用协议规定的建设性救济措施。针对发展中国家的产品，如果倾销幅度低于2%或损害是微不足道的，以及原产于一个发展中国家成员的倾销产品的数量不足进口国同类产品进口总量的3%，则终止倾销调查，对这些产品不征收反倾销税；但是，如果由数个这种不足3%的单个发展中国家的产品，累积占进口国同类产品的7%时，则倾销调查要继续进行。

反倾销行动对发展中国家的出口威胁较大，从以往的情况看，反倾销的主要使用者是澳大利亚、加拿大、欧盟和美国，20世纪80年代以来，其他一些国家如日本、韩国也开始频繁使用。据关贸总协定/世贸组织的调查，70年代后期以来，关贸总协定缔约方约发起了2 000起反倾销调查，其中1985—1992年期间就超过1 000多起，主要的受害者是发展中国家。因此，世贸组织的《反倾销协议》对进一步规范发达国家的反倾销做法起到积极作用，有利于发展中国家的出口。

2. WTO对农业补贴问题的规定 WTO《农业协定》是规范世界各国农业补贴政策的准则，也是中国加入WTO农业谈判的基本依据。概括地说，WTO《农业协定》，农业补贴包括国内支持和出口补贴两部分。由于中国已承诺全面放弃使用出口补贴，所以入世的焦点就是国内支持部分。

国内支持措施可分为两类，一类是不引起贸易扭曲的政策，叫“绿箱”政策，它是指政府执行某项农业计划时，其费用由纳税人负担而不是从消费者中转移而来的，且对生产者没有影响的农业支持措施，这些政策都可以免于减让承诺。

另一类是可以产生贸易扭曲的政策，叫“黄箱”政策，要求予以削减，用“支持总量”来进行数量表示。

国内支持减让承诺的政策范围包括：价格支持，营销贷款，面积补贴，牲畜数量补贴，种子、肥料、灌溉等投入补贴，某些有补贴的贷款计划等。

按照农业协议的定义，支持总量是用来衡量为支持农产品生产者而提供给某农产品，或为支持广大农业生产者而提供给非特定产品的年支持水平的技术指标；对具体农产品（或所有农产品）的支持，只要其国内支持总额不超过该产品生产总值（或农业生产总值）的5%（对发展中国家只要求10%），就无须削减国内支持。此外，作为特殊差别待遇，发展中国家的一些支持措施也列入免予减让的范围，如农业投资补贴、对生产者提供支持以鼓励不生产违禁麻醉作物、对低收入生产者提供农业投入品补贴等。

由此可以看出，美国要中国以发达国家身份加入WTO，其实就是要使中国无法享受到发展中国家10%的补贴和特殊差别待遇，以及中国可以拒绝参与新的农业援助计划的权利。

第二节 美国的农产品补贴与国际争议

一、中国对美国农产品补贴的反应

美国政府最近通过的给予农产品数十亿美元补贴的法案，此法案实施后将对美国农产品和乳制品业补贴提高67%。美国总统签署了新的农业法案；根据该法案，在未来10年内，美国将对农业提供高达1 900亿美元的补贴，它提高了对粮食和棉花生产者的补贴水平，恢复了1996年废除的目标价格体系以向农民提供额外收入。它也重新对羊毛和蜂蜜生产者实施补贴，另外还有牛奶、花生、小扁豆和豌豆等。

对此中国政府和世界上很多国家政府均表示强烈不满，那么这些不满的原因何在？后面将联系国际新闻，就中国和其他国家的反应以及WTO有关政策进行列举。

（一）中国外经贸部和农业部就美国农业法案发表的评论 外经贸部和农业部发表评论指出，这一法案的实施将进一步扭曲国际农产品贸易，中国政府将密切关注有关事态发展，并保留根据WTO《农业协定》采取进一步措施的权利。

评论说，我们也注意到，包括欧盟、澳大利亚，加拿大、新西兰等在内的世贸组织成员对美国的做法表达了不满和抗议。

评论指出，世贸组织多哈部长宣言授权成员就农产品贸易自由化进行新一轮谈判。我们认为，该法案的实施将进一步扭曲国际农产品贸易，也背离了美国政府推动农产品贸易自由化的承诺，并将对正在进行的世贸组织新一轮农业谈判造成负面影响。

另据中国外经贸部副部长龙永图表示，中国将加强对农业的支持，中国仍有很大空间支持农业，而不违反WTO规则。

龙永图表示："美国在乌拉圭谈判中已做了承诺，逐步减少农产品补贴，而美国国会提出这样一个法案当然引起我们极大关切，我们今后要加强对农业的支持，我们还可以给农业许多补贴，而不违反WTO规则。"他称，农业是中国为加入WTO而做出重大努力的问题。美国和欧盟对农产品的补贴要比中国高出许多倍。

他说，"如果他们可以做，我们为什么不可以做?"他同时表示。当然在给予农产品支持时，要考虑WTO规则和中国加入WTO的承诺，但中国在WTO得到的对农业补贴的空间非常大，中国还可以给农业很多支持，而不违反 WTO 规则。

（二）国际农业贸易集团谴责美国农业法案 18 个农业出口国家集体谴责美国最新出台的农业法案，认为这将损害全球为农业贸易自由化所做出的努力。

凯恩斯集团（包括澳大利亚、加拿大、巴西和南非）在一份声明中说道，美国对农业的补贴规模“将对全世界农民造成伤害”，“这种影响尤其会损害发展中国家的利益——如纯粹的农业进出口国——许多这类国家的经济发展严重依赖农业”，“它正在损害世界经济，妨碍这个高度补贴的、扭曲的行业的全球性改革”。

美国在早些时候曾经表明它是凯恩斯集团的同盟，要求欧盟、日本、挪威、瑞士和韩国降低农业补贴。WTO 的 144 个成员国在 2000 年 11 月同意启动新一轮贸易谈判，“逐渐减少所有形式的出门补贴”，并同时大幅削减对国内产品的补贴。

凯恩斯集团的部长们说：“我们要求美国重审它的承诺，在本回合世贸谈判实现农业自由和改革的全面计划中体现出必需的领导作用?”

澳大利亚贸易部长马克·韦勒说，如果他的国家发现新的补贴违背 WTO 规则，“将有机会就此事进行了解”。凯恩斯集团的其他成员是阿根廷、玻利维亚、智利、哥伦比亚、哥斯达黎加，斐济、危地马拉、印度尼西亚、马来西亚、新西兰、巴拉圭、菲律宾、泰国和乌拉圭、欧盟也已发话，将在 WTO 谈判上对美国补贴采取措施。

（三）《农产品协定中》关于国内补贴的规定

1. 国内支持是市场价格支持、直接支付以及其他补贴形式的国内保护 在农产品协定中把国内支持分为削减范围内的黄灯补贴和削减范围外的绿灯补贴，属于黄灯补贴的所有国内支持以 1986—1988 年的补贴为基准，换算成具体的数额作为削减基准，在 6 年内必须削减 20%。削减范围外的绿灯补贴，如果价格支持在生产额 5%以下的则不需要削减。这里的黄灯补贴和绿灯补贴把国内支持的限制通过交通信号颜色来表示。黄灯表示要引起注意，属于削减范围内的；绿灯表示可以放在削减范围外，绿灯的国内支持指用于农业、农村基础设施、农业生产者的退休、农地的转用及投资补助的机构调整方面的支持政策。

免除国内资助承诺的范围。少量资助：6 条 4 款。①特定产品的国内资助（不超过农产品生产总值的 5%）。②非特定产品的国内资助（不超过农产品生产总值的 5%）。

根据生产调整计划给予的直接收入补贴：6 条 5 款。①根据农作物播种面积，产量（畜产的牲畜头数）支付的补贴。②支付的补偿不超过基本生产 85%的补贴。

免除国内资助的附录：附录 2。基本标准：对生产的影响和贸易扭曲作用限制在最小的范围内。①由公共基金进行的补贴，不能转嫁给消费者。②对生产商没有价格支持的作用。

政府的各类服务计划：①一般服务（研究、防疫、教育、普及、检查、促进销售、社会基础建设）。②粮食安全保障为目的的公共储备。③国内粮食援助。④对农户的各种直接收入补贴：

与生产无直接关系的补贴、收入保险计划、自然灾害的补贴、环境保护、结构调整、地区援助。

2. 在农产品谈判中，美国和欧盟对共同农业政策改革过程中农户直接所得的补偿是否放入国内支持的削减范围之内，存在意见对立。欧盟主张，欧盟内的农产品支持价格降低后，对农户直接所得支付的补偿，放在削减范围之外，而美国反对。经过艰苦的交涉，最后同意在一定条件之下，可以放在削减范围之外。

二、动植物卫生检疫措施（SPS）协定

SPS（Sanitary and Phgtosanitary Measuros）是“动植物卫生检疫措施”的英文简写。SPS 协定是《实施动植物卫生检疫措施协定》的简称，这是强调技术在畜产品国际贸易上作为规范和标准的协定，说明国际贸易上技术壁垒问题已成为主要问题。

SPS 协定是指关贸总协定第八轮乌拉圭回合多边贸易谈判中达成的《实施动植物卫生检疫措施协定》。该协定主要涉及植物、动植物产品和食品的进出口检验检疫规则，通常由各 WTO 成员的农业部、卫生部、食品安全和出入境检验检疫部门负责管理执行。随着国际农畜产品贸易的发展，各国实行动植物检疫制度对贸易的影响越来越大，特别是一些国家为了保护本国农产品市场，常常利用非关税措施来阻止国外农畜产品进入本国市场，其中动植物检疫就成为一种隐蔽性很强的技术壁垒措施；世界各国动植物疫情也相当复杂，在国际贸易中，许多国家特别是发达国家，将动植物检疫为例外措施加以利用，而以往的规定对动植物卫生检疫措施的约束还不够，要求也不具体，而 SPS 协定对动检植物检疫提出了更具体和严格的要求。基于上述两个原因，达成并制定 SPS 协定就有了迫切的必要性。

SPS 协定产生的背景：随着国际贸易自由化程度的不断加深，发达国家利用 GATT 中的某些条款以及借助其经济和政治优势不切实际地向发展中国家推行贸易自由化，各国为了保护本国的经济利益，在贸易保护上尽其可能地利用动植物检疫这一隐蔽性很强的技术壁垒措施，来达到保护本国经济和贸易优势地位的目的，于是导致与动植物有关的技术标准越来越高，限制越来越严。也正是由于关贸总协定所推崇的贸易自由化与各国的动植物检疫对贸易阻碍作用之间矛盾日益显现，为解决出现的问题，关贸总协定乌拉圭回合谈判结束时各成员国达成一揽子协议，《实施动植物卫生检疫措施的协定》（Agreement on the Application of Sanitary and Phytosanitary Measures）就是其中一个。履行 SPS 协议是 WTO 成员的一项基本义务；随着我国对外开放的进一步深入，履行 SPS 协定对我国畜牧业生产和发展将有着深远的影响：

SPS 协定的内容与实施 SPS 协议的目的和特点。

（一）SPS 协议的主要内容　包括基本权利和义务、国际化和标准化、非歧视原则、危害性评估与检疫的保护程度、非疫区和低度流行、透明度、建立 SPS 措施委员会。科学性是贯穿 SPS 协议的重要内容，各成员方为保护人类、动植物健康而制定的每一项措施要有充分的科学依据，无充分的科学依据不允许继续实施，它包括：对有害生物非疫区的确定、有害生物的风险分析、检验与抽样以及测试方法、工序的要求和生产方法，生态和环境的条件等一系列过程都必须以科学性为基础。

（二）SPS 协议的目的　在 SPS 协议的权利和义务中充分体现为，缔约各方有权采取为保护人类、动物或植物生命或健康所必须的措施，但这些措施不会对相同条

件缔约成员之间构成武断或不公正的歧视，或构成对国际贸易的变相限制和消极作用。

（三）SPS 协议的特点　它不是一个国际性技术组织，而是规范动植物卫生检疫运行的指导性法规。它是借助于与 CAC、OIE 等组织的合作来解决贸易中的争端问题；保护贸易自由竞争机制，消除利用隐蔽性的检验检疫条款来阻碍贸易自由化进程；SPS 争端机制含糊，对缔约方出现由于执行 SPS 协议的争端时，既不鼓励也不反对双边解决争端机制。

（四）SPS 协议对我国畜牧业生产的影响　我国加入 WTO 后，大多行业所执行的标准必须内外一致，而我国的畜牧业产品的标准相对滞后，或标准较低，这会在近期内对畜牧业的生产和发展有较大的负面影响。

如我国许多地区的农药、兽药使用不规范，生物防治泛滥导致微生物检测难以达到要求，加工工艺粗糙使得产品的保鲜、贮存、包装达不到标准要求，这些将在一定的程度上阻碍畜产品的国际贸易。另外 SPS 协议的透明度原则也是限制我国低标准产品出口的一道红线，当然 SPS 协议的诸多规定对我国畜牧业生产，以及产品出口的负面影响是不可低估的，这导致畜牧业生产调整需要一个较长时间的阵痛过程，但长远来讲履行 SPS 协议对我国畜牧业的生产和发展将产生积极的影响。

1. 加速我国畜牧业生产结构的调整　我国应利用执行 SPS 协议的契机，进行畜牧业生产结构的大调整。政府应加大宏观调控力度，积极引导优势产业的发展，加大科技投入，大力发展“无公害”畜牧业，加速“无规定疫病区”的建立步伐。

2. 规范药物的使用　我国畜产品由于药物残留量超标缺乏国际竞争力，主要由于兽药、激素等使用不规范或残留超标很难走出国门。当前形势下我国应大力发展绿色兽药，发展兽用抗生素的替代品，更主要的是畜产品生产加工企业在生产过程中规范各类药品的使用。

3. 加快技术标准和技术法规制（修）定的步伐　我国在畜产品检验检疫这方面的标准严重滞后，有些标准甚至沿用几十年不变，标准的技术含量低，缺乏市场保护机制；另一方面我国的地方标准较多，有明显的地方保护主义色彩，许多农产品的检验检疫标准要求低，检测方法简单，导致检疫技术、检疫措施落后和检疫制度较严，这在履行 SPS 协议中十分被动，因此加快检验检疫标准和法规制定已迫在眉睫。在检验检疫实际工作中就应当大量等同或等效采用国际标准，在制定标准量时也应当以国际标准为基础，力求高标准，保证标准的科学性、先进性、可靠性。

4. 健全风险分析领域的法规　我国已成为 WTO 的成员，许多检验检疫法律法规的有效性和标准的制定必须以科学为基础，这个科学基础就是科学的风险分析方法。我国在这方面工作起步较晚，且这一领域的工作开展得较少而窄，许多产品的风险分析机制不是很成熟。SPS 协议为我国风险分析规范化、科学化、程序化奠定了基础，也是我国风险分析与国际接轨的契机，因此应当建立以 SPS 协议有关条款为基础的风险分析程序，这样在双边或多边贸易中才有更大的说服力。

（五）SPS 协议对我国动物检验检疫的影响

1. 有利于规范我国动物检验检疫行为　过去我国许多进出境动物检验检疫法规有着

明显的“中国特色”，尽管随着改革开放的深入这一现象有了很大的改观。许多有着明显保护色彩的检验检疫法规或规章科学性不够强，透明度不够高，这些都不利于我国动物检验检疫与国际法律法规接轨，制约着我国畜产品的国际化进程。履行SPS协议有助于推动我国动植物检验检疫法律法规的制定，更重要的是有助于培育一批适应当前国际贸易规则的生产企业，推进畜产品国际贸易化进程。

2. 有利于改善我国动物检验检疫多头管理　畜产品在生产管理、产品生产、产品投放市场等诸多环节都受到不同部门的管理，各部门的要求和标准各不相同，有些比较敏感的部分各部门又相互扯皮推诿，如违禁药品的生产、管理分属不同部门，这是导致产品的农药残留、兽药残留等的重要原因；另外一方面，未按SPS协议要求规定实行疾病区化原则，对我国尚呈低度流行或无分布疾病进行区化，有利于促进区域经济的发展，但由于出入境检验检疫机构与农牧部门分属不同部门，工作衔接不能完全到位，使得某些产品出口受到一定的影响。SPS协议将在总的原则上改善各职能部门的职责分工，杜绝扯皮推诿现象，使各部门各司其职，促进我国畜产品的国际贸易。

3. 有利于培养一支适应国际动物检验检疫规则的专家队伍　我国许多产品在国际市场还属初级产品，特别是畜产品质量不稳定，生产体系比较脆弱，难以适应当前国际贸易的游戏规则，更主要的是缺少一支熟悉国际贸易法则的专业人才队伍。WTO/SPS协议为我国创造了良好的契机，通过有关国际组织或发达国家的技术援助及信息交流，或人才方面的技术培训将诞生一大批熟悉国际动植物检疫规则的专家队伍，它也是改善我国畜产品出口环境的技术保证，是保护我国畜牧业生产安全和促进畜牧业可持续发展的重要手段。

（六）动物检验检疫在SPS协议中的地位和作用

1. 推动畜产品的国际贸易，为畜产品出口保驾护航　利用SPS协议来设置合理的技术性贸易壁垒措施，防止国外畜产品的大量涌入，保护我国畜牧业的生产安全；利用SPS协议来打破对方设置的各种技术性贸易壁垒，推动畜产品的国际贸易。

2. 增强检验检疫的透明度，提高检验检疫的标准　我国作为发展中国家，许多动物疫病在我国尚无分布，或仅在部分地区有分布，检验检疫机构与农牧部门应加大检验检疫宣传力度，特别是在遵循SPS协议的同时应加快检验检疫标准的制定，制定科学、合理的标准或规范，保证畜牧业生产加工企业有良好的卫生环境（GMP），促进我国畜产品生产加工企业的出口创汇。

3. 利用SPS规定风险分析政策，制定合理、科学、符合我国检验检疫水平的风险管理水平的检疫制度　根据国外的检验检疫标准制定符合我国风险保护水平的检验检疫措施和检验检疫制度，防止国外动物疫病传入，保护我国畜产品的国际贸易份额。

4. 利用包括WTO在内的有关国际贸易法律法规保护措施，制定限制进口、促进出口的保障措施　充分利用WTO以及包括SPS协议在内的国际法律法规给予发展中国家的优惠政策，在优惠政策许可的期限内保障我国动物产品的出口，进一步保护我国畜牧业生产的安全。

5. 利用检验检疫信息，适度调整畜牧业生产结构　农牧部门和检验检疫机构利用检验检疫信息的优势，特别是利用国外消费结构变化的信息，引导企业进行产业结构的调整。同时在宏观上调节生产，特别是帮助企业引进优良品种，扩大优势产品的生产比重与规模，改变传统的生产管理模式，指导出口企业规范兽药、促生长药物、激素、保鲜剂等的使用。

总之，贸易发展与贸易保护是相互的，我国作为发展中国家，在迎接挑战的同时，应当充分了解贸易双边或多边的利益，促进和保护包括全人类和世界农业生产安全在内的利益，同时更应当保证我国畜产品在国际经济和贸易中的地位，利用SPS协议中的有利条款保护和促进我国畜产品的生产与贸易，促进世界经济贸易自由开放地发展。

SPS协议是国际贸易中第一部关于动植物检疫的多边国际公约，它对保护人类生命和健康，促进各国农牧业生产发展和农畜产品贸易起到重要作用。但是，该协议对于偏离国际标准而实施高标准卫生检疫措施基本上没有实质性限制，这就为发达国家提供较大的灵活空间。发达国家也就将采用高于一般国际标准的检疫措施制定其检疫程序，以达到限制发展中国家成员产品的进口，保护国内市场的目的。如日本、美国、欧盟等，凭借其贸易大国的地位和先进的技术优势，通过制定严格的环保法规和相对苛刻的技术壁垒，来实施SPS措施以达到对发展中国家的农畜产品出口贸易实行控制。同时，他们利用世界组织目前对国际贸易中的环保问题并未做出明确规范，打“擦边球”，借口保护环境，对发展中国家实行贸易歧视。例如，日本就充分利用WTO的系列协定（包括SPS协议），在国内建立完善食品卫生法，药物法、植物保护法，动物病疫控制法、检疫法等技术性贸易保护的法律体系，实行其貌似自由开放，实为限制约束进口贸易的保护目的。而且很多法例每年修订，使通关手续日益繁琐。近年来，日本实施严格的SPS措施，对我国农、畜产品的出口造成了严重影响。如2001年6月，日本仅仅根据韩国发现一例我国鸡有问题，便全面禁止我国禽肉进口。在我国政府交涉下，日本于8月初解除鸡肉的禁令，但同时宣布每批精密检查。11月，日本又暂停进口我国部分工厂生产的禽肉。因此，我国出口企业和农民遭受了巨大的损失。

由此可见，一些发达国家实施的SPS措施，已经逐渐对我国畜禽水产产品构成一道无形的难以逾越的出口屏障，对我国农畜产品出口贸易产生了相当的影响：一是提高了农畜产品国际贸易的门槛，加大了我国农畜产品开拓国际市场的难度。二是削弱了我国农畜产品的国际竞争力。三是制约了我国农畜产品出口的增长。四是对我国农畜产品出口贸易影响深远而广泛。

有识之士认为，我国应对SPS协议的措施是：加强技术法规的制定；建立健全农业标准体系；发展有机食品，突破国外绿色贸易壁垒；按照SPS协议，迅速建立我国的绿色贸易壁垒；建立技术性贸易保护措施的统一协调和预警机制；重视发挥行业协会、进出口商会等中介组织的作用。

三、实施动植物卫生检疫措施的协议

第一条　总则

1. 本协议适用于所有可能直接或间接影响国际贸易的动植物卫生检疫措施，这类措施应按照本协议的条款来制定和实施。

2. 为本协议之目的，附件 1 中规定的定义都适用。

3. 各附件是本协议的不可分割的组成部分。

4. 对不在本协议范围之内的措施，本协议不应影响各成员在技术性贸易壁垒协议项下所享有的权利。

第二条 基本权利与义务

1. 各成员有权采取为保护人类、动物或植物的生命或健康所必需的动植物卫生检疫措施，但这类措施不应违背本协议的规定。

2. 各成员应确保任何动植物卫生检疫措施的实施不超过为保护人类、动物或植物的生命或健康所必需的程度，并以科学原理为依据，如无充分的科学依据则不再实施，但第五条第 7 款规定的除外。

3. 各成员应确保其动植物卫生检疫措施不在情形相同或情形相似的成员之间，包括在成员自己境内和其他成员领土之间构成任意或不合理的歧视。动植物卫生检疫措施的实施不应对国际贸易构成变相的限制。

4. 符合本协议有关条款规定的动植物卫生检疫措施，应被认为符合各成员在 1994 年关贸总协定有关采用动植物卫生检疫措施的义务，特别是第二十条（b）款的规定。

第三条 协调一致

1. 为尽可能广泛地协调动植物卫生检疫措施，各成员的动植物卫生检疫措施应以国际标准、准则或建议为依据，除非本协议，特别是第 3 款中另有规定。

2. 符合国际标准、准则或建议的动植物卫生检疫措施应视为是保护人类、动物或植物的生命或健康所必需的，并被认为符合本协议和 1994 年关贸总协定有关条款的规定。

3. 各成员可以实施或维持比以有关国际标准、准则或建议为依据的措施所提供的保护水平更高的动植物卫生检疫措施，但要有科学依据，或者一成员根据第五条第 1 款至第 8 款（*第三条第 3 款之目的，如果成员方根据对与本协议有关的条款相符的现有科学信息进行检查和评估，认为有关国际标准、准则或建议不足以达到合理的动植物卫生检疫保护水平时，则应有科学依据）中有关条款规定，认为该措施所提供的保护水平是合适的。除上述外，若某措施所产生的动植物卫生保护水平不同于以国际标准、准则或建议为依据制定的措施所提供的保护水平，则一概不可违背本协议中其他任何条款的规定。

4. 各成员应尽其所能全面参与有关国际组织及其附属机构，特别是国际营养标准委员会，国际兽疫局，以及在国际植物保护公约框架下运行的有关国际和区域组织，以便促进在这些组织中对有关动植物卫生检疫措施各个方面的标准、准则和建议的制订和定期审议。

5. 在第十二条第 1 和第 4 款中提到的动植物卫生检疫措施委员会（本协议中简称“委员会”）应制定程序，以监督国际统一化进程，并在这方面和有关国际组织协同努力。

第四条 同等对待

1. 如果出口成员客观地向进口成员表明它所采用的动植物卫生检疫措施达到了进口成员适当的动植物卫生检疫保护水平，即使这些措施不同于进口成员自己的措施，或不同于从事同一产品贸易的其他成员所采用的措施，各成员应同等地接受其他成员的动植物卫生检疫措施。为此，根据请求，应向进口成员提供进行检验、测试，以及执行其他有关程序的合理的机会。

2. 各成员应根据要求进行磋商，以便就所规定的动植物卫生检疫措施同等性的承认达成双边和多边协议。

第五条 风险评估以及适当的动植物卫生检疫保护水平的确定

1. 各成员应确保其动植物卫生检疫措施是依据适应环境的对于人类、动物或植物的生命或健康的风险评估，并考虑到由有关国际组织制定的风险评估技术。

2. 在进行风险评估时，各成员应考虑现有的科学依据；有关的工序和生产方法；有关的检验、抽样和测试方法；某些病害或虫害的流行；病虫害非疫区的存在；有关的生态和环境条件；以及检疫或其他处理方法。

3. 各成员在评估对动物或植物的生命或健康构成的风险，并决定采取措施达到适当的动植物卫生检疫保护水平，以防止这种风险时，应考虑下列相关的经济因素：由于虫害或病害的传入，定居或传播，对生产或销售造成损失的潜在损害；在进口成员领土上控制或根除的病虫害的成本；以及采用其他方法来控制风险的有关实际开支。

4. 各成员在决定适当的动植物卫生检疫保护水平时，应考虑将对贸易的不利影响减少到最低程度这一目标。

5. 为了达到运用适当的动植物卫生检疫保护水平的概念，在防止对人类生命或健康，动物和植物的生命或健康构成风险方面取得一致性的目的，每个成员应避免在不同的情况下任意或不合理地实施它所认为适当的不同的保护水平，如果这种差异在国际贸易中产生歧视或变相限制。

各成员应根据本协议第十二条第 1、2 和 3 款中的规定，在委员会中相互合作来制定准则，以推动本条款的实际贯彻。委员会在制定准则时应考虑所有相关因素，包括人们自愿遭受的人身健康风险的例外情况。

6. 在不违背第三条第 2 款规定的前提下，各成员在制定或维持动植物卫生检疫措施以达到适当的动植物卫生检疫保护水平时，考虑到技术和经济可行性（*为第五条第 6 款之目的，一种措施不应比所要求的更具贸易限制性，除非有另一种措施，对现有技术和经济的可行性作了合理的考虑，并达到了；合理的保护水平，且对贸易的限制性大大减小），应确保这类措施不比要获取适当的动植物卫生检疫保护水平所要求的更具贸易限制性。

7. 在有关科学依据不充分的情况下，一成员可根据现有的有关信息，包括来自有关国际组织以及其他成员方实施的动植物卫生检疫措施的信息，临时采取某种动植物卫生检疫措施。在这种情况下，各成员应寻求获取必要的补充信息，以便更加客观地评估风险，并相应地在合理的期限内评价动植物卫生检疫措施。

8. 当一成员有理由认为另一成员制定或维持的某种动植物卫生检疫措施正在限制，或潜在限制其产品出口，而这种措施不是以有关国际标准、准则或建议为依据，或者这类标准、准则或建议并不存在，则可要求其解释采用这种动植物卫生检疫措施的理由，并应由维持该措施的成员提供解释。

第六条 病虫害非疫区和低度流行区适用地区的条件

1. 各成员应确保其动植物卫生检疫措施要适应当地——即产品的产地及发运地的动

植物卫生检疫特点——不论这个地区是一个国家的全部或其部分地区，或几个国家的全部或部分地区。在评估一个地区的动植物卫生特点时，各成员应特别考虑某些病害或虫害的流行程度，现有的根治或控制方案，以及由有关国际组织制定的适当标准或准则。

2. 特别是各成员应承认病虫害非疫区和低度流行区的概念。对这些地区的确定，应依据诸如地理、生态系统，流行病监测，以及动植物卫生检疫效果等因素。

3. 出口成员声明其境内某些地区是病虫害非疫区或低度流行区时，应提供必要的证据，以便向进口成员客观地表明这些地区分别是，并很可能继续分别是病虫害非疫区或低度流行区。为此，根据要求应向进口成员提供合理的途径，以便进口成员检验，测试，以及执行其他有关程序。

第七条　透明度

各成员应通知其动植物卫生检疫措施的改变，并根据附件 2 有关规定提供其动植物卫生检疫措施的信息。

第八条　控制、检验和批准程序

各成员在实施控制，检验和批准程序，包括批准在食品，饮料或饲料中使用添加剂，或确定污染物允许量的国家制度时，应遵守附件 3 的规定，并应确保其程序不与本协议规定相抵触。

第九条　技术援助

1. 各成员同意促进以双边形式或通过适当的国际组织向其他成员，特别是发展中国家成员提供技术援助。这些援助尤其可以在加工技术，研究和基础设施，包括成立国家管理机构等领域；也可以采取建议、信贷、捐赠和转让，包括以寻求技术知识为目的的培训和设备等方式，以使这些国家能调整并遵从为达到其出口市场上的适当的动植物卫生检疫保护水平所必需的动植物卫生检疫措施。

2. 当发展中国家出口成员为达到进口成员的动植物卫生检疫要求而需要大量投资时，后者应考虑提供这类技术援助，以使发展中国家成员得以维持和扩大其相关产品市场准入的机会。

第十条　特殊和差别待遇

1. 各成员在准备和实施动植物卫生检疫措施时，应考虑到发展中国家成员，特别是最不发达国家成员的特殊需要。

2. 在适当的动植物卫生检疫保护水平允许留有分阶段采用新的动植物卫生检疫措施的余地时，则应给予发展中国家成员有利害关系的产品较长的适应期，以维持其出口机会。

3. 为确保发展中国家成员能遵从本协议的规定，委员会有权根据这些成员的要求，并视其财政、贸易和发展的需要，允许这些国家对于本协议项下义务的全部或部分享有具体和有时限的例外。

4. 各成员应鼓励和促进发展中国家成员积极参加有关的国际组织。

第十一条　磋商和争端解决

1. 除非另有特别规定，经争端解决谅解解释和适用的 1994 年关贸总协定第二十二条和第二十三条的规定，应适用于本协议的磋商和争端的解决。

2. 在本协议涉及科学或技术问题的争端中，专家组应征求由专家组与争端各方协商选出的专家的意见。为此，专家组可根据争端任何一方的要求或自己主动在它认为适当的时候，成立技术专家咨询组，或与有关的国际组织协商。

3. 本协议中的任何内容不应损害成员在其他国际协议项下的权利，包括利用其他国际组织或根据任何国际协议建立的斡旋或争端解决机制的权利。

第十二条　管理

1. 现成立动植物卫生检疫委员会，为磋商提供一个经常性的场所。它应履行必要的职能，以执行本协议的各项规定，并推动其目标，特别是有关协调一致的目标的实现，委员会应通过一致同意做出决定。

2. 委员会应鼓励和促进各成员间就特定的动植物卫生检疫问题进行不定期的磋商或谈判。委员会应鼓励所有成员采用国际标准、准则或建议。在这方面，它应举办技术磋商并开展研究，以提高在批准使用食品添加剂，或确定食品、饮料或饲料中污染物允许量的国际与国家制度或方法方面的协调性和一致性。

3. 委员会应在动植物卫生检疫保护领域同有关国际组织，特别是国际营养标准委员会、国际兽疫局和国际植物保护公约秘书处保持密切联系，以为执行本协议提供现有最佳的科学和技术咨询，并确保避免不必要的重复工作。

4. 委员会应制定程序，监督国际协调的进程及国际标准、准则或建议的采用。为此，委员会应同有关国际组织一起拟定一份它认为对贸易有重大影响的动植物卫生检疫措施方面的国际标准、准则或建议清单。该清单应包括各成员对国际标准、准则或建议所作的说明：哪些被用作进口的条件，或者在符合哪些标准的基础上进口产品才能进入他们的市场。在一成员不以国际标准，准则或建议作为进口条件的情况下，该成员应说明其理由，尤其是他是否认为该标准不够严格，因而无法提供适当的动植物卫生检疫保护水平。如果一成员在对采用标准、准则或建议作为进口条件做出说明之后又改变立场，则他应对改变做出解释，并通知秘书处以及有关国际组织，除非他已根据附件 2 的程序做出这样的通知和解释。

5. 为避免不必要的重复，委员会可在适当的决定采用通过有关国际组织的运行程序，特别是通知程序所获取的信息。

6. 委员会可根据一成员的提议，通过适当的渠道邀请有关国际组织或其分支机构审议与某个标准，准则或建议有关的具体问题，包括根据上述第 4 款对不采用有关标准所作解释的依据。

7. 委员会应在 WTO 协议生效之日起的 3 年后，并在此后需要时，对本协议的运作和执行情况加以审议，委员会在适当的时候，特别是根据在本协议执行过程中所取得的经验，可向货物贸易理事会提议修改本协议条款。

第十三条　执行

各成员有责任全面履行本协议中规定的所有义务。各成员应制定和执行积极措施和机制，以支持中央政府以外的机构遵守本协议的规定。各成员应采取现有合理的措施，以确保其境内的非政府实体及其境内有关实体是成员的地方机构，遵守本协议的有关规定。此外，各成员不应采取产生直接或间接地要求或鼓励这类地方或非政府实体、或地方政府机构以不符合本协议规定的方式行事影响的措施。各成员应确保只是在非政府实体遵守本协议规定时，才能依赖其为实施动植物卫生检疫措施而提供的服务。

第十四条　最后条款

对于最不发达国家成员影响进口或进口产品的动植物卫生检疫措施，最不发达国家成员可在 WTO 协议生效之日起推迟 5 年执行本协议的规定。对于其他发展中国家成员影响进口或进口产品的现行动植物卫生检疫措施，在由于缺乏技术知识、技术性基础设施或资源而妨碍实施时，发展中国家成员可在 WTO 协议生效之日起，推迟 2 年执行本协议的规定，但第五条第 8 款和第七条的规定除外。

附　件　1

定义（为这些定义之目的，“动物”包括鱼和野生动物；“植物”包括森林和野生植物；“虫害”包括杂草；“污染物”包括杀虫剂、兽药残存物和其他杂质）

1. 动植物卫生检疫措施——指任何一种措施，用以：

(a) 保护成员境内的动物或植物的生命或健康免受虫害、病害、带病有机体或致病有机体的传入，定居或传播所产生的风险；

(b) 保护成员境内的人类或动物的生命或健康免受食品、饮料或饲料中的添加剂、污染物、毒素或致病有机体所产生的风险；

(c) 保护成员境内的人类的生命或健康免受动物、植物或动植物产品携带的病害，或虫害的传入，定居或传播所产生的风险；

(d) 防止或限制成员境内因虫害的传入、定居或传播所产生的其他损害。

动植物卫生检疫措施包括所有有关的法律、法令、规定、要求和程序，特别包括最终产品标准；加工和生产方法；检测，检验，出证和批准程序；检疫处理，包括与动物或植物运输有关或与在运输途中为维持动植物生存所需物质有关的要求在内的检疫处理；有关统计方法、抽样程序和风险评估方法的规定；以及与食品安全直接相关的包装和标签要求。

2. 协调一致——由成员共同制定、承认和实施的动植物卫生检疫措施。

3. 国际标准、准则和建议。

(a) 在食品安全方面，指国际营养标准委员会制定的有关食品添加剂，兽药和除虫剂残存物，污染物，分析和抽样方法的标准、准则或建议，以及卫生惯例的守则和准则；

(b) 在动物健康和寄生虫病方面，指国际兽疫局主持制定的标准、准则或建议；

(c) 在植物健康方面，指国际植物保护公约秘书处与该公约框架下运行的区域性组织合作制定的国际标准、准则或建议；

(d) 在上述机构未尽事宜方面，指经委员会认可，由向所有成员实施都开放的其他有关国际组织公布的适当的标准，准则或建议。

4. 风险评估——根据可能实施的动植物卫生检疫措施来评价虫害或病害在进口成员境内传入、定居或传播的可能性，以及相关的潜在生物和经济后果，或评价食品、饮料或饲料中存在添加剂、污染物，毒素或致病有机体对人类或动物的健康产生的潜在不利影响。

5. 适当的动植物卫生检疫保护水平(*很多成员称这个概念为“可接受的风险水平”)——制定动植物卫生检疫措施以保护其境内的人类、动物或植物的生命或健康的成员所认为合适的保护水平。

6. 非疫区(*病虫害非疫区可以包围、被包围或毗连某个地区——该地区可以在一个国家的部分地区内,或是在包括几个国家的部分或全部的地理区域内——在该地区已知有某种虫害或病害发生,但采取了地区控制措施,诸如建立旨在控制或根除有关虫害或病害的保护、监督和缓冲地带。)——经主管当局认定无某种虫害或病害发生的地区,这可以是一个国家的全部或部分,或几个国家的全部或部分。

7. 病虫害低度流行区——经主管当局认定,某种虫害或病害发生水平低,并采取了有效的监督、控制或根除措施的地区,这可以是一个国家的全部或部分地区、或者是几个国家的全部或部分地区。

附　件　2

动植物卫生检疫规定的透明度

法规的公布

1. 各成员应确保将所有已获通过的动植物卫生检疫法规(*动植物卫生检疫措施包括适用的法律,法令或法规)及时公布,以便感兴趣的成员能熟悉它们。

2. 除紧急情况外,各成员应允许在动植物卫生检疫法规的公布和开始生效之间有合理的时间间隔,以便让出口成员,尤其是发展中国家成员的生产商有足够的时间调整其产品和生产方法,以适应进口成员的要求。

咨询点

3. 每个成员应确保设立一个咨询点,负责对感兴趣的成员提出的所有合理问题提供答复,并提供下列有关文件:

(a) 在其境内采用或准备采用的任何动植物卫生检疫法规;

(b) 在其境内运行的任何控制和检验程序,生产和检疫处理、杀虫剂残留允许量和食品添加剂批准程序;

(c) 风险评估程序,所考虑的因素,以及适当的动植物卫生检疫保护水平的确定;

(d) 成员或其境内的有关机构在国际和区域性动植物卫生检疫组织和体系,以及在本协议范围内双边和多边协议和安排中的成员资格和参与情况,以及这类协议和安排的文本。

4. 各成员应确保在感兴趣的成员索要文件副本时,除运送成本外,应按向该成员国民(*本协议中提到的“国民”一词,对于世界贸易组织的单独关税地区成员,是指在该关税区内定居,或在该关税区内具有真实而有效的工业或商业机构的自然人或法人)提供的相同价格(如有的话)提供。

通知程序

5. 当国际标准、准则或建议不存在或所提议的动植物卫生检疫规定的内容与国际标准、准则或建议的内容实质上不一致;并且如果规定对其他成员的贸易有重大影响,各成员应:

(a) 及早发布通知，以便感兴趣的成员能熟悉含有某特定规定的提案；

(b) 通过秘书处通知其他成员有关规定所涉及的产品，并对所提议的规定的目的和理由作一简要说明。这类通知应尽早在规定仍可以修改和采纳意见时发出；

(c) 根据要求向其他成员提供所提议的规定的副本，并在可能的情况下，标明与国际标准、准则或建议有实质性偏离的部分；

(d) 在无歧视的前提下，给其他成员以合理的时间作书面评论，并根据要求讨论这些评论，并对这些评论和讨论结果加以考虑。

6. 然而，当一成员发生或出现发生紧急的健康保护问题的威胁时，该成员可在必要的情况下省略本附件第5款中所列举的这些步骤，但该成员必须：

(a) 立即通过秘书处通知其他成员特定的法规及其涉及的产品，并简要说明该规定的目的和理由，其中包括紧急问题的性质；

(b) 根据要求向其他成员提供规定副本；

(c) 允许其他成员作书面评论，并根据要求对这些评论进行讨论，并对这些评论和讨论结果加以考虑。

7. 给秘书处的通知应使用英文、法文或西班牙文。

8. 发达国家成员根据其他成员的要求，应提供文件副本。若是多卷文件，则提供一份用英文、法文或西班牙文书写的具体的通知并附上所涉及的文件的摘要。

9. 秘书处应及时将通知的副本散发给所有成员和感兴趣的国际组织，并提请发展中国家成员，对涉及其特殊利益产品的通知引起注意。

10. 各成员应指定一个中央政府机构，由其负责按照本附件第5、6、7和8款的规定在全国范围内负责执行有关通知程序。

一般保留

11. 本协议内空不应解释为要求：

(a) 用成员语文以外的语文提供草案细节或副本，公布文本内容，但本附件第8款规定除外；或

(b) 各成员公开那些会阻碍动植物卫生检疫立法的实施，或会损害某些企业合法的商业利益的机密资料。

附 件 3

控制检验和批准程序（*控制检验和批准程序，特别包括抽样，测试和出证程序）

1. 关于检查和确保执行动植物卫生检疫措施的任何程序，各成员应确保：

(a) 在执行和完成这类程序时没有不适当的延误，给予进口产品的待遇不低于类似的国内产品；

(b) 公布每个程序的标准处理期限，或根据请求将预期的处理期限向申请人传达。主管机构在接到申请后立即检查文件的完整性，并以准确、完整的方式通知申请人所有不足之处；主管机构尽快以准确、完整的方式向申请人传递程序结果，以便申请人在必要时采取纠正措施。根据申请人的要求，即使在申请有不足之处时，主管机构也尽可能继续执行该程序，并根据要求，通知申请人程序的执行阶段，并对任何延误做出解释；

(c) 对信息的要求局限于控制、检验和批准程序的适当需要，包括批准使用添加剂或为制定食品、饮料或饲料中的污染物的允许量所必要的限度；

(d) 在控制、检验和批准过程中，有关产生或提供的进口产品信息的机密性得到尊重，其方式不应低于国内产品，并使合法的商业利益得到保护；

(e) 对产品的单个样品的任何控制、检验和批准要求要视其合理性和必要性而定；

(f) 对进口产品程序征收的任何费用与国内类似产品或来自任何其他成员的产品所征收的费用相当，且不高出其服务的实际成本；

(g) 程序中使用的设备装置的设点以及进口产品样品的选择应使用与国内产品相同的标准，以便将申请人、进口商、出品商或其代理人的不便减少到最低程度；

(h) 根据适用的规定，由于控制和检验后产品的规格发生了变化，则经过改造，其产品程序仅限于决定是否对该产品仍然符合有关规定有充分的信心和必要范围内；

(i) 建立一种程序来审议对有关这类程序运行的投诉，且当投诉合理时采取纠正措施；

当进口成员实行一种批准使用食品添加剂，或制定食品、饮料或饲料中污染允许量的体系，而这一体系禁止或限制获批准的产品进入其国内市场时，进口成员应考虑使用有关国际标准作为进入市场的依据，直到做出最后决定为止。

2. 若一种动植物卫生检疫措施规定在生产阶段实行控制，则在其境内进行生产的成员提供必要的帮助，以便利这种控制及控制机构工作。

3. 本协议内容不应阻碍各成员在其境内进行合理的检验。

四、危险分析和关键控制点

HACCP是英文Hazed Analysis and Critical Control Point的缩写，中文译为危险分析与关键控制点。它是一种科学高效、简便合理、实用的专业性又强的预防性食品安全质量控制体系。HACCP管理体系最初由美国承担宇航食品开发生产的Pillsbury公司在20世纪初60年代发明使用，目的是为了既保证宇航员在航天飞行中所使用食品的安全，又尽量减少为判断食品的安全性所做的检验，从而降低生产成本。1971年，Pillsbury公司在美国第一次国家保护会议上公开提出了HACCP原理，立即为美国FDA所接受，并决定首先在低酸罐头食品的良好操作规范（GMP）中采用。

1973年，Pillsbury公司出版了最早的HACCP培训手册，并被用于对FDA官方审查人员的培训。1974年美国联邦法规第21卷113部分低酸罐头食品的GMP中采用了HACCP原理，这是美国有关食品生产的联邦法规中首次采用HACCP原理。这也是国际上首次有关HACCP的立法。

由于HACCP在实践中取得了明显效果，引起国际上越来越广泛的关注与认可。从20世纪90年代起，HACCP应用范围越来越广，一些发达国家或地区乃至国际组织相继制定或着手制定与HACCP体系管理相关的技术法规或文件，作为对食品企业的强制性管理措施或实施指南，应用HACCP体系来控制食品的安全卫生，从低酸罐头到水产品、肉类、果蔬等，食品生产者在各种产品的生产中开始大量采用HACCP。

因而，可以说 HACCP 体系的推行已成为当今国际食品行业安全质量管理不可逆转的发展趋向与必然要求。

（一）HACCP 的原理和特点

HACCP 以下列七个原理为基础：进行潜在危害分析，确定工序中的显著危害和预防措施；确定关键控制点；确定关键限值；建立关键控制点的监控程序；建立纠偏行动；建立有效的记录保持程序，对 HACCP 体系运行的情况进行记录；建立企业自我验证程序，确认 HACCP 体系能否正确运作，并不断予以完善。

HACCP 具有以下特点：

1. HACPP 不是一个孤立的体系，它建筑在企业传统的良好食品卫生管理基础上，如果企业卫生很差，首先要建立良好规范加以改善。

2. HACCP 是预防性的食品安全管理体系，要对所有潜在的生物的、物理的、化学的危害进行分析，确定预防措施，重在预防危害发生。

3. HACCP 要根据不同的食品加工过程来确定 HACCP，要反映出某一种食品从原料到成品、从加工场所到加工设施、从加工人员到消费方式等各方面的特性，针对具体问题具体分析，实事求是地制定预防措施。

4. HACCP 强调的是关键点控制，对所有潜在的生物的、物理的、化学的危害进行分析的基础上，要确定哪些有显著危害，找出关键控制点，在食品生产中将精力集中至加工过程中最易发生安全危害的环节上，重点加以控制。这里存在一个资源合理配置的问题，要集中力量解决关键问题，不能面面俱到。都是关键点，等于没有关键点。

5. HACCP 是一个基于科学分析建立的体系，需要强有力的技术支持。当然可以寻求“外援”，也可以利用他人科学研究的成果，但企业根据自己的实际情况所做的实验数据；分析结果等尤为重要。

6. HACCP 并不是一个零风险的体系，只是可以尽量减少食品安全危害的风险。因此，企业需配合检验、卫生管理等手段来控制食品生产过程，进而保证食品的安全。

7. 不能把 HACCP 看成僵硬的、一成不变的、一劳永逸的教条和框框，它是与实际密切相关的发展变化的关系，企业生产中任何实际因素的变化都可能导致其自己的 HACCP 体系的更改。那种不顾企业实际情况，照搬他人模式或一类企业、一类产品搞一种通用的 HACCP 体系的做法是行不通的。

8. HACCP 不是一个时髦的摆设，企业在制定完 HACCP 计划之后，要积极推行认真实施，不断对其有效性进行验证，在实践中加以完善和提高。企业只有持之以恒地采用 HACCP 体系进行食品安全控制，遵循实践—认识—再实践—再认识的原则，企业的安全卫生管理水平才会有长足的进步。

但需要指出的是，HACCP 作为一个完整的预防性食品安全质量体系，如同金字塔的结构一样，仅有顶端的 HACCP 计划的执行文件是不够的，它是企业建立在 GMP 和 SSOP（卫生标准操作程序）基础上的。其次，HACCP 有充分的灵活性和高度的技术性。其灵活性体现在对具体产品具体分析，没有统一的蓝本可以套用，还体现在鼓励采用新的方法和新的发明，不断改进工艺和设备。如 HACCP 要求认证现在还没有认识到的危害并加以控制；始终警惕可能出现的新的危害，一旦出现要求立即控制。这种灵活性表明了

HACCP的高度技术性。危害的分析、关键限值的制定、监控方法的采用等，都需要科学的检测、分析、验证或论证。这一点，企业在建立并实施HACCP体系时应予以注意。

（二）强制性HACCP认证

HACCP管理体系得到了联合国粮农组织、世界卫生组织、食品法典委员会等公认，并批准了《HACCP体系准则》，于是成为全世界生产安全食品的准则。在许多国家HACCP管理体系已经成为食品工业，尤其是肉类加工厂的一个强制性标准，并得到实际应用。

其中食品法典委员会（CAC）于1993年7月，CAC在第20届会议上提出了HACCP体系应用指南，并于1997年修改《食品卫生通则》时把HACCP纳入该原则内。CAC积极倡导各国食品工业界实施HACCP体系，并于1998年6月通过《水产品建议操作法典草案》，列出新鲜鱼、冻鱼、鱼糜；软体贝类；咸鱼；烟熏鱼；水产罐头；模拟蟹肉；养殖水产品的HACCP模式。由于CAC的推动，以HACCP为基础的食品安全控制体系已经越来越广泛地被应用于世界各国的食品生产和进出口管理中。

美国：1973年，Pillsbury公司出版了最早的HACCP培训手册，并被用于对FDA官方审查人员的培训。

1985年美国国家科学院（NAS）发表的一篇题为《食品及其原料的微生物学标准的作用的评价》的报道，使HACCP的影响扩大。1988年成立美国国家微生物标准咨询委员会（NACMCF），后又分别于1989年和1992年进一步提出和更新了HACCP原理，把HACCP原理由原来的3条增加到7条，并把标准化的HACCP原理应用到食品工业和立法机构。

1986—1987年，NAS推荐在肉、禽检查中应用HACCP。1989年NACMCF发表了《食品生产的HACCP原理》。1996年7月25日，食品安全检查署（FSIS）颁布了肉、禽产品加工企业《减少致病菌，危害分析和关键控制点系统最终法规》，并立即生效，成为世界上将HACCP体系全面系统地引入肉、禽生产中的具体应用实践。

1995年，美国FDA发布水产品HACCP法规，要求美国境内所有水产厂及对美出口水产品的外国工厂建立和实施HACCP计划。

2001年，美国FDA发布了果蔬汁HACCP法规，要求美国境内所有果蔬汁生产厂及对美出口果蔬汁的外国工厂建立和实施HACCP计划。

欧盟：欧盟在91/493/EEC指令中第一次明文规定要求水产品加工企业需建立在危害、关键点的识别和控制上。1994年5月20日，发布94/356/EEC指令明确要求水产品必须在91/493/EEC规定的卫生条件下，应用HACCP的7个原理实施安全控制生产。2000年2月17日与2001年2月19日提出的多个立法提案中提出要强制推行HACCP体系，对企业实施HACCP体系的有关记录进行监控。

1996年前，加拿大管理食品安全问题的部门包括农业及农产品部（Agriculture and Agri-food Canada）、卫生部（Health Canada）、工业部（Industry Canada）及渔业与海洋部（Fisheries and Oceans Canada），1997年4月1日加拿大政府将这四个机构中的相关单位整合成加拿大食品检验署（Canada Food Inspection Agency，CFIA），隶属于农业部。

为了督促在联邦登记的农业食品加工企业中建立和保持HACCP体系，1998年加拿大食品检验署 CFIA 制定了以 HACCP 为基础的食品安全强化执行手册（1998/12），并制定了 HACCP 教程指南和 HACCP 通用模式。目前，加拿大至少提出了 11 种食品的 HACCP 一般的模式，包括肉类产品加工厂的畜禽屠宰、乳制品、蛋和蛋制品、低酸罐头等。

俄罗斯：2001 年 2 月 23 日，俄罗斯国家标准委员会发布了《以 HACCP 原则为基础的食品质量管理一般要求》的国家标准，并同时实施 HACCP 自愿性认证体系。

日本：20 多年前就在国内对 HACCP 系统作了介绍。1993 年日本厚生省发布了《食用鸡加工厂 HACCP 卫生管理指南》。同年，日本政府对水产品加工采取“HACCP 管理办法”并提出了实施方案。目前，已对约 27 种食品的 HACCP 进行了研究。

此外，澳大利亚、新西兰、新加坡、印度等国家也颁布了针对某些特定食品的加工企业的 HACCP 要求。

（三）建立和实施 HACCP 体系具体步骤

HACCP 不是一个独立的程序，而是一个更大的控制体系的一部分，它必须建立在一个坚实的基础上，其实施必须具备一些前提条件，即具备：良好操作规范（GMPs），卫生标准操作程序（SSOPs），教育与培训，产品标识、质量追踪和回收系统，设备和设施的预防性维护保养等。

建立 HACCP 体系的第一步是组建 HACCP 工作小组，并对其成员进行 HACCP 知识的专门培训，对企业现有的管理体系文件或现成的管理制度进行回顾和整理，然后按要求建立和完善各项前提计划。在制定前提计划的同时，HACCP 小组还应对照 GMP 的要求，对企业的生产加工环境、工艺布局、车间设施、设备等进行检查，并提出整改意见，企业按整改意见制定整改计划并落实。前提计划制定完成之后，即可制定 HACCP 计划。

制定 HACCP 计划应分两步进行，即先完成制定 HACCP 计划的预先步骤，然后再完成 HACCP 计划的制订。

制定 HACCP 计划的预先步骤包括组成 HACCP 小组、产品描述、识别和拟定预期用途和消费者、绘制流程图、验证流程图等。完成了上述五个预先步骤之后，HACCP 小组即可开始根据 HACCP 的七个原理针对各种产品的不同情况，制定各个产品的 HACCP 计划。具体就是进行危害分析，包括确立与品种相关的潜在危害（生物、化学、物理的危害）、确立与加工过程相关的潜在危害（生物、化学、物理的危害）、确定潜在危害是否显著；确定关键控制点；建立关键限值；建立控制点监控程序，包括监控什么、怎么监控、监控频率、谁来监控；建立纠正措施；建立验证程序；建立记录保持程序等。

HACCP 体系制定之后，必须对其科学性、有效性和适宜性进行确认，然后再经过试运行、正式运行以及符合性验证审核，最后再申请具有认证审核资格的机构对食品加工企业的 HACCP 计划的适宜性、有效性以及 HACCP 体系运行情况进行系统审核并通过，即完成了 HACCP 体系的制定、评审工作，进行具体实施。

目前，中国质量认证中心（CQC）已成为具有食品加工行业特点的认证审核系统的部门。

（四）实施 HACCP 体系管理的益处

在 HACCP 日益成为世界性的食品安全控制主流体系的同时，中国许多食品加工企业也在逐渐采用 HACCP 作为食品安全控制体系。

传统的食品控制方法，主要是采用以成品的批批抽样检验和现场检查，并以成品的抽样检验合格率作为判定食品是否合格的唯一标准。这种控制方法在对食品的卫生安全要求不是很高的时候，基本可以满足要求。但是，在科技高度发达的当今社会，人们对食品的安全认识越来越深入，所提出的要求也越来越高，所以这种靠批批检验的方法已不能满足要求。因此，推行 HACCP 作为食品安全控制体系是很必要和很重要的。

企业建立并实施 HACCP 后，对其的益处主要表现为间接收益与直接收益两方面。在直接收益方面表现为：提高顾客或者下一级加工者更高的满意度；扩大供应、生产、销售合作者；直接影响其原料供应商也采用相似的方法来控制食品安全；减少破坏性地对产品的抽查检验，避免严重的浪费；有助于改善生产商与官方主管当局、工厂与消费者之间的关系，增强消费者对食品安全的信心；有效控制出厂产品质量，避免不必要的损失。间接收益表现为：使操作者更好地了解产品的生产步骤，更好地控制，优化生产过程，增强责任感和成就感；潜在提高产品质量，加大对产品质量的改进；提高生产商的社会效益，提高企业和产品的知名度。

建立 HACCP 体系后所得到的收益，是无法用数字直接表现和度量的，因为它所带来的结果将是产品质量的提高、销售量的增加、市场占有率的猛增，这就使企业用较低的投入带来较高的产出，极大增加其效益。

作为一个畜产品生产商，应充分认识到 HACCP 对于降低危害风险的科学性和作用，在目前法律尚无强制规定的前提下，应尽快地建立 HACCP 体系，以对消费者和社会负责，也是对其企业发展的前景负责。

近几年来，世界各国对食品安全越来越关心和重视，国外对进口食品卫生注册的要求也越来越严格。我国对出口食品企业向国外卫生注册也非常重视，1984 年国家商品检验局与卫生部联合发布了《中华人民共和国食品卫生管理办法》，决定在全国范围内对出口食品厂、库实施卫生注册登记制度，帮助企业走出国门。随后，又根据国外有关标准制定了《出口食品厂、库卫生注册细则》和《出口食品厂、库卫生要求》等一系列法规。尤其是国家认证认可监督管理委员会成立以来，一系列法规、标准正在紧锣密鼓地修订和完善，使我国对出口食品生产企业的管理走上了法制化、规范化、科学化的道路。到 2001 年 10 月 31 日，我国获得出口食品卫生注册的企业已达9 163家。

在加强对已注册出口食品加工企业的卫生质量管理的同时，为使我国更多的企业能获得国外注册，积极帮助相关企业了解国外有关政府的进口标准方面的信息，对达到国外官方要求的，积极对外推荐，力争更多的企业获得向国外出口产品的资格。到 2001 年 12 月 31 日，我国获得国外卫生注册的企业已达3 876家。

（五）我国实施 HACCP 认证

虽然我国是世界上最大的肉类生产国，但其肉类出口的数量在逐年下降。造成我国的肉品出口难的原因，除部分品种不适合国际市场需求、内外贸体制不够协调外，突出的问题是肉品加工及卫生质量不符合国际标准。

我国加入 WTO 后，国际贸易技术壁垒与标准守则（TBT）将使我国出口食品企业面临越来越严格的标准和法规限制。2002 年 3 月 20 日，国家认监委发布了《食品生产企业危险分析与关键控制点（HACCP）管理体系信证管理规定》，自 2002 年 5 月 1 日起正式执行。该规定必将对我国食品企业建立和实施 HACCP 体系，加强食品安全的监督管理，促进我国食品出口，对保证食品企业的安全卫生质量的管理水平，规范我国食品生产企业 HACCP 管理体系的建立、实施、验证以及 HACCP 的认证工作，扩大食品出口，保护消费者的健康安全产生重大影响。

为加强对出口食品生产企业的监督管理，保证出口食品的安全和卫生质量，2002 年 4 月 9 日国家质量监督检验检疫总局根据《中华人民共和国食品卫生法》、《中华人民共和国进出口商品检验法》及其实施条例的有关规定，制定颁布了《出口食品生产企业卫生注册登记管理规定》。公布了卫生注册需强制性评审 HACCP 体系的产品目录，该规定还明确指出：国家对出口食品生产、加工储存企业实施卫生注册和登记。

国家认证认可监督管理委员会主管全国出口食品生产企业卫生注册、登记工作，国家质量监督检验检疫总局设在各地的直属出入境的检验检疫局，负责所辖地区出口食品生产企业的卫生注册、登记工作。凡未经卫生注册或者登记企业的食品，检验检疫机构不予受理报检。同时，国家认监委根据出口食品的风险程度，分布和调整了《实施出口食品卫生注册、登记的产品目录》，对《目录》内食品的生产企业，实施卫生注册管理；对《目录》以外食品的生产企业实施卫生登记管理。

该规定的实施，从食品出口生产的现状出发，更为贴近我国国情；同时，与国际食品安全卫生管理的通行做法更为吻合。因此，对我国食品工业未来发展必将产生深远的影响。

《出口食品生产企业卫生注册登记管理规定》与已经施行近 8 年的原卫生注册管理办法相比，列入新规定目标管理的食品种类更多，强制性标准更高，更加强调对出口食品生产原料、辅料的监管，监管条款也更为严厉。具体表现在：一是调整颁布了新的实施卫生注册的新产品目录，包括水产品类（不包括活品和晾晒品）、肉及肉制品、肠衣类、蛋制品类（不包括鲜蛋）、乳及乳制品类等等，由原来的 9 类增扩到目前的 20 类。二是由原先的 HACCP 体系验证与出口食品卫生注册管理分离的旧模式，向一体化方向转变。新规定强制要求，凡是风险程度高的出口食品，必须在进行卫生注册评审时，同步实施 HACCP 体系强制性验证。本次被列入《卫生注册需评审 HACCP 体系的产品目录》的共有六大类，即罐头类、水产品类（活品、冰鲜、晾晒、腌制品除外）、肉及肉制品、速冻蔬菜、果蔬汁、含肉或水产品的速冻方便食品。三是对出口食品企业的监管内容增多，监管方式更为多样，处罚手段更为严厉。新规定要求对卫生注册登记企业实施监管的内容，包括五个主要方面：企业是否持符合规定的卫生注册条件；卫生质量体系是否有效地运行；卫生注册编号使用管理情况；出口产品原料、辅料和成品的安全卫生质量及出口检验检疫状况。监管方式包括三种：日常监督管理、定期监督管理、换证复查。对监管过程中发现的问题，根据情节分别予以暂停受理出口报检、吊销卫生注册登记证书等相应的处理，企业停止出口进行整改的时间也以原来的半年延长到一年。

目前，我国肉类屠宰加工企业开展 HACCP 认证是与国际接轨、融入世界经济一体化的必由之路。因此，肉类加工企业应按照国家规定，努力创造条件，积极申请卫生注册登记和 HACCP 体系认证，争取取得国内和国外注册证书。否则，生产出来的质量合格的产品也无法报检出口，也就不能进入国际市场，严重制约企业的发展和壮大。

实施HACCP的动力。要实施HACCP,真正的动力在企业内部,而不是外部;政府和专业协会是必然的和正在起着推动作用,而且在帮助企业建立该体系,督促他们实施该体系。

实施HACCP计划要花很多钱吗?由于实施HACCP计划的成功与否完全取决于各单位人员所受的教育程度和对该系统的理解程度,可见,落实HACCP计划的关键在于理解,而不是要建造什么大型的建筑,购置大型的设置。

HACCP系统的优点不在于保证企业的产品不出问题,但能保证企业的产品所造成的损害变小,而且能及时追踪问题的所在,由于人是生产和生产管理中最活跃的因素,人的因素决定产品质量,尤其是直接从事生产的员工,对产品质量有着决定性的影响,所以必须对员工的培训予以十分的关注。

畜禽场是一个食品生产体系中的重要环节,它是为食品加工厂提供原料的,又是购入原料提供活畜的部门;生产中既要保持人员的安全,又要保证饲养对象的健康安全,所以一个畜种,或者一个品种的养殖企业就是一个完整独立的系统。在生产上是从配种、妊娠、分娩、培育、育肥等环节上列出各自的危害原因、防治措施、控制点、监控方法,纠正措施及检查方法,记录等内容。

执行HACCP的计划表,可以参见农业部种猪质量监督检验测试中心的表格。根据提出的控制方法在执行中是否达到预定目标,再提出改善措施,在一个原来就是管理很规范的畜牧场这个计划表的提出是比较容易做到的,只是要延伸食品链的概念,从畜牧场涉及餐桌,在人员培训上做出具体可行的安排;而对于原来不太规范的畜牧场就要下大功夫整顿,提出可行的方案使之尽速付诸实施;对于新建的畜牧场在提出生产场规划时就要有周密的实施计划。一般来说HACCP的实施以养猪企业为例,见表11-1。

表11-1 养猪企业的HACCP计划

控制点	导致的危害	控制方法	控制参数	关键限值	目标	改善措施
沙门氏菌	母猪繁殖障碍、仔猪死亡和母猪繁殖障碍	健康管理、预防注射	未检出沙门氏菌	核实免疫记录,确保无沙门氏菌污染	未发现	重新注射疫苗、治疗和淘汰
伪狂犬病病毒	仔猪死亡和母猪繁殖障碍	健康管理、免疫注射	未检查出野毒	核实免疫记录,核实血清检查结果	未发现野毒抗体阳性	淘汰野毒阳性猪
鼠害	弓形虫、口蹄疫、伪狂犬病等	猪舍维护、免疫注射	未发现鼠	核实来鼠记录	无鼠害	修改来鼠计划
人员污染	将外来病原体带入猪舍,或将本猪舍病原带至其他猪舍	进入猪舍更换鞋及衣物,定期更换消毒水	目视检查	核实记录	未出现	更换清洁衣物等
猪瘟病毒	猪瘟	注射疫苗	检测抗体水平	>1:128	未发现<1:128的血清样本	补注疫苗,监测抗体水平
氯霉素	药物残留对人类健康造成危害	原料控制	原料监控	不得存在	无氯霉素	更换饲料

（续）

控制点	导致的危害	控制方法	控制参数	关键限值	目标	改善措施
保育舍温湿度	保育猪的健康相关	管理及换气	目视检查，核实记录以及温湿度计的确认	温度：25～35℃，湿度：69%～80%	不超过此范围	温、湿度的再调整
猪舍污染	影响猪群健康	每日清扫	目视检查	无污物	未发现污物	加强清扫、消毒

注：引自樊福好，农业部种猪质量监督检验测试中心，510050。

各种牧业养殖企业实施 HACCP 认证的好处将包括：①改善养殖企业的内部动作过程。②通过定期审核来维持体系的运行，防止生产系统的崩溃。③通过对相关法规的实施，提高声誉，避免认证企业违反相关的法律、法规。④认证能作为公司的敬业依据，降低公司的负债倾向。⑤当市场把认证作为准入的要求时，增加养殖企业出口和进入市场机会。⑥提高消费者的信心。⑦减少顾客投诉的频率。⑧与非认证企业相比，有更大的竞争优势。⑨改善公司形象。⑩提高员工的业务素质和领导层的管理水平。

第三节 中国开放农产品市场，履行对 WTO 的承诺

美国农业部于 2002 年 3 月 20 日称：中国加入 WTO 后，进一步融入了世界经济体系，预期将建立一个更富裕、更稳定的国际食品体系。据 WTO 协议，中国的农业贸易王国将更加开放，与国际市场的关系更加紧密。加入 WTO 是推动中国经济自由化进程的一个最新举措，同时也有利于美国的农业出口。在未来的几年里，中国主要产品的进口只要能够在 WTO 协议下温和地增长，就将成为一个新的贸易大国。但美国农民能够得到的多数利益，将在几年后逐步看到。即使在中国加入 WTO 以前，由于中国国内市场的改革和经济的逐步自由化，中国的主要产品进口在未来的几年里也预期增长。加入 WTO 将促使中国经济的全面发展，并由计划经济转向市场经济。

据称，中国已经开始着手进行对农产品的进口配额进行分配，履行对世界贸易组织的承诺，为国外农产品进入中国市场打开大门。一些公司已经拿到了植物油的低关税进口配额（TRQs），如棕榈油和豆油，因为目前中国正在按产品分批发放进口配额。

按照中国的入世承诺，2002 年中国将发放的关税税率配额包括：850 万吨小麦、585 万吨玉米、200 万吨大米、252 万吨豆油和 240 万吨棕榈油。为了保护数亿中国农民的利益，中国过去严格限制进口这些农产品。在过去的几年里，玉米和小麦几乎没有进口。一些贸易商称，中国政府已经开始分配玉米进口配额，中国政府预期将结束低关税进口配额的分配。

第四节 国际动物卫生组织

国际动物卫生组织（OIE）是 1924 年 1 月 25 日在巴黎签订成立国际动物组织公约后

成立的非政府组织，它出版的《国际动物卫生法典》是各成员国最高兽医卫生当局一致意见的体现，是国际公认的“法”，文件明确规定贸易伙伴所要求的最低卫生保证，促进动物和动物产品的国际贸易，避免因国际交流而传播动物疫病的危险。

《法典》规定了15种因引种引起严重社会经济和公共卫生后果，具有重大影响的A类传染病和93种B类传染病作为法定报告疾病，其中A类疾病一般每个月向OIE报告一次疫情，首次发现时要在24小时内报告疫情；B类疾病一般每年报告一次疫情，首次发现时要立即报告。

一、国际市场对畜禽产品的健康要求

各国对畜禽产品的健康标准的要求差别很大。

某些一般的健康要求方面的信息很容易得到，但对于某个地区对畜禽产品健康要求的确切指标则必须询问进口国的兽医部门。最常用的信息来源之一是总部设在巴黎的OIE（国际兽医局）。你可很容易地从他们那里找到一个国家或地区疫病发生情况的信息及各个国家对畜禽产品健康要求标准的资料。

有关药物的使用问题。药物的滥用是当前国内畜牧生产中存在的较为普遍的问题。环境（外部大环境和畜禽舍小环境）控制水平及综合管理水平的低下导致了大范围的非典型性传染病及条件性疾病（如鸡的CRD、大肠杆菌病；猪的呼吸道疾病等）的频繁发生，尤其是对一些条件性疾病，大多采用了各种各样的抗生素进行治疗，可以说，相当一部分的老猪场就是在靠药物和疫苗维持较低水平的生产。某些抗生素的滥用会直接导致病原菌的抗药性及变异株的出现，使得疾病的控制更加复杂化，这又加剧了畜禽场对药物的依赖。因此，畜禽产品中的药物残留成了影响我国畜禽产品质量的重要因素之一。

在畜禽产品的国际贸易中，对产品的质量是有严格要求的。除了上述的健康要求外，对于药物的使用也制定了严格的要求。不同的国家和地区有不同的标准，在进行畜禽产品的国际贸易时，应首先向出口目的国家的官方兽医部门询问有关要求，自检合格后再按相应的程序进行。

FDA（美国食品与药物管理局）制定的药物使用范围为大多数国家所接受。目前可用于家禽的药物433种，可用于猪的药物372种，可用于牛的药物401种，具体的药物商品名称、成分、生产厂家等可登录FDA的网站 http://www.fda.gov/FDA 使用 Approved Animal Drug Products Online Database System 查询。也可登陆相应的网站查询不同国家或地区的禁用药物以及在畜禽产品中的药物残留标准。

二、世界动物卫生组织（OIE）与WTO的关系

OIE与世贸组织的关系非常密切，OIE、国际食品法典委员会（CAC）和国际植物保护组织（IPPC）被称为WTO的三个姐妹组织，在不同领域中对国际贸易发挥重要影响。

世贸组织高度重视动物疾病对国际贸易的影响，专门设立了动植物检疫和卫生措施委员会，并针对动植物检疫和卫生检疫（卫生检疫主要是指食品检疫）签署了相应的国际协

议《实施卫生与植物卫生措施协议》（SPS 协议）。虽然由于 SPS 协议属于世贸组织，影响力超过 OIE，但是，都与动物疾病密切相关。SPS 协议产生的背景实际上针对关税已经降低，关税壁垒的作用越来越小，而技术性壁垒对贸易的影响越来越大，所以制定了这个关于动植物检疫和食品检验的措施。SPS 协议的宗旨强调，为了保护人和动植物的安全，可以实施动植物检疫和卫生检验，但是不能影响国际贸易的进行。SPS 协议既重视动物疾病对畜产品国际贸易的影响，承认各成员国有权采取卫生及动植物检疫措施，但是又要将这些措施限制在保护人类、动植物的健康所必要的程度之内，不能随意以动物疾病为由设置贸易壁垒。SPS 协议中体现的协调一致、科学性、非歧视性、透明度和区域性等基本原则都与 OIE 的基本原则完全一致。如世贸组织和 OIE 都承认无规定动物疫病区的概念，允许以一个国家的某些地区或者几个国家组成的共同区域有风险评估结果，作为畜产品贸易的依据，并禁止在上述区域之间采取技术性贸易壁垒。

（一）世贸组织在国际贸易中采用 OIE 的标准和规定　世贸组织的 SPS 协议明确要求使用由 OIE 制定的标准、指南和建议。由 OIE 国际委员会批准的法典、手册等标准化著作在 SPS 领域的协调中起着重要的作用。要求各成员都要在 OIE 制定标准的基础上进行协调，并要积极参与 OIE 的工作。世贸组织只负责与 OIE 协调，而不具体负责制定国际标准。OIE 国际委员会指定的一些常规性工作，就在于发展动物和动物产品国际贸易中适用的卫生规则和标准，如《国际动物卫生法典》、《哺乳动物、禽和蜜蜂 A 和 B 类疾病诊断试验和疫苗标准手册》、《国际水生动物法典》《水生动物疾病诊断方法手册》等。

（二）世界动物卫生组织（OIE）的法定报告疾病　OIE 将严重危害畜牧业和影响国际贸易的传染病分为 A、B 两类。根据《国际动物卫生法典》的规定，A 类疾病一般每个月向 OIE 报告一次疫情，首次发现时要在 24 小时内报告疫情；B 类疾病一般每年报告一次疫情，首次发现时要立即通报。

A 类疾病有 15 种：口蹄疫，水泡性口炎，猪水泡病，小反刍兽疫，牛传染性胸膜肺炎，结节性皮肤病，裂谷热，蓝舌病，绵羊痘和山羊痘，非洲马瘟，非洲猪瘟，古典猪瘟，高致病性禽流感，新城疫。

B 类疾病有 93 种：其中，（1）多种动物共患病 11 种，有炭疽，伪狂犬病，棘球蚴病，心水病，钩端螺旋体病，Q 热，狂犬病，副结核病，新大陆螺旋蝇蛆病，旧大陆螺旋蝇蛆病，旋毛虫病。（2）牛病 15 种，有牛边虫病，牛巴贝虫病，牛布氏杆菌病，牛生殖道弯曲杆菌病，牛结核病，牛囊尾蚴病，嗜皮菌病，地方流行性牛白血病，出血性败血症，牛传染性鼻气管炎/传染性脓疱性阴户阴道炎，泰勒氏虫病，毛滴虫病，锥虫病（采采蝇传播），恶性卡他热，牛海绵状脑病（疯牛病）。（3）绵羊和山羊病 11 种，有绵羊附睾炎（羊布氏杆菌），山羊和绵羊布氏杆菌病（不包括羊布氏杆菌），山羊关节炎脑炎，接触传染性无乳症，山羊传染性胸膜肺炎，母羊地方性流产（绵羊衣原体病），羊肺腺瘤病，内罗毕病，沙门氏菌病（流产沙门氏菌），痒病，梅迪—维斯纳病。（4）马病 15 种，有马传染性子宫炎，马媾疫，流行性淋巴管炎，马脑脊髓炎（东部和西部），马传染性贫血，马流感，马巴贝斯病，马鼻肺炎，马鼻疽，马痘，马病毒性动脉炎，日本脑炎，马螨病，苏拉病（伊万氏锥虫），委内瑞拉马脑脊髓炎。（5）猪病 6 种，有猪萎缩性鼻炎，猪囊尾蚴，猪布氏杆菌，传染性胃肠炎，肠病毒性脑脊髓炎，猪生殖和呼吸道综合征。（6）禽病13种，有禽传染性支气管炎，禽传染性喉气管炎，禽结核病，鸭病毒性肝炎，鸭病毒性肠炎，禽霍乱，禽痘，鸡伤寒，传染性法氏囊病（甘布罗病），马立克氏病，禽支原体病，禽衣原体病，鸡白痢。（7）兔病3种，有黏液瘤病，土拉杆菌病，兔病毒性出血热。（8）蜂病5种，有蜂螨病，美洲幼虫腐臭病，欧洲幼虫腐臭病，蜂孢子虫病，瓦螨病。（9）鱼病5种，有地方流行性造血器官坏死，传染性造血器官坏死，麻苏大马哈鱼病毒病；鲤春病毒病，病毒性出血性败血症。（10）软体动物病5种，有波纳米欧病，单孢子虫病，马泰氏孢子虫病，小红细胞症，拍琴虫病。（11）甲壳类病3种，有淘拉综合征，白斑病，黄头病。（12）其他疾病1种，有利什曼病。

在OIE编著的1996年第三版《哺乳动物、禽和蜜蜂A和B类疾病诊断试验和疫苗标准手册》中附有OIE参考实验室一览表，表中列出了口蹄疫（4个）、水泡性口炎（2个）、猪水泡病（2个）、牛瘟/反刍兽疫（3个）、牛传染性胸膜肺炎（4个）、绵羊痘/山羊痘和牛结节性皮肤病（3个）、裂谷热（1个）、蓝舌病（4个）、非洲马瘟（5个）、非洲猪瘟（4个）、猪瘟（5个）、禽流感和新城疫（4个）、伪狂犬病（5个）、棘球蚴病（3个）、钩端螺旋体病（6个）、狂犬病（4个）、牛结核病和副结核病（6个）、牛布病、绵羊副睾炎、山羊和绵羊布病和猪布病（6个）、地方流行性牛白血病（2个）、牛传染性鼻气管炎（4个）、牛海绵状脑炎和痒疫（1个）、山羊关节炎/脑炎和梅迪—维斯纳病（3个）、传染性山羊胸膜肺炎（3个）、传染性马子宫炎（3个）、马媾疫（1个）、马脑脊髓炎和委内瑞拉马脑脊髓炎（1个）、马传染性贫血（3个）、马流感（3个）、马鼻肺炎（3个）、马病毒性动脉炎（2个）、旋毛虫病（2个）、传染性胃肠炎（2个）、传染性法氏囊病（2个）、马立克氏病（2个）、禽支原体病（2个）、兔病毒性出血症（2个）、蜂病（2个）、沙门氏菌病（3个）等117个参考实验室的名称和地点，而且参考实验室的数量比1992年增加了20个。这些参考实验室被OIE指定为某一种疾病的专业权威中心，能提供实验方法的指导，还能提供某些标准菌株或试剂（如抗血清、抗原等）。同时，OIE还就某些科技议题，组织有关专家召开专题会议，并发行科技出版物。

第五节　中国香港的屠宰场和肉品检验

一、中国香港的屠宰场

中国香港地区供应的新鲜肉品（包括牛肉、猪肉和羊肉）来自三个批准的屠宰场，即上水屠宰场（Sheung Shu）、荃湾屠宰场（Tsuen Wan）和长洲屠宰场（Cheung Chau）。每天的屠宰总量大约是猪6 600头，牛190头和山羊少数。食品和环境卫生署（Food and Environment Hygiene Department）负责监管检测这些屠宰场以确保他们的操作达到所要求的卫生和环境标准，只有肉品适合人们食用时才能投放到市场上销售。食品和环境卫生署安排合格的健康检验员（qualified health inspectors）（许益民注：过去将health翻译为卫生是不妥当的，卫生不等于健康。因此，卫生检验员的称呼也是不妥当的。在强调食品安全的今天，尤其要注重健康）进驻屠宰场，执行肉品检疫和其他责任。

二、中国香港屠宰场内的屠宰过程

食用动物的屠宰和加工程序一般包括：

(1) 猪　电昏，放血，冲洗，烫毛，去毛，去内脏，检验和盖印。

(2) 牛　螺栓枪（captive-bolt pisto）致昏，放血，去头，去蹄，去皮，去内脏，检验，盖印。

(3) 山羊　螺栓枪致昏，放血，烫毛，脱毛，去内脏，检疫，盖印。

三、屠宰场的经营管理和卫生

在屠宰场由私营公司管理经营和运作的情况下，食品和环境卫生署负责监督、检查和加强该厂的肉品卫生。目的是通过公平、持久和有效强化卫生和检验规程来保障公众健康。这里的规程是指《公共卫生和市政条例第 132 章》（Public Health and Municpal Service Orddinance，Cap. 132)、《屠宰场规程》(Slaugh-terhouses Regulation）和《食品营业规程》(Food Business Regulatlo)。

食品和环境卫生署向批准屠宰场派驻合格的专业人员，以确保良好的卫生实践。

此外，中国香港食品和环境卫生署和国外屠宰场管理机构保持密切联系，关注其他国家屠宰场管理和卫生方面的立法、政策、策略和实践的发展，以提高他们的服务质量。

四、家禽中央屠宰设施

在 1997 年底的那场大规模禽流感爆发之前，中国香港地区没有建立任何家禽集中化屠宰设施。当地的居民习惯于在一些零售商店，如鲜货店或菜市场的摊位上选购活禽。在购买后，这些摊主或店主负责在现场宰杀和加工，然后再送到顾客手中。

为了防止禽流感 H5N1 病毒（avian flu H5N1 virus）在人群中的传播，中国香港政府于1998年初采取了家禽隔离政策。该政策规定，活的有蹼类水禽如鸭和鹅的加工处理必须与其他家禽如鸡和鸽的加工处理完全隔离开来。出售活水禽如鸭和鹅，以及随后的加工处理必须在有证的中央屠宰厂进行。就这方面而言，食品和环境卫生署负责为这些设施发放证件。

至 2000 年 1 月 1 日，食品和环境卫生署核发了 5 个屠宰和加工水禽的鲜货店的证件。这几家都位于中国香港丰物道 8 号（8 Fung Mut Street）的西部副食品批发市场中。

从长远出发，当地政府正在考虑是否需要建立一个包括屠宰所有食用家禽的中央屠宰场。同时食品和环境卫生署已经对相关的执照审批与家禽零售商的租用契约添加了一些条款，以提高公共市场/鲜货店的卫生标准，防止禽流感的再一次暴发或在人群中传播。

五、肉品检验

1. 所有用于人类食用的准许进入批准的屠宰场屠宰加工的动物，必须经过宰前检验

和宰后检验 在食用动物被宰杀之前，必须在待宰圈（waiting lariages）里接受健康检验员（health inspector）的宰前检验（ante-morten inspection）。

宰前检验的目的在于挑出有明显病变（lesions）或疾病状态的动物并实施隔离宰杀。这样做会尽可能地防止疾病在待宰的活的动物中传播，避免患病动物进入肉品加工过程，污染屠宰大厅、屠宰场、设备、个人、动物胴体和分割肉块。

2. 宰后检验（post-morten inspection）**通常仍由健康检验员在屠宰大厅或隔离的屠宰间进行检验** 检验在食用动物被宰杀后立即进行。

宰后检验包括：①肉眼检查动物的胴体与内脏。②通过纵轴作多个切面检查淋巴结，尤其注意颌下及支气管淋巴结的检查。③对器官的触诊，尤其是肺、肝、脾、子宫、乳房等器官的检查，对于牛和马还要检查舌头。④检查硬度、颜色、气味有无异常。⑤对寄生虫感染的检查，通过对寄生虫经常寄生的位置，作多个切口检查，例如猪囊尾蚴虫病（cysticercosis in pigs）在内外咬肌（inner and external masseters）部位，牛、绵羊、山羊肝片吸虫（fascioliasis）在肝的胃侧部位（gastric surface the liver）。⑥必要时，取猪肉样品进行旋毛虫病（trichinosis）的显微检查，采集脂肪组织进行黄疸的煮沸试验（boiling test）。

3. 动物的胴体、内脏和血液废弃的条件 只有动物的胴体和内脏通过了肉品检验（meat inspection）后才能被盖上"政府已检"（Government Inspected）的印章，准予投入市场出售。如果在检验过程中，检疫员认为该动物患有某种疾病或病变，使得胴体或病变不适于人类食用（unfit for human consumption），于是，将废弃（condemn）该动物的胴体或病变部分，并要求销毁（destruction）。

4. 食用动物的胴体、内脏、血液中有以下任一种疾病或病变都将被完全废弃 放线杆菌病（全身性）Actinobacillosis（generalized）、放线杆菌病（全身性）Actinomycosis（generalized）、贫血（严重的）Anaemia（advanced）、炭疽（Anthrax）、气肿疽（Blackleg）、外伤（大面积且严重的）Bruising（extensive and severe）、干酪样淋巴结炎，消瘦（Caseous lymphadenitis with emaciation）、干酪样淋巴结炎（全身性）Caseous lymphadenitis（generalized）、牛囊尾蚴虫（全身性）Cysticercus bovis（generalized）、猪囊虫 Cysticercus cellulosae、羊囊虫（全身性）Cysticercus ovis（generalized）、腐败分解（全身性）Decomposition（generalized）、消瘦（病理性）Emaciation（pathological）、发热征（Fever）、口蹄疫与发热性病征共发征（Food and mouth disease associated with febrile condition）、坏疽（湿性的）Gangrene（moist）、鼻疽病（Glanders）、抗生素、荷尔蒙或化学物质的有害残渣（Harmful residues of antibiotics，horimones or chemicals）、放血不良伴有全身变化（Imperfect bleeding accompanied by systemic changes）、黄疸（Jaundice）、恶性卡他性发热（malignant catarrhal fever）、乳腺炎（急性败血性）Mastitcs（acute septic）、黑变病（全身性的）Melanosis（generalizd）、伪鼻疽 Melioidosis、子宫炎（急性败血性）Metritis（acute sepitc）、水肿（全身性的）Oedema（generalized）、心包炎（急性败血性播散性）Pericarditis（acute diffuse septic）、胸膜炎（急性败血性播散性）Pleurisy（acute diffuse septic）、肺炎（急性败血性）Pneumonia（acute septic）、脓血症（包括关节炎）Pyaemia（including joint-ill）、肉孢子虫（全身性）

Sarcocysts (generalized)、败血病 (Septicemia)、裂头蚴病 (Sparganosis)、结核病，消瘦 (Tuberculosis with emaciation)、肿瘤 (恶性，继发性生长) Tumouts (malignant with secondary growths)、肿瘤，多个 Tumours (multiple)、尿毒症 (Ureamia)。

六、健康检验员的其他职责

在获准的屠宰场工作的健康检验员，除了肉品检验的职责外，还要监督/管理屠宰的有关操作：①防止虐待动物。②屠宰方法和肉品卫生。③经营场所、屠宰设备、肉品运输工具的清洁与卫生。④废弃肉和内脏的处理。

他们必须对获准屠宰场的各个部分进行常规检查，包括肉品运输工具，并要加强实施相关法规，如《公共卫生和市政条例》(Public Health and Municpal Services Ordinace)、《食品业法规》(Food Business Regulation)、《屠宰法》(Slaughter houses Regulation) 和 (禁止虐待动物法规) (Prevention of Cruelty to Animal Ordinance)。

第六节　英国的原产地规则

作为欧盟的成员国，英国实行的是欧盟统一的原产地规则。原产地规则旨在确认贸易货物的来源地。欧盟有两种规则形式：非优惠的原产地规则和优惠的原产地规则。

一、非优惠的原产地规则

非优惠的原产地规则适用于欧盟成员国与欧盟外国家的贸易。有关非优惠的原产地规则的国际协议见《京都公约》的附录 D1 部分。

欧盟于 1977 年加入该公约，其法律和惯例亦采纳这种国际标准。当欧盟针对某一国采取反倾销措施、数量限制等贸易限制措施时，非优惠的原产地规则显得尤为重要，该规则实行针对目标国和非歧视的原则，基于事实认定商品的原产地。

非优惠的原产地规则见欧盟理事会法规第 2913/92 号 (发表于欧盟官方公报 1992 年 10 月 19 日第 L302 号)。符合下列两类情况即可确认商品原产地：

1. 规则第 23 款规定：原产于某一国家的商品必须是全部在该国获取或制造。该种商品是指：①该国境内开采的矿产品；②该国种植收获的蔬菜产品；③该国出生并饲养的活动物；④由在该国注册并悬挂该国国旗的船只捕获的海产品；⑤用全部在该国生产的产品及其衍生产品在不同的生产阶段所加工制造的产品。

2. 如果商品的原材料、零件、附件、组装件等来源于两个或两个以上的国家，规则第 24 款规定：当商品的生产涉及两个或两个以上国家时，原产地可确定为：承担商品生产的最后和主要生产的国家、或专为该种产品生产而生产相应设备的国家、或在生产过程中至关重要的国家。上述定义一般在规则中没有进一步解释。但在个别情况下，欧盟对涉及几种商品的、生产的“最后和主要环节”的确定进行了解释。

这些具体的规则在欧委会 1993 年 10 月 11 日颁布的 2459/93 号规定中又作了如下表

述：符合关税分类改变的要求；生产环节决定原产地（例如集成电路的 diffusion 之生产所在地为原产地）；最小增值（如电视机、收音机、录音机等产品的组装部分占制成品出厂价的 45%，则组装地为原产地）。

在原产地规则下，“增值”部分指进口配件（如来自欧盟外的国家）的海关价值和产品出厂价之间的差价，减去出口退税部分。包括劳动力成本、一般管理费用、利润、税（含地方企业税等），但不含增值税。

作为关贸总协定乌拉圭回合多边贸易谈判的一部分，各方就在世贸组织的框架内实行一致的非优惠原产地规则达成协议。具体工作正在进行中。

欧盟是一个关税同盟，成员国均有法律义务遵循共同的商业政策，特别是在从欧盟外进口工业产品时实行统一的对外关税(CET)。进口的工业产品在支付统一关税并完成其他海关手续后，可以在欧盟成员国之间自由流通，无需其他关税。这类商品被称为“自由流通”的商品。当然，此类商品可能需缴付一些国家税，如增值税或货物税。无论商品从何产地进入欧盟关税同盟区域内，将受到完全一样的待遇，成员国的贸易利益也由此得以保护。

1993 年 1 月 1 日起，欧盟取消了各成员国之间的贸易壁垒，原产地规则对成员国之间的贸易已无关紧要。但在欧盟成员国与第三国的某些贸易关系中，如欧盟实行统一的数量限制或使用反倾销措施时，原产地规则又是必要的。

二、优惠的原产地规则

优惠的原产地规则没有统一的国际协议，它一般比非优惠的原产地规则更为严格，主要见欧盟与第三国或第三国集团所签订的优惠或自由贸易协定，以使商品能以比统一关税（CET）更优惠的关税进入欧盟。

不同的优惠贸易协议会在具体的规定和商品范围上有轻微的差别，但其格式是基本相同的。获得原产地证明的商品必须是：全部在该国制造；或已在该国进行了充分的生产加工。

如果制成品含有从其他国家进口的成分，那么确定是否在该国进行了充分的、生产加工的标准是改变关税分类，即将最后制成品按其来源于不同非原产地之成分进行不同的关税分类。还有许多的商品需遵守附加的或替换的标准。例如，对制成品中来源于非原产地国家成分的限制在 40%以下（增值限制在 60%以下），或者需经过一个特定生产环节。还有一些商品，尽管关税分类改变，一个生产环节仍不足以确定其原产地。也有一些商品，即使没有关税分类的改变，但从生产环节上已足以确定其原产地。所以，一些商品原产地的确认需同时满足两个或更多的单项标准。

另外，在欧盟和欧洲自由贸易协会（EFTA）的优惠贸易协议下的一些商品，当商品来源于非原产地的成分不超过某一比例时（一般为 20%、30%或 40%），无需改变关税分类就可以确定原产地，这时通常的原产地规则可由其他规则替代。在一些情况下，对优惠协议各方或在优惠贸易区内的原产地总投入也作了规定。这种规定相当复杂，不同的协议也有着显著差别，例如，《欧洲经济区（EEA）协议》作为整个欧盟-欧洲自由贸易协定的延伸部分，包含了在整个区域内的“原产地投入”这一概念。

以上有关条例内容以原件文本为准，本章引文仅供参考。

第十二章

荷兰农业

荷兰，相对于中国，是个土地面积很小，只占中国总面积的0.4%，人口很少，只有中国人口1.2%的国家，然而其人口密度却比中国大2倍多，是个经济发达的国家。荷兰农业现代化之后不但养活了荷兰人，而且争取到大量外汇，人民富庶，国家富裕，创造举世闻名的农业奇迹。他们的经验有很多是值得我们借鉴和学习的。现对有关情况分析如下。

第一节　国土和耕地面积情况

荷兰的国土面积、耕地、非耕地等与中国的对比（表12-1）。

表12-1　1998年两国各类耕地的占有比例

单位：万公顷

国　别	国土总面积	土地面积	可耕地	可耕地比例（%）	非耕地	非耕地比例（%）
荷　兰	408.4	339.2	90.6	26.7	245.1	72.3
中　国	95 980.5	93 274.2	12 414.4	13.3	79 717.7	85.5

注：按FAO2001年3月底的统计资料。

中国国土的地貌比较复杂，山川多，干旱荒地多，可耕地只占土地面积的13.3%；荷兰是低洼之地，可耕地的比例也不大，虽然所占比例达26.7%，只能说比我国的情况好一些。在非耕地的面积上，从改良角度来分析，中国的回旋余地却大得多。从长远来看，中国更具优势。

中国的农业人口在近20年的改革开放之中，有很大的变化，虽然还有八亿多，但所占的比例下降，出现良性转机。其基本情况见表12-2。

表12-2　1999年两国农业的非农业人口的比例

单位：万人

国　别	总人口	乡村人口	农业人口	农业人口比例（%）	非农业人口	非农业人口比例（%）
荷　兰	1 573.5	168.7	54.7	3.47	1 518.8	96.53
中　国	127 410.7	84 313.6	85 516.7	67.12	41 893.9	32.88

在中国乡村的8.4亿多人中，有1 200万以上农业人口不住在乡村，在荷兰是住在乡村的人中有2/3不务农。就是说在中国农村有1.4%的人不务农，荷兰有66.7%的不务农，这是极大的反差。同时反映荷兰的农村经济不是单一的农业收入，表现出一个发达国

家的特点。

目前中国农业人口占全国人口的67.12%，已经摆脱过去90%人口务农的落后情况，说明中国经济进入了较好的发展之中。现状是，荷兰的每个农业人口支持着近29个人的生活食品等需要，中国的每个农业人口支持着1.4个人的有关需要，这说明荷兰的每个农业人口的生产效率是中国的20倍，荷兰农民的生活水准自然要比我们高得多了。

由于荷兰的人口密度比中国的大，现代化在农业生产中的意义显得格外重要。从两国人均土地和可耕地占有面积对比（表12-3）。可以明显地看到，荷兰人口密度大，人均面积、土地面积和可耕地面积都比中国的少，少1/2到1/3不等，比我国的紧张。但是现代化农业，不需要那么多的人去耕作，大量人口退出农业，使荷兰农民的人均可耕地是中国农民的11倍。

表12-3　中荷两国土地和可耕地情况对比

单位：公顷

国　别	人口类别	人均面积	人均土地	人均可耕地	荷兰比中国
荷　兰	总人口	0.26	0.215	0.057	－0.040
	农业人口	7.47	6.201	1.656	1.511
中　国	总人口	0.75	0.732	0.097	
	农业人口	1.12	1.090	0.145	

注：按表12-1和12-2计算所得。

虽然按全国人口计算，中国人每个人的平均可耕地合0.097公顷，荷兰呢，人均才0.057公顷；可是中国农民每人平均经营可耕地0.145公顷，荷兰农民每人平均经营1.656公顷。即是说每个农民经营的土地面积比中国农民多10倍以上。目前，荷兰农民每人能支持比中国农民多20倍的人口，收入也相应增加。显然这种成就离开高技术和现代化的管理系统也是不可能的。

假定说中国农村人口中直接务农者降到总人口的20%，那么农业人口的人均耕地也达到0.733公顷，就是说这个面积的农业收入都归到直接务农者身上，就可以使每个农民收入增加4倍。假定某个当地农民收入为每年2 000元的话，再提高4倍，即达到人均10 000元的水平，农村的稳定生产形势自然就出现了。即使中国农民尚占总人口40%的话，粗略地说，也可达到人均每人收入5 000元。

第二节　农业现代化的经验

世界上的发达国家基本上在20世纪60—70年代实现了现代化，在相应的30年或40年的时间内达到了很高的水平，荷兰在现代农业的建设上在许多方面已占世界领先的地位，很值得借鉴。

像其他发达国家的农业发展过程一样，现代农业的形成是一个逐步积累过程，在1880年前荷兰农业是传统农业，直到工业革命浪潮冲击了这个传统产业，促进了它的发展和成型，是工业为农业的改造注入了新的活力。首先是化肥工业带来的增产因素，随后是奶产品工业、新品种等研制和新技术的介入，以及农业合作制度等因素，强化了农业的竞争能力，使得现代化农业逐渐成熟。虽然第二次世界大战延缓了荷兰农业现代化的时间，在1945—1980年约35年时间，荷兰整个国民经济迅速恢复，并得到发展，农业现代化的进程就加速了，其最根本的特征是从政府到农民都致力于农业与环境的协调关系，营造当前发展和持续发展的和谐统一，终于取得了卓越的成效。

在新旧世纪交替之际，荷兰农业在土地利用面积上，谷物、草地畜牧、园艺农业分别占40.9%、53%和5.8%，在谷物中饲料又占相当的比例，自然而然，1995年荷兰的畜牧业产值占整个农业的55%。由于加工业工艺先进，农产品国际贸易占有很高地位，除了花卉以外，荷兰也是有名的农产品和食品纯出口国。在国际贸易上，农产品每年的产值达342亿美元，占世界农业贸易的7.5%，其中畜产品占荷兰农贸额的55.1%，农产品净出口量占世界第二位。而荷兰全国人口只占全世界人口的0.26%，荷兰农业的经济地位自然是很高的。

农业行业中花卉、园艺是荷兰的骄傲，乳品业的现代化是畜牧业的支柱行业，农业总附加值中乳品占40%。随着人口增多，家庭收入增加，生活的价值观发生了变化，行业的内涵发生了变化，乳品业联合体进一步强化，如市场开发力度加强，产品的多样化和多级别化，提供更多的价廉物美的产品，竞争上品牌效应突出等等，这些都是农业现代化不可缺少的内涵。荷兰农业现代化成功的因素中有三点要指出：

一、联合体的形成

这是现代化农业的一大特征。个体农户在市场竞争中的不利地位，已经是众所周知的了，关键的弱点是远离市场。荷兰的农业联合体称作“农业合作社”，意思是农民进行长期合作，将自己的经济活动联合成一个整体，是使之成为较强的市场功能的经济组织，于是它具备共担风险、共享利益，既能促使经济活动获得较大的利润，又能使农业企业在其他方面具备自给自足的经济特征。

这类的合作社有：牛奶合作社、蔬菜合作社、农业设备企业联合组织、干草合作社、救援合作社、农业信用合社等。合作社可以有区域性的或全国性的，都根据自愿原则组织而成。

二、国家农业政策的支持

这是荷兰农业现代化的社会条件，这些由国家有关部门负责制定的条例，可以与欧洲共同农业政策和世贸组织条款协调。每一类农产品都有自己的商品委员会，对生产规模，价格等做研究，特别对植保和牲畜防疫有极大的关注，并提出相应的措施。

三、高新技术的嵌合

这是农业现代化必不可少的组成部分，它包括农业研究、教育和推广体系、现代农业要求的生产与环境的统一、农业结构调整、新的管理措施和网络的组织、合作制的演进，其中特别重要的当前效益与持续发展的统一，规模化生产与自然景观的协调等，都离不开新技术的推广和研发。如此等等许多因素，使荷兰农业实现了现代化。

第三节 农业在荷兰的经济地位和改进

农业一直是国民经济的基础，在工业发达的国家和商贸服务等行业十分发达的时代，农业收入在国民经济中的地位是相对地削弱了，但农业依然是综合国力的具体体现。社会的发展最基本的依赖条件是粮棉油，人民的直接生活需要也好，发展工业的基本物资也好，农业是原料生产的基础。所有工业发达的国家，包括荷兰那样人口密集的国家中农业依然是主体产业。无论从吃穿用的角度上一个国家和地区的人们离不开农业，以就业的劳动人口而言，荷兰的农业劳力只占全国的5%，而在国民经济总收入中，农业和与农业直接关联产业的总产值却占10%以上。因此，农村和农村经济的发展就成为现代化社会的重要部分。100多年来全世界经济的发展已证明了这一点，荷兰农业的经验是应当刮目相看的。

第二次世界大战以后，随着整个国民经济的迅速恢复，荷兰农业取得了良好的发展机遇。在1950—1960年，农业总产值每年增长4.6%，1960—1970年为3.8%，1970—1980年为4.6%，其中畜牧部门增长最快（表12-4）。

表12-4 1950—1980年荷兰几个农业部门的总产值增长率（%）

时 期	全农业	谷 物	畜 牧	园 艺
1950—1960年	4.6	4.4	4.9	3.9
1960—1970年	3.8	1.5	3.8	5.3
1970—1980年	4.6	2.3	4.6	5.8

经营谷物的农场，在20世纪50年代保持较好增长速度以后，让位于畜牧和园艺，而处于低增长状态。园艺处于高位，畜牧业成为主体产业，代表着整体趋向。此间荷兰的农场平均规模以11.1公顷上升到18.7公顷，这是机械化水平提高的结果。

在农业上的投入迅速增加，是另一要素。1957年在农业中使用的资本达160亿荷盾，1983年达900亿荷盾，年平均增长7%。1980年每公顷土地投入固定资本达1 953美元，居世界第一。为当时美国的12.3倍。

规模化和集约化对农业生产力的提高发挥了很大作用。以1950年农民生产力为100，到1980年已是559。提高了4.5倍。在这个阶段荷兰农业上使用大量化肥，燃油、化学制剂以及大量排泄的牲畜粪便，未及注意对生态和居民环境，对河流、运河、空气、土地、海洋及地下水造成的污染。此后国家极力提倡建立绿色管理地带，要求农业与环境保护平衡、协调，此举不但对农村，而且对于荷兰这样人口稠密的国家，对于大城市和都市群的环境卫生也是至关紧要的。

畜牧业的内部行业的专业化分工，养鸡、养猪、养牛各自独立发展，使集约化的畜牧生产系统得到高度发展，粪便的集中堆积，对自然环境造成了消极的影响。严重的环境问题产生了。未经处理的畜禽粪便引起的环境问题至少有：

氮和磷的排放，对地表水的富营养化。氮促使水的硝酸盐污染酸化。磷在土壤中的积累，据统计1980年以来荷兰农民施用的各种肥料中，磷素只有30%～35%被谷物吸收，大量的磷留在土壤中，已有30%的荷兰土壤达到了磷饱和。由于氮的残留，地下水硝酸盐浓度持续上升许多水井不得不封掉，集约化鸡场，猪场使用配合料，内中含有大量金属元素，有钙、铜、锰、铅、锌，其中重金属是危害最严重的，为此荷兰政府大力提倡草地畜牧业，以淡化对含重金属元素的饲料的依赖。草地畜牧业的生态优势得到了认可。

第四节 各种农业产品在荷兰农产品中的比例

按照产值计算，1994年荷兰中央统计局和农业经济所的报道，粮食总产值占农业产品产值的10.23%，其中谷物仅占0.98%，马铃薯占5.73%，甜菜占1.70%，洋葱占1.82%；而设施农业占34.74%。其中蔬菜占10.60%，水果占1.51%，花卉占15.95%……畜产品产值占55.03%，其中肉畜占11.83%，牛奶占20.04，猪肉占16.15%。在荷兰农业用地中，用于畜牧业生产的占一半以上，谷物种植面积是23.6%，但是谷物的一部分是作饲料的。当农产品由食品工业生产出食品后，与畜产有关的企业在产值上占到大部分达52.2%（表12-5）。

表12-5 1995年荷兰食品和饮料等加工工业的产值

行业	产值（10亿荷盾）	比例（%）	比例（%）
屠宰场和肉品	13.8	17.4	52.2
黄油和油脂	5.2	6.6	
牛奶等	13.5	17.1	
牲畜饲料	8.8	11.1	
谷物食品	18.1	22.9	22.9
饮料	7.0	8.8	8.8
烟业	7.3	9.0	9.0
合计	79.1	100.0	100.0

农业的发展结果使农产品和农牧食品工业加快发展。在运输行业中，农产品的运输，几乎占国内运输量的1/4，其中公路运输占40%。

农业劳动人口在全国劳动人口中只占不到5%，他的直接贡献不大，然而为社会提供了25万多个就业机会，收入达88亿荷盾。在国家出口上，农业净出口是仅亚于服务出口，荷兰总货物贸易剩余有1/9，来自农业贸易剩余，是外汇收入的主要来源。

第五节 农业结构的变化

一、谷物生产

由于欧盟农业的政策的关系，对谷类、糖和马铃薯淀粉的保护价被取消，马铃薯、洋葱等生产的国际竞争日益激烈，其供应和价格均受影响。单一作物农场将逐渐被淘汰，多样化生产经营、设施型粮食作物生产、集约化的畜牧生产在日益扩大。往日的农场商店销售方式正转变成开发和旅游型的非农企业，成为自然和环境保护的一部分，或者完全过渡到有机农业。用产值来表示，马铃薯生产总值在 1990 年为 13.30 亿荷盾，1996 年为 8.95 亿荷盾。甜菜生产总值在 1990 年为 8.4 亿荷盾，1996 年为 7.03 亿荷盾。谷物和稻草的总值在 1990 年为 4.57 亿荷盾，到 1996 年为 4.26 荷盾。

谷物的平均产量，在饲用作物方面有提高，甜菜有下降（表 12-6）。

表 12-6　部分谷物平均产量

单位：千克/公顷

作　物	1990 年	1996 年
甜　菜	69 000	55 000
马铃薯	41 400	44 000
冬小麦	7 700	9 100
春大麦	5 400	6 600
饲用玉米	11 500	12 100

二、园艺农业

园艺农业以花卉、蔬菜和鳞茎花卉分类，越来越多地用暖房生产，尤其是花卉一直在上升（表 12-7）。

表 12-7　部分园艺农业的总产值

单位：亿荷盾

作　物	1990 年	1996 年
花　卉	52.81	70.54
蔬　菜	39.97	37.92
鳞茎花卉	7.12	9.74

三、动物农业

动物农业在荷兰农业产值中已超过 55%。从 1996 年农场数目分析，在110 667个农场中，有谷物畜牧混合型。2 426外，草地畜牧场53 176个，猪和禽10 136个，畜牧混合场4 324个，多种作物和多种牧业混合场4 927个，合计74 989个，占上述农场（含大地作物场，设施农场等）总数的 67.76%。

牲畜头数上养猪数略有增加，其他略有减少（表 12-8）。

表 12-8　几种主要畜种头数变化

单位：万头

畜　种	1990 年	1996 年
猪	1 391.5	1 440.0

（续）

畜 种	1990年	1996年
牛	492.6	455.0
奶牛	187.8	166.5
羊	170.2	162.7

生产的畜产品数量是牛肉、牛奶略有下降，禽肉略有上升（表12-9）。

表12-9 畜产品总产值

单位：亿荷盾

畜 产 品	1990年	1996年
牛奶	79.59	74.11
猪肉	63.21	63.97
牛肉	35.17	28.83
蛋	10.90	10.34
禽肉	14.14	15.11
其他	5.44	5.20
总 计	208.45	197.56

在畜牧行业中奶牛业是主要的行业，表现在农户养牛头数增加和每头奶牛的产奶量增加。如每户养牛头数在50头以下的户数在1990年为32 658个，到1996年降为21 724个，下降10 934个，下降率为33.5%，而70头以上的养牛户从1990年的5 746个，增加到14 534个，增加8 788个，上升率为152.9%。每头奶牛的年产奶量从1970年的每头4 332千克、上升到1996年6 628千克，现已接近8 000千克。这是人口密集地区以种植饲料作物为主的农业结构给农民带来的实惠。

第六节 荷兰农业在世界上具有的地位

按人均生产水平所列的各类农产品，中国与几个发达国家比较，见表12-10。

表12-10 中国与几个发达国家几种农产品人均产量对比

单位：千克

	谷 物	肉 类	蛋 类	鲜 奶	蔬 菜	水 果	糖 类
荷 兰	86.87	187.73	41.07	692.41	228.54	45.41	349.83
美 国	1 214.82	134.86	17.78	267.19	141.26	101.70	225.69
加 拿 大	1 743.04	124.86	11.30	265.74	75.55	21.95	141.58
英 国	373.81	60.97	10.07	254.64	50.59	6.00	175.13
法 国	1 100.71	112.21	17.88	435.28	135.91	198.70	559.03
德 国	541.03	77.86	10.54	345.06	39.18	65.03	335.59
日 本	97.08	23.85	19.97	67.03	101.13	33.10	42.16
澳大利亚	1 789.05	193.19	10.69	560.93	97.23	156.29	1 974.33
意 大 利	366.24	72.47	13.71	213.38	267.99	321.37	232.39
中 国	357.26	48.24	17.06	8.71	203.77	49.29	68.37
世界平均	347.00	38.29	8.97	95.05	108.58	74.80	256.47
荷兰名次		2	1	1	2	4	3

从表 12-10 数字可见，荷兰这样人均耕地不足 667 米^2 的国家对土地的有效利用，不在于种谷物当粮食，日本也是这样；而是以花卉、蔬菜；其中强化设施农业的生产。在大片的土地上是发展畜牧业，其中种草养畜的草地畜牧业占绝对优势，草地畜牧农场数占 48.1%；多种作物与多种畜种混合农场占 4.5%；其他混合型畜牧场占 13.1%，说明通过种草养畜对农民增产增收的重要性。畜牧业中尤其是将奶类放在最重要的位置，荷兰鲜奶的产量以人均水平来比是在世界上遥遥领先的，达到人均 692.41 千克；对于饲料报酬高的蛋类生产水平也是遥遥领先，达到 41.07 千克。人均土地较少的意大利和法国来说，也属于这种类型，只是近十来年中荷兰是占了上风的。

在人均土地很多的澳大利亚、加拿大和美国，粮食谷物的生产占有优势，可见人均耕地多，农场面积大，每个农场在机械化上占到好处，才强调种谷物，包括大豆在内，否则不如种豆科牧草，转化为畜产品，才是好谋略，值得借鉴。中国作为人均耕地较少的国家，进口一部分粮食而自己以种草养畜来发展畜产品却是符合国情的。

上面已经提到畜产品合计的产值占各种食品产值的 52.2%。其中牛奶、黄油等奶制品两项为 23.9%，比谷物类食品加工的产值的 22.9%要高，由此可见荷兰为什么将奶牛业列为第一畜牧业原因了。

第七节　荷兰养牛业的发展

一种产业的发展有其一定地域分布，这种分布有其历史、人文等原因，也有地域的地理原因。在几百年的经济发展中，荷兰农业具有很明显的地理界域，这是长期以来与地理气候条件相适应形成的区域化和专业化生产体系。在荷兰从东到西形成三条主要的农业区域化生产带；东部和南部的大部分地区是集约化畜牧产业带，主要是生产牛、猪、鸡的肉产品；中部是产奶酪农业带；东北及西南是谷物生产地带；西部沿海地区是设施农业带，蔬菜、花卉生产大部集中在这地带。从大的分带上草地畜牧业的面积占一半以上，谷物种植面积占 2/5。设施农业面积不到 1/15。在谷物种植中由于一部分谷物和青贮作物都是畜牧业的饲料部分，因此，实际上畜牧业占去绝大部分用地。肉牛业是奶牛业紧密联系的发展行业，其中小白牛肉生产是奶牛与肉牛品种杂交的新产业，在国际牛肉市场上占有重要地位。

荷兰奶牛在育种和饲养上的改进，20 世纪 90 年代末的每头奶牛的年产奶量已达 7 吨，是高附加值的畜牧业。乳品业在畜牧业是最重要的部分，仅乳品业占荷兰农业总附加值的 40%，加上牛肉生产，经济效益斐然。

一、草地畜牧场

不适宜于种粮食的地方，经营草地畜牧业，养奶牛是主导产业，全荷兰有 201.4 万公顷，其中 109 万公顷种植牧草，27.6 万公顷种植饲料玉米，两者占全国农用地的 67.7%。如果说 1980 年在奶牛日粮中青干草、牧草青贮和玉米青贮分别占 20%、55%和 25%的话，2000 年已分别占 5%、60%和 35%，同时在经营谷物生产的农场，也饲养一定数量的奶牛，以提高供厩肥并消费谷物的副产品。肉牛业在这里比较发达，挤奶主要是就地上市，即使在东北部和西南部的谷物生产带奶牛也是均匀地分布。

二、交通与奶业

奶牛业还与发达的交通相联系。

交通运输的改进，对奶业是重要的条件。如格尔德兰、北布拉邦特、夫里斯兰和上艾塞尔省成为新兴的乳业大省，而原来在北部和南部的乳业相对地落后了。这四个省各省都几乎占有全国16%的奶牛。运输业主要保证饲料运进和牛奶运出。使奶业有一个改善了的交通系统。

三、奶业联合体

这个联合体是乳品业的组织，是荷兰奶业成为完善体系的必要组成部分，其中物资供应是一大内容，含供应站及有关的服务站等。据统计，荷兰奶牛专业户于1996年已达36 258户，共养奶牛166.5万头，平均每户46头，100头以上的1 612户，仅占奶牛总数的4%，30头以下的10 629户，占29%，1～10头的小户占10%。产品的90%靠联合体去销售。

供应站有三类：

第一类是消费品供应站，从事牛的饲料，尤其是混合饲料，以及药品、种子、乳品等。第二类是基本建设投资物品供应站，从事牛棚建筑设备、饲料生产的机器和设备、挤奶机及辅助设备，如制冷柜、管道等。饲料贮存和饲养用设备，含自动化装置的设备。还有拖拉机、施肥机、车胎、围栏设备等。第三类为服务系统。有人工授精、兽医服务、合作与承包事务，研究部门教育、培训、推广和信息，金融和保险等。

乳业中混合饲料是有专业公司经营的，在荷兰有394家混合饲料厂。私人公司占其中的81%。另外有74家合作经营的，合作企业的规模大，占混合饲料产量的54%。

乳品运输属于高运输成本物资。进料或产品输出靠河流，因此这些工厂凡是大型的都集中在内陆河流和运河沿岸与牛群集中区相关联。

乳品加工厂是奶牛场牛奶的最大销售对象，合作社生产在荷兰乳制品工业中占主导地位，在长期生产中以康碧纳奶制品联合公司、克玻可奶制品合作社和弗里斯兰奶制品合作社联合公司为最大，其经营的乳品占全国的85%，占鲜奶量的75%。

屠宰厂是奶牛场的另一销售对象。奶牛的淘汰个体，包括一大部分纯种奶牛和专门经杂交的奶牛用作肉牛生产。从奶牛区和格尔德兰—上艾塞尔地区和南荷兰—北荷兰地区提供的屠宰牛各自达100万头和60万头上下，即分别占全国屠宰牛总数的43%和26%。

四、乳品业联合体在奶业技术革新中的作用

20世纪末是荷兰奶业不断兴旺发达的阶段，技术革新起到了巨大的作用，首先是奶

牛业的经营机制发生了变化，在奶牛场和乳品企业间要有密切的联系。奶牛场要有新的设备，因为在1976—1985年间全荷兰的奶牛场数目减少了50%，奶牛头数增长25%，奶牛户的牛头数从平均16头上升到41头。百头以上牛群成批出现。奶农在投工时间节省了，真正用于奶牛管理的时间在1970年每头牛每年平均80天，1980年只需50天。这样每个农户饲养奶牛的头数能力提高了。这样的新技术有牛棚制冷机的应用，自由活动牛棚的采用，乳牛自动喂料系统的推广，产奶量自动记录和奶牛个体自动监视系统的应用等。于是奶农的增收在很大程度上取决于饲养的自动化和饲养成本的降低。

五、乳品消费市场

乳品和乳制品的消费，取决于人们的经济收入、食物习惯、生活方式的改变和价值观的变化等。

荷兰人口在20世纪80年代后期人口增长率已降到每年的0.6%左右，但这增长原因中有一半是由于外来人口，在1980年外来人口占3.4%，2000年曾估计的为7.2%，亚洲移民对牛奶的消费与荷兰人有很大的不同，但这些人口也受荷兰人的影响，没有影响乳品消费量的增加。

在总人口中，年轻人的比例变小，人的寿命延长，男子寿命从1976—1980年间的72.1岁，增加到90年代初的74.3岁，同时女子寿命从78.6岁增加到80.3岁。老年人口比重越来越大，消费者对健康食品和饮料的关注程度也在提高，通常被认为有益健康的肉类、蔬菜和水果的需要量也增加。同样，对节食食品、小包装食品的需要也在增加。另外，家庭变小了、家庭数目在增多，出现和增加单口和两口之家。小家庭的增多，扩大了对方便食物的需求，在饭店和食堂的人数多了，这无疑对食品消费产生巨大影响。据对人口结构变化趋势测定，荷兰中央统计局1994年报道见表12-11和表12-12。

表12-11　荷兰人口变化趋势

项　目	1980年	1985年	1990年	2000年
居民数（百万人）	14.1	14.5	14.9	16.0
0～19岁比例（%）	33.2	28.2	25.6	24.6
65岁以上比例（%）	11.5	12.0	12.8	13.0
家庭数（百万户）	5.0	5.6	6.1	6.8
每户平均人数	2.78	2.54	2.41	2.36
单口家比例（%）	21.6	27.7	29.3	33.0
两口家比例（%）	29.0	32.0	33.0	36.0

家庭收入增加，其中家庭主妇参加工作的人数增加，使双职工高收入家庭需要更多的奢侈食品，如微波炉食品。劳动妇女人数自1985年的200万人，增加到1992年的290万人。拥有微波炉食品的家庭1987年是2%，1991年达到22%。人们在食品、衣物上的消费有减少，而花费在住房和医疗数等的消费在总收入中的比例在增加。而奶品消费在收入比例中占2.3%～2.7%，在中等收入家庭（42 400～61 500荷兰盾），占2.4%，高收入户（61 500荷兰盾以上）中为2.0%，单口家庭只占1.9%，4口以上家庭的奶品消费比例高

达 2.7%。

表 12-12　每户平均收入和支出

项　　目	1980 年	1985 年	1990 年	1991 年
平均净收入（荷盾）	37 900	40 900	45 800	47 800
总消费	33 782	37 760	40 107	41 998
各项支出（%）				
食物	21.0	18.7	18.5	18.0
住房	29.8	32.4	32.0	33.0
衣物	8.6	7.3	7.0	6.7
医疗卫生	12.7	14.0	13.9	13.8
教育、娱乐、交通	26.4	26.1	27.0	26.9
其他	1.4	1.5	1.6	1.7

注：不考虑通货膨胀因素。

由于保健营养的趋势，人们对乳制品种类的选择发生了变化，低脂和脱奶加工品的消费有增加（表 12-13）。

表 12-13　人均乳制品消费量

单位：千克

种　　类	1980 年	1993 年
低脂牛奶	27.5	41.3
全脂奶加工成的酸乳酪等	21.0	41.3
脱脂奶加工成的酸乳酪等	14.4	17.9
全脂牛奶	38.8	15.3
干酪	12.2	14.1
酪乳和酪乳甜点	10.6	9.4
炼乳	9.8	7.4
黄油	3.6	3.3
奶油	2.7	2.3
凝乳	0.9	1.7
奶粉	1.4	1.3
脱脂牛奶	1.6	1.2

在鲜牛奶中低脂牛奶备受欢迎，酸奶酪类是大众食品。干酪的需求量依然增加，只是干酪新产品和进口干酪比例有增加，1993 年干酪中有 67%为高达干酪的话，此后，有新品种出现，代替比较单一的高达干酪。

荷兰人一日三餐都离不开干酪。90%荷兰人把干酪用于三明治快餐中占 43%，热食中占 10%，烤火腿加干酪三明治中占 9%，色拉中占 2%，快餐中的主要食品是干酪、香肠、饼干和水果。73%的家庭把干酪和香肠作为快餐的主食。

因为拥有冰箱的家庭越来越普遍，市场上出售的灭菌奶占 60%，有方便用户的优点，还有 30%是超高温消毒牛奶。鲜奶成为常用的饮料，有了冰箱可延长保质期，也成为冷饮。

鉴于家庭妇女参加社会工作的人数增加，饭店和食堂是巨大的潜在市场，各种奶类及乳制品在此有广阔的前景。

乳品的商标作用。乳品的销售与一定品牌的商标、乳制品的特色、高质量密切相关。乳品企业为保证市场竞争的优势都为产品的保质和风味特色而努力。乳品的品质，有如颜色和味道，和乳品的内在品质，如价格和保质期，常常由于包装的关系，消费者可依靠商标，即品牌来识别。在长期的使用过程，由挑选外在品质来认定风味和质量，商标成为第一提示。近年ISO的有关证明书已用于生产过程的饲料质量上，使牛奶生产更加成为可信赖的优质和保质的绿色食品，促进了奶业的发展。

第八节　向有机动物农业发展的动向

有机畜牧业是在克服集约化畜牧业弊端后进行生产的方式，这个改变被称作“有机化”，产品则称之为有机产品，也有冠以“生态”或“生物”名称的。总之，是什么名称，尚在演变和成熟过程。这种生产方式通常是指半舍饲饲养，利用非化学肥料和非药物来栽培的植物饲料资源喂养的牲畜。

1999年全荷兰有1 100家“生物”农场，生产牛奶的占400家，蛋鸡的为35家；奶业的有机化改造比较快，其原因之一可能是荷兰奶牛原来就大量采用人工草地放牧，而蛋鸡的集约化程度较高，在超市销售中有机蛋的份额较少，全国只有8万只产蛋母鸡，产品在荷兰市场上只占到1%以下。生猪生产暂时只有2万头是带有生物猪印记的，预计到2005年会上升到45万头。

饲料生产上，按荷兰国家条例，全部施用天然肥料——畜粪肥，不喷洒化学制品的为有机饲料，约占75%。养牛上用量占60%，鸡饲料中占70%。其余部分在可允许的饲料中选择，但不得使用转基因作物。按欧盟国家2000年的限制，有机饲料要达到80%，到2005年要达到100%。而且对人工合成的晶体赖氨酸和蛋氨酸也有怀疑。荷兰SKAL标准正在欧盟被采纳。UTD配合饲料厂全部生产有机饲料，其中乌克兰的谷物被认定是合格的。

肉品质量是居民关心的一大方面，在解决集约化畜牧业存在的问题中，综合质量控制体系（IQC，Integrated Quality Control）是最成功的。荷兰的IKB体系应用于始于20世纪90年代初期，最初只涉及生产过程和初加工，以后发展到精加工和市场营销，按家禽、猪、肉牛等特点建立相应的体系。

肉牛业是荷兰农业的天然组成部分，是奶牛业的相关成分。IKB规则着重在这个行业上控制动物来源，禁止生长促进剂的使用。若有活畜进口后在荷兰必须饲养3个月后才允许屠宰。在跟踪动物来源方面，养牛业中实施了严格的认证和注册体系（Identification and Registration，I&R），对每一头动物的来源和去向实行跟踪。这也是中国畜牧走向成熟时要学习的。

在小牛肉生产体系中还补充了饲料质量、兽医防疫药物、房舍条件等条款。在荷兰的牛场都按IKB编码进行全程监控，包括从农场主到零售商。小牛肉中的白牛肉是争取外汇的重要畜产品。因此，鉴别和监察工作格外受重视。

第九节　荷兰的农业合作机构

荷兰农业发展的成功与生产者间的合作不可分割，这种合作机构就称作农业合作社。农业合作社在荷兰不是政治机构，也不是政府的一级机构。与中国农村合作化初期的初级合作社和高级合作社也不同，与政府机构完全是两种性质的事物。

荷兰的合作社是市场和自由贸易的经济操作组织，为产品打市场而联合起来的。荷兰农民经营的产品至少有 60%是通过合作社来销售的。由于各行业经营的要求和产品面世的情况不同，各行业的合作社营销的市场份额也不同。如配合饲料合作社占的市场份额在 54%以上，糖用甜菜占 63%，蔬菜和花卉占 85%，而牛奶几乎占 90%。奶业的合作社在市场营销上的重要性从上面这些行业的市场占有额上可以看得很清楚。

荷兰的农民，是个体的，也是具有一定规模的农场，在整体农业生产中，一个农场可能同时与许多行业挂钩，也就可能参加几个合作社。当然他不经营的行业，与他是没有关系的。图 12-1 表示一个假设的农场与几乎所有行业的联系，也就是经过合作社操作的关系。

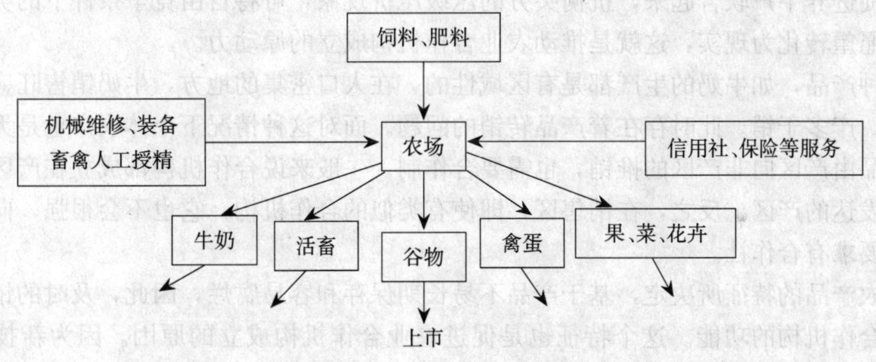

图 12-1　一个农场与各行业的关系

图 12-1 上的市场体制是长期形成的产物，因为个体农民在市场营销上在没有联合前是处于劣势的。首先，他们对市场的动向缺乏信息，或者跟不上形势。其次，个体户的供应需求和对信用社的贷款、保险等都是少量的。第三，农产品往往是不宜长期存放、易于变质和受损的。特别是经营在商界内他们根本不是竞争对手，因为面临的是不平等的买卖，他们要保护自己，就得联合起来，请有营销能力的人来为他们服务，由此形成的组织即各种专业的合作社。

一、荷兰农业合作社的起源

合作社是欧洲国家的产物，是数百年前理想主义和古典自由体制兴旺时期产生的，是私有制和合约制的过程演变出来的，当初并不具备现代合作社的实质，不具备自由平等的竞争机制。在单个农民争取市场上的公平待遇斗争中，农民联合起来，改善了市场交易中的地位，农业合作社才逐步形成。农民也由经济弱势群体逐渐转变为经济强势群体。农业合作社具有企业性质。它具有一定的规模，这种规模效应给带来了利润，这是已经普遍知道的规律；另外一个性质是它具备一定的承受能力。这种承受能力是合作制使具有企业性质的合作单位产生市场功能。当市场处于不利于农民的情况下，联合的模式能抗衡自由贸易中的不利因素，在产品价格上，在调剂营销策略上，在伶仃的一家一户产量，不具备转化为大宗批量供应的商品时能联合起来掌握市场主动等方面都体现出优势。

二、合作机构的成立条件、过程和内容

在农业生产上合作机构的成立是在自愿的基础上进行的。合作机构的形成因地区的不同和部门的不同各自都有差别。无论是园艺或者奶业，在自由竞争的市场机制下，个体农户，即便是荷兰的条件下，当平均占有的奶牛头数在50头上下，平均产奶量在6 500千克以下，在整体市场上，每户的产品供应量都是微不足道的情况下，都缺乏竞争能力。因为，在"自由竞争"制下，实际上存在着垄断现象。凡是在产品供过于求的地方，购买方在市场上处于有利地位；生产者，即卖方是处在不利地位，也就是常说的弱势群体。这种现状会促进养牛户联合起来，抗衡买方的压级压价现象，可将自由竞争条件下的劣势变为优势的愿望转化为现实，这就是推动农业合作机构成立的原动力。

一种产品，如牛奶的生产都是有区域性的，在人口密集的地方，牛奶销售旺盛，而有的地区，产多于销。此时存在着产品转销的问题。面对这种情况下个体农户也是无能为力的，产品由产区向非产区的推销，也需要合作制。一般来说合作机构都成立在产区，而且是比较发达的产区。反之，在销售区，即使有类似的合作机构，它也不会很强，向那里转销，也要求有合作社。

由农产品的特征所决定，基于产品不易长期保存和容易腐烂，因此，及时的销售自然地成为合作机构的功能。这个特征也是促进农业合作机构成立的原因。因为新技术的引进，农产品的保鲜、防腐期都有改进，原料品质的优劣也对保存期起着关键的影响，为此，合作制可以促成产品的分类、分级、包装、储存和标准制定工作。

一专多能的操作机制是产业合作的一个内容。生产者在推销其产品的同时，必须有投入，农户为生产其主产品需要生产资料，如购买饲料、农机设备、种子、肥料、药剂等等。因此，一个比较完善的生产合作机构就包括采购。有时候也出现资金不足。一个个体农户是很难得到信贷的，而一个合作机构，本身代表着一个财力集团，他就可能取得贷款。而成立地区的信用合作社，在荷兰较为有名的倡导者有 Van den Elsen ，Riemer Veeman ，Smits Van Ooyen 等。在私有企业和自愿组织的基础上成立的机构，在荷兰有农业与园艺合作社。

三、荷兰农业合作社的发展

据马胜杰报道，1877 年在阿登堡（Ardenburg，Zeeland）曾建立农用物资供应合作社。创建的目的就是要寻求一个以较低的价格购买到质量较好的化肥的途径。这个合作社

名称的意思是“理解通透，自力赢利”。它的成功促使类似的合作社如雨后春笋般地发展起来。

同期，在生产领域、市场和销售领域也建立起各式各样的农业合作社，如 1886 年华格，弗里斯兰成立了第一家牛奶合作社，1887 年荷兰北部的布洛·奥·兰盖弟成立了第一家蔬菜合作社，1896 年成立第一家农业信用社。甜菜加工、马铃薯淀粉、纸板等行业方面也出现合作，直到第二次世界大战前农业和园艺合作社已遍布全荷兰。

荷兰农业合作社的特点之一，是它的经营行业比较单一，如果其他国家的合作社是多专业或多功能的，那么荷兰农业合作社针对某具体市场的，如园艺或牛乳。如果这户农民既经营园艺，又生产乳牛，那么他至少同时是这两个合作社的成员，一般情况下，可能至少是 3～4 个合作社的成员。在荷兰，人们从来不会把合作社视为一个政治组织，或者视为一种运动。一个合作社的成立是为了抗衡已有的垄断组织，表 12-1 表明各类专业的合作社情况。

在 19 世纪 80 年代荷兰的合作社已经有相当数量存在，当时出现经济危机，合作社被农民作为一种“自助”手段，在政府没有干涉市场结构，也没有给予新的特权的情况下，渡过了危机难关，显示出合作的竞争力。当时荷兰政府成立了一个监督农业发展形势的研究委员会。该委员会在当时曾建议，为有利于农业的发展，政府应该开始进行有关方面的研究、咨询和培训。通过研究，还建议成立信用合作社，农民可以通过信用合作社改善他们在市场中的地位。政府的培训和咨询计划极大地提高了农民进行合作的积极性，并努力去改善自己的合作企业。农业团体在结构上设有本质的区别，易于互相沟通并进行互相合作。其数量变化见表 12-14。

表 12-14　1949—1982 年农业和园艺合作社数量及变化

部门		1949 年	1982 年
信用社		1 332	942
购物合作社		1 160	180
产品加工类	牛奶合作社	416	33
	甜菜加工合作社	4	1
	马铃薯淀粉加工合作社	15	1
	牛及其肉制品合作社	8	2
市场类	蛋类销售合作社	28	4
	蔬菜水果销售合作社	169	44
	花卉与盆景销售合作社	18	14

到第二次世界大战爆发时，各地合作社的数量已相当多了。这种发展是农业生产模式发生了根本的改变。一些地区，农业已从原来的维持生计转变为产品的市场销售，合作社的市场手段得到了发展壮大，适应并习惯于市场竞争，在竞争中又得到高度的发展。

与个体农民相比，一是合作社可以进行大规模的生产，二是吸收高技术，向发达的工业企业合作。比如黄油和奶酪加工行业的技术革新促进奶业合作社的发展。牛奶是一种很容易变质的产品，乳制品厂又缺乏在改进牛奶保质上的积极性。这个状况迫使采取主动的行动，建立自已的工厂，打破被动地位；于是又联动地带动了对机器设备改进，推销等联合开发的行为，促进新的合作社的成立。当时，肉类市场受到国际强大的跨国企业控制，步履艰难，但是农民的合作也取得了成功。可以得出这样的结论，荷兰农民并不是为了成立合作社而成立合作社，而是为了抗衡市场上的某种垄断力量而成立起来的。当农民用他单户的行动可以占有市场时，是不会去集体行动的，只有当农民单独的行为难以保住他应有地位的时候，才会以集体的行为去行动。

在荷兰合作社的创建者是农民和园艺生产者。一个地方的合作模式被另一个地方的农民和园艺生产者相仿效。而各地方之间的合作社间并没有联系。此后虽出现过一些中心合作社，然而也设有太大的进展和改变。在第二次世界大战以后，才出现合作社集中和合并的趋势。于是数量下降，但是合作社营销产品在市场上的份额却提高了。

四、合作社的定义

这种合作社有定义，即“它是农民或园艺经营者进行长期合作，将自己的经济活动联合成为一个整体，使之具有较强的市场功能的经济组织，共担风险，共享利益、以使经济活动尽可能获得较大的利润，同时，保持农业企业在其他方面的自给自足的特征”。马胜杰曾用养猪的生产过程用图解加以说明(图 12-2)。

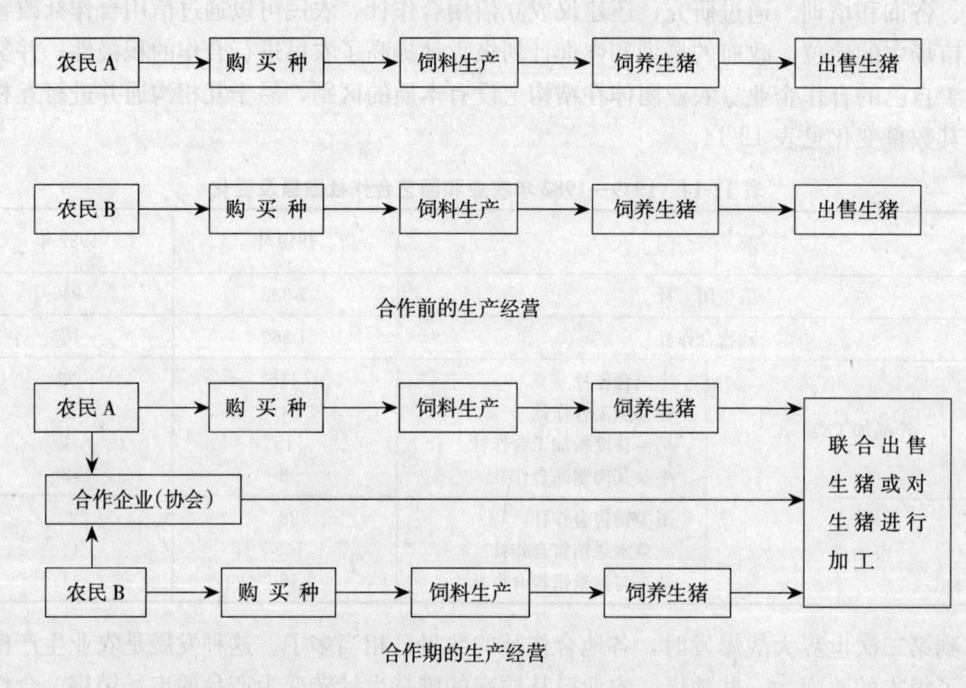

图 12-2　形成合作前后在经营上的对比

合作前的生产流程，是个体农民各自的生产行为，在最终产品出售时，相互间没有任何协议行动。而开展合作后，在个体农民间签订了协议，具备商贸目的，为取得较好的价格进行合作。生产过程是各自经营的，出售时有了联合行动，包括形成规模，批量生产，是一种横向的联合，可看成是生产者协会。

然后，合作生产的发展，形成加工、批发、出口。许多生产者以横向整合方式，强化竞争力，延伸为商业活动后，是纵向联合。

这种合作已经不是单纯的促销，而具有更加丰富的内涵。一方面是购买化肥或饲料，联合经营有更高的经济地位。另一方面是销售，产品的标准化，合格化和克服产品过剩时生产者可能会处于的不利状态。分散的各自销售，与互相联合集中的农产品销售交替地促使各个生产环节的顺畅，产品可能：①出售给没有参加合作的企业，或其他合作企业。②交付给自己的企业。

这都是市场行为，营销中产生一种能抗衡不利于本合作企业（社）的力量，打破另一方对市场的垄断。取得自由贸易上的主动。合作与非合作农户之间主要的区别是市场链条的区别。这可以用一组肉类生产销售链图解来表示（图 12-3）。

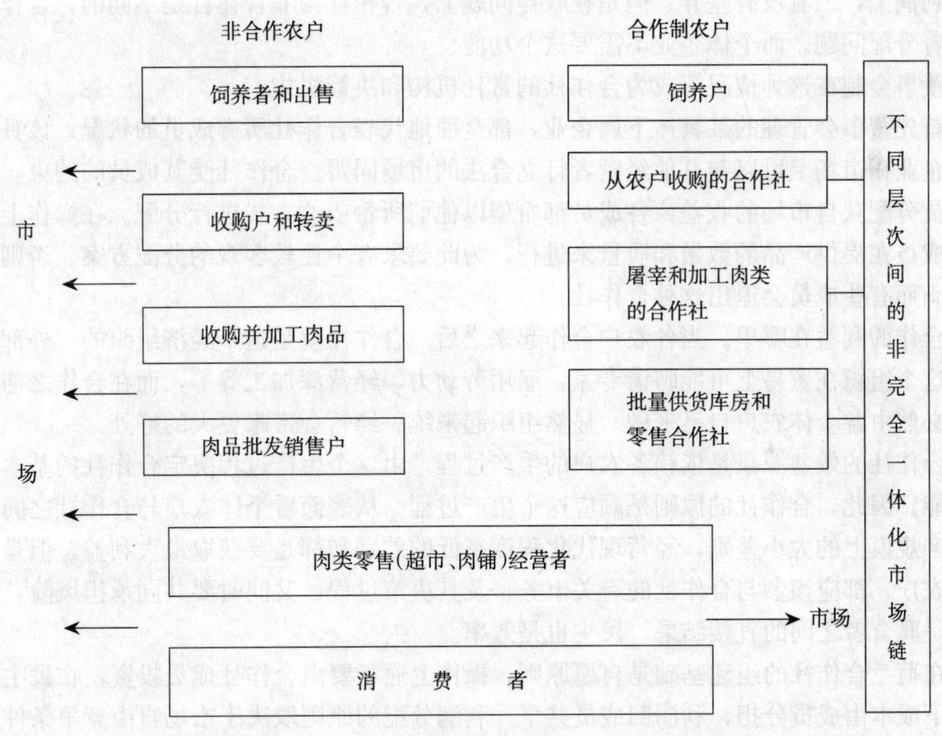

图 12-3　肉类生产销售的合作制与非合作制对比

图 12-3 左列的是非合作农户，各层次的生产和经营者都直接面向市场，相互间没有任何合作机制。同一层次内的生产者和经营者之间也没有协调关系。而右例的是合作制下农户，他们的生产和经营都不在一起，但存在着协议条例范围内的协作，这条生产链并非完全的一体化，却起着协调产品价格的影响作用。被称作一种“辐射效应”。

此时价格水平，不是限制性的，生产链中的成员可以有自己的定价，作为链内的一种内部标准，但是某一成员的定价如果远高于这个水平，就会被挤出市场。当该成员的要价太高，高得其他成员不能接受，即具体的执行者，合作社的执行机构不能接受时，该成员只能退出合作。

五、合作经营的本质

荷兰农业合作社是在适应各类农业生产和经营者行为而产生的。合作社内部各成员间的关系对于合作社在市场中的代表性有重要的影响。在技术角度上，各成员的作用与农业企业是分离的。在经济角度上，农业企业与合作社在一些功能上有着不可忽视的联系。这称为合作社的“双重性”本质。

合作社看起来像一个机构，有董事会来管理，各个体农户间各自都直接与合作社有联系，然后通过他与市场相通。就像各农户与市场直接沟通一样，都是自由竞争；只是参加合作社的农户是通过合作社的机构来沟通的。目的都是以尽可能高的价格出售其产品，在创造利润上，二者没有差异。但是在收益问题上，合作社与非合作社是不同的，合作社内存在着分配问题。而个体企业不需要这个功能。

董事会制在这种情况下成为合作社的常任机构和决策机构。

首先董事会管理的某具体下属企业，都全面地代表合作社所有成员的状况，该具体的所属企业在市场上可以与其他经营者订立合法的市场同盟。合作社受其成员的约束，要给各成员分配获自市场的收益，各成员都希望以他们所希望的方式进行分配。在操作上要按每个成员在提供产品的数量和质量来进行。为此要求有个比较客观的分配方案。否则会引起不满而有些成员会退出这种合作社。

合作的利益在哪里。当各农户合作起来之后，合作社就是这个经济组织的“外部”形式。这个组织在贸易上可能聘请专家，雇用劳动力，经营深加工等等，而在合作之前这些事都必然由各个体农户自己来做。显然组织起来统一经营会带来更大的好处。

合作社的效益源泉是依赖各农户的生产过程，由这个生产过程决定合作社的基本目的和功能。因此，合作社的原则是顺应这个生产过程。从表面看个体农户与合作社之间，只是生产规模上的大小差别，经营现代化程度高低的差别和都是要获取最大利益。但是合作社的农户，都应该参与合作社的有关事务，及其决策过程，又同时要共同承担风险，因此民主是联合者之间的直接结果，民主也是效率。

在荷兰合作社的组建基础是自愿原则，操作上通常要由合作社成员投资，在民主管理原则下成本由成员分担，利润归成员共享。利润分配的原则取决于市场自由竞争条件下产品上市时的具体销售状况，或者说是以各成员在合作社经营中的经济行为的数量和质量为根据的。

各成员的经济活动，经过合作社去实现，但不可能每个成员的成品销售都是在同一个价格，各成员可以自己决定由什么价格出售他的产品，合作社是以“联营”的机制下将产品的价格作出定位，买方可以按照产品数量支付款项。例如，一个农民要求合作社每星期供应两袋混合饲料，另一农民要求每月供应大批量饲料。显然大批量供应不需要零敲碎打的运送，成本就会低，单位饲料的价格，送到家时，对两家都不同，后者的费用少，其分摊到饲料上的价格就不同。于是各成员间为了更大的利益互相会商议出更经济的办法，达到互利的目的。

合作社成员间互相商议更经济的经营方式，取得更大的效益，为全体成员所共享。这些操作关系到财务、分担风险、选举董事会成员等等。合作社对成员不能垄断，各成员在生产的产品数量是自己决定的，合作只体现在市场买卖上，每个成员按照指导价格制定他的生产计划，一般情况下制定的价格对成员是有利的，这促使成员继续留在合作社内。否则他可以离开合作社。

合作社成员间的关系，是在自由的完全是自主的情况下参与的，合作不意味规定，如谁必须是生产多少。当然多大土地面积生产出多少产品和需要多少投入，如养多少畜要多少料都是可以估计得到的。只是不对成员做限制，而是自愿提出计划和要求。合作的执行机构可以胸中有数。可以预估到经济效果。合作有经济效果，合作自然就会延续下去。

六、合作社功能的引申

荷兰的合作社是指农业体系的产销组织农业是包括畜牧业及其产品，畜牧业中以饲料转化效率最好的奶业和乳制品业为主。合作社的优势体现在他占有的市场份额的增加，如表 12-15。

表 12-15　各类合作社在市场占有份额的变化

部　门	产品名称	1949 年占有率（%）	1982 年占有率（%）
信　贷	银行给农业和园艺类的贷款	50	90
购　买	复合饲料	29	54
	化　肥	61	55～60
奶酪业	牛奶运输	84	87
	黄油生产	85	92
	乳酪生产	86	93
	奶　粉	80	84
	浓缩牛奶	29	80
	液态牛奶	40	83
家畜、肉类	猪的屠宰和销售	17	25
甜　菜	甜菜运输	59	62.5
马铃薯	马铃薯加工	83	100
销　售	禽　蛋	38	17
	蔬菜和水果	98	84
	鲜　花	60	90
	木材的引进	75	65
	马铃薯种子	33	48
	马铃薯加工出售	2	30～35

合作社经营规模扩大的原因，其一是这类产品产量的大量增加，其二是合并使合作社的数量减少，但功效提高。合并后的合作社拥有好几个分支和工厂。如 1982 年的信用合作社只有 964 个，但却有3 000多个分支机构。荷兰 5 个最大的制酪合作社在全国牛奶运输上却占有市场份额的 87%（表 12-15）。

合作的功能由单一的生产发展到采购、销售、加工等多方面的经营时，又逐步地形成了中央合作社。表 12-2 所示各部门不同产品在市场上占有的份额，大多数部门是扩增的，也有少数是减少的，如禽蛋业减得比较明显。不同情况的出现都各有致因。从内部合作到形成具有特定经济功能的中央合作，哪个联合型合作社的市场地位能够得到加强，要取决于各成员的合作程度，取决于愿意把权利信赖和交付给中央合作社的程度。因此，中央合作社的成立，表示联合程度的加强，这是自然发展的结果，而不必去刻意地组织。

价格补偿是合作制的优势之一，是指能增加各成员提供的产品的价值。价格是补偿在各种牛奶产品、马铃薯、面粉厂的各类最终产品等上的，体现得好，就促成其在市场上的营销份额。价格补偿也经常产生在合作社内部各层次的加工过程之中。

多种经营是合作制的又一优势。这个优势在最原始的合作类型中并不存在的，并不是他们的最初目标。但销售行为体现在生产、分配和消费的各领域上。随之出现了多种经营。

合作行为在全球传播后，进口和出口贸易上出现一些新的情况；如粮食或其他饲料源，被加工成配合饲料。原料出口前被加工成某一最终产品，因此，荷兰的一些合作社与国际上的各种各样的农产品的跨国公司有了往来，参与了国际竞争，促使合作社的深层次的进步。

为保护合作社的产品顺利销售，合作企业就得与更多的合作的和非合作的企业进行合作，于是在这样的新的市场结构中开展进出口业务，合作的目的是增强他们自己在市场中的地位，而且确实地得到了加强。

七、农业合作社和农民协会

在荷兰，农民协会曾经是建立和发展农业合作社的重要推动者。有的直接在协会之下建立经济机构，在第二次世界大战后，有的地区协会被解散了，这些机构就自然地转变成农业合作社。这两者始终有着密切的联系。

在农业政策方面，荷兰农民协会代表着全国农民的利益，而合作社直接维护本社成员的利益。或者农业合作社可以被看做是合作农民的“市场工具”，通过它农民希望获得他出售产品的最高价，得到他想要购买商品的最低价。因此，在荷兰农业合作社从来不被认为是一种“政治”工具。显然，具备经济实力的工具，是个组织，也自然地产生政治影响，但它的责任是实现经济目标，在自由竞争的市场中，加强农民的社会经济地位。

八、合作社的类别

合作社根据经营业务和所属部门的不同，可以分为四大类。

（一）采购合作社　荷兰合作社的起初业务是从采购化肥开始的，第一个合作社在 1877 年阿丹堡（Ardenburg）成立，实际上是“供给联合会”。直到第一次世界大战之前，几乎每个村落都成立有购物合作社，采购的商品不外乎化肥和饲料（如玉米、燕麦和黑麦），另外一个活动就是碾米。

畜牧业的发展，需要更好的饲养效果，农民需要配合饲料。对于一个小小的合作社，投资于配合饲料生产是力不从心的。于是小合作之间开始合并，以应顺配合饲料的供应，附带的性质是销售，譬如将谷物和马铃薯卖到非产区。

这类合作社在荷兰达300个左右。是地方和区域性的，主要有以下三大总社，按照规模的大小他们分别是：鹿特凡的Lebew-handelsraad，有200个合作社成员；Veghel的CHV，掌握着几乎是Cehave NV公司的全部商业活动；Roermond的Landbovwbelang的60个合作社成员。他们经营的配合饲料占全荷兰的54%，化肥占60%以上。

这种供给与加工合作社的目的是，通过联合购买和加工其成员的必需品来照顾并保护他们的利益，为其合作社成员提供帮助，并在某些情况下为其成员销售产品。

合作总社为其成员提供了较大范围的产品，还通过成立加工企业或者参加非合作性的农业加工业的方法来加强农民的经济地位。例如马铃薯制品行业，家畜和肉类市场、有关农业的机器设备、家禽饲养、家禽与生猪的运输、为烤肉商提供肉类以及繁殖等等。这些公司深入市场的程度各有不同，经营目的是同样的。

在国际上，荷兰供给合作社部门实力非常雄厚，不但占有的份额大，而且对产品价格水平的影响是不可忽视的。这主要是配合饲料、化肥和农药等。还参与合作社国际形式的创建，而逐渐被卷入到国际性的发展之中。

(二) 加工和销售合作社 这类合作社因为行业的不同，名称各异，而性质相同。例如因销售产品各异，有牛奶销售和加工合作社、甜菜加工销售合作社及大豆、家禽、禽蛋、肉品等等销售加工合作社。

1. 制酪业 奶品是荷兰农业的强项之一，早在1886年于华加（Warga）成立。由于发展迅速，奶的加工自农场加工转为工厂加工，由手工加工转为机械加工。其进步曾因发明蒸汽机而突巨猛进。随之其加工产品在市场份额上占到很大的份额，通过这一合作，有关企业的市场占有率为，牛奶90%，乳酪制品94%，黄油93%，奶粉86%，浓缩牛奶78%。在全荷兰，三大制酪企业也有联合，控制着全国牛奶供给份额的60%以上。此外尚有30多个较小的合作社在发展。

制酪业的集团化是在很短的时间内就形成的。促进合作的原因显然是因为：要降低每个单位产品的加工成本，进一步专业化提高产品的质量，节约开支，提高管理水平和市场服务水平。

许多小型制酪合作社通过酪制品销售协会联合销售他们的产品，有关协会被组织成合作性的乳酪业生产销售团体联合会，在业务上是处理有关乳酪、黄油和奶粉的联合销售问题。

在荷兰，几乎所有的奶品合作社都直接或间接地加入到荷兰、皇家奶制品联盟（FNZ）之中。FNZ作为一个协调性的组织为国内外的制酪业的服务。FNZ有一个采购部，为其附属工厂采购他们需要的化学试剂及其他物品。

2. 甜菜 甜菜是荷兰传统农产品之一，合作性甜菜企业创立于1899年，这个企业虽然几经失败，但成功之后，合作社成员在甜菜的销售和价格上比个体者占有一定的优势。由于合作社是按质论价，分等分级的操作性好，加上合作社成员间的储备系统和理财优势，该企业系统已占全国市场份额的60%左右。

1948年有3个甜菜合作进行了合并，全国是4个合作社来管理6个工作。1966年这4个合作社又以一种最佳方式进行合作。1970年又进行一次彻底的归并。至今，这些合作社已成为国家甜菜合作总社的成员，如糖业联盟就是其中的一个成员。

3. 马铃薯 加工马铃薯的淀粉工业集中在荷兰的东北部，这与当地的土壤比较适于马铃薯生长有关。第一个马铃薯加工合作社在1897年成立，它是在市场竞争中的产物，从价格战中形成规范的统一的价格后而取得成功的。在第一次世界大战爆发前，全国已有22家马铃薯淀粉合作社，其加工量超过全国马铃薯产量的2/3。

1919年全荷兰纷纷成立马铃薯淀粉加工合作各自有各自的销售协会和加工服务体系。到1952年该协会更名为“Avebe”，当时它是销售公司，为其附属的合作社服务。20世纪70年代初，Avebe成立总公司，各合作社的成员就成了其直接的成员，市场份额扩大为全荷兰80%。1978年Avebe接收了最后一个私营企业KSH的全部股份，成为全荷兰唯一的经销企业。

现在Avebe已成为世界上最大的马铃薯淀粉及其产品的生产商，它的产品对于造纸工业、纤维工业、食品工业等都是十分重要的。在成为世界性组织后它拥有全球网络，在欧洲、美国、远东等地都有其销售公司。

4. 家畜和肉类 家畜和肉类的合作性销售开始于20世纪20年代。生猪豢养部门在有关生产部门间的联系曾起着非常重要的作用。生猪生产与鲜肉、熏肉、火腿、午餐肉等其他制品以及罐头等。在第一次世界大战期间，荷兰几乎是独家为英国提供熏肉的出口商。当20年代鲜猪肉被禁止向英国出口之后，熏肉的加工是具有十分重要的经济价值的。肉只加工是资本密集型加工，大企业占有极大优势，农民处于劣势。在不平等的市场竞争的情况下，农民们试图建立可以与这种不平等有抗衡能力的机构。

建立屠宰合作社虽然在一开始就失败了，但终于成功；不但在鲜猪肉供应，而且在熏肉供应上取得了一定的市场份额。

经过不断的集中和兼并，荷兰现在只有两家大型的家畜与肉类合作社，其市场份额占全荷兰的27%。一个是家畜和生猪销售合作协会及肉类加工合作协会（COVECO），其业务范围几乎遍及除北布拉邦特省以外的各地。而在北布拉邦特省影响最大的是NCB的家畜和肉类销售合作社（Encebe）。在这两个合作社中，共同点是：农民都是公司的直接成员。

5. 禽蛋 家禽养殖业在1890年以前，一直是被忽视的行业。人们不太关心家禽的养殖，禽蛋生产的规模、质量、产量都是薄弱的，禽蛋只是收购禽蛋贩子的行当和地方销售店的生意，价格十分低廉。农民为改变这种状况成立了禽蛋竞卖协会（egg auctions）。禽蛋竞卖协会在市场的自由竞争中取得应有的地位，售价合理。此后提出了禽蛋分级标准，开展对农民的养禽指导。养禽业在荷兰出现翻天覆地的变化，禽蛋竞卖协会久而久之在性质上发生了重大变化，发展成了一种销售团体。专门负责其成员的禽蛋销售业务，并向国外大量出口。

集中与兼并的结果，在荷兰只剩下4个销售团体，有CVE在Barneveld，Sameico在Bornerbroek，EVHN在Alkmaar和Reveco在Roermond。于1977年前三者成立了禽蛋销售合作联合会 VCE。该联合会是非商业性的协会组织，是会员利益的代表，在国内外作为全荷兰合作性禽蛋生产者的代表。另一个团体是 Reveco，近年移交给上述采购合作社之一的 Cehave。这些禽蛋销售合作社所占有的市场份额大约是 20%。

6. 禽肉 荷兰首家家禽屠宰合作社（CPS）是 1954 年在 Boxmeer 成立的禽肉销售合作社。在荷兰家禽肉只是一个副产品，不是生产性的，作为商品曾经是很困难的。然而养禽业的发展，禽肉生产越来越需要生产保护和专业的独立经营，禽蛋销售合作社与家禽屠宰合作社之间的关系越来越疏远。而家禽饲料供应合作社与家禽屠宰合作社的关系却越来越密切。到 1961 年 Lebew-handelsraad 和一些禽蛋销售团体在荷兰的东部成立了一个名为 Wezepnv 的家禽屠宰场。位于 Boxmeer 的 CPS，仍由中央采购合作社 Cehave 和 Land bovwbelang（主要在荷兰南部）所控制。这两个合作社在销售领域以一个共同的商号 Friki 进行合作，并于 1972 年合并为 Fri-klnv。

由于家禽业的迅速发展，该会在 1978 年进行了重组，是 Cehave 接管了 Goossens 屠宰场；Boxmeer 将 Plukon 公司合并。Lebew-handelsraad 占有相当一部分股份，而且政府也其中的一个股东。结果是促使 Lebew-handelsraad 成立了一个新的合作社，即家禽销售合作协会（简称 CAS）。

7. 羊毛 羊毛也是合作销售的重要产品。荷兰羊毛会联盟于 1920 年成立。收购上一直按量按质支付款项，对于荷兰羊毛质量的提高起到了积极作用。合作社除了羊毛收购外，还出售一些羊毛制品，以加强他们在市场上的地位，如加工成用于生产地毯的丝线等。羊毛合作联盟的分支机构遍布于全国各地，其市场占有份额大约是产品的 75%。

8. 马铃薯种子 马铃薯是荷兰的重要农业部门。有一些批发贸易合作社专门从事马铃薯种子和马铃薯食品的业务，这些单位有 Agrico-Holland，ZPC，Nedato，ZAP，CTV Brabant，Koval 和 CAH'De Bommelerwaard。另外，还有许多与马铃薯行业关联的收购和销售合作社，其分支组织具有良好的营业。VECO 是 1964 年以来就拥有以上那些合作社为成员的组织，它本身不是按商业组织来运行的。

马铃薯生产占荷兰种植面积的 24%，其重要性十分显著。这些份额中有 4.5%是马铃薯供种面积，9.5%是生产制品，10%是生产马铃薯粉加工之用。

VECO 的成员在马铃薯供种的资本中，在市场份额中约占 47%，而供销和竞卖市场占有 9%，合计两者占有 56%，在马铃薯制品部门中合作社占有 27%的比例。此外，国家的供给和销售合作社 cebeco-Handels raad 和 suiker chrie 在种子部门市场领域有着重要影响，但是这些部门中私有企业参有股份。

（三）信用合作社 在荷兰合作银行的创办对于农民和园艺经营者参与市场行为是非常重要的。在两位企业家 Friedrich Wilhelm Raiffeisen 和 Father Van den Elsen 的推动下，农民建立了自己的信用合作社，即信用银行。在随后的年代，农民的信用合作社成了农业和园艺合作社发展的支柱。据报道，从 1896 年开始到现在，荷兰有 900 多个地方性的信用银行，拥有3 000多个分支。他们都成为中央信用合作银行（Rabobank Nedeland）的成员。在弗兰斯兰德还有一个合作性的 Friesland 银行。

Rabobank 吸引了大量的储蓄存款，这些金融上的永久性来源使得该银行大约占有荷兰农业部门和农业合作社贷款需求的90%，所占有的市场份额超过了40%，该银行，包括中央和地方的银行拥有30 000名上下的雇员。

信用合作社与其他合作性团体有着同样的结构。应用着责任制度。在起初的很长的一段时间内，他们采用“无限责任制”，后来也改为“有限责任制。”信用合作社保证了农业合社的大量财政需求。在很长的时间内，商业银行对他们并不感兴趣，他们的注意力是在商贸和新兴工业上，对于“信用”责任制不予重视，近年来开始注意到经济合作社的地位。

到近年来荷兰的信用合作社已经发展成为比较“全面”的银行了，在存款和贷款两方面都拓宽了业务范围。至此，该信用合作社在荷兰是大银行之一。不但在农业与园艺合作社中仍然占有主要地位，如果以收支差额而言，将其作为一个比较标准，Rabobank已经是荷兰的第二大银行了。若是只将荷兰国内市场作为衡量的话，它甚至可以称作荷兰最大的银行。在充足的财力下，该银行将业务拓展到进出口业务，在农业和园艺的国际市场上发挥着越来越大的作用。

（四）合作竞卖协会 在销售合作社中，合作园艺竞卖协会具有特殊的地位。竞卖是销售合作社的性质，然而它是让买者与卖者当面当时（或定时）销售的方法。这个销售过程是按竞争原则来进行的。在进行销售过程中称作“钟摆”转动过程，钟摆是高价到低价的过程。卖者说出自己的支付意愿。当买者认为某价位可以接受的话，按动他的座位上的按钮，铃声报响，钟摆就停止转动，买者即按此价购买该产品。

钟摆转动中，谁最早按响电钮，说明他的出价最高，谁就拥有选择权，他就可以最先决定他想要的商品的数量。如果这批商品还有剩余，那么又重新开始用钟摆方法来决定销售标价。若商品无剩余，那么就进行另一批商品的竞卖。

竞卖是促进买方之间竞争的手段，通过这种手段，生产的大批量产品可以在短期内销售完。由于大部分园艺产品都是易腐的，因此，这种方法显得十分有效。竞卖协会并非园艺产品的主人，这种协会只是组织一个交流场所，使集中的供方和集中的需方相接触；竞卖的购物交易，结算是由竞卖协会的出纳员来完成的，竞卖协会在交易资本中扣出一定的比例作为团体管理的开支。

竞卖活动是对生产者和购物者两利的合作体系。马胜杰指出，首先对生产者，在竞卖协会出现之前，园艺经营者在销售其产品时面临着许多困难，他经常不得不自己亲自到消费中心附近去叫卖蔬菜，或者把蔬菜运到该地的市场。这种方法的一大缺点就是园艺经营者不能提供足够的花色品种，同时又需要花大量的时间。

园艺经营者也可以把其产品出售给去他们农场收购的商贩；但是这种情况下园艺经营者通常都处于弱者交易地位，因为商贩对产品的价格趋势有着较好的了解。当经营者觉得他不能接受商贩所提出的价格时，他就只得把商品搁置起来，直到有另一个商贩的到来，这样园艺经营者始终处于被动的地位。

竞卖协会的活动使得园艺经营者有更多的时间花在农场上，并促进其产品的专业化，还可以保证及时地拿到他们应得的收益。因此，竞卖协会经营者提供了市场设置。

其次对购物者，如批发商、出口商、加工生产经营者等。他们不可能将许多时间花费在跑农场上，有一个集中各类商品的场所对他们是极大的方便。竞卖协会对产品质量是保证的，购物者可以放心；同时在竞争市场他们可以得到储存、包装、运输等各种服务。竞卖协会自然是他们所欢迎的。

最低价位基金问题。1948 年水果和蔬菜竞卖协会为各种农业和园艺产品提出了“最低价位基金”，这个基金是根据竞卖的资本额收取的。一种产品设有固定的最低价，如果一个产品不能达到这个固定的最低价。竞卖协会就会把它从市场上挪走，由于产生的损失由这个基金来负担，该协会成员可以从中得到一笔资金作为一种补偿。作为最低价，是低于成本的价格，它本身不能够刺激生产。

那么，最低价位基金的好处是什么？该基金对生产者和消费者来说都有好处。因为生产者可以为自己的生产费用获得部分补偿，而消费者能获得正常的供给。

在荷兰，园艺经营者被组织在几十个水果和蔬菜竞争协会，以及十几个花卉和盆景竞卖协会中。协会成员是必须将他们的最终产品送到竞卖协会。所有各水果和蔬菜合作竞卖协会都附属于中央水果和蔬菜竞卖总会（CPT）。花卉竞卖协会附属于荷兰花卉竞争协会 VBN。这些都是非商业组织，而是为竞卖协会提供一定范围的服务。努力刺激荷兰蔬菜、水果、花卉和盆景的销售，此外，还在国内和国际上代表所有的竞卖协会。

这种行业竞卖协会是非常现代化的。位于荷兰 Aalsmeer 的花卉合作竞卖协会（VBA）和位于 Westland 的 ccws 都是世界上著名的竞卖协会。由于产品出口机会的增加，促进了竞卖协会的发展和园林种植的大规模扩大，荷兰人口的急剧增长也促进销售量的增加。在荷兰大约有 48%的蔬菜、82%的水果是通过竞卖市场出售的，出口占产品的 60%。在花卉方面，约有 90%是通过竞卖协会而出售的。

附：蘑菇协会

荷兰的蘑菇协会 CNC 设在 Dttersum，于 1953 年成立，是成立较晚的一个。CNC 在一方面是种植业者的联业协会，另一方面蘑菇的生产与销售合作社。荷兰南部地区的蘑菇产量超过全国总产量的 80%，这个后来才发展起来的协作，与三个主要的农民联盟和荷兰园艺竞卖协会（CBT）的主要分支机构进行合作。三者在蘑菇销售中心（CAC）的合作，在销售上取得很大的成绩。蘑菇的价格是由竞卖协会根据精确地测算才确定的。CNC 的成员中 95%以上都是蘑菇生产者。

九、荷兰合作社的服务内容

荷兰农业生产中有各种各样的合作行为，具有服务性质，如保险公司、农业设备企业联合组织、干草合作社、人工授精合作社、救援合作社、处理合作企业账目的农业账目公司等等。活动的目的是给农民和园艺经营者以各方面的支持。

（一）互助保险公司　这个互助保险公司是部分或全部营利由投保人分享的保险公司。合作思想在保险上体现为风险承担者之间的合作，在荷兰最古老的保险是对农业部门的火灾保险，在 20 世纪 70 年代这种保险业务有了大规模的扩展，到近年几乎所有部门都提供保险机会。最原始的火灾保险已成为非常普遍的保险，最早火灾保险开始于18世纪末，但大部火灾保险却在19世纪下半叶和20世纪上半叶成立。在荷兰还形成了一种叫做再保险公司。再保险是指保险商为了减轻部分或全部风险，与另一个保险商或保险公司共同承担的保险。因此，荷兰的火灾保险领域内有6家再保险公司，许多火灾保险公司已经被联合到火灾再保险公司之中了。

在荷兰有400多个大型保险公司，其中有许多是荷兰保险公司（FOV）所属的组织，FOV是1940年成立的，是一种非商业组织，各成员都具有完全的自主权；FOV的主要任务是为其附属的保险公司提供建议和指导，另一方面他负责涉及与政府进行交办的事宜，充当着各成员保险公司的代表。因为下属的保险公司业务都有一定的范围，如一些保险公司的业务只限于当地，尤其是那些小型的火灾保险公司；另外一些保险公司则在某个地区起作用，如农民联盟的保险公司；再有大型的保险公司则已将其业务扩展到全国，如人寿保险公司（OBF）、养老基金（CV）及意外保险（Interpolis）等，但与政府部门的事务多由FOV来承担。

OBF业务主要针对个人的人寿保险，拥有数万个成员。CV是合作社成员（合作社和协会）的中央合作社，它的目标是为各成员的雇员制定集体保险合同。意外保险的业务非常广泛。它涉及各种破坏行为和生命安全。执行这些保险的法律基础并不是“互助”，但是采取的工作方式乃是一种合作的形式。该公司的股份却由罗马天主教农民联盟所控制。

（二）农业机械设备企业联合组织　第二次世界大战以后，农业和园艺的技术进步极大地刺激了机械化代替手工操作的过程。对于使用拖拉机、收割机以及其他农业机械，需要有一定的规模，一家农场如果达不到必要的规模而拥有一定的机械，往往是效率不高的，但荷兰的农业和园艺企业都是规模太小，于是促进了农民成立联合开发农用设备的合作，成立了农业机械设备企业联合组织，至今荷兰约有90多个这样的合作社，这些合作社又组织成农用设备联合会，简称FLEC。该联合会也是一个非商业组织，它代表着农用设备合作社的利益。同时它也提供各种相关的服务和建议。

（三）农业援助服务合作社　众所周知，荷兰农业都是“单人企业”，农业本身是劳力密集型企业。这意味着在劳动力方面这些单人企业都是相对脆弱的。对于农产品生产，在储存的方面而言，农民要遇到疫病或其他诸如赴会、度假等等，则不可回避的要造成损失。

于是在20世纪60年代成立了农场援助服务合作社。该合作社的主要任务是提供后备劳动力，特别是当农民或园艺经营者由于疾病，或者其他原因不能工作时，为之提供相应的服务。这种合作社拥有很多雇员，为当地的农场服务，其社会目标是提供援助，政府对这类合作社提供资助。但是当一个农民希望在收割庄稼之类的农事得到劳力时，由援助合作社提供的收费性质的农民为此支付的款额与当时市场价格是相当的，而不是辅助。

各个地方的这种合作社都是国家农业援助联合会（LCB）的成员。这是个非商业性组织，作为其成员的代表机构。

十、荷兰农业合作社的资金、利益和法律保护

（一）农业合作社资金的筹措　在荷兰农业和园艺合作社资金的筹措明显地不同于非合作企业组织的惯例。

在开始的时期，农民和园艺经营者不是用现金来周转合作资金的，因为他们没有能力筹划到足够的资金，原因是各家农民农场本身也需要有流动资金来运作，而是用间接的办法，如担保。当初在 Warga 地方创立的第一个联合乳品厂，在他们将资金投在了土地、建设物、牲畜和设备之后，却没有足够的可流动的款目来发展他们非自己农场以外的经营活动，为了达到运转乳品厂的目的，或开发其他项目，而共同需要资金，于是他们不得不用担保人或担保物作抵押来取得贷款。在这样的资金借贷制度下，合作社成员一方面要接受无约束的责任，另一方面他们还要接受要把他们生产的牛奶全部供应给合作社的义务。这两项表明他们向贷方提供了足够的担保，使得贷方能借钱给合作社。

乳牛肉类合作社是另一个这样的例子，合作社资金筹措的表现，为在开始的时候，合作社通过牲畜市场，出售尚未屠宰的牛、幼犊及猪等。或者直接向屠宰场和肉类加工厂出售牲畜；合作社在收到买主付给的钱之后，再把钱付给社员，通过这种办法，合作社成员可直接筹措到事业发展的周转资金。农业和园艺合作社是依靠自己来筹措资金的，这将会涉及合作社组织的利益和社员之间的利益冲突。这里“自筹资金”意味着合作社筹措资金的办法必须是在合作社内部来解决，有以下几点：交货和购买义务；一般储备金；把盈余登记在各自的账目上；费用。

股份额和证书经常涉及交货和购买的义务的最小限度和最大限度，社员的义务和合作社承担资金流失风险的能力，很显然，奠定了合作社较高的信誉的基础。社员承担的这种义务也具有筹措资金的作用。即以社员个人的信誉作担保来贷款。社员义务这样的职能在某种程度上可以通过法规条例同交货义务结合起来。通过以上方式，合作社的竞争能力加强了。在运作一定时间后，各种筹集资金的模式得到不断地发展，一些合作社表示能够建立一般储备金，它能使合作的成员不受义务的限制，有的把相关的方式结合起来筹集资金。而大多数合作社还是依靠合作政策，依赖于采取某种形式的筹措办法的自愿程度和市场上资金存在的可能性。然而，一个购买合作社的资金筹措方式与产品加工合作社的资金筹措方式是不同的。其中信用担保并由社员预先支付一定的抵押是很重要的。对于一个一般合作社的资金状况，马胜杰概括为：①一般储备金，由每年的盈余资金建立。②折旧数，若干年后被用作一项运转资金，由流动资金来补偿。③长期贷款资金，经常以社员义务和一般储备金为抵押向信用机构贷的款。④从贷方借的短期贷款。

（二）合作社的利益　荷兰的合作社，如前节所述，是“单一目标”的合作社。除了供给合作社，他们也出售种植产品，如谷物、马铃薯等，对他们的社员来说，几乎不存在“多目标”合作社。

在荷兰，地区性的合作社，或者是组成的所谓“商业”中心，或者组成“非商业”中心的组织协会、或联盟。在初期，由已经建立的中心合作社来承担某种职能，这些职能代表的是其所属的主要的合作社，如集体购买、销售或加工的职能。由此，当地的信用社开

始了两个中心银行之间的合作，同时这两个银行合并为一个，如 Rabobank Nederland。供应合作社也建立有他们的中心合作社，而乳品业部门合作社建立有共同市场联盟，如为了在出口方面变得更加强大，这些合作社之间的合作，其采取的形式使他们的市场地位得到了加强。

除了这种所谓的“商业”中心合作社以外，以提高所属合作社共同利益为目标的中心组织在其他部门也有发展。虽然，对他们自己并不起商业或工业的作用。从某种意义上说，他们的活动范围越来越广，在实际上，他们为整个行业制定规则。

譬如，蔬菜拍卖中央局（CBT）具有相当大的能力来协调拍卖条件，使拍卖可以进行，像提高市场透明度那样，可以形成价格。在 CBT 的势力下，确定更进步的规则，提高拍卖操作和提高市场的有效率。

联合活动的结果，促成中央合作社的构成。由地区性的合作社逐步归并到中央社，有的是农场主直接与中央机构联系。这样的全国合作机构有：Avebe，马铃薯淀粉工业，Suiker Unie 甜菜糖加工，COVECO and Veecentrale NCB 牛和肉类合作社。

各类合作机构在长期的运作中形成了全国组织，即农业园艺全国合作委员会(NCR)，NCR 是个非商业性的组织。它代表着荷兰合作社，并符合其共同利益(图 12-4)。

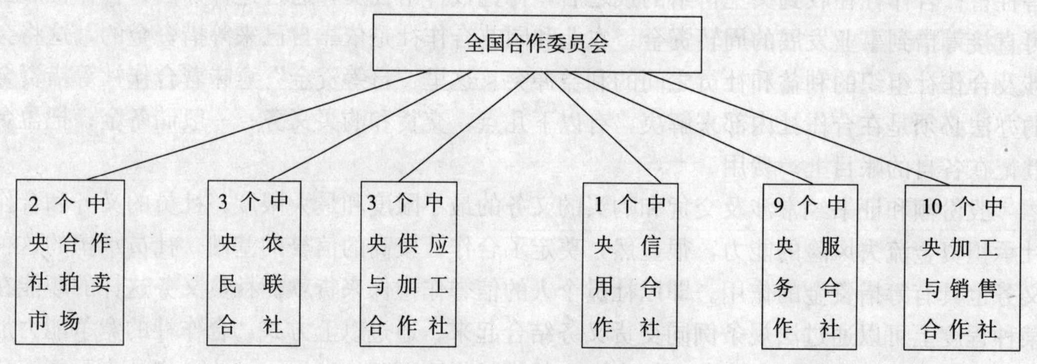

图 12-4　农业园艺全国合作委员会图示

（三）合作社的法律保护　自 1976 年 7 月 26 日开始，荷兰民法法典第二卷已记载着合作社的合作联盟事项。

一个合作社所属的实体，都有法律规定其最小收入。假若收入不存在要给予其他实体的分配问题，那么该合作社的联盟委员会就拥有最高权力，按照规定合作社是一个有限公司，称作合作联盟，为一个法律实体。它至少要包括三个部分：联盟委员会、董事局和一个资金控制实体。联盟委员会执行的规定是合作社自己建立的，只对其所属实体有效，不设有其他要强制执行的法规，而董事局是社会选举产生的。产生的规定不仅可应用于合作社内部，而且可以应用于合作社成员与非合作社成员之间。

法律规定，在联盟委员会上，每个社员至少有一票选举权。而且规定，一个人的选举权是不能剥夺的。后来法律还为每个社员提供了赋予额外法定选举权的可能性。这说明对于合作联盟的法律规定不断地有新的内容。

法律对于社员与合作社之间的经济关系没有作规定，但是允许合作社成员同非合作社成员之间进行商业活动。这种活动的量，与合作社全部交易活动相比，社员的交易只不过占着很小的地位。法律规定，合作社可以强迫其社员履行他们的义务，如投资率高的乳品业合作社为了确保他们的持续投资，会要求其社员履行他们的交货义务，而另外性质的合作社，如拥有不同市场和产品的购买合作社，就不按规定去履行购买义务，可见这样的规定视合作社的运作机制而异。

法律也适用于共同的保险公司。然而在保险这问题上有其特殊性，如其社员都必须自愿保险，每个社员投了保，都可以成其成员，当保险协议终止时，这种社员资格也随之结束。但这不是必须这样做的。一个自愿投保者，可以投保一份，在保险协议终止时，不意味社员资格的自动终止。

基于合作社资金的筹措主要根据自筹资金原则，社员的义务是很重要的，法律没有强制性规定社员的义务，但是关于义务的协议是必须做到的，按法律区分，有三种义务形式：①合法义务，对于同等的或不同等的股份来说，这是不变约束的。②限制义务，也是对于同等的或不同等的股份来说，这是受限制的。③额外义务，指社员对合作社的损失不负责任。

对于义务形式的选择是自由的，这通常取决于合作的资金结构。如果合作社的规定不能说明义务的形式，法律将假定相同的股份具有无限责任。义务条款对付合作社局外人来说很重要。从义务的安排上他们可以估计他们的安全程度。

社员对非合作社的成员没有义务，每个社员有促进合作社发展的义务，换言之，非合作社的成员不对合作社负责，而合作社对其每一个社员都有责任。对不相等的股份所负的有限责任也不相同。

这种责任关系到社员与合作社的商业运作。在商务过程，合作社试图逐渐建立自己的储备金或资金来重新设置责任；否则在合作社处于困境时很难实现其责任。合作社必须受制于法律，如每年的账目方面的法律、竞争法等等。

十一、全国农业合作社委员会

几乎所有的荷兰农业和园艺合作社都参加全国农业和园艺合作委员会。

由于农业和园艺合作社的共同努力，在 1934 年建立了全国合作委员会，其目的是在于防御国内合作社免受非合作社的攻击，因为这些非合作社企业拒绝建立合作社，并抵御他们。

全国合作委员会的主要目标可以有如下描述：增进合作社企业与农民和园艺经营者的其他相应经济形式之间的关系；代表社员的利益，特别代表荷兰农业和园艺合作社配合实体利益。全国合作委员会还通过其他途径努力实现以下目标，如研究经济、法律、财政或者组织性质的问题，特别是在这些问题直接或间接地影响到合作原则的地方；向荷兰政府、国会、新闻界、学校和外国人提供有关合作原则的信息；出版名叫《合作》的双月刊的小册子以及其他有关合作化的印刷材料；就合作的历史、原理和实践做一些报告；商议荷兰和欧洲政府有关合作的问题和法规。

鉴于欧洲政策，特别是在农业和园艺方面，其影响日益扩大，合作利益的重要性也上升了。为了达到该目的，欧共体国家的中央合作组织在1959年成立了欧共体农业合作委员会（COGECA）。农业园艺全国合作委员会（NCR）是COGECA的一个成员，并积极地加入它的主席团、委员会开展活动。

NCR有两个姐妹组织：合作贸易中心协会和合作工业中心协会。合作贸易中心协会涉及农场贸易，而合作工业中心协会则负责农场产品的加工。这两个协会都是在1951年成立的。那时政府还建立了“工业和贸易公司”，即所谓的“商品委员会”。它们依照工业团体法令充当着合作实体的代表。法律规定一些团体有权建立新的合作权威机构，这个机构由相关部门的人员组成。这个权威机构对产品的加工质量和市场销售特别重视。

荷兰有许多省份都建立了地区性天主教联盟的所谓“合作机构”和“合作社服务实体”。它们主要负责对合作社职员的训练和扩展服务项目。这些机构和服务实体是合作社全国委员会的特殊成员。

农业园艺全国合作委员会的秘书处承担着大量的合作社事务，经常召集专家研讨和处理各种问题。全国委员会为NCR提供合理化建议。在另一方面，委员会在特定的地区又充当着为合作社联系雇员的角色。

参考文献

白木，周洁．2002-11-24. 畜禽养殖业污染控制与防治（上，下）[J]．中国畜牧报（59-60）．

白美清．2002. 在新形势下切实加强协会建设，为饲料行业的振兴和企业的发展服务 [J]．在中国饲料工业协会第四届理事会第二次常务理事会上的讲话．饲料广角，2：2-5.

白群安，王志跃．2001. 畜禽排泄物与环境保护 [J]．国外畜牧科技，6（28）：29-31.

卞有生．2000. 中国农业生态保护的现状问题及对策 [J]．中国科技奖励，4（8）：14-21.

傅立．1999-03-23. 生态农业——具有中国特色的农业可持续发展模式 [J]．科技日报．

陈飞，姚永华，戴先礼．2002-04-28. SPS 协议对我国畜牧业生产的影响 [N]．中国畜牧报．

陈茜．1999. 动物饲料中的二恶英（Gisele Gizzi）[J]．国外畜牧业——饲料（5）：3-4.

陈新．2001. 中国奶业呼唤着苜蓿产业的协调发展// 李易方．入世前话奶业．北京：中国农业出版社．

陈虎．2007. 半农半牧区如何发展草畜产业 [J]．牧业通讯，7：37-39.

陈梦熊．1999-03-03. 西北干旱荒漠成因与防治对策 [N]．科技日报．

陈印军．1999. 减一补一不相等——关于保护耕地的思考 [N]．科技日报．

陈印军，徐芳．2002. 北京农业结构调整方向与应注意的问题 [J]．中国农业科技导报，3（4）：57-61.

陈永祠．2002. 我国兽药企业 GMP 的现状和展望 [J]．饲料广角（6）：10-12.

陈幼春．1989. 草地畜牧业研究要素和前景——中国草地科学与草业发展 [M]．北京：科学出版社．

陈幼春．2003. 乔木灌丛草地在发展牛羊业上的作用 [J]．四川奶业（4）：3-7.

陈幼春．2003. 我国牛肉生产的良好前景和应克服的难题 [J]．动物科学和动物医学，6（20）：21-25.

陈幼春．1999. 现代肉牛生产 [M]．北京：中国农业出版社．

陈幼春．2006. 奶牛高产关键技术 [M]．北京：金盾出版社．

陈幼春．2005. 乔木灌丛草地对发展牛羊业的作用 [J]．草地科学，13（2）：166-169.

陈幼春．2005. 现代动物农业 [M]．北京：中国农业出版社：74-89.

陈幼春．2010. 畜牧业的强势低碳经济特征 [J]．江西畜牧兽医杂志，5.

陈佐忠．2003-08-31. 草业发展八题短议——中外草业专题 [N]．中国畜牧报．

崔淘气．2002. 全株玉米青贮与去穗秸秆青贮饲喂肉牛的增重效果对比试验 [J]．黄牛（5）：19-21.

丁力．2003. 如何构建现代畜牧产业 [J]．中国牧业通讯，(1) B版：4-6.

董君．2001. 西部地区苜蓿产业化发展的战略思考 [J]．饲料广角（10），(11)：28-30．

董希德．2001-12-02. 草业将成为山西农业主导产业 [N]．中国畜牧报．

杜高唐，孙桐波，卢霞，等．2002. 麦茬夏种饲用玉米栽培技术 [J]．饲料广角（9）：26-27.

冯青．2002. 中国成为国际谷物商争夺的主战场 [J]．中国牧业通讯（11）：41-43.

冯秀燕，郭宏，计成．2002-02-24. 提高畜禽产品质量的措施 [N]．中国畜牧报．

冯仰廉．2001. 论生产优质牛肉的科学饲养 [J]．饲料广角，23：4-7.

方有生．2002. 我国奶业发展中存在的问题及应对措施 [J]．中国牧业通讯（11）：10-12.

高代坤，赵登霞．2003. 发挥生态优势突出奶牛产业，洪雅县畜牧业实现跨越式发展 [J]．四川奶业（1）：1-2.

葛翔，石有龙，刘诺 . 2002. 我国肉类生产趋势预测 [J] . 中国牧业通讯 (12)：30-34.

耿华珠 . 1995. 中国苜蓿 [M] . 北京：中国农业出版社 .

顾佳升 . 2002. 都市型奶业的产品定位方向 [J] . 乳业科学与技术 (2)：51-52.

郭书田，李易方 . 2001. 入世前夕话奶业 [M] . 北京：中国农业出版社 .

郭庭双，聂伟 . 2003. 畜牧结构调整与发展草食家畜水产 [J] . 饲料广角 (19)：2-7.

甘肃省科学技术厅 . 2001. 退耕还草与草地农业技术 [M] . 兰州：甘肃人民出版社 .

韩 (In K. Han)，蒋满喜译 . 1999. 21 世纪畜牧业在提高人类生活水平的作用 [J] . 国外畜牧 (2)：2-5.

何定明 . 2003-03-31. 点粪为金 [N] . 中国畜牧报 .

胡胜平 . 2002. 山区丘陵地区退耕还草模式初探 [J] . 牧业通讯 (11)：51-53.

胡彦华，刘建华 . 2003-10-05. 宁夏中部干旱带挺起绿色脊梁 [N] . 科技日报 .

黄忠 . 2002. 绿色（无公害）饲料添加剂及其应用 [J] . 动物保健品信息 (7)：30-32.

洪绂曾 . 2005. 致力草学、推进草业、共创事业 [J] . 现代草业科学进展 .

姬刚 . 2002-03-10. 防治畜禽养殖污染刻不容缓（23 个省市调查）[N] . 中国畜牧报 .

贾幼陵 . 2003. 2003 年畜牧业发展实现新突破 [J] . 畜牧业 (1)（创刊号）：8-11.

姜恕 . 1989. 我国草地资源合理利用与草地畜牧业发展的建议——中国草地科学与草业发展 [M] . 北京：科学出版社：15-18.

蒋辉 . 2002. 在恐怖主义造成的长期影响下美国和世界动物保健业面对的不确定因素 [J] . 饲料广角 (6)：44-47.

蒋树威，郑锡恩 . 1995. 生态畜牧业的理论 [M] . 北京：中国农业出版社 .

蒋尤泉，陈风林 . 1989. 我国牧草遗传资源的潜力和发展对策——中国草地科学与草业发展 [M] . 北京：科学出版社：63-65.

降初 . 2001-10-07. 构筑长江上游草地生态屏障 [N] . 中国畜牧水产报 .

揭益寿，丁玉华 . 2001. 国内外绿色产业的发展和中国绿色产业示范园的建设//李易方 . 入世前话奶业 . 北京：中国农业出版社：326-341.

孔·伊克坦 . 2010. 籽粒苋与中原单 32 配伍利用农民有望靠养牛致富实现小康 [J] . 中国牛业进展 .

孔·伊克坦 . 2007. 种好籽粒苋，实施动物农业，发展养牛业//第二届中国牛业发展大会论文集 [C]：186-189.

李博，黄文惠，马志广 . 1989. 我国草地科学的成就与展望——中国草地科学与草业发展 [M] . 北京：科学出版社：10-14.

李建 . 2003. 兽药 GMP 及实施措施的思考 [J] . 动物保健品信息 (3)：2-4.

李玫 . 2002. 2002 年世界动物保健业面临的挑战和机遇 [J] . 饲料广角 (6)：2-3.

李玫 . 2004. 继承发扬先驱治学创业精神接过接力棒争取再创辉煌 [J] . 饲料广角 (2)：1-3.

李平 . 2002. 优质夏季牧草——杂交苏丹草 [J] . 中国牧业通讯 (4)：66-67.

李长胜 . 1995. 农家沼气实用技术 [M] . 北京：金盾出版社 .

李国胜，孔平涛 . 2001. 2002 年饲料工业发展趋势分析 [J] . 饲料广角 (1)：4-7.

李凯年 . 2002-11-10. OIE 及其与世界贸易组织关系 [N] . 中国畜牧报——东方畜牧 (57)：9.

李凯年，逯德山 . 2002-01-29. 安装对日出口的“防滑链条”[N] . 中国畜牧报——东方畜牧 (64)：1.

李凯年 . 2002-10-27. 食品法典委员会与食品法典标准 [N] . 中国畜牧报——东方畜牧 (55)：10.

李美同 . 2002-01-20. 开发绿色畜禽产品 [N] . 中国畜牧报 .

李铁坚 . 2001. 有机畜牧业呼唤饲料的净化 [J] . 饲料广角 (3)：15-17.

李易方 . 2001. 加入世界贸易组织与中国奶业的振兴//入世前夕话奶业 [M] . 北京：中国农业出版社：28-39.

李易方，庹国柱 . 2002. 笑迎 WTO 力促奶业结构合理调整与新发展 [J] . 四川奶业 (1)：1-11.
李易方 . 2004. 因势利导加快绿色奶源基地建设 [J] . 饲料广角 (1)：13-15.
李元华 . 2002. 种畜养殖新型业在农业经济中的作用 [J] . 中国牧业通讯 (3)：58-59.
李增光 . 2002. 入世后的中国动物保健 [J] . 动物保健品 (7)：10-12.
李志强 . 2001. 谈我国饲料蛋白如何走出短缺困境——兼论牧草生产的重要性 [J] . 饲料广角 (17)：5-7.
李志强 . 2003. 建立以苜蓿干草日粮为基础的高产优质高效奶牛业 [J] . 饲料广角 (19) ：8-11.
李志强，刘自杰 . 2004. 2003 年奶业形势分析及 2004 年展望 [J] . 饲料广角 (1)：34-38.
李志强 . 2002. 论畜牧业结构调整与牧草产业的发展 [J] . 饲料广角 (23)：13-16.
李守德，张智山 . 1996. 全国 2000 年农业发展问题研讨论文集 [M] . 北京：中国农业科技出版社 .
李科云，罗爱兰 . 1995. 轮南方红黄壤地区饲草开发利用的几种途径 [J] . 生态农业研究 (3)：47-51.
梁业森，刘以连，周旭英 . 1996. 非常规饲料资源的开发与利用 [M] . 北京：中国农业出版社 .
廖新俤 . 2001-12-23. 台湾畜牧废弃物处理与利用现状 [N] . 中国畜牧报 .
刘成国，唐军利 . 1999. 城郊畜牧业持续发展与人口环境资源的关系 (上，下) [J] . 中国畜牧水产报 (5)：23-30.
刘更喜 . 2004. 东北粮食出路何在 [J] . 中国牧业通讯 (4)：24-28.
刘加文 . 2002-01-06. 我国牦牛业现状及发展对策 [J] . 中国畜牧报 .
刘龙江，王莜兰 . 1998. 从居民营养状况探讨贫困地区食物结构改革战略 [J] . 中国食物与营养 (1)：9-11.
刘荣华 . 2000. 2001 年大连大豆期货展望 [J] . 饲料广角 (22)：4-5.
刘少伯 . 2000. 加入 WTO 对畜牧业影响 (五) [J] . 养殖快讯 (21)：3-5.
刘少伯，石有龙，葛翔，等 . 2002-03-24. 再论我国大豆战略[N]. 中国畜牧报—— 东方畜牧，1 (24) .
刘振邦 . 1993. 当代世界农业 [M] . 郑州：中原农民出版社 .
刘振邦 . 2001. 入世前话奶业 [M] . 北京：中国农业出版社：352-358.
刘振邦 . 2006. 农业现代化之路 [M] . 北京：中国农业出版社 .
刘振邦，吴广义 . 2009. 牛业撑起现代化农业的半壁江山 [J] . 中国畜牧杂志，增刊 .
刘玉满 . 2006. 中国奶业科技发展战略 [M] . 北京：中国农业出版社 .
骆进仁 . 2006. 甘肃省退耕还草工程模式研究 [J] . 畜牧生产，1 (42)：58-60.
卢良恕 . 2002. 新时期我国农业结构战略性调整与食物安全 [J] . 中国食物与营养 (4)：4-7.
卢良恕 . 1992. 中国农业发展与科技进步 [M] . 济南：山东科学技术出版社 .
卢欣石，成广仁，何琪，等 . 1989. 我国人口、粮食和发展草地畜牧业问题——中国草地科学与草业发展 [M] . 北京：科学出版社：59-62.
卢文，牛若峰，胡一尊 . 中国农村发展战略问题 [M] . 北京：中国农业科技出版社：302-314.
罗斌 . 2002. 全面解读绿色食品，淡绿色食品概念、标准及原理 [J] . 动物保健品 (4-5)：38-40.
罗兰 . 2000. 美国农业如何看待中国加入 WTO [J] . 饲料广角 (20)：9-11.
马胜杰 . 1999. 荷兰农业发展道路初探 [D] . 北京：中国社会科学院 .
马随军 . 2002-04-07. TBT-SPS 对我国农牧业的影响及对策 [N] . 中国畜牧报 .
马文建，王树森，王元强 . 2007. 甜高粱种植及综合开发利用 [J] . 中国畜牧杂志，增刊，182-185.
南天 . 2003. “SPS 协定”的影与应对 [J] . 南方饲料快讯 (7)：1.
南庆贤 . 2001. 入世后我国乳品业产业化的发展 [J] . 中国农业科技导报，3 (6)：17-20.
聂凤英，崔国胜 . 2004. 2003 年牛肉形势分析与 2004 年展望 [J] . 中国动物保健 (1)：44-46.
帕特森，崔朝霞译 . 2002. 消费者权益主义驱动肉品质量改变 [J] . 饲料广角 (1)：30-33，(2)：31-32.

潘耀国．2001-8-12. 贵州退耕还草给畜牧业注入活力［N］．中国畜牧水产报．
钱学森．1985. 第六次产业革命与农业科学技术［M］．卢文，牛若峰，胡一尊编．北京：中国农业科技出版社：302-314.
乔玉锋．2000. 抓住机遇迎接挑战，推动21世纪饲料工业的发展［J］．饲料广角（6）：1-4.
邱德青．2003. 钱正英院士谈西北地区发展战略——水资源和可持续发展［J］．文汇报．
屈中泽．2001. 天然草场造林后对土壤植被及载畜量的影响情况调查［J］．当代畜牧，4：40-41.
全国牧草品种审定委员会．1992. 中国牧草登记品种集［M］．北京：北京农业大学出版社．
任发政，罗云波，蒋箐莉．2001. 国外食品安全研究和管理的现状［J］．中国农业导报，6（3）：25-29.
任继周．2002. 草地农业系统功莫大焉［J］．中国畜牧报——东方畜牧（46）
任继周，葛文化，张自和．1989. 草地畜牧业的出路在于建立草业系统——中国草地科学与草业发展［M］．北京：科学出版社：6-9.
任继周．2008. 畜牧业节粮型草地畜牧业大有可为［J］．中国牛业进展．
邵桂林．2000. 对我国畜牧业可持续发展过程中若干问题的探讨［J］．饲料广角（21）：8-10.
申洪兵．2000. 调整结构促进节粮草食家畜发展［J］．中国畜牧杂志，2（36）：59-60.
书耕．2002. 农产品补贴与WTO规则［J］．饲料广角（11）：34-35.
孙鸿良，岳绍先．2003. 美国籽粒苋品种的性状及喂饲效果［J］．中国牧业通讯（3）：63-64.
孙振军．1993. 综合养殖生态工程［M］．济南：山东大学出版社．
孙振均．2000-02-4. 畜牧业污染与畜牧环保技术［N］．中国畜牧报．
孙振钧．2000. 清洁生产型高效畜牧生态工程［J］．中国动物保健（22）：7.
孙振钧．2001-10-07. 生态工程为畜牧业注入新动力［N］．中国畜牧水产报．
唐秀芝，张维强．2004. 粮饲兼用玉米与饲料加工技术［M］．北京：中国农业科学技术出版社．
陶开宇．2001. 山东省草原情况及今后发展思路［J］．饲料广角（14）：5-6.
屠敏仪，郑明高．1993. 南方山地草地发展草食动物综合技术［M］．北京：农业出版社．
万孝康．2002-11-10. 畜禽养殖污染及治理（上，下）［N］．中国畜牧报．
王军，王秀芝，刘照．2003. 我国羊业形势分析和展望［J］．中国牧业通讯（3）：38-39.
王平．1998-04-10. 百姓食不厌精．米市货多价平［N］．经济参考报（1）．
王成新．2002-02-23. 探识荷兰IKB质量控制体系［N］．中国畜牧报．
王东生．1999-03-07. 荷兰乳业的变迁——百年乳业辞旧迎新［N］．中国畜牧水产报（1）．
王韩民，郭玮，程漱兰，等．1999-04-03. 全力维护国家生态安全，努力改善生态环境质量［N］．科技日报（5）．
王连娣．2001. 浅谈未来动物性食品的消费、生产、贸易和卫生［J］．饲料广角（1）：15-18.
王永康，金笑敏．2002-02-25. 动物善待与动物福利［N］．中国畜牧水产报．
王永康，刘炜．2002. 加入WTO后我国奶牛业的发展［J］．当代畜禽养殖业（10）：1-3.
王云洲，苏茂华．2000. 中国的肉牛市场与发展策略［J］．养殖快讯（16）：6-9.
王运亨．2001. 入世前话奶业［M］．北京：中国农业出版社：366-377.
王运亨．2006. 苜蓿型奶牛业［J］．北方牧业，24：8-14.
王继强，张波，刘福柱．2003. 苜蓿及其产品的营养价值和在畜牧业中的应用［J］．饲料广角（16）：19-21.
王宗礼，杨效忠，余大有，等．2008. 我国草业生态环境急需保护和建设［J］．种业研究（8）：45-47．
肖雨，章海鸥．2003. 青海草原保护与建设［J］．中国牧业通讯，2（A）：43-44.
信乃诠，张燕卿等．2001. 内蒙古后山农区（武川）综合治理与农业稳定发展研究——中国北方旱区农业综合研究开发与示范工程［M］．北京：中国农业出版社：222-253.

兴农．2001-11-04．农业国际化战略之关键•有机农业［N］．中国畜牧水产报．
邢廷铣．2001．开发环保饲料替代品势在必行［J］．南方饲料（1）：2-3．
幸盛鹏，田莉，武玉波，等．2003．如何构建 HACCP 管理体系［J］．中国牧业通讯（4B）：24-26．
徐矾．1996．中国农业百科全书•畜牧业卷［M］．北京：中国农业出版社：670-676．
徐更生，刘宗超．2006．我们的治农方案（化解三农问题的另类方案）［M］．北京：中国社会科学出版社．
杨柏萱．2002．中国养禽业及进出口情况［J］．中国牧业通讯（11）：36-38．
杨振海，王晓红，孔平涛．2001．2000 年中国饲料工业生产回顾［J］．饲料广角，13：1-4．
叶志毅，刘红．2003．利用桑树叶资源发展畜牧业生产的可行性分析［J］．中国畜牧杂志（1）：43-44．
于铁夫．2001．试论正确处理生态环境建设与牧业经济发展的问题［J］．当代畜禽养殖业（10）：1-2．
于维军．2003．我国畜禽产品参与国际竞争面临的主要问题及对策（上，下）［J］．饲料广角（3-4）：1-7．
于孝东，李玫．2003．我国奶牛产业化发展的现状与分析［J］．饲料广角（5）：20-22．
约翰•霍杰斯．2002．食物链的连接性和生命共荣区［J］．陈幼春，译．当代畜禽养殖业（10）：5-6．
约翰•朗沃斯，科林•布朗，斯高特•万龙．2003．中国肉牛业的商务机遇与挑战［M］．刘玉满主译．北京：中国农业出版社．
张大仓．1999-11-07．延安再造秀美山河［N］．中国畜牧水产报（1）
张宏福，游金明，丁洪涛，等．2002．入世后我国畜牧业科技工作的战略选择［J］．中国农业科技导报，4（1）：38-41．
张冀汉．2000．养羊业现状　发展趋势［J］．饲料广角（12-14）：3-5．
张鸣实．2002-11-03．优化结构　保护利用　重塑生态［N］．中国畜牧报（6）．
张全中，许晓惠．1998-11-10．中国奶业何日进入真繁荣［N］．中国食品质量报（4）．
张学仁．1999-10-03．京郊畜牧业 50 年巨变［N］．中国畜牧水产报（7）．
张缊薇．2002-03-31．国内外草业发展对比［N］．中国畜牧报．
张子仪．2000．对我国畜牧业的回顾与展望［J］．饲料广角（13）：5-8．
张子仪．2001．试论改革我国数量型畜牧业中的若干技术路线问题［J］．饲料广角（21）：2-4．
张子仪．1999．我国跨世纪畜牧业对饲料资源的需求分析与对策［J］．国外畜牧科技（1）：2-4．
张子仪．2003．重新审视传统千家万户养殖业模式在生态农业中的战略意义［J］．饲料广角（1）：6．
张子仪．2001．“2116 食品安全工程”展望我国畜牧业的可持续发展模式［J］．动物保健品信息（5）：3-5．
张颜，魏彦宏．2010．糖高粱青贮饲料的加工［J］．农村新技术，加工版，（9）：10-13．
张自和，刘秀琴．2008．苜蓿生产与牛业发展［J］．中国牛业进展．
赵彩云．2001．克什克腾旗的“生态”立旗战略．牧业通讯（11）：44-45．
赵有璋．1989．畜禽生态学［M］．兰州：甘肃科学技术出版社．
郑春风．2001．2001 年玉米盘整之后涨声将起［J］．南方饲料快讯（12）：7-10．
中国农业年鉴编辑委员会．2001．中国农业年鉴［M］．北京：中国农业出版社．
周鼎年．1989．解决我国食物生产的重大措施——中国草地科学与草业发展［M］．北京：科学出版社：47-51．
周旭英．2001．我国饲料用粮需求与生产布局调整［J］．中国畜牧杂志，2（37）：45-46．
朱仕铭．2002．合理使用饲料添加剂促进畜牧业健康发展［J］．饲料广角（6）：13-15．
祝廷铣，吕新龙，刘英俊．1989．草地退化与草地生态工程建设——中国草地科学与草业发展［M］．北京：科学出版社：19-22．

A. M. Obaidullah Khan. 1991. World Food Day [J] . Asian Livestock，14 (10)：110.

C. Devendra. Relevance of integrated small ruminant-tree crop systems in the development of sustainable agriculture. Advances in Sustainable Small Ruminant-tree Cropping Integrated System IPT/ IDRC Kuala Lumpur [J]，Malaysia ：19-29.

C. A. Rajagopala. 1993. Advances in the development of integrated small ruminant-tree cropping systems in South India in S. Sivaraj，P. Agamuthu，T. K. Mukherjee Advances in Sustainable Small Ruminant-tree Cropping Integrated System IPT/ IDRC Kuala Lumpur，Malaysia：59-65.

David B. 1983. Hannaway Foothills for food and forests Symposium series No. 2 Oregon State University Press.

I. M. 1991. Nitis Forage trees：Their multipurpose roles as component of farm land conservation programme and as renewable feed source [J] . Asian livestock (10)：116-120.

Liu Jianxing. 2001. Mulberry for animal feeding in China Proceeding of a Workshop [D]，Hangzhou，China FAO & Zhejiang University (In English)：14-17.

Manuel. D. 2002. Sanchez Mulberry for animal production FAO FIAT PANIS Rome.

P. Agamuthu. 1990. Groud vegetation tree cropping systems as feed for small ruminants University of Malaya press.

Panjab Singh. 1991. Trees and shrubs for lives of livestock in India. Asian Livestock (10)：111-115.

T. K. Mukherjee. 1994. Concept of integrated small ruminants-tree cropping production systems. Lecture delived at the IDRC/IPT traning course. Private exchange.

Zhang Chunxi，Li Zhongguan. 2001. Buffalo Newsletter，12：1-7.